제8판

형사소송법연습

CASES OF CRIMINAL PROCEDURE

刑事
訴訟法
演習

이 재 상 · 조 균 석

박영사

제 8 판 머리말

이 책은 지송 이재상 교수의 「형사소송법연습」 제 8 판이다. 이재상 교수께서는 2013년 초 형법총론 제 7 판, 형법각론 제 9 판, 형사소송법 제 9 판을 위한 개정 작업을 마무리하여 출간하시고 같은 해 2학기 개강을 준비하시던 중 급서하시었다. 이 교수님의 별세로 한국 형사법학계는 말할 수 없는 큰 손실을 입었다.

이재상 교수께서는 형사법학에 대한 남다른 애정과 긍지, 열의와 노력으로 명(命)을 단축하시면서까지 애착을 가지고 공들여 다듬으셨던 교과서와 연습교재에 대하여, 이화여자대학교 법학전문대학원의 형사법 교수진이 계속 이어나가 줄 것을 부탁하셨다. 이에 「형사소송법연습」도 형사소송법 교과서와 마찬가지로 조균석 교수가 이어나가기로 하였다.

이 책에 관하여도 교과서와 같은 원칙에 따라 작업하였다. 첫째, 원저자인 이재상 교수의 견해를 원칙적으로 유지한다. 둘째, 새로운 입법 및 판례와 학설은 적시에 반영하여 시의에 맞는 교재로서의 역할을 다하도록 한다.

이번 「형사소송법연습」 제 8 판은 제 7 판 이후에 이루어진 형법, 형사소송법 및 관련 법령의 개정과 새로운 판례를 반영하였다. 특히 성범죄의 친고죄 폐지에 따라 설문 [5]와 [9]는 설문 자체를 변경하였고, 현 시점에서의 사례 해결에 맞도록 범죄의 일시와 죄명 등을 수정하였다. 그리고 초판 이후 거듭된 개정과정에서 문맥이 매끄럽지 않게 된 표현을 다듬고, 중복된 설문을 하나 줄여 50문제로 정리하였다.

끝으로 이재상 교수의 제자로 교정에 도움을 준 한국형사정책연구원 연구위원인 윤지영 박사에게 고마움을 전한다. 그리고 「형사소송법연습」 제 8 판을 이어나갈 수 있게 해 주신 박영사 안종만 회장님께 깊은 감사를 드린다. 아울러 새판의 제작의 책임을 맡아 노력해 주신 조성호 이사님과 멋진 책을 만들어주신 편집부의 문선미 과장님께도 감사의 말씀을 드린다.

2017년 3월

조 균 석

머 리 말

　　개정 형사소송법이 2008. 1. 1. 시행된다. 개정법은 형사소송법의 전면개정
이라고 할 수 있을 정도로 광범위한 규정을 대상으로 한 것이고 그 내용 또한
형사사법구조의 근간을 변경할 정도에 이른 것이기 때문에, 개정 형사소송법
을 근거로 한 형사소송법연습 책을 필요로 하지 않을 수 없게 되었다. 이 책은
종래의 연습 형사소송법의 내용을 개정 형사소송법에 맞추어 전면 개편한 형
사소송법연습서이다. 형사소송법은 형사절차에 관한 법률이기 때문에, 그 법이
론은 형사절차에 적용할 때에 분명한 형태로 나타나게 된다. 따라서 형사소송
법이론을 구체적인 절차에 적용하는 연습은 형사소송법학을 이해하는 데 큰
도움을 주게 되며, 이러한 의미에서 형사소송법연습의 중요성은 아무리 강조
하여도 지나치지 않다고 생각한다.

　　「신형사소송법연습」은 50개의 설문과 그 해설 및 41개의 관련문제와 관
련판례를 내용으로 구성하였다. 종래의 연습 형사소송법에 수록된 48개의 설
문 이외에 이 책에서는 영장에 의한 압수·수색과 변호인의 피의자신문참여권
및 피의자신문조서·진술조서·조사경찰관의 증언을 내용으로 하는 두 개의 설
문을 추가하였다. 전자는 2006년도 일본 사법시험의 출제문제로서 압수·수색
에 관한 기초이론에 속한 문제이고, 후자는 제48회 사법시험 기출문제로서 신
형사소송법의 개정내용을 이해하는 데 적절한 문제라고 판단했기 때문이다.
종래에 있던 설문에 대하여도 변호인의 피의자신문참여권이나 기록열람·등사
권 내지 증거개시에서 체포와 구속 및 압수·수색 등의 강제수사, 재정신청 및
증거법에 이르기까지 많은 부분의 내용을 개정 형사소송법에 따라 다시 쓰지
않을 수 없었다. 관련문제에도 최근 수년간 우리 나라와 일본의 사법시험에 출
제된 문제 8개를 정선하여 추가하였다. 관련문제를 해설함에 있어서는 종래
연습 형사소송법에서 쟁점만을 제시한 것이 학생들의 이해에 어려움을 주었다
는 말이 들려 쟁점 이외에 결론에 해당하는 해설을 추가함으로써 설문과 관련
문제의 해설을 종합하면 이를 쉽게 해결할 수 있게 하였다. 관련판례도 2007
년 6월까지의 관련쟁점에 대한 대법원판례를 추가하였다. 앞으로 법학전문대

학원이 설립되는 경우에도 이 책을 조금 수정하고 보완하면 그 교재가 될 수 있을 것으로 믿는다.

　2007년의 여름은 저자의 옆에서 저자와 함께 형사법학을 연구하는 학생들에게는 무척이나 덥고 힘든 시간이었다. 이화여자대학교 대학원에서 형사법을 연구하여 박사과정을 수료한 후에 연구조교로 있으면서 박사학위논문을 준비하고 있는 이희경, 이강민 법학석사와 박사과정에서 형사법을 공부하고 있는 윤지영 법학석사가 이 책의 교정도 맡아 주었다. 객관식 문제해설서인 「형법학」에 이어, 형사소송법 교과서인 「신형사소송법」과 이 책의 교정을 계속하느라고 방학과 휴가조차 갖지 못하였다. 이 책의 출간을 가능하게 해 준 이들의 헌신적인 도움에 대하여 고마움의 마음을 기록해 두지 않을 수 없다. 끝으로 「신형사소송법」에 이어 「신형사소송법연습」의 간행을 결심해 준 박영사 안종만 회장님께 감사드린다. 2007년 여름을 저자의 형사소송법 책과 함께 보내면서 이 책의 편집과 교정을 맡아 수고해 준 편집부 노현 부장, 그리고 기획과 제작을 담당한 조성호 차장에게도 깊은 고마움의 뜻을 전하는 바이다.

2007년 8월

저　　자

머리말(舊著)

　　형사소송법은 동적·발전적 법률관계에 관한 절차법이기 때문에 기술적 색채가 강하게 나타나는 법률이다. 형사소송법의 기술적 성격은 이에 대한 이해를 어렵게 하는 원인이 되기도 한다. 대학에서도 한 학기의 강의로 형사소송법학의 강의가 끝나는 실정이다. 여기서 형사소송법의 이해를 쉽게 하기 위하여는 형사절차상의 개별적인 제도가 가지고 있는 이념이나 목적 및 기능을 추구하여 형사소송법의 기초가 되고 있는 통일된 가치관계를 규명함과 함께, 형사소송법의 이론을 구체적 사안에 적용하는 연습을 반복하는 것이라고 생각된다. 그러나 사법시험에는 이미 사례문제가 출제되고 있음에도 불구하고 학생들이 참고해야 할 믿을 만한 책이 있는 것도 아니다. 이 책은 형사소송법이론을 사건에 적용하는 방법을 익히려는 학생들이나 저자의 교과서「刑事訴訟法」으로 이 법을 공부하는 학생들을 위한 부교재로 사용할 수 있게 하기 위하여 만든 것이다.

　　형사소송법연습은 형법연습과는 다소 성격을 달리한다. 형법연습에 있어서는 주어진 사안에서 어떤 범죄가 성립하고 행위자를 어떻게 처벌해야 하는가가 문제됨에 반하여, 형사소송법연습에 있어서는 현실적으로 존재하는 범죄사실을 문제삼는 것이 아니라 범죄혐의를 인정할 수 있는 경우에 형사절차를 적정하게 진행하여 형사소송의 이념을 달성하게 하는 것이 문제된다. 따라서 형사소송법연습의 자료는 판례에서 쟁점으로 문제되었던 사례를 기초로 이를 쟁점으로 하여 만들지 않을 수 없었으며, 이 책의 문제도 대부분 한 개 또는 여러 개의 판례를 종합하여 만든 것이다. 판례를 기초로 한 연습은 판례의 이해에도 도움이 될 것이므로 이 책에서는 최근까지의 중요판례를 가능한 한 많이 소개하기로 하였다. 사례문제의 설문을 구성함에 있어서는 크게 두 가지 방법이 있을 수 있다. 주어진 사례에서 형사소송법상 문제되는 것이 무엇인가를 포괄적으로 묻는 방법과 절차의 진행과정에서 제기되는 쟁점을 하나씩 제기하여 구체적으로 해결해 나가는 방법이 그것이다. 이 책에서는 연습문제를 처음 다루는 학생들의 편의를 위하여 원칙적으로 후자의 방법을 택하기로 하였다.

따라서 이 책의 설문을 풀어 본 후에는 같은 설문을 개별적인 문제를 제시하지 않고 포괄적으로 물어 본 경우에 어떻게 해결할 것인가를 생각해 보는 것도 도움이 될 것으로 생각된다. 이 책의 설문은 대부분 지난 수년간에 걸쳐 잡지에 발표한 글을 기초로 빠진 부분의 사례를 추가하여 정리한 것이다. 형사소송법학의 모든 분야에 대한 설문을 만들려고 했으나 지나치게 두꺼운 책은 학생들에게 불필요한 부담을 줄 것으로 판단되어 중요쟁점에 대한 해설로 제한하였다. 부족한 점을 앞으로 계속하여 수정 보완해 나갈 것을 약속하는 바이다.

끝으로 이 책을 만드는 데 저자를 도와 준 여러분들에게 고마움의 뜻을 전하고자 한다. 이화여자대학교 대학원에서 형법학을 전공하고 있는 李熙璟, 禹承我, 尹景雅 조교가 이 책의 교정도 맡아 주었다. 문제해설 형법학과 형법연습에 이어 이 책의 교정을 보느라고 여름방학을 다 보냈을 것으로 생각된다. 이들의 도움으로 이 책의 출간이 가능하였다고 할 수 있다. 이 책을 출간해 준 박영사 安鍾萬 사장님과 편집부 宋逸根 부장님에게도 고마움의 글을 적는 바이다.

1998년 9월 10일

著　　者

차 례

[1] 법관의 제척과 기피

[설 문]

　　甲과 乙은 싸움 끝에 서로 특수폭행죄로 고소하였다. 검사는 甲에 대해서는 벌금 500만 원의 약식명령을 청구하면서 乙은 구속기소하였다. 서울중앙지방법원 판사 A는 甲에게 벌금 500만 원의 약식명령을 고지하였다. 甲이 정식재판을 청구하여 甲과 乙에 대한 위 피고사건은 다시 A판사가 담당·심리하게 되었다. 공판이 개정되자 乙의 변호인 C는 乙에 대한 공소제기는 차별적 공소제기로 공소권남용에 해당하기 때문에 공소기각의 판결을 선고해야 한다고 주장하였으나 A판사는 위 주장을 배척하고 심리를 진행하였다. 乙이 피고인석에서 불공평한 재판을 받을 수 없다고 소리를 지르면서 재판의 진행을 방해하자 A는 乙에게 퇴정명령을 하였고, 재판을 진행하던 중 A가 C의 증인신청을 기각하자 변호인 C는 A에 대하여 기피신청을 하였다. 서울중앙지방법원 형사합의부는 C의 기피신청을 기각하였다. 변론이 종결되고 판결선고기일 3일 전에 이르자 乙은 다시 A에 대하여 기피신청을 하였다. 판사 A는 결정으로 기피신청을 기각하고 甲과 乙에게 각 징역 8월의 형을 선고하면서 甲에 대하여는 2년간 형의 집행을 유예한다는 판결을 선고하였다. 甲과 乙은 모두 항소하여 사건은 서울중앙지방법원 형사항소부에 배당되었다. 그러나 위 항소부에 소속한 판사 B는 위 사건 수사단계의 증거보전절차에서 증인신문을 한 판사였다.

　⑴ 판사 A와 B의 재판관여는 적법한가.

　⑵ 판사 A에 대한 각 기피신청기각결정은 적법한가.

　⑶ 甲에 대한 제1심법원 판결은 적법한가.

Ⅰ. 문제의 제기

공정한 재판은 공평한 법원의 구성을 전제로 한다. 공평한 법원은 사법권의 독립이 보장된 자격 있는 법관에 의하여 법원이 구성되어야 할 뿐만 아니라 구체적인 사건에서 편파적인 재판을 할 염려가 있는 법관이 법원의 구성에서 배제되어야 실현될 수 있다. 이러한 의미에서 공평한 법원을 구성하기 위한 제도가 바로 제척과 기피제도라고 할 수 있다. 설문은 주로 제척과 기피에 관련된 문제에 관한 것이다. 먼저 (1) 약식명령을 한 판사 A가 정식재판을 담당하는 것이 제척사유에 해당하는지가 문제된다. 나아가 수사상의 증거보전절차에서 증인신문을 행한 판사 B가 항소심의 심리에 관여한 것이 제척사유에 해당하는지도 문제된다. 또한 (2) A가 심리하던 중에 乙이 2회에 걸쳐 제기한 기피신청이 기피사유에 해당하는가, 그리고 이것이 결정에 의하여 기각할 사유에 해당하는지가 문제된다. 나아가 (3) 甲에 대한 정식재판에서 A가 징역 8월에 2년간 집행유예의 판결을 선고한 것이 불이익변경금지의 원칙에 반하지 않는지 문제된다.

Ⅱ. 판사 A 및 B의 재판관여와 제척사유

제척사유(제17조)에 해당하는 법관이 재판에 관여하는 때에는 기피신청에 의하여 법관을 그 직무집행으로부터 배제할 수 있다(제18조 1항 1호). 그러나 설문에서 甲은 판사 A에 대하여 기피신청을 하지 않았으며, 甲이나 乙이 B에 대하여 기피신청을 한 일은 없다. 다만 제척사유가 있는 법관이 재판에 관여한 때에는 항소(제361조의5 제7호)나 상고(제383조 1호)의 이유가 된다. 따라서 약식명령을 한 판사가 정식재판에 관여하거나 증거보전을 한 판사가 항소심 재판에 관여하는 것이 제척사유에 해당하는가를 살펴볼 필요가 있다. 제척이란 구체적인 사건의 심판에 있어서 법관이 불공평한 재판을 할 우려가 현저한 것으로 법률에 유형적으로 규정된 사유에 해당하는 때에 그 법관을 직무집행에서 배제시키는 제도를 말한다. 제척사유 중에서 가장 중요한 의미를 가지는 것이 「법관이 사건에 관하여 전심재판 또는 그 기초되는 조사·심리에 관여한 때」라는 형사소송법 제17조 7호의 사유이며, 설문은 모두 이에 관련된 문제이다.

1. 약식명령을 한 판사가 정식재판을 담당한 경우

약식명령을 한 판사가 정식재판을 담당한 경우에 제7호의 제척사유가 되는가에 관하여는 학설이 대립되고 있다. 적극설은 약식명령의 경우에도 판사는 사건의 실체에 대한 조사·심리에 관여하는 것이므로 예단과 편견의 가능성이 있다는 이유로 여기에 포함시켜야 한다고 해석한다. 이에 반하여 소극설은 약식명령은 서면심리에 의하는 재판에 불과하고 판사가 1인뿐인 단독지원이 있다는 점을 고려하면 제척사유에서 제외해야 한다고 해석한다. 생각건대 전심재판이란 상소에 의하여 불복이 신청된 재판, 즉 제2심에 대한 제1심, 제3심에 대한 제2심 또는 제1심을 말하는 것이며, 약식명령과 정식재판은 심급을 같이하는 재판이므로 약식명령을 한 판사가 정식재판에 관여하였다고 하여 전심재판에 관여한 것은 아니므로 소극설이 타당하다. 판례가 약식명령을 한 판사가 그 정식재판의 항소심에 관여한 경우에는 제척사유에 해당한다고 판시한 것은 같은 취지라고 볼 수 있다(대법원 1985. 4. 23, 85 도 281;
대법원 2011. 4. 28, 2011 도 17).

따라서 약식명령을 한 A판사가 甲에 대한 정식재판을 담당한 것은 제척사유에 해당하지 않는다.

2. 증거보전절차에 관여한 법관

(1) 제척사유

판사 B가 항소심의 판사가 될 수 있는가의 문제이다. 증거보전절차에서 증인신문을 한 판사가 제1심의 재판에 관여한 때에는 역시 전심재판에 관여한 경우에 해당하지 않는다(대법원 1971. 7. 6,
71 도 974). 그러나 판사 B와 같이 증인신문을 한 판사가 항소심의 재판에 관여한 경우에도 전심재판의 기초되는 조사·심리에 관여한 때에 해당하지 않는가가 문제된다. 여기서 전심재판의 기초되는 조사·심리란 전심재판의 내용형성에 영향을 미친 경우를 말하며, 공소제기의 전후를 불문한다. 따라서 구속영장을 발부한 법관, 구속적부심사에 관여한 법관, 보석허가결정에 관여한 법관 또는 재정신청사건에 관여한 법관(대법원 2014. 1. 16,
2013 도 10316)은 여기에 해당하지 않지만, 전심에서 수탁판사로서 증거조사를 하였거나 증

거보전절차 또는 증인신문절차에 관여한 법관은 전심의 기초되는 조사·심리
에 관여한 경우에 해당하게 된다.

따라서 판사 B가 항소심 재판에 관여한 때에는 제척사유에 해당하게 된다.

(2) B가 재판에 관여하는 경우의 조치

B는 제척사유에 해당하기 때문에 법관으로서의 직무집행에서 당연히 배
제되어야 한다. 제척사유 있는 법관은 스스로 회피하여야 하고($^{제24조}_{1항}$), 당사자
도 기피신청을 할 수 있다($^{제18조}_{1항 1호}$). 제척사유 있는 B가 심판에 관여한 때에는 상
고이유가 된다($^{제383조}_{1호}$).

Ⅲ. 판사 A에 대한 기피신청

제1심 판사 A에 대하여는 乙과 그 변호인 C로부터 2회에 걸친 기피신청
이 있었다. 기피란 법관이 제척사유가 있음에도 불구하고 재판에 관여하거나
그 밖의 불공평한 재판을 할 염려가 있는 때에 당사자의 신청에 의하여 법관을
그 직무집행에서 탈퇴하게 하는 제도이다. 기피원인의 핵심은 불공평한 재판을
할 염려가 있을 때라는 일반조항에 있으며, 설문의 2회에 걸친 기피신청도 모
두 이에 해당하는가를 검토해야 한다. C의 기피신청에 대하여는 형사합의부에
서 기피신청을 기각했음에 반하여 乙의 기피신청에 대하여는 A가 결정으로
기각하였다. 이는 기피신청이 소송지연을 목적으로 함이 명백한 경우($^{제20조}_{1항}$)라
고 보았기 때문이라고 생각된다. 여기서 A에 대한 기피신청이 이유 있는가,
또 그것이 소송지연을 목적으로 한 것이 명백한가를 검토해 볼 필요가 있다.

1. 변호인 C의 기피신청

(1) 기피사유에 해당하는가

변호인의 A에 대한 기피신청은 A가 ① 공소권남용이론을 받아들이지 않
고 심리를 계속하였고, ② 乙에게 퇴정명령을 하였고, ③ 증인신청을 채택하지
않아서 불공평한 재판을 할 염려가 있다는 점에 있다. 결국 법관의 법정에서의
심리의 방법과 태도를 근거로 기피신청한 경우에 해당한다. '불공평한 재판을
할 염려가 있는 때'란 보통인의 판단으로 법관과 사건과의 관계로 보아 편파

또는 불공평한 재판을 할 것 같다는 염려를 일으킬 만한 객관적 사정이 있는 때를 말한다($^{\text{대법원 1966. 7. 28,}}_{\text{66 도 37}}$). 기피는 당해 사건의 절차 외의 요인에 의한 경우에만 인정되고 소송지휘권이나 법정경찰권의 행사와 같은 절차 내에서의 심리의 방법, 태도 등은 그것만으로는 기피의 원인이 되지 않는다는 입장($^{\text{日最決 1973. 10. 8.}}_{\text{刑集 27·9·1415}}$)도 있다. 그러나 절차 내에서 판사가 편파적이고 예단을 가졌다고 인정되는 경우에는 기피의 원인이 된다고 할 것이다. 그래야 공평한 재판이 가능하기 때문이다. 따라서 법관이 심리 중에 유죄를 예단한 말을 하거나($^{\text{대법원 1974. 10. 16.}}_{\text{결정, 74 모 68}}$) 피고인에게 심히 모욕적인 말을 한 경우 또는 피고인의 진술을 강요한 때에는 기피사유인 불공평한 재판을 할 염려가 있는 경우에 해당할 수 있다.

　　설문에서 변호인 C의 기피신청은 절차 내의 사정일 뿐만 아니라 그 자체가 불공평한 재판을 할 염려가 있는 경우에 해당하지 않는다고 해야 한다. 그것은 ① 동일한 구성요건에 해당하는 공동피의자 중 일부만을 기소했다고 하여 평등권을 침해하였거나 공소권을 남용했다고 할 수 없다는 것이 판례의 태도임에 비추어($^{\text{대법원 1990. 6. 8, 90 도 646;}}_{\text{대법원 2013. 1. 31, 2011 도1701}}$) A가 변호인의 공소권남용이론을 채택하지 않은 것은 정당하다고 해야 하며, ② 법정에서 소리를 지르는 피고인을 퇴정시키는 것은 법정경찰권($^{\text{제297}}_{\text{조}}$)의 당연한 결과이며, ③ 당사자의 증거신청을 채택하지 않거나 증거결정을 취소했다는 것만으로는 재판의 공정을 기대하기 어려운 객관적인 사정이 있다고 할 수 없기 때문이다($^{\text{대법원 1991. 12. 7. 결정, 91 모 79;}}_{\text{대법원 1995. 4. 3. 결정, 95 모 10}}$).

　　결국 변호인의 A에 대한 기피신청은 이유 없는 것이 된다.

（2）소송지연을 목적으로 함이 명백한 경우인가

　　변호인의 기피신청이 소송지연을 목적으로 함이 명백한 때에는 신청을 받은 법원 또는 법관이 결정으로 이를 기각한다($^{\text{제20조}}_{\text{1항}}$). 기피신청이 소송의 지연을 목적으로 함이 명백한 때에 해당하는가의 여부는 사안의 성질, 심리의 경과 및 변호인의 소송준비 등 객관적 사정을 종합하여 판단해야 한다. 일반적으로는 ① 법원의 심리방법이나 태도에 대한 불복을 이유로 하는 기피신청, ② 시기에 늦은 기피신청, ③ 이유 없음이 명백한 기피신청이 여기에 해당한다고 할 수 있다. 심리의 방법에 대한 불복을 이유로 하는 기피신청이라 할지라도 법관이 불공평한 재판을 할 염려가 있다고 볼 수 있는 경우에는 소송지연만을 목적으로 함이 명백하다고 할 수 없다. 그러므로 설문에서 A가 결정으로 기피신청을 기각하지 않고 형사합의부에서 기각결정을 한 것은 타당하다고 생각된다.

2. 乙의 기피신청

乙은 변호인의 기피신청이 기각되었고 그 이외에 별도의 특별한 기피사유가 없음에도 불구하고 변론종결 후 판결선고기일 3일 전에 다시 기피신청을 하였다. 형사소송법은 기피신청의 시기에 제한을 두고 있지 않다. 따라서 변론종결 후라는 이유만으로 기피신청이 부적법하다고 할 수는 없다. 그러나 변호인의 기피신청이 기각되었음에도 불구하고 변론종결 후에 같은 취지의 기피신청을 반복하는 것은 소송지연만을 목적으로 하는 기피신청임이 명백한 경우에 해당한다고 할 것이며(대법원 1985. 7. 8. 결정, 85초 29; 대법원 2001. 3. 21. 결정, 2001 모 2), 이 때에는 기피당한 법원 또는 법관이 이를 기각할 수 있다(제20조 1항).

따라서 설문에서 A가 결정으로 기피신청을 기각한 것은 정당하다.

Ⅳ. 정식재판과 불이익변경금지

甲이 벌금 500만 원의 약식명령을 고지받고 정식재판을 청구했음에도 불구하고 정식재판에서 甲에게 징역 8월에 2년간 집행유예의 판결을 선고한 것이 적법한가가 문제된다. 여기서는 정식재판청구의 경우에 불이익변경금지의 원칙이 적용되는가와 제 1 심의 판결이 불이익변경에 해당하는가를 검토해야 한다.

1. 정식재판청구와 불이익변경금지

원래 불이익변경금지의 원칙은 피고인이 상소한 사건과 피고인을 위하여 상소한 사건에 대하여 적용되는 원칙이다(제368조, 제396조 2항). 약식명령에 대한 정식재판의 청구는 상소가 아니라 그 명령을 한 법원에 대하여 통상의 공판절차에 따른 심판을 구하는 것이므로 정식재판청구사건에 대하여 불이익변경금지의 원칙이 적용되지 않는 것이 당연하다. 다만 형사소송법은 「피고인이 정식재판을 청구한 사건에 대하여는 약식명령의 형보다 중한 형을 선고하지 못한다」고 규정하여 이 경우에도 명문으로 불이익변경금지의 원칙을 적용하고 있다(제457조의 2). 피고인의 정식재판청구권을 실질적으로 보장하기 위한 것이다.

2. 불이익변경의 판단기준

정식재판에서 벌금형을 자유형의 집행유예로 변경한 것이 불이익변경에 해당하는가가 문제된다. 불이익변경의 여부를 판단함에 있어서는 형의 경중을 규정하고 있는 형법 제50조를 기준으로 하면서 전체적 판단방법에 의하여 피고인에게 과하여지는 자유구속과 법익박탈의 정도를 전체적·실질적으로 비교하여 결정해야 한다(대법원 2013. 12. 12., 2012 도 7198). 자유형과 벌금형은 자유형이 중한 형이다. 따라서 자유형의 집행유예를 벌금형으로 변경하는 것은 불이익변경이 되지 않지만 벌금형을 자유형으로 변경하는 것은 집행유예를 붙이는 경우에도 불이익변경에 해당한다. 따라서 제 1 심에서 甲에 대하여 징역 8월에 2년간 집행유예의 판결을 선고한 것은 위법하다.

V. 결   론

약식명령을 한 판사가 정식재판에 관여한 것은 법관이 전심재판에 관여한 경우에 해당하지 않으므로 제척사유가 되지 않는다. 또한 원심의 증거보전절차에 관여한 판사 B가 항소심 재판에 관여하는 것은 전심재판의 기초가 된 조사·심리에 관여한 때에 해당하여 제척사유에 해당한다. B는 항소심의 직무집행에서 탈퇴해야 하며, 검사와 피고인은 B에 대하여 기피신청을 할 수 있다. B가 재판에 관여한 때에는 상고이유가 된다. 乙의 변호인이 공판정에서의 심리방법과 법정경찰권의 행사를 이유로 한 기피신청은, 법관이 불공평한 재판을 할 염려가 있을 때에 해당하지 않으므로 형사합의부의 기피신청기각결정은 적법하다. 변호인의 기피신청이 기각되고 변론이 종결된 후에 乙이 다시 기피신청을 한 것은 기피신청이 소송지연을 목적으로 함이 명백한 때에 해당하는 경우이므로 A가 결정으로 기피신청을 기각한 것은 적법하다. 약식명령에서 벌금형을 고지받고 정식재판을 청구한 甲에게 제 1 심에서 자유형의 집행유예를 선고한 것은 불이익변경금지의 원칙에 반하여 위법하다.

[관련판례]

⑴ 대법원 1985. 4. 23, 85 도 281, 「약식명령을 발부한 법관이 그 정식재판절차의 항소심 판결에 관여함은 형사소송법 제17조 제 7 호, 제18조 제 1 항 제 1 호 소정의 법관이 사건에 관하여 전심재판 또는 그 기초되는 조사심리에 관여한 때에 해당하여 제척·기피의 원인이 되나, 제척 또는 기피되는 재판은 불복이 신청된 당해 사건의 판결절차를 말하는 것이므로 약식명령을 발부한 법관이 그 정식재판절차의 항소심 공판에 관여한 바 있어도 후에 경질되어 그 판결에는 관여하지 아니한 경우는 전심재판에 관여한 법관이 불복이 신청된 당해 사건의 재판에 관여하였다고 할 수 없다.」

⑵ 대법원 1995. 4. 3. 결정, 95 모 10, 「형사소송법 제18조 제 1 항 제 2 호 소정의 '불공평한 재판을 할 염려가 있는 때'라 함은 당사자가 불공평한 재판이 될지도 모른다고 추측할 만한 주관적 사정이 있는 때를 말하는 것이 아니라 통상인의 판단으로 법관과 사건과의 관계상 불공평한 재판을 할 것이라는 의혹을 갖는 것이 합리적이라고 인정할 만한 객관적인 사정이 있는 때를 말한다. 따라서 재판부가 당사자의 증거신청을 채택하지 아니하거나 이미 한 증거결정을 취소하였다 하더라도 그러한 사유만으로는 재판의 공정을 기대하기 어려운 객관적 사정이 있다고 할 수 없다.」

[2] 법원의 관할

[설 문]

　甲의 주거지는 서울 서초구 서초동이다. 甲은 집근처에서 乙과 싸우면서 상해를 가한 행위로 인해 상해죄로 공소제기되어 서울중앙지방법원 형사단독판사 A에게 재판을 받고 있었다. 검사는 그 후 乙이 그 때 입은 상처로 사망한 것을 알고 상해치사죄로 공소장변경을 신청하였다. A는 검사의 공소장변경신청을 허가하고 사건을 형사합의부로 이송하였다. 서울중앙지방법원 형사합의부는 甲에게 유죄를 인정하고 징역 3년의 형을 선고하였으나, 甲의 항소에 의하여 사건은 서울고등법원에 계속 중이다. 한편 甲은 이 사건 이전에 경기도 수원시에서 丙과 싸워 상처를 입힌 사실로 대전지방법원 형사단독판사 B에 의하여 상해죄로 징역 10월의 형을 선고받고 항소하여 대전지방법원 항소부에 계속 중인 사건이 있다. 위 사건에서 甲은 대전지방검찰청 검사의 소환을 받고 검사실에 출석하여 조사를 받은 후 구속기소되었으나 보석으로 석방되어 있었다.

　⑴ 판사 A의 조치는 적법한가.

　⑵ 대전지방법원에는 甲에 대한 토지관할이 있는가.

　⑶ 서울고등법원에서 두 사건을 병합심리할 수 있는가. 있다면 어떤 조치를 취해야 하는가.

I. 문제점의 정리

　설문은 사물관할과 토지관할 및 관련사건의 병합관할 또는 병합심리에 관한 문제이다. 관할이란 법원에 대한 재판권의 분배, 즉 특정법원이 특정사건을 재판할 수 있는 권한을 말한다. 법원의 관할은 심리의 편의와 사건의 능률적 처리라는 절차의 기술적 요구와 피고인의 출석과 방어의 편의를 고려하여 결정해야 한다. 설문의 문제 (1)은 단독판사가 상해치사죄로의 공소장변경을 허가하여 서울중앙지방법원 합의부로 이송한 것이 적법한가의 문제이며, 문제 (2)는 피고인이 공소제기 당시 구속되어 있던 곳에 토지관할이 인정되는가의 문제이고, 문제 (3)은 사물관할을 달리하는 관련사건에 대한 항소심의 병합심리절차에 관한 문제이다.

Ⅱ. 공소장변경과 사물관할

　　문제 (1)은 단독판사의 사물관할에 속하는 사건에 관하여 검사가 합의부의 관할에 속하는 사건으로 공소장을 변경하는 경우에 관할권 없는 단독판사가 이를 허가할 수 있는가, 또 허가한 경우에는 단독판사가 합의부로 이송하면 되는가 또는 관할위반의 판결을 선고해야 하는가에 관한 것이다.

1. 공소장변경허가의 적법 여부

　　제 1 심의 사물관할은 원칙적으로 단독판사에 속하지만 사형·무기 또는 단기 1년 이상의 징역이나 금고에 해당하는 사건 등의 경우에는 합의부에서 심판한다($\binom{\text{법원조직법}}{\text{제32조 1항 3호}}$). 따라서 상해치사죄($\binom{\text{형법 제259조 1항.}}{\text{3년 이상 유기징역}}$)가 합의부의 관할사건인 점이 분명하므로 A판사가 공소장변경을 허가한 때에는 그 사건을 심판할 수 없게 된다. 그러나 검사의 공소장변경신청이 있는 경우에 법원은 공소사실의 동일성이 인정되는 때에는 공소장변경을 허가하여야 한다($\binom{\text{제298조}}{\text{1항}}$). 공소사실의 동일성을 판단하는 기준에 관하여는 기본적 사실동일설, 죄질동일설, 구성요건공통설 및 소인공통설이 대립하고 있으나, 판례($\binom{\text{대법원 2012. 4. 13.}}{\text{2010 도 16659 등}}$)의 입장인 기본적 사실동일설이나 구성요건공통설을 비롯하여 어떤 견해에 의하여도 상해사건과 그 상해로 인한 상해치사사건 사이에 동일성이 인정된다는 점에는 의문이 없다. 뿐만 아니라 A판사가 공소장변경을 허가하지 않으면 관할위반의 판결이나 합의부로 이송하는 결정을 할 수도 없다.

　　따라서 A판사의 공소장변경허가결정은 적법하다.

2. 공소장변경 후의 조치

형사소송법 제8조 2항은 「단독판사의 관할사건이 공소장변경에 의하여 합의부 관할사건으로 변경된 경우에 법원은 결정으로 관할권이 있는 법원에 이송한다」고 규정하고 있다. 이 경우에 관할위반의 선고를 하면 검사가 다시 공소를 제기하는 수밖에 없는데, 이는 불필요한 절차를 반복하여 소송경제를 해하는 결과를 초래하기 때문에 이를 피하기 위한 규정이다. 이 규정에 의하여 A판사는 사건을 서울지방법원 합의부로 이송하지 않을 수 없으며, 따라서 이에 따른 A판사의 조치는 적법하다.

A의 이송결정에 의하여 사건이 서울중앙지방법원 형사합의부로 이송되는 경우에도 甲에 대한 구속영장의 효력은 물론 A가 행한 증거조사결과 등 모든 소송행위의 효력은 그대로 유지될 수 있다.

Ⅲ. 토지관할과 현재지

문제 (2)는 甲의 상해피고사건에 대하여 대전지방법원에 토지관할이 있는가를 묻는 문제이다. 형사소송법은 「토지관할은 범죄지, 피고인의 주소, 거소 또는 현재지로 한다」고 규정하고 있다(제4조). 甲의 주거지는 서울이고 범죄지는 경기도 수원임이 설문의 내용에 의하여 명백하므로 대전지방법원이 토지관할을 가지는가는 그 곳이 甲의 현재지인가에 따라서 결정된다. 현재지의 개념에 대하여는 피고인의 현재의 소재지인 이상 임의·적법을 불문한다는 견해도 있다. 그러나 현재지의 개념을 지나치게 확대하는 것은 관할제도를 무의미하게 만드는 결과가 된다. 따라서 통설과 판례(대법원 2011. 12. 22, 2011 도 12927)는 여기의 현재지란 임의 또는 적법한 강제에 의하여 피고인이 현재하는 장소를 말한다고 해석한다. 또 현재지인가의 여부는 공소제기시를 기준으로 판단해야 하지만 토지관할의 유무는 공소제기 이후에 관할권이 생기면 하자가 치유될 수 있다고 해석한다. 이에 의하면 공소제기 당시 피고인이 구속되어 있을 때에는 구속된 장소가 현재지가 될 뿐만 아니라 검사의 출석요구에 응하여 조사를 받고 그 결과 공소제기된 경우에도 그 곳이 현재지가 될 수 있다.

결국 甲은 대전지방법원에 구속기소되었으므로 현재지가 되어 대전지방법원은 토지관할을 가지게 된다.

IV. 관련사건의 병합심리

문제 (3)은 甲에 대한 서울고등법원에 계속 중인 상해치사피고사건과 대전지방법원에 계속 중인 상해사건에 관하여 관련사건의 병합심리가 허용되는가에 관한 문제이다.

1. 관련사건의 병합관할

수개의 사건이 서로 관련하는 것을 관련사건이라고 하며, 관련사건에는 1인이 범한 수죄를 의미하는 인적 관련과 수인이 공동하여 범한 죄인 물적 관련이 포함된다. 甲이 범한 두 개의 범죄가 인적 관련으로서 관련사건에 해당함은 명백하다. 관련사건에 대하여는 병합관할이 인정되므로 1개의 사건에 대하여 관할권이 있는 법원은 관련사건에 대하여도 관할권을 가진다. 인적 관련에 있어서는 불필요한 이중심리를 피하고 물적 관련에 있어서는 동일한 사건에 대한 모순된 판결을 피하기 위해서이다.

관련사건의 병합관할은 사물관할과 토지관할에 대하여 인정된다. 즉 사물관할을 달리하는 수개의 사건이 관련된 때에는 법원합의부가 관할한다(제9조). 이는 제1심의 관할에 관한 규정이며, 따라서 제1심에 대하여만 적용된다고 해석하는 것이 보통이다. 그러나 병합관할을 인정하는 취지에 비추어 보면 심급의 이익을 해하지 않는 한 제1심뿐만 아니라 항소심에 대하여도 인정된다고 해석하는 것이 타당하다. 토지관할을 달리하는 수개의 사건이 관련된 때에도 1개의 사건에 대하여 관할권 있는 법원은 다른 사건도 관할할 수 있다(제5조). 토지관할의 병합 또한 항소심에도 준용된다(규칙 제4조의 2 제1항). 설문은 사물관할과 토지관할을 달리하는 두 개의 사건이 관련된 항소심에 있어서의 병합관할의 경우이다. 그러나 관련사건의 병합관할이 항소심에 있어서도 준용된다고 해석하는 한, 사물관할과 토지관할을 달리하는 경우에도 병합관할을 인정하는 것이 타당하다.

2. 병합심리의 절차

형사소송법 제10조는 사물관할의 병합심리에 관한 규정을 두고 있다. 즉
이에 의하면 사물관할을 달리하는 수개의 관련사건이 각각 법원합의부와 단독
판사에 계속된 때에는 합의부는 결정으로 단독판사에 속한 사건을 병합하여
심리할 수 있다($^{제10}_{조}$). 법원합의부와 단독판사에 속한 사건이 토지관할을 달리
하는 때에도 같다($^{규칙}_{제4조1항}$). 규칙은 항소심에서의 병합심리의 절차에 관하여
규정하고 있다($^{규칙}_{제4조의 2}$). 이에 의하면 사물관할을 달리하는 수개의 관련 항소
사건이 각각 고등법원과 지방법원 본원합의부에 계속된 때에는 고등법원은 결
정으로 지방법원 본원합의부에 계속된 사건을 병합하여 심리할 수 있다. 수개
의 관련 항소사건이 토지관할을 달리하는 경우에도 같다($^{동조}_{제1항}$). 이에 의하여
서울고등법원은 결정으로 甲에 대한 대전지방법원 본원합의부 사건을 병합하
여 심리할 수 있다. 이를 위하여 지방법원 본원합의부의 재판장은 관련사건이
고등법원에 계속 중인 사실을 알게 된 때에는 즉시 고등법원의 재판장에게 그
사실을 통지하여야 하며($^{동조}_{제2항}$), 고등법원이 병합심리결정을 한 때에는 즉시 그
결정등본을 지방법원 본원합의부에 송부하여야 하고, 지방법원 본원합의부는
5일 이내에 소송기록과 증거물을 고등법원에 송부하여야 한다($^{동조}_{제3항}$).

형사소송법 제6조는 「토지관할을 달리하는 수개의 관련사건이 각각 다른
법원에 계속된 때에는 공통되는 직근상급법원은 검사 또는 피고인의 신청에
의하여 결정으로 1개 법원으로 하여금 병합심리하게 할 수 있다」고 규정하고
있다. 설문의 경우에 甲에 대한 두 개의 사건은 토지관할을 달리하는 것이므로
이 규정에 따라 직근상급법원의 결정이 있어야 하는 것이 아닌가가 문제될 수
있다. 그러나 판례는 형사소송법 제6조의 '각각 다른 법원'이란 사물관할은 같
으나 토지관할을 달리하는 동종, 동등의 법원만을 말하는 것이므로 심급은 같
을지언정 사물관할을 달리하는 법원은 여기에 해당하지 않는다고 해석하고 있
다($^{대법원 1990. 5. 23.}_{결정, 90초56}$). 그리고 '공통되는 직근상급법원'은 그 성질상 형사사건의 토
지관할 구역을 정해 놓은 「각급 법원의 설치와 관할구역에 관한 법률」 제4조에
기한 [별표 3]의 관할구역 구분을 기준으로 정하여야 한다($^{대법원 2006. 12. 5. 전원합}_{의체결정, 2006초기 335}$).
설문의 경우에는 사물관할을 달리하므로 형사소송규칙 제4조의 2 제1항에 따
라 상급법원인 대법원이 아니라 서울고등법원의 결정에 의하여 병합심리할 수

있는 것이다.

V. 결   론

　甲에 대한 상해사건이 상해치사죄로 공소장변경되어 합의부의 사물관할에 속하는 경우에도 단독판사인 A는 공소사실의 동일성이 인정되는 이상 공소장변경신청을 허가하고 이를 지방법원 합의부로 이송하여야 한다. 甲에 대한 상해피고사건을 심리하고 있는 대전지방법원은 甲의 현재지에 해당하여 토지관할을 가진다. 甲에 대한 두 개의 피고사건은 관련사건이므로 병합관할이 인정된다. 따라서 서울고등법원은 결정으로 대전지방법원에 계속 중인 사건을 병합심리할 수 있다.

[관련판례]

(1) 대법원 1990. 5. 23. 결정, 90 초 56, 「형사소송법 제 6 조는 토지관할을 달리하는 수개의 관련사건이 각각 다른 법원에 계속된 때에는 공통되는 직근 상급법원은 검사 또는 피고인의 신청에 의하여 결정으로 1개 법원으로 하여금 병합심리하게 할 수 있다고 규정하고 있는데, 여기서 말하는 '각각 다른 법원'이란 사물관할은 같으나 토지관할을 달리하는 동종, 동등의 법원을 말하는 것이므로 사건이 각각 계속된 마산지방법원 항소부와 부산고등법원은 심급은 같을지언정 사물관할을 같이하지 아니하여 여기에 해당하지 아니한다.」

(2) 대법원 2006. 12. 5. 전원합의체결정, 2006 초기 335, 「사물관할은 같지만 토지관할을 달리하는 수개의 제 1 심 법원(지원을 포함한다. 이하 같다)들에 관련사건이 계속된 경우에 있어서, 형사소송법 제 6 조에서 말하는 '공통되는 직근 상급법원'은 그 성질상 형사사건의 토지관할 구역을 정해 놓은 '각급 법원의 설치와 관할구역에 관한 법률' 제 4 조에 기한 [별표 3]의 관할구역 구분을 기준으로 정하여야 할 것인바, 형사사건의 제 1 심 법원은 각각 일정한 토지관할 구역을 나누어 가지는 대등한 관계에 있으므로 그 상급법원은 위 표에서 정한 제 1 심 법원들의 토지관할 구역을 포괄하여 관할하는 고등법원이 된다. 따라서 토지관할을 달리하는 수개의 제 1 심 법원들에 관련 사건이 계속된 경우에 그 소속 고등법원이 같은 경우에는 그 고등법원이, 그 소속 고등법원이 다른 경우에는 대법원이 위 제 1 심 법원들의 공통되는 직근 상급법원으로서 위 조항에 의한 토지관할 병합심리 신청사건의 관할법원이 된다.」

[3] 검사의 지휘·감독관계, 검사의 소송법상 지위와 객관의무

[설문]

검사 甲은 경찰에서 송치되어 온 피의자 A에 대한 사기피의사건을 수사한 결과 범죄의 혐의가 인정되고 처벌할 필요가 있다고 판단하여 공소를 제기하고자 하였다. 甲이 공소장을 작성하여 결재를 올리자 검사장 乙은 A가 지역의 유력인사이고 지역발전을 위하여는 불기소처분을 하는 것이 타당하니 불기소처분을 하라는 부전지를 달아 공소장을 반환하였다. 甲은 A를 불기소처분하는 것은 형평에 반한다고 확신하고, 乙이 검찰청에 없는 사이에 乙의 결재를 받지 않고 A를 공소제기하였다. 공판심리가 개시되자 甲은 A에게 유리한 수사결과를 수사기록에서 빼내고 범죄의 증명에 필요한 부분만 증거로 제출하였다.

(1) 甲의 공소제기는 적법한가.

(2) 검사장 乙이 甲의 공소제기 전에 A를 불기소하게 할 수 있는 방법은 무엇인가.

(3) 甲의 증거제출은 적법한가.

Ⅰ. 문제점의 제시

설문은 검사의 지휘·감독관계, 직무의 위임·이전·승계 및 검사의 소송법상의 지위, 특히 검사의 당사자로서의 지위와 객관의무와의 관계에 관한 문제이다. 검사는 행정기관이면서도 준사법기관으로서의 독립성이 유지되어야 하며, 독립성이 유지되면서도 자의와 독선이 허용되어서는 안 된다. 검사에 대한 이러한 요청을 조직면에서 실현하는 것이 검사의 지휘·감독관계, 즉 종래의 검사동일체의 원칙이다. 검사는 검찰총장을 정점으로 하는 피라미드형의 계층적 조직체를 형성하고 일체불가분의 유기적 통일체로서 활동해야 한다는 원칙이다. 검찰권의 행사가 전국적으로 균형을 이루게 하여 검찰권행사의 공정을 기하려는 데에 주된 이유가 있다. 이는 검사의 상명하복관계와 직무승계와 이전의 권한을 그 핵심적 내용으로 한다. 검찰청법 제 7 조는 2004. 1. 20.자 개정을 통하여 검사동일체의 원칙의 표제를 삭제하고 「검사는 검찰사무에 관하여 소속 상급자의 지휘·감독에 따른다」고 규정하여 검사의 지휘·감독관계를 규정하고 있다. 그러나 검사의 지휘·감독관계는 상명하복관계를 전제로 하는 것이고, 직무승계와 이전의 권한이 인정되고 있는 점에서 여전히 검사동일체의 원칙은 유지되고 있는 것으로 평가된다. 설문의 문제 (1)은 검사의 지휘·감독관계, 문제 (2)는 직무승계와 이전의 권한에 대한 것이다. 검사는 수사의 주재자일 뿐만 아니라 공소권의 주체이다. 공소권의 주체인 검사는 당사자이면서 객관의무를 가진 객관적 관청이라고 한다. 문제 (3)은 검사의 당사자지위와 객관의무와의 관계를 묻는 문제이다.

Ⅱ. 검사의 지휘·감독관계

문제 (1)은 검사의 지휘·감독관계에 비추어 검사장의 명령에 위반하여 결재를 받지 않고 한 甲의 공소제기가 유효한가의 문제이다.

1. 지휘·감독관계의 성질

검찰청법 제 7 조 1항은 「검사는 검찰사무에 관하여 소속 상급자의 지휘·감독에 따른다」고 규정하고 있다. 검사의 지휘·감독관계는 검사의 상명하복관계를 전제로 한다. 검사의 지휘·감독관계는 내적 지휘·감독권과 외적 지휘·감독권을 포함한다. 전자가 검사 내부의 지휘·감독권을 의미함에 반하여, 후자는 법무부장관의 검사에 대한 지휘·감독권을 말한다. 법무부장관의 지휘·감독권은 검사에 대하여 일반적으로 지휘·감독함에 그치며 구체적 사건에 대하여는 검찰총장에게만 미친다는 제한이 있으나, 내적 지휘·감독권에는 이러한 제한이 없다. 그러나 검사에게 상명하복관계가 인정된다고 할지라도 검찰사무의 특성에 비추어 검사의 지휘·감독관계는 순수한 의미에서의 상명하복관계라고 할 수 없다. 검사는 1인제의 관청으로 각자가 자기책임 아래 검찰사무를 처리해야 하며 준사법기관으로서의 검사는 진실과 정의에 구속되어야 하고, 검사의 정의와 진실에 대한 의무가 상명하복관계에 의하여 깨뜨려진다면 준사법기관으로서 검사가 가지는 인적·물적 독립성은 그 의미를 잃어버리게 되기 때문이다. 따라서 검사의 상명하복관계는 적법한 상사의 명령에만 복종해야 한다는 뜻에 지나지 않는다. 진실과 정의에 대한 의무가 검사의 상명하복관계에 대한 한계가 되므로 검사가 자기의 법적 확신이나 양심에 반하는 상사의 지시에 따라서는 안 된다는 결과가 된다. 이러한 의미에서 검찰청법이 검사동일체의 원칙의 표제를 검사의 지휘·감독관계로 고친 것은 검사의 상명하복관계의 성질을 명백히 한 것이며, 검찰청법이 명문으로 「검사는 구체적 사건과 관련된 제1항의 지휘·감독의 적법성 또는 정당성에 대하여 이견이 있을 때에는 이의를 제기할 수 있다」고 규정한 이유도 여기에 있다(검찰청법 제7조 2항). 다만 기소편의주의를 취하고 있는 우리 형사소송법하에서 기소·불기소에 대한 상사의 명령은 실질적으로 중요한 의미를 가진다고 할 것이므로, 의심스러운 경우에는 상사의 명령에 따라야 하지만 검사에게 확신이 있는 경우에는 검사는 자신의 신념에 따라서 결정해야 한다는 원칙이 적용될 수 있다.

결국, 甲이 A를 수사한 결과 공소를 제기해야 한다는 확신을 가지고 검사장인 乙의 지시에 반하여 공소제기한 것은 지휘·감독관계에 위배한 것이 아니며 적법하다고 하지 않을 수 없다.

2. 결재를 받지 아니한 공소제기의 효력

검사의 지휘·감독관계를 유지하기 위하여 검사가 처분을 할 때는 내부 기준에 따라 원칙적으로 상사의 결재를 받도록 하고 있다. 그러나 검사의 지휘·감독관계는 내부적 효력을 가지는 데 지나지 않는다. 따라서 검사가 상사의 명령에 위반하거나 결재를 받지 아니하고 공소를 제기하거나 불기소처분을 한 경우에도 그 처분의 효력에는 영향이 없다.

결국, 甲이 乙의 결재를 받지 아니하고 행한 공소제기는 적법하다고 해야 한다.

Ⅲ. 직무승계와 이전의 권한

　　문제 ⑵는 직무승계와 이전의 권한에 대하여 묻는 것이다.

　　검사에게 상명하복관계가 인정됨에도 불구하고 검사의 진실과 정의에 대한 확신이 상사의 명령에 우선하게 되는 결과 다른 제도적 장치가 없으면 상명하복관계는 무의미하게 되지 않을 수 없다. 그것은 검사의 독립성을 보장할 수 있어도 동시에 검사의 자의와 독선을 허용하는 결과를 초래한다. 이러한 경우에 대비하여 상사에게 부여된 권리가 바로 직무승계와 이전의 권한이다. 즉 검찰총장과 각급검찰청의 검사장 및 지청장은 소속 검사의 직무를 자신이 처리하거나($\substack{검찰청법 제7조의 \\ 2 제2항 전단}$), 다른 검사로 하여금 처리하게 할 수 있고 그 권한에 속하는 직무의 일부를 소속 검사로 하여금 처리하게 할 수 있다($\substack{동조 제1항· \\ 제2항 후단}$). 전자를 직무승계의 권한, 후자를 직무이전의 권한이라고 한다. 따라서 검사장인 乙로서는 A를 불기소처분하기 위하여 甲이 공소제기하기 전에 자신이 그 사건을 승계하여 불기소처분을 하거나, 사건을 재배당하여 소속 검찰청의 다른 검사로 하여금 불기소처분을 하게 하는 방법밖에 없다. 이러한 상사의 직무승계와 이전의 권한에 의하여 순수한 의미에서의 상명하복관계가 아닌 검사의 지휘·감독관계가 비로소 그 의미를 가질 수 있게 되는 반면, 검사의 독립성은 제한적 의미를 갖게 된다는 점을 부정할 수 없다.

Ⅳ. 검사의 당사자지위와 객관의무

　　문제 ⑶은 검사의 당사자로서의 지위와 객관의무의 관계를 묻고 있다. 검사의 당사자로서의 지위를 인정할 때에는 검사가 피고인에게 이익되는 증거를 제출할 필요가 없음에 반하여, 검사의 객관의무를 강조할 때에는 피고인에게 불이익한 증거뿐만 아니라 유리한 증거도 제출해야 한다. 먼저 검사에게 당사자로서의 지위를 인정할 것인가를 살펴본 후에 검사의 객관의무와의 관계를 검토하기로 한다.

1. 검사의 당사자지위

검사는 공익의 대표자로서 공판절차에서 공소사실을 입증하고 공소를 유지하는 공소수행의 담당자가 된다($\substack{검찰청법\\제4조 1항}$). 공소수행의 담당자로서 검사는 피고인에 대립하는 당사자가 된다. 피고인과 대립되는 당사자인 검사는 피고인과의 공격과 방어를 통하여 형사소송을 형성하여 가며, 논고에 의하여 법령의 정당한 적용을 청구한다. 그러나 당사자주의는 당사자대등주의를 전제로 하고, 당사자대등주의는 당사자 사이의 실질적인 무기평등을 요구하지만 검사는 피고인과 대등한 당사자가 될 수는 없다. 여기서 독일에서는 검사의 당사자지위를 부정하는 데 견해가 일치하고 있고, 우리나라에서도 검사의 당사자지위를 인정할 수 없다고 해석하는 견해가 있다. 그것은 ① 당사자의 개념은 형사소송의 개념과 친숙하지 못하고, ② 공익의 대표자인 검사를 당사자라고 지칭하는 것은 적절하지 못하며, ③ 검사를 당사자로 보게 되면 공판절차의 검찰사법화가 우려된다는 것을 이유로 한다. 그러나 검사의 당사자지위는 피고인의 그것과 상관되는 것으로 검사의 당사자지위를 인정하는 것은 공판절차의 검찰사법화를 초래하는 것이 아니라 피고인의 방어권보장에 기여한다고 해야 하고, 당사자주의가 강화된 형사소송법의 해석에 있어서 검사가 공판절차에서 당사자로서의 지위를 차지한다는 것은 부정할 수 없다고 해야 한다. 다만 검사가 당사자라는 이유만으로 검사 甲의 증거제출이 적법하게 되는 것은 아니다. 검사는 동시에 공익적 지위에서 객관의무를 가지고 있기 때문이다. 문제는 검사의 당사자지위가 공익적 지위 내지 객관의무와 어떻게 조화될 수 있는가에 있다.

2. 검사의 객관의무와의 관계

검사는 피고인에 대립되는 당사자이면서도 단순한 당사자가 아니라 공익의 대표자로서 피고인의 정당한 이익을 옹호해야 한다. 공익의 대표자인 검사가 진실을 탐지하고 법을 발견·적용해야 하는 것은 당연하기 때문이다. 이를 검사의 객관의무라고 하며 검사는 이러한 객관의무로 인하여 객관적 관청으로 기능할 수 있게 된다. 원래 검사의 객관의무는 독일 형사소송법학에서 검사의 당사자지위를 부정하는 근거로 사용되었던 개념이다. 그러나 검사의 당사자지위를 인정하고 있는 형사소송법의 해석에 있어서도 검사에게 피고인의 정당한 이익을 옹호해야 할 공익적 지위 또는 객관의무를 인정해야 한다는 점에는 견해가 일치하고 있다. 법치국가원리를 실현하기 위하여는 검사가 객관성을 유지하지 않으면 안 된다는 점에서 볼 때 검사의 객관의무를 인정하는 것은 당연하며, 검사의 객관의무는 검사의 당사자지위와 모순되는 것이 아니라 당사자주의를 실질적으로 실현하기 위한 것이라고 할 수 있다. 헌법재판소($\binom{\text{헌재결 2002. 12. 18,}}{\text{2002 헌마 527}}$)와 대법원($\binom{\text{대법원 2010. 10. 28,}}{\text{2008 도 11999}}$)도 검사의 객관의무를 인정하고 있다. 검사는 이러한 객관의무로 인하여 당사자이면서도 단순한 피고인의 적이 아니며, 공익의 대표자로서 피고인에게 이익되는 사실도 조사·제출하고, 피고인의 이익을 위하여 상소와 비상상고를 해야 한다.

따라서 甲이 피고인에게 유리한 수사결과를 기록에서 빼내어 증거로 제출하지 않은 것은 객관의무에 위배한 위법한 행위라고 하지 않을 수 없다. 이처럼 객관의무를 위배할 경우 국가배상책임을 질 수 있다($\binom{\text{대법원 2002. 2. 22, 2001 다 23447.}}{\text{강간 후 강취사건에서 피고인에게}}$ 유리한 유전자 감정서 불제출).

V. 결   론

검찰사무를 처리함에 있어서 검사의 자의와 독선을 방지하여 적정한 검찰권을 행사할 수 있도록 하기 위하여 검사의 지휘·감독관계가 인정되고 있다. 그러나 검사의 지휘·감독관계는 순수한 의미의 상명하복관계가 아니라 적법한 상사의 명령에 복종해야 한다는 제한적 의미를 갖는 데 불과하다. 따라서 검사가 공소제기하는 것이 법과 정의에 일치한다는 확신이 있는 경우에는 상사의 불기소명령에 복종할 필요가 없다. 뿐만 아니라 공소제기시에 필요한 검사장의 결재는 내부적 효력을 갖는 데 불과하므로 甲이 검사장의 결재를 받지 않고 공소제기했다고 하여 공소제기의 효력에 영향을 미치는 것은 아니다. 다만 검사장은 검찰권의 적정한 행사를 가능하도록 하기 위하여 직무승계와 이전의 권한에 의하여 자신이 사건을 인수하여 불기소처분을 하거나 다른 검사에게 사건을 재배당하여 불기소처분을 하게 할 수 있다. 한편 공판절차에서 검사는 피고인에 대립하는 당사자로서 피고인과의 공격·방어를 통하여 형사절차를 형성해 나간다. 그러나 검사는 단순한 피고인의 적이 아니며, 공익적 지위에서 나오는 객관의무에 의하여 피고인에게 불이익한 사실뿐만 아니라 이익되는 사실도 수사하고 증거를 제출해야 한다. 따라서 검사가 피고인에게 불이익한 증거만을 추출하여 증거로 제출하고 유리한 증거를 없애버리는 것은 검사의 객관의무에 위배된다고 할 것이다. 따라서 甲의 증거제출은 부적법하다.

[관련문제]

검사 甲은 사건을 배당받아 수사한 결과 일부 무혐의, 나머지 부분은 기소유예의 의견에 도달하고 결정문을 작성하였다. 그러나 검사장 乙은 여러 사정을 종합해 볼 때 설령 무죄의 판결을 받게 된다 하더라도 기소를 해야 한다고 보고 결재를 하지 않고 있다. 甲은 이를 어떻게 처리해야 하는가(30점).

(제34회 사법시험 출제문제)

《쟁 점》

⑴ 검사조직의 특수성은 기소편의주의와 어떤 관계를 가지는가.
⑵ 甲은 검사장 乙의 지시에 따라 공소제기해야 하는가.
　　① 검사의 지휘·감독관계는 순수한 의미의 상명하복관계인가.
　　② 검사장의 결재를 받지 않은 불기소처분은 유효한가.
　　③ 검사장이 취할 수 있는 조치는 무엇인가(직무이전의 권한).
⑶ 甲이 검사장의 지시에 따라 공소제기하는 경우는 공소권남용이 될 수 있는가.

《해 설》

검사의 지휘·감독관계는 기소편의주의에 의한 기소유예에 대하여도 적용된다. 그러나 검사의 지휘·감독관계는 순수한 의미의 상명하복관계가 아니므로 검사의 진실과 정의에 대한 구속이 상명하복관계에 우선한다. 검사는 단독제의 관청이므로 검사장의 결재를 받지 않고 불기소처분을 한 경우에 불기소처분은 유효하다. 다만 검사장은 사전에 甲이 담당한 사건을 자신이나 다른 검사에게 배당하여 처리하게 할 수 있다(직무승계와 이전의 권한). 불기소처분은 확정력이 없으므로 검사장은 이를 재기하여 공소제기하게 할 수 있다. 甲이 검사장의 지시에 따라 일부 혐의없다고 판단한 사실을 공소제기했다고 공소권남용이 되는 것은 아니다. 공소권남용에 해당하지 않는 사건은 형식재판으로 종결할 수 없다.

[4] 성명모용과 위장출석
——피고인의 특정——

[설 문]

　　甲은 음주운전 중 사람이 다치는 사고를 낸 사건으로 수사를 받으면서 가지고 있던 乙의 운전면허증을 제시하고 乙의 이름을 모용하였기 때문에 검사는 乙을 교통사고처리특례법위반죄로 약식기소하였다. 약식명령이 乙에게 송달되자 乙은 정식재판을 청구하였다. 乙에 대한 정식재판절차에서 사실심리가 진행되던 중 甲이 乙의 성명을 모용한 것임이 밝혀졌다.

(1) 피고인은 누구인가.

(2) 검사가 乙을 甲으로 인적사항을 고치기 위하여 어떻게 해야 하는가.

(3) 검사가 피고인의 인적사항을 甲으로 고치지 않을 때에는 법원은 어떻게 해야 하는가.

(4) 모용관계가 밝혀져 검사가 乙을 甲으로 고친 경우에 법원은 甲과 乙에 대한 재판을 어떻게 진행해야 하는가.

　　정식의 공판절차인 경우는 어떤가.

(5) 甲에게 약식명령이 송달되자 甲은 정식재판을 청구하였다. 甲에 대한 정식의 공판절차가 진행되자 丙이 출석하여 자기가 甲이라고 주장하고 재판을 받는 경우에는 누가 피고인인가.

　　丙에게 유죄판결이 확정된 경우는 어떤가.

(6) 심리 결과 甲도 친구인 丁이 운전하는 사이에 옆자리에 앉아 있었는데 자기가 사고를 내었다고 자수하여 수사가 개시된 것이었음이 밝혀졌다면 어떻게 처리해야 하는가.

I. 문제점의 정리

공소장에는 피고인의 성명 기타 피고인을 특정할 수 있는 사항을 기재하여야 하며($\frac{제254조}{3항 1호}$), 공소제기의 효력은 피고인에 대하여만 미친다($\frac{제248조}{1항}$). 따라서 통상의 경우 공소장에 피고인으로 기재되어 있는 자가 피고인이다. 그러나 설문에 기재된 바와 같이 甲이 乙의 성명을 모용하여 공소장에 乙이 피고인으로 기재된 경우(성명모용)와 문제 ⑸와 같이 甲에 대하여 공소가 제기되었는데 丙이 출석하여 자기가 甲이라고 위장하여 재판을 받는 경우(위장출석)에는 누가 피고인이 되는가가 문제된다. 피고인의 특정은 복수의 피고인이 있는 경우에 누가 본래의 피고인으로 취급되어야 하는가라는 적극적·실질적 의미의 피고인을 정하는 기준과, 피고인으로 행위한 자의 절차를 어떻게 종결시키는가라는 형식적 의미의 피고인에 대한 처리기준이 문제된다. 설문은 성명모용과 위장출석의 경우에 피고인의 특정 및 관련된 문제의 해결을 요구하고 있다. 즉, 문제 ⑴ 내지 ⑷는 성명모용의 경우에 피고인을 정하는 기준과 피고인을 특정하는 방법, 피고인을 특정하지 않은 경우와 피모용자의 정식재판의 청구에 의하여 정식재판절차가 진행된 경우의 처리방법을 묻는 문제이고, 문제 ⑸는 위장출석의 경우 피고인의 특정기준을, 문제 ⑹은 피고인의 특정과 관련하여 제기되는 진범을 대신하여 자수한 피고인에 대한 처리기준을 문제삼고 있다.

II. 성명모용과 피고인의 특정기준

1. 피고인의 특정기준

문제 ⑴은 성명모용의 경우에 누가 피고인인가의 문제이다. 피고인을 특정하는 기준에 관하여는 ① 공소장에 피고인으로 표시된 자가 피고인이라는 표시설, ② 검사의 의사를 기준으로 해야 한다는 의사설 및 ③ 실제로 피고인으로 행위하거나 피고인으로 취급된 자가 피고인이라는 **행위설**이 대립되고 있다. 표시설은 피고인이 누구인가를 명확히 할 수 있다는 장점이 있으나 성명모용의 경우에 공소장에 이름이 기재된 자를 피고인으로 하면서 공판정에 출석

하여 피고인으로 행위한 자를 절차상 방치하는 것은 타당하지 않다는 의문이
있다. 의사설은 이러한 문제점을 해결할 수 있지만 검사의 의사가 객관화되지
아니하여 검사의 자의를 허용하는 결과가 된다. 이에 반하여 행위설은 피고인
으로 행위하고 있는 자에 대한 절차를 종결시키기 위하여 형식재판을 가능하
게 하는 점에 의미가 있을 뿐이다. ④ 종래의 통설은 표시설과 행위설을 결합
하여 피고인을 정해야 한다고 하나, 검사의 의사를 고려하지 않을 때에는 성명
모용자를 피고인으로 할 수 없는 문제가 있다. 따라서 ⑤ 표시설을 중심으로
하면서 행위설과 의사설을 고려하여 피고인을 결정해야 한다고 해석하는 **실질
적 표시설**이 타당하다고 하지 않을 수 없다.

　　실질적 표시설에 의할 때 누가 피고인인가에 관하여 일반적으로는 표시설
이 적용되지만 행위설에 따라 피고인으로 행위한 자도 피고인이 되며, 성명모
용의 경우에는 의사설이 적용되어 피고인은 성명을 모용한 甲이라고 하지 않
을 수 없다. 공소제기의 효력이 甲에게 미치는 것도 당연하다. 乙이 甲에 의하
여 성명이 모용되었다는 사실만으로 피고인이라고 할 수는 없기 때문이다. 그
러나 乙이 정식재판을 청구하고 공판정에 출석하여 사실심리가 개시된 때에는
乙은 피고인으로 행위하였기 때문에 피고인이 된다. 다만 乙은 공소가 제기되
지 않았음에도 불구하고 피고인으로 행위한 자이기 때문에 형식적 피고인이
될 뿐이다. 이 경우에도 실질적 피고인이 甲이라는 점에는 변함이 없다.

2. 피고인특정의 방법

　　설문의 경우 피고인은 甲이고, 甲에게 공소제기의 효과가 미침에도 불구
하고 공소장에는 乙의 인적사항이 기재되어 있다. 이 경우에 검사는 乙의 이름
을 甲으로 고쳐야 한다. 인적사항의 기재를 고치는 방법에는 공소장변경과 공
소장정정절차에 의하여 정정하는 방법이 있다. 인적사항의 변경이 공소장변경
의 대상인가를 먼저 검토해야 한다. 그러나 공소장에 기재된 피고인이 乙로 기
재되어 있다고 하더라도 검사는 甲을 공소제기하였고 甲이 피고인이므로 피고
인의 인적사항에 관하여 乙을 甲으로 변경하였다고 심판의 대상이 바뀌는 것
은 아니다. 따라서 이 경우는 공소장변경이 필요 없는 경우에 해당한다. 따라
서 검사는 공소장에 기재된 피고인의 기재를 공소장정정절차에 의하여 바로잡
아야 한다. 공소장정정은 공소장변경이 필요 없는 부분의 기재를 바로잡는 것

에 불과하므로 법원의 허가를 받아야 하는 것은 아니다. 판례도 피고인의 인적 사항의 기재를 고치는 것은 공소장정정절차에 의하면 된다는 입장을 취하고 있다(대법원 1984. 9. 25, 84 도 1610 ; 대법원 1993. 1. 19, 92 도 2554).

3. 피고인표시정정을 하지 않은 경우의 조치

문제 ⑶은 검사가 甲이 乙의 성명을 모용한 것임이 밝혀졌음에도 불구하고 위의 공소장정정절차를 밟지 않는 경우의 처리방법을 묻고 있다. 문제는 공소장에 乙의 이름이 기재된 경우에도 피고인은 甲이므로 甲에 대한 공소제기로써 피고인이 특정되었다고 할 수 있는가에 있다. 피고인이 특정되었다고 보아 공소기각의 판결을 선고해서는 안 된다고 해석하는 견해도 있다. 이는 ① 피고인이 특정되었는가는 공소장에 기재된 인적사항을 기준으로 해야 하는데 공소장에 피고인의 성명, 주소, 생년월일, 주민등록번호 등이 기재되어 있으면 피고인은 특정되어 있다고 해야 하고, ② 공소장정정절차에 의하여 피고인의 표시정정을 허용하는 것이 소송경제에 도움이 된다는 것을 이유로 한다. 그러나 공소장에 피고인을 기재함에 있어서는 피고인을 다른 사람과 구별할 수 있을 정도로 특정해서 기재해야 한다. 공소장에 누구의 인적사항이라도 기재하면 피고인이 특정되는 것이 아니라 다른 사람과 구별되는 피고인의 성명, 생년월일, 주민등록번호, 주소, 직업 등을 기재해야 한다. 따라서 피고인의 이름이 진짜 이름이 아니라도 피고인은 특정되었다고 할 수 있지만 인적사항이 완전히 乙로 기재되어 있는 경우에는 피고인 甲에 대한 공소장의 기재가 특정되었다고 할 수 없다. 공소장정정절차를 밟으면 충분하다는 것과 이러한 절차를 거치지 않은 경우는 별개의 문제이다. 따라서 甲에 대한 공소제기는 공소제기의 절차가 법령의 규정에 위반하여 무효인 때에 해당하므로 공소기각의 판결을 선고해야 한다(제327조 2호). 판례도 검사가 모용관계를 바로잡지 않은 때에는 공소기각의 판결을 선고해야 한다고 판시하고 있다(대법원 1985. 6. 11, 85 도 756 ; 대법원 1993. 1. 19, 92 도 2554).

4. 甲과 乙에 대한 재판의 진행

검사가 공소장정정절차에 의하여 성명모용관계를 바로잡은 경우에도 乙은 공소가 제기되지 않았음에도 불구하고 약식명령에 대하여 정식재판을 청구하고 공판절차에 출석하여 사실심리를 받았으므로 형식적 피고인이 되며, 乙에 대하여 법원은 판단을 하여야 한다. 이 경우에 乙은 적법한 공소제기가 없는 피고인이기 때문에 법원은 형사소송법 제327조 2호의 「공소제기의 절차가 법률의 규정에 위반하여 무효인 때」의 규정을 유추적용하여 乙에게 공소기각의 판결을 선고해야 한다(대법원 1992. 4. 24,/92 도 490). 그러나 乙에 대한 판결은 甲에게 효력을 미칠 수 없다. 즉, 실질적 피고인인 甲에 대하여는 아직 약식명령이 송달되지 않은 상태이므로 법원은 약식명령을 甲에게 송달해야 한다. 이 단계에서 검사는 공소장정정신청을 할 수 있다. 이에 대하여 甲은 정식재판을 청구할 수 있고, 정식재판을 청구하지 않을 때에는 약식명령이 확정된다(대법원 1993. 1. 19,/92 도 2554).

　甲을 乙의 이름으로 정식의 공판절차에서 공소제기한 경우에도 공소장정정절차를 거쳐 甲에 대한 공판절차를 진행해야 하는 것은 약식명령의 경우와 같다. 공소제기의 효력은 乙에게 미치지 않으므로 乙은 피고인이 아니다. 다만, 乙이 공판정에 출석하여 실체에 관한 심판을 받은 때에는 법원은 乙에게도 공소기각의 판결을 선고해야 한다.

Ⅲ. 위장출석과 피고인

1. 위장출석의 경우 피고인의 특정과 법원의 조치

　문제 ⑸는 위장출석의 경우에 누가 피고인이 되고, 법원이 이를 발견하면 어떻게 처리해야 하는가에 관한 문제이다.

(1) 피고인의 특정

　실질적 표시설에 의하면 위장출석의 경우 검사가 공소를 제기한 피고인은 甲이며, 공소제기의 효과도 당연히 甲에게만 미치므로 피고인은 甲이라고 하지 않을 수 없다. 따라서 인정신문의 단계에서 丙이 위장출석한 사실이 밝혀진 때에는 丙을 퇴정시키고 甲을 소환하여 甲에 대한 절차를 진행하면 된다. 그러나 丙이 출석하여 사실심리가 개시된 때에는 丙에 대하여 공소가 제기되지 않았음에도 불구하고 丙은 피고인으로 행위하였으므로 공소기각의 판결을 선고해야 한다. 어느 경우이든 甲은 실질적 피고인이므로 처음부터 절차를 진행하면 되고 별도의 공소제기를 요하지 않는다.

(2) 위장출석과 법원의 조치

丙이 위장출석하여 丙에게 유죄판결이 확정된 경우에 丙에 대한 판결의 효력이 甲에게 미치지 아니함은 당연하다. 이 경우에도 甲에 대한 절차는 甲을 소환하여 제 1 심부터 다시 진행해야 하는 것은 물론이다. 문제는 丙을 어떻게 처리할 것인가에 있다.

위장출석자에 대한 처리방법에 관하여는 재심설과 비상상고설이 대립되고 있다. **재심설**은 ① 비상상고의 신청권자는 검찰총장이므로 재심을 청구하게 하는 때에만 피고인의 청구가 가능하게 되고, ② 丙이 위장출석한 사실이 밝혀지면 무죄임을 인정할 증거가 발견되었다고 할 수 있다는 이유로 위장출석한 자는 재심을 청구할 수 있다고 해석한다. 그러나 형사소송법은 유죄의 선고를 받은 자에게 무죄 또는 면소를 인정할 수 있는 증거가 발견된 때에만 재심사유로 하고 있으므로($^{제420조}_{5호}$) 공소기각임을 인정할 증거를 발견한 때에는 재심사유가 되지 않는다. 丙에 대하여는 공소의 제기가 없기 때문에 공소기각의 판결을 선고해야 함이 당연한 이상, 이 경우에 丙은 비상상고에 의하여 구제받을 수 있을 뿐이라고 해석하는 **비상상고설**이 타당하다.

丙은 비상상고에 의하여 구제받을 수 있다.

(3) 재심설에 의할 경우, 재심사유로서의 증거의 신규성

재심설에 의하는 경우에는 형사소송법 제420조 5호의 재심사유인 「유죄의 선고를 받은 자에 대하여 무죄 또는 면소를, 형의 선고를 받은 자에 대하여 형의 면제 또는 원판결이 인정한 죄보다 경한 죄를 인정할 명백한 증거가 새로 발견된 때」에 해당하는가, 특히 증거의 신규성이 인정되는가가 문제된다. 위장출석인 이상 유죄판결을 파기할 명백한 증거가 있는 것은 분명하므로 이 경우를 새로운 증거가 있는 때로 보아야 하는지를 검토해야 한다.

증거의 신규성을 인정하기 위하여 증거가 법원에 신규일 것을 요한다는 점에는 의문이 없으나, 당사자에 대하여도 신규일 것을 요하는가에 관하여는 ① 제420조 5호의 문리해석과 형평의 이념에 비추어 당사자에게도 신규여야 한다는 **필요설**, ② 무고한 사람을 구제하여 정의를 실현하기 위하여는 법원에 대하여 신규이면 족하다고 해석하는 **불필요설** 및 ③ 당사자의 고의 또는 과실에 의하여 제출하지 않은 증거에 대하여는 신규성을 인정할 수 없다는 **절충설**이 대립되고 있다. 판례는 절충설의 입장이다($^{대법원\ 2009.\ 7.\ 16.\ 전원}_{합의체결정,\ 2005\ 모\ 472}$). 재심의 근본취

지가 피고인을 구제하는 데 있다는 점에 비추어 불필요설이 타당하다고 하지 않을 수 없다. 따라서 재심설에 의하는 경우에 증거의 신규성을 인정하는 데는 어려움이 없다고 생각된다.

2. 위장자수의 처리

문제 ⑹은 丁이 운전하다가 사고를 내었음에도 불구하고 甲이 자신이 범인이라고 위장자수하여 甲에 대하여 공소가 제기된 경우의 처리방법에 관한 문제이다. 위장출석의 경우와 달리 처음부터 범인임을 위장하여 자수한 경우에는 수사와 공소가 모두 甲에 대하여 이루어졌으므로 피고인은 당연히 甲이 되며, 피고인특정의 문제는 일어날 여지가 없다. 甲에게 판결이 선고된 경우에도 판결의 효력은 丁에게 미치지 않는다. 丁이 피고인으로 취급될 여지도 없다. 따라서 丁을 공소제기하기 위하여 검사는 다시 丁을 수사하여 별도로 공소제기하지 않을 수 없다. 甲의 위장자수가 범인도피죄를 구성하므로 검사가 범인도피죄로 공소장을 변경할 수 있는가가 문제된다. 그러나 교통사고처리특례법위반과 범인도피사실은 기본적 사실관계를 같이한다고 할 수 없기 때문에 동일성이 인정되지 아니하므로 공소장변경이 허용되지 않는다. 따라서 검사가 甲을 범인도피죄로 공소제기하려는 때에는 별도로 공소제기하는 방법밖에 없다.

Ⅳ. 결   론

누가 피고인인가는 표시설을 중심으로 하면서 의사설과 행위설을 종합한 실질적 표시설에 따라서 판단해야 한다. 따라서 성명모용의 경우에 공소제기의 효과가 미치는 실질적 피고인은 검사가 공소를 제기하려고 한 모용자이고, 위장출석의 경우에는 공소장에 피고인으로 기재되어 있는 자이다. 그러나 성명모용의 경우에 피모용자가 약식명령에 대하여 정식재판을 청구하거나 정식의 공판절차에서 사실심리를 받기 시작한 때에는 피고인으로 행위하였기 때문에 공소의 세기가 없는 자가 피고인으로 행위한 것이 된다. 위장출석한 자에 대하여 사실심리가 개시된 때에도 같다. 이 경우에는 피모용자와 위장출석자에 대하여 공소기각의 판결을 선고해야 한다. 성명모용의 경우에 공소장에 기재된 피고인의 인적사항을 모용자로 바로잡기 위하여는 공소장변경절차를 거칠 것을 요하지 않으며, 검사는 공소장정정절차에 의하여 법원의 허가를 받지 아니하고 피고인의 이름을 정정하면 된다. 모용자에 대하여는 이미 공소의 제기가 있고 공소장변경을 요할 정도의 사실상의 차이가 없기 때문이다. 그러나 검사가 이러한 절차를 밟지 않는 때에는 공소장에 기재된 피고인의 기재가 특정되었다고 할 수 없기 때문에 법원은 공소기각의 판결을 선고하지 않을 수 없다.

[관련판례]

대법원 1993. 1. 19, 92 도 2554, 「(1) 피의자가 다른 사람의 성명을 모용한 탓으로 공소장에 피모용자가 피고인으로 표시되었다 하더라도 이는 당사자의 표시상의 착오일 뿐이고 검사는 모용자에 대하여 공소를 제기한 것이므로 모용자가 피고인이 되고 피모용자에게 공소의 효력이 미친다고 할 수 없고, 이와 같은 경우 검사는 공소장의 인적 사항의 기재를 정정하여 피고인의 표시를 바로잡아야 하는 것인바, 이는 피고인의 표시상의 착오를 정정하는 것이지 공소장을 변경하는 것이 아니므로 형사소송법 제298조에 따른 공소장변경의 절차를 밟을 필요가 없고 법원의 허가도 필요로 하지 아니한다.

(2) 검사가 공소장의 피고인표시를 정정하여 모용관계를 바로잡지 아니한 경우에는 외형상 피모용자 명의로 공소가 제기된 것으로 되어 있어 공소제기의 방식이 형사소송법 제254조의 규정에 위반하여 무효라 할 것이므로 법원은 공소기각의 판결을 선고하여야 하고, 검사가 피고인의 표시를 바로잡은 경우에는 처음부터 모용자에 대한 공소의 제기가 있었고 피모용자에 대한 공소의 제기가 있었던 것이 아니므로 법원은 모용자에 대하여 심리하고 재판하면 되지 원칙적으로 피모용자에 대하여 심판할 것이 아니다.

(3) 피모용자가 약식명령에 대하여 정식재판을 청구하여 피모용자를 상대로 심리를 하는 과정에서 성명모용사실이 발각되어 검사가 공소장을 정정하는 등 사실상의 소송계속이 발생하고 형식상 또는 외관상 피고인의 지위를 갖게 된 경우에 법원으로서는 피모용자에게 적법한 공소의 제기가 없었음을 밝혀주는 의미에서 형사소송법 제327조 제 2 호를 유추적용하여 공소기각의 판결을 함으로써 피모용자의 불안정한 지위를 해소해 주어야 하고, 피모용자가 정식재판을 청구하였다 하여도 모용자에게는 아직 약식명령의 송달이 없었다 할 것이어서 검사는 공소장에 기재된 피고인의 표시를 정정할 수 있으며, 법원은 이에 따라 약식명령의 피고인표시를 경정할 수 있고, 본래의 약식명령정본과 함께 이 경정결정을 모용자에게 송달하면 이 때에 약식명령의 적법한 송달이 있다고 볼 것이며, 이에 대하여 소정의 기간 내에 정식재판의 청구가 없으면 약식명령은 확정된다.」

[5] 소송조건과 수사, 고소의 추완

[설 문]

　사법경찰관 甲은 순찰 도중에 A가 B를 심하게 인격적으로 모욕하는 내용의 유인물을 벽에 붙이고 있는 것을 발견하였다. 평소 B와 친하게 지내던 甲은 A를 현행범인으로 체포하여 신문한 끝에 A를 모욕죄로 입건하여 검찰에 불구속 송치하였다. 검사 乙은 A를 수사하여 유인물의 내용이 B의 명예를 훼손하는 경우에 해당한다고 판단하고 A를 명예훼손죄로 기소하였다. 乙은 B를 소환하여 조사하려고 하였으나 B가 마침 입원 중이어서 전화상으로 B로부터 A의 처벌을 원한다는 진술만을 듣고 공소를 제기하였다. 공판이 계속되던 과정에서 법원이 유인물의 내용이 구체적인 사실을 적시하여 B의 명예를 훼손한 것이 아니라 추상적 관념을 사용하여 B를 모욕한 것에 불과하다는 심증을 갖게 되자, 공판검사 丙은 A에 대한 공소사실을 모욕죄로 변경하면서 B로부터 고소장을 받아 이를 추송하였다.

　위의 설문에서 다음의 문제에 답하라.

⑴ 사법경찰관 甲의 수사는 적법한가.

⑵ 법원은 A에 대하여 유죄판결을 할 수 있는가.

I. 문제의 제기

　설문의 문제 ⑴은 친고죄에 있어서 고소가 없는 경우에 수사 특히 강제수사를 할 수 있는가의 문제이고, 문제 ⑵는 친고죄에 있어서 고소의 추완이 허용되는가에 관한 문제이다. 친고죄에 있어서 고소는 수사의 단서일 뿐만 아니라 소송조건이 되므로 고소가 없는 경우에는 공소를 제기할 수 없다. 그러나 소송조건은 공소제기의 조건이며 실체심판의 조건이지 수사의 조건은 아니므로 소송조건이 구비되지 않는 경우라도 수사를 할 수 있을 것 같지만, 수사는 공소제기의 전절차라는 점에서 소송조건이 결여되어 공소제기의 가능성도 없는 경우까지 수사를 허용하는 것은 필요 없는 수사를 인정하는 결과가 된다. 따라서 친고죄에 있어서 고소가 없음에도 불구하고 공소가 제기된 경우에 그러한 공소제기는 부적법하게 된다. 이 경우에 소송경제를 위하여 다시 고소를 받으면 부적법한 공소제기가 적법하게 될 것인가가 바로 고소의 추완에 관한 문제이다.

Ⅱ. 친고죄의 고소와 수사

1. 견해의 대립

형법 제311조의 모욕죄는 친고죄이다($\substack{\text{형법} \\ \text{제312조 1항}}$). 문제 (1)은 경찰관 甲이 B의 고소가 없음에도 불구하고 A를 모욕죄로 현행범인체포한 것이 적법한가를 묻는 것이므로 소송조건이 구비되지 않은 경우에 수사를 할 수 있는가의 문제로 돌아간다. 그러나 친고죄에 있어서 고소가 없는 경우에 수사를 할 수 있는가에 관하여는 견해가 대립되고 있다.

(1) 전면허용설

친고죄에 있어서 고소가 없는 경우에도 수사가 허용된다는 견해이며, 일본의 판례($\substack{\text{日最決 1960. 12. 23.} \\ \text{刑集 14 · 14 · 2213}}$)가 취하고 있는 입장이다. 이에 의하면 甲의 수사는 적법한 것이 된다. 검사는 범죄의 혐의가 있다고 사료하는 때에는 수사를 하여야 하고($\substack{\text{제195} \\ \text{조}}$), 수사에 관하여는 그 목적을 달성하기 위하여 필요한 조사를 할 수 있고 법률의 규정에 따라 강제수사도 할 수 있으며($\substack{\text{제199} \\ \text{조}}$), 친고죄의 고소는 소송조건이고 범죄의 성립과는 관계가 없으므로 당연히 수사가 허용되어야 한다는 것을 근거로 한다.

(2) 전면부정설

친고죄의 경우에 고소가 없으면 강제수사는 물론 임의수사도 할 수 없다는 견해이다. 이에 의하면 甲의 수사는 B의 고소가 없는 이상 위법한 것이 된다. 친고죄에 있어서 고소가 없으면 공소를 제기할 수 없으므로 그 준비를 위한 수사도 허용되지 않는다는 것을 이유로 한다. 다만, 우리나라에서 현재 이 견해를 취하고 있는 학자는 없다.

(3) 제한적 허용설

친고죄에 있어서 고소가 없는 경우에도 수사는 허용되어야 하지만 고소의 가능성이 없을 때에는 수사가 허용되지 않거나 제한되어야 한다는 견해이며, 우리나라의 다수설의 태도라고 할 수 있다. 대법원도「친고죄에 있어서 고소 또는 고발은 이른바 소추조건에 불과하고 당해 범죄의 성립요건이나 수사의 조건은 아니므로, 위와 같은 범죄에 관하여 고소나 고발이 있기 전에 수사를 하였다고 하더라도 그 수사가 장차 고소나 고발이 있을 가능성이 없는 상태하에서 행해졌다는 등의 특단의 사정이 없는 한, 고소나 고발이 있기 전에 수사를 하였다는 이유만으로 그 수사가 위법하다고 볼 수는 없다」고 판시하여 제한적 허용설의 입장을 명백히 하고 있다(대법원 1995. 2. 24, 94 도 252; 대법원 2011. 3. 10, 2008 도 7724). 다만, 고소의 가능성이 없을 때의 수사에 관하여는 강제수사는 물론 임의수사도 허용되지 않는다는 견해와 강제수사가 허용되지 않는다거나 강제수사에는 신중을 기해야 한다는 견해가 대립되고 있다.

2. 검 토

친고죄에 있어서 고소가 없을 때에도 증거나 범인을 확보하기 위하여 수사를 개시할 필요가 있음은 부정할 수 없다. 설문의 경우가 바로 甲이 수사를 개시할 필요가 있는 대표적인 예에 해당한다. 따라서 전면부정설은 타당하다고 할 수 없다. 전면허용설 또한 공소제기의 가능성이 없기 때문에 필요성 없는 수사를 허용한다는 점에서 옳다고 할 수 없다. 따라서 친고죄에 있어서 고소가 없어도 수사를 할 수 있지만 고소의 가능성이 없게 된 때에는 수사를 할 수 없다는 제한적 허용설이 타당하다. 그리고 고소의 가능성이 없는 경우에 할 수 없는 수사는 강제수사뿐만 아니라 임의수사까지 포함하고, 고소권자가 고소의 의사를 명백히 하지 않을 때에는 강제수사를 신중히 할 필요가 있다고 생각된다. 설문의 경우에 B는 고소를 하지 않았지만 처벌의 의사는 표시한 점에 비추어 고소의 가능성이 없어졌다고 할 수는 없다. 고소기간이 경과하였거나 고소권자가 고소하지 않을 뜻을 명백히 한 때에만 고소의 가능성이 없다고 할 수 있기 때문이다. 따라서 甲이 A를 현행범인으로 체포하여 신문한 것은 적법하다.

Ⅲ. 고소의 추완

명예훼손죄와 모욕죄가 동일성이 인정되는 사실이라는 점에는 의문이 없다. 공소사실의 동일성을 판단하는 기준에 관하여 종래의 통설인 구성요건공통설이나 판례($\frac{대법원 2012. 4. 13.}{2010 도 16659 등}$)의 입장인 기본적 사실동일설 또는 소인공통설의 어떤 견해를 취하는 경우에도 같은 결론이 되기 때문이다. 따라서 법원으로서는 검사의 공소장변경신청을 허가하지 않을 수 없다($\frac{제298조}{1항}$). 수사기관이 고소권자를 증인 또는 피해자로서 신문한 경우에 그 진술에 범인의 처벌을 요구하는 의사표시가 포함되어 있고 그 의사표시가 조서에 기재되면 고소는 적법하게 이루어진 것이라 할 것이지만($\frac{대법원 1985. 3. 12, 85 도 190;}{대법원 1966. 1. 31, 65 도 1089}$), 설문과 같이 B가 신고한 바 없고, 검사 乙이 전화상으로 처벌의사만 듣고(통상 수사보고서 작성) 별도로 조서를 작성하지 않은 때에는 형사소송법 제237조에 비추어 적법한 고소가 있었다고 볼 수 없다. 따라서 문제 (2)의 법원이 피고인에 대하여 유죄판결을 할 수 있는가는 모욕죄에 대한 고소의 추완이 허용되는가의 문제이다.

1. 학설과 판례의 태도

고소의 추완을 인정할 것인가에 대하여도 학설과 판례의 태도가 일치하지 않고 있다. 적극설과 소극설 및 절충설이 그것이다.

(1) 적 극 설

고소의 추완을 인정해야 한다는 견해이다. 이에 의하면 乙의 공소제기는 당연히 적법하게 된다. 이 견해는 ① 형사소송의 발전적 성격에 비추어 당해 사건이 친고죄인가의 여부는 처음부터 분명한 것이 아니라 심리의 경과에 비추어 비로소 판명되는 경우가 있으므로 공소제기시에 고소의 존재를 절대적으로 필요하다고 하는 것은 적합하지 않고, ② 이 경우에 일단 공소를 기각하고 다시 공소제기를 기다려 심리를 새로 진행하는 것은 소송경제와 절차유지의 원칙에 반한다는 점을 이유로 한다.

(2) 소 극 설

고소의 추완을 부정하는 견해이며, 이에 의하면 乙의 공소제기는 위법하다고 하지 않을 수 없다. 소극설은 ① 친고죄에 있어서 고소는 공소제기의 적법·유효조건이므로 고소가 없으면 공소는 무효로 된다고 해야 하고, ② 공소제기는 절차의 형식적 확실성이 가장 강하게 요청되는 소송행위이므로 무효의 치유를 인정해서는 안 된다는 것을 이유로 한다.

(3) 절 충 설

공소제기시에 공소사실이 친고죄임에도 불구하고 고소가 없는 경우에는 고소의 추완을 인정할 수 없으나 비친고죄로 공소가 제기된 사건이 심리 결과 친고죄로 판명되거나 친고죄가 추가된 때에는 고소의 추완을 인정해야 한다는 견해이다. 이에 의하면 설문의 경우는 비친고죄로 공소제기되었다가 친고죄임이 판명된 것이므로 고소의 추완이 인정된다. 이 견해는 소송조건인 고소가 없는 경우의 공소기각의 재판은 단순히 실체재판을 할 수 없다는 소극적 판단에 그치는 것이 아니라 검사의 공소제기에 대한 평가라는 적극적 판단을 포함하므로 추완을 인정하는 것은 검사의 공소제기에 비난할 점이 없는 경우에 제한되어야 한다는 것을 이유로 한다.

(4) 판례의 태도

대법원은 소극설의 입장을 일관하고 있다. 따라서 세무공무원의 고발 없이 조세범칙사건의 공소가 제기된 이후에 세무공무원이 고발한 경우에는 공소제기의 흠결이 보정될 수 없고(대법원 1970. 7. 28, 70 도 942), 비친고죄로 기소되었다가 친고죄로 공소장이 변경되는 경우에 공소장이 변경된 후에 고소장을 제출하였다고 하여도 공소제기절차는 법률의 규정에 위반하여 무효인 경우에 해당한다고 판시하였다(대법원 1982. 9. 14, 82 도 1504).

2. 검   토

소송조건은 실체재판의 적법조건이기 이전에 공소제기의 유효조건이 되며, 공소제기는 형식적 확실성이 엄격히 요구되는 소송행위이다. 따라서 그것이 검사의 공소를 규제하고 피고인을 당해 절차로부터 해방시키는 기능을 다하기 위하여는 소극설이 타당하다. 공소제기의 적법조건을 구비하지 못한 경우에 피고인을 그 소송에서 해방시키는 것은 소송경제보다 중요한 이익이기 때문이다. 결국, 법원의 심리 결과 모욕죄가 인정될 뿐이어서 검사가 모욕죄로 공소장을 변경한 때에는 고소의 추완이 인정되지 아니하고 친고죄에 있어서 고소가 없는 경우에 해당하기 때문에 공소기각의 판결을 면할 수 없다.

따라서 법원은 피고인에 대하여 유죄판결을 할 수 없다.

Ⅳ. 결   론

소송조건과 수사의 관계에 관한 통설의 입장인 제한적 허용설에 의할 때에는 친고죄에 있어서 고소가 없는 경우에도 수사는 허용된다. 그러나 고소의 가능성이 없을 때에는 강제수사는 물론 임의수사도 인정되지 아니한다. 따라서 고소의 가능성이 인정되는 이상 사법경찰관 甲의 수사는 적법하다고 할 수 있다. 공소제기는 형식적 확실성이 강하게 요구되는 소송행위일 뿐만 아니라 소송경제보다는 피고인의 절차에서의 해방이 보다 중요한 이익이 된다는 점에 비추어 볼 때, 친고죄에 있어서 고소의 추완은 인정되지 않는다고 해야 한다. 따라서 검사 乙의 공소제기는 공소기각을 면할 수 없으므로 법원은 피고인에 대하여 유죄판결을 할 수 없다.

[관련판례]

⑴ 대법원 1995. 2. 24, 94 도 252, 「⑴ 친고죄나 세무공무원 등의 고발이 있어야 논할 수 있는 죄에 있어서 고소 또는 고발은 이른바 소추조건에 불과하고 당해 범죄의 성립요건이나 수사의 조건은 아니므로, 위와 같은 범죄에 관하여 고소나 고발이 있기 전에 수사를 하였다고 하더라도 그 수사가 장차 고소나 고발이 있을 가능성이 없는 상태하에서 행해졌다는 등의 특단의 사정이 없는 한, 고소나 고발이 있기 전에 수사를 하였다는 이유만으로 그 수사가 위법하다고 볼 수는 없다.

⑵ 검사 작성의 피고인에 대한 피의자신문조서, 다른 피의자에 대한 각 피의자신문조서 등본 및 제 3 자에 대한 각 진술조서의 등본이 조세범처벌법위반죄에 대한 세무서장의 고발이 있기 전에 작성된 것이라 하더라도 피고인이나 피의자 및 제 3 자 등에 대한 신문이 피고인의 조세범처벌법위반죄에 대한 고발의 가능성이 없는 상태하에서 이루어졌다고 볼 아무런 자료도 없다면, 그들에 대한 신문이 고발 전에 이루어졌다는 이유만으로 그 조서나 각 조서 등본의 증거능력을 부정할 수는 없다.」

⑵ 대법원 1970. 7. 28, 70 도 942, 「세무공무원의 고발 없이 조세범칙 사건의 공소가 제기된 후에 세무공무원이 그 고발을 하였다 하여도 그 공소절차의 무효가 치유된다고는 볼 수 없다 할 것이므로 원심이 본건에 있어 세무공무원의 고발이 없는 본건 공소는 공소제기의 절차가 법률의 규정에 위반한 무효한 것이라 하여 그 공소를 기각한 1심판결이 있은 후에 남부산세무서장이 그 고발 조치를 취하였다 하여도 그 공소절차의 무효가 치유되는 것이 아니라고 한 판단은 정당하고 이와 반대견해를 전제로 한 논지는 채용할 수 없다.」

[6] 함정수사

[설문]

　사법경찰관 甲은 절도사건으로 복역을 마치고 만기출소한 A가 다시 재범할 위험이 있다고 보아 A에게 절도할 기회를 만들어 주고 그가 범행하는 현장에서 검거하기로 정보원 乙과 미리 계획하였다. 乙은 A를 만나 B가 집을 비워둔 채 휴가를 갔는데 B의 집에는 숨겨 둔 현금과 금괴가 많이 있으니 털어서 한몫 잡자고 권유하였다. A는 다시는 재범하지 않겠다고 결심하고 있던 터이므로 처음에는 그런 일에 관여하지 않는다고 완강히 거절하였다. 그러나 乙이 B는 사회에서 지탄을 받아 마땅한 사람일 뿐만 아니라 이번이 다시 잡을 수 없는 좋은 기회이니 한번만 털고 그만두면 된다고 집요하게 유혹하여 A는 乙과 함께 B의 집에 담을 넘어 들어갔다. A가 방안에 있던 현금 1억 원을 들고 나오려는 순간, 기다리고 있던 甲은 A를 현행범인으로 체포하였고, 가지고 있던 1억 원을 현장에서 영장 없이 압수하였다.

　(1) 甲이 A를 체포한 것은 적법한가.

　(2) 법원은 A를 특수절도죄로 처벌할 수 있는가.

　(3) A로부터 압수한 돈을 증거로 할 수 있는가.

Ⅰ. 쟁점의 정리

　설문은 함정수사의 적법성(1)과 함정에 걸린 자의 처벌 여부 내지 위법한 함정수사의 효과(2) 및 함정수사에 의하여 압수한 증거물의 증거능력(3)을 묻는 문제이다. 함정수사란 수사기관(설문에서 甲) 또는 그 협력자(乙)가 제3자(A)에게 범죄를 행하게 하고 그 실행을 기다려 검거하는 수사방법을 말한다. 함정수사는 마약 그 밖의 향정신성의약품 및 조직범죄의 수사에 폭넓게 사용

되고 있는 수사기법이다. 특히 마약사범에는 피해자가 없고 범행이 조직적이
고 은밀하게 행하여지기 때문에 통상의 수사방법으로는 범인을 검거하는 데
어려움이 있고 범죄가 상습적으로 행해진다는 점에서 함정수사는 효과적인 수
사방법이 되고 있다. 예컨대 경찰관이 마약사범을 검거하기 위하여 고가로 마
약을 사겠다고 하고 팔려고 가지고 온 사람을 검거하는 방법이 그것이다. 그러
나 이 경우에 범죄를 수사하고 진압하는 국가기관이 함정을 이용하여 국민으
로 하여금 범죄를 범하게 하고 함정에 걸린 국민을 국가가 처벌하는 것이 과
연 수사의 신의칙이라는 관점에서 정당한가라는 의문이 제기되지 않을 수 없
다. 설문은 절도사건의 피의자를 체포하기 위한 함정수사와 관련된 핵심적인
문제를 다루고 있다.

Ⅱ. 함정수사의 적법성

설문의 문제 ⑴은 함정수사에 의하여 A를 체포한 것이 적법한가에 관한
것이다. 함정수사의 법적 성격을 검토하고 함정수사가 어느 범위에서 위법한
가, 즉 함정수사의 허용범위가 어디까지인가를 검토해야 한다.

1. 함정수사의 법적 성격

현행법상 함정수사를 허용하는 규정은 없다. 따라서 함정수사가 강제수사
라고 한다면 강제수사법정주의에 의하여 함정수사는 위법하다고 해야 한다.
강제수사를 신체에 대하여 물리적 강제력을 행사하는 경우 또는 상대방에게
의무를 부담하게 하는 경우를 의미한다고 해석하는 종래의 통설에 의하면 함
정수사는 임의수사에 불과하게 된다. 이 때에는 함정수사를 인정하기 위한 법
적인 근거규정이 없다는 이유만으로 함정수사를 위법하다고는 할 수 없다. 그
러나 상대방의 의사에 반하여 그의 권리 내지 법익을 침해하는 모든 경우를
강제수사라고 해석할 때에는 함정수사를 강제처분에 포함시킬 가능성이 생긴
다. 함정수사에 의하여 개인의 인격적 자율권 내지 인격의 자유로운 발전의 권
리가 침해된다고 볼 수 있기 때문이다. 그러나 법익을 침해하는 경우를 강제수
사라고 할지라도 권리의 개념 자체가 유동적이라는 점을 고려하면, 모든 함정

수사를 강제수사라고 보아 강제수사법정주의를 근거로 함정수사를 위법하다고
볼 것이 아니라, 함정수사는 임의수사이지만 그것이 인격적 권리를 침해하거
나 위험하게 할 때에는 임의수사의 한계를 벗어나기 때문에 위법하다고 해석
하는 것이 타당하다고 생각된다. 여기서 설문의 함정수사가 이러한 한계를 벗
어났는가를 살펴볼 필요가 있다.

2. 함정수사의 허용범위

　　함정수사의 문제는 미국법에서의 함정의 항변(entrapment defense)에서 유
래한다. 즉 1932년 Sorrels사건의 판결에서 연방대법원은 금주감시원이 여행자
를 가장하여 전쟁 중 같은 사단에 소속했다는 체험을 이야기하면서 술을 팔라
고 하여 피고인이 이에 응하여 술을 매각한 사안에서 함정수사의 항변을 인정
한 바 있으며($^{\text{Sorrels v. U.S.,}}_{\text{287 U.S. 453, 1932}}$), 여기서 말하는 함정수사의 항변이란 수사관의 기
망이나 설득이 없었다면 범죄를 범하지 않았을 것이라고 인정되는 자를 범죄
에 관여하게 하기 위하여 수사관이 적극적인 작용을 하거나 계획을 세웠다는
항변을 말하였다. Sorrels사건에 이어 1958년의 Sherman사건에서도 같은 병
원에서 마약중독 치료를 받은 정보원의 집요한 요구에 의하여 마약을 매각한
피고인에게도 함정수사의 항변을 인정하면서($^{\text{Sherman v. U.S.,}}_{\text{356 U.S. 369, 1958}}$), 연방대법원의 Sher-
man-Sorrels법칙이 형성되었다. 이에 의하면 함정수사의 항변은 ① 수사관 또
는 정보원에 의하여 범죄가 유도되었는가, ② 피고인에게 범죄에 대한 경향이
있는가에 따라서 결정되며, 범죄의 경향은 기회가 제공되면 범죄를 범할 준비
내지 의사가 있는가를 의미한다. 피유발자의 주관 내지 내심을 기준으로 한다
는 점에서 이를 **주관설**이라고 한다. 이리하여 미국에서는 범의를 가지고 있는
자가 함정에 의하여 범죄를 행할 기회를 가진 데 불과한 때에는 형사책임을
면할 수 없지만, 범의를 유발한 때에는 형사책임으로부터 해방된다는 이론이
판례상 확립되었다. 우리나라의 통설은 미국 연방대법원의 이론에 따라 함정
수사를 기회제공형의 함정수사와 범의유발형의 함정수사로 나누어 전자는 적
법함에 반하여 후자를 위법하다고 보는 점에 견해가 일치하고 있다. 이에 반하
여 주관설에 의하면 국가가 동일한 정도의 사술을 사용한 경우에 피유발자의
주관에 따라 위법의 유무를 구별해야 할 합리적 근거가 없다는 이유로 미국에
서는 수사관이 사용한 유혹의 방법 자체를 문제삼아 범죄에 관여할 의사가 없

는 자를 범죄에 관여케 할 위험을 발생케 할 정도의 설득 내지 유혹의 방법을 사용한 경우에는 위법하다는 **객관설**도 주장되고 있다.

생각건대 함정수사의 적법성의 한계는 함정수사가 첫째 범죄를 방지해야 할 국가기관이 범인에게 범죄를 범하게 유도하였고, 둘째 국가가 사술을 사용함으로써 수사의 신의칙을 위반한 것이 문제된다는 데서 찾아야 한다. 그런데 전자의 측면에서 보면 범의유발형의 함정수사는 위법함에 반하여 기회제공형의 함정수사는 국가가 범죄를 유발한 경우에 해당하지 않는다고 할 수 있다. 수사의 신의칙이라는 측면도 범죄의 태양, 함정수사의 필요성, 법익의 성질, 남용의 위험성 등을 종합하여 판단해야 한다. 이처럼 주관과 객관을 종합하여 함정수사의 한계를 판단해야 한다는 의미에서 **종합설**이라 한다. 다만 ① 마약범죄나 뇌물범죄 및 조직범죄의 수사에 있어서는 기회제공형의 함정수사를 행하는 것이 허용되지만, ② 재산범죄나 폭력범죄의 경우에는 특별한 수사방법이 필요한 것이 아니므로 함정수사는 허용되지 않는다고 해석하는 것이 타당하다고 생각된다. 대법원은 함정수사란 본래 범의를 가지지 아니한 자에 대하여 수사기관이 사술이나 계략 등을 써서 범의를 유발케 하여 범죄인을 검거하는 수사방법을 말하는 것이므로, 범의를 가진 자에 대하여 범행의 기회를 주거나 범행을 용이하게 한 것에 불과한 경우에는 함정수사라고 말할 수 없다고 판시하여 기본적으로 함정수사를 범의유발형에 한정하고 있다(대법원 1983. 4. 12, 82 도 2433; 대법원 1992. 10. 27, 92 도 1377). 그러나 기회제공형 수사방법에 대하여 경우에 따라 허용될 수 있음은 별론으로 하고(대법원 2008. 10. 23, 2008 도 7362)라든지, 위법한 함정수사라고 단정할 수 없다(대법원 2007. 5. 31, 2007 도 1903)라고 판시하여, 기회제공형도 경우에 따라서는 위법할 수 있다는 가능성을 열어두고 있다. 구체적인 사건에서 위법한 함정수사에 해당하는지 여부는, 유인자의 지위와 역할, 유인의 경위와 방법, 유인에 따른 피유인자의 반응, 피유인자의 처벌전력 및 유인행위 자체의 위법성 등을 종합하여 판단해야 한다고 판시하고 있다(대법원 2007. 7. 12, 2006 도 2339; 대법원 2007. 11. 29, 2007 도 7680; 대법원 2008. 3. 13, 2007 도 10804; 대법원 2008. 7. 24, 2008 도 2794; 대법원 2013. 3. 28, 2013 도 1473). 종합설의 입장과 일치한다.

결국 甲은 함정수사의 필요성이 없는 절도죄에 관하여 범의유발형의 함정수사를 한 것이므로 이에 의하여 A를 체포한 것은 위법하다고 하지 않을 수 없다.

Ⅲ. 위법한 함정수사의 효과

　　문제 ⑵는 A 즉 함정수사에 걸린 자를 특수절도죄로 처벌할 수 있는가를 묻는 것이다. 그런데 함정수사가 위법하다고 평가받는 경우에 함정에 걸린 자를 처벌할 수 있는가에 관하여는 불가벌설과 가벌설이 대립되고 있으므로 이들 견해를 살펴보아야 한다.

1. 불가벌설

　　국가가 일방으로는 사람을 유혹에 빠뜨려 범죄를 실행하도록 하여 범인을 만들면서 다른 한편으로 그를 처벌하는 것은 비난을 면치 못한다는 이유로 피교사자의 처벌을 부정해야 한다는 견해이다. 불가벌설은 다시 피교사자를 어떤 방법으로 구제할 것인가에 관하여 무죄설과 공소기각설 및 면소판결설로 나누어진다.

⑴ 무 죄 설

　　피교사자에게 무죄판결을 선고해야 한다는 견해이다. 함정의 항변을 인정한 미국판례가 취하고 있는 입장이다. 범죄행위가 함정의 부당한 권유에 의한 경우에는 책임이 조각되거나 또는 고의가 없고, 범인에 대한 사회적 반감이 적고 오히려 동정할 수 있는 경우이므로 가벌적 위법성이 결여되어 무죄판결을 선고해야 한다는 것을 이유로 한다. 추상적 위험범에 대하여는 위험성이 없기 때문에 구성요건해당성이 부정되거나 불능미수가 될 뿐이라는 견해도 있다. 그러나 무죄설에 대하여는 ① 함정에 의하여 범의가 유발된 경우에도 고의가 없다고 할 수 없고, 현재의 책임이론에 의하는 한 수사기관의 함정에 빠졌다는 것만으로 책임이 조각된다고 할 수 없으며, ② 교사자가 수사기관인가 또는 사인인가에 따라 범죄의 성부를 달리 해석해야 할 이유가 없다는 비판이 제기된다.

⑵ 공소기각설 및 면소판결설

　　함정수사는 실체법상의 문제가 아니라 그러한 수사방법이 소송법상 허용되는가라는 문제이므로 소송법이론으로 해결해야 한다는 견해로 공소기각설과 면소판결설이 있다.

공소기각설은 함정수사에 의한 공소는 적법절차에 위배되는 수사에 의한 공소이므로 공소제기의 절차가 법률의 규정에 위배하여 무효인 때에 해당하여 공소기각의 판결을 해야 한다고 한다. 우리나라의 다수설의 입장이다. 판례도 「함정수사에 기한 공소제기는 그 절차가 법률의 규정에 위반하여 무효인 때에 해당한다」고 판시하여 공소기각설을 지지하고 있다(대법원 2007. 5. 31, 2007 도 1903; 대법원 2008. 10. 23, 2008 도 7362). 그러나 이에 대하여도 ① 수사절차에 위법이 있다고 할지라도 그것이 반드시 공소제기의 효력을 잃게 하는 것은 아니며, ② 함정수사의 실체적 측면을 충분히 고려하지 못했다는 비판이 제기되고 있다.

한편 **면소판결설**은 함정수사의 위법을 공소권의 존재 내지 추행 자체에 관한 문제로 파악하여 위법한 함정수사가 행하여진 경우 국가는 처벌적격을 잃기 때문에 실체적 소송조건을 결하여 면소판결을 선고해야 한다고 해석한다. 그러나 이에 대하여도 ① 범죄의 실행이 정범의 책임으로 이루어진 이상 함정에 의하여 범의가 야기되었다는 것만으로 국가의 처벌적격이 없다고 단정할 수는 없고, ② 형사소송법 제326조의 면소판결의 사유 중 어느 것에도 해당하지 않는다는 비판이 제기된다.

2. 가 벌 설

함정에 걸렸다는 것만으로 위법성이나 책임이 조각되지 않고 범의를 유발당한 자가 자유로운 의사로 범죄를 실행한 이상 실체법상 이를 처벌할 수 있다는 견해이다. 즉 위법한 함정수사가 행하여졌다고 할지라도 피유발자의 죄책이나 소송절차에 아무런 영향을 미치지 못한다는 것이다. 일본의 최고재판소는 「타인의 유혹에 의하여 범의가 발생하였거나 또는 그것이 강화된 자가 범죄를 실행한 경우에 우리 형사법상 유혹자가 경우에 따라 교사범 또는 종범으로서 책임을 지는 것과 관계 없이, 그 타인인 유혹자가 사인이 아니라 수사기관이라는 것만으로 그 범죄실행자의 범죄구성요건해당성, 위법성 또는 책임성을 조각하거나 또는 공소제기의 절차규정에 위반하거나 공소권을 소멸시킨다고 할 수 없음은 당연하다」고 판시하여 가벌설의 입장을 취하였다(日最決 1953. 3. 5. 刑集 7 · 3 · 482). 독일의 연방법원도 함정수사는 본질적 형벌감경사유 내지 양형사유에 불과하다는 태도를 취하였다(BGHSt. 32, 345). 국가의 법익보호의무가 수사기관의 함정에 의하여 없어진다고 할 수 없고, 불명확한 소송조건을 인정할 수 없다는 것을 이유로 한다. 가벌설에 대하여도 ① 현재의 책임개념에 의하면 수사기관의 교사를 이유로 책임이 감경된다고 할 수 없으므로 이를 양형에서 고려할 수 없으며, ② 피교사자를 처벌하는 경우에는 함정수사를 금지하려는 법정책적 목적이 실현될 수 없으므로 이론상으로나 실제상 납득할 수 없다는 비판이 제기된다.

생각건대 가벌설에 의하는 경우에는 함정수사가 수사의 신의칙에 반한다는 점을 무시했다고 할 수 있으나, 신의칙에 반하는 수사의 소송법적 고려는 증거배제와의 관계에서 고려하면 충분하고, 함정수사에 의하여 범죄를 실행했다는 사실만으로 범죄의 성립을 조각한다고 할 수 없으며, 함정수사가 소송조건에 해당한다고 할 수 없는 이상 가벌설이 타당하다고 하겠다.

따라서 법원은 A를 처벌할 수 있다고 해야 한다. 다만 이 경우에 甲의 함정에 의하여 A가 죄를 범하게 되었다는 점을 양형에 있어서 참작할 수 있음은 물론이다.

Ⅳ. 함정수사에 의하여 압수한 증거물의 증거능력

문제 (3)은 함정수사에 의하여 압수한 증거물의 증거능력을 위법수집증거배제법칙에 의하여 부정할 수 있는가를 묻는 것이다. 형사소송법은 「적법한 절차에 따르지 아니하고 수집한 증거는 증거로 할 수 없다」고 규정하여($^{제308조}_{의 2}$) 위법수집증거배제법칙을 명문으로 인정하고 있고, 대법원도 전원합의체판결을 통하여 「헌법과 형사소송법이 정한 절차에 따르지 아니하고 수집한 증거는 유죄 인정의 증거로 삼을 수 없다」고 판시하였다($^{대법원 2007. 11. 15. 전원합}_{의체판결, 2007 도 3061}$). 위법수집증거배제법칙의 적용범위는 증거수집절차에 중대한 위법이 있는 경우에 제한된다. 甲이 영장 없이 압수한 것이 영장주의에 반하지 않는가가 문제될 수 있으나, 이는 현행범인의 체포에 수반한 긴급압수이므로 영장주의에 위반하였다고 할 수는 없다. 그러나 위법한 함정수사는 인격의 자유로운 발현의 권리를 침해하는 것이며 경찰에 의한 이러한 헌법적 규범의 침해는 증거능력의 배제에 의하여 대처할 필요가 있다. 영장주의에 위반하는 경우뿐만 아니라 적정절차에 위반하는 때에도 헌법정신에 반하여 수집한 증거로서 증거수집절차에 중대한 위법이 있는 경우에 해당하므로 함정수사에 의하여 수집된 증거의 증거능력은 부정하는 것이 타당하다. 위법한 함정수사의 효과로서 함정수사로 인하여 수집한 증거의 증거능력만을 배제하는 이론에 대하여는 이에 의할 때 함정수사와 직접 관계 없는 증거에 의해 유죄판결을 선고할 가능성이 있기 때문에 함정수사에 대한 대책으로 부적절하다는 비판이 있다. 그러나 함정수사에 의하여 범의가 유발된 경우에도 범죄는 성립하므로 형벌권을 발동해야 할 필요성과 신의칙에 반하는 수사를 금지해야 할 필요성을 적절히 조화하는 것이 위법수집증거를 배제하는 것이라고 생각된다.

결국 A로부터 압수한 돈의 증거능력은 부정해야 한다.

V. 결 론

함정수사가 국가기관에 의하여 범죄를 유발하였다는 점에서 기회제공형의 함정수사는 적법하지만 범의유발형의 함정수사는 위법하다고 할 수 있다. 그러나 수사의 신의칙이라는 측면에서 함정수사가 불필요한 범죄에 대한 함정수사는 허용되지 않는다고 해야 한다. 따라서 甲의 A에 대한 함정수사는 위법하다고 하지 않을 수 없다. 그러나 함정수사가 위법한 경우에도 피교사자의 범죄성립이 조각되지 않는 것은 물론 함정수사가 소송조건이 될 수도 없으므로 법원은 증거를 종합하여 A를 처벌할 수 있다(그러나 판례에 의하면 공소 기각의 판결을 해야 한다). 다만 위법한 함정수사에 의하여 압수한 증거물은 인격의 자유로운 발현권을 침해한 적정절차에 반하는 수사에 의하여 압수한 증거이므로 위법수집증거배제법칙에 의하여 증거능력이 배제된다고 해야 한다.

[관련문제]

사법경찰관 甲은 전부터 필로폰 밀매의 의심이 있는 乙에 대해 "필로폰을 비싼 돈을 주고 사려는 사람이 있는데 구해 줄 수 있겠느냐"고 말을 걸어 왔다. 乙은 경계하는 마음에서 몇 번이나 이를 거절하였으나 甲이 집요하게 부탁했기 때문에 결국 이에 응하였다. 乙이 약속한 장소에 갔던바, 망을 보고 있던 사법경찰관 丙에 의해 乙은 필로폰 소지의 현행범인으로 체포되고, 가지고 있던 필로폰은 증거물로 압수되었다.

이와 같은 수사방법의 적법 여부 및 여기서 생기는 문제점을 논술하라.

(1993년 일본 사법시험 출제문제)

《쟁   점》

⑴ 함정수사란 무엇이고, 그 법적 성질은 어떠한가.
⑵ 함정수사의 적법성의 한계는 무엇인가.
⑶ 함정수사에 걸린 자를 처벌할 수 있는가.
⑷ 함정수사에 의하여 압수한 증거물은 증거능력이 있는가.

《해   설》

함정수사란 수사기관이 범인에게 범죄를 행하게 하고 그 실행을 기다려 검거하는 수사방법을 말한다. 함정수사는 임의수사이지만 개인의 인격적 권리를 침해하거나 위험하게 할 때에는 임의수사의 한계를 벗어나 위법하다고 해야 한다.

기회제공형의 수사방법이 아닌 범의유발형의 함정수사는 위법하다. 함정수사의 위법성은 유인자의 지위와 역할, 유인의 경위와 방법, 유인에 따른 피유인자의 반응, 피유인자의 처벌전력 및 유인행위 자체의 위법성 등을 종합하여 판단해야 한다. 이러한 기준에 의하면 설문은 기회제공형의 수사방법으로 적법한 수사라고 할 수 있다.

다만, 함정수사를 위법하다고 할 경우에 그 효과에 대하여 판례는 공소기각설을 취하고 있으나, 가벌설에 의한다면 함정에 걸린 자를 처벌할 수 있고 양형에서 고려할 수 있을 뿐이다. 그러나 함정수사에 의하여 압수한 증거물은 위법수집증거배제법칙에 의하여 증거능력이 부정된다.

［ 관련판례 ］

⑴ 대법원 1992. 10. 27, 92 도 1377, 「함정수사는 본래 범의를 가지지 아니한 자에 대하여 수사기관이 사술이나 계략 등을 써서 범의를 유발케 하여 범죄인을 검거하는 수사방법을 말하는 것이므로, 범의를 가진 자에 대하여 범행의 기회를 주거나 범행을 용이하게 한 것에 불과한 경우에는 함정수사라고 말할 수 없다.」

　동지 : 대법원 1983. 4. 12, 82 도 2433.

⑵ 대법원 2005. 10. 28, 2005 도 1247, 「범의를 가진 자에 대하여 단순히 범행의 기회를 제공하거나 범행을 용이하게 하는 것에 불과한 수사방법이 경우에 따라 허용될 수 있음은 별론으로 하고, 본래 범의를 가지지 아니한 자에 대하여 수사기관이 사술이나 계략 등을 써서 범의를 유발케 하여 범죄인을 검거하는 함정수사는 위법함을 면할 수 없고, 이러한 함정수사에 기한 공소제기는 그 절차가 법률의 규정에 위반하여 무효인 때에 해당한다.」

⑶ 대법원 2007. 5. 31, 2007 도 1903, 「본래 범의를 가지지 아니한 자에 대하여 수사기관이 사술이나 계략 등을 써서 범의를 유발케 하여 범죄인을 검거하는 함정수사는 위법함을 면할 수 없고, 이러한 함정수사에 기한 공소제기는 그 절차가 법률의 규정에 위반하여 무효인 때에 해당한다 할 것이지만, 범의를 가진 자에 대하여 단순히 범행의 기회를 제공하는 것에 불과한 경우에는 위법한 함정수사라고 단정할 수 없다. 따라서 경찰관이 취객을 상대로 한 이른바 부축빼기 절도범을 단속하기 위하여, 공원 인도에 쓰러져 있는 취객 근처에서 감시하고 있다가, 마침 피고인이 나타나 취객을 부축하여 10m 정도를 끌고 가 지갑을 뒤지자 현장에서 체포하여 기소한 경우, 위법한 함정수사에 기한 공소제기가 되지 않는다.」

⑷ 대법원 2007. 7. 12, 2006 도 2339, 「⑴ 본래 범의를 가지지 아니한 자에 대하여 수사기관이 사술이나 계략 등을 써서 범의를 유발케 하여 범죄인을 검거하는 함정수사는 위법하다 할 것인바, 구체적인 사건에 있어서 위법한 함정수사에 해당하는지 여부는 해당 범죄의 종류와 성질, 유인자의 지위와 역할, 유인의 경위와 방법, 유인에 따른 피유인자의 반응, 피유인자의 처벌 전력 및

유인행위 자체의 위법성 등을 종합하여 판단하여야 한다.

　(2) 수사기관과 직접 관련이 있는 유인자가 피유인자와의 개인적인 친밀관계를 이용하여 피유인자의 동정심이나 감정에 호소하거나, 금전적·심리적 압박이나 위협 등을 가하거나, 거절하기 힘든 유혹을 하거나, 또는 범행방법을 구체적으로 제시하고 범행에 사용할 금전까지 제공하는 등으로 과도하게 개입함으로써 피유인자로 하여금 범의를 일으키게 하는 것은 위법한 함정수사에 해당하여 허용되지 아니하지만, 유인자가 수사기관과 직접적인 관련을 맺지 아니한 상태에서 피유인자를 상대로 단순히 수차례 반복적으로 범행을 부탁하였을 뿐 수사기관이 사술이나 계략 등을 사용하였다고 볼 수 없는 경우는, 설령 그로 인하여 피유인자의 범의가 유발되었다 하더라도 위법한 함정수사에 해당하지 아니한다.」

[7] 직무질문과 소지품검사, 영장에 의한 수색의 범위

[설 문]

　사법경찰관 A는 필로폰 밀매자들이 배회하는 술집부근을 순찰하다가 필로폰을 거래하는 자로 의심하고 있던 甲이 술집에 들어갔다가 나오는 것을 보고 甲이 필로폰을 밀매하였다고 판단하고 승용차를 타려고 하는 甲을 정지시키고 자신의 신분증을 제시한 후 甲에게 소지품을 보여 달라고 요구하였다. 그러자 甲은 별것이 없다고 대답하였다. A는 옷 위로 甲의 몸을 만져 보다가 상의 안주머니에 이상한 봉지가 있는 것을 발견하고 내어 놓으라고 했으나 甲은 거절하였다. A는 甲의 호주머니에 손을 넣어 그 안에서 필로폰이 나오자 이를 압수하고 甲을 현행범인으로 체포하였다. 수사 결과 甲이 丙으로부터 필로폰을 매수하였다는 것을 알게 되었다. A는 丙의 주거인 현대 맨션 101호실을 수색장소로 하는 압수·수색영장을 발부받아 丙의 집으로 들어갔다. 丙은 부재 중이었고 그의 처 乙은 마침 외출하기 위하여 현관에 서 있던 중이었다. A는 甲에게 압수·수색영장이 발부된 사실을 알리고 乙을 참여인으로 하여 수색을 개시하였으나 필로폰을 찾지 못하였다. A는 乙이 그 때 가방을 들고 있는 것을 보고 가방을 열어 보여 달라고 하였으나 乙은 거절하였다. A는 강제로 乙의 가방을 빼앗아 열어 본 결과 그 속에서 필로폰을 발견하였고, 이를 압수함과 동시에 乙을 마약류관리에관한법률위반(향정) 혐의로 긴급체포하였다.

　경찰관 A의 수사는 적법한가.

Ⅰ. 문제점의 정리

A는 甲과 乙로부터 2회에 걸쳐 필로폰을 압수하고 이들을 각 체포하였다. 甲에 대하여 A는 직무질문(불심검문)을 하는 과정에서 甲의 소지품을 검사하였다. 甲이 소지품검사에 불응하자 A는 외표검사를 거쳐 호주머니에 손을 넣고 강제로 필로폰을 찾아내었다. 여기서 A의 수사에 대하여는 직무질문에 수반한 소지품검사의 경우에 실력행사가 가능한가가 문제되지 않을 수 없다. 소지품검사와 이로 인한 압수·수색이 부적법하다고 하는 경우에는 현행범인체포의 효력과 압수한 증거물의 증거능력이 문제된다. 乙에 대하여는 A가 丙의 맨션을 수색장소로 하는 압수·수색영장을 발부받아 수색하던 중 乙이 휴대하고 있던 가방을 수색하여 필로폰을 발견하고 이를 압수하였다. 영장에 의한 수색이므로 A는 강제처분을 한 것이며, 따라서 강제처분이라고 볼 수 있는 한 A가 강제로 가방을 빼앗고 이를 열어 본 것은 당연히 적법하게 된다. 여기서는 영장에 의한 수색의 범위, 즉 장소에 대한 압수·수색영장의 효력이 乙이 가지고 있던 가방에도 미치는가가 문제된다.

Ⅱ. 직무질문에 수반한 소지품검사

A가 甲의 호주머니에 손을 넣어 필로폰을 꺼낸 행위는 직무질문에 수반하여 甲의 소지품을 조사한 경우이다. 여기서 소지품검사의 허용범위와 이로 인한 현행범인체포의 적법성 및 압수한 필로폰의 증거능력 등을 검토할 필요가 있다.

1. 소지품검사의 허용범위

(1) 직무질문의 적법성

A가 甲을 정지시키고 소지품의 내용을 질문하는 것은 직무질문에 해당한다. 직무질문은 경찰행정 내지 보안경찰의 분야에 속하는 경찰작용이며, 엄격히 볼 때에는 수사와 구별되는 수사의 단서이다. 경찰관 직무집행법은 경찰관

은 ① 수상한 행동이나 그 밖의 주위의 사정을 합리적으로 판단하여 볼 때 어떠한 죄를 범하였거나 범하려 하고 있다고 의심할 만한 상당한 이유가 있는 사람, ② 이미 행하여진 범죄나 행하여지려고 하는 범죄행위에 관한 사실을 안다고 인정되는 사람을 정지시켜 질문할 수 있다고 규정하여($^{제3조}_{1항}$) 직무질문에 대한 법적 근거를 마련하고 있다. 필로폰 밀매자들이 배회하는 지역을 순찰하다가 평소 그 혐의를 받고 있던 甲이 술집에서 나오는 것을 보고 A가 정지시킨 이상 직무질문 자체가 적법하다는 점에는 의문이 없다.

따라서 甲을 정지시키고 소지품의 내용을 묻거나 그 제시를 요구하는 것은 직무질문으로서 적법하게 된다.

(2) 소지품검사의 근거

직무질문에 수반하여 흉기 그 밖의 물건의 소지 여부를 밝히기 위하여 검문대상자의 착의 또는 휴대품을 조사하는 것이 소지품검사이다. 즉 A가 외부에서 甲의 옷을 만져본 이후의 행위가 소지품검사에 해당한다. 경찰관 직무집행법은 직무질문과 관련하여 질문시의 흉기소지의 조사에 관하여만 규정하고 있을 뿐이며($^{동조}_{제3항}$), 흉기 이외의 소지품검사에 관하여는 법적 근거가 없다. 여기서 소지품검사는 법적 근거가 없기 때문에 허용되지 않는다고 해석하는 견해도 있으나, 소지품검사도 직무질문의 안전을 확보하거나 질문의 실효성을 유지하기 위한 직무질문에 수반된 행위이므로 경찰관 직무집행법 제3조에 의하여 근거를 가질 수 있으며, 또 그 범위 안에서 허용된다고 하지 않을 수 없다.

(3) 소지품검사의 한계

소지품검사는 임의처분인 직무질문에 수반하여 허용되는 것이므로 상대방의 승낙을 얻어서 행해져야 하는 것이 원칙이다. 그러나 소지품검사의 실효성을 확보하기 위하여는 수색에 이르지 않는 정도의 강제에 해당하는 범위에서 어느 정도의 실력행사는 허용되어야 하지 않는가가 문제된다. 설문에서는 특히 소지품에 대한 외표검사와 호주머니에 손을 넣어 필로폰을 꺼낸 행위가 허용되는가가 문제된다. 먼저 甲의 의복 위를 손으로 만져서 소지품을 확인하는 행위는 stop and frisk로서 허용된다고 해야 한다. 외표검사는 수색 이전의 소지품검사이며, 이미 미국의 Terry판결($^{Terry\ v.\ Ohio,}_{392\ U.S.\ 1,\ 1968}$)을 통하여 확립된 원칙이다. 따라서 A가 甲의 옷 위로 소지품을 만져본 것은 적법하다.

　　이에 반하여 소지품의 내용을 조사함에 있어서 실력행사가 어디까지 허용
되는가는 흉기조사와 일반소지품검사의 경우를 나누어 검토해야 한다. 먼저
흉기나 폭탄 등을 소지하고 있다고 의심되는 때에는 경찰관 또는 제 3 자의 생
명·신체에 대한 위험을 고려하여 폭력을 사용하지 않는 범위에서 소지품의 내
용을 조사하는 것이 허용된다. 이에 반하여 일반소지품의 조사에 있어서는 실
력을 행사하여 소지품의 내용을 조사하는 것은 원칙적으로 허용되지 않지만
일정한 범위에서 그 예외를 인정하고 있다. 인정되는 소지품검사의 기준으로
는「소지품검사의 필요성, 긴급성 및 이에 의하여 침해되는 개인의 법익과 보
호해야 할 공공의 이익과의 균형을 고려하여 구체적 상황에서 상당하다고 인
정되는 한도내」또는「중범죄에 관하여 긴급체포의 요건이 충족되는 경우」등
이 제시되고 있다. 일본의 최고재판소는 경찰관이 은행강도의 혐의 있는 자를
정지시켜 승낙을 받지 않고 가방의 지퍼를 열어 내용을 조사한 경우에는 적법
하다고 판시하였음에 반하여($\frac{日最判 1978.6.20.}{刑集 32 \cdot 4 \cdot 670}$), 필로폰 소지의 혐의가 있는 자의
안주머니에 손을 넣어 소지품을 꺼낸 사건에서는「안주머니에서 소지품을 꺼
내는 행위는 프라이버시의 침해 정도가 높은 행위이며 그 태양에 있어서 수색
에 유사한 것이므로 직무질문에 부수하는 소지품검사의 허용한계를 넘는 행위
이다」라고 판시하였다($\frac{日最判 1978.9.7.}{刑集 32 \cdot 6 \cdot 1672}$). 미국의 판례도 경찰관이 주머니에 손을
넣어 헤로인을 찾아낸 경우에 상당한 방법이 아니므로 허용되지 않는다고 판
시하였다($\frac{Sibron\ v.\ N.Y.,}{392\ U.S.\ 40,\ 1968}$).

　　결국 A가 필로폰 소지의 혐의가 있는 甲의 안주머니에 손을 넣어 소지품
을 꺼낸 행위는 소지품검사의 범위를 일탈하여 위법하다고 하지 않을 수 없다.

2. 현행범인체포의 적법성

　　A가 甲의 호주머니에 손을 넣어 필로폰을 꺼낸 행위가 위법하다고 할 때
에는 이를 기초로 한 현행범인체포의 적법성이 문제된다. 현행범인체포는 증
거수집절차가 아니므로 위법수집증거배제법칙은 체포의 적법성 판단의 기준이
되지 아니하며, 따라서 위법한 소지품조사가 바로 체포의 적법성을 배제한다
고 할 수는 없다. 그러나 선행절차가 위법한 경우에 그 후의 절차가 위법하게
되는가의 문제는 적정절차라는 관점에서 위법수집증거배제법칙과 같은 이론이
적용될 수 있을 것이다. 즉 후행절차가 선행절차를 이용하여 행하여진 때에는

선행절차의 위법성은 후행절차의 적법성 판단에 영향을 미친다고 해야 한다. 따라서 선행하는 소지품검사가 위법한 때에는 이에 기하여 행한 현행범인의 체포도 위법하다고 할 수 있다(불법동행 후 긴급체포가 위법하다고 한 대법원 2006. 7. 6, 2005 도 6810).

3. 甲으로부터 압수한 필로폰의 증거능력

甲으로부터 압수한 필로폰을 증거로 사용할 수 있는가는 위법수집증거배제법칙을 인정할 것인가의 문제이다. 위법수집증거배제법칙이란 위법한 절차에 의하여 수집한 증거의 증거능력을 부정하는 법칙을 말한다. 형사소송법은 「적법한 절차에 따르지 아니하고 수집한 증거는 증거로 할 수 없다」고 규정하여(제308조 의 2) 위법수집증거배제법칙을 명문으로 인정하고 있고, 대법원도 전원합의체판결을 통하여 「헌법과 형사소송법이 정한 절차에 따르지 아니하고 수집한 증거는 유죄 인정의 증거로 삼을 수 없다」고 판시하여 위법수집증거배제법칙을 인정하고 있다(대법원 2007. 11. 15. 전원합 의체판결, 2007 도 3061). 이에 의하면 압수된 필로폰의 증거능력은 부정하지 않을 수 없다(대법원 2009. 12. 24, 2009 도 11401).

필로폰의 압수는 현행범인체포에 수반한 긴급압수이므로 영장 없는 강제처분으로서 가능하기 때문에 적법하지 않는가라는 의문이 생길 수 있다. 그러나 체포현장에서의 압수는 적법한 체포를 전제로 하기 때문에 설문의 경우에는 적용될 여지가 없다.

Ⅲ. 영장에 의한 수색의 범위

丙의 주거지를 수색장소로 하는 압수·수색영장을 발부받아 丙의 처인 乙이 소지하고 있는 가방을 빼앗아 이를 열어 본 행위가 적법한가는 압수·수색영장의 효력이 그 곳에 거주하는 사람의 소지품에 대하여도 미치는가의 문제이다. 영장의 효력이 미치는 경우에는 乙의 가방을 빼앗아 여는 행위는 영장집행을 위한 필요한 처분에 불과하기 때문이다(제120조, 제219조). 장소에 대한 수색영장에 의하여 휴대품인 가방 안에 있는 물건에 대하여도 수색할 수 있는가에 관하여는 ① 압수·수색에 대하여도 일반영장은 허용되지 않으며, ② 형사소송법이 수색의 대상을 신체, 물건, 주거 기타 장소로 구별하고 있는 점에 비추어 장소에 대한 수색영장의 효력이 당연히 수색장소에 있는 모든 물건에 미친다고 보기 어렵다고 해석할 가능성도 있다. 그러나 가방 등의 휴대물은 통상 거실 안에 있는 물건으로서 수시로 집 밖으로 들고 나갈 수 있다는 점을 제외하면 안에 있는 동안은 주거 안에 있는 비품에 불과하므로, 주거를 수색장소로 하는 수색영장이 발부된 경우에는 통상 그 곳에 존재하는 가방 등 비품류를 포함하여 전체로서 수색의 허가를 받은 것으로 보아야 한다. 따라서 수색장소에 거주하는 사람의 가방 등의 휴대물에 대하여는 주거의 비품 또는 부속물로서 영장의 효력이 미친다고 해야 한다. 일본의 최고재판소도 「X와 그의 내연의 처인 Y가 거주하는 맨션의 거실을 수색장소로 하는 압수·수색영장을 발부받아 거실의 수색을 실시하다가 X가 휴대한 가방을 수색한 경우에는 위 압수·수색영장에 기하여 X가 휴대한 가방에 대하여도 수색할 수 있다고 해석하는 것이 상당하다」고 판시한 바 있다(日最判 1994. 9. 8. 刑集 48·6·262).

Ⅳ. 결   론

직무질문에 수반한 소지품검사는 경찰관 직무집행법에서 근거를 구할 수밖에 없으므로 원칙적으로 상대방의 동의를 받은 범위에 제한되어야 한다. 상대방이 검사를 거절하는 경우에 stop and frisk의 범위에서 외표검사는 허용될 수 있다. 그러나 소지품의 내용검사에 관하여는 흉기의 경우에 어느 정도의 실력행사가 허용되어도, 일반소지품에 관하여는 침해법익과 공익의 비교, 범죄의 중대성과 긴급성 등을 종합하여 극히 예외적인 경우에만 수색에 이르지 않는 정도의 실력행사가 허용될 뿐이다. 따라서 A가 甲의 안주머니에 손을 넣어 소지품을 꺼낸 행위는 부적법하다. 이 과정에서 발견된 필로폰을 근거로 한 현행범인의 체포도 적법하다고 할 수 없고, 압수된 필로폰의 증거능력을 인정할 수도 없다. 한편 주거를 수색장소로 한 압수·수색영장은 그 곳에 거주하는 사람의 가방 등 휴대품에도 미친다고 할 것이므로 乙의 가방을 열고 필로폰을 발견한 행위는 적법하다고 해야 한다.

[관련문제]

폭력단 간부 甲이 야구도박을 했다는 도박장소개설 피의사건에 관하여 경찰관들이 고객으로부터의 주문이 적혀 있는 장부를 압수목적물로 하는 압수·수색영장을 발부받아 위 폭력단 사무실을 수색하였다. 그 때 그 자리에 있던 동 폭력단원 乙이 당황하여 뛰어나가려 하자 경찰관들이 그 자리에 멈추게 하고 乙이 가지고 있던 가방을 열어 보도록 요구하였으나 乙이 이에 응하려 하지 않았다. 그러자 경찰관 한 사람이 가방의 지퍼를 열고 그 안을 살펴본 결과 권총 한 자루가 들어 있었기 때문에 乙을 총포·도검·화약류등단속법 위반의 현행범인으로 체포하였다.

이 경찰관의 행위는 적법한가.

(1989년 일본 사법시험 출제문제)

《쟁　점》

⑴ 장소에 대한 수색영장의 효력이 乙의 소지품에도 미치는가.
⑵ 직무질문에 수반한 소지품검사의 근거와 한계는 어떠한가.
　　즉, 가방의 지퍼를 연 것이 소지품검사로 허용되는가.
⑶ 乙에 대한 현행범인체포는 적법한가.
⑷ 압수한 권총은 증거로 할 수 있는가.

《해　설》

사무실에 대한 압수·수색영장이 그 장소 안에 있는 사람의 물건에 미치는가에 관하여 ① 통설은 통상 그 장소에 있는 사람의 물건에 미친다고 해석함에 반하여, ② 수색대상인 물건을 소지하고 있음이 인정되는 정황에서만 미친다는 견해도 있다. ① 견해에 의하면 수색은 적법하나, ② 견해에 의하면 乙이 장부를 소지하고 있다는 정황이 없으면 적법하다고 할 수 없다.

직무질문에 수반하는 소지품검사는 임의수단이어야 하므로 상대방의 승낙이 없는 한 외표검사의 범위를 벗어난 수색은 허용되지 않는다. 압수·수색이 적법하다면 현행범인의 체포도 적법하나, 압수·수색이 위법한 경우에는 체포 또한 적법하지 않다. 이 경우에 압수한 권총은 증거능력이 없다.

[관련판례]

⑴ 日最判 1978. 6. 20. 刑集 32·4·670, 흉기를 사용한 은행강도가 발생한 후 경찰관이 소지품의 개시요구를 거절하는 용의자의 가방을 열고 현금 등을 발견하여 긴급체포한 사건이다. 일본 최고재판소는 「소지품검사는 임의수단인 직무질문의 부수행위로서 허용되는 것이므로 소지인의 승낙을 얻고 그 한도에 서 행하는 것이 원칙이지만, 직무질문 내지 소지품검사는 범죄의 예방·진압 등을 목적으로 하는 행정경찰상의 작용으로서 유동하는 각종 경찰현상에 대응 하여 신속·적정하게 처리해야 할 행정경찰의 책무에 비추어 볼 때에는, 소지 인의 승낙이 없는 한 일체 허용되지 않는다고 해석하는 것은 상당하지 아니하 고, 수색에 이르지 않는 정도의 행위는 강제에 해당하지 않는 한 소지품검사에 있어서도 허용되는 경우가 있다고 해석해야 하며, 그것은 소지품검사의 필요 성, 긴급성, 이에 의하여 침해될 개인의 법익과 보호되는 공공의 이익과 균형 을 고려하여 구체적 상황에 따라 상당하다고 인정되는 한도에 있어서만 허용 된다고 해야 한다. 본건의 경우 경찰관 A의 행위는 엽총과 등산용 칼을 사용 한 은행강도라는 중대한 범죄가 발생하여 범인검거가 긴급한 경찰의 책무로 되고 있는 상황에서 피고인 등이 범인이라는 혐의가 농후하고 특히 흉기를 소 지하고 있다고 의심되며 경찰관의 직무질문에 대하여 묵비하고 수차 소지품의 개시요구를 거부하는 등 수상한 거동을 계속하기 때문에 그들의 혐의를 확보 할 필요에서 행하여진 것이므로, 소지품검사의 긴급성, 필요성이 강한 반면 소 지품검사의 태양은 가방의 시정되지 않은 지퍼를 열어 내부를 일별한 것에 지 나지 않으므로 이에 의한 법익의 침해는 크다고 할 수 없고, 상당하다고 인정 되는 행위이므로 경찰관직무집행법의 직무질문에 부수하는 행위로서 허용된다 고 한 원판결의 판단은 정당하다」고 판시하였다.

⑵ 日最判 1978. 9. 7. 刑集 32·6·1672, 노상에서 필로폰사범을 검거하고 있 던 경찰관이 직무질문을 거쳐 용의자의 속호주머니에 손을 넣어 비닐봉지에 넣어 둔 필로폰분말을 발견한 사건이다. 일본의 최고재판소는 「호주머니 속에 있는 물건을 찾아서 꺼내는 행위는 소지품검사의 전제조건을 구비한 행위이지 만, 프라이버시 침해의 정도가 높은 행위이고, 그 태양에 있어서 수색에 유사 한 것이므로 직무질문에 부수하는 소지품검사의 허용한도를 일탈했다고 해석

하는 것이 상당하다」고 판시하였다.

⑶ **日最判** 1994. 9. 8. **刑集** 48 · 6 · 262, 「경찰관은 X의 내연의 처인 Y에 대한 각성제단속법위반 피의사건에 관하여 동녀와 X가 거주하는 맨션의 거실을 수색장소로 하는 압수 · 수색영장을 발부받아 위 거실의 수색을 실시하던 중, 그 때 같은 집에 거주한 X가 휴대한 가방을 수색한 것으로서 이러한 사실관계에 있어서는 위 압수 · 수색영장에 기하여 X가 휴대한 가방에 대하여도 수색할 수 있다고 해석하는 것이 상당하다.」

[8] 임의동행, 보호실유치와 긴급체포

[설 문]

사법경찰관 甲은 乙이 丙의 신용카드로 A은행의 현금지급기에서 돈 100만 원을 인출하였다는 정보를 입수하고, 2016년 4월 1일 07 : 00경 乙의 집으로 가서 자고 있는 乙을 깨워 경찰서로 잠깐 가서 조사할 것이 있다고 하자 따라나서는 乙을 경찰순찰차에 태워 B경찰서로 데려왔다. 甲은 경찰서에서 乙에게 혐의사실을 추궁하였으나 乙이 범행을 부인하였다. 乙이 그 날 12시에 점심약속이 있으니 점심을 먹고 돌아와서 조사를 받겠다고 했으나 甲은 이에 응하지 않았다. 乙이 계속 범행을 부인하자 甲은 같은 날 15 : 00경 증거를 찾아올 때까지 기다리라고 하며 20 : 00까지 乙을 보호실에 유치시킨 후 압수·수색영장을 받지 아니하고 乙의 집으로 가서 乙의 책상 서랍에서 丙의 신용카드를 찾아서 이를 압수했다. 20 : 30경 甲은 乙을 긴급체포하고 긴급체포서를 작성하였다. 甲은 긴급체포된 乙을 신문하여 乙로부터 자백을 받고 검사는 같은 달 3일 14 : 00 지방법원 판사에게 구속영장을 청구하였다.

⑴ 甲의 乙에 대한 임의동행과 보호실유치는 적법한가.

⑵ 판사는 구속영장을 발부할 수 있는가.

⑶ 甲이 한 신용카드의 압수는 적법한가.

I. 문제의 제기

설문은 경찰관 甲이 행한 임의동행과 보호실유치가 적법한가, 불법구속상태에 이어 긴급체포가 이루어진 경우에 구속영장청구기간의 기산점은 언제이며 긴급체포의 경우에 구속영장청구기간을 도과한 후에 영장을 청구하였다면 판사가 구속영장을 발부할 수 있는가 및 피의자의 체포를 대기하는 시간에 영장 없이 압수한 증거물을 긴급압수에 포함시켜 증거로 할 수 있는가를 묻는 문제이다. 임의동행의 적법성과 관련해서는 ① 임의동행의 허용 여부와, ② 임의동행과 강제연행의 한계를 밝히고, ③ 긴급체포의 요건을 충족한 경우에 강제연행이 적법하게 행해질 수 있는가를 검토해야 하며, 보호실유치의 적법성은 ① 보호실유치가 임의수사로서 허용되는가와, ② 경찰관 직무집행법에 의하여 6시간을 초과하지 않는 구금을 허용하는가의 여부를 문제삼아야 한다. 판사가 구속영장을 발부할 수 있는가에 관하여는 ① 구속영장의 발부에 긴급체포의 적법성에 대한 판단이 포함되는가와 ② 불법체포에 이은 긴급체포의 경우에 체포기간의 기산점을 검토해야 한다.

Ⅱ. 임의동행과 보호실유치의 적법성

1. 임의동행의 적법성

임의동행이란 수사기관이 피의자의 동의를 얻어 피의자와 수사기관까지 동행하는 것을 말한다. 임의동행에는 형사소송법상의 임의수사로서의 임의동행과 경찰관 직무집행법에 의한 직무질문을 위한 임의동행이 있다. 전자가 피의자신문을 위한 보조수단으로서의 임의수사임에 반하여, 후자는 범죄예방과 진압을 위한 경찰행정작용으로서 수사의 단서가 되는 데 불과하다. 설문은 사법경찰관 甲이 피의자신문을 위하여 乙을 동행한 것이므로 전자에 해당한다.

(1) 임의동행의 허용 여부

수사방법으로서의 임의동행이 허용되는가에 관하여는 견해가 대립되고 있다. 부정설은 임의동행은 법률에 근거 없는 강제수사이므로 허용될 수 없다고 해석한다. 이는 ① 경찰관 직무집행법이 직무질문을 위한 임의동행을 특별히 규정한 취지에 비추어 볼 때 법률에 특별한 규정이 없는데도 일반적 수사방법으로 임의동행을 허용하는 것은 부당하고, ② 실무상 임의동행은 구속을 피하는 편법으로 사용되는 강제수사이므로 허용되지 않는다고 해야 하며, ③ 체포제도를 도입한 이상 임의동행을 인정할 필요가 없다는 것을 이유로 한다. 그러나 다수설은 피의자의 승낙을 전제로 한 임의동행은 임의수사로서 허용된다는 긍정설을 취하고 있다. 생각건대 ① 형사소송법이 피의자의 출석요구방법을 제한하지 않고 있으므로 임의수사로서의 임의동행을 부정해야 할 이유가 없고, ② 실무상 임의동행이 구속을 피하기 위한 방법으로 악용되고 있다고 하여 피의자의 승낙에 의한 진정한 의미의 임의동행까지 위법하다고 해야 할 이유는 없으며, ③ 임의동행과 체포는 구별되어야 한다는 점에 비추어 긍정설이 타당하다고 하겠다.

(2) 임의동행과 강제연행의 한계

임의동행이 허용된다고 할지라도 그것은 신체의 속박이나 심리적 압박에 의한 자유의 구속이 있었다고 할 수 없는 객관적 상황이 있는 때에 한하여 허용되는 것이다. 따라서 임의동행을 했다고 하더라도 그 과정에서 강제력이나 심리적 압박이 개입된 때에는 임의동행의 한계를 벗어난 강제연행으로서 허용되지 않는 강제수사가 된다고 하지 않을 수 없다. 임의동행은 동행에 앞서 피의자에게 동행을 거부할 수 있음을 알려 주었거나 동행한 피의자가 언제든지 자유로이 동행과정에서 이탈 또는 동행장소로부터 퇴거할 수 있었음이 인정되는 등 오로지 피의자의 자발적인 의사에 의하여 수사관서 등에의 동행이 이루어졌음이 객관적인 사정에 의하여 명백하게 입증된 경우에 한하여, 그 적법성이 인정된다(^{대법원 2006. 7. 6,}_{2005 도 6810}).

설문에서 乙에 대한 체포영장이나 구속영장은 없었고, 동행방법에 있어서 강제력을 행사했다고는 볼 수 없다. 그러나 甲은 오전 7시에 집에서 자고 있는 乙을 깨워 바로 경찰서로 동행하면서 동행을 거부할 수 있음을 알려 주지 않았고, 乙이 점심을 먹고 오겠다는 것도 거절하고 보호실에까지 유치한 것으로 보아 임의동행의 한계를 벗어난 강제수사로서의 체포에 해당한다고 하지 않을 수 없다.

(3) 임의동행과 긴급체포

乙을 연행한 것이 체포에 해당한다면 乙에게 긴급체포의 요건이 충족되는가, 또 긴급체포의 요건을 충족한다면 乙의 연행이 적법하게 되는가가 문제된다. 긴급체포를 위하여는 범죄의 중대성과 체포의 필요성 및 긴급성이 인정되어야 한다. 범죄의 중대성은 사형·무기 또는 장기 3년 이상의 징역 또는 금고에 해당하는 죄를 범했다고 의심할 만한 상당한 이유가 있어야 한다(^{제200조의}_{3 제 1 항}). 乙에 대하여 긴급체포의 요건이 충족되었다고 할 수 있다. 그러나 불법동행한 다음 사후적으로 긴급체포하는 경우, 긴급체포의 요건이 구비되어 있는지를 불문하고 원칙적으로 이는 위법한 긴급체포라고 할 것이다$\binom{\text{대법원 2006. 7. 6,}}{\text{2005 도 6810}}$.

결국 乙에 대한 연행은 긴급체포의 요건을 충족한 경우에도 적법한 체포가 될 수 없으며, 따라서 甲의 임의동행은 부적법하다.

2. 보호실유치의 적법성

甲이 07 : 00부터 20 : 00까지 乙을 보호실에 유치시켜 둔 행위가 적법한가에 관하여 설문에서 乙의 동의가 있었는가는 명백하지 않다. 乙의 동의가 없는 경우에 보호실유치가 위법함에는 의문이 없다. 판례도 「피의자를 임의동행한 후 그의 의사에 반하여 보호실 등에 계속 유치함으로써 신체의 자유를 속박하였다면 이는 구금에 해당한다」고 판시하였다$\binom{\text{대법원 1985. 7. 29.}}{\text{결정, 85 모 16}}$. 문제는 乙의 동의가 있는 경우에 보호실유치가 적법하게 될 수 있는가, 또 경찰관 직무집행법 제 3 조 6항에 의한 임의동행의 효과로서 유치가 적법하게 될 수 있는가에 있다.

(1) 승낙유치와 보호실유치의 적법성

보호실유치가 임의수사의 방법으로 허용될 수 있는가의 문제이다. 그러나 본인의 사전동의가 있는 경우에도 보호실유치는 실질적으로 구속과 다르지 않고 실질적인 구속을 본인의 동의로 허용하는 것은 영장주의를 유린하는 결과를 가져온다. 따라서 긴급체포사유가 없는 경우는 물론 긴급체포사유가 있는 때에도 체포 또는 구속영장을 받지 않고 피의자를 보호실에 유치하는 것은 불법한 구금이라고 하지 않을 수 없다$\binom{\text{대법원 1994. 3. 11,}}{\text{93 도 958}}$.

(2) 경찰관 직무집행법과 보호실유치

문제는 보호실유치가 경찰관 직무집행법 제 3 조에 의하여 정당화될 수 있는가에 있다. 경찰관 직무집행법 제 3 조 6항은 임의동행을 한 경우 「동행한 사람을 6시간을 초과하여 경찰관서에 머물게 할 수 없다」고 규정하고 있는바 그것이 6시간 동안 경찰관서에 구금할 수 있다는 의미로 이해될 수도 있기 때문이다. 그러나 임의동행을 당한 사람은 언제든지 경찰관서에서 퇴거할 자유를 가지고 있으므로 6시간의 한계도 피의자를 6시간 동안 경찰서에 구금할 수 있다는 것을 의미하지는 않는다$\binom{\text{대법원 1997. 8. 22,}}{\text{97 도 1240}}$.

결국 甲이 07 : 00부터 13시간 동안 乙을 경찰관서에 데려가 유치한 것은 적법하다고 할 수 없으며, 이는 불법체포에 해당한다고 해야 한다.

Ⅲ. 긴급체포와 구속영장의 발부

1. 위법한 긴급체포와 구속영장의 발부 여부

불법동행 후의 긴급체포는 위법인데, 이후 사후 구속영장을 청구하는 경우에 구속사유가 인정되면 법원이 구속영장을 발부할 수 있는지가 문제된다. 이에 대해서는 입법론상은 부당하지만 현행법이 체포전치주의를 택하고 있지 않아 긴급체포는 영장 없는 체포이므로 구속영장의 발부에 있어 구속과 상관없는 체포의 적법성을 심사할 여지가 없고, 구속요건이 구비되면 발부하여야 한다는 견해(이재상, 연습, 제 7 판, 86면)가 있다. 이에 대하여 동행은 사실상 체포로 볼 수 있고, 긴급체포 후의 사후 구속영장 청구는 체포를 전치한 것이므로 동행·체포의 위법성이 해소되지 않은 상태가 지속되는 일련의 과정에서 청구되는 구속영장의 심사에 있어서는 이를 고려하여 원칙적으로 기각해야 한다는 견해도 있다. 법원의 실무는 현행범인체포나 긴급체포 등 체포가 위법한 경우에는 구속영장의 청구를 기각하여야 하고, 체포 피의자를 체포한 절차에 하자가 있어 구속영장 청구를 기각하여야 할 것이 명백한 때에는 구속전 피의자심문을 할 필요가 없다고 한다(법원실무제요 형, 사 〔 Ⅰ 〕, 308면). 다만 경찰관이 임의동행과 긴급체포의 순서를 잘못 선택하였지만 그 잘못을 시정하려고 하는 등 실질적 일탈 정도가 영장주의의 원칙을 현저히 침해할 정도에 이르지 아니한 때에는 긴급체포에 이어 발부된 구속영장은 적법하다고 한 사례(대법원 2013. 3. 14., 2012 도 13611)가 있다.

설문에서는 영장주의 원칙을 현저히 일탈하였다고 보여지므로 실무상 판사는 불법동행에 따른 긴급체포의 위법성을 고려하여 乙에 대한 구속영장을 기각해야 한다.

2. 긴급체포의 기산점과 영장청구기간을 경과한 구속영장의 발부 여부

검사 또는 사법경찰관이 긴급체포한 피의자를 구속하고자 할 때에는 피의자를 체포한 때부터 48시간 이내에 판사에게 구속영장을 청구하여야 한다(제200조의 4 제 1 항). 설문에서 甲은 乙을 긴급체포한 후 41시간 30분이 지나 구속영장을 청구하였다. 문제는 甲에 의하여 불법체포된 13시간 30분을 영상청구기간에 포함시킬 것인가에 있다. 경찰관이 乙을 임의동행하고 보호실에 유치한 기간은 적법한 체포가 될 수 없다. 그러나 불법체포된 기간도 실질적으로 긴급체포에 해당하는 이상 비록 그것이 적법한 체포로 될 수는 없어도 체포기간이나 구속영장발부기간의 계산에 있어서는 불법체포기간을 포함시켜야 한다. 따라서 乙을 구속하기 위하여는 乙을 연행한 시간부터 48시간 이내에 구속영장을 청구해야 한다고 하겠다. 결국 乙에 대하여는 4월 3일 07 : 00까지 구속영장을 청구해야 함에도 불구하고 영장청구기간을 7시간이나 도과한 후에 구속영장을 청구한 것이 된다.

　긴급체포된 피의자에 대하여 구속영장청구기간이 경과한 후에 구속영장이 청구된 경우 구속사유가 인정되면 판사가 구속영장을 발부할 수 있는가는 앞서 살펴본 바와 같이 구속영장의 발부에 체포의 적법성에 관한 판단이 포함되는가와 관련된다. 영장청구기간이 경과한 경우에도 구속영장을 발부할 수 있게 하는 것은 형사소송법 제200조의4 제 2 항이 48시간 이내에 구속영장을 청구하지 아니하거나 발부받지 못한 때에는 피의자를 즉시 석방해야 한다고 규정한 것을 무의미하게 한다. 따라서 판사는 영장청구기간이 도과한 경우에는 구속영장을 기각해야 한다.

Ⅳ. 긴급체포시의 긴급압수·수색

　乙을 보호실에 유치하고 있는 사이에 乙의 집에서 신용카드를 압수한 것이 적법한가는 이 경우에 영장 없는 압수가 허용될 수 있는가의 문제이다. 대물적 강제처분인 압수·수색·검증에 대하여도 영장주의의 원칙이 적용된다. 대물적 강제수사에 의한 국민의 재산과 주거, 특히 privacy에 대한 침해는 사법적 사전심사에 의하여만 정당화될 수 있고, 수사기관의 자의에 의한 강제수사의 남용을 억제하자는 데에 그 기본취지가 있다. 다만 압수·수색의 긴급성에 대비하기 위하여 형사소송법은 영장을 받을 수 없는 긴급한 경우에는 영장에 의하지 않는 압수·수색·검증을 허용하고 있다. ① 구속·체포 목적의 피의자수사, ② 구속·체포현장에서의 압수·수색·검증, ③ 피고인 구속현장에서의 압수·수색·검증, ④ 범죄장소에서의 압수·수색·검증, ⑤ 긴급체포시의 압수·수색·검증, ⑥ 임의제출한 물건의 압수가 그것이다.

설문에서 乙은 불법하게 체포되었을 뿐 아니라 甲이 乙을 체포한 현장에서 신용카드를 압수한 것이 아니므로 체포현장에서의 압수($\frac{제216조}{1항\ 2호}$)에 해당한다고 할 수 없다. 또한 乙이 긴급체포되기 전에 보호실에 유치되어 있을 때 압수하였으므로 긴급체포된 자가 소유·소지 또는 물건의 압수($\frac{제217조}{1항}$)에도 해당하지 않을 뿐만 아니라 사후 압수·수색영장을 청구하지도 않았다. 판례는 위법한 긴급체포 후에 그에 수반하여 이루어진 압수·수색은 위법하다고 판시하고 있는데($\frac{대법원\ 2009.\ 12.\ 24,}{2009\ 도\ 11401}$), 위 판례의 취지에 따르면 설문과 같이 위법하게 동행되어 유치 중에 이루어진 압수·수색 또한 위법하다고 할 것이다.

따라서 甲이 乙로부터 신용카드를 압수한 것은 적법하다고 할 수 없다.

V. 결   론

경찰관 직무집행법에 의한 임의동행뿐만 아니라 형사소송법상의 임의수사로서의 임의동행도 허용된다. 그러나 동행과정에 심리적 압박이나 강제력이 개입된 때에는 임의동행의 한계를 벗어난 강제연행이며 불법체포에 해당한다. 보호실의 유치도 경찰관 직무집행법에 근거를 둔 경우 이외에는 영장 없이 피의자의 승낙만으로는 정당화될 수 없는 불법구금이다. 따라서 乙에 대한 임의동행과 보호실유치는 불법체포가 된다. 불법동행 후의 긴급체포 또한 위법하다. 위법한 긴급체포 후의 구속영장청구에 대하여 판사는 이를 기각하여야 한다. 나아가 乙에 대한 구속영장청구는 긴급체포시의 영장청구기간을 경과한 후에 청구한 것이므로 마찬가지로 판사는 실무상 이를 기각하여야 한다. 甲이 영장 없이 乙로부터 압수한 것은 영장 없는 체포현장에서의 압수나 긴급체포시의 압수에 해당하지 않을뿐더러 불법체포 후에 그에 수반하여 이루어진 것이므로 적법하다고 할 수 없다.

[관련판례]

⑴ 대법원 2006. 7. 6, 2005 도 6810, 「형사소송법 제199조 제 1 항은 '수사에 관하여 그 목적을 달성하기 위하여 필요한 조사를 할 수 있다. 다만, 강제처분은 이 법률에 특별한 규정이 있는 경우에 한하며, 필요한 최소한도의 범위 안에서만 하여야 한다'고 규정하여 임의수사의 원칙을 명시하고 있는바, 수사관이 수사과정에서 당사자의 동의를 받는 형식으로 피의자를 수사관서 등에 동행하는 것은, 상대방의 신체의 자유가 현실적으로 제한되어 실질적으로 체포와 유사한 상태에 놓이게 됨에도, 영장에 의하지 아니하고 그 밖에 강제성을 띤 동행을 억제할 방법도 없어서 제도적으로는 물론 현실적으로도 임의성이 보장되지 않을 뿐만 아니라, 아직 정식의 체포·구속단계 이전이라는 이유로 상대방에게 헌법 및 형사소송법이 체포·구속된 피의자에게 부여하는 각종의 권리보장 장치가 제공되지 않는 등 형사소송법의 원리에 반하는 결과를 초래할 가능성이 크므로, 수사관이 동행에 앞서 피의자에게 동행을 거부할 수 있음을 알려 주었거나 동행한 피의자가 언제든지 자유로이 동행과정에서 이탈 또는 동행장소로부터 퇴거할 수 있었음이 인정되는 등 오로지 피의자의 자발적인 의사에 의하여 수사관서 등에의 동행이 이루어졌음이 객관적인 사정에 의하여 명백하게 입증된 경우에 한하여, 그 적법성이 인정되는 것으로 봄이 상당하다. 형사소송법 제200조 제 1 항에 의하여 검사 또는 사법경찰관이 피의자에 대하여 임의적 출석을 요구할 수는 있겠으나, 그 경우에도 수사관이 단순히 출석을 요구함에 그치지 않고 일정 장소로의 동행을 요구하여 실행한다면 위에서 본 법리가 적용되어야 하고, 한편 행정경찰 목적의 경찰활동으로 행하여지는 경찰관직무집행법 제3조 제2항 소정의 질문을 위한 동행요구도 형사소송법의 규율을 받는 수사로 이어지는 경우에는 역시 위에서 본 법리가 적용되어야 한다.」

⑵ 대법원 2009. 12. 24, 2009 도 11401, 「원심판결 이유에 의하면, 원심은, 서울지방경찰청 외사과 소속 경사 공소외인이 피고인을 긴급체포할 당시 헌법 제12조 제 5 항, 형사소송법 제200조의 3 제 1 항, 제200조의 5에서 요구하는 긴급체포의 요건을 갖추지 못하였으므로 피고인에 대한 긴급체포는 위법한 체포이고, 검사의 피고인에 대한 피의자신문은 2008. 12. 1. 피고인이 경찰에서

위법하게 긴급체포된 후 검찰로 송치되어 2008. 12. 10. 이루어졌으므로 위법한 긴급체포와 시간적으로 근접하여 이루어진 것인데다가, 당시 피고인이 변호인의 조력을 받은 바도 없으므로 위 피의자신문조서는 그 위법의 정도가 중하여 이를 유죄의 증거로 할 수 없으며, 피고인에 대한 긴급체포가 위법하므로 그에 수반하여 이루어진 각 압수절차 또한 위법임을 면할 수 없고, 가사 위 긴급체포가 적법하여 그에 수반된 압수절차가 허용되는 경우라 하더라도 이후 공소외인 등은 그 영장을 발부받아야 함에도 그러한 조치가 이루어지지 아니하였으므로, 위와 같이 위법한 압수절차에 의하여 압수한 물건은 이 사건 공소사실을 유죄로 인정하는 증거로 사용할 수 없다고 판단하였다.

앞서 본 법리에 비추어 보면, 원심이 증거동의에도 불구하고 압수물의 증거능력을 부정한 것은 정당하므로(기록상 검사 작성의 피고인에 대한 피의자신문조서는 그 진정성립을 인정한 것으로 보일 뿐, 이를 증거로 함에 동의하였다고 볼 근거는 찾아보기 어렵다), 원심이 위 각 증거의 증거능력을 부정하고 이 사건 공소사실에 대하여 범죄의 증명이 없다는 이유로 무죄를 선고한 것은 정당하며, 거기에 상고이유에서 주장하는 바와 같은 증거능력에 관한 법리오해 및 채증법칙 위반 등의 위법이 없다.」

[9] 고소불가분의 원칙

[설 문]

국회의원 A가 사망하자 모 주간지에서는 특집기사를 기획하여 A와 그의 여비서였던 C와의 스캔들을 폭로하는 기사를 실었다. A의 유족 B는 위 특집 기사를 공동 기획한 그 주간지의 편집부 직원 甲과 乙을 사자명예훼손죄로 고소하려고 하였으나, 甲이 잡지사를 퇴직하고 그 행방을 알 수 없었으므로 乙만을 고소하였다. 乙은 불구속 기소되어 제1심에서 징역 8월의 형을 선고받고 그 판결은 확정되었다. 그 후 甲이 불구속 기소되어 제1심 공판이 계속되는 중 B는 甲에 대한 고소를 제기하였으나 그 후 심경의 변화를 일으켜 甲에 대한 고소를 취소하였다.

⑴ 甲에 대한 고소가 없는데도 甲에 대하여 기소한 것은 적법한가.

⑵ 甲에 대한 고소취소는 유효한가.

⑶ 검사가 乙에 대하여 기소유예처분을 한 후에, 이 사실을 알고 출석한 甲에 대하여 불구속 기소한 경우라면 법원은 甲에게 어떤 재판을 해야 하는가.

⑷ B가 甲과 乙이 공모하여 출판물에 의하여 명예를 훼손했다고 고소했다가 제1심 판결선고 전에 甲에 대한 고소를 취소했다면 법원은 乙에게 유죄판결을 할 수 있는가.

(제37회 사법시험 출제문제 변형)

Ⅰ. 문제점의 정리

설문은 친고죄에 있어서 고소의 효력이 미치는 범위에 대한 고소불가분의 원칙과 공소권남용이론에 관한 것이다. 고소의 효력이 불가분이라는 원칙을 고소불가분의 원칙이라고 하며, 여기에는 객관적 불가분의 원칙과 주관적 불가분의 원칙이 포함된다. 전자는 한 개의 범죄의 일부분에 대한 고소 또는 그 취소는 그 전부에 대하여 효력이 미친다는 원칙이며, 후자는 수인의 공범 중 1인 또는 수인에 대한 고소 또는 그 취소는 다른 공범자에게도 효력이 미친다는 원칙이다. 문제 (1)은 甲에 대하여 고소의 주관적 불가분의 원칙이 적용되는가의 문제이며, (2)는 고소불가분의 원칙과의 관계에서 공범에 대한 제 1 심 판결선고 후에 다른 공범에 대한 고소취소가 허용되는가의 문제이다. 문제 (4)는 반의사불벌죄에 있어서도 고소불가분의 원칙이 적용되는가에 관한 문제이다. 한편 문제 (3)은 공범 사이에 특별한 정상의 차이가 없음에도 불구하고 차별적으로 공소제기한 경우에 공소권남용에 해당하는가, 또 공소권남용에 해당한다면 법원은 어떻게 처분해야 하는가에 관한 문제이다.

Ⅱ. 고소불가분의 원칙

사자명예훼손죄($\frac{형법}{제308조}$)는 친고죄이며($\frac{형법 제311}{조 1항}$), 친고죄에 있어서 고소는 소송조건이므로 고소가 없는 경우에 공소를 제기할 수 없음은 명백하다. 다만 B가 처음에 甲에 대하여는 고소를 하지 않았더라도 乙을 고소하였고 乙은 甲과 공범관계에 있다고 할 것이므로 乙에 대한 고소의 효력이 甲에게 미치는가의 문제가 된다. 甲에 대한 고소를 취소할 수 있는가의 문제도 고소불가분의 원칙과의 관계에서 검토해야 한다.

1. 주관적 불가분의 원칙

문제 (1)은 甲에게 고소의 주관적 불가분의 원칙이 적용되는가의 문제에 귀착한다. 친고죄의 공범 중 1인 또는 수인에 대한 고소와 그 취소는 다른 공범자에게도 그 효력이 있다는 원칙을 주관적 불가분의 원칙이라고 한다($\frac{제233}{조}$). 여기서 말하는 공범에는 형법총칙상의 공범뿐만 아니라 필요적 공범도 포함한다. 甲과 乙은 공동정범이므로 이 원칙이 적용되는 것은 당연하다. 고소의 주관적 불가분의 원칙을 인정하는 이유는 고소가 원래 특정한 범인에 대한 것이 아니라 범죄사실을 신고하는 것이며, 고소인의 자의에 의하여 불공평한 결과가 발생하는 것을 방지해야 한다는 점에 있다.

주관적 불가분의 원칙의 적용범위는 절대적 친고죄와 상대적 친고죄에 따라 차이가 있다. 절대적 친고죄에 있어서는 이 원칙이 언제나 적용되므로 공범 중 1인에 대한 고소는 전원에 대하여 효력이 미친다. 이에 반하여 친족상도례의 경우와 같이 범인과 피해자 사이에 일정한 신분관계가 있는 경우에만 친고죄가 되는 상대적 친고죄에 있어서는 비신분자에 대한 고소의 효력은 신분관계 있는 공범에게 미치지 아니하며, 신분관계 있는 자에 대한 고소취소는 비신분자에게 효력이 없다. 비신분자에 대한 고소는 친고죄의 고소가 아니기 때문이다. 사자명예훼손죄는 절대적 친고죄이므로 그 고소에는 당연히 주관적 불가분의 원칙이 적용된다.

따라서 A의 乙에 대한 고소의 효력은 고소불가분의 원칙에 의하여 甲에게도 미치므로 검사가 甲에 대하여 기소한 것은 적법하다.

2. 乙에 대한 제 1 심 판결선고 후의 甲의 고소취소

문제 (2)는 공범에 대한 제 1 심 판결선고 후에 다른 공범 즉 甲에 대한 고소를 취소할 수 있는가의 문제이다. 고소는 제 1 심 판결선고 전까지만 취소할 수 있으므로($\frac{제232조}{1항}$) 乙에 대하여 제 1 심 판결이 선고된 이상 乙에 대한 고소를 취소할 수 없는 것은 물론이다. 그러나 甲에 대하여는 아직 제 1 심 판결이 선고되지 않았다는 점에서 B가 甲에 대한 고소를 취소할 수 있는가가 문제된다. 이에 관하여는 친고죄에 있어서의 피해자의 의사를 존중하여 甲에 대한 고소는 취소할 수 있다고 해석하고 다만 제 1 심 판결을 선고받은 공범인 乙에게는 고소취소의 효력이 미치지 않는다고 해석하는 견해도 있으나, 통설과 판례 ($\binom{대법원\ 1975.\ 6.\ 10,\ 75\ 도\ 204;}{대법원\ 1985.\ 11.\ 25,\ 85\ 도\ 1940}$)는 이 경우에 甲에 대한 고소취소는 허용되지 아니하고 고소를 취소한 경우에도 고소취소의 효력이 없다고 해석한다. 생각건대 ① 공범자에 대하여 고소를 취소할 수 없는 경우에 다른 공범에 대한 고소취소를 인정하는 것은 고소의 주관적 불가분의 원칙에 반하고, ② 이를 인정할 때에는 고소권자의 자의에 의하여 불공평한 결과를 초래한다는 점에서 통설이 타당하다고 생각한다.

결국 甲에 대한 고소취소는 허용되지 아니하므로 甲에 대한 고소취소는 효력이 없다고 할 것이다.

3. 반의사불벌죄와 고소불가분의 원칙

출판물에 의한 명예훼손죄($\frac{형법}{제309조}$)는 피해자의 명시한 의사에 반하여 공소를 제기할 수 없는 반의사불벌죄이다($\frac{형법}{제312조\ 2항}$). 고소불가분의 원칙에 의하면 공범의 1인에 대한 고소취소는 다른 공범에 대하여도 효력이 미치므로 乙에 대하여도 공소기각의 판결을 해야 한다. 문제 (4)는 친고죄가 아닌 반의사불벌죄에 대하여도 고소불가분의 원칙이 적용되는가에 있다. 형사소송법은 고소취소의 시한과 재고소를 금지하는 규정을 반의사불벌죄의 경우에 처벌을 희망하는 의사의 철회에 관하여 준용하고 있다($\frac{제232조}{3항}$). 그러나 고소불가분의 원칙에 관한 규정($\frac{제233}{조}$)을 반의사불벌죄에 대하여 준용하는 규정은 없다. 따라서 반의사불벌죄에 있어서 처벌을 희망하지 아니하는 의사표시나 처벌을 희망하는 의사표시의 철회에 관하여는 고소불가분의 원칙이 준용되지 않는다는 취지로 이해하지 않을 수 없다. 반의사불벌죄에 있어서는 피해자의 의사표시가 없는 경우에도 처벌할 수 있기 때문이다. 판례도 「고소불가분의 원칙은 반의사불벌죄에 대하여는 적용되지 않는다」고 판시한 바 있다($\frac{대법원\ 1994.\ 4.\ 26,}{93\ 도\ 1689}$).

따라서 B가 甲과 乙에 대하여 처벌을 희망하는 의사표시를 했다가 甲에 대한 처벌희망의 의사표시를 철회한 경우에도 법원은 乙에 대하여 유죄판결을 할 수 있다.

III. 차별적 공소제기와 공소권의 남용

문제 (3)은 검사가 사자명예훼손죄의 공범인 乙은 기소유예하면서 甲을 불구속 기소한 것이 차별적 공소제기가 되어 공소권남용에 해당하는가, 또 공소권남용에 해당한다면 법원은 어떻게 처분해야 하는가를 묻는 문제이다.

1. 공소권남용이론과 그 적용범위

공소권남용이론이란 검사의 공소권의 남용이 있는 경우에 법원은 공소기각 또는 면소판결의 형식재판에 의하여 소송을 종결시켜야 한다는 이론이다. 검사의 공소권에 대하여 권리남용이론을 적용함으로써 피고인을 형사절차에서

조기에 해방시키고 검사의 부당한 공소권행사를 통제하기 위하여 주장된 이론
이다. 여기서 공소권의 남용이란 검사의 공소권이 형식적으로는 적법하지만
실질적으로 부당한 경우를 말한다.

　공소권남용이론을 주장하는 학자들이 위 이론이 적용되는 경우로 들고 있
는 것은 4가지 경우이다. 즉 ① 범죄의 객관적 혐의가 없음에도 불구하고 검사
가 공소를 제기한 경우, ② 사건의 성질과 내용에 비추어 기소유예를 함이 상
당함에도 불구하고 공소를 제기한 경우, ③ 죄질과 범증이 유사한 여러 피의자
중에서 일부만을 선별적으로 공소제기한 경우, ④ 공소제기의 전제인 수사과
정에 중대한 위법이 있는 경우가 그것이다. 문제 ⑶은 ③의 차별적 공소제기
에 해당하는가가 문제된다.

2.　차별적 공소제기의 처리

　차별적 공소제기 또는 선별기소의 처리방법에 관하여는 이 경우에 공소권
남용이론을 적용하는가의 여부에 따라 공소기각판결설과 실체판결설이 대립되
고 있다. **공소기각판결설**은 차별적 공소제기가 헌법에 규정한 평등원칙에 위
배한 공소권의 행사로서 형사소송법 제327조 2호의 공소제기의 절차가 법률의
규정에 위반하여 무효인 때에 해당하므로 공소기각의 판결을 선고해야 한다는
견해이다. 이에 반하여 **실체판결설**은 검사의 차별적 공소제기가 명백히 부당
한 경우에도 유죄 또는 무죄의 실체판결을 해야 한다고 주장한다. 차별적 공소
제기는 형사소송법상 공소기각의 사유에 해당하지 않는다는 것을 이유로 한다.

　생각건대 ① 형사소송법은 기소편의주의를 채택하여 공소제기에 관하여
검사에게 재량을 인정하고 있고, ② 차별적 공소제기를 공소기각의 사유로 할
때에는 공소제기되지 않은 사건까지 심리의 대상에 포함시켜 불고불리의 원칙
에 반한다는 점에서 실체판결설이 타당하다고 하겠다.

3.　문제의 해결

　설문의 경우에는 근본적으로 그것이 차별적 공소제기에 해당하는가가 문
제된다. 차별적 공소제기는 일부 피의자에 대한 공소제기가 헌법상의 평등의
원칙에 위배되는 경우를 말하는데, 설문의 경우 甲과 乙의 정상에 특별한 차이
가 없는 한 甲에 대한 공소제기는 당연한 반면 오히려 乙에 대한 불기소처분

이 부당하다고 볼 수 있는 경우이기 때문이다. 형사소송법은 기소편의주의를
채택하고 있다. 그러나 기소편의주의라 할지라도 합리적인 한계가 있는 것이
므로 당연히 공소제기하여야 할 경우에 기소유예처분을 하는 것은 이러한 한
계를 일탈했다고 해야 한다. 따라서 설문의 경우에는 甲에 대한 공소제기가 위
법한 것이 아니라, 乙에 대한 기소유예처분이 부당하므로 고소인이 검찰법상
의 항고나 재정신청에 의하여 다투어야 할 경우이다. 판례도 「동일한 구성요
건에 해당하는 행위를 한 공동피의자 중 일부만을 기소하였다고 하여 공소권
을 남용했다고 할 수 없다」고 판시하고 있다(대법원 1990. 6. 8,/90 도 646). 甲에 대한 기소는
공소권남용에 해당하지 않으므로 법원은 실체판결을 하여야 한다.

Ⅳ. 결　　론

　　B가 처음에 乙에 대하여만 고소한 경우에도 고소의 주관적 불가분의 원칙
에 의하여 고소의 효력은 乙과 공동정범의 관계에 있는 甲에게도 미친다. 따라
서 검사가 甲에 대하여 기소한 것은 적법하다. 乙에 대하여 제 1 심 판결이 선
고된 후에는, 비록 甲의 제 1 심 판결이 선고되기 전이라 할지라도 甲에 대한
고소를 취소할 수 없고 취소한 경우에도 고소취소의 효력을 인정할 수 없다.
고소불가분의 원칙은 반의사불벌죄에 대하여는 적용되지 않으므로 출판물에
의한 명예훼손죄의 경우에는 甲에 대한 고소취소의 효력이 乙에게는 미치지
아니하므로 법원은 乙에 대하여 유죄판결을 할 수 있다. 검사가 乙에 대하여
기소유예를 하였음에도 甲은 기소한 경우라고 할지라도 이것만으로 차별적 공
소제기에 해당한다고 할 수 없으므로 법원은 甲에 대하여 실체판결을 해야
한다.

[관련판례]

⑴ 대법원 1985. 11. 12, 85 도 1940, 「친고죄의 공범 중 그 일부에 대하여 제 1 심 판결이 선고된 후에는 제 1 심 판결선고 전의 나른 공범자에 대하여는 그 고소를 취소할 수 없고 그 고소의 취소가 있다 하더라도 그 효력을 발생할 수 없으며, 이러한 법리는 필요적 공범이냐 임의적 공범이냐를 구별함이 없이 모두 적용된다.」

⑵ 대법원 1994. 4. 26, 93 도 1689, 「형사소송법이 고소와 고소취소에 관한 규정을 하면서 제232조 제 1 항·제 2 항에서 고소취소의 시한과 재고소의 금지를 규정하고 제 3 항에서는 반의사불벌죄에 제 1 항·제 2 항의 규정을 준용하는 규정을 두면서도, 제233조에서 고소와 고소취소의 불가분에 관한 규정을 함에 있어서는 반의사불벌죄에 이를 준용하는 규정을 두지 아니한 것은 처벌을 희망하지 아니하는 의사표시나 처벌을 희망하는 의사표시의 철회에 관하여 친고죄와는 달리 공범자간에 불가분의 원칙을 적용하지 아니하고자 함에 있다고 볼 것이다.」

⑶ 대법원 2010. 9. 30, 2008 도 4762, 「독점규제 및 공정거래에 관한 법률 제 71조 제 1 항은 "제66조 제 1 항 제 9 호 소정의 부당한 공동행위를 한 죄는 공정거래위원회의 고발이 있어야 공소를 제기할 수 있다"고 규정함으로써 그 소추조건을 명시하고 있다. 반면에 위 법은 공정거래위원회가 같은 법 위반행위자 중 일부에 대하여만 고발을 한 경우에 그 고발의 효력이 나머지 위반행위자에게도 미치는지 여부 즉, 고발의 주관적 불가분원칙의 적용 여부에 관하여는 명시적으로 규정하고 있지 아니하고, 형사소송법도 제233조에서 친고죄에 관한 고소의 주관적 불가분원칙을 규정하고 있을 뿐 고발에 대하여 그 주관적 불가분의 원칙에 관한 규정을 두고 있지 않고, 또한 형사소송법 제233조를 준용하고 있지도 아니하다. 이와 같이 명문의 근거 규정이 없을 뿐만 아니라 소추요건이라는 성질상의 공통점 외에 그 고소·고발의 주체와 제도적 취지 등이 상이함에도, 친고죄에 관한 고소의 주관적 불가분원칙을 규정하고 있는 형사소송법 제233조가 공정거래위원회의 고발에도 유추적용된다고 해석한다면 이는 공정거래위원회의 고발이 없는 행위자에 대해서까지 형사처벌의 범위를 확

장하는 것으로서, 결국 피고인에게 불리하게 형벌법규의 문언을 유추해석한
경우에 해당하므로 죄형법정주의에 반하여 허용될 수 없다.」

[10] 피의자의 체포와 구속

[설 문]

　甲은 모 경제부처국장으로 근무하던 중 부도처리된 A 철강회사에 대한 부정대출사건과 관련하여 동사 대표이사 乙로부터 뇌물 1억 원을 수수한 혐의로 입건되어 이를 수사하기 위한 검사의 출석요구를 받았다. 甲은 출석요구에 응하여 검찰청에 출석하였으나 혐의사실을 극구 부인하였다. 乙은 이미 검사 앞에서 甲에게 위의 돈을 공여한 사실을 자백하였다.

　검사는 甲을 구속수사해야 한다고 생각하였다. 위의 사례에서 다음의 질문에 답하라.

　1. 검사는 甲을 체포하기 위하여 체포영장을 청구하였다. 판사는 체포영장을 발부할 수 있는가.

　2. 甲을 수사하던 검사는 저녁이 되자 甲을 귀가시켜서는 증거가 인멸될 위험이 있다고 판단하여 甲을 긴급체포하였다. 甲에 대한 긴급체포는 적법한가.

　3. 검사는 甲을 체포한 후 40시간이 지나서 甲에 대한 구속영장을 청구하였다.

　　⑴ 구속영장을 청구받은 판사가 甲을 심문하지 않고 구속영장을 발부하면 위법한가. 판사의 구속전 피의자심문제도는 왜 필요한가.

　　⑵ 甲이 체포되지 않은 경우에 심문을 위하여 甲을 인치할 수 있는 방법은 무엇인가.

　　⑶ 구속영장을 심사한 판사 丙이 甲에게 구속사유는 인정되지만 검사의 甲에 대한 긴급체포는 부적법하다고 판단했다. 판사는 이 경우에도 구속영장을 발부해야 하는가.

　4. 구속영장이 발부되어 甲은 구속되었다. 甲은 공소제기 전이라 할지라도 구속적부심사에 의하여 석방되는 것은 어려워도 보석에 의하여 석방되어 재

판을 받아야 한다고 믿고 있다.

　⑴ 피의자에 대한 보석도 가능한가.

　⑵ 甲이 보증금납입조건부 피의자석방제도에 의하여 석방되기 위하여
　　는 어떤 절차를 거쳐야 하는가.

Ⅰ. 문제점의 정리

　형사소송법은 체포제도를 도입하면서 종래의 긴급구속을 긴급체포로 바꾸
었을 뿐만 아니라, 구속절차에 있어서는 구속전 피의자심문제도를 도입하여
영장실질심사제도를 실현하게 되었고, 보증금납입조건부 피의자석방제도를 신
설하여 피의자에 대하여도 사실상 보석을 허용하였다. 설문은 형사소송법에
도입된 체포와 긴급체포, 구속전 피의자심문 및 보증금납입조건부 피의자석방
의 요건과 절차를 묻는 문제이다. 즉 문제 1은 체포영장에 의한 체포의 요건,
문제 2는 긴급체포의 요건에 관한 문제이다. 문제 3은 피의자에 대한 판사의
구속전 피의자심문제도의 취지와 심문을 위한 피의자 인치방법 및 긴급체포된
피의자에 대한 구속영장발부의 성질에 관한 문제이고, 문제 4는 보증금납입조
건부 피의자석방제도의 내용과 절차에 관한 문제이다.

Ⅱ. 체포영장에 의한 체포의 요건

　문제 1은 검사의 출석요구에 응하여 검찰청에 출석하였으나 혐의사실을
극구 부인하는 甲에게 체포영장을 발부할 요건이 충족되었다고 할 수 있는가
의 문제이다. 형사소송법 제200조의 2 제 1 항은 체포영장을 발부하기 위하여
는 「피의자가 죄를 범하였다고 의심할 만한 상당한 이유가 있고 정당한 이유
없이 수사기관의 출석요구에 응하지 않거나 응하지 아니할 우려가 있을 것」을
요구하고 있다. 범죄혐의 이외에 출석불응 또는 그 우려를 체포사유로 규정하
고 있는 것이다. 따라서 도망이나 증거인멸의 우려와 같은 체포의 필요성은 체

포영장의 요건이 되지 않으며, 다만 명백히 체포의 필요성이 인정되지 않는 경우에는 체포할 수 없을 뿐이다(동조 제2항). 甲에게 이러한 우려가 명백히 없다고 단정할 수는 없다. 범죄의 혐의란 유죄판결에 대한 고도의 개연성 또는 충분한 혐의를 의미한다. 그러나 乙이 이미 甲에게 뇌물을 공여한 사실을 시인한 이상 甲에게 죄를 범하였다고 의심할 만한 상당한 이유가 있다고 해야 한다. 문제는 甲이 검사의 출석요구에 응하였다는 점에 있다. 甲이 수사기관의 출석요구에 응하였고 앞으로 응하지 아니할 우려가 없기 때문에 형사소송법이 규정한 체포의 요건을 갖추었다고 보기는 어렵기 때문이다.

여기서 출석불응이 체포사유로서 어떤 의미를 가지는가에 관하여는 세 가지 입장이 있을 수 있다. 첫째, 출석불응을 정면에서 체포사유로 인정하는 입장이다. 이에 의하면 체포는 피의자나 수사기관에의 출석을 강제하기 위한 것이 된다. 그러나 수사기관에의 출석을 확보하기 위한 체포를 인정하는 것은 임의수사인 피의자조사의 본질과 일치할 수 없으며, 피의자에게 수사기관에 대한 출석의무를 인정하기도 어렵다. 둘째, 출석불응을 체포의 필요성, 즉 도망이나 증거인멸을 징표하는 사유로 이해하는 입장이며 일본의 다수설의 입장이다. 그러나 출석불응만으로 도망이나 증거인멸의 위험을 추인한다는 것도 타당하다고 보기 어렵다. 따라서 형사소송법이 출석불응을 체포사유로 규정한 것은 체포제도를 도입하면서 체포영장의 발부를 가능한 한 제한하기 위한 취지이므로 피의자가 수사기관의 출석요구에 응한 때에는 체포할 수 없다는 소극적 의미를 갖는 데 불과하다고 하는 것이 타당하다고 해야 한다.

어떤 견해에 의하든 출석한 甲에게 체포영장을 발부할 수 없다는 점에는 결론을 같이한다.

Ⅲ. 긴급체포의 요건

문제 2의 검사의 출석요구에 응하여 출석한 甲을 수사한 검사가 甲을 귀가시키지 않고 긴급체포할 수 있는가라는 문제는 긴급체포의 요건이 충족되었는가의 문제이다. 형사소송법상 긴급체포를 하기 위하여는 범죄의 중대성, 체포의 필요성 내지 긴급성이 있어야 한다(제200조의3 제1항). 범죄의 중대성이란 긴급체포를 위하여는 피의자가 사형·무기 또는 장기 3년 이상의 징역이나 금고에 해당하는 죄를 범하였다고 인정할 만한 상당한 이유가 있어야 한다는 것을 말한다. 甲은 뇌물수수죄 내지 특정범죄가중처벌등에관한법률위반(뇌물)죄를 범하였다는 혐의가 인정되므로 범죄의 중요성은 인정된다고 해야 한다. 긴급체포는 체포영장을 요하지 않는 대신 체포의 필요성이 있어야 한다. 체포의 필요성은 구속사유와 같이 도망이나 증거인멸의 위험을 말한다. 甲이 고급공무원이라는 점에서 도망의 위험이 있는가는 분명하지 않다. 다만 甲의 범죄가 중대하고 실형을 선고받을 위험 때문에 도망하거나 증거를 인멸할 위험이 있다고 인정될 때에는 긴급체포의 요건을 충족했다고 할 수 있다. 그러나 긴급체포를 위하여는 체포의 긴급성이 필요하다. 체포의 긴급성은 긴급을 요하여 체포영장을 받을 수 없는 것을 말한다. 즉 체포영장을 받아서는 피의자를 체포할 수 없는 경우에 한하여 긴급체포를 할 수 있다. 따라서 조사를 받기 위하여 수사관서에 자진 출석한 피의자를 긴급체포하는 것은 합리적 근거가 없는 한 원칙적으로 위법하다(대법원 2006. 9. 8, 2006 도 148).

결국 甲에 대한 긴급체포는 적법하다고 할 수 없다.

Ⅳ. 구속영장의 발부

1. 구속전 피의자심문제도의 의의

문제 3의 (1)은 구속전 피의자심문제도의 취지와 그것이 필요적인가의 여부를 묻는 문제이다. 구속전 피의자심문제도란 판사가 구속영장을 발부하기 전에 피의자를 심문하여 구속사유의 존부를 심리하게 하는 제도이며, 영장실질심사제도라고 한다. 수사기관이 일방적으로 제출한 수사기록에 대한 형식적 심사만으로 구속 여부를 결정할 것이 아니라 법관이 직접 피의자를 심문하여 구속사유가 충족되었는가를 판단해야 한다는 점에서 영장실질심사는 영장주의의 핵심적 내용이 될 뿐만 아니라, 법적 청문권은 헌법상의 법치국가 원리와 적법절차의 이념에서 파생된 핵심적인 권리이므로 구속될 피의자에게도 법관에게 한마디 변명이라도 할 수 있는 청문권을 보장해야 적법절차의 원리가 실현될 수 있다는 것을 근거로 한다. 형사소송법은 구속전 피의자심문을 피의자의 의사나 법관의 필요성 판단과 관계없이 필요적으로 실시하도록 하고 있다. 즉 체포된 피의자에 대하여 구속영장을 청구받은 판사는 지체없이 피의자를 심문하여야 하며, 이 경우 특별한 사정이 없는 한 구속영장이 청구된 날의 다음 날까지 심문하여야 하고($^{제201조의}_{2\ 제1항}$), 체포되지 않은 피의자에 대하여 사전 구속영장을 청구받은 판사는 구인을 위한 구속영장을 발부하여 피의자를 구인한 후 심문하여야 하는데 다만 피의자가 도망하는 등의 사유로 심문할 수 없는 경우에는 심문을 생략할 수 있다($^{동조}_{제2항}$). 형사소송법의 필요적 피의자심문제도는 ① 영장주의와 법적 청문권의 보장은 피의자의 구속을 제한하기 위한 법치국가원리의 내용이므로 비용과 소송경제를 이유로 제한할 수 있는 것이 아니고, ② 임의적 피의자심문제도는 체포 또는 구금된 피의자가 법관 또는 법률에 의하여 사법권을 행사할 권한을 부여받은 관헌에게 신속히 인치될 것을 요구하는 국제인권규약의 기준을 충족할 수 없을 뿐만 아니라, ③ 구속전 피의자심문은 구속피의자에게 국선변호인을 선정해 주는 절차이며 구속영장이 발부된 때에는 그 선정의 효력이 제1심까지 미친다는 점($^{동조}_{제8항}$)에 비추어 타당한 태도라고 생각된다.

　판사는 甲을 심문하지 않고 구속영장을 발부할 수 없다.

2. 구속전 피의자심문을 위한 피의자의 인치방법

　문제 3의 ⑵는 甲이 체포되지 않은 경우에 심문을 위하여 甲을 인치할 수 있는 방법을 묻는 것이다. 체포영장에 의하여 체포되거나 긴급체포된 피의자는 체포의 효력으로 인치할 수 있다는 데 의문이 없다. 그러나 체포되지 않은 피의자를 심문을 위하여 인치하는 것은 쉽지 않다. 형사소송법은 이를 위하여 피의자에 대한 구인제도를 인정하고 있다. 즉 구속영장을 청구받은 판사는 피의자가 죄를 범하였다고 의심할 만한 이유가 있는 경우에 구인을 위한 구속영장을 발부하여 피의자를 구인한 후 심문하여야 한다($^{제201조의}_{2\ 제2항}$). 甲에 대하여도 구속영장을 발부하여 구인한 후에 심문할 수 있는 것은 물론이다. 다만, 구속전 피의자심문을 위하여 피의자를 구인하는 것을 허용하는 것은 입법론상 타당하다고 할 수 없다. 체포되지 않은 피의자의 대부분은 소재를 알 수 없어 구인에 의하여 인치할 수 없기 때문에 구인은 이러한 피의자를 인치하는 방법으로는 효과가 없고, 구속사유를 심문하기 위하여 피의자를 구속한다는 것도 구속을 제한하고자 하는 구속전 피의자심문제도의 본질에 반하기 때문이다. 입법론으로는 구속영장을 발부한 후에 지체없이 피의자를 심문하게 하는 것이 타당하다고 하겠다.

3. 위법한 긴급체포와 구속영장

문제 3의 (3)은 甲에게 구속의 요건은 갖추어졌지만 긴급체포가 부적법한 경우에 구속영장을 발부할 수 있는가, 즉 구속영장의 발부에 있어서 구속의 사유뿐만 아니라 긴급체포의 적법성에 대한 심사도 해야 하는가의 문제이다. 이에 대해서는 입법론상은 부당하지만 현행법이 체포전치주의를 택하고 있지 않아 긴급체포는 영장 없는 체포이므로 구속영장의 발부에 있어 구속과 상관없는 체포의 적법성을 심사할 여지가 없고, 구속요건이 구비되면 발부하여야 한다는 견해(이재상, 연습, 제7판, 86면)가 있다. 이에 대하여 긴급체포 후의 사후 구속영장 청구는 체포를 전치한 것이므로 체포의 위법성이 해소되지 않은 상태가 지속되는 일련의 과정에서 청구되는 구속영장의 심사에 있어서는 이를 고려하여 원칙적으로 기각해야 한다는 견해도 있다. 법원의 실무는 현행범인체포나 긴급체포 등 체포가 위법한 경우에는 구속영장의 청구를 기각하여야 하고, 체포 피의자를 체포한 절차에 하자가 있어 구속영장청구를 기각하여야 할 것이 명백한 때에는 구속전 피의자심문을 할 필요가 없다고 한다(법원실무제요 형사[I], 308면).

설문에서 판사는 甲에 대한 긴급체포가 부적법하다고 판단하였으므로 실무상 구속영장의 청구를 기각하여야 한다.

V. 보증금납입조건부 피의자석방

1. 피의자에 대한 보석

문제 4의 (1)은 피의자에 대한 보석이 가능한가의 문제이다. 보석이란 보증금의 납부를 조건으로 구속된 피고인에 대한 구속의 집행을 정지하고 석방시키는 제도를 말하며, 피고인을 석방시키는 제도라는 점에서 피의자에 대한 체포·구속적부심사제도와 구별된다. 그러나 보석이 보증금납입을 조건으로 구속의 집행을 정지시켜 구속의 효과를 달성하려는 제도임에 반하여 체포·구속적부심사는 불법 또는 부당하게 체포·구속된 자를 석방하는 제도라는 점에서 두 제도는 그 취지를 전혀 달리하고, 따라서 피고인뿐만 아니라 피의자에 대하여도 보석을 허용하는 것이 타당하다. 형사소송법은 보증금납입조건부 피의자 석방제도를 도입하여 실질적으로 피의자에 대하여도 보석을 확대하였다. 보증금납입조건부 피의자석방제도는 실질적으로 보석의 성질을 가진다는 점에서 피의자에 대한 보석도 가능하다고 할 수 있다.

2. 보증금납입조건부 피의자석방의 절차

문제 4의 ⑵는 보증금납입조건부 피의자석방의 절차를 묻고 있다. 형사소송법은 직접 피의자에 대한 보석을 인정하지 않고 보증금납입조건부 피의자석방제도를 구속적부심사와 결합시킨 점에 특색이 있다. 따라서 甲은 공소제기 전에 직접 보석을 청구하지 못하고, 보증금납입조건부로 석방되고자 하는 때에는 구속적부심사를 청구해야 한다. 즉 甲이 구속적부심사를 청구한 경우에 법원은 보증금납입을 조건으로 甲의 석방을 명할 수 있을 뿐이다($\binom{제214조의}{2\ 제5항}$). 이 경우의 피의자석방은 피고인의 경우와는 달리 직권보석이고 재량보석의 성질을 가지게 된다. 입법론으로는 보석을 청구하면서 구속적부심사를 청구해야 하며, 구속적부심사를 청구한 후에 법원이 직권으로 피의자의 보증금납입조건부 석방을 명하는 것을 기다리게만 한 것은 타당하다고 할 수 없다. 그러나 현행법상 甲이 보석에 의하여 석방되기 위하여는 구속적부심사를 청구하고 그 심사시에 보증금납입조건부 석방을 바란다는 진술을 할 수밖에 없다.

Ⅵ. 결 론

형사소송법이 체포영장의 발부요건으로 수사기관의 출석요구에 불응할 것을 요구함에 따라 수사기관에 출석하여 진술을 한 甲에게 체포영장을 발부할 수는 없다. 긴급체포는 체포의 필요성 이외에 체포의 긴급성을 요건으로 하므로 체포영장을 발부받을 시간적 여유가 없어야 하며, 통상체포의 요건을 충족하지 못한 때에는 긴급체포도 할 수 없다. 따라서 甲에 대한 긴급체포는 위법하다. 긴급체포의 적법성은 사법심사의 대상이 되므로 긴급체포가 위법한 경

우 판사는 구속영장청구를 기각하여야 한다. 피의자를 구속하기 위하여 판사
는 반드시 피의자인 甲을 심문하여야 한다. 형사소송법은 구속전 피의자심문
을 필요적인 절차로 규정하고 있기 때문이다. 심문을 위하여 피의자를 인치하
기 위하여는 피의자에 대하여 구인을 위한 구속영장을 발부해야 한다. 구속된
甲은 공소제기 전에 보석을 청구할 수 없으나 보증금납입조건부 피의자석방제
도로 석방될 수는 있다. 그러나 피의자 甲은 직접 보증금납입조건부 석방을 청
구할 수는 없고, 구속적부심사를 청구하여 법원의 직권에 의한 석방을 기다릴
수밖에 없다.

[관련문제]

검사 甲은 자신이 거액의 사기사건으로 지명수배한 바 있는 乙이 다른 사건의 참고인으로 검찰청에 온 것을 발견하였다.

⑴ 이 경우 검사 甲이 乙의 신병을 확보하여 구속을 집행할 때까지 취할 수 있는 조치를 시간적 순서에 따라 설명하고,

⑵ 乙의 변호인이 乙이 기소되기 전까지 乙의 권익보호를 위하여 취할 수 있는 수단과 이에 대한 법원의 조치에 대하여 논하라.

(제40회 사법시험 출제문제)

《쟁　점》

⑴ 검사 甲이 취할 수 있는 조치로

(개) 긴급체포의 요건을 충족하는가.

(내) 긴급체포는 어떤 방법에 의하여야 하는가.

(대) 긴급체포한 피의자를 구속하기 위하여는 어떤 절차를 밟아야 하는가.

⑵ 乙의 변호인이 취할 수 있는 조치로

(개) 체포·구속적부심사를 청구할 수 있는가.

① 긴급체포된 피의자가 체포적부심사를 청구할 수 있는가.

② 구속영장이 발부된 경우에 구속적부심사를 청구할 수 있는가.

③ 보증금납입조건부 피의자석방을 청구할 수 있는가.

(내) 구속전 피의자심문절차에서 무엇을 할 수 있는가.

(대) 영장이 발부된 경우에 항고를 할 수 있는가.

⑶ 법원의 조치로

(개) 체포·구속적부심사청구에 대하여는 어떻게 결정하는가.

(내) 보증금납입조건부 석방을 명할 수 있는가.

체포단계의 피의자에 대하여도 보증금납입조건부로 석방할 수 있는가.

(대) 구속전 피의자심문은 어떻게 행하는가.

《해　설》

甲이 乙의 신병을 확보하기 위한 방법으로는 긴급체포와 구속이 있다.

긴급체포는 범죄의 중대성과 체포의 필요성 및 체포의 긴급성을 요건으로 한다. 乙에게 이 요건은 충족되었다. 긴급체포를 함에 있어서는 피의사실의 요지,

체포의 이유와 변호인을 선임할 수 있음을 말하고 변명의 기회를 주어야 하며$\binom{제200조}{의 5}$, 즉시 긴급체포서를 작성하여야 한다$\binom{제200조의}{3 \ 제 3 항}$. 검사가 乙을 구속하고자 할 때에는 체포한 때로부터 48시간 이내에 구속영장을 청구해야 한다$\binom{제200조의 4}{제 1 항 2문}$.

변호인은 긴급체포가 위법·부당하다고 인정할 때에는 체포적부심사를 청구할 수 있다. 체포된 피의자는 체포영장의 발부를 불문하고 체포적부심사를 청구할 수 있다$\binom{제214조}{의 2}$. 변호인은 구속전 피의자심문시에 출석하여 의견을 진술할 수 있다$\binom{제201조의}{2 \ 제 4 항}$. 구속영장이 발부된 경우 구속이 불법하거나 부당한 때에는 당연히 구속적부심사를 청구할 수 있고, 구속취소나 집행정지를 청구할 수도 있다. 구속적부심사를 청구한 경우에 법원은 보증금납입조건부로 피의자를 석방할 수 있으나$\binom{제214조의}{2 \ 제 5 항}$, 변호인이 보증금납입조건부 석방을 청구할 수는 없다. 구속영장발부에 대한 항고나 준항고는 인정되지 않는다$\binom{동조}{제 8 항}$. 구속영장의 발부는 법원의 결정이 아닌 지방법원판사의 결정이며, 지방법원판사는 재판장 또는 수명법관이 아니기 때문이다.

법원은 체포·구속적부심사청구에 대하여 48시간 이내에 심사하여 석방 또는 기각결정을 한다$\binom{동조}{제 4 항}$. 구속된 피의자에 대하여는 보증금납입조건부로 피의자를 석방할 수도 있다$\binom{동조}{제 7 항}$. 구속영장을 발부함에 있어서는 반드시 구속전 피의자심문을 하여야 한다$\binom{제201조의}{2 \ 제 1 항}$.

[관련판례]

⑴ 대법원 2006. 9. 8, 2006 도 148, 「⑴ 긴급체포는 영장주의원칙에 대한 예외인 만큼 형사소송법 제200조의 3 제 1 항의 요건을 모두 갖춘 경우에 한하여 예외적으로 허용되어야 하고, 요건을 갖추지 못한 긴급체포는 법적 근거에 의하지 아니한 영장 없는 체포로서 위법한 체포에 해당하는 것이고, 여기서 긴급체포의 요건을 갖추었는지 여부는 사후에 밝혀진 사정을 기초로 판단하는 것이 아니라 체포 당시의 상황을 기초로 판단하여야 하고, 이에 관한 검사나 사법경찰관 등 수사주체의 판단에는 상당한 재량의 여지가 있다고 할 것이나, 긴급체포 당시의 상황으로 보아서도 그 요건의 충족 여부에 관한 검사나 사법경찰관의 판단이 경험칙에 비추어 현저히 합리성을 잃은 경우에는 그 체포는 위법한 체포라 할 것이다.

⑵ 검사가 참고인 조사를 받는 줄 알고 검찰청에 자진출석한 변호사사무실 사무장을 합리적 근거 없이 긴급체포하자 그 변호사가 이를 제지하는 과정에서 위 검사에게 상해를 가한 것이 정당방위에 해당한다.」

⑵ 대법원 2002. 6. 11, 2000 도 5701, 「긴급체포는 영장주의원칙에 대한 예외인 만큼 형사소송법 제200조의 3 제 1 항의 요건을 모두 갖춘 경우에 한하여 예외적으로 허용되어야 하고, 요건을 갖추지 못한 긴급체포는 법적 근거에 의하지 아니한 영장 없는 체포로서 위법한 체포에 해당하는 것이고, 여기서 긴급체포의 요건을 갖추었는지 여부는 사후에 밝혀진 사정을 기초로 판단하는 것이 아니라 체포 당시의 상황을 기초로 판단하여야 하고, 이에 관한 검사나 사법경찰관 등 수사주체의 판단에는 상당한 재량의 여지가 있다고 할 것이나, 긴급체포 당시의 상황으로 보아서도 그 요건의 충족 여부에 관한 검사나 사법경찰관의 판단이 경험칙에 비추어 현저히 합리성을 잃은 경우에는 그 체포는 위법한 체포라 할 것이고, 이러한 위법은 영장주의에 위배되는 중대한 것이니 그 체포에 의한 유치중에 작성된 피의자신문조서는 위법하게 수집된 증거로서 특별한 사정이 없는 한 이를 유죄의 증거로 할 수 없다.」

⑶ 대법원 1997. 8. 27. 결정, 97 모 21, 「⑴ 헌법 제12조 제 6 항은 누구든지 체포 또는 구속을 당한 때에는 적부의 심사를 법원에 청구할 권리를 가진다고

규정하고 있고, 형사소송법 제214조의 2 제 1 항은 체포영장 또는 구속영장에 의하여 체포 또는 구속된 피의자 등이 체포 또는 구속의 적부심사를 청구할 수 있다고 규정하고 있는바, 형사소송법의 위 규정이 체포영장에 의하지 아니하고 체포된 피의자의 적부심사청구권을 제한한 취지라고 볼 것은 아니므로 긴급체포 등 체포영장에 의하지 아니하고 체포된 피의자의 경우에도 헌법과 형사소송법의 위 규정에 따라 그 적부심사를 청구할 권리를 가진다.

　(2) 형사소송법은 수사단계에서의 체포와 구속을 명백히 구별하고 있고 이에 따라 체포와 구속의 적부심사를 규정한 같은 법 제214조의 2에서 체포와 구속을 서로 구별되는 개념으로 사용하고 있는바, 같은 조 제 4 항에 기소전 보증금납입을 조건으로 한 석방의 대상자가 '구속된 피의자'라고 명시되어 있고, 같은 법 제214조의 3 제 2 항의 취지를 체포된 피의자에 대하여도 보증금납입을 조건으로 한 석방이 허용되어야 한다는 근거로 보기는 어렵다 할 것이어서 현행법상 체포된 피의자에 대하여는 보증금납입을 전제로 한 석방이 허용되지 않는다.」

[11] 현행범인의 체포, 체포현장에서의 압수

[설 문]

사법경찰관 甲은 버스터미널에서 피해자 丙이 "소매치기다"라고 소리지르고 A와 B가 달아나는 것을 보았다. A와 B가 각각 다른 방향으로 달아나자 甲은 길을 지나가는 대학생 乙에게 B를 잡아달라고 부탁하고 A를 따라갔으나 1킬로미터 정도 쫓아가다가 놓치고 말았다. 그러나 乙은 B를 1킬로미터 정도 추격하여 그를 붙잡고 B가 달아나던 중 버린 丙의 지갑을 주워 파출소로 인계하였다. 한편 甲은 1시간 정도가 지난 후 현장에서 2킬로미터 떨어진 길에서 A를 발견하고 소매치기 범인과 인상착의가 비슷하다고 생각하여 A를 불심검문하였다. A는 성명과 주거 및 한 시간 전에 어디에 있었는가를 묻는 甲의 질문에 불응하고 도망하였다. 甲은 A를 붙잡아 현행범인으로 체포하고, 거칠게 반항하는 A를 그 곳에서 2킬로미터 정도 떨어진 경찰서로 연행하였다. 甲은 경찰서에서 영장 없이 A가 가지고 있던 가방을 수색하여 가방 안에 들어 있던 소매치기용 칼을 압수하였다. 甲의 수사와 乙의 행위는 적법한가.

I. 문제점의 제시

영장주의는 법관의 판단에 의하여 수사기관에 의한 강제처분권의 남용을 억제함으로써 시민의 자유와 재산을 보장하기 위한 원칙이다. 형사소송법은 체포에 대하여도 체포영장에 의한 체포를 원칙으로 하여 영장주의를 관철하고 있다. 그러나 긴급체포와 현행범인의 체포에 있어서는 사후에 체포영장을 요하지 않고 구속영장을 받으면 족하게 하여 영장 없는 체포를 인정하고 있다.

긴급체포의 경우와는 달리 현행범인의 체포에 있어서는 범죄가 체포자의 면전에서 행하여져 체포가 범행과 시간적으로 접착되고 범죄와 범인이 명백하기 때문에 사법심사를 거치지 않아도 무고한 자를 잘못 체포할 우려가 없다는 점이 고려된 것이다. 그러나 현행범인의 체포도 영장 없는 체포라는 점에서 그 요건을 엄격히 해석해야 함은 물론이다. 설문은 현행범인체포의 요건과 체포현장에서의 압수·수색에 관한 문제이다. 현행범인체포의 요건과 관련해서는 甲이 A를 체포한 것은 적법한 준현행범인의 체포인가, 그리고 乙이 B를 체포한 것은 현행범인체포의 요건을 충족했는가가 문제된다. 체포현장에서의 압수·수색과 관련해서는 A를 체포한 후 경찰서에서 한 압수·수색이 체포현장의 압수·수색이라고 할 수 있는가, B가 버리고 간 지갑을 乙이 가져간 것이 적법한 압수가 될 수 있는가가 검토되어야 한다.

Ⅱ. 현행범인과 준현행범인의 체포

1. 乙이 B를 체포한 행위

현행범인은 누구든지 영장 없이 체포할 수 있다($\substack{제212 \\ 조}$). 수사기관뿐만 아니라 사인도 현행범인을 체포할 수 있으므로 대학생인 乙이 B를 체포할 수 있음은 물론이다. 다만 乙이 직접 범죄를 지각하지 않고 현장에서 약 1킬로미터 추적하여 B를 체포한 것이 현행범인체포의 요건을 충족했는가가 문제된다. 현행범인이란 범죄를 실행 중이거나 실행직후인 자를 말한다. 실행 중이란 범죄의 실행에 착수하여 종료하지 못한 경우를 말하며, 실행직후란 종료한 순간 또는 이에 접착한 시간적 단계를 말한다. 그 이외에도 현행범인으로 체포하기 위하여는 범죄와 범인의 명백성과 비례성이 인정되어야 하는 것은 당연하다. 대법원은 현행범인으로 체포하기 위하여 행위의 가벌성, 범죄의 현행성·시간적 접착성, 범인·범죄의 명백성 이외에 체포의 필요성이 있어야 한다고 해석한다 ($\substack{대법원 2011.5.26. \\ 2011 도 3682}$).

현행범인의 체포를 위하여는 체포자가 직접 범죄를 지각한 자임을 요한다. 그러나 乙은 범죄를 직접 지각하지 않고 이를 지각한 甲의 요청에 의하여 B를 체포하였다. 여기서 범인체포를 위하여 추적을 타인에게 의뢰하는 계속추적이 허용되는가가 문제된다. 그러나 ① 추적의뢰의 필요성이 인정되고, ② 추적의 개시와 계속이 연결되어 전체로서의 1개의 체포행위로 볼 수 있고, ③ 추적시간이 현행범인으로 볼 수 있는 시간 내일 때에는 계속추적에 의한 체포도 적법하다고 해야 한다. 이 요건이 충족되는 한 목격자의 통보를 받고 출동한 경찰관이 범인을 체포하거나 반대로 경찰관의 위탁에 의하여 사인이 체포하는 경우에도 현행범인의 체포는 적법하다. 甲이 A와 B를 동시에 추적할 수 없고, 乙은 현장에서부터 1킬로미터 정도 추적하여 B를 체포한 것이므로 범행과 시간적·장소적 접착성이 인정된다.

결국, 乙이 B를 현행범인으로 체포한 것은 적법하다고 해야 한다.

2. 甲이 A를 체포한 행위

甲은 1시간 정도 지난 후 현장에서 2킬로미터 정도 떨어진 길에서 A를 직무질문한 끝에 도망하는 A를 체포하였다. 일본에서는 범죄종료 후 30분 내지 40분이 지난 후에 체포한 것도 현행범인체포에 해당한다고 한 판례도 있다(日最決 1956. 10. 25. 刑集 10·10·1439). 그러나 추적이 중단된 후에 직무질문에 의하여 체포한 것을 범죄의 실행직후라고 할 수는 없으므로 甲이 현행범인을 체포했다고 할 수는 없다. 문제는 A가 준현행범인이기 때문에 甲이 A를 준현행범인으로서 적법하게 체포했는가에 있다. 준현행범인이란 현행범인은 아니지만 현행범인으로 간주되는 자를 말한다. 형사소송법은 ① 범인으로 호창되어 추적되고 있는 때, ② 장물이나 범죄에 사용되었다고 인정함에 충분한 흉기 기타의 물건을 소지하고 있는 때, ③ 신체 또는 의복류에 현저한 증적이 있는 때, ④ 누구임을 물음에 대하여 도망하려 하는 때를 준현행범인으로 규정하고 있다(제211조 2항). 누구임을 물음에 대하여 도망하려 하는 때란 주로 불심검문에 대하여 불응하고 도망하려 한 때를 말하는 것이므로 A가 여기에 해당함은 명백하다. 그러나 준현행범인에 대하여 현행범인의 경우와 같이 영장 없이 체포하는 것이 허용되는 경우이므로 범죄와 범인의 명백성이 인정될 것을 전제로 한다. A의 경우에 이 요건은 충족된다고 해야 한다. 일본의 최고재판소도 범행종료 후 1시간 40분이 경과한 후에, 그것도 범행장소에서 4킬로미터 떨어진 곳에서 체포한 사안에서 준현행범인을 체포한 것을 적법하다고 판시한 바 있다(日最決 1996. 1. 29. 刑集 50·1·1).

甲이 A를 체포한 것은 준현행범인의 체포로서 적법하다.

Ⅲ. 체포현장에서의 압수·수색과 유류한 물건의 압수

1. 甲이 A에 대하여 행한 압수·수색

甲은 경찰서에서 연행된 A로부터 영장 없이 소지품을 수색하여 가방 안에 있던 칼을 압수하였다. 형사소송법은 압수·수색에 관하여도 영장주의를 채택하면서 일정한 범위에서 영장 없는 긴급압수·수색을 인정하고 있으며, 그 대표적인 경우가 체포현장에서의 압수·수색이다. 즉 검사 또는 사법경찰관이 피의자를 구속하는 경우 또는 체포영장에 의한 체포, 긴급체포 및 현행범인을 체포하는 경우에 필요한 때에는 영장 없이 체포현장에서 압수·수색·검증을 할 수 있다($\frac{제216조}{1항 2호}$). 체포현장에서의 영장 없는 압수·수색·검증을 허용하는 근거에 관하여는 체포에 의하여 자유권이 적법하게 침해된 때에는 이에 수반하는 경한 침해는 영장 없이 할 수 있다는 **부수처분설**과 체포하는 자의 안전을 위하여 무기를 빼앗고 증거를 파괴·은닉하는 것을 예방하기 위한 긴급행위로서 허용된다는 **긴급행위설**이 대립되고 있으나, 영장에 의하지 않는 대물적 강제수사를 억제하기 위하여는 후설이 타당하다고 생각된다. 어느 견해에 의하더라도 체포현장에 증거물 존재의 개연성이 높다는 것을 전제로 함은 물론이다.

체포현장이란 체포행위가 행해진 장소를 말하며 압수·수색의 대상은 그곳에 있는 물건과 신체를 말한다고 할 수 있다. 여기서 체포된 피의자를 연행해 간 부근에 있는 경찰서를 체포현장이라고 할 수 있는가가 문제된다. 체포행위를 행한 장소와는 달리 연행된 장소에는 증거물의 존재를 인정할 개연성이 없고 체포행위와 시간적·장소적 접착성도 인정되지 않는 경우이므로 체포현장이라고 할 수 없다고 해석할 여지도 있다. 즉 체포현장이란 체포된 곳과 직접 접속된 장소에 한정되어야 하므로 체포장소로부터 1킬로미터 이상 떨어진 경찰서는 이미 체포현장이 될 수 없다는 것이다. 그러나 체포장소에서 압수 또는 수색을 행하는 것이 도로사정이나 피의자의 저항에 의하여 곤란한 사정이 있는 경우에 경찰서에 연행한 즉시 압수·수색을 하는 것은 체포현장에서의 압수·수색에 해당한다고 해석하는 것이 타당하다고 생각한다. 즉 연행된 장소에서 압수·수색해야 할 필요성과 허용성이 인정되는 경우에는 경찰서에서의 압수와 수색은 적법하다고 해야 하며, 이 경우에 필요성은 교통질서를 해하거나 체포자 또는 일반인의 안전을 해할 염려가 있는 경우에 인정되며, 허용성은 필요한 한도에서의 최소한의 장소적 이전이 있는 경우에 제한된다고 해야 한다.

설문에서 A에 대하여는 이 요건이 충족되었으므로 경찰서에서의 압수·수색은 적법하다고 해석해야 한다. 일본의 최고재판소도 같은 취지로 판시한 바 있다($_{1996.\ 1.\ 29.}^{日最決}$). 다만, 체포현장에서 압수한 물건이라 할지라도 계속 압수할 필요가 있는 경우에는 지체없이 압수·수색영장을 청구하여야 한다. 이 경우에 압수·수색영장의 청구는 체포한 때부터 48시간 이내에 하여야 한다($_{2항}^{제217조}$).

2. 乙이 丙의 지갑을 주워 파출소에 인계한 행위

乙이 달아나던 丙을 추적하던 중 丙이 버린 지갑을 주워 파출소에 인계한 행위의 적법성이 문제된다. 첫째, 체포현장에서의 압수에 해당하는지 여부가 문제되는데, 이는 체포현장에서의 압수·수색과 체포 사이에 어느 정도의 시간적 접착성이 필요한가와 관련된다. 피의자의 부재 중에 한 압수·수색은 체포에 수반한 긴급행위라고 할 수 없고, 체포가 완료된 사후의 그것도 체포현장에서의 압수·수색이 될 수 없다. 그러나 체포할 피의자가 있는 곳에서 압수·수색한 때에는 체포의 전후나 그 성공 여부를 불문하고, 먼저 체포에 착수한 때에는 피의자가 도주한 때에도 압수·수색이 허용된다고 하지 않을 수 없다. 甲또는 乙이 B를 체포하기 위하여 추적한 이상 이미 체포에 착수한 것이라고 보아야 하므로 도망하던 B가 길에 버린 지갑을 가져오는 것도 체포현장이라고 할 수 있다. 압수·수색의 대상은 그 사건의 증거물이나 흉기 등에 제한되지만 이러한 요건도 충족하였다. 그러나 체포현장에서의 압수·수색은 검사 또는 사법경찰관만 할 수 있으며, 현행범인을 체포한 경우에도 일반 사인은 압수·수색하는 것이 허용되지 아니한다. 파출소에서 이를 인수받았다고 하여 다시 체포현장에서 압수·수색한 것으로 될 수도 없다. 따라서 乙의 행위는 체포현장에서의 압수로서는 적법하다고 할 수 없다.

둘째, 유류한 물건의 압수($_{조}^{제218}$)에 해당하는지 여부가 문제된다. 유류한 물건은 유실물보다 넓은 개념으로 丙이 버린 지갑은 유류물에 해당한다. 유류한 물건은 검사 또는 사법경찰관이 압수할 수 있고, 일반 사인인 乙은 이를 압수할 수 없다. 따라서 乙의 행위는 유류한 물건의 압수로서는 적법하다고 할 수 없다. 그러나 타인이 유실한 물건을 습득한 자는 이를 신속하게 유실자 또는 소유자, 그 밖에 물건회복의 청구권을 가진 자에게 반환하거나 경찰서에 제출하여야 하는 점(유실물법 제1조 1항)에 비추어, 수사협조의 차원에서 乙이 丙이 버린 지갑을 파출소에 인계하는 행위 자체는 적법하다고 할 것이다. 다만 지갑을 인계받은 甲이 이를 증거로 사용하기 위해서는 압수·수색영장을 발부받거나 乙로부터 임의제출을 받아 적법하게 압수하여야 할 것이다.

Ⅳ. 결   론

현행범인의 체포와 체포현장에서의 압수·수색은 영장주의의 예외에 속하는 경우이다. 甲이 사건발생 1시간 후 범행현장에서 2킬로미터 떨어진 길에서 직무질문을 하다가 도망하는 A를 체포한 것은 준현행범인의 체포에 해당하고, 대학생 乙이 甲의 위탁에 따라 B를 체포한 것은 현행범인의 체포로서 적법한 체포가 된다. 甲이 A를 경찰서로 연행하여 그 곳에서 A의 가방을 수색하여 범행도구를 압수한 것은 필요성과 허용성이 인정되므로 체포현장에서의 압수·수색에 해당하여 적법하다고 할 수 있다. 이에 반하여 乙이 B가 도망하다가 길에 버린 지갑을 가져온 행위 자체는 적법하지만, 甲이 영장을 발부받거나 임의제출을 받아 압수하지 않는 한 적법하게 압수한 것이라고 할 수 없다.

[관련문제]

1. 사법경찰관 甲은 야간순찰 중 乙로부터 "지금 저 곳에서 폭력배 같은 남자에게 안면을 구타당하였다"라는 신고를 받았고, 그의 얼굴을 쳐다 보니 코피가 나고 있었다. 이에 甲이 乙과 함께 부근을 수색하고 있던 중 약 1시간 후에 현장으로부터 약 500미터 떨어져 있는 음식점에서 丙이 나오고 있었다. 乙이 丙을 가리키며 "저놈이다"라고 큰 소리를 쳤기 때문에 丙이 도망칠 태세를 보였다. 甲이 그 장소에서 丙을 체포하는 데 있어서의 문제점을 들고

이에 대하여 논하라.

(1987년 일본 사법시험 출제문제)

《쟁　점》

⑴ 현행범인체포의 요건을 충족했는가.

　㈎ 현행범인체포의 요건은 무엇인가.

　㈏ 범죄실행의 직후인가, 즉 범행과의 시간적·장소적 접착성이 인정되는가.

⑵ 준현행범인의 체포로 적법한가.

　㈎ 준현행범인이 되는가(제211조 2항).

　㈏ 범죄와 범인의 명백성이 인정되는가.

⑶ 긴급체포할 수 있는 경우인가.

《해　설》

현행범인이란 범죄의 실행 중 또는 실행직후의 자를 말한다. 범행 후 1시간 후에 500미터 떨어진 음식점에서 나오는 丙을 범행직후인 자라고 할 수는 없다. 따라서 丙의 체포는 현행범인의 체포의 요건을 충족하지 못했다. 문제는 누구임을 물음에 대하여 도망한 때에 해당하여 준현행범인이 되는가이다. 그러나 제211조 2항 4호는 범죄와의 관련성이 극히 약한 경우이므로 엄격히 해석해야 한다. 乙의 큰 소리를 듣고 도망하려 한 것만으로는 준현행범인이라고 할 수 없다. 긴급체포가 허용되기 위하여는 범죄의 중대성과 체포의 필요성 및 긴급성이 인정되어야 한다. 사안은 丙이 중대한 죄를 범하였음을 인정할 명백한 증거가 없는 경우이다. 따라서 긴급체포도 할 수 없다.

2.　경찰관이 폭력단 조직원들간의 난투사건에 의한 상해의 준현행범인으로 甲을 노상에서 체포한 다음 자동차로 약 3킬로미터 떨어진 경찰서로 연행하였다. 체포된 지 약 1시간 후에 동 경찰서에서 甲의 신체와 그가 휴대하고 있던 가방을 수색하는 것은 허용되는가.

(1997년 일본 사법시험 출제문제)

《쟁　점》

⑴ 체포현장에서의 압수·수색에 영장을 요하지 않는 이유는 무엇이며, 체포와 압수·수색 사이에는 어느 정도의 시간적·장소적 접착성을 요구하는가.

⑵ 피체포자를 연행한 후에 압수·수색할 수 있는 요건인 필요성과 허용성은 어

떤 경우에 충족되는가.

⑶ 장소적으로 3킬로미터, 시간적으로 1시간 후를 필요한 한도의 약간의 이동
이라고 할 수 있는가.

《해 설》

체포현장에서의 영장 없는 압수·수색·검증은 체포하는 자의 안전과 증거의 파
괴·은닉을 예방하기 위한 긴급행위이기 때문에 허용된다. 따라서 체포와 압수·
수색·검증 사이에는 시간적 접착성이 인정되어야 하며, 시간적 접착성은 체포
에 착수하였을 것을 요한다고 해야 한다. 그러나 반드시 체포한 장소에서 압수·
수색·검증한 경우에 한하는 것이 아니라, 체포 후 경찰서에 와서 압수·수색·
검증하는 것도 허용된다. 따라서 甲을 체포한 지 약 1시간 후에 경찰서에서 甲
의 신체와 그가 휴대하고 있던 가방을 수색하는 것은 허용된다.

3. 마약 일제단속기간 중 사법경찰관 甲은 마약 밀거래업자들이 자주 출입하는
지역에 잠복하고 있다가 평소 알고 지내던 마약 상습 복용자 乙을 만나자 그
지역에서 마약을 판매하는 자와 접선해 달라고 의뢰하였다. 잠시 후 乙이 친
구를 통해 마약판매업자 丙과 연락이 되었고, 丙이 나타나 乙로부터 돈을 받
고 알약을 꺼내는 순간 甲은 丙에 대한 체포에 착수하였다. 그 순간 丙이 알
약을 입 속에 집어 넣었고, 甲은 丙의 입을 강제로 벌리고 알약을 끄집어 내
었다. 그 후 甲은 丙을 체포한 다음 36시간 만에 구속영장을 발부받았다. 그
리고 압수된 알약은 국립과학수사연구소의 성분분석 결과 마약으로 판명되
었다. 甲은 국립과학수사연구소로부터 그 사실에 대한 감정서를 접수하였다.
甲이 행한 수사의 적법성을 논하고, 丙의 마약류관리에관한법률위반의 피고
사건에서 위 감정서가 유죄인정의 증거로 사용될 수 있는지 논하시오.

(제42회 사법시험 출제문제)

《쟁 점》

⑴ 乙을 이용한 함정수사는 적법한가(문제 [6] 참조).

⑵ 甲의 체포는 적법한가.

㈎ 현행범인의 체포로서의 요건과 절차를 갖추었는가.

㈏ 긴급체포의 요건은 충족되었는가.

⑶ 알약에 대한 영장 없는 압수·수색은 적법한가.

  ㈎ 체포현장에서의 압수·수색에 해당하는가.

    ① 영장 없는 압수·수색을 인정하는 근거는 무엇인가.

    ② 체포와 시간적 접착성이 인정되는가.

    ③ 입을 벌린 것이 압수·수색에 필요한 유형력 행사의 한계를 일탈하였는가.

  ㈏ 긴급체포시의 압수·수색에 해당할 수 있는가.

⑷ 감정서의 증거능력이 인정되는가.

  ㈎ 수사기관에 의하여 감정을 촉탁받은 자가 작성한 감정서도 제313조 2항에 의하여 증거능력이 인정되는가.

  ㈏ 체포 또는 압수·수색이 위법한 경우에는 위법수집증거배제법칙이 적용되는가.

《해 설》

乙을 이용한 함정수사는 기회제공형이고, 마약범죄는 함정수사를 필요로 하는 범죄인 점에서 적법하다. 甲의 丙에 대한 체포는 현행범인의 체포 또는 긴급체포의 요건을 충족하였다. 다만 체포절차에 있어서 필요한 절차를 거쳐야 함은 물론이다. 알약에 대한 압수는 체포현장에서의 압수·수색에 해당하므로 영장 없는 압수·수색이 허용된다. 체포현장에서의 영장 없는 압수·수색은 체포와 시간적 접착성을 필요로 한다. 甲이 체포에 착수한 이상 요건을 충족한다. 입에서 알약을 꺼내는 행위는 압수·수색에 필요한 처분으로서 당연히 허용된다. 압수·수색의 필요성과 긴급성을 고려할 때, 압수를 위한 부득이한 처분이라고 해야 하기 때문이다. 긴급체포에 수반하는 압수·수색도 가능하나 체포현장인 이상 문제삼을 필요는 없다.

이 경우에 압수를 계속할 필요가 있는 때에는 지체없이 압수·수색영장을 청구해야 한다(제217조 2항).

감정의 결과를 기재한 서류는 제313조 3항에 따라 증거능력이 인정된다. 따라서 감정인의 자필 또는 서명·날인이 있는 때에는 성립의 진정이 인정되면 증거능력을 가진다. 체포 또는 압수·수색이 위법한 때에는 위법수집증거배제법칙이 적용된다. 감정서는 독수의 과실로서 증거능력이 부정될 수 있다.

[관련판례]

⑴ 대법원 2011. 5. 26. 2011 도 3682, 「현행범인은 누구든지 영장 없이 체포할 수 있는데(형사소송법 제212조), 현행범인으로 체포하기 위하여는 행위의 가벌성, 범죄의 현행성·시간적 접착성, 범인·범죄의 명백성 이외에 체포의 필요성 즉, 도망 또는 증거인멸의 염려가 있어야 하고, 이러한 요건을 갖추지 못한 현행범인 체포는 법적 근거에 의하지 아니한 영장 없는 체포로서 위법한 체포에 해당한다. 여기서 현행범인 체포의 요건을 갖추었는지는 체포 당시 상황을 기초로 판단하여야 하고, 이에 관한 검사나 사법경찰관 등 수사주체의 판단에는 상당한 재량 여지가 있으나, 체포 당시 상황으로 보아도 요건 충족 여부에 관한 검사나 사법경찰관 등의 판단이 경험칙에 비추어 현저히 합리성을 잃은 경우에는 그 체포는 위법하다고 보아야 한다.」

⑵ 日最決 1996. 1. 29. 刑集 50 · 1 · 1, 「⑴ 범행종료 1시간 내지 1시간 40분 후에 범행장소로부터 약 4킬로미터 떨어진 지점에서 피의자를 발견하고 그 거동과 착의의 오염 등을 보고 직무질문을 위하여 정지할 것을 요구하였으나 피의자가 도망한 이상, 피의자에 대하여 행하여진 본건 체포는 형소법 제212조 제 2 항 제 2 호 내지 제 4 호(우리 형소법 제211조 제 2 항)에 해당하는 자가 범죄의 실행을 종료한 후 바로 한 것임이 명백히 인정되므로 적법하다.

⑵ 체포한 피의자의 신체 또는 소지품의 압수·수색에 대하여는 체포현장 부근의 상황에 비추어 피의자의 명예를 해하고, 피의자의 저항에 의한 혼란이 발생하거나 현장 부근의 교통을 방해할 우려가 있는 등의 사정이 있어 그 곳에서 바로 압수·수색을 실시하는 것이 부적당한 때에는 피의자에게 압수·수색를 실시할 수 있는 가장 가까운 장소까지 연행하여 이 처분을 실시해도 체포현장에서의 압수·수색과 동일시할 수 있다.」

[12] 구속피의자의 접견교통권

[설 문]

甲은 간첩죄의 혐의를 받고 국가정보원에 의하여 구속되어 A경찰서 유치장에 수감되었다. 변호사 乙은 甲의 가족에 의하여 甲의 변호인으로 선임되었다. 乙은 선임되자 곧 甲을 만나야겠다고 생각하고 일요일 오전 A경찰서 유치장에 찾아가서 甲에 대한 접견을 신청하였으나 담당경찰관 B는 일요일에는 접견을 허용하지 않으니 근무시간에 오라고 하였다. 다음날 乙이 다시 甲을 만나러 갔으나 B로부터 국가정보원에 연락하여 접견가부를 통지할 터이니 연락이 있을 때까지 기다리라는 말을 듣고 돌아왔다. 이 사이에 甲이 피의자신문을 받으면서 변호인을 만나야 하겠다고 수차 요구했음에도 불구하고 국가정보원에서는 이를 허가하지 않은 채 甲의 자백을 받았다. 甲은 검찰에 송치되어 검사 C 앞에서도 자백하였다. 그러나 甲이 乙과 만난 이후 다시 범행을 부인하기 시작하자, C는 甲이 구속되어 있는 서울구치소에 변호인 이외의 사람과 접견할 수 없다는 접견금지처분을 해 두었다. 어느 날 乙은 甲이 변호인을 만나고 싶어한다는 사실을 알고 구치소에 가서 甲을 만나려고 하였으나 검사 C에게 조사받기 위하여 소환된 사실을 알았다. 乙은 C에게 찾아가서 甲의 접견을 요청하였으나 C는 수사 중이라는 이유로 이를 거부하였다.

위의 설문을 읽고 다음 문제에 답하라.

⑴ 일요일에 乙의 접견을 거부한 B의 조치는 적법한가.

⑵ 乙은 그 후 접견을 못한 것을 이유로 국가정보원을 상대로 준항고할 수 있는가.

⑶ C가 乙에게 수사 중이라는 이유로 접견을 불허한 것은 적법한가.

⑷ C의 일반인에 대한 접견금지처분은 적법한가.

⑸ 甲이 변호인과 접견하지 못하고 진술한 국가정보원과 검사 앞에서의 피의자신문조서는 증거능력이 인정될 수 있는가.

I. 문제의 제기

　　헌법 제12조 4항은 「누구든지 체포 또는 구속을 당한 때에는 즉시 변호인의 조력을 받을 권리를 가진다」고 규정하여 변호인의 도움을 받을 권리를 기본적 인권으로 보장하고 있으며, 형사소송법 제34조는 「변호인 또는 변호인이 되려는 자는 신체구속을 당한 피고인 또는 피의자와 접견하고 서류 또는 물건을 수수할 수 있으며 의사로 하여금 진료하게 할 수 있다」고 규정하고 있다. 이러한 구속피의자의 변호인과의 접견교통권은 피의자의 형사소송에 있어서 가장 중요한 기본권의 하나이면서 변호인에게는 그의 고유권 가운데 가장 중요한 권리의 하나가 된다고 할 수 있다. 설문은 구속피의자의 변호인 및 비변호인과의 접견교통권에 관한 문제이다. 형사소송법은 구속피의자와 변호인의 접견교통권은 제한 없이 보장하고 비변호인과의 접견교통권도 법률이 정한 범위에서 인정하고 있다. 구속피의자의 타인과 만나서 교통하고 싶은 기본적 인권을 보호하면서도 피의자의 방어권을 보장하여 공정한 절차를 유지하기 위한 것이라고 할 수 있다. 문제 (1) 내지 (3)은 구속피의자의 변호인과의 접견교통권의 범위와 준항고의 요건에 관한 문제이며, 문제 (4)는 비변호인과의 접견교통권에 대한 제한의 요건과 절차에 관한 문제이고, 문제 (5)는 접견교통권을 침해하여 얻은 자백의 증거능력을 묻는 것이다.

II. 변호인과의 접견교통권

1. 근무시간 외의 접견과 접견교통권

　　문제 (1)은 경찰관 B가 일요일에 있었던 변호인 乙의 접견신청을 불허한 것이 접견교통권의 침해가 아닌가를 묻는 것이다. 현행법상 변호인의 구속피의자의 접견교통권은 아무런 제한 없이 보장되고 있다. 즉, 변호인의 접견교통권은 신체구속을 당한 피고인 또는 피의자의 인권보장과 방어준비를 위한 필수불가결한 권리이므로 법률의 규정이 없는 한 법원이나 수사기관의 결정에 의하여 제한할 수 없으며, 현재 변호인의 접견교통권을 제한하는 법률의 규정도 없다. 형의 집행 및 수용자의 처우에 관한 법률 제84조 1항은 「미결수용자와 변호인과의 접견에는 교도관이 참여하지 못하며 그 내용을 청취 또는 녹취하지 못한다. 다만, 보이는 거리에서 미결수용자를 관찰할 수 있다」고 규정하여 감시나 참여 없는 접견교통을 보장하고 있다. 그러나 접견교통권의 보장은 근무시간 중의 접견교통에 제한된다고 해야 한다. 접견교통의 자유가 보장된다고 할지라도 피의자의 도망이나 증거인멸의 위험을 방지하고 계호의 필요성 또는 구금시설의 집무상의 요청으로 인하여 일정한 제약을 가하는 것은 피할 수 없기 때문이다. 동법 시행령 제58조는 「수용자의 접견은 매일 국가공무원 복무규정 제 9 조에 따른 근무시간 내에서 한다」고 규정하고 있다. 근무시간은 구속장소의 질서유지를 위한 일반적인 제한에 불과하므로 일요일의 접견신청을 불허한다고 하여 乙에 대한 접견교통권의 침해가 될 수는 없다.

2. 준항고의 요건과 상대방

문제 ⑵는 B가 변호사 乙의 접견신청이 있었음에도 불구하고 국가정보원에 통지하여 접견기일을 알려 주겠다고 하고 연락하지 아니한 경우에 乙이 준항고에 의하여 다툴 수 있는가의 문제이다. 검사 또는 사법경찰관의 구금, 압수 또는 압수물의 환부에 관한 처분과 형사소송법 제243조의 2에 따른 변호인의 참여 등에 관한 처분에 대하여 불복이 있으면 그 직무집행지의 관할법원 또는 검사의 소속검찰청에 대응한 법원에 그 처분의 취소 또는 변경을 청구할 수 있다(제417조). 사법경찰관의 접견에 관한 처분도 구금에 대한 처분이므로 준항고에 의하여 불복할 수 있는 것은 물론이다. 다만, 설문과 관련해서는 B가 접견기일을 통지하지 않은 것만으로 접견에 관한 처분이 있다고 볼 수 있는가와 B가 준항고의 상대방이 되는가에 있다.

첫째, 준항고는 구금에 대한 검사 또는 사법경찰관의 처분이 있을 것을 전제로 함에도 불구하고 B는 乙의 접견을 불허하는 처분을 하지 않았다는 점에 문제가 있다. 그러나 수사기관의 구금 등에 대한 처분에 불복이 있는 경우에는 준항고를 인정하고 있는 형사소송법의 취지에 비추어 볼 때 접견신청일로부터 상당한 기간이 경과하도록 접견을 허가하지 않고 있는 경우에는 접견불허처분이 있는 것과 동일시하지 않을 수 없다(대법원 1990. 2. 13. 결정, 89 모 37). 문제는 어느 정도의 기간을 상당한 기간이라고 볼 것인가에 있으나 대법원은 변호인과의 접견교통권

은 신속한 접견교통의 실현에 생명이 있는 것으로 보아「접견신청일이 경과하
도록 접견이 이루어지지 않은 때에는 실질적으로 접견불허처분이 있는 것이
된다」고 판시하였고(대법원 1991. 3. 28. 결정, 91 모 24), 지방법원에서는 심지어 1시간 지체된 것만
으로도 접견불허처분을 인정한 바 있다(서울민사지법 1991. 9. 19, 91 가단 24555).

　둘째, 乙이 준항고를 신청할 경우 준항고의 상대방을 누구로 할 것인가가
문제된다. 준항고는 검사 또는 사법경찰관의 구금에 대한 처분이 있을 때 하는
것이므로 그 상대방이 검사 또는 사법경찰관이어야 하는 것은 당연하다. 따라
서 교도소장 또는 구치소장이 임의로 접견을 불허한 때에는 준항고의 대상이
되지 않는다고 해야 한다. 설문의 경우에는 국가정보원에 속한 특별사법경찰
관을 상대로 준항고를 하는 것이 타당하다고 생각된다. 비록 B가 통지하지 않
은 것이라 할지라도 담당 사법경찰관의 불허처분이 있었다고 보아야 할 것이
기 때문이다. 다만, 준항고의 상대방이나 그 절차에 관한 제한규정이 전혀 없
다는 점에 비추어 상대방을 누구로 할 것인가를 엄격히 제한할 필요는 없다고
생각된다. 따라서 B를 상대로 한 준항고도 허용되지 않는다고 볼 수는 없다.

　결국 乙은 B가 접견을 허가하지 않는 경우에 준항고에 의하여 불복할 수
있다.

3. 수사 중의 접견거부와 접견교통권

　문제 (3)은 검사 C가 피의자신문 중에 변호인과 피의자의 접견을 불허한
것이 적법한가의 문제이다. 변호인의 접견교통권의 보장과 수사의 필요성을
조화하는 문제라고 할 수 있다. 그러나 변호인과의 접견교통권은 구속피의자
의 헌법상의 권리이며 수사의 목적에 우선하는 권리라고 하지 않을 수 없다.
피의자에게는 수사에 협력해야 할 의무가 있는 것은 아니며 처음부터 변호인
에 의하여 변호받을 수 있다는 것이 중요한 의미를 가진다. 형사소송법에는 변
호인과의 접견교통권을 제한할 수 있는 아무런 규정도 없으므로 변호인의 접
견교통의 신청이 있는 때에는 언제나 허가하지 않으면 안 된다고 해야 한다.
특히 피의자가 신문을 거부하거나 변호인과의 접견을 희망하는 때에는 변호인
의 접견을 허가해야 할 필요성은 더욱 절실하다.

　따라서 신문 중이라는 이유만으로 변호인과의 접견을 제한할 수는 없다고
해야 한다. 다만 검사가 현재 피의자를 신문하는 중이기 때문에 변호인과의 접

견을 허가할 때에는 수사의 중단을 초래하고 이로 인한 지장이 현저한 경우에 변호인의 양해를 얻어 접견시간을 조정할 수는 있다. 설문에서 C가 乙에게 수사 중이라는 이유만으로 접견을 거절하는 것은 적법하다고 할 수 없다.

Ⅲ. 비변호인과의 접견교통권

문제 ⑷는 甲이 범행을 부인한다는 이유로 검사가 甲과 일반인과의 접견교통을 금지한 조치가 적법한가의 문제이다. 형사소송법은 구속된 피고인 또는 피의자에 대하여 법률의 범위 내에서 타인과 접견교통할 수 있게 하고 있다($^{제89조,}_{제209조}$). 변호인 아닌 자와의 접견교통도 피의자의 인권보장과 방어권행사에 중대한 영향을 초래한다는 점을 고려하여 이를 원칙적으로 보장하면서 증거인멸의 염려와 구속장소의 안전을 위하여 이를 제한할 수 있게 한 것이다. 여기서 C의 접견금지조치가 적법한가를 판단함에 있어서 검토해야 할 쟁점은 甲에게 접견금지의 사유가 있었는가와 검사에 의하여 행해진 접견금지조치가 절차상 정당한가에 있다고 할 수 있다.

1. 제한의 근거

법원은 도망하거나 또는 죄증을 인멸할 염려가 있다고 인정할 만한 상당한 이유가 있는 때에는 직권 또는 검사의 청구에 의하여 결정으로 구속된 피고인과 비변호인과의 접견을 금하거나 수수할 서류 기타 물건의 검열, 수수의 금지 또는 압수를 할 수 있고($^{제91}_{조}$), 이는 피의자의 구속에 대하여도 준용된다 ($^{제209}_{조}$). 따라서 검사가 접견금지조치를 하기 위하여는 甲에게 도망하거나 죄증을 인멸할 염려가 있어야 한다. 여기서 말하는 도망이나 증거인멸의 위험은 접견에 의한 도망과 증거인멸의 위험을 의미하며, 도망이나 증거인멸에 대한 구체적으로 예견할 수 있는 개연성 또는 이를 인정할 수 있는 현저한 사유가 있을 것을 요한다고 하겠다. 그리고 증거인멸의 위험은 부정한 방법으로 증거에 영향을 미칠 위험을 말하므로 피의자가 범행을 부인하는 것만으로는 인정될 수 없다고 해야 한다. 甲에게 도망이나 이러한 증거인멸의 우려가 없는 이상 범행을 부인한다는 이유로 검사 C가 한 접견금지조치는 위법하다고 하지 않을 수 없다.

2. 제한의 절차

피고인에 대한 접견교통권을 제한함에 있어서 법원의 결정이 있어야 한다는 점에는 의문이 없다. 그러나 피의자에 대한 접견교통권의 제한절차에 관하여는 이를 수사기관의 결정에 의하여 할 수 있다고 해석하는 견해와 이 경우에도 법원의 결정이 필요하다고 해석하는 견해가 대립되고 있다. 형사소송법은 피고인의 접견제한에 관한 규정을 피의자의 구속에 준용하고 있을 뿐이므로 문리상으로 볼 때에는 피의자에 대한 접견의 제한도 법원의 결정을 거쳐야 한다고 해석할 여지가 있다. 이에 의하면 甲에 대한 접견금지조치는 절차에 있어서도 위법한 것이 된다. 그러나 피의자에 대한 구속은 법원의 허가를 전제로 한 수사기관의 권한일 뿐만 아니라, 위의 논리에 따를 때에는 피의자에 대한 구속의 취소나 집행정지도 법원의 결정이 있어야 가능하게 되는 기이한 결과를 초래하게 된다는 점에 비추어 피의자에 대한 접견교통의 제한은 수사기관의 결정으로 충분하다고 해석해야 한다.

따라서 甲에 대한 접견금지처분은 절차상으로는 정당하지만, 접견금지의 사유를 인정할 수 없기 때문에 위법하다는 비판을 받지 않을 수 없다.

Ⅳ. 접견교통권을 침해하여 얻은 자백의 증거능력

문제 (5)는 甲이 변호인과의 접견교통권이 침해된 상태에서 한 자백이 기재된 피의자신문조서가 증거능력을 가질 수 있는가의 문제이다. 甲의 경찰 또는 검찰에서의 자백이 기재된 피의자신문조서가 증거능력을 가지기 위하여는 경찰에서의 자백은 甲이 법정에서 내용을 인정하여야 하고, 검사 앞에서의 자백은 甲이 실질적 진정성립을 인정하거나 영상녹화물 기타 객관적 방법에 의하여 그것이 인정되어야 한다는 것은 당연하다. 그러나 이러한 甲의 자백에 대하여 성립이나 내용을 인정하기에 앞서서 甲의 자백에 임의성이 있고 적법한 절차에 의하여 획득되었을 것을 요하는 것은 물론이다. 그런데 자백을 하는가 하지 않는가는 피의자 또는 피고인에게 가장 중요한 방어권의 행사이므로 변호인과의 접견의 기회를 주지 않고 얻은 자백은 위법한 절차에 의하여 얻은 자백이므로 자백배제법칙 또는 위법수집증거배제법칙에 의하여 증거능력이 부정된다고 하지 않을 수 없다. 대법원도 「검사 작성의 피의자신문조서가 검사에 의하여 피의자에 대한 변호인의 접견이 부당하게 제한되고 있는 동안에 작성된 경우에는 증거능력이 없다」고 판시한 바 있다(대법원 1990. 8. 24, 90 도 1285; 대법원 1990. 9. 25, 90 도 1586).

따라서 甲이 접견교통권을 침해받은 상태에서 한 자백은 증거능력이 부정된다.

V. 결   론

형사소송법은 구속된 피의자와 변호인과의 접견교통권을 제한 없이 보장하고 있으며 변호인과의 접견교통권을 제한하는 법률의 규정은 없다. 그러나 변호인과의 접견교통권이라 할지라도 구속장소의 질서유지를 위한 일반적 제한에 구속되지 않을 수 없다. 따라서 乙이 일요일에 한 접견신청을 불허한 것은 접견교통권을 침해한 것이 아니다. 그러나 변호인과의 접견교통권을 제한하는 규정이 없는 이상 수사기관은 피의자를 신문 중이라는 이유만으로 변호인과의 접견교통권을 제한할 수는 없다. 따라서 C가 수사 중이라는 이유로 乙에게 접견을 불허한 것은 위법하다. 접견교통권을 침해한 경우에는 수사기관이 접견교통을 허가하지 않은 것만으로도 준항고를 할 수 있고, 이로 인하여 얻은 자백이 기재된 피의자신문조서는 증거능력이 없다. 비변호인과의 접견교통권은 법률이 인정한 범위에서 허용되고 있으며, 수사기관은 도망이나 증거인멸의 위험이 있을 때에만 수사기관의 결정에 의하여 접견을 제한할 수 있으므로 C가 단순히 피의자가 부인한다는 이유만으로 접견을 금지한 것은 적법하다고 할 수 없다.

[관련문제]

수뢰죄로 구속되어 있는 피의자가 오전 9시 검사에게 "수뢰한 주권을 아는 사람의 집에 맡겨 놓았다"라고 자백했기 때문에 검사는 신문을 중단하고 위 주권의 압수·수색영장청구의 절차를 밟기 시작하였다. 그 때 변호인이 쫓아 와 "지금 당장 피의자와 30분 동안 접견하고 싶다"고 신청하였으나 검사는 "지금은 곤란하다. 오후 4시부터 5시 사이에 30분 정도면 좋다"고 대답하였 다. 이 사건의 조치에 관하여 논하라.

(1988년 일본 사법시험 출제문제)

《쟁　점》

⑴ 접견교통권을 보장하는 근거는 무엇인가.
⑵ 변호인의 접견교통권의 내용은 무엇인가.
⑶ 수사기관의 결정으로 수사의 필요를 이유로 변호인과의 접견교통권을 제한 할 수 있는가.

《해　설》

구속된 피의자와 변호인과의 접견교통권은 피의자의 방어권과 기본적 인권을 보장하기 위한 변호권의 핵심적 내용이다. 이 접견교통권은 접견의 비밀보장과 서류 또는 물건의 수수 등을 내용으로 한다. 구속된 피의자와 변호인과의 접견 교통권은 수사기관이 제한할 수 없으며, 수사 중이라는 이유로 거절할 수도 없 다. 검사의 조치는 위법하다.

[관련판례]

⑴ 대법원 1990. 2. 13. 결정, 89 모 37, 「⑴ 형사소송법 제34조가 규정한 변호인의 접견교통권은 신체구속을 당한 피고인이나 피의자의 인권보장과 방어준비를 위하여 필수불가결한 권리이므로, 법령에 의한 제한이 없는 한 수사기관의 처분은 물론, 법원의 결정으로도 이를 제한할 수 없는 것이다.

⑵ 구치소에 구속되어 검사로부터 수사를 받고 있던 피의자들의 변호인으로 선임되었거나 선임되려는 변호사들이 피의자들을 접견하려고 1989. 7. 31. 구치소장에게 접견신청을 하였으나 같은 해 8. 9.까지도 접견이 허용되지 아니하고 있었다면, 수사기관의 구금 등에 관한 처분에 대하여 불복이 있는 경우 행정소송절차와는 다른 특별절차로서 준항고절차를 마련하고 있는 형사소송법의 취지에 비추어, 위와 같이 피의자들에 대한 접견이 접견신청일로부터 상당한 기간이 경과하도록 허용되지 않고 있는 것은 접견불허처분이 있는 것과 동일시된다고 봄이 상당하다.」

⑵ 대법원 1991. 3. 28. 결정, 91 모 24, 「변호인의 접견교통권은 신체구속을 당한 피고인이나 피의자의 인권보장과 방어준비를 위하여 필수불가결한 권리이므로, 법령에 의한 제한이 없는 한 수사기관의 처분은 물론 법원의 결정으로도 이를 제한할 수 없는 것이다. 따라서 관계법령의 규정 취지에 비추어 볼 때 접견신청일이 경과하도록 접견이 이루어지지 아니한 것은 실질적으로 접견불허처분이 있는 것과 동일시된다고 할 것이다.」

⑶ 대법원 2003. 11. 11. 결정, 2003 모 402, 「형사소송법이 아직은 구금된 피의자의 피의자신문에 변호인이 참여할 수 있다는 명문규정을 두고 있지는 아니하지만, 신체를 구속당한 사람의 변호인과의 접견교통권이 헌법과 법률에 의하여 보장되고 있을 뿐 아니라 누구든지 체포 또는 구속을 당한 때에는 즉시 변호인의 조력을 받을 권리를 가진다고 선언한 헌법규정에 비추어, 구금된 피의자는 형사소송법의 위 규정을 유추적용하여 피의자신문을 받음에 있어 변호인의 참여를 요구할 수 있고 그러한 경우 수사기관은 이를 거절할 수 없는 것으로 해석하여야 하고, 이렇게 해석하는 것은 인신구속과 처벌에 관하여 '적법절차주의'를 선언한 헌법의 정신에도 부합한다 할 것이나, 구금된 피의자가 피의자신문시 변호인의 참여를 요구할 수 있는 권리가 형사소송법 제209조,

제89조 등의 유추적용에 의하여 보호되는 권리라 하더라도 헌법상 보장된 다른 기본권과 사이에 조화를 이루어야 하며, 구금된 피의자에 대한 신문시 무제한적으로 변호인의 참여를 허용하는 것 또한 헌법이 선언한 적법절차의 정신에 맞지 아니하므로 신문을 방해하거나 수사기밀을 누설하는 등의 염려가 있다고 의심할 만한 상당한 이유가 있는 특별한 사정이 있음이 객관적으로 명백하여 변호인의 참여를 제한하여야 할 필요가 있다고 인정되는 경우에는 변호인의 참여를 제한할 수 있음은 당연하다.」

⑷ 대법원 1990. 8. 24, 90 도 1285, 「검사 작성의 피의자신문조서가 검사에 의하여 피의자에 대한 변호인의 접견이 부당하게 제한되고 있는 동안에 작성된 경우에는 증거능력이 없다.」

[13] 별건구속, 여죄수사의 한계, 별건 구속 중에 한 자백의 증거능력

[설 문]

검사는 甲이 乙을 살해한 혐의로 내사하고 있었으나 증거를 확보할 수 없었다. 그러던 중 검사는 甲이 1년 전에 丙과 싸우는 과정에서 丙을 때려 전치 3주의 상처를 입힌 사건으로 기소중지된 사실을 알게 되었다. 검사는 기소중지사건을 재기하고 상해죄로 체포영장을 발부받아 甲을 체포한 후 甲의 자백을 받고 구속하였다(1차 구속). 그러나 甲을 구속한 후 검사는 상해사건을 수사하지 않고 甲에 대하여 구속기간까지 연장하면서 乙을 살해한 사건을 집중적으로 신문한 끝에 甲의 자백을 받았다. 그러나 재기된 기소중지사건에 관하여 丙이 처벌을 원하지 않는다는 취지의 진술을 하자, 검사는 벌금 50만원으로 약식재판을 청구하고 甲을 석방하였다. 검사는 다시 甲의 자백을 증거로 살인사건으로 구속영장을 청구하였다(2차 구속).

  (1) 甲에 대한 1차 구속은 적법한가. 또 여죄수사는 어느 범위까지 허용되는가.

  (2) 법원은 검사의 2차 구속영장청구에 대하여 영장을 발부해야 하는가.

  (3) 甲이 살인죄로 구속된 경우에 甲에 대한 1차 구속기간을 구속기간에 산입할 수 있는가.

  (4) 甲의 자백은 증거능력이 있는가.

I. 문제의 제기

설문은 별건체포 내지 별건구속과 관련된 소송법상의 문제점 및 별건구속과 여죄수사의 한계를 묻는 문제이다. 별건구속이란 증거가 불충분한 중요사건에 대하여 피의자를 신문할 목적으로 먼저 증거가 확보된 경미한 별건에 의하여 구속하고 이를 이용하여 본건을 신문하는 수사방법을 말한다. 별건구속은 최광의로는 다른 사건에 의한 구속으로서 어느 사건의 수사과정에 다른 사건에 의하여 피의자가 구속된 경우 일반을 말하지만, 광의로는 두 개의 범죄 사이에 경중의 차이가 있는 경우에 중대한 본건에 대하여 피의자를 신문할 목적으로 먼저 증거자료의 수집이 가능한 경미한 별건으로 구속하여 그 신병구속상태를 이용하여 본건을 신문하는 경우를 말한다. 이에 반하여 협의로는 본건에 대하여 조사할 목적으로 구속의 이유 내지 필요성이 없는 별건으로 구속하는 것을 말한다. 별건체포나 별건구속이 문제되는 것은 본건의 범죄가 살인이나 방화와 같은 중대 범죄인 경우라는 점에서 광의로 파악하는 것이 일반적이다.

설문의 문제 (1)은 별건구속의 적법성과 여죄수사의 한계, 문제 (2)는 별건구속에 이은 본건구속의 적법성을 묻는 것이며, 문제 (3)은 사건단위설에 의하는 경우에 별건구속기간을 본건의 구속기간에 산입할 수 있는가의 문제이고, 문제 (4)는 별건구속 중에 얻은 자백의 증거능력에 관한 문제이다.

II. 별건구속의 허용 여부

1. 별건구속의 적법성

문제 (1)에서 검사가 甲의 살인사건을 수사하기 위하여 기소중지 중인 상해죄로 구속한 것이 별건구속에 해당한다는 점에는 의문이 없다. 그러나 별건구속이 적법한가에 관하여는 위법설과 적법설이 대립되고 있다.

별건구속적법설은 별건에 대하여 체포 또는 구속의 이유와 필요가 있는 한 구속은 적법하다고 해석한다. 별건을 기준으로 구속의 적부를 판단해야 한다는 별건기준설의 논리적 결과이며, 실무의 현장적 요청에 부응한 이론이라

할 수 있다. 이 이론은 ① 강제처분은 피의자를 단위로 운용되어야 하며(인단위설〈人單位說〉), ② 사건의 동시처리는 범인에게 이익이 되며 신체구속의 장기화를 피할 수 있게 하고, ③ 수사의 효율화를 위하여는 수사의 반복을 피하여야 하며, ④ 복수의 피의사실이 있는 경우에 구속영장에 수사기술상 장애가 없는 별건사실만을 기재하는 것이 수사밀행성의 요청에 적합하다는 것을 이유로 한다. 그러나 다수설은 본건기준설을 전제로 별건구속은 위법하다는 **별건구속위법설**을 취하고 있다. 즉 ① 강제처분법정주의의 요청상 체포 또는 구속에는 특정한 범죄사실을 기재할 것을 필요로 하며, 체포 또는 구속이 자백을 획득하거나 여죄를 추궁하는 수단으로 사용되어서는 안 된다고 해야 할 뿐만 아니라, ② 별건구속은 실질적으로는 본건에 대한 구속이면서도 영장주의에 의한 사법적 심사의 대상을 별건에 제한하는 결과 실질적으로 영장주의를 무의미하게 하고, ③ 별건구속에 이어 본건구속을 계속하는 경우에는 구속기간의 제한을 잠탈하기 때문이라고 한다.

별건구속이 실질적으로 본건에 대한 구속인 이상 다수설이 타당하다고 하지 않을 수 없다. 다만 별건구속이 위법하다고 하기 위하여는 ① 수사기관의 탈법적 의도가 인정될 것, ② 본건사실에 대하여 구속이유와 필요성이 인정되지 않을 것을 요건으로 한다고 할 수 있다. 설문은 살인사건을 수사하기 위하여 甲을 상해죄로 구속하고 구속기간을 연장하면서 살인사건을 수사한 것이므로 별건구속은 위법하다고 하지 않을 수 없다.

2. 여죄수사의 한계

별건체포 또는 별건구속은 여죄수사와 표리관계에 있으며, 여죄수사는 별건체포 또는 별건구속의 경우에 부수적으로 발생하는 문제이다. 여기서 여죄란 동일피의자의 범죄사실 중 수사기관에 의하여 수사의 대상이 된 피의사건 이외의 사건으로 동시수사의 가능성이 있는 것을 말한다. 별건구속을 적법하다고 해석하는 견해에 의하면 피의사건에 의한 신체구속을 이용하여 다른 피의사건을 신문할지라도 그 신문이 임의로 이루어진 이상 허용된다고 하지 않을 수 없다. 이에 반하여 체포 또는 구속의 효과는 그 기초인 피의사건에 대하여만 미친다는 사건단위설과 별건구속에 있어서 본건기준설을 일관할 때에는 신문이 주로 본건에 관한 것일 때에는 별건구속을 유용하는 것으로서 본건사실의 신문은 허용되지 않는다는 결론이 된다. 종래 별건구속과는 달리 여죄수사는 허용된다고 이해되어 왔으며 실무상 여죄수사는 무제한으로 허용되고 있다. 그러나 별건구속과 여죄수사는 명백히 구별될 수 없으며 여죄수사도 일정한 요건이 충족된 경우에 예외적으로 허용되는 것에 불과하다고 해야 한다. 즉 여죄수사의 가부는 동시수사와 심판에 의한 피의자의 장기구속을 피하려는 이념과 영장주의의 이념의 조화의 문제이며, 후자를 보다 중시해야 한다는 점에서 원칙적으로는 허용되지 않지만 법원의 사법적 억제기능과 피의자의 방어권을 실질적으로 저해하지 않는 범위에서만 허용된다고 해야 한다. 결국 여죄수사가 허용되는 것은 ① 피의자가 자진하여 여죄를 자백한 경우, ② 여죄가 영장기재 사안보다 경미한 경우, ③ 여죄가 영장기재 사실과 동종사안이거나 밀접한 관련성이 있는 경우에 한한다고 할 수 있다.

3. 별건구속에 이은 본건구속의 적법성

문제 ⑵는 별건구속 후에 본건에 의하여 다시 구속하는 것이 적법한가의 문제이다. 별건구속은 통상 설문의 경우와 같이 이에 이은 본건사실을 근거로 하는 2차 구속을 예정하고 있다. 강제처분에 관한 사건단위설에 의하면 피의사실이 다른 이상 본건사실을 이유로 하는 2차 구속은 적법하다고 볼 수 있다.

그러나 첫째, 별건구속은 실질적으로 본건을 위한 구속이므로 본건으로 다시 구속하는 것은 동일한 범죄사실에 대하여 재구속하는 것이라고 보아야 한다. 검사 또는 사법경찰관에 의하여 구속되었다가 석방된 자는 다른 중요한 증거가 발견된 경우를 제외하고는 동일한 범죄사실에 관하여 재차 구속하지 못한다(제208조). 둘째, 별건구속 중의 甲의 자백은 위법한 구속으로 인한 자백이므로 자백배제법칙에 의하여 배제되지 않을 수 없다. 그럼에도 불구하고 甲을 그의 자백을 근거로 구속하는 것은 증거능력 없는 자백에 의하여 피의자를 구속하는 결과가 된다. 셋째, 별건구속에 이어 본건으로 구속하는 것을 허용하는 때에는 수사기관의 구속기간을 제한하고 있는 형사소송법의 규정이 무의미하게 되지 않을 수 없다.

따라서 甲을 별건구속에서 석방한 후에 다시 본건으로 구속하는 것은 적법하다고 할 수 없으며, 법원은 검사의 구속영장청구를 기각해야 한다고 할 것이다.

4. 별건구속기간의 본건구속에의 산입

문제 (3)은 별건구속으로 인한 미결구속기간을 본건의 구속기간에 산입할 수 있는가의 문제이다.

구속영장의 효력에 관한 사건단위설에 의하면 별건구속의 효력은 본건에 대한 구속에 미칠 수 없으므로 후에 본건으로 甲이 구속된 경우에 별건구속기간을 이에 산입할 수 없게 된다. 그러나 별건구속 중에 본건에 대한 수사가 행하여진 때에는 그것은 별건구속이 아니라 실질적으로 본건구속이라고 해야 한다. 이와 같이 A사건으로 구속 중에 B사건에 대한 신문이 행하여져 A사건의 구속이 실제로 B사건의 구속인 때에는 후에 B사건이 유죄로 된 경우 A사건의 미결구금일수를 B사건의 형에 통산하는 것이 타당하다고 할 것이다(日最判 1956. 2. 26. 刑集 10· 14 · 2996).

결국 甲이 살인죄로 유죄판결을 받은 때에는 별건구속기간도 미결구금일수에 산입하여야 한다.

Ⅲ. 별건구속 중의 자백의 증거능력

문제 (4)의 甲의 자백이 증거능력을 가지는가는 별건구속 중의 자백이 자백배제법칙에 의하여 증거능력이 배제되는가의 문제이다. 형사소송법 제309조는 「피고인의 자백이 고문, 폭행, 협박, 신체구속의 부당한 장기화 또는 기망 기타의 방법으로 임의로 진술한 것이 아니라고 의심할 만한 이유가 있는 때에는 이를 유죄의 증거로 하지 못한다」고 규정하고 있다. 별건구속으로 인한 자백은 별건구속을 위법하다고 볼 때에는 신체구속의 부당한 장기화로 인한 자백 또는 적어도 위법한 구속으로 인한 자백에 해당한다고 볼 수 있다.

그리고 별건구속으로 인한 자백에 대하여 자백배제법칙이 적용되는가는 자백배제법칙의 이론적 근거에 따라 결론을 달리하지 않을 수 없다. 허위배제설은 별건구속으로 인하여 허위의 자백을 할 가능성이 있는 경우의 자백이 배제되며, **인권옹호설**은 이로 인하여 진술의 자유가 침해되었을 것을 요한다고 한다. 그러나 허위배제설이나 인권옹호설에 의할 때에는 설문의 경우를 자백배제법칙의 적용범위에 포함시킬 수 없게 된다. 허위자백의 가능성이 있거나 진술의 자유를 침해한 경우에 자백이 배제된다는 **절충설**에 의할 때에도 마찬가지이다. 그러나 **위법배제설**에 의할 때에는 자백배제법칙은 적정절차의 원칙의 증거법적 측면에 불과하므로 별건구속의 위법성으로 인하여 자백취득과정이 위법하기 때문에 증거능력이 배제된다고 할 수 있다. 자백배제법칙에 의하여 배제되는 자백의 기준을 명백히 하고 배제해야 할 자백의 범위를 확대한다는 점에서 위법배제설이 타당하다고 생각된다. 따라서 甲의 자백은 자백배제법칙 또는 위법수집증거배제의 법칙($^{제308}_{조의2}$)에 의하여 증거능력이 배제된다.

Ⅳ. 결   론

별건구속은 실질적으로 구속의 요건을 충족하지 못한 본건을 위한 구속이므로 영장주의를 잠탈하는 것이고 수사단계에서의 구속기간의 제한을 무의미하게 하는 것이므로 위법하다고 하지 않을 수 없다. 따라서 甲에 대한 별건구속은 위법하다. 별건구속 후에 구속된 피의자를 석방하고 별건구속 중의 자백을 증거로 다시 본건으로 구속하는 것도 동일한 사건으로 재구속하는 것이며 증거능력 없는 자백으로 구속하는 것이므로 허용되지 않는다. 따라서 법원은 검사의 2차 구속영장청구를 기각해야 한다. 다만 별건구속도 실질적으로는 본건을 위한 구속이라는 점에서 피고인이 유죄판결을 받은 때에는 별건구속기간을 미결구금일수에 산입하는 것이 타당하다. 구속피의자에 대한 여죄수사도 별건구속과 관련된 문제이다. 따라서 여죄수사도 무조건 허용되는 것이 아니라 피의자가 자진하여 자백하거나, 본건보다 여죄가 경미하거나 본건과 밀접한 관련성을 가진 범죄인 경우에만 피의자에 대한 신문이 허용된다고 해야 한다. 별건구속 중에 피의자를 신문하여 얻은 자백은 자백배제법칙 또는 위법수집증거배제의 법칙에 의하여 증거능력이 배제되어야 한다. 위법한 구속으로 인한 자백이므로 자백취득과정의 위법성으로 인하여 적정절차의 원칙에 반하기 때문이다. 따라서 甲의 자백은 증거능력이 없다.

[관련문제]

甲에 대한 살인피의사건을 수사하고 있던 중 마침 동인에게 공갈혐의가 생겼기 때문에 우선 공갈사건으로 甲을 체포하고 구속한 뒤에 그 구속기간을 이용하여 위 살인사건에 대해 甲을 조사하였다. 위와 같은 수사방법의 적법 여부 및 여기서 발생하는 문제점을 논술하라.

(1984년 일본 사법시험 출제문제)

《쟁　점》

⑴ 별건구속은 적법한가.
⑵ 별건구속과 여죄수사의 한계는 어디에 있는가.
⑶ 별건구속에 이은 본건구속은 적법한가.
⑷ 별건구속기간은 본건구속에 산입할 수 있는가.
⑸ 별건구속 중에 얻은 자백은 증거능력이 있는가.

《해　설》

별건구속의 적법성은 본건을 기준으로 판단해야 한다. 별건구속에 수사기관의 탈법적 의도가 명백하고, 본건의 구속이유와 필요성이 인정되지 않으면 별건구속은 위법하다. 설문에서는 우선 공갈죄로 구속한 것이므로 위법하다고 해야 한다. 그러나 여죄수사까지 금지되는 것은 아니다. 여죄수사가 적법하기 위하여는 필요한 요건을 구비해야 한다. 별건구속에 이은 본건구속은 동일한 범죄사실에 대한 재구속이며, 구속기간의 제한을 잠탈하는 것이므로 위법하다. 이 경우에 별건구속기간은 본건의 미결구금일수에 산입하는 것이 타당하다. 그리고 별건구속에 의하여 얻은 자백은 위법수집증거로서 증거능력이 부정된다.

[14] 영장에 의한 압수·수색, 체포현장에서의 압수

[설 문]

경찰관 A는 甲에 대한 마약류관리에관한법률위반(향정) 피의사건에 관하여 수색장소를 甲의 자택인 '서울 강남구 압구정동 현대아파트 112동 101호', 압수할 물건을 '거래메모, 전화번호기록부, 필로폰 제조기구'로 하는 압수·수색영장을 발부받아 동료경찰관과 함께 甲의 집으로 갔다. 현관문을 연 甲에게 A가 압수·수색영장을 제시하고 실내로 들어가자 그 곳에 있던 乙이 TV 위에 있던 물건을 잡아 그것을 호주머니에 넣고 베란다를 통하여 밖으로 도망하였다. 이를 본 A는 즉시 乙을 추격하여 甲의 집에서 300미터 가량 떨어진 길에서 넘어진 乙을 붙잡았다. A는 乙에게 호주머니 안에 있는 물건을 내어 놓을 것을 요구하였지만 乙이 이를 거부하였기 때문에 그의 몸을 잡아 누르고 호주머니를 뒤져 필로폰 분말이 들어 있는 비닐봉지를 발견하였다. A는 乙을 필로폰 소지의 현행범인으로 체포하고, 그 필로폰 비닐봉지를 압수하였다.

이상의 경찰관의 행위는 적법한가.

(2006년 일본 사법시험 출제문제)

I. 문제점의 정리

압수·수색에 대하여도 영장주의가 적용된다. 대물적 강제수사에 의한 국민의 재산과 주기, 특히 privacy에 대한 침해는 사법적 사전심사에 의하여만 정당화될 수 있고, 수사기관의 자의에 의한 강제수사의 남용을 억제하자는 점에 기본취지가 있다. 따라서 수사기관은 원칙적으로 법원이 발부한 영장에 의하여 압수·수색할 수 있다. 다만, 압수·수색의 긴급성을 고려하여 일정한 경우에 영장 없는 압수·수색을 허용하고 있다. 체포현장의 압수·수색은 그 대표적인 예에 해당한다. 설문에서 A는 압수·수색영장을 발부받아 甲의 집에 가서 영장을 제시하고 수색하여 乙로부터 필로폰을 압수하였다. 여기서 A가 압수·수색영장을 제시하고 甲의 집에 들어간 것까지는 문제될 여지가 없다.

　문제는 乙에 대한 신체수색이 발부된 압수·수색영장에 의한 것이라고 볼 수 있는가에 있다. 특히 영장에 기재된 수색장소인 甲의 집이 아닌 그 곳에서 300미터 떨어진 길에서, 수색장소인 甲의 주거가 아닌 乙의 신체를 수색하여 필로폰을 압수한 것이 압수·수색영장에 의한 수색이라고 할 수 있는가가 쟁점이 될 수 있다. 영장에 의한 압수·수색이라고 할 수 없는 경우에는 직무질문과 관련된 소지품검사로서 적법하게 될 수 있는가도 문제될 수 있다. 또 필로폰을 압수하는 단계에서는 압수할 물건에 포함되지 않은 필로폰을 영장에 의한 압수라고 볼 수 있는가가 문제된다. 이를 부정하는 경우에는 현행범인 체포현장에서의 압수·수색으로 적법하게 될 수 있는가를 검토하지 않을 수 없다.

Ⅱ. 乙에 대한 수색의 적법성

1. 영장주의와 일반영장의 금지

　압수·수색에 있어서도 영장주의는 일반영장의 금지를 내용으로 한다. 따라서 압수·수색영장에는 피의자의 성명, 죄명, 압수할 물건, 수색할 장소·신체·물건, 발부연월일, 유효기간과 그 기간을 경과하면 집행에 착수하지 못하며 영장을 반환해야 한다는 취지, 압수·수색의 사유를 기재하고 재판장 또는 수명법관이 서명날인하여야 한다(제114조, 제219조). 따라서 압수·수색영장을 발부받은 경우에도 영장에 기재된 피의자의 범죄사실에 관하여 압수할 물건, 수색할 장소·신체·물건에 대하여만 압수·수색할 수 있고, 그 이외의 물건을 압수하거나 다른 장소를 수색하는 것은 허용되지 않는다. 동일한 영장으로 수회 같은 장소에서 압수·수색하는 것도 허용되지 않는다. 따라서 수사기관이 압수·수색영장을 제시하고 집행에 착수하여 이를 종료한 때에는 영장의 유효기간이 경과하지 않은 때에도 새로운 영장을 발부받지 않고 동일한 장소 또는 목적물에 대하여 다시 압수·수색할 수도 없다.

2. 압수·수색영장의 효력이 미치는 범위

甲의 주거를 수색장소로 하는 영장으로 길을 수색할 수는 없고, 장소의 privacy와 신체의 privacy는 구별해야 한다는 점에서 볼 때에는 甲의 집을 수색장소로 하는 영장으로 乙의 신체를 수색하는 것은 압수·수색영장의 효력이 미치는 범위를 벗어난다고 보아 허용되지 않는다고 해야 할 것 같다. 그러나 이러한 행위를 모두 위법하다고 할 때에는 수사의 목적달성이 어렵게 된다고 하지 않을 수 없다. 따라서 수색장소에 거주하는 자가 수색의 목적물을 은닉하였다고 인정할 만한 합리적인 이유가 있는 경우에는 현장보전의 고도의 필요성이 인정된다고 해야 한다. 또 현장보존행위로서 상당성이 인정되는 행위를 허용하여도 대상자의 privacy나 타인의 인권을 침해할 우려가 있다고도 할 수 없다. 형사소송법이 「압수·수색영장의 집행에 있어서는 건정을 열거나 개봉 기타 필요한 처분을 할 수 있다」고 규정하고 있는 것도$\binom{\text{제}120\text{조},}{\text{제}219\text{조}}$ 이러한 의미의 현장보존행위를 허용하는 취지라고 해석할 수 있다. 따라서 ① 수색의 목적물을 은닉하였다고 인정할 합리적인 이유가 있고, ② 현장보존행위로서 상당성이 있는 행위는 압수·수색영장의 집행에 있어서 필요한 처분으로서 허용된다고 해석하지 않을 수 없다.

설문에서 A가 압수·수색영장을 제시하고 甲의 집에 들어가자 집안에 있던 乙이 TV 위에 있던 물건을 호주머니에 넣고 출입구가 아닌 베란다를 통하여 도주한 점에서 乙이 수색할 목적물을 은닉하였다고 인정할 만한 합리적인 이유가 있다고 해야 한다. 또 乙이 도주하는 것을 A가 바로 따라가서 300미터 떨어진 길에서 乙을 잡은 것이므로 이 지점은 현장의 연장에 불과하다고 평가해야 하므로 乙에 대한 행위는 현장에서의 압수·수색을 방해하는 행위를 제지하기 위한 현장보존행위라고 할 수 있다. 乙에게 호주머니 안의 물건을 내어놓으라고 요구했으나 乙이 거절하자 A가 호주머니 안에 있는 물건을 꺼낸 것은 현장보존행위로서 상당성이 인정되는 행위라고 평가할 수 있다.

따라서 A가 乙의 호주머니를 수색한 행위는 압수·수색영장의 집행에 필요한 처분으로서 적법하다고 해야 한다.

3. 소지품검사로서의 수색의 적법성

설문의 경우는 압수·수색영장의 집행에 필요한 처분으로 乙에 대한 수색이 적법한 경우이지만, 압수·수색영장의 집행이라고 볼 수 없는 경우에는 경찰관 직무집행법에 의한 소지품검사로서 乙에 대한 수색이 적법하게 될 수 있는가가 문제될 수 있다. 그러나 소지품검사에 관하여 경찰관 직무집행법은 흉기조사 이외에 일반소지품의 조사에 관하여는 아무런 규정을 두고 있지 않기 때문에 임의처분으로서만 허용된다고 해야 한다. 따라서 乙의 승낙에 의한 소지품검사 이외에 소지품의 내용의 개시를 요구하거나 외표검사(stop and frisk)의 범위를 벗어난 강제적인 소지품검사는 허용되지 않는다. 설문에서 A가 넘어진 乙의 몸을 누르고 호주머니에 손을 넣어 필로폰을 찾아 낸 것은 임의처분으로서의 소지품검사의 한계를 벗어난 것이므로 적법하다고 할 수 없다. 乙이 중범죄를 범하였다고 볼 만한 증거도 없으므로 예외적으로 이러한 수색이 허용되는 경우라고 볼 수도 없다.

결국, A의 乙에 대한 수색행위는 압수·수색영장의 집행에 필요한 처분으로서 적법하다고 해야 한다.

Ⅲ. 필로폰 비닐봉지에 대한 압수의 적법성

A가 乙로부터 압수한 필로폰의 비닐봉지는 압수·수색영장에 기재된 압수할 물건에 포함되지 않은 물건이다. 압수·수색영장에 의한 압수는 영장에 기재된 물건에 제한되어야 한다는 것은 일반영장의 금지라는 취지에서 당연하다. 따라서 A의 이 행위는 압수·수색영장의 집행이라는 이유로 적법화되지 않는다. 여기서 A의 행위는 현행범인의 체포현장에서의 압수·수색으로 적법화될 수 있는가가 문제된다.

1. 현행범인체포의 적법성

설문에서 A는 호주머니에서 필로폰 비닐봉지가 나오자 乙을 필로폰 소지의 현행범인으로 체포하였다. 현행범인이란 범죄의 실행 중이거나 실행직후인

자를 말한다. 필로폰을 소지하는 행위는 마약류관리에관한법률위반(향정)죄에 해당하는 범죄이다. 현행범인의 체포를 위하여는 범죄의 명백성은 인정되어야 하지만 체포의 필요성은 요구되지 않는다(판례는 체포의 필요성 요구). 현행범인은 누구나 영장 없이 체포할 수 있다. 필로폰의 수색이 압수·수색영장의 집행에 필요한 처분으로 적법하다고 인정되는 이상 乙에 대한 현행범인의 체포가 위법하다고 볼 수 있는 자료도 없다.

결국, A는 적법하게 乙을 현행범인으로 체포한 것이다.

2. 체포현장에서의 압수

A가 乙로부터 영장 없이 필로폰을 압수한 것은 체포현장에서의 압수로 적법하게 될 수 있다. 검사 또는 사법경찰관이 피의자를 구속하거나 체포영장에 의한 체포, 긴급체포 및 현행범인을 체포하는 경우에는 체포현장에서 영장 없이 압수·수색 또는 검증을 할 수 있다($^{제216}_{조}$). 이와 같이 구속 또는 체포현장에서의 영장 없는 압수·수색을 허용하는 근거에 관하여 체포에 의하여 자유가 적법하게 침해된 경우에는 이에 수반하는 부수처분에는 영장을 요하지 않는다는 부수처분설도 있으나, 체포하는 자의 안전과 체포현장에서의 증거의 파괴·은닉을 방지하기 위한 긴급행위로서 허용된다는 긴급행위설이 타당하다. 형사소송법은 체포현장에서의 압수·수색에 대하여도 압수를 계속할 필요가 있는 경우에는 지체없이, 압수·수색영장을 청구해야 하며 체포한 때부터 48시간 이내에 압수·수색영장을 청구할 것을 요구함으로써($^{제217조}_{2항}$), 긴급행위설의 입장을 명백히 하고 있다. 체포현장에서의 영장 없는 압수·수색은 체포와 시간적 접착을 요구하고 있고 압수할 물건도 당해 사건에 대한 증거에 제한되지만, 설문에 있어서는 문제될 여지가 없다. 체포현장에서 체포한 범죄사실에 대한 증거를 압수한 것이기 때문이다.

결국, 乙로부터 A가 필로폰을 영장 없이 압수한 것은 체포현장에서의 압수·수색으로서 적법하며, 압수·수색을 한 후에 압수를 계속할 필요가 있다고 인정하는 경우에는 늦어도 48시간 이내에 압수·수색영장을 청구하여야 한다.

Ⅳ. 결　　론

　　압수·수색에도 영장주의가 적용되며, 영장주의는 일반영장의 부정을 내용으로 하기 때문에 압수·수색영장에 기재된 수색장소에서 압수의 대상인 물건만 압수할 수 있다는 것은 당연하다. 그러나 수색현장에 있던 물건을 호주머니에 넣고 달아나는 乙을 경찰관 A가 따라가서 잡고 호주머니를 수색하는 행위는 乙이 수색할 목적물을 은닉하였다고 인정할 만한 합리적인 이유가 있고 현장보존행위로서 상당성이 인정되는 행위라고 평가할 수 있기 때문에 압수·수색영장의 집행에 필요한 처분으로서 적법하다고 해야 한다. 그러나 A가 乙로부터 압수한 필로폰은 압수·수색영장에 기재된 압수할 물건에 포함된 물건이 아니므로 압수·수색영장의 집행이라는 이유로 적법하게 되지 않는다. 그러나 乙로부터 A가 필로폰을 영장 없이 압수한 것은 乙을 마약류관리에관한법률위반(향정)죄의 현행범인으로 체포하면서 체포현장에서 영장 없이 압수·수색한 것으로 적법하게 된다. 다만 체포현장에서 영장 없이 압수·수색을 한 후에 압수·수색을 계속할 필요가 있다고 인정하는 경우에는 체포한 때부터 48시간 이내에 압수·수색영장을 청구하여야 한다는 점을 주의할 필요가 있다.

[15] 체포현장에서의 압수·수색의 대상, 압수물의 소유권포기와 환부

[설 문]

경찰관 A는 甲이 술집에서 여자종업원 乙을 칼로 찔러 상처를 입힌 사실과 밀수 다이아몬드를 보관하고 있다는 사실을 근거로 甲에 대한 체포영장을 발부받아 甲이 살고 있는 아파트에서 甲을 체포하였다. A는 甲을 체포하면서 아파트를 수색하였던바, 甲의 거실에서 甲이 사용하다 남은 메스암페타민과 밀수품으로 추정되는 다이아몬드 3캐럿 반지 1개를 발견하고 현장에서 이를 압수하였다. 검사는 甲을 구속하였으나 구속영장의 범죄사실에 마약류관리에관한법률위반(향정) 사실을 기재하지는 않았다. 사건을 송치받은 검사는 甲을 수사한 끝에 특수상해죄와 마약류관리에관한법률위반(향정)죄로 공소제기하였다. 위의 피의사실에 관하여는 甲이 자백하였다. 검사는 다이아몬드 반지가 밀수품인가를 수사한 결과 일응 밀수품으로 추정되기는 하였으나 누구에 의하여 언제 어떻게 밀수된 것인가를 알 수 없게 되자 甲으로부터 이에 대한 소유권포기각서를 받고 관세법위반의 피의사실을 기소중지하였다. 甲은 관세법위반 피의사건이 증명될 수 없음을 확인하자 검사를 상대로 다이아몬드 반지의 환부를 청구하였다.

(1) A가 메스암페타민을 압수한 것은 적법한가.

(2) 甲에 대한 마약류관리에관한법률위반(향정) 피고사건에서 법원은 압수된 메스암페타민을 증거로 사용할 수 있는가.

(3) 甲은 검사에게 압수된 다이아몬드 반지를 환부해 달라고 청구할 수 있는가. 또 검사는 이를 계속 보관하다가 국고귀속시킬 수 있는가.

I. 문제의 제기

설문은 영장에 의하지 않은 압수·수색의 대표적인 경우라고 할 수 있는 체포현장에서의 압수·수색의 경우에 압수·수색할 수 있는 대상의 범위와 위법수집증거배제법칙, 즉 압수절차에 위법이 있는 경우, 특히 영장주의에 위반하여 압수한 압수물의 증거능력을 인정할 것인가 및 검사가 기소중지결정을 하는 경우에 소유권을 포기한 피압수자에 대하여도 수사기관은 압수물을 환부하여야 하며 피압수자는 환부청구권을 가지는가에 관한 문제이다. 체포현장에서의 압수·수색의 경우에 압수할 수 있는 대상의 범위는 체포현장에서 압수·수색에 대한 영장주의의 예외가 인정되는 이유를 어떻게 이해할 것인가에 따라 결론을 달리하며, 甲이 다이아몬드 반지에 대하여 환부청구권을 가지는가의 문제는 기소중지를 하는 경우에 압수물을 환부해야 하는가 이외에 주관적 공권인 환부청구권의 포기가 인정되는가, 소유권을 포기한 자에게는 압수물을 환부할 필요 없이 이를 국고귀속시킬 수 있는가를 검토해야 한다. 대법원이 1996. 8. 16.의 전원합의체결정에 의하여 종래의 실무의 관행에 대해 중대한 규제를 가하는 획기적인 결정을 한 쟁점이기도 하다.

II. 체포현장에서의 압수의 대상

설문 (1)은 체포현장에서 경찰관이 영장 없이 체포영장에 기재된 특수상해 및 관세법위반사건과 관계가 없는 메스암페타민을 압수하는 것이 적법한가, 즉 체포현장에서 영장 없이 압수할 수 있는 대상은 어느 범위까지인가에 관한 문제이다. 압수의 대상은 체포현장에서의 압수·수색에 영장을 요하지 않는 이유와 직결된다.

1. 체포현장에서의 압수·수색의 성질

형사소송법 제216조 1항 2호는 검사 또는 사법경찰관이 피의자를 구속하는 경우 또는 체포영장에 의한 체포, 긴급체포 및 현행범인을 체포하는 경우에 필요한 때에는 영장 없이 압수·수색·검증할 수 있다고 규정하고 있다. 이와 같이 체포현장에서의 압수·수색이 영장 없는 경우에도 허용되는 이유에 관하여는 견해가 대립되고 있다. 부수처분설과 긴급행위설의 대립이 그것이다. **부수처분설**은 체포에 의하여 가장 중요한 기본권인 자유권이 적법하게 침해된 때에는 이에 수반하는 보다 가벼운 비밀이나 소유권의 침해도 영장 없이 할 수 있도록 한 것이라고 해석한다. 이에 반하여 **긴급행위설**은 체포하는 자의 안전을 위하여 무기를 빼앗고 피의자가 증거를 파괴·은닉하는 것을 예방하는 긴급행위로서 영장 없는 압수·수색이 허용된다고 해석한다. 우리나라의 다수설의 입장이라고 할 수 있다. 생각건대 부수처분설에 의하면 영장에 의하지 아니한 대물적 강제처분이 무제한하게 허용될 위험이 있으므로 긴급행위설이 타당하다고 하겠다.

2. 체포현장에서의 압수·수색의 대상

긴급행위설에 의하는 한 체포현장에서 영장 없이 압수·수색할 수 있는 대상은 체포자에게 위해를 줄 우려가 있는 무기 그 밖의 흉기와 도주의 수단이 되는 물건 및 체포의 원인이 되는 범죄사실에 대한 증거에 제한된다. 영장 없이 압수할 수 있는 것은 당해 사건의 증거에 한하므로 별건의 증거를 발견한 때에는 임의제출을 구하거나 영장에 의하여 압수해야 한다. 甲의 체포영장에 기재된 범죄사실은 특수상해와 관세법위반이다. 비록 甲의 거실에서 甲이 사용한 것으로 인정되는 메스암페타민이 발견되었다고 할지라도 이는 체포의 대상이 되는 범죄사실이 아닌 별건에 불과하다. 이를 영장 없이 압수하기 위하여는 甲을 마약류관리에관한법률위반(향정)죄로 긴급체포하거나 현행범인체포를 해야 한다. 그러나 설문에서 A가 甲을 마약류관리에관한법률위반(향정)죄로 체포했다고 인정할 자료는 없다.

결국 A가 영장 없이 甲으로부터 메스암페타민을 압수한 것은 영장 없는 압수의 범위를 벗어난 별건압수로서 위법하다고 하지 않을 수 없다.

Ⅲ. 위법수집증거배제법칙

설문 (2)의 압수된 메스암페타민을 甲에 대한 마약류관리에관한법률위반 (향정) 피고사건의 증거로 사용할 수 있는가는 위법수집증거배제법칙을 인정할 것인가의 문제이다. 편의상 위법수집증거배제법칙을 인정할 것인가와 법칙의 적용범위를 나누어 검토하기로 한다.

1. 위법수집증거배제법칙의 인정 여부

판례는 종래「압수물은 압수절차가 위법하다고 할지라도 물건 자체의 성질·형상에 변경을 가져오는 것은 아니어서 그 형상 등에 관한 증거가치에는 변함이 없다 할 것이므로 증거능력이 있다」고 판시하여 그 증거능력을 인정하여 왔다($\binom{대법원\ 1994.2.8,}{93\ 도\ 3318}$). 그것은 ① 증거수집절차의 위법은 증거의 실질적 가치에 영향을 미치지 않고, ② 증거물을 다시 압수하는 경우에는 불필요한 절차를 반복할 뿐이며, ③ 위법행위에 대하여는 별도의 구제수단을 강구하면 족하다는 것을 근거로 한다. 이에 반하여 통설은 위법수집증거의 증거능력을 부정해야 한다는 점에 의견을 같이하였다. ① 헌법의 적정절차와 인권보장의 정신을 살리기 위하여는 위법수집증거의 증거능력을 부정해야 하며, ② 임의성 없는 진술증거의 증거능력을 부정하는 취지는 비진술증거에 대하여도 유지되어야 한다는 것을 근거로 한다.

형사소송법은「적법한 절차에 따르지 아니하고 수집한 증거는 증거로 할 수 없다」는 규정을 신설하여($\binom{제308조}{의\ 2}$) 위법수집증거배제법칙을 명문으로 규정함으로써 이를 입법에 의하여 해결하였다고 할 수 있으며, 대법원도 그 후 전원합의체판결을 통하여「헌법과 형사소송법이 정한 절차에 따르지 아니하고 수집한 증거는 유죄 인정의 증거로 삼을 수 없다」고 판시함으로써 위법수집증거배제법칙을 인정하기에 이르렀다($\binom{대법원\ 2007.11.15.\ 전원합}{의체판결,\ 2007\ 도\ 3061}$).

2. 위법수집증거배제법칙의 적용범위

위법수집증거배제법칙의 적용범위는 침해된 이익과 위법의 정도를 고려하여 구체적·개별적으로 판단해야 한다. 중대한 위법이 있는 경우에 한하여 압수물의 증거능력을 부정해야 하기 때문이다. 여기서 중대한 위법이란 정의감에 반하고 문명사회의 양심에 충격을 주는 것을 의미한다고 할 수 있다. 대법원은 「수사기관의 절차위반행위가 적법절차의 실질적인 내용을 침해하는 경우에 해당하지 않고 그 증거능력을 배제하는 것이 형사 사법 정의를 실현하려고 한 취지에 반하는 결과를 초래하는 것으로 평가되는 때에는 유죄 인정의 증거로 사용할 수 있다」고 판시하였다(^{대법원 2007.11.15. 전원합}_{의체판결, 2007 도 3061}). 이러한 의미에서 ① 영장주의나 적정절차를 규정하고 있는 헌법규정에 위반한 경우, ② 수사기관의 수사활동이 형벌법규에 위배되는 경우, ③ 형사소송법의 효력규정에 위배하여 압수·수색이 무효인 경우가 여기에 해당한다.

검사 또는 사법경찰관은 피의사건과 관계가 있다고 인정할 수 있는 것에 한정하여 압수·수색할 수 있으므로(^{제215}_조), 설문에서 영장 없이 메스암페타민을 압수한 것은 별건압수로서 위법하다. 따라서 법원은 압수된 메스암페타민을 증거로 사용할 수 없다. 한편 이와는 달리 메스암페타민은 甲의 거실에서 발견된 것이므로 적법한 체포에 수반한 강제처분으로 쉽게 발견할 수 있었던 것이었고, A의 압수 당시 마약류관리에관한법률위반(향정)의 혐의로 긴급체포나 현행범인체포를 하고 이에 수반한 압수·수색도 가능한 상황에 있었으므로 그 압수·수색은 법의 집행방법의 선택을 잘못한 것에 불과하며, 영장주의나 적정절차의 내용을 몰각한 중대한 위법이 있다고는 인정되지 않으므로 위법수집증거배제법칙은 적용되지 않는다는 견해(^{이재상, 연습,}_{제 7 판, 130면})도 있다.

Ⅳ. 압수물의 소유권포기와 환부

설문 (3)의 甲이 압수된 다이아몬드 반지의 환부를 청구할 수 있는가는 수사기관은 기소중지한 경우에 압수물을 환부해야 하는가 또 피압수자가 소유권을 포기한 압수물도 제출인에게 환부해야 하는가에 관한 문제이다. A가 甲으로부터 영장 없이 다이아몬드 반지를 압수한 것이 체포현장에서의 압수·수색에 해당하여 적법하다는 점에는 의문이 없다. 여기서는 기소중지의 경우에도 수사기관은 압수물을 환부해야 하는가, 소유권을 포기한 제출인도 환부청구권을 가지는가의 순서로 살펴보기로 한다.

1. 기소중지와 압수물의 환부

형사소송법 제133조 1항은 「압수를 계속할 필요가 없다고 인정되는 압수물은 피고사건 종결 전이라도 결정으로 환부하여야 한다」고 규정하고 있고, 이 규정은 제219조에 의하여 검사와 사법경찰관의 압수물처리에 대하여도 준용되고 있다. 따라서 압수의 요건이 소멸한 압수물에 대하여는 법원이나 수사기관은 필요적·의무적으로 압수물을 환부해야 한다. 검사가 불기소처분으로 수사를 종결하는 경우에도 압수를 계속할 필요가 없으면 압수물을 환부해야 하는 것은 당연하다. 물론 불기소처분 가운데도 검사가 무혐의, 죄가 안 됨 또는 공소권 없음이라는 결정을 한 때에는 압수를 계속할 필요가 없으므로 압수물을 환부해야 한다. 이에 반하여 기소중지의 경우에 압수물을 어떻게 처리해야 할 것인가는 의문이다. 기소중지는 수사의 종결이라기보다는 수사의 중지처분에 불과하기 때문이다. 따라서 검사가 기소중지결정을 하는 경우에 압수물을 환부할 것인가는 압수를 계속할 필요가 있는가에 따라 좌우된다고 하지 않을 수 없다. 그러나 관세포탈물품을 소지하고 있는 관세장물죄에 대하여 관세포탈범이 언제 어디서 어떻게 밀수입하였는지 알 수 없다는 이유로 기소중지한 때에는 그 압수물은 관세장물이라고 단정할 수 없기 때문에 압수를 더 이상 계속할 필요가 없는 경우에 해당한다는 것이 판례의 일관된 태도이다(대법원 1988. 12. 14. 결정, 88 모 55; 대법원 1991. 4. 22. 결정, 91 모 10).

따라서 수사기관은 기소중지처분을 하면서 압수물을 환부하지 않으면 안 된다.

2. 압수물의 소유권포기와 환부

종래 검사가 불기소처분을 하는 경우에 압수물을 환부하는 것이 구체적 정의에 위배되는 결과가 초래된다고 인정되는 때에는 검사가 검찰압수물사무규칙이 정하는 바에 따라 제출인이나 소유자로부터 소유권포기각서를 받아 압수물을 국고에 귀속시키는 것이 수사의 관행이었으며, 판례도 종래 소유권을 포기한 자는 압수물의 가환부를 청구할 수 없다고 판시하였다(대법원 1968. 2. 27. 결정, 67 모 70). 그러나 형사소송법에는 검사가 불기소처분을 하면서 압수물을 국고귀속시키거나 폐기처분할 수 있는 근거규정이 없다. 오직 형사소송법 제486조가 압수물의 환부를 받을 자의 소재가 불명하거나 기타 사유로 인하여 환부할 수 없는 경우에는 검사가 압수물을 국고귀속시킬 수 있다는 규정을 두고 있을 뿐이다. 여기서 검사가 불기소처분을 하면서 피압수자로부터 소유권포기각서를 받고 압수물을 국고귀속시키는 것이 허용되는가가 문제되지 않을 수 없다.

(1) 압수물환부의 상대방

압수를 계속할 필요가 없기 때문에 압수물을 환부하는 경우에 누구에게 환부해야 하는가에 관하여 형사소송법은 아무런 규정을 두지 않고 있다. 그러나 압수물의 환부는 압수를 해제할 뿐이며 환부를 받은 자에게 실체법상의 권리를 확인하는 효력을 갖지 않는다. 즉 환부는 압수물을 압수 이전의 상태로 환원하는 것에 불과하다. 따라서 환부의 상대방은 피압수자가 되지 않을 수 없다. 피압수자에게 실체법상의 권리가 있는가의 여부는 불문한다.

(2) 압수물환부청구권과 그 포기

형사소송법은 압수물의 환부를 필요적인 것으로 규정하고 있으므로 피압수자에게 법원 또는 수사기관에 대한 압수물환부청구권이 있다는 점에는 의문이 없다. 문제는 압수물환부청구권의 포기를 인정할 수 있는가, 또 피압수자가 소유권을 포기한 경우에 압수물을 국고귀속시킬 수 있는가에 있다.

1) 압수물환부청구권의 포기   압수물환부청구권 자체를 포기하거나 피압수자가 압수물에 대한 소유권을 포기한 때에는 압수물환부청구권도 포기한 것으로 보아 법원 또는 수사기관은 압수물을 국고귀속할 수 있는가의 전제는 압수물환부청구권의 포기가 허용되는가에 있다. 압수물환부청구권은 개인이 법원 또는 수사기관에 대하여 가지는 공법상의 권리, 즉 공권이다. 주관적 공권은 개인의 이익만을 위하여 인정된 것이 아니라 국가 또는 사회 전체의 이익을 위하여 인정된 것이므로 사적 처분 내지 포기가 인정되지 아니한다. 주관적 공권의 포기를 인정할 때에는 이를 포기하도록 하기 위한 남용의 위험이 있기 때문이다. 판례가 고소권의 포기를 인정하지 않는 이유도 이와 같다 $\left(\begin{smallmatrix}\text{대법원 1967.5.23.}\\ \text{67도471}\end{smallmatrix}\right)$. 따라서 압수물환부청구권의 포기는 인정되지 아니하며 소유권을 포기한 피압수자도 법원 또는 수사기관에 대하여 압수물의 환부를 청구할 수 있다고 해야 한다.

2) 압수물의 국고귀속   문제는 피압수자의 소유권포기를 이유로 법원 또는 수사기관이 압수물을 국고귀속할 수 있는가이다. 형사소송법은 환부

받을 자의 소재가 불명하거나 기타 사유로 환부받을 수 없는 경우에 한하여 압수물을 국고귀속할 수 있는 규정을 두고 있다($^{제486}_{조}$). 이에 의하면 甲의 소재가 불명이거나 甲이 환부받을 수 없는 경우에 한하여 압수물을 국고귀속할 수 있을 뿐이다. 형사소송법은 강제처분은 법률에 특별한 규정이 없으면 할 수 없다고 규정하여($^{제199}_{조}$) 강제처분법정주의를 채택하고 있다. 강제처분의 부당한 확대를 규제하기 위한 것이다. 여기서 강제처분이란 상대방의 의사에 반하여 그 법익을 침해하는 처분을 말한다. 증거물의 압수는 물론 압수물의 국고귀속도 강제처분에 해당하므로 법률의 규정이 있는 경우에 한하여 법률의 규정에 따라 행하여야 하는 것이 당연하다. 법원이나 검사가 형사절차에서 소유권의 실질적 귀속 여부를 밝히는 것은 불가능하다. 법률의 규정이 없음에도 불구하고 소유권포기각서를 받는 방법을 이용하여 강제처분과 같은 효과를 갖게 하는 것은 강제처분법정주의를 무의미하게 하는 것이므로 허용되지 않는다고 해야 한다. 대법원은 전원합의체결정에서 다수의견을 통하여 「피압수자 등 환부를 받을 자가 압수 후 그 소유권을 포기하는 등으로 실체법상의 권리를 상실하더라도 그 때문에 압수물을 환부하여야 하는 수사기관의 의무에 어떠한 영향을 미칠 수 없고, 또한 수사기관에 대하여 형사소송법상의 환부청구권을 포기한다는 의사표시를 하더라도 그 효력이 없어 그에 의하여 수사기관의 필요적 환부의무가 면제된다고 볼 수는 없으므로, 수사도중의 권리포기로 피압수자의 압수물에 대한 환부청구권이 소멸되지 아니한다」고 결정하였다($^{대법원\ 1996.}_{8.\ 16.\ 전원합}$ $^{의체결정,}_{94\ 모\ 51}$).

V. 결   론

체포현장에서 영장 없이 압수·수색할 수 있는 대상은 체포자에게 위해를 줄 수 있는 무기 그 밖의 흉기와 체포의 원인이 되는 범죄사실에 대한 증거물에 제한되므로 甲을 특수상해죄 등의 혐의로 체포하면서 압수영장을 받지 아니하고 메스암페타민을 압수한 것은 위법한 압수라고 하지 않을 수 없다. 영장 없이 메스암페타민을 압수한 것은 별건압수로서 위법하다. 따라서 법원은 압수된 메스암페타민을 증거로 사용할 수 없다. 판례에 의하면 甲이 다이아몬드 반지에 관하여 소유권을 포기한 경우에도 甲의 압수물에 대한 환부청구권에는 영향을 미치지 아니하며 압수를 계속할 필요가 없는 경우에는 검사는 압수물을 환부해야 하므로 甲은 다이아몬드 반지의 환부를 청구할 수 있고, 검사는 甲의 소유권포기를 이유로 압수물을 국고귀속할 수 없다.

[관련판례]

⑴ 대법원 1996. 8. 16. 전원합의체결정, 94 모 51

1. 다수의견

⑴ 피압수자 등 환부를 받을 자가 그 소유권을 포기하는 등으로 실체법상의 권리를 상실하더라도 그 때문에 압수물을 환부하여야 하는 수사기관의 의무에 어떠한 영향을 미칠 수 없고, 또 수사기관에 대하여 형사소송법상의 환부청구권을 포기한다는 의사표시를 하더라도 그 효력이 없어 그에 의하여 수사기관의 필요적 환부의무가 면제된다고 볼 수는 없으므로 수사도중의 권리포기로 피압수자의 압수물에 대한 환부청구권이 소멸되지 아니한다.

⑵ 압수물에 대하여 더 이상 압수를 계속할 필요가 없어진 때에는 수사기관은 환부가 불가능하여 국고에 귀속시키는 경우를 제외하고는 반드시 그 압수물을 환부하여야 하고, 환부를 받을 자로 하여금 그 환부청구권을 포기하게 하는 등의 방법으로 압수물의 환부의무를 면할 수는 없다.

2. 반대의견

피압수자가 수사기관에 소유권포기서를 제출한 경우에는 의사표시의 해석상 특별한 사정이 없는 한 환부청구권을 포기한 것으로 보아야 할 것이므로 수사기관은 압수물을 피압수자에게 환부할 의무가 없으며, 다만 피압수자의 소유권포기가 수사기관의 강요나 기망 등으로 인한 하자 있는 의사표시에 의하여 이루어진 경우에는 그 포기는 무효 또는 취소할 수 있는 법률행위로서 피압수자는 이를 주장하여 압수물의 환부를 청구할 수 있다고 보아야 한다.

⑵ 대법원 2007. 11. 15. 전원합의체판결, 2007 도 3061, 「⑴ 기본적 인권 보장을 위하여 압수·수색에 관한 적법절차와 영장주의의 근간을 선언한 헌법과 이를 이어받아 실체적 진실 규명과 개인의 권리보호 이념을 조화롭게 실현할 수 있도록 압수·수색절차에 관한 구체적 기준을 마련하고 있는 형사소송법의 규범력은 확고히 유지되어야 한다. 그러므로 헌법과 형사소송법이 정한 절차에 따르지 아니하고 수집한 증거는 기본적 인권 보장을 위해 마련된 적법한 절차에 따르지 않은 것으로서 원칙적으로 유죄 인정의 증거로 삼을 수 없다. 수사기관의 위법한 압수·수색을 억제하고 재발을 방지하는 가장 효과적이고 확실한 대응책은 이를 통하여 수집한 증거는 물론 이를 기초로 하여 획득한 2

차적 증거를 유죄 인정의 증거로 삼을 수 없도록 하는 것이다.

(2) 다만, 법이 정한 절차에 따르지 아니하고 수집한 압수물의 증거능력 인정 여부를 최종적으로 판단함에 있어서는, 실체적 진실 규명을 통한 정당한 형벌권의 실현도 헌법과 형사소송법이 형사소송 절차를 통하여 달성하려는 중요한 목표이자 이념이므로, 형식적으로 보아 정해진 절차에 따르지 아니하고 수집한 증거라는 이유만을 내세워 획일적으로 그 증거의 증거능력을 부정하는 것 역시 헌법과 형사소송법이 형사소송에 관한 절차 조항을 마련한 취지에 맞는다고 볼 수 없다. 따라서 수사기관의 증거 수집 과정에서 이루어진 절차 위반행위와 관련된 모든 사정, 즉 절차 조항의 취지와 그 위반의 내용 및 정도, 구체적인 위반 경위와 회피가능성, 절차 조항이 보호하고자 하는 권리 또는 법익의 성질과 침해 정도 및 피고인과의 관련성, 절차 위반행위와 증거수집 사이의 인과관계 등 관련성의 정도, 수사기관의 인식과 의도 등을 전체적·종합적으로 살펴볼 때, 수사기관의 절차 위반행위가 적법절차의 실질적인 내용을 침해하는 경우에 해당하지 아니하고, 오히려 그 증거의 증거능력을 배제하는 것이 헌법과 형사소송법이 형사소송에 관한 절차 조항을 마련하여 적법절차의 원칙과 실체적 진실 규명의 조화를 도모하고 이를 통하여 형사 사법 정의를 실현하려 한 취지에 반하는 결과를 초래하는 것으로 평가되는 예외적인 경우라면, 법원은 그 증거를 유죄 인정의 증거로 사용할 수 있다고 보아야 한다. 이는 적법한 절차에 따르지 아니하고 수집한 증거를 기초로 하여 획득한 2차적 증거의 경우에도 마찬가지여서, 절차에 따르지 아니한 증거 수집과 2차적 증거 수집 사이 인과관계의 회석 또는 단절 여부를 중심으로 2차적 증거 수집과 관련된 모든 사정을 전체적·종합적으로 고려하여 예외적인 경우에는 유죄 인정의 증거로 사용할 수 있다.」

　동지 : 대법원 2009. 12. 24, 2009 도 11401; 대법원 2011. 4. 28, 2009 도 2109.

[16] 강제채뇨와 강제채혈

[설 문]

1. 필로폰 상용의 의심이 있는 피의자 甲에게 소변검사를 하기 위하여 경찰관 A는 소변의 임의제출을 요구하였으나 甲이 이를 거부하고 있다. 도뇨관을 사용하여 甲으로부터 강제채뇨하는 것은 허용되는가. 가능하다면 어떤 절차에 의하여 채뇨할 수 있는가.

2. 음주운전 중 교통사고로 동승자를 사망케 한 乙은 의식을 잃은 채 현장에서 바로 병원에 후송되어 입원하였는데, 입에서 심한 술냄새가 났다. 경찰관 B는 의사 C에게 의뢰하여 乙의 팔에서 혈액 5cc를 채취한 후 혈중알코올농도를 검사하여 증거로 제출하였다. B의 수사는 적법한가.

Ⅰ. 문제점의 정리

필로폰을 비롯한 대마초 등 마약류사용의 증거를 확보하기 위하여는 소변검사를 통한 감정결과를 증거로 제출하는 것이 효과적인 방법으로 이용되고 있음에도 불구하고 범인이 소변의 임의제출에 응하지 않는 때에는 강제채뇨에 의하여 감정할 소변을 확보할 수밖에 없다. 음주운전사범에 대하여는 호흡이나 혈액에 의하여 신체에 보유된 알코올의 농도를 측정할 필요가 있는데, 범인이 호흡검사를 거부하는 때에는 강제채혈에 의하여 혈중알코올농도를 증명할 필요가 있는 경우가 있다. 소변이나 혈액검사는 피의자가 동의하는 경우에는 임의수사로 허용된다는 점에 의문이 없다. 물론 이 경우에도 동의는 진의에 의하여 명시적으로 이루어져야 하며, 채증방법과 정도에 있어서 사회적으로 상당하다고 인정되어야 하는 것은 물론이다. 그러나 피의자가 소변이나 혈액의 채취에 동의하지 않는 경우 또는 피의자가 의식이 없어 동의할 수 없거나 동의의 임의성을 확보할 수 없는 상태에 있을 때 소변과 혈액을 강제채취하는 것은 새로운 형태의 강제처분에 해당한다. 설문의 문제 1은 강제채뇨의 허용성과 허용되는 경우에 필요한 영장과 그 절차를 묻는 것이며, 문제 2는 동의 없이 시행한 강제채혈의 적법성에 관한 문제이다.

Ⅱ. 강제채뇨

1. 강제채뇨의 허용성

영장을 발부받은 경우에는 강제채뇨가 허용될 수 있는지가 문제된다. 강제채뇨는 피의자의 하반신을 노출시키고 경우에 따라서는 피의자가 움직이지 못하도록 여러 사람이 붙잡은 상태에서 의사가 고무 또는 플라스틱으로 만들어진 도뇨관을 요도를 통해 방광에 삽입하여 체내에 있는 뇨를 채취하는 방법으로 행하여진다. 이러한 방법의 강제채뇨는 영장을 받고 의사에 의해 행하여진 경우라 하더라도 피의자에게 굴욕감 등의 정신적 고통을 가하고 인격의 존엄을 현저히 해하는 것이 되기 때문에 허용되지 않는다고 해석할 여지가 있다. 특히 소변은 생리현상으로 일정한 시간이 지나면 체외로 배출되지 않을 수 없으므로 강제채뇨의 필요성이 있는가도 의문이다. 미국의 연방대법원은 1952년 Rochin판결에서 마약캡슐을 삼켜 버린 피고인의 입에 관을 삽입하고 구토제를 흘려 넣어(stomachpumping) 토해 낸 캡슐을 증거로 제출한 사건에서 이러한 방법은 '양심에 충격을 주고', '정의의 관념에 반한다'는 이유로 적정절차의 원칙에 위배된다고 판시한 바 있다($\binom{\text{Rochin v. California}}{\text{342 U.S. 165, 1952}}$). 이에 반하여 일본 최고재판소는 「강제채뇨가 피의자에게 주는 굴욕감 등의 정신적 타격은 검증에 의한 신체검사의 경우에도 수반될 수 있기 때문에 이러한 방법에 의한 강제채뇨가 수사절차상의 강제처분으로서 절대로 허용될 수 없다고 해야 할 이유는 없으며, 피의사건의 중대성, 혐의의 존재, 당해 증거의 중요성과 그 취득의 필요성, 적당한 대체수단의 부존재 등의 사정에 비추어 범죄수사상 불가피하다고 인정되는 경우에는 최종수단으로서 적절한 법률상의 절차를 거쳐 이를 행하는 것이 허용된다고 해야 한다」고 판시한 바 있다($\binom{\text{日最判 1980. 10. 23.}}{\text{刑集 34 · 5 · 300}}$). 생각건대 체내 신체

검사로서의 체액의 채취는 수사의 필요성이 현저하고 의사에 의하여 정당한 방법으로 실행될 뿐만 아니라 이로 인하여 피검사자의 건강이 침해되지 않는 범위에서는 허용된다고 해야 한다. 그런데 강제채뇨는 본인의 의사에 따라서는 자연배뇨에 의하여 정신적 고통으로부터 벗어날 수 있는 길이 열려 있기 때문에 이 경우의 정신적 고통에는 인격의 존엄에 대한 침해라는 색채가 약화되고, 또 굴욕감 등은 의사 등의 기능자에 의하여 적당한 장소에서 적절하게 행하여지는 때에는 어느 정도 완화될 수 있을 뿐만 아니라 채뇨과정에서 건강을 침해할 위험성이 없다는 점을 종합하면, 영장을 발부받고 적법한 절차를 거친 경우에는 허용된다고 하지 않을 수 없다.

2. 강제채뇨의 절차

강제채뇨는 강제처분이므로 법관의 영장을 발부받아야 함은 물론이다. 형사소송법은 체액채취를 위한 영장을 별도로 규정하지 않기 때문에 이 경우에 어떤 영장에 의하여야 하고, 또 채뇨장소까지의 강제연행이 가능한가가 문제된다.

(1) 영장의 종류와 형식

강제채뇨를 위하여 발부받아야 할 영장의 종류에 관하여는 크게 검증영장과 감정처분허가장을 병용해야 한다는 견해(병용설)와 압수·수색영장에 의해야 한다는 견해(압수·수색영장설)가 대립되고 있다.

1) 병 용 설   신체의 손상을 수반하는 내부검사는 감정처분에 속하지만 감정처분허가장으로는 채뇨를 강제할 수 없으므로 신체검사를 위한 검증영장을 받아서 신체검사를 강제할 수 있다고 한다. 우리나라의 다수설이라고 할 수 있다. 병용설에 대하여도 채뇨를 포함한 체액채취는 검증으로서의 신체검사의 한계를 넘는 감정처분에 속하는 것임에도 불구하고 감정처분을 강행하기 위하여 신체검사영장을 이용하는 것은 수사의 필요성에 치중한 편의적 수법이며 신체검사영장의 본래의 취지에도 반한다는 비판이 가해지고 있다.

2) 압수·수색영장설   뇨는 배출해야 할 물건으로 가치 없는 것이고 근본적으로 연하물(嚥下物)과 다름이 없으므로 압수·수색의 대상이 된다는 견해이다. 즉 신체로부터의 뇨의 분리는 수색이며, 분리된 뇨의 점유취득은 압수에 해당한다는 것이다. 일본의 최고재판소판례의 태도이다. 즉 일본 최고재판소는 「체내에 있는 뇨를 범죄의 증거물로 강제적으로 채취하는 행위는 압수·

수색의 성질을 갖는 것이므로 수사기관이 이를 실시함에는 압수·수색영장을 필요로 한다고 해석해야 한다. 다만 위 행위는 인권침해의 위험이 있다는 점에서 일반 압수·수색과는 달리 검증으로서의 신체검사와 공통된 성질을 갖는 것이므로 신체검사에 관한 규정을 준용하여 영장의 기재요건으로 강제채뇨는 의사가 의학적으로 상당하다고 인정되는 방법으로 행해야 한다는 취지의 기재가 불가결하다」고 판시한 바 있다(日最判 1980. 10. 23.
刑集 34·5·300). 한 개의 영장에 의하여 쉽게 채뇨할 수 있다는 점에서 실무상 편리한 방법이라고 하겠으나, 뇨도 체내에 있는 한 체액이며 체액의 채취는 압수·수색영장으로는 적합하지 않고, 해석에 의하여 실질적인 채뇨영장을 인정하는 것은 강제처분법정주의와의 관계에서 의문이 있다는 비판을 받는다.

　　생각건대 인체 내지 그 일부는 압수의 대상이 아니다. 비록 뇨가 체외에 배출되어야 할 필요 없는 물건이라고 할지라도 체내에 있는 한 압수나 수색의 대상은 아니라고 할 것이며, 별도로 검증영장이나 감정처분허가장이 있음에도 불구하고 압수·수색영장에 의해야 할 이유도 없으므로 압수·수색영장설은 타당하다고 할 수 없다. 검증으로서의 신체검사는 감정으로서의 신체검사와 구별되며, 강제채뇨가 신체내부를 검사하는 처분이라는 점에서 감정으로서의 성질을 가진다는 것을 부정할 수 없다. 따라서 강제채뇨를 위하여는 검증영장과 감정처분허가장을 병용해야 한다는 **병용설**이 타당하다고 생각된다.

　　실무에서는 압수·수색영장에 의하여 강제채뇨를 하고 있고, 법원에서도 이를 인정하고 있다(대법원 2013. 3. 14,
2012 도 13611).

(2) 채뇨장소에의 강제연행

　　강제채뇨를 위하여는 피의자를 의사가 있고 필요한 물적 설비를 갖춘 시설로 연행할 필요가 있다. 체포된 피의자에 대하여는 체포의 효력에 의하여 피의자를 연행할 수 있는 것이 명백하다. 문제는 채뇨를 위한 영장의 효력으로 체포되지 아니한 피의자를 채뇨장소로 강제연행할 수 있는가에 있다. 강제연행은 강제채뇨를 위한 영장이 예상하지 아니한 새로운 신체구속처분이므로 허용되지 않는다고 해석할 여지도 있으나, 일본의 판례는 「신체가 구속되어 있지 않은 피의자를 채뇨장소로 임의동행하는 것이 불가능하다고 인정되는 때에는 강제채뇨영장의 효력으로서 채뇨에 적합한 최근장소까지 피의자를 연행할 수 있고 그 경우에 필요최소한의 유형력을 행사할 수 있다고 해석하는 것이 상당하다」고 판시한 바 있다($\substack{日最決\ 1994.9.16.\\刑集\ 48\cdot6\cdot420}$). 생각건대 강제채뇨를 위한 채뇨장소까지의 연행은 강제처분의 집행을 위한 부수적 처분 내지 필요한 처분으로서 검증영장 또는 압수 · 수색영장이 예상하고 있는 범위라고 할 것이므로 허용된다고 해석하지 않을 수 없다.

Ⅲ. 강제채혈

1. 영장에 의한 강제채혈

문제 2는 의식을 잃고 있는 乙로부터 그의 동의를 받지 않고 강제채혈하는 것이 적법한가의 문제이다. 강제채혈은 강제채뇨의 경우와는 달리 의학적으로 안전한 방법으로 행한 소량의 채혈은 일상적으로 행하여지며 신체에 대한 특별한 침해가 예견되지 않기 때문에 증거로서의 필요성이 인정되는 한 허용된다고 해석하지 않을 수 없다. 미국 연방대법원도 1966년의 Schmerber사건에서 음주측정을 위한 강제채혈은 연방헌법 수정 제 5 조가 규정하는 자기부죄 거부특권의 보장의 대상이 아니라고 판시한 바 있다($\substack{Schmerber\ v.\ California\\384\ U.S.\ 757,\ 1966}$). 그러나 혈액의 강제채취도 피의자가 동의하지 않는 한 강제처분이므로 영장주의의 적용을 받아야 하는 것은 당연하다. 강제채혈의 경우에 받아야 할 영장의 종류에 관하여도 강제채뇨의 경우와 마찬가지로 **검증영장설, 감정처분허가장설** 및 **병용설**과 **압수 · 수색영장설**이 대립될 수 있다. 그러나 뇨가 체외로 배설되어야 할 물체임에 반하여 혈액은 체내를 순환하며 생체를 유지하는 인체의 구성요소라는 점에서 압수나 수색의 대상에 포함시키는 데는 어려움이 있고, 채혈에 있어서 전문가의 지식과 경험을 필요로 한다는 것은 조건을 부기하는 것으로 족하지 않고 감정처분허가장이 필요하다고 해석해야 한다. 강제채뇨의 경우에 압수 · 수색영장을 받으면 된다고 해석하는 학자들도 강제채혈에 있어서는 병용설을 취하는 학자가 있는 것은 이러한 의미에서 이해할 수 있다.

이에 대하여 대법원은 종래 감정처분허가장 등을 발부받아 이를 강제로 채혈할 수 있다고 판시하거나($\substack{대법원\ 2004.11.12.\\2004\ 도\ 5257}$) 영장($\substack{압수 · 수색\ 또\\는\ 검증영장}$) 또는 감정처분허가장을 발부받아야 한다는 취지로 판시하였으나($\substack{대법원\ 2011.4.28.\\2009\ 도\ 2109}$), 최근에는 ① 감정처분허가장을 받아 감정에 필요한 처분으로 하거나($\substack{제221조의\ 4\ 제\ 1\ 항,\\제173조\ 1항}$) ② 압수 ·

수색영장의 집행에 있어서 필요한 처분($^{제219조,\ 제}_{120조\ 1항}$)으로 할 수 있다고 판시하였다 ($^{대법원\ 2012.\ 11.\ 15,}_{2011\ 도\ 15258}$).

설문에서 경찰관 B가 의식을 잃고 있는 乙의 팔에서 영장을 받지 아니하고 혈액을 채취한 것은 위법하다고 하지 않을 수 없다.

2. 영장에 의하지 아니한 긴급강제채혈

음주운전 중 교통사고를 야기한 후 피의자가 의식불명 상태에 빠져 있는 등으로 호흡조사에 의한 음주측정이 불가능하고 혈액 채취에 대한 동의를 받을 수도 없을 뿐만 아니라 법원으로부터 혈액 채취에 대한 감정처분허가장이나 사전 압수·수색영장을 발부받을 시간적 여유도 없는 긴급한 상황이 생길 수 있다. 이러한 경우 피의자의 신체 내지 의복류에 주취로 인한 냄새가 강하게 나는 등 형사소송법 제211조 2항 3호가 정하는 범죄의 증적이 현저한 준현행범인으로서의 요건이 갖추어져 있고 교통사고 발생 시각으로부터 사회통념상 범행 직후라고 볼 수 있는 시간 내라면, 피의자의 생명·신체를 구조하기 위하여 사고현장으로부터 곧바로 후송된 병원 응급실 등의 장소는 형사소송법 제216조 3항의 범죄장소에 준한다 할 것이므로, 검사 또는 사법경찰관은 피의자의 혈중알코올농도 등 증거의 수집을 위하여 의료법상 의료인의 자격이 있는 자로 하여금 의료용 기구로 의학적인 방법에 따라 필요최소한의 한도 내에서 피의자의 혈액을 채취하게 한 후 그 혈액을 영장 없이 압수할 수 있다고 할 것이다($^{대법원\ 2012.\ 11.\ 15,}_{2011\ 도\ 15258}$).

따라서 경찰관 B가 의사 C에게 의뢰하여 乙로부터 혈액을 채취하여 혈중알코올농도를 검사케 한 행위는 적법하다. 다만 이 경우에도 형사소송법 제216조 3항 단서, 형사소송규칙 제58조, 제107조 1항 3호에 따라 사후에 지체없이 강제채혈에 의한 압수의 사유 등을 기재한 영장청구서에 의하여 법원으로부터 압수·수색영장을 받아야 함은 물론이다.

Ⅳ. 결   론

강제채뇨와 강제채혈은 피검자에게 정신적 고통을 가하고 인격의 손엄을 침해할 수 있는 수사방법이다. 그러나 이는 피의자가 동의하지 않는 경우에 필로폰의 복용이나 음주운전 여부를 수사하기 위한 불가피한 수사방법이며 의사에 의하여 행하여지는 한 피의자의 건강을 참을 수 없을 정도로 침해하는 것이 아니다. 따라서 영장을 받아서 시행하는 강제채뇨와 강제채혈은 허용된다고 하지 않을 수 없다. 이 경우에 채뇨나 채혈을 위하여는 검증영장과 감정처분허가장을 병용해야 하며, 채뇨를 위한 시설로의 연행은 검증영장의 부수효력으로서 허용된다고 할 수 있다. 한편 음주운전 중 교통사고를 내고 의식불명상태에 빠져 바로 병원으로 후송된 운전자에 대하여 준현행범인으로서의 요건이 갖추어져 있으면 형사소송법 제216조 3항에 근거하여 수사기관이 영장 없이 강제채혈할 수 있으며, 이 경우 사후 압수·수색영장을 발부받아야 한다.

[관련문제]

1. 필로폰 사용의 혐의가 있는 피의자에 대하여 소변을 강제적으로 채취하기 위하여 수사관은 어떤 방법을 취할 수 있는가를 피의자가 체포되어 있는 경우와 체포되어 있지 않은 경우로 나누어 그 가부, 요건 그리고 문제점에 대하여 서술하라.

(1995년 일본 사법시험 출제문제)

《쟁 점》

(1) 피의자가 체포된 경우에는
  (가) 강제채뇨가 허용되는가.
  (나) 강제채뇨를 위하여는 어떤 요건이 필요한가.
  (다) 강제채뇨를 함에는 어떤 종류의 영장을 발부받아야 하는가.
(2) 피의자가 체포되지 않은 경우에는
  (가) 강제채뇨를 위한 병원에의 연행이 허용되는가.
  (나) 별도의 체포영장이 필요한가 또는 채뇨영장으로 충분한가.
  (다) 어떤 문제점이 있는가.

《해 설》

범죄수사상 불가피하다고 인정되는 경우에는 피의사건의 중대성, 증거의 중요
성 및 대체수단의 부존재 등의 사유를 고려하여 강제채뇨가 허용된다고 해야 한
다. 이 경우에 강제채뇨는 ① 수사의 필요성이 현저하고, ② 의사에 의하여 정
당한 방법으로 실행되고, ③ 피검자의 건강이 침해되지 않을 때에 허용된다. 강
제채뇨를 함에는 검증영장과 감정처분허가장을 병용할 것을 요한다. 일본의 판
례는 압수·수색영장으로 가능하다고 하나, 검증영장이 있는 한 별도의 압수·
수색영장을 필요로 하지 않는다. 피의자가 체포되지 않은 경우에도 검증영장으
로 병원에의 연행이 가능하며, 별도의 체포영장은 요하지 않는다.

2. 甲이 랩에 싼 대마수지 덩어리를 삼켜 체내에 은닉하고 있다는 의심을 받고
　 있어 수사기관은 甲의 복부에 대해 X선 촬영을 하고, 체내에 있는 것이 대마
　 수지 덩어리임이 확인될 수 있는 단계에서 甲에게 하제(下劑)를 사용하여 대
　 마수지 덩어리를 조기에 체외에 배출시키고 이를 압수하려고 한다. 이러한
　 수사를 함에는 영장이 필요한가. 필요하다면 어떤 영장에 의해야 하는가.

(2002년 일본 사법시험 출제문제)

《쟁 점》

⑴ X선 촬영 및 삼킨 증거물의 압수는 강제처분인가 임의처분인가.

⑵ 삼킨 물건의 강제배출은 강제수사로서 허용되는가.

⑶ 삼킨 물건(연하물〈嚥下物〉)의 취득에는 어떤 영장이 필요한가.

　　① 강제채뇨의 경우와 어떻게 다른가.

　　② 압수·수색영장에 의한 압수가 가능한가.

　　③ 검증영장 또는 감정처분허가장이 필요한가.

《해 설》

甲의 동의가 있을 때는 임의수사이며, 배설물의 압수는 영치에 해당한다. 그러
나 甲의 동의가 없으면 강제수사이다. 그 내용은 X선을 촬영하고 하제를 투약
시키고, 배설물을 압수하는 것이다.

　 연하물의 강제배설은 강제채뇨와 같이 피의사실의 중대성, 혐의의 존재, 증거
의 중요성과 필요성 및 대체수단의 부존재라는 요건이 충족되면 건강을 해하지

않는 범위에서 허용된다고 해야 한다.

　삼킨 물건의 압수는 강제채뇨와 달리 몸과 일체가 된 것이 아니기 때문에 압수·수색의 대상이 될 수 있다. 따라서 강제채뇨의 경우의 압수·수색영장설뿐만 아니라 병용설에 의하더라도 압수·수색의 대상이 된다고 볼 수 있다. X선 촬영과 하제의 투여는 검증의 범위를 벗어나 감정처분허가장이 필요하다. 일본의 판례는 압수·수색영장으로 가능하다고 하나, 압수·수색영장과 감정처분허가장이 있어야 한다고 해석할 수 있다.

[관련판례]

대법원 2012. 11. 15, 2011 도 15258, 「수사기관이 범죄 증거를 수집할 목적으로 피의자의 동의 없이 피의자의 혈액을 취득·보관하는 행위는 법원으로부터 감정처분허가장을 받아 형사소송법 제221조의 4 제 1 항, 제173조 제 1 항에 의한 '감정에 필요한 처분'으로도 할 수 있지만, 형사소송법 제219조, 제106조 제 1 항에 정한 압수의 방법으로도 할 수 있고, 압수의 방법에 의하는 경우 혈액의 취득을 위하여 피의자의 신체로부터 혈액을 채취하는 행위는 그 혈액의 압수를 위한 것으로서 형사소송법 제219조, 제120조 제 1 항에 정한 '압수영장의 집행에 있어 필요한 처분'에 해당한다고 할 것이다.

　그런데 음주운전 중 교통사고를 야기한 후 피의자가 의식불명 상태에 빠져 있는 등으로 도로교통법이 음주운전의 제 1 차적 수사방법으로 규정한 호흡조사에 의한 음주측정이 불가능하고 혈액 채취에 대한 동의를 받을 수도 없을 뿐만 아니라 법원으로부터 혈액 채취에 대한 감정처분허가장이나 사전 압수영장을 발부받을 시간적 여유도 없는 긴급한 상황이 생길 수 있다. 이러한 경우 피의자의 신체 내지 의복류에 주취로 인한 냄새가 강하게 나는 등 형사소송법 제211조 제 2 항 제 3 호가 정하는 범죄의 증적이 현저한 준현행범인으로서의 요건이 갖추어져 있고 교통사고 발생 시각으로부터 사회통념상 범행 직후라고 볼 수 있는 시간 내라면, 피의자의 생명·신체를 구조하기 위하여 사고현장으로부터 곧바로 후송된 병원 응급실 등의 장소는 형사소송법 제216조 제 3 항의 범죄 장소에 준한다 할 것이므로, 검사 또는 사법경찰관은 피의자의 혈중알코올농도 등 증거의 수집을 위하여 의료법상 의료인의 자격이 있는 자로 하여금 의료용 기구로 의학적인 방법에 따라 필요최소한의 한도 내에서 피의자의 혈액을 채취하게 한 후 그 혈액을 영장 없이 압수할 수 있다고 할 것이다. 다만 이 경우에도 형사소송법 제216조 제3항 단서, 형사소송규칙 제58조, 제107조 제1항 제3호에 따라 사후에 지체 없이 강제채혈에 의한 압수의 사유 등을 기재한 영장청구서에 의하여 법원으로부터 압수영장을 받아야 함은 물론이다.」

[17] 사진촬영

[설 문]

국가정보원 소속 수사관 A는 북한에서 남파된 공작원 甲의 집에서 대학생 乙 등 수인이 회합을 계속하고 있다는 정보를 입수하고 甲의 집을 감시하고 있던 중 범죄혐의가 상당히 포착된 상황에서 증거를 확보하기 위하여 甲의 집 앞에 있는 전신주에 비디오카메라를 설치하고 약 1달간 甲의 집 현관을 통하여 출입하고 2층 계단으로 통행하는 사람들을 사진촬영하였다(가). A는 乙 등이 여러 번에 걸쳐 甲의 집에 들어가서 장시간 있다가 나오는 것이 촬영된 사진을 확보하자 甲의 집에 대한 압수·수색영장을 발부받아 이를 집행하게 되었다. 영장에 기재된 압수의 목적물은 회합사실과 관련된 회의록, 장부, 편지 및 메모였으나 甲은 압수·수색을 행하면서 영장의 집행상황과 함께 甲의 서재에 꽂혀 있는 책을 사진촬영하였다(나).

(1) 甲에 대해 행하여진 (가), (나) 두 번에 걸친 영장 없는 사진촬영이 적법한가.

(2) 데모현장에서 격렬시위자인 丙 등이 화염병을 투척하는 현장을 경찰관이 사진으로 촬영한 것은 어떤가.

I. 문제점의 제시

카메라 등의 정교한 광학기계가 범죄수사에 이용되고 있다. 사진은 역사적 사실을 렌즈에 비친대로 필름 또는 인화지에 재생시킨 증거방법이므로 신용성과 증거가치가 높다는 것을 부정할 수 없기 때문이다. 따라서 데모현장이나 범죄현장을 사진으로 촬영하는 경우는 물론 금융기관 등에 설치된 CCTV는 범인검거와 범죄수사에 효과적으로 이용되고 있다. 구속된 피의자의 신원

을 확인하기 위하여 얼굴을 촬영하는가 하면 압수·수색영장을 집행함에 있어
서도 그 적법성을 확보하기 위하여 현장을 촬영하기도 한다. 그러나 광학기술
의 경이적인 발달과 과학기술의 진보는 피촬영자에 대하여 직접적·물리적 수
단을 수반하지 않고도 상대방이 모르는 사이에 초상권을 침해하는 상황을 초
래하였다. 설문은 수사방법으로서의 사진촬영과 개인의 초상권과의 관계를 묻
는 문제이다. 즉 설문의 문제 (1)의 ㈎와 (2)는 범죄현장 또는 데모현장에서의
영장 없는 사진촬영이 적법한가의 문제이며, (1)의 ㈏는 압수·수색시의 압수
현장과 압수대상물이 아닌 물건에 대한 영장 없는 사진촬영이 적법한가의 문
제이다. 문제의 해결은 사진촬영의 법적 성질을 밝히는 데서 시작해야 한다.

Ⅱ. 사진촬영의 법적 성질

　　수사방법으로서의 사진촬영이 허용되는가의 문제는 사진촬영이 임의수사
인가 또는 강제수사인가에 따라 결론을 달리하지 않을 수 없다. 이를 강제수사
라고 하는 경우에는 사진촬영을 허용하는 규정이 없는 이상 강제수사법정주의
와 영장주의에 의하여 영장 없는 사진촬영은 허용되지 않는다고 해야 함에 반
하여, 임의수사는 법적 규제로부터 자유로운 영역에 속하기 때문이다. 사진촬
영의 법적 성질에 관하여는 임의수사설과 강제수사설이 대립되고 있다.

　　임의수사설은 강제처분은 직접적인 물리력을 행사하거나 상대방에게 의무
를 과하는 수사방법을 의미한다는 전제에서, 사진촬영에 의하여 피촬영자에게
는 이러한 구속을 과한다고 할 수 없기 때문에 임의수사에 속한다고 한다. 다
만 임의수사설도 사진촬영이 실질적으로 상대방의 의사에 반하여 그를 수사의
객체로 삼는 것이라는 점에 비추어 강제수사에 준하는 성격을 가지므로, 경찰
비례의 원칙에 비추어 ① 현행범 또는 준현행범적 상황의 존재, ② 사진촬영
이 피사체의 형사책임을 명백히 하기 위하여 필요할 것, ③ 사진촬영에 의하지
않으면 안 될 증거보전의 긴급성이 인정될 것이라는 엄격한 요건이 갖추어질
때에만 허용된다고 한다. 일본의 최고재판소 판례가 취하고 있는 입장이다. 이
에 반하여 강제수사설은 초상권이 인정되는 이상 그의 의사에 반하거나 또는
승낙을 받지 않고 사진촬영하는 것은 법이 예정한 강제처분은 아니라고 할지

라도 형사소송법 제199조의 강제처분에 해당한다고 해석한다. 사진촬영을 강제처분으로 이해할 때에는 그 성질상 검증에 해당하므로 영장주의가 적용되는 것은 물론이다. 우리나라의 통설의 태도이기도 하다. 다만 강제수사설도 사진촬영이 종래의 전통적·고전적 강제처분에 포함되지 않는 새로운 강제처분이라는 점에 비추어 엄격한 요건하에서 영장 없는 사진촬영을 허용하고 있으며, 그 요건으로는 ① 범죄의 혐의가 현재 명백할 것, ② 증거로서의 필요성이 높을 것, ③ 증거보전의 긴급성이 있을 것, ④ 촬영방법이 상당할 것을 요구하고 있다. 도청과 사진촬영 등 프라이버시의 영역에 속하는 새로운 과학적 수사방법이 등장함에 따라 강제처분의 개념은 물리적 강제력 또는 법적 의무를 과하는 처분이라는 기준으로부터 중요한 권리·이익의 침해를 초래하는 경우도 강제처분이라고 해석하는 입장(권리침해설)으로 변화되고 있고, 은밀한 방법으로 일순간에 상대방의 권리를 침해하는 중대한 결과를 초래하는 수사방법이 임의수사라는 이유로 허용되어서는 안 된다는 점에 비추어 사진촬영은 강제수사라고 해석하는 것이 타당하다고 생각된다. 다만 사진촬영의 성질을 강제수사라고 보는 경우에도 일정한 조건이 충족되는 때에는 영장 없는 촬영이 허용된다고 해석하고 있으며, 그 조건이 임의수사설에서 요구하는 조건과 큰 차이가 없다는 점에서 학설의 대립은 특별한 의미가 없다. 상대방의 사적 공간에서의 사진촬영은 강제처분이지만 공개된 장소에서의 사진촬영은 임의수사라고 해석하는 견해에 대하여도 같은 비판이 가능하다.

Ⅲ. 범죄현장 또는 데모현장에서의 사진촬영

1. 범죄현장에서의 비디오촬영의 적법성

설문의 문제 ⑴의 ㈎는 회합장소에 출입하는 피의자들을 현관에서 비디오촬영한 것이 적법한가의 문제이다. 사진촬영의 법적 성질을 논할 실질적 의미가 없는 이상 그것의 구체적 허용요건을 명백히 하는 것이 중요한 문제가 된다. 대법원은 ① 현재 범죄가 행하여지고 있거나 행하여진 직후일 것, ② 증거로서의 필요성이 높을 것, ③ 증거보전의 긴급성이 있을 것, ④ 촬영방법이 상당할 것이라는 요건이 충족되면 영장 없는 사진촬영이 인정된다고 하며(대법원 1999. 9. 3, 99 도 2317; 대법원

$\binom{2013.7.26,}{2013도2511}$, 이는 일본 최고재판소가 요구하는 요건과 차이가 없다$\binom{日最判\ 1969.12.24.}{刑集\ 23\cdot 12\cdot 1625}$. 첫 번째 요건인 범죄혐의에 관하여 현행범적 상황이 존재할 필요가 있는가에 관하여는 범죄발생 전의 비디오촬영도 허용되어야 한다는 전제에서 반드시 필요한 요건인가에 대하여는 의문이 있으나, 설문에서는 문제되지 않는다. 수사관 A는 범죄혐의가 상당히 포착된 단계에서 회합현장을 출입하는 피의자를 촬영한 것이므로 현재 범죄가 행하여지고 있을 것을 요하는 요건을 충족했음이 명백하기 때문이다. 증거로서의 필요성도 인정된다. 그러나 주거 밖에서라고 할지라도 전신주에 비디오카메라를 설치하고 집안에 출입하는 사람을 촬영했다는 점에서 촬영방법의 상당성이 인정되는가가 의문이다. 비디오카메라에 의한 사진촬영에는 밀행성·계속성이라는 특질이 있기 때문에 그 녹화는 연속적인 상황이나 행동을 기록하는 것이므로 자유침해의 정도에 있어서 단순한 사진촬영의 경우와는 차이가 있기 때문이다. 더욱이 이미 범죄혐의가 포착된 상태에서 1개월에 걸쳐 사진촬영을 하였다는 점에서 사진촬영의 긴급성이 인정되지도 않는다. A가 그와 같은 방법으로 사진촬영을 하려면 검증영장을 발부받아 집행할 여유가 충분히 있었음이 인정되기 때문이다. 결국, (1)의 (개)의 사진촬영은 위법하다고 해야 한다. 다만, 판례는 설문과 유사한 사안에서 영장 없는 사진촬영이 적법하다고 판시하였다$\binom{대법원\ 1999.9.3,}{99도2317}$.

2. 데모현장의 사진촬영의 적법성

문제 (2)는 데모현장에서 화염병을 투척하는 등 과격한 시위를 하는 자를 사진촬영한 것이 적법한가의 문제이다. 공개된 장소에서의 사진촬영을 임의수사라고 이해하거나 데모에 참가한 자에 대하여는 초상권이 인정되지 않는다고 해석하는 견해에 의하면 경찰관에 의한 데모현장의 사진촬영을 당연히 적법하다고 해야 한다. 그러나 데모에 참가하였다는 이유만으로 얼굴의 촬영에 의하여 초상권이 침해되지 않았다고 할 수는 없다. 그럼에도 불구하고 공도상에서의 인물에 대한 사진촬영은 자유의 침해를 수반하지 않고 주거 내에 있는 인물을 비밀로 촬영하는 경우와 비교할 때 보호해야 할 이익이 현저히 적어진다는 것도 부정할 수 없다. 결국, 위의 경우와 같은 요건이 충족되는 경우에는 긴급강제처분으로서 영장 없는 사진촬영이 허용된다고 해야 한다. 丙 등이 화염병을 투척하고 격렬시위를 하고 있었으므로 현행범인의 요건이 충족되었고,

사진촬영의 필요성과 긴급성이 인정되며, 사진촬영의 방법 또한 상당하였다고 인정되므로 허용요건을 구비하였음이 명백하다. 집단적 시위행동을 포함한 외부적 공연성을 가진 행위에 대하여는 초상권의 침해라는 측면에 비하여 사진촬영의 필요성이 쉽게 인정된다. 결국 영장 없이 한 데모현장의 사진촬영은 적법하다고 해야 한다.

Ⅳ. 압수·수색영장 집행현장의 사진촬영

설문의 문제 ⑴의 ⒩는 영장집행시의 영장 없는 사진촬영의 허용범위에 관한 문제이다. 형사소송법은 영장집행시의 영장 없는 사진촬영의 허용범위에 관하여 아무런 규정이 없다. 먼저 신체구속을 받고 있는 피의자에 대한 사진촬영은 영장이 없는 경우에도 당연히 허용된다고 해야 한다. 피의자의 사진촬영은 피의자의 특정을 위하여 필요할 뿐만 아니라 인권침해의 정도가 약하며 신체의 구속이라는 행위는 피의자에게 이 정도의 강제를 가하여 증거를 수집하는 것을 예정한다고 할 것이므로 사진촬영은 신체구속이라는 처분에 실질적으로 포함된 것이라고 해석하지 않을 수 없기 때문이다. 압수·수색시의 사진촬영에 있어서도 증거물의 증거가치를 보존하기 위하여 증거물을 발견한 장소, 발견한 상태를 촬영하는 경우와 압수·수색절차의 적법성을 담보하기 위하여 그 집행 상황을 촬영하는 경우에는 압수·수색에 부수하는 처분으로서 영장이 없는 경우에도 사진촬영이 허용된다고 해야 한다. 강제처분인 압수·수색에는 압수·수색에 필요한 범위에서 압수·수색을 받을 자의 프라이버시의 침해가 예정되어 있고, 증거물의 증거가치는 그 존재하는 장소나 발견한 상태에 따라 영향을 받는 것이므로 증거물을 압수할 때에 그 증거가치를 보존하기 위하여 그 발견장소, 발견된 상태를 정확히 기록할 필요성이 있으며, 그 방법으로서 사진촬영은 압수·수색을 받는 자에게 예정되어 있는 프라이버시의 침해의 정도를 초월한 것이라고 할 수 없기 때문이다. 그러나 압수·수색의 기회에 당해 절차와 관계 없는 사진을 촬영하거나 영장에 기재되지 않은 물건이나 내용을 사진촬영하는 것은 압수·수색에 필요한 범위를 넘는 것으로서 허용되지 않는다. 따라서 甲이 영장 없이 영장의 집행상황을 사진촬영한 것은 적법하지만, 영장에 기재되지 않은 서재에 꽂혀 있는 책을 촬영한 것은 허용되지 않는다고 해야 한다.

V. 결　　론

　　피촬영자의 의사에 반하거나 피촬영자가 모르는 사이에 수사기관이 행하는 사진촬영은 물리적 강제력을 가하거나 의무를 부과하는 것은 아니라고 할지라도 초상권을 침해하는 것이므로 강제처분이며, 검증으로서의 성질을 가진다고 해야 한다. 그러나 사진촬영이 가지는 증거가치와 강제력을 행사하지 않는다는 특성에 비추어 긴급한 경우에는 영장에 의하지 않는 촬영도 허용된다고 하지 않을 수 없으며, 이에 필요한 요건은 ① 현재 범죄가 행하여지고 있거나 행하여진 직후일 것, ② 증거로서의 필요성이 높을 것, ③ 증거보전의 긴급성이 있을 것, ④ 촬영방법이 상당할 것이다. 그러므로 집 앞에서 집 내부에 출입하는 자를 장기간에 걸쳐 비디오로 촬영하는 것은 촬영방법의 상당성과 긴급성이 인정되지 아니하여 허용된다고 할 수 없음에 반하여(판례는 허용), 도로에서의 불법데모사실을 촬영하는 것은 영장이 없는 경우에도 허용된다고 해야 한다. 압수·수색영장을 집행함에 있어서 압수물의 증거가치를 보존하거나 압수절차의 적법성을 담보하기 위한 사진촬영은 압수·수색에 부수하는 처분으로서 영장 없는 경우에도 적법하지만, 압수절차와 관계 없는 사실이나 압수대상물이 아닌 물건의 사진촬영은 허용되지 않는다고 해야 한다.

[관련문제]

다음의 사례를 읽고 아래 [설문 1] 및 [설문 2]에 답하시오.

(2007년 일본 신사법시험 출제문제)

[사 례]

1. A시 B동은 약 1킬로미터 4방에 걸친 주택가이지만, B동에서는 2007년 3월 7일 오전 1시 10분경 P주차장에 주차된 차량 1대에서 원인 모를 불이 발생하였고, 계속하여 같은 해 3월 16일 오전 3시 45분경 Q주차장에 주차된 차량 1대에서 원인 모를 불이 발생하였다. 불은 다행히 일찍 발견되어 진화되었기 때문에, 불이 난 자동차 각 1대를 소훼시킨 데 그치고, 다른 차량이나 주택에의 연소는 면했다.

P 및 Q주차장은 둘 다 B동 내의 주택밀집지역에 있고, 다수의 목조주택이 각 주차장에 인접해 있었다. 또 두 주차장 모두 관리인이 상주하지 않고, 더욱이 자유롭게 출입할 수 있는 지붕도 없는 주차장이며, 불이 날 당시 소훼된 각 차량에 인접한 주차구획을 포함하여 여러 대의 차량이 주차되어 있었지만, 소훼된 각 차량은 모두 C사 제품의 고급 외제차였다.

또 이들 차량에는 모두 그 문에 예리한 금속 물건으로 그었다고 인정되는 길이 수십 센티미터의 여러 개의 긁은 상처가 있었고, 불이 시작된 앞 범퍼 부근에서는 벤진 성분이 검출되었다. 벤진은 석유를 증류하여 얻어지는 휘발성이 높은 인화성 액체이며, 염색의 용제나 연료 등으로 사용되고 있다. 나아가 불이 난 각 차량 및 그 주변에는 자연발화의 원인이 될 수 있는 것은 없었고, 불이 나기 전에는 차량 문의 긁은 상처도, 앞 범퍼 부근에 벤진이 부착될 사정도 없었다.

경찰은 이들 원인 모를 불이 벤진을 사용한 방화라는 의심을 강하게 갖고 수사를 한 결과, Q주차장 부근의 주민이 그 주차장에서 불이 나기 전날인 동년 3월 15일 오전 3시경 B동 내에 거주하는 甲이 혼자서 동 주차장 안을 오랫동안 돌아다니고 서 있다가 간 사실을 목격하였으며, 甲은 그 주차장에 주차구획을 임차하지 않은 사실이 밝혀졌다.

그리하여 甲에 대하여 수사한 결과, 甲은 B동의 중심에 위치한 2층 건물인 D아파트 1층의 1실에 혼자 거주하고 있는 25세의 남성이며, 동년 2월 초순경부터 주 2, 3일 낮에 수시간씩 같은 동의 세탁소에서 세탁작업 보조 아르바이트를 하고 있는 것으로 밝혀졌지만, 그 이상 범인으로 특정할 수 있는 증거를 얻을 수 없었다.

2. 그 후, 같은 해 3월 21일 오전 2시 35분경 B동 내의 R주차장에 주차 중인 C사 제품의 고급 외제차가 원인 모를 화재로 소훼되었다.

　　그 주차장도 B동 내의 주택밀집지역에 있어서 다수의 목조주택이 이에 밀접하고 있을 뿐 아니라, 관리인이 상주하지 않고, 더욱이 자유롭게 출입할 수 있는 지붕도 없는 주차장이었다. 또 그 주차장은 불이 날 당시 10여대의 주차차량으로 거의 만차상태였다. 소훼된 차량의 우측 문에는 불이 나기 전에는 없었던 길이 약 30센티미터 내지 50센티미터의 5개의 긁은 상처가 남아 있고, 불이 난 앞 범퍼 부근에서 불이 나기 전에 부착된 흔적이 없는 벤진 성분이 검출되었다. 불이 난 차량 및 그 주변에는 자연발화의 원인이 될 만한 것은 없었다.

3. 이에 경찰이 B동 및 그 주변의 주차장을 조사한 결과, 동년 3월 22일 B동 내의 S, T 및 U주차장과 B동 주변의 여러 주차장에 C사 제품의 고급 외제차가 주차되어 있는 것이 밝혀졌다.

　　S, T 및 U주차장은 모두 관리인이 상주하지 않는 지붕이 없는 주차장이며, 누구라도 자유롭게 주차장 안으로 출입하는 것이 가능하였다. 각 주차장은 B동 내의 주택밀집지역에 있기 때문에 야간에 사람의 통행이 아주 적지는 않을 뿐 아니라, 출입구를 제외한 3면에 인접하여 다수의 목조주택이 둘러싸여 있고, 출입구와 연결된 각 도로의 폭은 5미터 정도였으므로, 범인이 눈치챌 수 없게 주차장 부근에 경찰관을 잠복시키는 것은 매우 곤란하였다. 또 각 주차장에는 야간에 빈 구획이 없을 정도로 차량이 주차되어 있었고, 이들 중에는 어디서나 C사 제품의 고급 외제차 각 1대가 포함되어 있었다.

　　경찰이 R주차장 부근에 탐문수사를 계속한 결과, 부근 주민이 동년 3월 21일 불이 난 직후에 R주차장으로부터 200미터 떨어진 길에서 甲과 비슷하게 생긴 사람이 오른손에 그 용량이 500밀리리터 정도의 병을 들고 R주차장 방향으로부터 그 반대방향을 향하여 달려가는 것을 목격하였으며, 甲이 아르바이트하고 있는 세탁소에서는 동년 2월 중순 이후 염색제로 쓰고 있는 벤진 500밀리리터가 들어가는 병 여러 개를 분실하였다는 사실 및 甲이 동년 3월 중순 친구 E에게 「확실히 R주차장에는 C사 제품의 차가 있는가」라고 물은 사실이 동년 3월 22일경 밝혀졌다.

　　그리하여 경찰이 다시 甲의 집 주변상황을 확인한 결과, D아파트 1층에 있는 甲의 집 거실은 도로에 붙어 있어 甲의 집 현관문에서 밖으로 나가면 바로 도로가 있고 그 도로의 폭은 약 5미터였으므로, 甲이 눈치챌 수 없게 경찰관이 잠복하여 甲의 집의 사람의 출입을 감시하는 것은 매우 곤란하였다. 또 D아파트에 인접하여 목조 2층의 주택인 F의 집이 있고, F집 2층 베란다로부터는 甲의 집 현관문은 볼 수 없고 甲의 집 현관문에서 도로상으로 나온 인물을 볼 수 있을 뿐이었다.

4. 경찰은 동년 3월 23일 B동내 S, T 및 U주차장 부근의 각 전신주에 비디오카메라를 설치하였다.

　경찰은 비디오카메라를 설치함에 있어서 각 주차장의 관리인 및 전신주를 관리하는 전력회사의 승낙을 얻었지만 주차장 이용자의 승낙을 얻지 않았고, 비디오 촬영·녹화에 관하여 아무런 영장도 발부받지 않았다.

　S주차장에서는 부근의 전신주에 비디오카메라 2대를 설치하였는데, 그 중 1대의 비디오카메라는 도로에서 보면 동 주차장 출입구를 화면의 중심에 잡고 있어서, 주차차량이나 동 출입구 앞의 도로는 그 촬영범위에 포함되지 않았다. 또 다른 1대의 비디오카메라는 도로에서 보면 C사 제품의 고급외제차를 화면의 중심에 잡고, 그 촬영범위는 그 차량의 차체 전체를 포함하는 외에, 그 좌우에 인접한 주차차량의 차체의 일부를 포함하고 있었다. 각 비디오카메라는 일몰 후에도 부근 가로등의 밝기로 인하여 촬영범위 안의 인물의 얼굴, 복장의 색, 특징 등을 선명하게 촬영하는 것이 가능하였다.

　T 및 U주차장 부근에 설치된 비디오카메라 각 2대, 합계 4대의 설치장소, 설치상황, 촬영범위 등은 S주차장의 그것과 같았다.

　경찰은 동년 3월 24일 이후 매일 오전 0시부터 오전 5시까지 사이에 각 비디오카메라를 작동시켜 각 주차장의 상황을 촬영·녹화하였다.

5. 또 경찰은 甲의 집 현관문 앞의 도로를 촬영하기 위하여 F의 승낙을 얻어 동년 3월 26일 F집 2층 베란다에 비디오카메라 1대를 설치하였다.

　그 비디오카메라는 甲의 집 현관문에서 나온 직후 또는 그 집에 들어가기 직전인 인물의 도로 위에서의 모습이 화면의 중심에 오도록 촬영하는 것으로, 그 촬영범위는 甲의 집 현관문 등은 포함하지 않고, 촬영범위의 옆폭은 甲의 집 앞 도로의 3분의 1이지만, 그 촬영범위를 보행하는 통행인이 있으면 그의 모습도 촬영·녹화될 수 있도록 되어 있다. 그 비디오카메라는 일몰 후에도 부근 가로등의 밝기 때문에 촬영범위 안의 인물의 얼굴, 복장의 색, 특징 등을 선명하게 촬영하는 것이 가능하였다.

　그리하여 경찰은 동년 3월 27일 이후 매일 오전 0시부터 오전 5시까지 사이에 동 비디오카메라를 작동시켜 甲의 집 현관문 앞의 도로 위를 촬영·녹화하였다. 물론, 비디오 촬영·녹화에 대하여 甲의 승낙 및 D아파트의 다른 주민이나 부근 주민의 승낙을 받지 않았고, 이에 관하여 아무런 영장도 발부받지 않았다.

6. 경찰은 촬영당일 각 주차장이나 甲의 집 앞에서 촬영·녹화한 비디오테이프를 회수하여 경찰서 안에서 재생하여 녹화한 영상을 면밀히 검사하였다. 또 경찰은 이들 비디오를 촬영·녹화함에 있어서 녹화한 영상 가운데 본건 수사상 필요한 것이 아닌 경우에는, 사후에 그 비디오테이프를 다음 촬영에 사용하여 다시 녹화하였으므로 불필요한 영상을 소거하였으며, 현재 불필요한 영상은 이 방법에 의하여 소거되었다.

7. 동년 3월 28일 오전 3시 30분경 甲의 집에서 도보로 약 20분 거리에 있는 S주차장에서 C사 제품인 고급외제차가 불타올랐다. 불은 다행히 조기에 발견되어 진화되었기 때문에 동 차량을 소훼한 데 그치고 다른 차량이나 주택 등에의 연소는 면하였지만, S주차장에는 불이 날 당시 불에 탄 차량 좌우의 주차구획에 합계 10대의 차량이 주차 중이었으며, 불에 탄 차량과 직근 목조주택과의 거리는 약 2미터였다. 또 그 차량의 앞 범퍼 부근에서 벤진 성분이 검출되었다.

경찰이 S주차장의 2대의 비디오카메라로 촬영·녹화한 비디오테이프를 재생한 결과, 동년 3월 28일 오전 3시 30분경 甲의 집 방향에서 도로상으로 나온 甲의 모습이 각각 녹화되어 있었다. 그때 甲은 마스크를 하고 있지 않았으므로 그의 얼굴이 명확히 판별될 수 있었고, 甲이 착용하고 있던 모자, 점퍼, 바지의 색·특징이나 甲의 체격은 S주차장의 방화범인의 그것과 흡사하였다.

이에 경찰은 甲의 집에 대한 압수·수색영장을 발부받아 동년 4월 2일 甲의 참여하에 甲의 집을 수색하고, 실내에서 모자, 검정색 점퍼, 남색 바지, 흰색 마스크, 500밀리리터의 벤진 공병, 부러진 칼 및 라이터 각 1점을 발견하여 압수하고, 나아가 동년 4월 2일 S주차장에서 있었던 자동차 방화의 용의자로서 체포영장을 발부받아 甲을 체포하였다.

8. 그 후 경찰이 수사한 결과, 甲은 C사 일본 법인에 취직하려고 했으나 채용되지 않은 것에 원한을 품고, 2004년 3월 3일 지붕이 없는 주차장에서 제3자가 소유하는 C사 제품인 고급 외제차 문에 칼로 긁은 자국을 내고, 그 차의 앞 범퍼 부근에 벤진을 뿌려 불을 놓아 이를 소훼하였다는 일반건조물 등 방화죄로, 동년 6월 10일 G지방법원에서 징역 1년 6월에 3년간 집행유예의 판결을 받은 전과가 있었다.

9. 甲은 S주차장에서의 방화의 범인인 것을 부인하였지만, 검사는 甲을 구속하고 수사를 진행하여 2007년 4월 20일 甲을 S주차장에서의 자동차 빙화사실

로 기소하였다.

　법원에서 열린 제1회 공판기일에서 甲은 「나는 범인이 아니다」라며 범행을 부인하고, 甲의 변호인도 같은 취지의 주장을 하였다.

[설문 1]

이 사례의 비디오 촬영·녹화의 적법성에 대하여, [사례] 중의 1에서 7까지의 기재에 표시된 구체적 사실을 적시하면서 논하시오.

[설문 2]

甲을 피고인으로 하는 일반건조물 등 방화사건의 공판에서 [사례] 중의 8 기재 사실을 「동 피고사건의 범인은 甲이다」라는 인정에 사용하는 것이 허용되는가 아닌가에 대하여 논하시오.

《쟁　점》

1. 설문 1에 관하여
　⑴ 비디오 촬영·녹화의 법적 성질은 무엇인가.
　　① 임의수사설과 강제수사설 중 어떤 견해가 옳은가.
　　② 영장 없는 촬영과 녹화는 어떤 요건에서 허용되는가.
　⑵ S, T 및 U 주차장에서의 비디오 촬영과 녹화는 적법한가.
　　① 현재 범죄가 행하여지고 있거나 행하여진 직후인가(현행범성이 인정되는가).
　　② 촬영·녹화의 긴급성이 인정되는가.
　　③ 촬영·녹화의 필요성이 인정되는가.
　　④ 촬영·녹화의 상당성이 인정되는가.
　⑶ 甲의 집 앞에서의 촬영·녹화는 적법한가.
　　① 촬영·녹화를 위하여 현행범성이 필요한가.
　　② 촬영·녹화의 긴급성이 인정되는가.
　　③ 촬영·녹화의 필요성이 인정되는가.
　　④ 촬영·녹화의 상당성이 인정되는가.
2. 설문 2에 관하여
　⑴ 동종전과가 증거로서의 법률적 관련성을 가지는가.
　⑵ 언제 동종전과가 관련성을 가질 수 있는가.

《해　설》

1. 설문 1에 관하여

(1) 강제처분의 개념에 관한 권리침해설에 의하면 비디오 촬영과 녹화는 강제처분이지만, ① 현행범 또는 준현행범성의 인정, ② 촬영·녹화의 필요성, ③ 긴급성 및 ④ 방법의 상당성이 인정되면 영장 없는 촬영·녹화가 허용된다.

(2) S, T 및 U주차장에서의 비디오 촬영과 녹화에 관하여는 주차장에서 같은 형태의 방화사건이 빈발한다는 점에서 현행범성이 인정되고, 같은 형태의 범행이 예상되고 C사 제품의 고급승용차가 주차되어 있고 관리인이 없다는 점에서 필요성이 인정되고, 경찰의 잠복근무가 어렵다는 점에서 긴급성이 인정되며, 촬영·녹화시간을 제한하고 대상 차량만을 촬영대상으로 삼고, 전력회사 및 주차장 관리인의 승낙을 받은 후 설치하였고, 불필요한 영상은 삭제하는 방법을 택하였으므로 상당성이 인정된다. 대법원 1999. 12. 7, 98 도 3329는 이에 대한 참고자료가 될 수 있다.

(3) 甲의 집 앞에서의 촬영·녹화에 관하여는 연쇄방화사건이 빈발하고, 甲이 범인이라는 혐의가 짙고, 증거를 확보할 필요가 있다는 점에서는 촬영·녹화의 필요성은 인정되나, 범죄현장이 아니라는 점에서 현행범성이 인정되지 않고, 집 앞에 비디오카메라를 설치한 것은 범죄현장을 촬영하기 위한 것이 아니라 甲의 동향을 파악하기 위한 것이라는 점에서 긴급성과 상당성에 의문이 있다. 대법원 1999. 9. 3, 99 도 2317의 사례보다 적법성을 인정하기 어려운 경우이다.

2. 설문 2에 관하여

전과를 유죄의 증거로 인정하는 것은 부당한 편견을 초래하고, 불공정한 결과를 가져올 뿐만 아니라 실체진실발견의 이념에도 반한다는 점에서 법률적 관련성을 인정할 수 없다. 따라서 동종전과는 유죄인정의 증거가 될 수 없다. 다만, 범죄의 주관적 측면만을 입증하고자 하거나, 범죄태양에 있어서 극히 특징적인 유사성이 있는 경우에는 예외적으로 동종전과사실도 증거능력을 가질 수 있다. 甲이 주차장에 있는 C사 제품인 고급 외제차 문에 칼로 긁은 자국을 내고, 그 차의 앞 범퍼 부근에 벤진을 살포하여 이에 불을 놓아 소훼케 하였다는 일반건조물 등 방화죄로 유죄판결을 받은 전과는 예외적으로 관련성을 인정할 수 있다고 볼 수 있다.

[관련판례]

⑴ 대법원 1999. 9. 3, 99 도 2317, 「누구든지 자기의 얼굴 기타 모습을 함부로 촬영당하지 않을 자유를 가지나 이러한 자유도 국가권력의 행사로부터 무제한으로 보호되는 것은 아니고 국가의 안전보장, 질서유지, 공공복리를 위하여 필요한 경우에는 상당한 제한이 따르는 것이고, 수사기관이 범죄를 수사함에 있어 현재 범행이 행하여지고 있거나 행하여진 직후이고, 증거보전의 필요성 내지 긴급성이 있으며, 일반적으로 허용되는 상당한 방법에 의하여 촬영한 경우라면 위 촬영이 영장 없이 이루어졌다 하여 이를 위법하다고 단정할 수 없다.」

⑵ 대법원 1999. 12. 7, 98 도 3329, 「수사, 즉 범죄혐의의 유무를 명백히 하여 공소를 제기·유지할 것인가의 여부를 결정하기 위하여 범인을 발견·확보하고 증거를 수집·보전하는 수사기관의 활동은 수사 목적을 달성함에 필요한 경우에 한하여 사회통념상 상당하다고 인정되는 방법 등에 의하여 수행되어야 하는 것인바, 무인장비에 의한 제한속도 위반차량 단속은 이러한 수사활동의 일환으로서 도로에서의 위험을 방지하고 교통의 안전과 원활한 소통을 확보하기 위하여 도로교통법령에 따라 정해진 제한속도를 위반하여 차량을 주행하는 범죄가 현재 행하여지고 있고, 그 범죄의 성질·태양으로 보아 긴급하게 증거보전을 할 필요가 있는 상태에서 일반적으로 허용되는 한도를 넘지 않는 상당한 방법에 의한 것이라고 판단되므로, 이를 통하여 운전 차량의 차량번호 등을 촬영한 사진을 두고 위법하게 수집된 증거로서 증거능력이 없다고 말할 수 없다.」

⑶ 日最判 1969. 12. 24. 刑集 23·12·1625, 학생단체 주최의 대학관리제도 개악반대 데모의 선두에서 행진하면서 행진의 허가조건을 위반하는 등의 상황을 경찰관이 사진촬영한 사건에서, 일본 최고재판소는 「경찰관이 정당한 이유 없이 개인의 모습 등을 촬영하는 것은 헌법 제13조의 취지에 반하여 허용되지 않는다고 하지 않을 수 없지만, 개인이 가진 이러한 자유도 국가권력의 행사로부터 무제한하게 보호되는 것이 아니라 공공의 복지를 위하여 필요한 경우에는 상당한 제한을 받는다는 것이 동조의 규정에 비추어 명백하다. 범죄를 수사하는 것은 공공의 복지를 위하여 경찰에 부여된 국가작용의 하나이며, 경찰은

이를 수행할 책무가 있는 것이므로 경찰관이 범죄수사의 필요상 사진을 촬영할 때 그 대상 중에 범인뿐만 아니라 제3자인 개인의 모습이 포함되었다 하더라도 그것이 허용되는 경우가 있다. 신체의 구속을 받고 있는 피의자의 사진촬영을 규정한 형소법 제218조 제3항의 경우 이외에 다음의 경우에는 촬영하는 본인의 동의가 없고 또 법관의 영장이 없다고 할지라도 경찰관에 의한 개인의 모습 등의 촬영이 허용된다고 해야 한다. 즉, 현재 범죄가 행하여지거나 행하여진 직후라고 인정되는 경우에 증거보전의 필요성 및 긴급성이 있고, 촬영이 일반적으로 허용되는 한도를 넘지 않은 상당한 방법으로 행하여지는 것이다」라고 판시하였다.

⑷ 日最決 1990. 6. 27. 刑集 44·4·385, 「법관이 발부한 압수·수색영장에 기하여 사법경찰관이 신청인의 거실에서 압수·수색을 함에 있어서 영장에 기재된 압수해야 할 물건에 해당하지 않는 인감 등에 대하여 사진을 촬영한 것이라면, 이 사진촬영은 그 자체 검증으로서의 성질을 가진다고 해석할 것이므로 형소법 제430조 제2항의 준항고의 대상에 포함되지 않는다고 해야 한다.」

[18] 수사상의 증거보전

[설 문]

검사 甲은 피의자 乙의 강간피의사건을 수사 중이다. 甲은 범행현장을 목격하였다고 판단되는 乙의 고향 후배인 丙이 乙의 보복을 두려워한 나머지 사실대로 진술할 것을 주저하고 있자 조속히 丙의 진술을 확보하려고 한다. 한편 乙은 추정 범행시각에 다른 장소에서 丁과 거래상담을 하고 있었다고 주장하면서 곧 이민갈 丁으로부터 진술을 확보하고자 한다.

검사 甲과 피의자 乙이 각각 자신의 의도를 실현할 수 있는 수단을 논하라.

(제40회 사법시험 출제문제)

I. 쟁점의 정리

수사단계에서 검사 甲과 피의자 乙이 참고인의 진술을 확보할 수 있는 방법을 묻는 문제이다. 검사 甲이 참고인 丙의 진술을 확보할 수 있는 가장 쉬운 방법은 자신이 참고인조사에 의하여 丙의 진술을 듣는 방법이다. 검사 또는 사법경찰관은 수사에 필요한 때에는 피의자 아닌 자의 출석을 요구하여 진술을 들을 수 있기 때문이다($^{제221}_{조}$). 그러나 참고인은 수사에 대한 협조자에 불과하며, 참고인조사는 순수한 의미의 임의수사이다. 따라서 참고인은 출석과 진술의 의무가 없으므로 출석하는가 않는가, 또 출석하더라도 진술하는가 않는가는 丙의 임의에 속한다. 따라서 丙이 출석을 거부할 때에는 이에 의하여 그의 진술을 들을 수 없다. 한편 피의자 乙이 丁의 진술을 확보함에 있어서도 가장 쉬운 방법은 검사 甲으로 하여금 丁을 조사해 줄 것을 요구하여(참고인조사의 요구) 검사가 丁을 조사하는 것이다. 검사는 공익의 대표자로서 객관의무를 지

고 있으므로 피의자에게 불이익한 증거뿐만 아니라 이익되는 증거도 조사하여
야 하며, 丁의 진술은 乙의 알리바이 증명에 해당하므로 진실발견을 위해서도
조사하지 않으면 안 될 증거이다. 그러나 객관적 관청이면서도 동시에 반대당
사자로서의 성격을 가지고 있는 검사가 피의자가 요구하는 진술을 확보해 줄
것을 기대하기는 어렵다. 뿐만 아니라 丁은 곧 이민가게 된다고 하였으므로 丁
의 진술내용이 증거로 사용될 수 있는가도 명백하지 않다. 여기서 임의수사인
검사의 참고인조사나 피의자의 검사에 대한 참고인조사 요구는 검사와 피의자
가 참고인의 진술을 확보할 확실한 수단이 되지 못한다.

　　이 경우에 수사절차에서 판사에게 증거조사를 청구하여 판사가 증거조사
또는 증인신문을 하여 그 결과를 보전하는 것이 수사상의 증거보전제도이다.
수사상의 증거보전제도에는 증거보전과 증인신문의 청구가 있다. 설문은 결국
검사와 피의자가 취할 수 있는 수사상의 증거보전제도에는 무엇이 있고, 이를
어떻게 행사해야 하는가의 문제에 귀착한다.

Ⅱ. 검사 甲이 취할 수 있는 수단

　　검사가 참고인인 丙의 진술을 확보할 수 있는 제도로는 증인신문의 청구
와 증거보전이 있다.

1. 증인신문의 청구

　　증인신문의 청구란 참고인이 출석 또는 진술을 거부한 경우에 제1회 공
판기일 전까지 검사의 청구에 의하여 판사가 그를 증인으로 신문하는 진술증
거의 수집과 보전을 위한 대인적 강제처분을 말한다. 국가형벌권의 신속·적정
한 실현과 실체진실의 발견을 위하여 참고인에게도 어느 정도의 희생을 요구
하는 것이 타당하다는 고려에서 참고인을 증인으로 신문케 하여 출석과 진술
의무를 부과하는 제도이다. 증인신문의 청구는 검사만 할 수 있다는 점에서 증
거보전과 구별된다. 검사가 증인신문의 청구에 의하여 丙의 진술을 확보하기
위하여는 증인신문청구의 요건을 구비해야 한다.

(1) 증인신문의 청구의 요건

증인신문의 청구는 그 필요성이 인정되는 경우에 제 1 회 공판기일 전에 한하여 허용된다(제221조의 2).

1) **출석 또는 진술의 거부**　　증인신문의 필요성은 참고인이 출석 또는 진술을 거부한 경우에 인정된다. 즉, 범죄수사에 없어서는 아니 될 사실을 안다고 명백히 인정되는 자가 수사기관의 출석요구에 대하여 출석과 진술을 거부하는 경우이다(동조제1항). 범죄수사에 없어서는 아니 될 사실이란 범죄의 증명에 없어서는 아니 될 사실보다는 넓은 개념으로, 범죄의 성부에 관한 사실뿐만 아니라 정상에 관한 사실로서 기소·불기소의 결정과 형의 양정에 중대한 영향을 미치는 사실도 포함한다. 따라서 피의자의 소재를 알고 있는 자나 범죄의 증명에 없어서는 아니 될 참고인의 소재를 알고 있는 자도 여기에 해당한다. 출석 또는 진술의 거부에 정당한 이유가 있는 경우에도 이에 해당한다. 진술의 전부를 거부했는가 일부를 거부했는가를 불문한다. 진술은 하였으나 진술조서에 서명·날인을 거부한 때에도 진술거부에 해당할 수 있다.

2) **제 1 회 공판기일 전**　　증인신문의 청구는 제 1 회 공판기일 전에 한하여 인정된다. 제 1 회 공판기일 전이란 모두절차가 끝나기 전을 말하며, 공소제기의 전후를 불문한다.

丙은 진술을 주저하고 있으므로 출석 또는 진술을 거부하는 경우에 해당하며, 따라서 증인신문청구의 요건을 충족한다.

(2) 증인신문의 절차

1) **증인신문의 방법**　　판사는 검사로부터 증인신문의 청구가 있는 때에는 청구가 적법하고 요건을 구비했는가를 심사한다. 심사 결과 요건을 구비하고 있다고 인정되는 때에는 증인신문을 해야 한다. 이 경우에 증인신문의 청구를 받은 판사는 증인신문에 관하여 법원 또는 재판장과 같은 권한이 있다(동조제4항). 따라서 증인신문에 관하여는 법원 또는 재판장이 하는 증인신문에 관한 규정이 준용된다. 증인신문에는 피고인, 피의자 또는 변호인의 참여권이 보장된다. 즉 판사는 증인신문기일을 정한 때에는 피고인, 피의자 또는 변호인에게 이를 통지하여 증인신문에 참여할 수 있도록 하여야 한다(동조제5항). 피의자 또는 변호인의 참여권은 공정한 재판을 위한 불가결한 전제라 할 것이므로 피의자 등의 참여권을 보장하지 않고 한 증인신문은 위법하다고 해석해야 한다.

2) 증인신문 후의 조치　　　증인신문을 한 때에는 판사는 지체없이 이에 관한 서류를 검사에게 송부해야 한다($\frac{동조}{제6항}$). 증인신문조서는 법관의 면전조서로서 당연히 증거능력을 가진다($\frac{제311}{조}$). 그러나 피의자 등에게 참여의 기회를 주지 않은 증인신문절차에서 작성된 증인신문조서는 증거능력을 부인해야 한다.

2. 증거보전

검사는 증인신문의 청구 이외에 증거보전에 의하여도 丙의 진술을 확보할 수 있다. 증거보전이란 공판정에서의 정상적인 증거조사가 있을 때까지 기다려서는 증거방법의 사용이 불가능하거나 현저히 곤란하게 될 염려가 있는 경우에 검사, 피고인, 피의자 또는 변호인의 청구에 의하여 판사가 미리 증거를 조사하여 그 결과를 보전하여 주는 제도를 말한다. 증거보전은 원래 피고인 또는 피의자가 유리한 증거를 수집·보전하는 길을 열기 위한 제도이다. 일본 형사소송법은 증거보전청구권을 피고인 또는 피의자에게, 독일 형사소송법은 피의자에게만 인정하고 있다. 그러나 형사소송법은 검사에게 증인신문의 청구권을 인정하였음에도 불구하고 피고인, 피의자 또는 변호인 이외에 검사에게도 증거보전청구권을 인정하였다. 이는 입법론상 부당하다고 해석하는 견해도 있으나, 참고인의 진술번복의 위험을 이유로 하는 증인신문청구가 허용되지 않는 점을 고려하면 그 범위에서 증거보전청구권을 인정할 필요가 있다고도 볼 수 있다. 즉 증거보전의 필요성은 증거를 보전하지 않으면 증거의 사용이 곤란한 경우에 인정되며, 丙의 진술을 확보하지 않으면 증거의 사용이 불가능하다는 점에서 검사는 증거보전의 방법에 의하여 丙의 진술을 확보할 수 있다고 하겠다. 증거보전을 청구함에는 서면으로 그 사유를 소명해야 한다($\frac{제184조}{3항}$).

증거보전의 요건과 절차는 피의자 乙이 취할 수 있는 조치에서 살펴보기로 한다.

Ⅲ. 피의자 乙이 취할 수 있는 조치

피의자 乙이 자신의 알리바이를 증명하기 위하여 丁의 진술을 확보할 수 있는 방법이 바로 증거보전이다. 수사단계에서 검사에게는 증거를 수집·확보

하기 위한 여러 가지 강제처분의 권한이 인정되고 있으나, 피의자에게는 이러
한 강제처분의 권한이 없다. 그러나 증거보전의 필요가 있는 경우에는 검사뿐
만 아니라 피의자에게도 유리한 증거를 수집·확보할 수 있는 길을 열어 줄 필
요가 있다. 증거보전은 바로 강제처분권이 인정되지 않는 피의자·피고인이 판
사에게 강제처분을 청구하여 판사가 강제처분을 행하는 절차이며, 이러한 의
미에서 증거보전은 피의자 또는 피고인의 지위강화를 통하여 공정한 재판의
이념을 실현하기 위한 제도라고 할 수 있다. 여기서 증거보전에 의하여 丁의
진술을 확보하는 것이 증거보전의 요건에 해당하는가, 또 그 방법과 절차는 어
떠한가를 검토할 필요가 있다.

1. 증거보전의 요건

증거보전은 증거보전의 필요성이 있는 경우에 제 1 회 공판기일 전에 한하
여 인정된다($\stackrel{제184}{조}$).

(1) 증거보전의 필요성

증거를 보전하지 않으면 증거를 사용하는 것이 곤란해야 한다. 증거의 사
용곤란에는 그 증거의 증거조사가 곤란한 경우뿐만 아니라 증명력에 변화가
있는 경우도 포함한다. 따라서 물증·서증에 대하여는 멸실·분산·은닉 또는
성상의 변경이 있는 경우, 증인에 대하여는 증인의 사망·해외여행의 경우뿐만
아니라 증언불능이나 진술변경의 경우도 여기에 해당한다.

(2) 제 1 회 공판기일 전

증거보전도 제 1 회 공판기일 전에 한하여 인정된다. 제 1 회 공판기일 후
에는 수소법원에서의 증거조사가 가능하므로 증거보전의 필요가 없기 때문이
다. 제 1 회 공판기일이란 실질적으로 수소법원에서의 증거조사가 가능한 단계
를 의미하므로 모두절차가 끝나기 전이라고 해석해야 한다.

결국, 乙이 丁의 진술을 확보하는 것은 증거보전의 요건을 갖추었다고 해
야 한다.

2. 증거보전의 절차

(1) 증거보전의 처분

증거보전을 청구할 수 있는 것은 압수·수색·검증·증인신문 및 감정이

다. 따라서 증거보전절차에서 피의자 또는 피고인의 신문을 청구할 수는 없다. 그러나 공동피고인 또는 공범자를 증인으로 신문하는 것은 당연히 허용된다. 청구를 받은 판사는 청구가 적법하다고 인정할 때에는 증거보전을 해야 한다. 그러나 청구가 부적법하거나 필요 없다고 인정할 때에는 청구를 기각하는 결정을 해야 한다. 증거보전을 청구받은 판사는 법원 또는 재판장과 동일한 권한이 있다($^{제184조}_{2항}$). 따라서 판사는 증인을 소환·구인할 수 있고, 법원 또는 재판장이 행하는 경우와 같이 압수·수색·검증·증인신문 및 감정에 관한 규정이 준용된다. 증인신문에 있어서는 검사 또는 피고인이나 피의자의 참여권이 보장되어야 한다.

(2) 증거보전 후의 절차

증거보전에 의하여 압수한 물건 또는 작성한 조서는 증거보전을 한 판사가 소속한 법원에서 보관한다. 검사, 피고인, 피의자 또는 변호인은 판사의 허가를 얻어 그 서류와 증거물을 열람 또는 등사할 수 있다($^{제185}_{조}$). 열람 또는 등사를 청구할 수 있는 시기에는 제한이 없다. 증거보전절차에서 작성된 조서는 법원 또는 법관의 조서로서 당연히 증거능력을 가진다. 다만, 피고인 또는 피의자 등의 증거조사청구에 의하여 수소법원에서는 증거보전을 한 법원으로부터 기록을 송부받아 증거조사를 해야 한다. 증거보전절차에서 피의자 또는 변호인에게 참여의 기회를 주지 않은 때에는 증인신문조서의 증거능력을 부인해야 한다($^{대법원\ 1992.\ 2.\ 28,}_{91\ 도\ 2337}$).

Ⅳ. 결   론

검사 甲은 丙을 소환하여 참고인조사를 할 수 있으나, 참고인조사는 임의수사이기 때문에 丙에게 출석이나 진술의 의무가 없다. 검사가 丙의 출석과 진술을 강제하는 방법으로는 강제처분으로서의 증인신문의 청구 또는 증거보전을 이용할 수밖에 없다. 증인신문의 청구는 참고인의 출석 또는 진술거부를 요건으로 함에 반하여 증거보전은 증거보전의 필요성을 요하기 때문에 요건에 있어서는 증거보전의 경우가 증인신문의 청구보다 더 확대되어 있다고 할 수 있다. 증인신문청구의 경우에는 증인신문조서를 즉시 검사에게 송부함에 반하

여, 증거보전의 경우에는 판사가 소속한 법원에서 보관한다. 증인신문의 청구
에 있어서는 특별히 수사에 지장이 있다고 인정할 때에는 피의자나 변호인의
참여권을 제한할 수 있으나, 증거보전의 경우에는 이들의 참여권을 보장해야
한다. 다만 증인신문청구의 경우에도 공정한 재판을 위하여 참여권을 보장해
야 한다는 견해에 의하면 이 점에 있어서는 양자간에 차이가 없다. 이에 반하
여 피의자 乙이 알리바이에 대한 丁의 진술을 확보하기 위하여는 검사 甲으로
하여금 丁에 대한 참고인조사를 행할 것을 요구하는 방법이 있다. 또 甲이 증
인신문의 청구나 증거보전을 청구할 것을 기대할 수도 있다. 그러나 반대당사
자인 검사에게 乙이 필요로 하는 진술을 확보해 줄 것을 기대하기는 쉽지 않
다. 이 경우에 판사의 힘을 빌려 자신에게 유리한 증거를 확보할 수 있게 하는
제도가 증거보전이다. 결국 乙은 증거보전에 의하여 丁의 진술을 강제할 수 있
게 될 것이다.

[관련판례]

⑴ 헌재결 1996. 12. 26, 94 헌바 1, 「⑴ 헌법 제27조가 보장하고 있는 공정한
재판을 받을 권리 속에는 신속하고 공개된 법정의 법관의 면전에서 모든 증거
자료가 조사·진술되고 이에 대하여 피고인이 공격·방어할 수 있는 기회가 보
장되는 재판, 즉 원칙적으로 당사자주의와 구두변론주의가 보장되어 당사자가
공소사실에 대한 답변과 입증 및 반증하는 등 공격·방어권이 충분히 보장되는
재판을 받을 권리가 포함되어 있다. 피고인 등의 반대신문권을 제한하고 있는
법 제221조의 2 제 5 항은 피고인들의 공격·방어권을 과다히 제한하는 것으로
써 그 자체의 내용이나 대법원의 제한적 해석에 의하더라도 그 입법목적을 달
성하기에 필요한 입법수단으로서의 합리성 내지 정당성이 인정될 수는 없다고
할 것이므로, 헌법상의 적법절차의 원칙 및 청구인의 공정한 재판을 받을 권리
를 침해하고 있다. 증인신문절차의 참여권 및 반대신문권을 규정하고 있는 법
제221조의 2 제 5 항은 같은 조 제 2 항의 증인신문절차의 핵심적 구성부분이라
고 보아야 하므로, 위 제 5 항을 위헌선언하는 경우에는, 위 제 2 항도 함께 위
헌선언함이 타당하다.

(2) 법은 형사절차중 증거판단과 사실인정에 관하여 헌법상의 적법절차를 구현하기 위하여 자유심증주의를 원칙으로 규정하고 있는데, 이때 자유심증주의란 법관의 자의적인 증거판단과 사실인정을 의미하는 것이 아니라 법관의 합리적인 자유심증에 따른 사실인정과정을 의미하는 것이므로, 법관의 올바른 자유심증을 위하여는 당사자가 절차의 주체가 되어 자유롭게 각자에게 유리한 모든 증거를 제출하여 활발한 입증활동을 하는 가운데 법관도 객관적인 입장에서 증거를 자유롭게 평가할 수 있는 여건이 갖추어질 것을 전제로 한다. 법 제221조의 2 제 2 항은 범인필벌의 요구만을 앞세워 과잉된 입법수단으로 증거 수집과 증거조사를 허용함으로써 법관의 합리적이고 공정한 자유심증을 방해하여 헌법상 보장된 법관의 독립성을 침해할 우려가 있으므로, 결과적으로 그 자체로서도 적법절차의 원칙 및 공정한 재판을 받을 권리에 위배되는 것이다.」

(2) 대법원 1992. 2. 28, 91 도 2337, 「제 1 회 공판기일 전에 형사소송법 제184조에 의한 증거보전절차에서 증인신문을 하면서, 위 증인신문의 일시와 장소를 피의자 및 변호인에게 미리 통지하지 아니하여 증인신문에 참여할 수 있는 기회를 주지 아니하였고, 또 변호인이 제 1 심 공판기일에 위 증인신문조서의 증거조사에 관하여 이의신청을 하였다면, 위 증인신문조서는 증거능력이 없다 할 것이고, 그 증인이 후에 법정에서 그 조서의 진정성립을 인정한다 하여 다시 그 증거능력을 취득한다고 볼 수도 없다.」

[19] 친고죄의 고소와 수사, 공소제기 후의 피고인신문

[설 문]

검사는 甲이 부가가치세와 상속세 등 세금 6억 원 상당을 포탈하였다는 정보를 가지고 특정범죄가중처벌등에관한법률위반(조세포탈) 혐의로 수사에 착수하여 甲을 구속하였다. 甲은 수회 신문을 받았지만 세금 포탈액수가 1억 원에 불과하다고 진술하였다. 구속기간의 만기가 다가오고 검사는 더 이상의 증거를 찾을 수 없게 되자 세무공무원의 고발을 받아 甲을 조세범처벌법위반 혐의로 공소제기하였다. 조세범처벌법위반죄는 세무공무원의 고발이 있어야 논할 수 있는 범죄이다. 검사는 공소제기 후에도 수회 甲을 신문한 끝에 세금포탈액수가 1억 7천만 원이라는 진술을 받고 이를 기재한 진술조서를 공판기일에 증거로 제출하였다.

⑴ 고발이 있기 전에 검사가 한 피의자신문은 적법하고, 검사가 작성한 피의자신문조서는 증거능력이 있는가.

⑵ 공소제기 후에 피고인의 진술을 기재한 검사 작성의 진술조서는 증거로 할 수 있는가.

Ⅰ. 문제의 제기

문제 ⑴은 친고죄 또는 공무원의 직무상의 고발이 있어야 공소를 제기할 수 있는 범죄에 있어서 고소 또는 고발이 없는 경우에도 수사를 할 수 있는가의 문제이다. 이 단계에서 검사가 만든 피의자신문조서의 증거능력을 인정할 수 있는가는 위법수집증거배제법칙을 인정할 것인가와 관련되는 문제이다. 문제 (2)의 공소제기 후에 검사가 작성한 피고인에 대한 진술조서를 증거로 할 수 있는가의 문제도 공소제기 후의 수사, 특히 공소제기 후의 피고인신문이 허용되는가를 전제로 한다.

Ⅱ. 친고죄의 고소와 수사

친고죄나 공무원의 고발을 받아서 논할 수 있는 범죄에 있어서 고소 또는 고발은 공소제기의 적법조건이며 범죄의 성립요건 또는 수사의 조건이 아니다. 그러나 수사는 공소제기의 가능성이 있을 것을 전제로 하므로 공소제기의 적법요건을 구비할 수 없음이 명백한 사건에 대한 수사를 허용하는 것은 필요성 없는 수사를 인정하는 결과가 된다. 여기서 친고죄에 있어서 고소 또는 고발이 없는 경우에 수사를 할 수 있는가에 대하여는 견해가 대립되고 있다. 문제를 수사의 적법 여부와 피의자신문조서의 증거능력의 문제로 나누어 살펴본다.

1. 고발 없는 수사의 적법 여부

(1) 학설의 대립

세무공무원의 고발이 없는 단계에서 검사가 행한 구속 또는 피의자신문의 수사가 적법한가에 대하여는 견해가 대립되고 있다.

1) **전면허용설**   친고죄의 고소 또는 고발이 없는 경우에도 수사가 전면적으로 허용된다는 견해이다. 일본의 판례가 취하고 있는 입장이다(日最決 1960. 12. 23. 刑集 14·14·2213·). 검사는 범죄의 혐의가 있다고 인정할 때에는 수사를 하여야 하고, 친고죄의 고소는 소송조건이고 범죄의 성립과는 관계 없으므로 범죄의 혐의가 있으면 당연히 수사하여야 한다는 것이다.

2) **전면부정설**   친고죄에 있어서 고소가 없으면 강제수사는 물론 임의수사도 할 수 없다는 견해이다. 친고죄에 관하여 고소가 없으면 공소를 제기할 수 없으므로 그 준비를 위한 수사도 허용되지 않는다는 것이다.

3) **제한적 허용설**   고소가 없는 경우에도 수사는 원칙적으로 허용되지만 고소의 가능성이 없는 때에는 수사가 허용되지 않거나 제한되어야 한다

는 견해이다. 우리나라의 다수설이 취하고 있는 입장이다. 다만 고소의 가능성이 없는 경우의 수사에 관하여는 강제수사가 허용되지 않는다는 견해와 강제수사가 제한되어야 한다는 견해 및 강제수사는 물론 임의수사도 허용되지 않는다는 견해가 대립되고 있다.

(2) 판례의 태도

판례도 제한적 허용설의 입장을 취하고 있다. 즉 대법원은 「친고죄나 공무원의 고발이 있어야 논할 수 있는 범죄에 있어서 고소 또는 고발은 이른바 소추조건에 불과하고 당해 범죄의 성립요건이나 수사의 조건은 아니므로 위와 같은 범죄에 관하여 고소나 고발이 있기 전에 수사를 하였다고 하더라도 그 수사가 장차 고소나 고발이 있을 가능성이 없는 상태에서 행해졌다는 등의 특단의 사정이 없는 한, 고소나 고발이 있기 전에 수사를 하였다는 이유만으로 그 수사가 위법하다고 볼 수는 없다」고 판시하였다($\binom{\text{대법원 1995. 2. 24,}}{94 \text{ 도 } 252}$). 뿐만 아니라 고소가 있기 전에 수사를 했다고 하여 공소제기의 효력에 대하여 아무런 영향을 미치지 않는다고 한다. 즉, 「조세범처벌법 제 6 조의 세무종사 공무원의 고발은 공소제기의 요건이고 수사개시의 요건은 아니므로 수사기관이 고발에 앞서 수사를 하고 피고인에 대한 구속영장을 발부받은 후 검찰의 요청에 따라 세무서장이 고발조치를 하였다고 하여도 공소제기 전에 고발이 있은 이상 조세범처벌법 위반사건 피고인에 대한 공소제기의 절차가 법률의 규정에 위반하여 무효라고 할 수 없다」는 것이다($\binom{\text{대법원 1995. 3. 10, 94 도 3373;}}{\text{대법원 2011. 3. 10, 2008 도 7724}}$).

(3) 검   토

친고죄에 대하여 고소 또는 고발이 없는 때에도 증거나 범인을 확보하기 위하여 수사를 개시할 필요가 있다. 예컨대 설문의 경우에 甲에 대한 수사가 필요하고, 피해자가 강간당하고 있는 현장을 지나가던 경찰관이 수사할 수 있어야 하는 것은 당연하다. 그러나 전면허용설은 공소제기의 가능성이 없는 필요성 없는 수사를 인정한다는 점에서 옳다고 할 수 없다. 따라서 통설과 판례의 입장인 제한적 허용설이 타당하다고 해야 한다. 그리고 고소 또는 고발의 가능성이 없는 때에는 강제수사는 물론 임의수사도 허용되지 않는다고 하겠다. 이에 따르면 甲에 대한 수사는 처음에 고발을 요하지 않는 특정범죄가중처벌등에관한법률위반(조세포탈) 혐의로($\frac{\text{동법}}{\text{제16조}}$) 시작되었고, 그 후에 고발이 없었다 하더라도 고발의 가능성은 있는 경우이므로 적법한 수사라고 하지 않을 수 없다.

2. 피의자신문조서의 증거능력

甲에 대한 검사의 수사가 위법한 때에는 위법수집증거의 배제법칙에 의하여 검사가 만든 甲에 대한 피의자신문조서는 증거능력을 잃게 된다. 위법수집 증거배제법칙은 위법한 절차에 의하여 수집된 증거의 증거능력을 부정하는 원칙으로서 적정절차를 보장하고 위법수사를 억지하기 위하여 인정된 원칙이다. 고소의 가능성이 없는 사실에 대한 수사는 적정절차에 반하는 것이기 때문에 이 원칙에 의하여 증거능력을 잃게 되는 것이다. 그러나 설문에서는 공무원의 고발이 가능하고 또 공소제기 전에 고발이 있어 甲에 대한 수사가 적법한 경우이기 때문에 甲에 대한 피의자신문조서는 당연히 증거능력을 갖게 된다. 판례도「검사 작성의 피고인에 대한 피의자신문조서, 다른 피의자에 대한 각 피의자신문조서등본 및 제3자에 대한 진술조서등본이 조세범처벌법위반죄에 대한 세무서장의 고발이 있기 전에 작성된 것이라 하더라도 피고인이나 피의자 또는 제3자 등에 대한 신문이 피고인의 조세범처벌법위반죄에 대한 고발의 가능성이 없는 상태하에서 이루어졌다고 볼 아무런 자료가 없다면, 그들에 대한 신문이 고발 전에 이루어졌다는 이유만으로 그 조서나 각 조서등본의 증거능력을 부정할 수는 없다」고 판시한 바 있다(대법원 1995. 2. 24,/94 도 252). 다만, 검사가 작성한 피고인이 된 피의자의 진술을 기재한 조서가 증거능력을 가지기 위하여는 제312조가 규정하고 있는 요건, 즉 그 조서가 적법한 절차와 방식에 따라 작성된 것으로서 피고인이 진술한 내용과 동일하게 기재되어 있음이 공판준비 또는 공판기일에서의 피고인의 진술에 의하여 인정되고 특신상태가 증명되거나(제312조/1항), 피고인이 조서의 성립의 진정을 부인하는 경우에는 조서에 기재된 진술이 피고인이 진술한 내용과 동일하게 기재되어 있음이 영상녹화물이나 그 밖의 객관적인 방법에 의하여 증명되고 특신상태가 증명된 때에 한하여 증거능력이 인정되는 것은 물론이다(제312조/2항).

결국, 검사가 작성한 甲에 대한 피의자신문조서는 증거능력을 가진다.

Ⅲ. 공소제기 후의 검사의 피고인신문

검사의 공소제기에 의하여 수사는 원칙적으로 종결된다. 그러나 공소를 제기한 후에도 공소유지 여부를 결정하거나 공소유지를 위하여 수사가 필요하다는 점에는 의문이 없다. 공소제기 후에 검사가 피고인을 구속하거나 압수·수색 또는 검증의 강제처분을 하는 데는 의문이 있으므로 공소제기 후에 허용되는 수사는 주로 임의수사에 제한된다. 피의자신문 또는 피고인에 대한 신문이 임의수사인 것은 분명하다. 그러나 공소제기 후에 피고인의 수사를 허용하는 것도 법원의 역할과 당사자의 지위 또는 소송구조와 관련되어 문제되지 않을 수 없다. 따라서 공소제기 후에 피고인신문이 허용되는가는 공소제기 후에 어느 범위에서 수사가 허용되는가에 대한 핵심적인 문제가 된다. 설문의 문제 ⑵의 공소제기 후에 검사가 만든 피고인에 대한 진술조서가 증거능력을 가지는가는 결국 공소제기 후에 검사에 의한 피고인신문이 허용되는가에 따라서 결론을 달리하게 된다.

1. 학설의 대립

공소제기 후에 검사에 의한 피고인신문이 허용되는가에 대하여도 견해가 대립되고 있다. 적극설과 소극설 및 절충설이 그것이다.

(1) 적 극 설

제1회 공판기일 전후를 불문하고 검사가 피고인을 신문할 수 있다는 견해이다. 피고인신문이 임의수사이며 형사소송법 제199조의 임의수사에는 법적 제한이 없으므로, 제200조의 피의자라는 문구에 관계 없이 공소유지에 필요한 신문을 할 수 있다고 한다. 이에 의하면 공소제기 후에 검사가 피고인을 신문하여 작성한 진술조서도 당연히 증거능력을 갖게 된다.

(2) 소 극 설

공소제기 후에는 제1회 공판기일 전후를 불문하고 수사기관이 피고인을 신문할 수 없다고 해석하는 견해이다. 우리나라의 다수설의 입장이다. 공소제기 후에 수사기관에 의한 피고인신문을 허용하는 것은 ① 피의자신문 내지 피고인신문이 강제수사이고, ② 수사기관에 의한 피고인신문을 허용하는 것은 피고인의 당사자지위에 반하고, ③ 공판정의 심리를 수사기관에 의한 신문에 맡겨 공판중심주의를 무의미하게 한다는 것을 이유로 삼는다.

(3) 절 충 설

공소제기 후 제 1 회 공판기일 전에 한하여 수사기관에 의한 피고인신문을 허용해야 한다는 이론이다. 이는 피고인의 당사자로서의 지위와 공소제기 후의 피고인신문의 필요성을 조화하여 제 1 회 공판기일 전에는 공판절차상의 피고인신문이 불가능하고 피고인의 당사자로서의 지위도 제 1 회 공판기일 이후에 현실화되는 것이므로 그 전까지 피고인신문을 허용해야 한다는 것이다.

2. 판례의 태도

판례는 일관하여 「검사의 피고인에 대한 진술조서가 기소 후에 작성된 것이라는 이유만으로 증거능력이 없다고 할 수 없다」고 판시하여 적극설의 입장을 취하고 있다(대법원 1982. 6. 8, 82 도 754; 대법원 1984. 9. 25, 84 도 1646).

3. 검   토

생각건대 피의자 또는 피고인신문을 강제수사라고 할 수는 없다. 피의자에게는 진술거부권이 보장되어 있으므로 출석이나 진술의 의무가 없기 때문이다. 그러나 피고인에 대한 수사기관의 신문을 허용하는 것은 피고인의 당사자의 지위와 일치할 수 없다고 해야 한다. 공소제기 후에 피고인은 당사자로서 검사와 대등한 입장에서 방어권을 행사하게 되는데, 검사가 같은 당사자인 피고인을 신문하는 것은 피고인의 방어권을 침해하여 공정한 재판을 실현할 수 없게 되기 때문이다. 절충설은 수사의 필요성과 피고인의 지위를 조화시키려고 하지만 피고인은 공소제기와 동시에 당사자가 되는 것이지 제 1 회 공판기일에 당사자가 되는 것이 아니고, 공소제기 후 제 1 회 공판기일까지의 기간이 피고인의 방어준비를 위한 중요한 기간이라는 점을 무시한 결과라고 해야 한다. 결국 공소제기 후의 피고인신문은 피고인의 당사자지위와 모순되어 허용되지 아니하며, 그럼에도 불구하고 검사가 공소제기 후에 공소사실에 관하여 피고인을 신문하여 작성한 진술조서는 적정절차를 침해한 것이므로 증거능력을 부정하지 않을 수 없다.

Ⅳ. 결   론

친고죄 또는 공무원의 고발이 있어야 논할 수 있는 범죄에 있어서 고소 또는 고발이 없는 경우에도 그 가능성이 있는 때에는 임의수사는 물론 강제수사도 허용된다고 해야 한다. 다만, 고소인의 의사가 명백하지 않을 때에는 친고죄로 한 취지에 비추어 강제수사를 삼가는 것이 옳다고 하겠다. 따라서 설문 ⑴에서 검사가 한 피의자신문은 적법하고 검사가 만든 피의자신문조서는 제312조 1항 또는 2항의 요건을 충족하는 때에는 증거능력을 가진다고 해야 한다. 설문 ⑵의 공소제기 후에 검사가 만든 피고인에 대한 진술조서는 위법한 절차에 의하여 작성된 것이므로 증거능력을 가질 수 없다고 해야 한다. 판례는 공소제기 후의 피고인신문을 적법하다고 보아 진술조서의 증거능력을 인정하고 있으나, 피고인의 당사자로서의 지위와 조화될 수 없는 해석이라고 하지 않을 수 없다.

[20] 영장 없는 압수조서·수사기관이 작성한 증인에 대한 진술조서의 증거능력, 형사절차에서의 피해자 보호

[설 문]

사법경찰관 X는 법무고등학교 앞에서 학생들이 동네 불량배로부터 금품을 갈취당하고 있다는 첩보를 입수하여 피해자 A(16세), B(16세)를 만나 피해상황에 대해 확인해본 결과 동네 불량배의 일원인 甲과 乙에게 수차례 금품을 빼앗긴 사실을 확인하였다.

사법경찰관 X는 특히 甲이 동종 전과가 수회 있고, 동종의 죄로 복역한 후 출소한 지 얼마 되지 않는다는 것을 알고 甲과 乙에게 수차례 출석요구를 하였으나 甲과 乙은 이에 응하지 않았다. 그러던 중 사법경찰관 X는 우연히 노상에서 甲과 乙을 발견하였는데, 乙이 도망하는 바람에 甲만을 적법하게 긴급체포한 후 구속영장을 발부받아 구속한 다음 계속 수사를 진행하였다.

사법경찰관 X가 甲을 긴급체포한 후 구속과 관련하여서는 다음의 절차가 이루어졌다.

- 2010. 6. 1. 23 : 00 긴급체포
- 2010. 6. 2. 14 : 00 검사에게 구속영장 신청
- 2010. 6. 2. 16 : 00 법원에 구속영장 청구서 및 수사기록 접수시킴
- 2010. 6. 3. 10 : 00 판사의 구속전 피의자심문, 12 : 00 구속영장 발부,
  13 : 00 검찰청에 구속영장 및 수사기록 반환

(1) 위와 같이 甲을 구속하였고 계속 구속함이 적절한 경우 사법경찰관 X는 언제까지 甲을 검사에게 인치(검찰청에 송치)하여야 하는지 구체적 일자를 밝히고, 그 법적 근거를 설명하시오(10점).

(2) 사법경찰관 X는 甲을 조사하던 중 피해자들로부터 빼앗은 물건을 甲의

하숙집에 보관하고 있다는 진술을 들었다. 이에 사법경찰관 X는 乙이 위 물건을 은닉할 것을 염려하여 영장 없이 2010. 6. 2. 10 : 00 甲의 하숙집에서 피해자 A와 B로부터 갈취한 디지털카메라, 가방 등을 찾아 압수하였다. 위 압수조치는 적법한가(15점).

⑶ 검사 Y는 甲을 폭력행위등처벌에관한법률위반(상습공갈죄)(주: 2016. 1. 6. 동죄가 삭제된 이후에는 상습공갈죄로 의율)으로 기소하였다. 甲이 공소사실을 전부 부인하고 있는 가운데 피해자 A는 법정에서 증인으로 출석하여 수사기관에서의 진술과는 달리 甲으로부터 어떠한 피해도 받은 적이 없다고 번복하여 증언하였다. 이에 검사 Y는 피해자 A를 검사실로 불러 사정을 청취한 결과 乙로부터 위협을 받는 바람에 사실대로 증언하지 않았음을 확인한 후, 진술번복 경위와 실제 피해상황에 대하여 진술조서를 받아 이를 증거로 제출하였다. 그 후 증인으로 재차 출석한 피해자 A는 甲으로부터 받은 피해사실에 대하여 상세히 진술하는 한편, 다시 제출된 진술조서에 기재된 것이 모두 사실이라고 증언하였다.

이러한 경우 새로 작성되어 제출된 피해자 A에 대한 진술조서는 증거능력이 인정되는가(15점).

⑷ 피해자 B는 자신이 피해를 당한 일이 분하여 법정에서 적극적으로 진술하고 싶으면서도 혹시나 甲과 乙의 동료 불량배들로부터 보복을 당하지 않을까 두려워하고 있는 상태이다. 이러한 경우 피해자 B가 자유롭게 진술할 수 있도록 보장되어 있는 재판상 제도에 대하여 설명하시오(10점).

(제52회 사법시험 출제문제)

Ⅰ. 문제의 제기

설문 ⑴은 사법경찰관의 구속기간과 구속기간의 계산방법을 묻는 문제이다. 사법경찰관의 구속기간에 관한 형사소송법 제202조와 기간의 계산에 관한 제66조 및 구속전 피의자심문의 경우에 구속기간을 산입하지 않도록 한 제201

조의 2 제 7 항의 규정을 적용해서 기간을 계산해야 할 문제이다. 설문 ⑵는 X 의 영장 없는 압수가 체포현장에서의 압수나 긴급체포시의 압수에 해당하는가에 관한 문제이다. 체포현장에서의 압수·수색과 긴급체포시의 압수·수색의 요건에 해당하는가를 검토할 필요가 있다. 설문 ⑶은 증인이 증언한 후에 증인에 대하여 작성한 검사작성의 진술조서의 증거능력에 대한 문제이다. 공소제기 후의 수사기관의 참고인조사가 허용되는가, 또 그때 작성한 진술조서의 증거능력을 인정하는 것이 공판중심주의와의 관계에서 어떻게 해결되어야 할 것인가가 분석되어야 한다. 설문 ⑷는 피해자가 증인으로 자유롭게 진술하는 현행법상의 제도를 묻고 있다. 피해자의 진술을 보장하기 위한 제도와 증인의 진술의 자유를 보호하기 위한 제도가 포함되어야 할 것이다.

Ⅱ. 사법경찰관 구속기간의 계산

1. 사법경찰관의 구속기간

사법경찰관이 피의자를 구속하는 때에는 10일 이내에 피의자를 검사에게 인치해야 한다(제202조). 부당한 장기구속을 제한하기 위한 제도이다. 피의자가 체포영장에 의한 체포, 현행범인의 체포 또는 긴급체포에 의하여 체포되거나 구인을 위한 구속영장에 의하여 구속된 경우, 구속기간은 체포 또는 구인된 날로부터 기산한다(제203조의 2). 구속기간은 일로써 계산한다. 일로써 계산하는 경우에 원칙적으로 초일은 산입하지 아니하나, 구속기간에 있어서는 초일은 시간을 계산함이 없이 1일로 산정한다. 기간의 말일이 공휴일 또는 토요일에 해당하는 날은 기간에 산입하지 아니하나, 구속기간에 관하여는 예외가 인정된다(제66조 1항·3항). 甲은 2010. 6. 1. 23:00 긴급체포되었으므로 구속기간의 기산점은 6. 1.이다. 따라서 10일이 지난 같은 달 10일 24:00에 구속기간은 만료된다.

2. 구속전 피의자심문기간 제외

그런데 형사소송법 제201조의 2 제 7 항은 법원이 구속전 피의자심문을 하는 경우에「법원이 구속영장청구서·수사 관계서류 및 증거물을 접수한 날로부터 구속영장을 발부하여 검찰청에 반환한 날까지의 기간은 구속기간에 산입하지 아니한다」라고 규정하고 있다. 수사기관의 구속기간을 확보하여 수사의 실효성을 보장하기 위한 배려라고 볼 수 있다. 검사는 2010. 6. 2. 16 : 00 법원에 구속영장 청구서 및 수사기록을 접수시켰고, 법원은 다음날인 3. 13 : 00 검찰청에 구속영장 및 수사기록을 반환하였으므로 2일 동안의 기간은 구속기간에 산입되지 않는다. 따라서 사법경찰관 구속기간의 만료일은 2010. 6. 12. 24 : 00가 된다.

Ⅲ. 영장 없는 압수·수색의 적법성

1. 문제점의 정리

압수·수색도 강제처분이므로 원칙적으로 영장주의가 적용된다($^{제215}_조$). 영장주의란 법원 또는 법관이 발부한 적법한 영장에 의하지 않으면 강제처분을 할 수 없다는 원칙이다. 수사기관의 강제처분권의 남용을 억제하여 시민의 자유와 재산을 보장하기 위해 인정된 원칙이다. 그러나 대물적 강제처분에 있어서도 영장주의를 엄격하게 적용할 때에는 증거물의 은닉과 산일(散逸)로 인하여 진실발견이 어려워질 수 있기 때문에 형사소송법은 압수·수색의 긴급성을 고려하여 그 예외를 인정하고 있다. 그 대표적인 경우가 체포현장에서의 압수·수색과 긴급체포시의 압수·수색이다. 설문 ⑵는 사법경찰관 X의 압수가 이 요건을 충족했는가에 대한 문제이다.

2. 체포현장에서의 압수·수색

피의자를 체포 또는 구속하는 경우에 필요한 때에는 영장 없이 체포현장에서 압수·수색·검증을 할 수 있다($^{제216조}_{1항}$). 즉, 체포현장에서 압수하는 경우에는 영장주의의 예외가 인정된다. 체포현장에서 체포하는 자의 안전을 위하여 무기를 빼앗거나 피의자가 증거를 파기·은닉하는 것을 방지하기 위한 긴급행위로서 영장 없는 압수·수색을 허용한 것이다.

그러나 체포현장에서의 압수·수색이 허용되기 위해서는 압수·수색과 체포와의 사이에 시간적·장소적 접속성이 인정되어야 한다. 압수·수색은 체포와 시간적 접착성을 요하기 때문에 체포가 완료된 후의 영장 없는 압수·수색은 허용되지 않는다. 압수·수색의 장소도 피체포자의 신체나 그가 직접 지배하고 있는 장소에 제한된다. X는 甲을 체포한 다음날 체포장소가 아닌 甲의 하숙집에서 압수한 것이므로 체포현장에서의 압수·수색의 요건을 갖추지 못하였다. 범행 중 또는 범행 직후의 범죄장소에서의 영장 없는 압수·수색도 허용된다($\binom{동조}{제3항}$). 그러나 甲의 하숙집은 범죄장소가 아니므로 그 요건도 충족하지 못한다. 따라서 X의 甲의 하숙집에서의 압수는 체포현장에서의 압수라는 이유로 정당화될 수 없다.

3. 긴급체포시의 압수·수색

(1) 제도의 취지

검사 또는 사법경찰관은 긴급체포의 규정에 따라 체포된 자가 소유·소지 또는 보관하고 있는 물건에 대하여 긴급히 압수할 필요가 있는 경우에는 체포한 때로부터 24시간 이내에 영장 없이 압수·수색 또는 검증할 수 있다($\binom{제217조}{1항}$). 긴급체포된 사실이 밝혀지면 피의자와 관련된 사람이 증거물을 은닉하는 것을 방지하기 위한 제도이다.

(2) 압수·수색의 요건

긴급체포시의 압수·수색이 허용되기 위해서는 다음의 요건이 필요하다. ① 영장 없이 압수·수색할 수 있는 대상은 긴급체포된 자가 소유·소지 또는 보관하는 물건이다. 여기서 긴급체포된 자란 현실로 긴급체포된 자를 말한다. ② 영장 없이 압수·수색할 수 있는 기간은 긴급체포한 후 24시간 이내에 한한다. 따라서 24시간이 지난 때에는 영장 없이 압수·수색할 수 없다. ③ 영장 없이 압수·수색하기 위해서는 긴급히 압수할 필요가 있어야 한다. 증거물을 확보하기 위하여 압수·수색영장을 발부받을 시간적 여유가 없을 것을 요한다는 의미이다. 판례는 어떤 물건이 긴급체포의 사유가 된 범죄사실 수사에 필요한 최소한의 범위 내의 것으로서 압수의 대상이 되는 것인지는 「당해 범죄사실의 구체적인 내용과 성질, 압수하고자 하는 물건의 형상·성질, 당해 범죄사실과의 관련 정도와 증거가치, 인멸의 우려는 물론 압수로 인하여 발생하는 불이익의 정도 등 압수 당시의 여러 사정을 종합적으로 고려하여 객관적으로 판단하여야 한다」고 판시한 바 있다($\binom{대법원\ 2008.7.10,}{2008\ 도\ 2245}$). ④ 검사 또는 사법경찰관은 압수한 물건을 계속 압수할 필요가 있는 경우에는 체포한 때부터 48시간 이내에 압수·수색영장을 청구해야 한다.

(3) 설문 (2)의 해결

압수된 디지털카메라 등은 甲이 A 등으로부터 갈취한 장물로서 甲이 소지·보관하고 있던 물건이다. X는 甲을 2010. 6. 1. 23：00 긴급체포한 후 다음날 10：00에 압수한 것이므로 긴급체포한 후 24시간이 지나지 않았다. 압수한 물건은 피해자들 소유의 장물이고 甲의 긴급체포사실이 알려지면 공범인 乙에 의하여 증거가 산일될 위험이 있으므로 긴급히 압수할 필요도 인정된다. 다만 긴급체포 이후 48시간 이내에 압수·수색영장을 청구해야 하는 것은 물론이다. 이 절차를 이행한 경우에는 X의 영장 없는 압수조치는 긴급체포시의 압수로서 적법하다.

Ⅳ. 증인에 대한 진술조서의 증거능력

1. 공소제기 후의 참고인조사

수사는 원칙적으로 공소제기시까지 계속된다. 공소가 제기되면 수사가 종결되기 때문이다. 그러나 공소제기 후에도 검사가 공소유지를 위하거나 공소유지를 결정하기 위하여 수사를 계속할 수 있다는 점에는 이론이 없다. 다만, 공소제기 후에는 피고사건의 심리가 법원의 지배로 옮겨지고, 피고인에게 당사자지위가 인정된다는 점에서 공소제기 후의 강제수사는 허용되지 않는다고 해석된다. 따라서 공소제기 후에는 임의수사만 허용된다는 결론이 된다. 참고인조사도 임의수사이기 때문에 공소제기 후에도 허용되는 수사에 포함된다. 법정에서 수사기관에서의 진술과 다른 내용의 증언을 한 증인인 경우에도 같다. 그러나 증인에 대한 참고인조사가 증인의 법정에서의 증언을 번복시킬 목적으로 행해진 경우에는 문제가 있다. 증언내용을 수사기관의 수사에 의하여 번복시키는 것은 공판중심주의를 형해화할 위험이 있기 때문이다. 따라서 증언을 마친 증인의 증언내용을 수사기관에서 다시 조사하는 것은 위증의 수사에 필요한 때를 제외하고는 허용되지 않는다고 해석해야 한다. 설문에서 검사 Y는 A를 불러 조사한 결과 A가 허위 진술한 사실을 확인하였다. 그렇다면 Y의 수사가 공소제기 후의 수사라는 이유로 부적법하다고 할 수는 없다. 문제는 이때 작성한 A에 대한 진술조서를 甲에 대한 사건의 증거로 제출하는 것이 허용되겠는가에 있다.

2. 진술조서의 증거능력과 공판중심주의

검사 또는 사법경찰관이 작성한 진술조서는 ① 적법한 절차와 방식에 따라 작성되고, ② 진술의 실질적 진정성립이 원진술자의 진술 또는 영상녹화물 기타 객관적 방법으로 증명되고, ③ 피고인 또는 변호인에게 반대신문의 기회가 보장되고, ④ 진술이 특히 신빙할 수 있는 상태에서 행하여졌음이 증명되면 증거능력을 가질 수 있다(제312조 4항). 따라서 A에 대한 진술조서가 증거능력을 갖기 위해서는 甲 또는 변호인이 동의하지 않는 한 A를 불러 진정성립을 확인하고 반대신문의 기회를 부여해야 하는 것은 당연하다. 판례는 이러한 절차를 거친 경우에도 공판중심주의와의 관계에서 진술조서의 증거능력을 부정해야 한다는 태도를 취하고 있다. 즉,「공판준비 또는 공판기일에서 이미 증언을 마친 증인을 검사가 소환한 후 피고인에게 유리한 증언 내용을 번복시키는 방식으로 작성한 진술조서를 유죄의 증거로 삼는 것은 당사자주의·공판중심주의·직접주의를 지향하는 현행 형사소송법의 소송구조에 어긋나는 것일 뿐만 아니라, 헌법 제27조가 보장하는 기본권, 즉 법관의 면전에서 모든 증거자료가 조사·진술되고 이에 대하여 피고인이 공격·방어할 수 있는 기회가 실질적으로 부여되는 재판을 받을 권리를 침해하는 것이므로, 이러한 진술조서는 피고인이 증거로 할 수 있음에 동의하지 아니하는 한 그 증거능력이 없다고 하여야 할 것이고, 그 후 원진술자인 종전 증인이 다시 법정에 출석하여 증언을 하면서 그 진술조서의 성립의 진정함을 인정하고 피고인측에 반대신문의 기회가 부여되었다고 하더라도 그 증언 자체를 유죄의 증거로 할 수 있음은 별론으로 하고 위와 같은 진술조서의 증거능력이 없다는 결론은 달리할 것이 아니다」라고 한다(대법원 2000. 6. 15. 전원합의체판결, 99 도 1108; 대법원 2012. 6. 14, 2012 도 534). 공판중심주의란 법관은 공판정에서의 심리를 통하여 심증을 얻어야 한다는 원칙이다. 공개주의와 양 당사자에게 공격과 방어의 기회가 보장된 공판정에서의 증인의 증언내용을 증언 이후에 수사기관에서 작성한 진술조서에 의하여 번복하는 것은 공판중심주의에 정면으로 충돌된다. 뿐만 아니라 진술조서의 증거능력을 인정하기 위해서는 증인에 대한 소환이 불가결한데 다시 진술조서를 증인으로 제출해야 할 필요도 없다. 결국, A에 대한 검사가 작성한 진술조서의 증거능력은 부정해야 한다.

Ⅴ. 피해자의 진술의 자유를 보장하기 위한 제도

설문 ⑷는 미성년자인 피해자 B가 甲과 乙의 동료 불량배로부터 보복을 당하지 않을까 두려워하는 상태에서 자유로운 진술을 보장하기 위한 공판절차상의 제도를 묻고 있다. 여기에는 피해자의 진술을 보호하는 제도 외에 증인의 증언을 보호하기 위한 제도도 있다.

1. 피해자 보호제도

(1) 신뢰관계에 있는 자의 동석

피해자의 진술시에는 신뢰관계에 있는 자를 동석하게 할 수 있다. 즉, 법원은 범죄로 인한 피해자를 증인으로 신문하는 경우 증인의 연령, 심신의 상태, 그 밖의 사정을 고려하여 증인이 현저하게 불안 또는 긴장을 느낄 우려가 있다고 인정하는 때에는 직권 또는 피해자·법정대리인·검사의 신청에 따라 피해자와 신뢰관계에 있는 자를 동석하게 할 수 있다($\binom{\text{제163조의}}{2 \text{ 제1항}}$). 특히 피해자가 13세 미만이거나 신체적 또는 정신적 장애로 사물을 변별하거나 의사를 결정할 능력이 미약한 경우에는 원칙적으로 신뢰관계에 있는 자를 동석하게 하여야 한다($\binom{\text{동조}}{\text{제2항}}$). 설문의 경우 B는 16세의 미성년자이므로 법원이 필요하다고 인정하는 때에는 신뢰관계 있는 자를 동석하게 할 수 있다.

(2) 피해자 진술의 비공개

피해자의 사생활의 비밀이나 신변보호를 위하여 피해자의 진술을 공개하지 않게 할 수 있다. 즉, 법원은 피해자를 증인으로 신문하는 경우 당해 피해자·법정대리인 또는 검사의 신청으로 피해자의 사생활의 비밀이나 신변보호를 위하여 필요하다고 인정하는 때에는 결정으로 심리를 공개하지 않을 수 있다($\binom{\text{제294조의}}{3 \text{ 제1항}}$). 물론 이 경우에도 법원은 적당하다고 인정되는 자의 재정(在廷)을 허가할 수 있다($\binom{\text{동조}}{\text{제3항}}$).

2. 증인의 보호제도

증인의 자유로운 증언을 보장하기 위한 제도로는 비디오 등 중계장치에 의한 증인신문제도와 공판정 외의 증인신문제도 및 재정인의 일시퇴정제도가 있다.

(1) 비디오 등 중계장치에 의한 증인신문제도

법원은 아동복지법과 아동·청소년의 성보호에 관한 법률에 해당하는 죄의 피해자 또는 범죄의 성질·범인의 연령·심신의 상태·피고인과의 관계 그 밖의 사정으로 인하여 피고인 등과 대면하여 진술하는 경우 심리적 부담으로 정신적 평온을 현저하게 잃을 우려가 있다고 인정되는 자의 어느 하나에 해당하는 자를 신문하는 경우 상당하다고 인정되는 때에는 비디오 등 중계장치에 의한 중계시설을 통하여 신문하거나 차폐시설 등을 설치하고 신문할 수 있다($\binom{제165조}{의\ 2}$). 아동 등 일정한 범위의 피해자가 피고인이나 방청인 앞에서 증언하는 경우에 입게 될 심리적 압박과 정신적 고통을 완화하기 위한 제도이다.

비디오 등에 의한 증인신문의 요건은 증인이 피고인 등과 대면하여 증언할 경우에 심리적 부담으로 정신적 평온을 현저하게 잃을 우려가 있고, 이러한 방법의 신문이 상당하다고 인정되어야 한다.

비디오 등 중계장치에 의한 증인신문에는 비디오 등 중계장치에 의한 중계시설을 통한 증인신문과 차폐시설을 통한 증인신문이 있다. 전자는 법정 외의 별실에 증인을 있게 하고 소송관계인 등이 비디오 모니터에 비치는 증인의 모습을 보면서 증인을 신문하는 방법이며, 후자는 법정 안에서 증인과 피고인 또는 방청인 사이에 차단장치를 설치하고 증인을 신문하는 방법이다. 이 경우에 증인을 보호하기 위하여 필요한 경우에는 심리를 공개하지 아니할 수 있다.

(2) 공판정 외 증인신문제도와 재정인의 일시퇴정제도

법원은 증인의 연령, 직업, 건강상태, 기타의 사정을 고려하여 증인을 법정외에 소환하거나 현재지에서 신문할 수 있다($\binom{제165}{조}$). 또 재판장은 증인이 피고인 또는 어떤 재정인의 면전에서 충분한 진술을 할 수 없다고 인정한 때에는 그를 퇴정하게 하고 진술하게 할 수 있다($\binom{제297조}{1항}$). 다만 이 경우에 증인의 진술이 종료한 때에는 퇴정한 피고인을 입정하게 한 후 진술의 요지를 고지하게 하여야 한다($\binom{동조}{제\ 2항}$).

Ⅵ. 결   론

피의자 甲에 대한 사법경찰관 구속기간의 만료일은 긴급체포된 2010. 6. 1.

부터 10일이 지난 6. 10. 24 : 00이나, 구속전 피의자심문을 위하여 법원에 수사
기록을 접수시킨 2010. 6. 2. 16 : 00부터 6. 3. 13 : 00까지의 2일을 산입하지 않
으므로 2010. 6. 12. 24 : 00까지이다. 사법경찰관 X의 영장 없는 압수는 긴급체
포시의 압수·수색에 해당하여 적법하다. 검사 Y가 증인 A를 신문한 것은 위
증사건을 수사한 범위에서는 적법하지만 이때 작성한 진술조서를 증거로 제출
하는 것은 공판중심주의에 반하므로 진술조서의 증거능력은 부정해야 한다.
다만, 증인 A를 다시 소환하여 법정에서 증언한 증언내용은 당연히 증거능력
을 가진다. 피해자의 자유로운 진술을 보장하기 위한 현행법상의 제도로는 피
해자를 보호하기 위한 제도인 신뢰관계 있는 자의 동석제도와 피해자진술의
비공개제도, 증인을 보호하기 위한 비디오 등 중계장치에 의한 증인신문제도
와 공판정 외 신문제도 및 피고인 등 재정인의 일시퇴정제도가 있다.

[관련판례]

⑴ 대법원 2008. 7. 10, 2008 도 2245, 「⑴ 구 형사소송법 제217조 제 1 항 등
에 의하면 검사 또는 사법경찰관은 피의자를 긴급체포한 경우 체포한 때부터
48시간 이내에 한하여 영장 없이, 긴급체포의 사유가 된 범죄사실 수사에 필요
한 최소한의 범위 내에서 당해 범죄사실과 관련된 증거물 또는 몰수할 것으로
판단되는 피의자의 소유, 소지 또는 보관하는 물건을 압수할 수 있다. 이때, 어
떤 물건이 긴급체포의 사유가 된 범죄사실 수사에 필요한 최소한의 범위 내의
것으로서 압수의 대상이 되는 것인지는 당해 범죄사실의 구체적인 내용과 성
질, 압수하고자 하는 물건의 형상·성질, 당해 범죄사실과의 관련 정도와 증거
가치, 인멸의 우려는 물론 압수로 인하여 발생하는 불이익의 정도 등 압수 당
시의 여러 사정을 종합적으로 고려하여 객관적으로 판단하여야 한다.
  ⑵ 경찰관이 이른바 전화사기죄 범행의 혐의자를 긴급체포하면서 그가 보관
하고 있던 다른 사람의 주민등록증, 운전면허증 등을 압수한 사안에서, 이는
구 형사소송법 제217조 제 1 항에서 규정한 해당 범죄사실의 수사에 필요한 범
위 내의 압수로서 적법하므로, 이를 위 혐의자의 점유이탈물횡령죄 범행에 대
한 증거로 사용할 수 있다.」

(2) 대법원 2009. 12. 24, 2009도11401, 「(1) 기본적 인권 보장을 위하여 압수·수색에 관한 적법절차와 영장주의의 근간을 선언한 헌법과 이를 이어받아 실체적 진실 규명과 개인의 권리보호 이념을 조화롭게 실현할 수 있도록 압수·수색절차에 관한 구체적 기준을 마련하고 있는 형사소송법의 규범력은 확고히 유지되어야 하므로, 헌법과 형사소송법이 정한 절차에 따르지 아니하고 수집한 증거는 물론 이를 기초로 하여 획득한 2차적 증거 역시 기본적 인권 보장을 위해 마련된 적법한 절차에 따르지 않은 것으로서 원칙적으로 유죄 인정의 증거로 삼을 수 없다. 다만, 위법하게 수집한 압수물의 증거능력 인정 여부를 최종적으로 판단함에 있어서는, 수사기관의 증거 수집 과정에서 이루어진 절차 위반행위와 관련된 모든 사정, 즉 절차 조항의 취지와 그 위반의 내용 및 정도, 구체적인 위반 경위와 회피가능성, 절차 조항이 보호하고자 하는 권리 또는 법익의 성질과 침해 정도 및 피고인과의 관련성, 절차 위반행위와 증거수집 사이의 인과관계 등 관련성의 정도, 수사기관의 인식과 의도 등을 전체적·종합적으로 살펴볼 때, 수사기관의 절차 위반행위가 적법절차의 실질적인 내용을 침해하는 경우에 해당하지 아니하고, 오히려 그 증거의 증거능력을 배제하는 것이 헌법과 형사소송법이 형사소송에 관한 절차 조항을 마련하여 적법절차의 원칙과 실체적 진실 규명의 조화를 도모하고 이를 통하여 형사 사법 정의를 실현하려고 한 취지에 반하는 결과를 초래하는 것으로 평가되는 예외적인 경우라면, 법원은 그 증거를 유죄 인정의 증거로 사용할 수 있다고 보아야 한다. 이는 적법한 절차에 따르지 아니하고 수집한 증거를 기초로 하여 획득한 2차적 증거의 경우에도 마찬가지여서, 절차에 따르지 아니한 증거 수집과 2차적 증거 수집 사이 인과관계의 희석 또는 단절 여부를 중심으로 2차적 증거 수집과 관련된 모든 사정을 전체적·종합적으로 고려하여 예외적인 경우에는 유죄 인정의 증거로 사용할 수 있다.

　(2) 형사소송법 제216조 제1항 제2호, 제217조 제2항, 제3항은 사법경찰관은 형사소송법 제200조의 3(긴급체포)의 규정에 의하여 피의자를 체포하는 경우에 필요한 때에는 영장 없이 체포현장에서 압수·수색을 할 수 있고, 압수한 물건을 계속 압수할 필요가 있는 경우에는 지체 없이 압수·수색영장을 청구하여야 하며, 청구한 압수·수색영장을 발부받지 못한 때에는 압수한 물건을 즉시 반환하여야 한다고 규정하고 있는바, 형사소송법 제217조 제2항, 제3항

에 위반하여 압수·수색영장을 청구하여 이를 발부받지 아니하고도 즉시 반환하지 아니한 압수물은 이를 유죄 인정의 증거로 사용할 수 없는 것이고, 헌법과 형사소송법이 선언한 영장주의의 중요성에 비추어 볼 때 피고인이나 변호인이 이를 증거로 함에 동의하였다고 하더라도 달리 볼 것은 아니다.」

⑶ 대법원 2010. 7. 22, 2009 도 14376, 「경찰이 피고인의 집에서 20m 떨어진 곳에서 피고인을 체포한 후 피고인의 집안을 수색하여 칼과 합의서를 압수하였을 뿐만 아니라 적법한 시간 내에 압수·수색영장을 청구하여 발부받지도 않은 사안에서, 위 칼과 합의서는 위법하게 압수된 것으로서 증거능력이 없고, 이를 기초로 한 2차 증거인 '임의제출동의서', '압수조서 및 목록', '압수품 사진' 역시 증거능력이 없다.」

⑷ 대법원 1992. 8. 18, 92 도 1555, 「증인이 법정에서 증언한 후에 검사가 그 증인을 검찰청에 소환하여 일방적인 신문방식으로 그 증언내용의 진실여부를 추궁하여 작성한 진술조서는 피고인이나 변호인의 반대신문의 기회가 확보된 법정진술을 검사의 일방적 신문으로 번복하는 것이어서 당해 사건의 유죄증거로 삼아서는 안 된다.」

⑸ 대법원 2000. 6. 15. 전원합의체판결, 99 도 1108, 「공판준비 또는 공판기일에서 이미 증언을 마친 증인을 검사가 소환한 후 검사가 피고인에게 유리한 그 증언내용을 추궁하여 이를 일방적으로 번복시키는 방식으로 작성한 진술조서를 유죄의 증거로 삼는 것은 당사자주의·공판중심주의·직접주의를 지향하는 현행 형사소송법의 소송구조에 어긋나는 것일 뿐만 아니라, 헌법 제27조가 보장하는 기본권, 즉 법관의 면전에서 모든 증거자료가 조사·진술되고 이에 대하여 피고인이 공격·방어할 수 있는 기회가 실질적으로 부여되는 재판을 받을 권리를 침해하는 것이므로, 이러한 진술조서는 피고인이 증거로 함에 동의하지 아니하는 한 그 증거능력이 없다고 하여야 할 것이고, 그 후 원진술자인 종전 증인이 다시 법정에 출석하여 증언을 하면서 그 진술조서의 성립의 진정함을 인정하고 피고인측에 반대신문의 기회가 부여되었다고 하더라도 그 증언 자체를 유죄의 증거로 할 수 있음은 별론으로 하고 위와 같은 진술조서의 증거능력이 없다는 결론은 달리할 것이 아니다.」

[21] 공소장일본주의와 공소권남용

[설 문]

甲은 2013. 3. 5. 폭력행위등처벌에관한법률위반(공동상해)죄로 벌금 300만 원을 선고받았고, 2014. 5. 8. 교통사고처리특례법위반죄로 금고 1년을 선고받아 2015. 3. 10. 만기출소한 전과가 있다. 그런데 甲은 보증보험회사의 대출보증보험증권이 있으면 군인 등 직장인에게 1,000만 원씩 신용대출해 준다는 사실을 알고 2016. 2. 13. 길에서 乙의 주민등록증을 주운 것을 기화로 乙과 친구인 丙이 육군 B부대에 근무하였다는 부대장 명의의 현역병복무확인서 2매 및 서대문구 연희동 동장이 발행한 乙의 인감증명서를 위조한 후, 丙에게 신용대출에 사용할 인감증명서 1매를 발부받아 주지 않으면 丙의 여자관계를 폭로하겠다는 취지의 협박편지를 보내어 그로부터 인감증명서 1매를 교부받아 이를 A생명보험회사에 제출하여 돈 2,000만 원을 대출받았다. 검사는 A생명보험주식회사의 고발에 의하여 사건을 수사한 후 甲이 乙과 丙의 현역병복무확인서를 위조한 점에 관하여는 공문서위조 및 위조공문서행사죄, 丙으로부터 인감증명서를 교부받은 점은 공갈죄, 보험회사에서 대출받은 돈에 대하여는 사기죄로 공소제기하여 징역 1년 6월을 선고한 유죄판결이 확정되었다. 검사의 甲에 대한 공소장에는 공소사실의 모두(冒頭)에 甲의 교통사고처리특례법위반과 폭력행위등처벌에관한법률위반(공동상해)의 전과가 기재되어 있었고, 공갈죄의 공소사실에는 甲이 丙에게 보낸 편지가 요약되어 기재되어 있었다. 그 후 연희동 동장이 乙의 인감증명서를 위조했다고 甲을 고발하자 검사는 다시 甲을 공문서위조 및 위조공문서행사죄로 공소제기하였다.

1. 검사의 최초의 공소제기에 관하여

   ⑴ 공소장에 甲의 전과를 기재하는 것은 허용되는가.

   ⑵ 공소사실에 甲이 발송한 편지내용을 인용한 것은 어떤가.

  ⑶ 공소장일본주의를 위반한 경우의 효력은 어떠한가.

 2. 검사의 추가 공소제기에 대하여 법원은 甲을 유죄판결할 수 있는가.

Ⅰ. 문제점의 정리

   설문의 문제 1, 즉 검사의 최초의 공소제기는 공소장일본주의에 관한 문제이다. 구체적으로 문제 1의 ⑴은 공소장 모두의 전과기재가 여사기재(餘事記載)로서 공소장일본주의에 위배되는가, 어느 범위의 전과기재가 허용될 수 있는가에 관한 문제이며, 문제 ⑵는 인용의 금지가 공소장일본주의의 내용인가 또 그 허용한계는 어디까지인가를 묻는 문제이고, 문제 ⑶은 공소장일본주의 위반의 효과에 관한 문제로서 공소장일본주의에 위반한 경우에 반드시 공소기각의 재판을 할 것인가 또는 법원에서 삭제를 명령하여 검사가 이를 삭제하면 하자가 치유된다고 해야 할 것인가가 문제된다. 문제 2는 공소권남용이론의 적용범위에 관한 문제이다. 여기서는 종전의 공소제기에서 누락된 사건에 대하여 검사가 추가로 공소제기한 경우에도 공소권남용이론이 적용될 수 있는가를 살펴보아야 한다. 추가 기소된 인감증명서위조의 범죄사실이 확정된 범죄사실과 동일성이 인정되기 때문에 기판력이 미치지 않는가도 함께 검토할 필요가 있다.

Ⅱ. 공소장일본주의

   검사의 처음 공소제기는 공소장일본주의와 관련된 문제이다. 공소장일본주의란 공소제기시에 법원에 제출할 수 있는 것은 공소장 하나이며 공소사실에 대한 증거는 물론 법원에 예단을 생기게 할 수 있는 것은 증거가 아니더라도 제출할 수 없다는 원칙을 말한다. 형사소송규칙은 「공소장에는 사건에 관하여 법원에 예단이 생기게 할 수 있는 서류 기타 물건을 첨부하거나 그 내용을 인용하여서는 아니된다」고 규정하여 공소장일본주의를 채택하였음을 명백히 하고 있다(제118조 2항). 공소장일본주의는 법관은 백지의 상태에서 공판에서의 양 당사자의 공격과 방어를 통하여 진실을 발견하여야 한다는 요청을 절차상 으로 반영한 것이며, 이러한 의미에서 공소장일본주의는 공판절차의 운영이라 는 실제적 측면에서 당사자주의가 실현된 것으로 예단배제의 원칙을 제도적으 로 표현한 것이라고 할 수 있다. 공소장일본주의는 첨부와 인용의 금지를 내용 으로 하지만 그 이외에 예단을 생기게 할 수 있는 사항을 공소장에 기재하는 것, 즉 여사기재도 허용되지 않는다는 점에는 견해가 일치하고 있다. 문제 1의 (1)은 전과의 기재가 공소장일본주의에 위반한 여사기재인가, 문제 (2)는 인용 의 금지가 어디까지 적용되는가에 관한 문제이다.

1. 전과의 기재

전과의 기재가 법관에게 예단을 줄 우려 있는 사항의 기재인 점에는 이론 이 없다. 따라서 검사가 공소장의 모두에 전과를 기재하는 것은 원칙적으로 허 용되지 않는다고 해야 한다. 판례는 전과의 기재는 피고인을 특정할 수 있는 사항으로 허용된다고 해석하고 있다(대법원 1966. 7. 19, 66 도 793). 판례이론에 의하면 甲에 대 한 첫 공소제기에는 아무런 문제가 없다. 그러나 피고인을 특정하기 위하여 전 과를 기재해야 한다는 것은 타당하다고 할 수 없다. 다만 이 경우에도 전과의 기재가 공소장일본주의에 반하는가의 문제는 전과의 종류에 따라 결론을 달리 한다. 甲에게는 2개의 전과가 있었다. 2013. 3. 5. 폭력행위등처벌에관한법률위 반(공동상해)죄로 벌금 300만 원을 선고받은 것과 2014. 5. 8. 교통사고처리특 례법위반죄로 금고 1년을 선고받아 2015. 3. 10. 만기출소한 전과가 그것이다. 전자는 이종전과(異種前科)의 기재가 허용되는가의 문제이며, 후자는 누범전과 의 기재도 여사기재인가의 문제이다.

(1) 이종전과의 기재

甲을 공문서위조죄, 위조공문서행사죄, 공갈죄 및 사기죄로 공소제기하면 서 폭력행위등처벌에관한법률위반(공동상해)죄의 벌금형의 전과를 기재한 것 은 이종전과를 기재한 것으로 볼 수 있다. 동종전과의 기재가 공소장일본주의 에 반하는 점에는 이론이 없으나, 이종전과의 기재에 관하여는 동종전과든 이 종전과든 불문하고 전과의 기재로 예단을 주는 이상 공소장일본주의에 반한다 고 해석하는 견해와 공소장일본주의에 반하지 않으므로 삭제하면 된다고 해석하는 견해가 대립되고 있다. 이종전과의 기재만으로 법관에게 유죄의 예단을 주었다고 할 수 없고 전과의 기재를 엄격히 금지해야 할 필요가 없다는 점에서 이를 단순한 여사기재에 불과하다고 하는 것이 타당하다. 특히 甲의 전과는 벌금형의 전과에 불과하므로 이를 기재했다고 공소제기를 무효라고 할 필요는 없다고 생각된다. 판례는 동종·이종을 불문하고 전과의 기재는 피고인을 특정할 수 있는 사항으로서 허용된다는 입장이다(대법원 1966. 7. 19, 66 도 793).

(2) 누범전과의 기재

甲의 금고형을 선고받은 전과는 누범전과에 해당한다. 누범전과의 기재가 허용되는가에 관하여는 이를 허용되지 않는다고 해석하는 견해도 있지만, 다수설은 누범전과는 범죄사실 자체이거나 범죄사실에 준하는 사실이라는 이유로 그 기재가 공소장일본주의에 위반되지 않는다고 보고 있다. 일본의 최고재판소는 「전과가 누범가중의 원인되는 사실인 경우에는 양형에 관계 있는 사항이므로 정규의 절차에 따라 증거조사의 단계에서 이를 명백히 하면 족하고 이를 공소장에 기재하지 않는다고 하여 그 목적을 달성할 수 없는 것은 아니다」라고 판시하여 위법하다는 태도를 취하였다(日最判 1952. 3. 5, 刑集 6·3·351). 생각건대 누범전과는 범죄사실은 아니지만 법률상 형을 가중하는 근거가 되는 사실이므로 공소사실에 준하여 공소장에 기재하는 것이 타당하다고 할 것이다.

따라서 검사가 공소장에 甲의 누범전과를 기재한 것은 적법하다고 해야 한다.

2. 인용의 금지

문제 1의 (2)는 편지의 내용을 요약·인용한 것이 인용의 금지에 해당하는가의 문제이다. 공소장에 증거, 기타 예단을 줄 수 있는 문서내용을 인용하는 것이 공소장일본주의에 반한다는 점에는 의문이 없다. 형사소송규칙도 명문으로 인용의 금지를 규정하고 있다(제118조 2항). 다만, 문서를 수단으로 하는 공갈, 협박 또는 명예훼손의 사건에서 문서의 기재내용 자체가 범죄구성요건에 해당하므로 이 경우의 인용은 범죄의 방법을 구체적으로 특정하기 위한 것으로서 유효하다고 하지 않을 수 없다. 문서의 내용을 일부 요약하여 인용했는가 또는 전부를 인용했는가도 불문한다. 범죄의 성격상 범의나 공모관계, 범행의 동기나 경위 등을 명확히 하기 위하여 인용하는 것도 허용된다(대법원 2009. 12. 22. 전원합의체판결, 2009 도 7436; 대법

원 2013. 7. 26.,
2013 도 2511).

　　결국 甲에 대한 공소장에 공갈죄의 공소사실을 기재하면서 편지의 내용을
요약하여 기재한 것도 공소장일본주의에 위배되지 않는다.

3. 공소장일본주의 위반의 효과

　　공소장일본주의의 위반은 공소제기의 방식에 관한 중대한 위반이므로 공
소제기는 무효이며 따라서 법원은 판결로 공소기각을 선고해야 한다. 이에 반
하여 단순한 여사기재는 법원이 삭제를 명하면 족하다고 해야 한다.

　　설문의 전과기재도 이 경우에 해당한다. 문제는 공소장일본주의에 위반한
경우에 항상 공소기각의 판결을 선고해야 하는가 또는 이 경우에도 하자의 치
유를 인정할 수 있는가에 있다. 다수설은 법관에게 예단을 줄 수 있는 여사기
재도 모두 공소장일본주의의 위반일 뿐만 아니라 하자의 치유도 인정할 수 없
다고 해석한다. 그러나 법관이 사실인정을 하도록 하고 있는 형사소송에 있어
서 여사기재로 인한 예단의 위험을 지나치게 강조하는 것은 타당하다고 할 수
없다. 따라서 예단을 줄 수 있는 자료를 첨부한 경우 이외에는 공소장의 기재
를 삭제하면 하자가 치유될 수 있다고 해석하는 것이 타당하다고 생각된다.

　　　대법원은 「공소장일본주의에 위반한 경우라 하더라도 공소장 기재의 방식에 관
　　하여 피고인측으로부터 아무런 이의가 제기되지 아니하였고 법원 역시 범죄사
　　실의 실체를 파악하는 데 지장이 없다고 판단하여 그대로 공판절차를 진행한 결
　　과 증거조사절차가 마무리되어 법관의 심증형성이 이루어진 단계에서는 공소장
　　일본주의의 위배를 주장하여 이미 진행된 소송절차의 효력을 다툴 수는 없다」
　　고 판시하였다(대법원 2009. 10. 22. 전원합 / 의체판결, 2009 도 7436). 공소장일본주의의 위반의 정도에 따라 하자
　　가 치유될 수는 있다. 그러나 예단을 가진 법관에 의하여 이미 공판절차가 진행
　　된 때에는 책문권이 포기·상실되었다고 하는 것은 타당하다고 할 수 없다.

Ⅲ. 공소권남용이론

　　甲에 대한 인감증명서의 위조 및 행사의 점에 관한 추가 기소에 대하여
법원이 유죄판결을 할 수 있는가의 문제는 甲에 대한 추가 기소에 대하여 형
식재판으로 소송을 종결시킬 사유가 있는가의 문제이며, 이를 위하여는 甲에
대하여 추가 기소된 공소사실에 관하여 공소권남용이론에 의하여 형식재판을

선고할 수는 있는가, 또 甲에 대한 확정판결의 기판력이 추가 공소사실에 대하여도 미치는가를 검토해야 한다.

1. 공소권의 남용

(1) 공소권남용이론과 그 적용범위

문제는 甲에 대한 추가 기소는 검사가 동시에 소추해야 할 범죄사실을 확정판결 후에 추가 기소함으로써 소추재량을 일탈한 것이므로 공소권남용이론에 의하여 공소기각의 재판을 할 수 없는가에 있다. 공소권남용이론이란 공소권의 남용이 있는 경우에 공소기각 또는 면소판결의 형식재판에 의하여 소송을 종결시켜야 한다는 이론을 말한다. 검사의 공소권에 대하여 권리남용이론을 적용함으로써 검사의 부당한 공소권행사를 통제하기 위한 이론이다. 여기서 공소권의 남용이란 공소권의 행사가 형식적으로는 적법하지만 실질적으로 부당한 경우를 말하며, 지금까지 ① 범죄의 객관적 혐의가 없음에도 불구하고 검사가 공소를 제기한 경우, ② 사건의 성질과 내용에 비추어 기소유예를 함이 상당함에도 불구하고 공소를 제기한 경우, ③ 죄질과 범증이 비슷한 여러 피의자 중에서 일부만을 선별적으로 공소제기한 경우, ④ 수사과정에 중대한 위법이 있는 경우에 공소권남용이론이 적용될 것인가가 문제되어 왔다.

우리나라에서는 공소권남용을 인정할 법적인 근거규정이 없고 공소권의 남용 여부를 판단할 명백한 기준이 결여되어 있다는 점에서 공소권남용이론을 인정할 것인가 또 어느 범위에서 이 이론을 적용할 것인가에 관하여 견해가 대립되고 있다. 공소권남용이론을 긍정하는 견해는 공소권남용이론에 의하여 종래의 소송조건으로 해결하기 어려운 검사의 공소권행사의 적정성을 실현할 수 있다는 전제에서 ① 유죄판결을 받을 가능성은 공소권행사의 기본적 전제요건이며, ② 검사의 소추재량은 기속재량이고, ③ 차별적 공소제기는 헌법의 평등의 원칙에 반하는 공소제기이므로 공소제기의 절차가 법률의 규정에 위반하여 무효인 때에 해당한다고 주장한다. 이에 반하여 공소권남용이론을 부정하는 입장에서는 공소권남용을 형식재판으로 종결할 법적 근거가 없고 공소권남용인가를 판단할 명백한 기준이 없다는 점에서 출발하여 ① 범죄의 혐의는 소송조건이 될 수 없고, ② 기소유예의 정상은 사건의 실체에 관한 문제이며, ③ 차별적 공소제기를 공소기각의 사유로 삼을 때에는 공소제기되지 않은 사

실까지 심판의 대상에 포함시켜 불고불리의 원칙에 반하는 결과를 초래하고,
④ 수사절차의 위법이 공소제기를 무효로 할 수는 없다는 이유로 해석론상 공
소권남용이론을 채택할 수는 없다고 한다. 판례는 차별적 공소제기의 경우에
동일한 구성요건에 해당하는 행위를 한 공동피의자 중 일부만 공소제기하였다
고 할지라도 공소권을 남용하였다고 할 수 없다고 한 바 있다(대법원 1990.6.8,
90 도 646). 이
에 반하여 일본의 최고재판소는 검사의 소추재량일탈의 공소제기에 관하여는
「검사의 소추재량의 일탈이 공소제기를 무효로 할 수는 있지만 이는 공소제기
자체가 직무범죄를 구성할 극단적인 경우에 한한다」고 결정하여(日最判 1980.12.17.
刑集 34·7·672)
제한된 범위에서 이를 인정하는 듯한 태도를 취하면서도 「수사절차의 위법만
으로는 공소제기를 무효로 하지 않는다」고 판시하고 있다(日最判 1981.6.26.
刑集 35·4·426).

(2) 누락사건의 추가 기소와 공소권남용

설문은 검사가 최초의 공소제기시에 동시에 공소제기할 수 있었던 사실
중 일부 누락된 사실을 추가로 공소제기한 것이 공소권남용에 해당할 수 있는
가의 문제이다. 공소권남용이론을 부정하는 이론에 의할 때에는 이 경우에 공
소기각 또는 면소의 판결에 의하여 소송을 종결시킬 수 없다는 것이 명백하다.
이에 반하여 공소권남용이론을 긍정하는 입장에 의할 때에는 이러한 경우까지
소추재량을 일탈한 경우라고 할 수 있는가, 또는 공소권남용이론을 이 경우에
도 확대 적용할 수 있는가가 문제된다. 소추재량을 일탈한 경우란 기소유예해
야 할 사건을 검사가 공소제기한 경우를 말한다. 그러나 甲이 인감증명서를 위
조한 부분은 당연히 기소유예해야 할 사건이라고 할 수 없으므로 소추재량을
일탈한 경우가 아니다. 문제는 검사에게 추가 공소사실에 대하여 동시소추의
의무가 있는데 검사가 이를 분리해서 공소제기하여 甲에게 현저한 불이익을
초래하였다는 이유로 공소권남용이론을 적용할 수 있는가에 있다. 그러나 수
개의 관련사건이 있는 경우에 검사에게 모든 사건에 대한 동시소추의무를 인
정할 수는 없다. 따라서 검사의 추가 기소에 관하여는 그것이 보복기소에 해당
하지 않는 한 공소권남용이론이 적용될 여지는 없으며, 법원은 甲을 유죄판결
할 수 있다고 해야 한다. 대법원이 종래 「비록 검사가 관련사건을 수사할 당시
이 사건 범죄사실이 확인된 경우 이를 입건하여 관련사건과 함께 기소하는 것
이 상당하기는 하나 이를 간과하였다고 하여 검사가 자의적으로 공소권을 행
사하여 소추재량권을 현저히 일탈한 위법이 있다고 보여지지 아니할 뿐만 아

니라, 검사가 위 항소심판결 선고 이후에 이 사건 공소를 제기한 것이 검사의
태만 내지 위법한 부작위에 의한 것으로 인정되지 아니하여 이 사건 공소제기
가 공소권의 남용에 해당한다고 할 수 없다」고 판시하였으나($^{대법원\ 1996.\ 2.\ 13,}_{94\ 도\ 2658}$), 그
후 「검사의 공소제기가 공소권남용에 해당하여 공소제기의 효력을 부인하기
위하여는 단순한 직무상의 과실만으로는 부족하여 적어도 미필적으로나마 어
떤 의도가 있어야 한다」고 판시하였음은($^{대법원\ 1999.\ 12.\ 10,}_{99\ 도\ 577}$) 이러한 의미에서 이해
할 수 있다.

결국 공소권남용이론이 적용될 것인가는 동시소추하지 아니한 것이 검사
의 직무태만 또는 위법한 부작위인가에 따라서 결정할 것이 아니라 검사에게
보복의 의도가 있는 보복기소인가 또 검사가 기소유예해야 할 사건을 공소제
기한 것인가의 여부에 따라서 판단해야 할 것이다.

2. 공소사실의 동일성

甲에 대하여 추가 기소된 공소사실에 관하여 기판력이나 이중위험금지의
효력이 미치는 경우에는 면소판결을 선고하지 않을 수 없다($^{제326조}_{1호}$). 그러나 기
판력 또는 일사부재리의 효력은 범죄사실과 동일성이 인정되는 사실에 미치며
이중위험의 금지의 효력도 동일한 범죄에 대하여 적용되는 것이므로 공소사실
의 동일성이 인정되는가가 기준이 된다. 동일성은 사건의 시간적 전후동일성
을 의미하는 협의의 동일성과 단일성을 포함하는 개념이다. 동일성에 대하여
는 기본적 사실동일설이 판례와 다수설의 입장이며, 단일성은 실체법상의 죄
수이론 또는 소송법상의 행위개념에 따라서 해결해야 한다. 기본적 사실동일
설은 공소사실을 그 기초가 되는 사회적 사실로 환원하여 그러한 사실 사이에
다소의 차이가 있더라도 기본적인 점에서 동일하면 동일성을 인정해야 한다는
이론이다. 그러나 甲에 대한 추가 기소사실에 관하여는 단일성이 인정되는가
가 먼저 문제되지 않을 수 없다. 확정판결의 범죄사실과 추가 기소된 공소사실
이 하나의 사실인가에 대하여 의문이 제기되기 때문이다. 사기죄와 그 수단인
공문서위조죄 및 위조공문서행사죄는 상상적 경합이 된다는 견해와 경합범이
될 뿐이라고 해석하는 견해가 대립되고 있다. 판례는 후설의 입장에서 문서위
조죄와 위조문서행사죄 및 사기죄는 모두 경합범이 된다는 태도를 일관하고
있다($^{대법원\ 1991.\ 9.}_{10,\ 91\ 도\ 1722}$). 이에 의하면 공문서위조죄와 위조공문서행사죄 및 사기죄는

모두 경합범이 되므로 사기죄의 확정판결의 기판력은 甲에 대한 추가 기소된 공소사실에는 미친다고 할 수 없으므로 법원은 甲에게 면소판결을 선고할 수 없게 된다. 그러나 경합범과 상상적 경합은 행위가 수개인가 한 개인가에 따라 구별되는 것이므로 종래의 견련범에 해당하는 경우에도 행위의 동일성이 인정되는 때에는 상상적 경합이 성립할 수 있다고 해야 한다. 행위의 단일성은 행위의 완전동일성이 인정되는 경우뿐만 아니라 부분적 동일성으로도 족하다. 그런데 위조공문서행사죄와 사기죄는 행위가 단일한 경우이며, 공문서위조죄와 위조공문서행사죄도 행위의 부분적 동일성이 인정되는 경우라고 할 수 있으므로 이들 범죄 사이에는 상상적 경합이 성립한다고 해야 한다(이재상, 형법총론 제7판, §39/11). 상상적 경합은 실체법상으로는 수죄이지만 소송법에서는 한 개의 죄이며, 따라서 사기죄에 대한 확정판결의 기판력은 공문서위조죄와 위조공문서행사죄에도 미친다고 해야 한다.

결국 甲에 대한 추가 기소된 공소사실에 대하여는 면소판결을 선고하는 것이 타당하다고 생각된다.

Ⅳ. 결   론

공소장일본주의에 의하여 공소장에 법관에게 예단을 줄 수 있는 서류, 기타 물건을 첨부하거나 그 내용을 인용하는 것은 물론 예단을 줄 수 있는 사항을 기재하는 것도 허용되지 아니한다. 그러나 인용의 금지가 공소장일본주의의 내용이 된다고 할지라도 인용한 문서의 내용이 구성요건에 해당하는 중요한 요소인 때에는 공소사실을 특정하기 위한 기재에 지나지 않는다.

전과의 기재도 누범전과와 같이 범죄사실에 준하는 경우에는 당연히 그 기재가 허용되며, 이종전과의 기재는 삭제하면 되는 경우에 해당한다. 가사 공소장일본주의에 위반한 경우에도 검사의 삭제에 의하여 하자가 치유될 수 있다고 해석하는 것이 타당하다. 누락한 사실에 대한 추가 기소는 확정판결의 대상인 사실과 동일성이 인정되지 않는 이상 공소권남용에 해당하지 않으면 실체판결을 할 수밖에 없다. 검사에게는 모든 관련사건에 대한 동시소추의무가 없으며 당연히 공소제기해야 할 사건을 공소제기한 이상 소추재량의 일탈이

있다고 할 수 없다. 따라서 甲에 대한 추가 기소는 공소권남용에 해당하지 않
는다. 그러나 추가 기소된 공문서위조죄와 위조공문서행사죄는 이미 확정된
사기죄의 범죄사실과 상상적 경합의 관계에 있으므로 기판력이 인정되어 면소
판결을 선고해야 한다고 생각된다. 이들 범죄의 관계를 경합범이라고 해석하
는 판례에 의하면 甲에게 실체판결을 선고할 수 있는 것이 당연하다.

[관련문제]

검사가 비슷한 죄질의 수 명에 대한 형사피의사실을 수사한 후 범증이 무거
운 피의자에 대하여 불기소처분하고 오히려 범증이 가벼운 피의자만을 기소
하였다면 이 기소가 적법한지를 설명하고 이 경우 법원은 어떤 판단을 할 수
있는지를 논하라(불기소처분에 대한 불복방법은 논외로 한다).

(제38회 사법시험 출제문제)

《쟁 점》

⑴ 공소권남용이론을 인정할 것인가.
⑵ 차별적 공소제기의 경우에 실체판결설과 공소기각판결설의 근거는 무엇이고
   어떤 견해가 옳은가.
⑶ 법원은 피고인에 대하여 실체판결을 할 수 있는가.

《해 설》

공소권남용이론이란 검사의 공소권남용이 있는 경우에 공소기각 또는 면소판결
의 형식재판으로 소송을 종결시켜야 한다는 이론이다. 공소권남용이론은 검사
의 부당한 공소제기를 규제하기 위한 효과적인 이론이다. 그러나 차별적 공소제
기의 경우에 공소기각의 판결을 선고하게 하는 것은 공소제기되지 않은 사건까
지 심판의 대상으로 하여 불고불리의 원칙에 반하는 결과가 된다.
　법원은 피고인에 대하여 실체판결을 해야 한다.

[관련판례]

⑴ 대법원 2009. 10. 22. 전원합의체판결, 2009 도 7436, 「공소장일본주의의 위배 여부는 공소사실로 기재된 범죄의 유형과 내용 등에 비추어 볼 때에 공소장에 첨부 또는 인용된 서류 기타 물건의 내용, 그리고 법령이 요구하는 사항 이외에 공소장에 기재된 사실이 법관 또는 배심원에게 예단을 생기게 하여 법관 또는 배심원이 범죄사실의 실체를 파악하는 데 장애가 될 수 있는지 여부를 기준으로 당해 사건에서 구체적으로 판단하여야 한다. 이러한 기준에 비추어 공소장일본주의에 위배된 공소제기라고 인정되는 때에는 그 절차가 법률의 규정에 위반하여 무효인 때에 해당하는 것으로 보아 공소기각의 판결을 선고하는 것이 원칙이다. 그러나 공소장 기재의 방식에 관하여 피고인 측으로부터 아무런 이의가 제기되지 아니하였고 법원 역시 범죄사실의 실체를 파악하는 데 지장이 없다고 판단하여 그대로 공판절차를 진행한 결과 증거조사절차가 마무리되어 법관의 심증형성이 이루어진 단계에서는 소송절차의 동적 안정성 및 소송경제의 이념 등에 비추어 이제는 더 이상 공소장일본주의의 위배를 주장하여 이미 진행된 소송절차의 효력을 다툴 수는 없다고 보아야 한다.」

⑵ 대법원 1990. 10. 12, 90 도 1744, 「검사는 피의자의 연령, 성행, 지능과 환경, 피해자에 대한 관계, 범행의 동기, 수단과 결과, 범행 후의 정황 등의 상황을 참작하여 공소를 제기할 것인지의 여부를 결정할 수 있는 것으로서, 똑같은 범죄구성요건에 해당하는 행위라 하더라도 그 행위자 또는 그 행위 당시의 상황에 따라서 위법성이 조각되거나 책임이 조각되는 경우도 있을 수 있는 것이므로, 자신의 행위가 범죄구성요건에 해당된다는 이유로 공소가 제기된 사람은 단순히 자신과 동일한 범죄구성요건에 해당하는 행위를 하였음에도 불구하고 동일하게 기소되지 아니한 다른 사람이 있다는 사유만으로 그 공소권의 행사가 공익의 대표자인 검사의 불공정한 기소로서 법령에 위반되어 무효라고 주장할 수는 없다.」

  동지 : 대법원 1990. 6. 8, 90 도 646.

⑶ 대법원 1996. 2. 13, 94 도 2658, 「이 사건 공소는 피고인이 징역 1년의 형을 선고받고 확정된 사건(관련사건)과 함께 입선되지 아니한 이 사건 범죄사실에 대하여 관할동장으로부터 고발조치가 있자 위 관련사건이 법원에 계류되어

있던 중에 이에 대하여 경찰 및 검찰이 별도로 수사를 진행하여 그 결과 제기
된 것으로서, 비록 검사가 관련사건을 수사할 당시 이 사건 범죄사실이 확인된
경우 이를 입건하여 관련사건과 함께 기소하는 것이 상당하기는 하나 이를 간
과하였다고 하여 검사가 자의적으로 공소권을 행사하여 소추재량권을 현저히
일탈한 위법이 있다고 보여지지 아니할 뿐만 아니라, 이 사건 공소가 관련사건
의 항소심 판결선고 이전에 행하여지지 아니하여 피고인이 관련사건과 병합하
여 재판을 받지 못하는 불이익을 받게 되었다고는 하나, 검사가 위 항소심 판
결선고 이후에 이 사건 공소를 제기한 것이 검사의 태만 또는 위법한 부작위
에 의한 것으로 인정되지 아니하며, 피고인으로서는 관련사건이 법원에 계류
되어 있던 중에 이와 별도로 이 사건 범죄사실에 대하여 수사를 받고 있으니
만큼 관련사건의 재판과정에서 이 사건 범죄사실에 대하여 추후 기소되는 경
우 관련사건과 병합하여 재판을 받을 수 있도록 변론기일의 속행 내지 선고기
일의 연기를 신청할 수도 있었을 터인데 아무런 조치를 취하지 아니한 채 관
련사건에 대하여 확정판결을 선고받았으므로 이 사건 공소에 대하여 별도로
재판을 받는 데 대하여 피고인에게 아무런 책임이 없다고도 볼 수 없다. 그럼
에도 불구하고 원심이 피고인이 관련사건의 재판 때 이 사건 범죄사실에 대하
여 병합하여 재판을 받지 못하였다는 것에만 주목하여 이 사건 공소제기가 공
소권의 남용에 해당한다고 만연히 인정하고 말았으니, 원심의 이러한 조치에
는 필경 기소편의주의와 공소권남용에 관한 법리를 오해한 위법이 있다고 하
지 아니할 수 없다.」

⑷ 대법원 1996. 5. 14, 96 도 561, 「형사소송법 제327조 제 2 호에 규정된 공
소제기의 절차가 법률의 규정에 위반하여 무효인 때라 함은 무권한자에 의하
여 공소가 제기되거나 공소제기의 소송조건이 결여되거나 또는 공소장에 현저
한 방식위반이 있는 경우를 가리키는 것인바, 불법구금, 구금장소의 임의적 변
경 등의 위법사유가 있다고 하더라도 그 위법한 절차에 의하여 수집될 증거를
배제할 이유는 될지언정 공소제기의 절차 자체가 위법하여 무효인 경우에 해
당한다고 볼 수 없다.」

⑸ 대법원 1999. 12. 10, 99 도 577, 「⑴ 검사가 자의적으로 공소권을 행사하
여 피고인에게 실질적인 불이익을 줌으로써 소추재량권을 현저히 일탈하였다

고 보여지는 경우에 이를 공소권의 남용으로 보아 공소제기의 효력을 부인할
수 있는 것이고, 여기서 자의적인 공소권의 행사라 함은 단순히 직무상의 과실
에 의한 것만으로는 부족하고 적어도 미필적이나마 어떤 의도가 있어야 한다.

  (2) 검사가 구속영장기재의 범죄사실(선행사건)로 피고인을 신문할 당시 피
고인이 여죄의 사실(후행사건)도 자백하였으나 경찰에서 후행사건의 수사관계
로 선행사건과 분리하여 뒤늦게 따로 송치한 관계로 선행사건의 기소 당시에
는 후행사건은 검찰에 송치되기 전이었고 불구속으로 송치된 후행사건에 대하
여 검사가 제1회 피의자신문을 할 당시 선행사건의 유죄판결이 의외로 빨리
확정된 경우, 검사의 후행사건에 대한 기소가 공소권 남용에 해당하지 않는다.」

[22] 기소편의주의와 재정신청절차

[설 문]

甲은 서울특별시 소재 A경찰서 수사과에 근무하는 경찰관이다. 甲은 여자대학생 乙을 집회및시위에관한법률위반 피의사건으로 수사하던 중 乙이 시위를 주도한 사실을 부인하면서 진술을 거부하자, 乙에게 폭행과 가혹행위를 하였을 뿐만 아니라 밤에 혼자 乙을 수사하면서 옷을 벗기고 음부를 만지면서 사실대로 말하라고 추궁하였다. 乙은 검찰에 송치된 후 甲을 폭행·가혹행위죄로 검찰에 고소장을 제출하였다. 검사는 乙을 집회및시위에관한법률위반으로 공소를 제기하면서, 甲에 대하여는 甲이 성실히 직무를 수행하는 과정에서 우발적으로 범한 사건이고 10여년간 경찰에 봉직하면서 10여 차례 표창을 받았고 잘못을 뉘우치고 있다는 등의 이유로 기소유예처분을 하였다. 乙은 법원에서 무죄판결을 선고받았다. 乙은 甲에 대한 검사의 불기소처분을 통지받고 고등법원에 재정신청을 하려고 한다.

　1. 재정신청에 대하여

　　⑴ 甲에 대한 재정신청은 이유가 있다고 할 수 있는가.

　　⑵ 재정신청은 어떻게 신청해야 하는가.

　　⑶ 재정신청서를 받은 지방검찰청 검사장은 어떻게 처리해야 하는가.

　2. 고등법원에서 재정신청에 관하여 심리를 함에 있어서

　　⑷ 재정신청을 담당한 판사 중 B는 乙에 대한 집회및시위에관한법률위반 피고사건에 무죄판결을 한 판사였다. 甲은 기피신청을 할 수 있는가.

　　⑸ 법원은 직권으로 증거조사(증인신문)를 할 수 있는가. 또 乙이 증거조사에 입회하여 질문할 수 있는가.

　3. 甲에 대한 공소제기결정이 있는 경우에

　　⑹ 공소제기와 유지는 누가 담당하는가.

　　⑺ 검사는 공소장변경에 의하여 상상적 경합관계에 있는 강제추행죄의

공소사실을 추가할 수 있는가. 또 공소를 취소할 수는 있는가.

(8) 甲은 재정결정에 대하여 재항고할 수 있는가.

Ⅰ. 문제의 제기

  형사소송법은 공소제기에 관하여 기소독점주의와 함께 기소편의주의를 채택하고 있다. 기소독점주의에 의하여 공소제기의 공정성을 담보하고 기소편의주의에 의하여 형사사법의 탄력성 있는 운용을 통하여 형사사법의 정의를 실현하고자 한 것이다. 그러나 공소권을 독점하고 있는 검사가 공소제기에 관한 재량권을 가지게 한 것은 검사의 독선과 자의를 허용하는 결과가 되지 않을 수 없으며, 여기서 기소편의주의를 규제하여 검사의 부당한 불기소처분으로부터 고소인을 보호할 조치가 필요하게 된다. 재정신청절차(기소강제절차)는 검사의 부당한 불기소처분을 규제하기 위한 형사소송법상 가장 중요한 의미를 가진 제도이다. 설문은 甲에 대한 검사의 기소유예처분의 정당성과 재정신청절차의 내용에 관한 문제이다. 즉 문제 (1)과 (2) 및 (3)은 재정신청의 이유와 신청방법 및 절차를 묻는 것이고, 문제 (4)와 (5)는 재정신청에 대한 법원의 심리에 기피제도의 적용 여부와 법원의 심리범위를 묻는 문제이고, 문제 (6)과 (7) 및 (8)은 공소제기결정사건의 공판절차의 특칙과 관련하여 각각 검사의 역할, 공소장변경 및 공소취소의 허용여부, 재정결정에 대한 재항고의 여부에 관한 문제이다.

Ⅱ. 재정신청의 대상과 신청방법

1. 재정신청의 대상 및 이유

(1) 재정신청의 대상

재정신청의 신정권자는 검사로부터 불기소처분의 통지를 받은 고소인이다. 다만, 형법 제123조 내지 제125조까지의 죄에 대하여는 고발인도 재정신청을 할 수 있다($^{제260조}_{1항}$). 乙은 고소인이므로 당연히 신청권자가 된다. 재정신청의 대상은 모든 범죄에 대한 검사의 불기소처분이다. 즉, 개정 형사소송법은 대상 범죄를 모든 범죄로 확대하였다. 불기소처분의 이유에도 제한이 없다. 따라서 협의의 불기소처분뿐만 아니라 기소유예처분에 대하여도 재정신청을 할 수 있다. 재정신청은 기소편의주의도 규제하기 위한 제도이기 때문이다. 검사의 기소유예처분에 대하여 乙은 당연히 재정신청을 할 수 있다.

(2) 재정신청의 이유

고소인의 재정신청을 심리한 결과 신청이 이유 있다고 판단되면 고등법원은 공소제기 결정을 하게 된다. 문제 (1)은 乙의 재정신청이 이유 있다고 볼 수 있는가의 문제이다. 신청이 이유 있는 때란 검사의 불기소처분이 위법 또는 부당한 경우를 말한다. 그런데 형사소송법은 기소편의주의를 채택하고 있으므로 수사 결과 범죄혐의가 충분하고 소송조건이 구비된 경우에도 검사는 개개의 구체적 사안에 따라 형법 제51조에 정한 사항을 참작하여 기소유예처분을 할 수 있는 재량을 갖고 있다. 문제는 검사의 甲에 대한 기소유예처분이 이러한 기소재량의 범위 내라고 할 수 있는가에 있다. 그러나 기소편의주의라고 할지라도 스스로 합리적 한계가 있는 것이므로 이 한계를 초월하여 기소하여야 할 극히 상당한 이유가 있는 사안을 불기소처분한 때에는 기소편의주의의 법리에 어긋난다고 하지 않을 수 없다. 그런데 인간의 존엄과 행복추구권을 규정한 헌법 제10조, 형사절차에서의 인권보장을 규정한 헌법 제12조 2항의 정신에 비추어 볼 때, 경찰관이 그 직무를 행함에 있어서 형사피의자에 대하여 폭행과 가혹행위를 하고, 특히 여성으로서의 성적 수치심을 자극하는 방법으로 신체적·정신적 고통을 가하는 인권침해행위는 용납될 수 없는 범죄행위이므로 이는 여러 정상을 참작하여도 기소유예할 수 있는 사안이 아니다. 따라서 검사의 甲에 대한 기소유예처분에는 기소편의주의의 한계를 초월한 위법이 있어 乙의 재정신청은 이유 있는 경우에 해당한다($^{대법원\ 1988.\ 1.\ 29.}_{결정,\ 86\ 모\ 58}$).

2. 재정신청의 방법

문제 (2)는 재정신청의 방법을 묻고 있다. 형사소송법은 재정신청에 대하여 검찰항고전치주의를 채택하고 있다. 즉 재정신청을 하려면 검찰청법 제10조에 따른 항고를 거쳐야 한다($^{제260조}_{2항}$). 고소인에게는 재정신청 전에 신속한 권리구제의 기회를 제공하고, 검사에게 자체시정의 기회를 갖게 하여 재정신청 제도의 효율성을 도모하면서 신청남용의 폐해를 줄이기 위한 것이다. 이 경우에 재정신청을 할 수 있는 자는 검찰청법에 의한 재항고를 할 수 없다($\binom{검찰청법}{제10조\ 3항}$). 항고전치주의에는 예외가 인정된다. 즉 ① 재정신청인의 항고 이후에 재기수사가 이루어진 다음에 다시 검사로부터 공소를 제기하지 아니한다는 통지를 받은 경우, ② 항고 신청 후 항고에 대한 처분이 행하여지지 아니하고 3개월이 경과한 경우, ③ 검사가 공소시효 만료일 30일 전까지 공소를 제기하지 아니하는 경우의 어느 하나에 해당하는 때에는 바로 재정신청을 할 수 있다($\binom{제260조}{2항\ 단서}$). 乙에게 이러한 예외에 해당하는 사유는 없다.

재정신청을 하려는 자는 항고기각 결정을 통지받은 날로부터 10일 이내에 서면으로 재정신청을 하여야 한다. 신청기간은 불변기간이므로 기간을 도과한 신청은 허용되지 않는다. 재정신청서에는 재정신청의 대상이 되는 사건의 범죄사실과 증거 등 재정신청을 이유 있게 하는 사유를 기재하여야 한다($\binom{동조}{제4항}$). 재정신청서에 위의 사항을 기재하지 않은 때에는 재정신청을 기각할 수 있다. 재정신청서는 불기소처분을 한 검사가 소속한 지방검찰청검사장 또는 지청장에게 제출하여야 한다($\binom{동조}{제3항}$).

3. 지방검찰청검사장·지청장의 처리

문제 (3)은 재정신청서를 받은 지방검찰청 검사장은 어떻게 처리해야 하는가를 묻는 것이다. 재정신청서를 제출받은 지방검찰청검사장 또는 지청장은 재정신청서를 제출받은 날부터 7일 이내에 재정신청서·의견서·수사 관계 서류 및 증거물을 관할 고등검찰청을 경유하여 관할 고등법원에 송부하여야 한다. 항고전치주의에 의하여 이미 항고절차를 거쳤기 때문에 고등법원에 신속히 송부하게 한 것이다. 다만 항고전치주의가 적용되지 않는 경우에는 지방검찰청검사장 또는 지청장은 ① 신청이 이유 있는 것으로 인정하는 때에는 즉시 공소를 제기하고 그 취지를 관할 고등법원과 재정신청인에게 통지하고, ② 신청이 이유 없는 것으로 인정하는 때에는 30일 이내에 관할 고등법원에 송부한다($\binom{제261}{조}$).

Ⅲ. 재정신청사건의 심리

문제 (4)와 (5)의 재정신청사건의 심리절차에 있어서 법관에 대한 기피신청
이 허용되는가, 또 고등법원은 재정결정을 위하여 어떤 범위에서 심리할 수 있
는가의 문제는 재정신청심리절차의 구조를 어떻게 파악할 것인가에 따라 결론
을 달리하는 문제이다.

1. 재정신청심리절차의 구조

재정신청심리절차는 재정신청의 이유의 유무를 심사하는 법원의 재판절차
이지만, 법원의 재정결정은 공소제기와 같은 효과를 가지는 데 불과하다. 여기
서 재정신청심리절차의 구조를 어떻게 파악할 것인가에 관하여는 수사설, 항
고소송설, 중간설 및 소송설이 나타난다.

(1) 수 사 설

재정신청심리절차는 수사절차이므로 신청인의 절차관여는 배제되어야 한
다는 이론이다. 재정신청심리절차가 공소제기 전의 절차임을 이유로 한다. 그
러나 재정신청심리절차의 기능과 목적을 고려하지 않고 시간적으로 공소제기
전의 절차이며 공소제기 여부를 결정한다는 것만으로 수사절차라고 파악하는
것은 타당하지 않다는 비판을 받는다.

(2) 항고소송설

재정신청심리절차를 검사의 불기소처분의 당부를 심판의 대상으로 하는
행정소송의 항고소송에 준하는 소송절차로 이해한다. 이에 의하면 신청인과
검사는 대립당사자로서 절차에 관여할 수 있게 된다. 그러나 이 견해에 대하여
도 신청인은 검사에 대하여 공소제기를 청구할 권리가 없기 때문에 소송의 전
제인 권리·의무관계가 존재하지 않고, 피의자와 신청인의 관계를 설명할 수
없다는 비판이 제기된다.

(3) 중 간 설

재정신청심리절차는 수사와 항고소송의 성격을 함께 가지고 있다고 설명
하는 견해이다. 재정신청심리절차는 불기소처분의 당부를 심사하는 항고소송
이지만 수사의 속행적 성격도 가지고 있다는 것이다. 그러나 재정신청심리절

차가 수사와 항고소송의 성격을 함께 가진다고 설명해서는 그 구조를 설명할
수 없다는 비판을 받는다.

　따라서 재정신청심리절차는 수사절차가 아닌 재판절차이며 형사소송 유사
의 재판절차로 파악하지 않으면 안 된다(**소송설**). 다만 그것은 공소제기 전의
절차라는 점에서 수사와 유사한 구조를 가지고 있으므로 당사자가 대립하는
소송절차가 아니라 밀행성의 원칙과 직권주의가 지배하는 소송절차라고 보아
야 한다.

2. 재정신청심리절차에서의 기피와 심리범위

(1) 기피신청

　문제 ⑷의 재정신청심리절차에서 피의자가 기피신청을 할 수 있는가에 관
하여는 부정설과 긍정설이 대립되고 있다. 부정설은 기피신청권은 피고인에게
만 인정된다는 이유로 피의자에게는 허용될 수 없다고 한다. 그러나 재정신청
심리절차도 재판절차로 이해하는 이상 피의자의 기피신청도 허용된다고 해석
하지 않을 수 없다. 일본 최고재판소는 「부심판청구는 특수한 범죄에 대하여
검사의 불기소처분의 당부에 대한 심사를 법원에 맡기는 것이며, 그 심사에 있
어서 법원은 직무의 독립성이 보장된 법관으로 구성되고 그 권한은 극히 광범
위하므로 이러한 법원을 구성하는 법관의 직무집행의 공정을 기하기 위하여 제
척·기피·회피의 규정이 적용되어야 하는 것은 그 제도의 취지에 비추어 명백
하다」고 판시한 바 있다($\substack{日最決\ 1969.9.11.\\刑集\ 23\cdot9\cdot1100}$). 甲은 B에 대하여 당연히 기피신청을 할
수 있다.

(2) 심리의 범위

　문제 ⑸는 재정신청심리절차에서 법원은 증거조사를 할 수 있는가, 또 신
청인이 심문에 참여할 수 있는가의 문제이다. 재정신청심리절차가 형사소송
유사의 재판절차라고 하는 점에서 법원이 필요하다고 인정할 때에 증거조사를
할 수 있는 것은 물론이다. 따라서 법원은 피의자를 신문할 수 있을 뿐만 아니
라 증인신문도 할 수 있게 된다. 다만 이러한 소송절차는 당사자의 대립을 전
제로 하지 않는 밀행성이 지배되는 재판이라는 점에서 신청인의 참여권을 인
정할 것인가가 문제된다. 일본의 최고재판소는 준기소절차에서는 「절차의 기
본적 성격과 구조에 반하지 않는 한 법원의 적절한 재량에 의하여 필요한 심

리방식을 채택하면 족하다」고 판시하면서 신청인의 기록열람·등사권을 부정한 바 있다($\begin{smallmatrix} 日最決 & 1974.3.13. \\ 刑集 & 28·2·1 \end{smallmatrix}$). 신청인의 증인신문에의 참여는 인정해도 좋다고 생각된다.

Ⅳ. 공소제기결정사건의 공판절차

문제 (6)과 (7) 및 (8)은 공소제기결정사건의 공판절차에서 검사의 권한은 누가 행사하며, 공소장변경과 공소취소가 허용되는가, 또 재정결정에 대한 재항고가 허용되는가의 문제이다.

1. 공소의 제기와 유지

문제 (6)은 공소제기결정사건에서 공소제기와 유지를 누가 담당하는가를 묻는 것이다. 법원의 공소제기결정에 의한 기소강제사건의 공소제기를 위하여 검사가 공소장을 제출해야 하며, 공소유지도 검사가 담당한다. 따라서 재정법원의 공소제기결정의 재정결정서를 송부받은 관할 지방검찰청 검사장 또는 지청장은 지체없이 담당 검사를 지정하고 지정받은 검사는 공소를 제기해야 한다($\begin{smallmatrix} 제262조 \\ 6항 \end{smallmatrix}$). 종래의 준기소절차에서 부심판 결정의 정본으로 공소장을 대신하고 공소유지변호사를 지정한 것과 구별된다.

2. 공소장변경과 공소취소

공소제기결정에 따라 공소를 제기한 검사는 통상 사건의 경우와 같이 검사로서의 모든 직권을 행사한다. 검사는 공소장변경은 물론, 상소를 제기할 수 있다. 따라서 강제추행죄의 공소사실을 추가하는 공소장변경은 당연히 허용된다. 다만, 이 경우에 검사가 공소취소를 할 수 없다는 것은 당연하다($\begin{smallmatrix} 제264조 \\ 의 2 \end{smallmatrix}$). 공소취소를 허용할 때에는 공소제기 결정의 취지가 몰각될 수 있기 때문이다.

3. 재정결정에 대한 재항고

고등법원의 재정신청기각결정에 대하여는 형사소송법 제415조에 따른 즉시항고를 할 수 있으나, 공소제기결정에 대하여는 불복할 수 없다($\begin{smallmatrix} 제262조 \\ 4항 \, 전단 \end{smallmatrix}$). 공소제기결정에 잘못이 있는 경우에는 본안사건의 자체의 재판을 통하여 이를 시정할 수 있기 때문이다($\binom{\text{대법원 1997.11.20. 전원}}{\text{합의체결정, 96 모 119}}$). 종전에는 재정신청기각결정에 대해서도 불복할 수 없도록 규정되어 있었으나, 헌법재판소가 "형사소송법 제262조 4항 전문의 불복에 재항고가 포함되는 것으로 해석하는 한 헌법에 위반된다"는 결정을 선고함에 따라($\binom{\text{헌재결 2011.11.24.}}{\text{2008 헌마 578}}$) 2015년 이를 개정하여 기각결정에 대해서도 재항고할 수 있도록 하였다.

V. 결   론

  재정신청의 대상은 모든 범죄에 대한 검사의 불기소처분이다. 기소편의주의에 의하여 검사는 범죄의 혐의가 인정되는 때에도 기소유예를 할 수 있는 재량을 가지지만 명백히 공소를 제기해야 할 중대한 사건을 기소유예하는 것은 재량의 한계를 벗어난 것으로서 위법하다고 하지 않을 수 없다. 따라서 甲에 대한 검사의 불기소처분은 위법하다. 재정신청을 하려면 검찰청법 제10조에 따른 항고를 거쳐야 한다($\binom{\text{제260조}}{\text{2항}}$). 재정신청을 하려는 자는 항고기각 결정을 통지받은 날로부터 10일 이내에 서면으로 재정신청을 하여야 한다. 재정신청서에는 재정신청의 대상이 되는 사건의 범죄사실과 증거 등 재정신청을 이유 있게 하는 사유를 기재하여야 하며($\binom{\text{동조}}{\text{제4항}}$), 재정신청서는 불기소처분을 한 검사가 소속한 지방검찰청 검사장 또는 지청장에게 제출하여야 한다($\binom{\text{동조}}{\text{제3항}}$). 재정신청서를 제출받은 지방검찰청 검사장 또는 지청장은 재정신청서를 제출받은 날부터 7일 이내에 재정신청서·의견서·수사 관계 서류 및 증거물을 관할 고등검찰청을 경유하여 관할 고등법원에 송부하여야 한다($\binom{\text{제261}}{\text{조}}$). 재정신청심리절차는 밀행성과 직권주의가 지배하는 형사소송 유사의 재판절차이므로 신청인은 판사에 대한 기피신청을 할 수 있고, 법원은 직권에 의하여 증거조사를 할 수 있다. 신청인의 절차관여는 재판의 본질에 반하지 않는 한 허용해야 한다고 할 것이다. 공소제기결정사건절차에서의 공소제기와 유지는 검사가 담당한다. 공소를 제기한 검사는 통상 사건의 경우와 같이 검사로서의 모든 직권을 행사한다. 검사는 공소장변경은 물론, 상소를 제기할 수 있다. 따라서 강제추행죄의 공소사실을 추가하는 공소장변경은 당연히 허용된다. 다만, 이 경우에 검사가 공소취소를 할 수는 없다. 고등법원의 공소제기결정에 대하여는 불복할 수 없다(제262조/4항 전단).

[관련판례]

⑴ 대법원 1988. 1. 29. 결정, 86 모 58, 「(1) 기소편의주의를 채택하고 있는 우리 법제하에서 검사는 범죄의 혐의가 충분하고 소송조건이 구비되어 있는 경우에도 개개의 구체적 사안에 따라 형법 제51조에 정한 사항을 참작하여 불기소처분(기소유예)을 할 수 있는 재량을 갖고 있기는 하나 그 재량에도 스스로 합리적 한계가 있는 것으로서 이 한계를 초월하여 기소를 하여야 할 극히 상당한 이유가 있는 사안을 불기소한 경우, 이는 기소편의주의의 법리에 어긋나는 부당한 조처라 하지 않을 수 없고, 이러한 부당한 처분을 시정하기 위한 방법의 하나로 우리 형사소송법은 재정신청제도를 두고 있다.

　(2) 인간의 존엄과 행복추구권을 규정한 헌법 제 9 조(현행 제10조), 형사절차에서의 인권보장을 규정한 헌법 제11조 제 2 항(현행 제12조 제 2 항)의 정신에 비추어 볼 때에, 경찰관이 그 직무를 행함에 당하여 폭행 및 가혹행위를 하고, 특히 여성으로서의 성적 수치심을 자극하는 방법으로 신체적·정신적 고통을 가하는 것과 같은 인권침해행위는 용납할 수 없는 범죄행위로서, 여러 정상을 참작한다 하더라도 그 기소를 유예할 사안으로는 볼 수 없다.」

⑵ 대법원 1997. 11. 20. 전원합의체결정, 96 모 119, 「공직선거 및 선거부정방지법 제273조 제 2 항에 의하여 같은 조 제 1 항의 규정에 의한 재정결정에 준용되는 형사소송법 제262조에 의하면 같은 조 제 1 항의 재정신청 기각결정이나 관할지방법원의 심판에 부하는 결정에 대하여는 같은 조 제 2 항에 의하여 항고할 수 없도록 되어 있으나, 헌법 제107조 제 2 항과 형사소송법 제415조의 규정의 취지에 비추어 볼 때 재정신청 기각결정이 재판에 영향을 미친 헌법·법률·명령 또는 규칙의 위반이 있음을 이유로 하는 때에는 대법원의 최종적 심사를 받기 위하여 재항고할 수 있다. 그러나 형사소송법 제262조 제 1 항의 재정결정 중 관할지방법원의 심판에 부하는 결정에 잘못이 있는 경우에는 그 결정에 의하여 심판에 회부된 본안사건 자체의 재판을 통하여 대법원의 최

종적 판단을 받을 수 있는 길이 열려 있으므로, 이와 같은 심판회부의 결정에 대한 재항고를 허용하지 않는다고 하여 최종적으로 대법원의 심사를 받을 수 있는 권리가 침해되는 것은 아니라고 할 것이므로 같은 법 제262조 제1항의 결정 중 관할지방법원의 심판에 부하는 결정에 대하여는 같은 법 제415조의 재항고는 허용되지 않는다고 보아야 할 것이다.」

(3) 대법원 2010. 11. 11, 2009 도 224, 「법원이 재정신청서에 재정신청을 이유 있게 하는 사유가 기재되어 있지 않음에도 이를 간과한 채 형사소송법 제262조 제2항 제2호 소정의 공소제기결정을 한 관계로 그에 따른 공소가 제기되어 본안사건의 절차가 개시된 후에는, 다른 특별한 사정이 없는 한 이제 그 본안사건에서 위와 같은 잘못을 다툴 수 없다. 그렇지 아니하고 위와 같은 잘못을 본안사건에서 다툴 수 있다고 한다면 이는 재정신청에 대한 결정에 대하여 그것이 기각결정이든 인용결정이든 불복할 수 없도록 한 같은 법 제262조 제4항의 규정취지에 위배하여 형사소송절차의 안정성을 해칠 우려가 있기 때문이다. 또한 위와 같은 잘못은 본안사건에서 공소사실 자체에 대하여 무죄, 면소, 공소기각 등을 할 사유에 해당하는지를 살펴 무죄 등의 판결을 함으로써 그 잘못을 바로잡을 수 있다. 뿐만 아니라 본안사건에서 심리한 결과 범죄사실이 유죄로 인정되는 때에는 이를 처벌하는 것이 오히려 형사소송의 이념인 실체적 정의를 구현하는 데 보다 충실하다는 점도 고려하여야 한다.」

[23] 포괄일죄와 이중기소

[설 문]

검사는 2016. 2. 1. 피고인 甲에 대하여

1. 피고인은

   ① 2014. 6. 1. 피해자 A의 사무실에서 돈 500만 원을 절취하고

   ② 같은 해 7. 10. 피해자 B의 사무실에서 돈 50만 원을 절취하고

   ③ 같은 해 9. 1. 피해자 C의 사무실에서 돈 30만 원을 절취한 사건으로 절도죄로 공소제기하였다.

2016. 3. 20. 검사는 다시

2. 甲은 상습으로

   ① 2014. 5. 20. 피해자 D의 사무실에서 돈 2000만 원을 절취하고

   ② 같은 해 7. 20. 피해자 E의 사무실에서 돈 30만 원을 절취하고

   ③ 같은 해 8. 1. 피해자 F의 사무실에서 돈 500만 원을 절취한 사건으로 상습절도죄로 공소제기하였다.

제 1 심 법원은 甲에 대한 두 개의 공소사건을 병합심리한 후 甲에 대한 첫 공소를 유죄로 인정하면서 추가 공소사실에 대하여는 범죄사실은 인정되지만 이중기소라는 이유로 공소를 기각하였다.

⑴ 검사의 甲에 대한 추가 기소는 적법한가.

⑵ 법원은 검사에게 공소장변경을 요구해야 할 의무가 없는가.

⑶ 법원은 甲에 대한 추가 기소를 공소장변경으로 취급하여 甲을 상습절도죄로 유죄판결할 수는 없는가.

다만, 상습절도죄는 포괄일죄에 해당한다는 이론에 의한다.

Ⅰ. 쟁점의 정리

설문은 포괄일죄의 일부에 대한 공소제기가 있은 후에 검사가 나머지 범죄사실을 추가 기소한 경우에 어떻게 처리해야 할 것인가와 이와 관련된 쟁점에 관한 문제이다. 검사는 甲을 절도죄로 공소제기하였다가 상습절도죄로 추가 기소하였다. 물론 상습범이 포괄일죄인가에 관하여 이론이 없는 것은 아니다. 상습성이라는 행위자의 습벽만을 근거로 독립된 수개의 행위를 일죄로 할 수 있는가에 관하여는 의문이 있을 수 있기 때문이다. 그러나 설문은 상습범이 포괄일죄에 해당한다는 통설과 판례에 따를 것을 전제로 하므로 甲에 대한 처음 공소제기는 포괄일죄의 일부에 대한 공소제기에 해당한다. 문제 (1)은 포괄일죄의 일부에 대한 공소제기가 있는 후 잔여부분을 추가 기소하는 것이 적법한가의 문제이고, 문제 (2)는 이 경우에 법원은 반드시 공소장변경을 요구해야 하는가를 문제삼고 있다. 검사의 추가 기소가 부적법하다고 인정되는 경우 법원은 반드시 甲에 대하여 공소기각의 판결을 선고해야 하는가 또는 추가 기소를 공소장변경으로 간주하여 유죄판결을 할 수 있는가가 문제 (3)에서 해결해야 할 과제이다. 즉 甲에 대한 추가 기소는 검사가 공소장변경신청을 한 경우 법원이 허가하지 않을 수 없다. 여기서 공소장변경신청을 해야 할 사실을 검사가 추가 기소한 경우에 법원은 이를 공소장변경으로 보아 유죄판결을 할 수 없겠는가의 문제이다.

Ⅱ. 추가 기소의 적법성

공소불가분의 원칙에 의하여 공소제기의 효과는 공소장에 기재된 공소사실과 동일성이 인정되는 모든 사실에 미치므로 포괄일죄의 일부에 대한 공소제기는 전체 사실에 그 효력을 미친다. 공소사실의 동일성은 단일성을 포함하며, 포괄일죄를 비롯한 일죄의 경우에 일죄를 구성하는 사실 사이에 공소사실의 단일성이 인정된다는 점에는 이론이 없기 때문이다. 따라서 포괄일죄의 일부에 대하여 공소제기가 있는 때에도 포괄일죄의 모든 범죄사실은 법원의 잠재적 심판대상이 된다. 그러므로 포괄일죄의 잔여부분을 검사가 추가 기소한 때에는 이중기소금지의 원칙에 해당하여 법원은 공소기각의 판결을 선고하지 않을 수 없다($\frac{제327조}{3호}$). 결국 포괄일죄의 일부에 대하여 이미 공소가 제기된 경우에 검사는 원칙적으로 먼저 공소제기한 사건에 추가로 밝혀진 범죄사실을 추가하여 전체를 상습절도죄로 변경하는 공소장변경을 신청하여야 한다. 그럼에도 불구하고 검사가 공소장변경을 신청하지 않고 이미 일부 사실이 공소제기되어 있는데도 잔여사실을 추가 기소하는 것은 부적법하다고 하지 않을 수 없다. 즉, 검사의 추가 기소는 부적법하다.

Ⅲ. 공소장변경요구의 의무성

1. 문제점의 정리

검사가 포괄일죄의 전체 범죄사실을 공소제기하는 것으로 공소장변경을 하여야 할 것인데도 불구하고 잔여범죄사실에 대하여 추가 기소한 때에 법원은 검사로 하여금 공소장변경을 하도록 요구하는 것이 타당하다. 법원은 심리의 경과에 비추어 상당하다고 인정할 때에는 공소사실 또는 적용법조의 추가 또는 변경을 요구하여야 하며($\frac{제298조}{2항}$), 이러한 공소장변경요구제도의 취지는 검사의 추가 기소를 공소기각하는 경우에도 적용되어야 하기 때문이다. 여기서 문제 ⑵는 법원의 공소장변경요구가 법원의 의무인가를 묻고 있다. 공소장변경요구를 법원의 의무로 해석할 때에는 법원이 공소장변경을 요구하지 않고 검사의 추가 기소에 대하여 공소기각의 판결을 선고하는 것은 심리미진의 위법이 있다고 해야 하기 때문이다.

2. 학설과 판례의 태도

공소장변경요구가 법원의 의무인가에 대하여는 의무설과 재량설 및 예외적 의무설이 대립되고 있다.

(1) 의 무 설

공소장변경요구는 법원의 의무라고 해석하는 견해이다. 공소장변경요구에 대한 법원의 의무성을 긍정하는 것이 형사소송법 제298조 2항의 문언에 합치할 뿐만 아니라 공소장변경에 대한 보충적인 직권개입을 인정한 취지에도 부합한다는 것을 이유로 한다.

(2) 재 량 설

공소장변경요구는 법원의 권리이며 법원이 이를 요구해야 할 의무가 있는 것은 아니라고 해석하는 견해이다. 공소장변경은 검사의 권한이므로 법원은 검사의 공소에 대하여 판결하면 족하고 공소장변경을 요구해야 할 의무가 있는 것은 아니라는 것을 근거로 한다. 판례의 기본태도이다($\binom{\text{대법원 1999. 12. 24,}}{\text{99 도 3003}}$).

(3) 예외적 의무설

공소장변경요구는 원칙적으로 법원의 권한에 속하는 것이나 공소장변경요구를 하지 않고 무죄 또는 공소기각의 판결을 하는 것이 현저히 정의에 반할 때에는 법원의 의무가 된다고 해석하는 견해이다. 우리나라의 다수설이라고 볼 수 있다. 그리고 예외적으로 법원의 의무가 되기 위한 조건으로는 증거의 명백성과 범죄의 중대성을 들고 있다.

3. 검토 및 문제의 해결

공소장변경요구를 법원의 의무라고 해석하는 것은 당사자주의를 강화하여 검사가 제출한 공소사실만 심판의 대상으로 하면서 피고인의 방어권을 보장하기 위하여 공소장변경제도를 인정하고 있는 형사소송법의 기본태도와 일치하지 않는다고 해야 한다. 예외적 의무설도 또한 언제 공소장변경요구가 예외적으로 법원의 의무가 되는가에 대한 명백한 기준을 제시할 수 없다는 난점이 있다. 그러므로 공소장변경요구는 법원의 권리이지 의무가 아니라는 재량설이 타당하다고 해야 한다.

따라서 법원이 검사에게 공소장변경요구를 하지 않고 甲에 대한 추가 기소사실에 대하여 공소기각의 판결을 선고하는 것은 이러한 의미에서 위법하다고 할 수 없다.

Ⅳ. 추가 기소사실에 대한 유죄판결의 가능성

1. 견해의 대립

문제는 甲에 대한 추가 기소를 공소장변경으로 취급하여 법원이 검사에게 공소장변경을 요구하지도 않고 추가 기소사실을 포함한 포괄일죄의 전체 범죄사실에 대하여 유죄판결을 선고할 수는 없겠는가에 있다. 이에 관하여는 몇 개의 견해가 대립되고 있다.

(1) 공소기각판결설

포괄일죄의 일부 범죄사실을 추가 기소한 때에는 이중기소금지의 원칙에 반하므로 공소기각의 판결을 선고해야 한다는 견해이다. 공소장변경과 추가기소는 구별해야 하며 추가 기소에 대하여 공소기각의 판결을 선고하지 않는 것은 포괄일죄를 사실상 수죄로 취급하는 것이며, 이중기소금지의 법리를 무의미하게 한다는 것을 이유로 한다. 공소기각설을 취하면서도 추가 기소된 사실이 처음의 공소제기 이후에 범한 사실인 때에는 예외적으로 추가 기소가 가능하다고 해석하는 견해도 있다.

(2) 공소장변경의제설

포괄일죄의 일부에 대한 추가 기소는 실질적으로는 공소장변경에 해당하므로 공소장변경절차를 밟지 않아도 추가 기소를 공소장변경으로 취급하여 이중기소에 해당하지 않는다고 해석하는 입장이다. 전후의 공소사실을 병합심리하여 실체판단을 해야 한다는 의미에서 실체판단설이라고도 할 수 있다. 일본의 다수설의 태도이다. 추가 기소와 공소사실의 추가는 절차상의 차이에 불과하고, 동일사건이 같은 법원에 이중기소된 경우와 포괄일죄의 일부가 추가 기소된 경우는 구별해야 한다는 것을 이유로 한다. 대법원은 종래 영업범의 경우에 「포괄적 일죄를 구성하는 행위의 일부에 관하여 추가 기소하는 것은 일죄를 구성하는 행위 중 누락된 부분을 추가 보충하는 취지로 볼 것이어서 이중기소의 위법이 있다고 할 수 없다」고 판시함으로써 이 입장을 따른 바 있으며 $\binom{\text{대법원 1993. 10. 22,}}{93\,도\,2178}$, 최근 다시 같은 취지로 판결하고 있다$\binom{\text{대법원 2007. 8. 23, 2007 도 2595;}}{\text{대법원 2012. 1. 26, 2011 도 15356}}$. 일본의 최고재판소판결도 같은 입장이다$\binom{\text{日最判 1956. 12. 26.}}{\text{刑集 10 · 12 · 1746}}$.

(3) 석명후판단설

절차유지의 원칙이나 소송경제의 요구가 절대적인 것은 아니므로 형식적인 추가 기소를 해석에 의하여 공소장변경으로 파악하는 것은 허용되지 않지만 법정에서 검사의 석명이 있는 때에는 공소장변경으로 인정하는 것이 가능하다고 해석한다. 대법원이 종래 상습범의 일부 공소사실을 추가 기소한 경우에 「포괄일죄를 구성하는 일부 범죄사실이 먼저 단순일죄로 기소된 후 그 나머지 범죄사실이 포괄일죄로 추가 기소되고 단순일죄의 범죄사실도 추가 기소된 포괄일죄를 구성하는 행위의 일부임이 밝혀진 경우라면, 그 추가 기소에 의하여 전후에 기소된 각 범죄사실의 전부를 포괄일죄로 처벌할 것을 신청하는 취지라고 볼 수 있어, 공소사실을 추가하는 등의 공소장변경과는 그 실질에 있어서 별 차이가 없으므로, 그 경우에 검사의 석명에 의하여 추가 기소의 공소장제출은 포괄일죄를 구성하는 행위로서 먼저 기소된 공소장에 누락된 것을 추가보충하고 죄명과 적용법조를 포괄일죄로 변경하는 취지의 것으로서 1개의 죄에 대하여 중복하여 공소를 제기한 것이 아님이 분명하여진 경우에는 그 추가 기소에 의하여 공소장변경이 이루어진 것으로 보아 전후에 기소된 범죄사실 전부에 대하여 실체판단을 하여야 하고 추가 기소에 대하여 공소기각의 판결을 할 필요가 없다」고 판시한 것은 이러한 입장이라고 할 수 있다(대법원 1996. 10. 11,
96 도 1698).

2. 검토 및 문제의 해결

포괄일죄는 일죄이지만 그 중에서 집합범, 특히 상습범의 경우에는 포괄일죄를 구성하는 개별 범죄들의 독자성이 어느 정도 인정된다. 이 경우에 포괄일죄를 구성하는 일부 범죄를 공소제기한 후에 나머지 잔여사실을 추가 기소한 때에 후에 기소된 범죄를 이중기소라는 이유로 공소기각하는 것은 법감정과 정의에 현저히 반한다. 뿐만 아니라 포괄일죄의 일부를 공소제기한 후 나머지 사실을 추가 기소하는 경우 검사는 전후에 기소된 모든 범죄사실을 처벌하여 줄 것을 청구한다는 점에서 그 실질에 있어서는 공소사실의 추가와 아무런 차이가 없다. 이러한 의미에서 추가 기소 부분에 대하여 공소기각의 판결을 선고해야 한다는 견해는 타당하지 않고, 이를 공소장변경신청이 있는 것으로 취급하여 실체판결을 선고해야 한다는 견해가 타당하다. 죄수에 관한 법률평가를 달리하는 경우에는 피고인의 방어에 불이익을 주는 것이 아니어서 검사의 공소장변경이 없는 경우에도 법원은 공소사실과 다른 사실을 인정할 수 있다.

문제는 법원이 추가 기소사실에 대하여 공소장변경으로 인정하기 위하여는 석명권을 행사하여 검사로 하여금 공소장변경임을 석명할 것을 요하는가에 있다. 석명권이란 재판장이 소송관계를 명확하게 하기 위하여 당사자에게 사실상 또는 법률상의 사항에 대하여 질문을 하고 진술 내지 주장을 보충·정정할 기회를 주는 소송지휘권을 말한다. 그러나 포괄일죄의 일부에 대하여 공소제기가 있는 경우에 잔여사실에 대한 추가 기소는 포괄일죄의 전체에 대하여 심판을 구하는 것이므로 공소사실의 추가와 같은 취지임은 법률상 또는 사실상의 측면에서 의문이 있을 수 없다. 처음 공소사실과 추가 공소사실의 어느 하나에 포괄일죄 특히 상습범임이 기재된 경우에는 피고인의 방어권에 영향을 미치는 것도 아니다. 따라서 이 경우에는 석명권의 행사가 실체심판의 요건이 될 수 없으며, 석명권을 행사하지 않은 이상 추가 기소에 대하여 공소기각의 판결을 선고해야 한다고 할 수 없다. 이것은 각개의 공소장에 기재된 공소사실이 수죄로 기재되어 있으나 두 사실을 종합하면 포괄일죄임을 인정할 수 있는 경우와는 구별해야 한다. 이 경우에는 피고인의 방어권에 중대한 영향이 있으므로 포괄일죄로 공소장을 변경하는 것이라는 검사의 석명이 필요하다고 해석해야 하기 때문이다.

결국, 甲에 대한 추가 기소는 포괄일죄의 전체 범죄사실에 대하여 공소사실과 적용법조를 추가하는 것으로 보아 법원은 유죄 또는 무죄의 실체판결을 선고해야 한다고 생각된다.

V. 결   론

포괄일죄를 구성하는 일부 범죄사실을 먼저 공소제기하고 나머지 사실을 추가 기소한 경우에 검사의 추가 기소는 이중기소금지의 원칙을 위반하였다고 하지 않을 수 없다. 따라서 이 경우에 검사는 추가 기소사실을 추가하는 공소장변경신청을 하고 추가 기소는 취소하는 것이 원칙적인 처리방법이라고 할 수 있다. 이 경우 검사가 공소장변경신청을 하지 않는 때에는 법원은 형사소송법 제298조 2항에 의하여 공소장변경을 요구할 수 있다. 그러나 공소장변경요구는 기소독점주의와 기소편의주의를 채택하고 당사자주의가 강화된 형사소송의 구조하에서 법원의 의무가 된다고는 해석할 수 없다. 실질적으로 포괄일죄의 잔여부분에 대한 추가 기소는 포괄일죄의 전체에 대한 심판을 구하는 점에서 공소사실의 추가와 차이가 없고, 후의 추가 기소에 대하여 공소기각의 판결을 선고하는 것은 정의와 법감정에 현저히 반하는 이상 이를 공소장변경으로 간주하여 법원은 유죄 또는 무죄의 실체판결을 선고해야 한다.

[관련문제]

사법경찰관 A는 종합건설회사의 대표이사 甲이 하청업체에 공사비를 과다하게 지급한 후 그 중 일부를 몰래 돌려받는 방법으로 회사 돈 4억 원을 횡령하였다는 고소장을 접수하여 수사에 착수하였다.

甲이 경찰서에 출석하여 혐의사실을 완강히 부인하자 사법경찰관 A는 검사를 통해 법원으로부터 2007. 3. 1.부터 같은 해 3. 7.까지 유효한 압수·수색영장을 발부받았다. A가 같은 해 3. 3. 甲의 자택에서 컴퓨터디스켓을 압수하여 분석해 보았으나, 아무런 증거자료를 발견하지 못하였다. A가 위 압수·수색영장을 다시 집행하기 위하여 같은 해 3. 6. 甲의 자택에 갔으나 甲은 외출중이었고 甲의 8세 된 아들만 있었다. A는 甲에게 연락을 취하지 아니한 채 甲의 아들이 보는 가운데 甲의 자택을 수색하여 다락방에서 회사 공금 5,000만 원을 횡령한 사실을 메모한 甲의 비밀장부를 발견하고 이를 압수하였다.

위 사건을 송치받은 검사 B는 경리직원의 진술과 비밀장부에 기재된 내용을 종합하여 2007. 4. 1. 甲에 대하여 "甲은 회사 돈 5,000만 원을 업무상 횡령하였다"는 요지의 공소사실로 기소하였다.

이후 위 회사의 감사 乙이 甲과 통화한 내용을 비밀리에 녹음하여 검사 B에게 제출하였는데, 녹음 내용은 甲이 乙에게 "5,000만 원 이외에 3억 5,000만 원을 더 횡령하였는데 곧 회사에 입금하겠다. 한 번만 눈감아 달라"는 것이었다. 이에 검사 B는 甲에 대해 "甲은 회사 돈 3억 5,000만 원을 업무상 횡령하였다"는 요지의 공소사실로 추가 기소하면서 변론병합을 신청하였는데, 그 공소사실의 내용은 앞서 기소한 사건의 범행 전후에 걸쳐 같은 수법으로 회사 돈을 횡령하였다는 것이었다. 검사 B는 위 녹음테이프를 법원에 증거로 제출하였다.

(1) 사법경찰관 A가 甲의 비밀장부를 압수한 조치가 적법한지 설명하시오 (10점).

(2) 검사 B가 법원에 제출한 위 녹음테이프의 증거능력에 대하여 설명하시오(15점).

(3) 피고인 甲의 변호인 C가 추가 기소의 절차적 문제에 대하여 어떤 주장을 할 수 있는지 설명하시오(10점).

⑷ 법원이 추가 기소의 절차적 문제에 대하여 어떤 조치를 할 수 있는지 설명하시오(15점).

(제49회 사법시험 출제문제)

《쟁 점》

1. 비밀장부의 압수가 적법한가.
   ⑴ 압수를 종료한 후에 동일한 영장으로 다시 압수·수색할 수 있는가(대법원 1999. 12. 1. 결정, 99 모 161).
   ⑵ 압수·수색의 절차는 적법한가.
     1) 압수·수색영장을 제시하였는가(제219조, 제118조).
     2) 집행의 일시·장소를 피의자에게 통지하였는가(제219조, 제122조).
     3) 당사자를 참여케 하였는가(제219조, 제121조).
2. 甲의 진술이 녹화된 녹음테이프는 증거능력을 가지는가(문제 [39] 참조).
   ⑴ 진술녹음의 증거능력은 어떤 조건에서 인정되는가.
     1) 제313조에 의하여 증거능력을 인정하는가 또는 제311조 내지 제313조에 의하는가(대법원 2005. 12. 23, 2005 도 2945).
     2) 서명·날인이 필요한가.
   ⑵ 비밀녹음은 증거능력을 가지는가.
     1) 통신비밀보호법이 적용되는가.
     2) 사인의 비밀녹음에 위법수집증거배제법칙이 적용되는가.
   ⑶ 대화의 일방당사자의 녹음도 비밀성이 인정되는가.
3. 변호인은 어떤 주장을 할 수 있는가.
   이중기소금지의 원칙에 의하여 공소기각의 판결을 주장할 수 있는가.
   1) 연속범은 소송법상 일죄인가 또는 수죄인가.
   2) 포괄일죄로 해석하면 추가 기소가 적법한가.
4. 법원이 할 수 있는 조치는 무엇인가.
   ⑴ 공소장변경요구를 해야 하는가.
     1) 공소장변경요구는 법원의 의무인가.
     2) 공소장변경요구 없이 법원은 추가 기소에 대하여 공소기각의 판결을 할 수 있는가.
   ⑵ 법원은 어떻게 판결하는 것이 옳은가.
     1) 공소기각판결설, 공소장변경의제설, 석명 후 판단설의 논거는 무엇인가.
     2) 어떤 견해가 옳은가.

《해　설》

비밀장부의 압수는 이미 영장을 집행한 후이므로 영장 없는 위법한 압수가 된
다. 영장이 유효하다고 하더라도 압수·수색영장의 집행에 있어서 ① 영장을 제
시하지 않았고, ② 피의자 등에게 통지하지 않았고, ③ 당사자를 참여시키지 않
은 압수이므로 위법하다. 녹음테이프는 제313조 1항에 의하여 작성자 또는 진
술자의 진술에 의하여 성립의 진정이 인정되고, 그 진술이 특히 신빙할 수 있는
상태에서 행하여진 때에는 증거로 할 수 있다. 테이프에 대한 서명·날인은 요
하지 않는다. 사인에 의한 비밀녹음에는 위법수집증거배제법칙이 적용되지 않
고, 대화의 일방당사자에 의한 녹음은 통신비밀보호법에 해당하지 않는다. 대화
당사자에 의한 녹음은 대화의 비밀을 유지할 이익도 없다. 따라서 녹음테이프의
증거능력을 인정해야 한다.

　　변호인은 이중기소금지의 원칙을 근거로 추가 기소에 대하여 공소기각의 판
결을 주장할 수 있다. 연속범이 소송법상 일죄인가에 대하여는 의문이 있지만
판례와 통설은 이를 일죄로 해석한다. 이에 의하면 법원은 추가 기소에 대하여
공소기각의 판결을 할 수 있다. 법원은 검사에게 공소장변경을 요구할 수 있으
나, 공소장변경요구는 법원의 의무가 아니므로 공소장변경의 요구를 하지 않고
공소기각의 판결을 선고해도 위법은 아니다. 다만 ① 공소기각의 판결은 정의와
법감정에 반하고, ② 검사의 추가 기소는 당연히 공소사실의 추가를 의미한다고
보아, 추가 기소에 대하여 공소기각의 판결을 할 필요는 없고 전체 범죄사실에
대하여 유죄 또는 무죄판결을 하는 것이 옳다.

[관련판례]

(1) 대법원 1996. 10. 11, 96 도 1698, 「(1) 검사가 단순일죄라고 하여 특수절도 범행을 먼저 기소하고 포괄일죄인 상습특수절도 범행을 추가 기소하였으나 심리과정에서 전후에 기소된 범죄사실이 모두 포괄하여 상습특수절도인 특정범죄가중처벌등에관한법률위반(절도)의 일죄를 구성하는 것으로 밝혀진 경우에는, 검사로서는 원칙적으로 먼저 기소한 사건의 범죄사실에 추가 기소한 공소장에 기재한 범죄사실을 추가하여 전체를 상습범행으로 변경하고 그 죄명과 적용법조도 이에 맞추어 변경하는 공소장변경신청을 하고, 추가 기소한 사건에 대하여는 공소취소를 하는 것이 형사소송법의 규정에 충실한 온당한 처리이다.

(2) 포괄일죄를 구성하는 일부 범죄사실이 먼저 단순일죄로 기소된 후 그 나머지 범죄사실이 포괄일죄로 추가 기소되고 단순일죄의 범죄사실도 추가 기소된 포괄일죄를 구성하는 행위의 일부임이 밝혀진 경우라면, 그 추가 기소에 의하여 전후에 기소된 각 범죄사실 전부를 포괄일죄로 처벌할 것을 신청하는 취지가 포함되었다고 볼 수 있어, 공소사실을 추가하는 등의 공소장변경과는 절차상 차이가 있을 뿐 그 실질에 있어서 별 차이가 없으므로, 그 경우에 검사의 석명에 의하여 추가 기소의 공소장제출은 포괄일죄를 구성하는 행위로서 먼저 기소된 공소장에 누락된 것을 보충하고 죄명과 적용법조를 포괄일죄의 죄명과 적용법조로 변경하는 취지의 것으로서 1개의 죄에 대하여 중복하여 공소를 제기한 것이 아님이 분명하여진 경우에는, 그 추가 기소에 의하여 공소장변경이 이루어진 것으로 보아 전후에 기소된 범죄사실 전부에 대하여 실체판단을 하여야 하고 추가 기소에 대하여 공소기각판결을 할 필요가 없다.

(3) 검사가 정식의 절차에 의한 공소장변경을 하려는 것이 아니라 공소장변경의 취지에서 추가 기소를 한 것으로서 이중기소의 취지가 아닌 경우, 두 사건 전체를 포괄일죄로 하여 심판을 구한다는 취지임을 표시한 것으로 볼 여지도 없지 아니하므로, 원심으로서는 석명권을 행사하여 검사로 하여금 추가 기소의 진정한 취지를 밝히도록 하여 만일 그 취지가 일죄에 대한 이중기소가 아니라 위와 같은 공소장변경의 취지라고 한다면 그 범죄사실 전체에 대하여 실체판단을 하여야 한다.」

동지 : 대법원 1999. 11. 26, 99 도 3929.

(2) 대법원 2007. 8. 23, 2007 도 2595, 「검사가 수 개의 협박 범행을 먼저 기소하고 다시 별개의 협박 범행을 추가로 기소하였는데 이를 병합하여 심리하는 과정에서 전후에 기소된 각각의 범행이 모두 포괄하여 하나의 협박죄를 구성하는 것으로 밝혀진 경우, 이중기소에 대하여 공소기각판결을 하도록 한 형사소송법 제327조 제 3 호의 취지는 동일사건에 대하여 피고인으로 하여금 이중처벌의 위험을 받지 아니하게 하고 법원이 2개의 실체판결을 하지 아니하도록 함에 있으므로, 위와 같은 경우 법원이 각각의 범행을 포괄하여 하나의 협박죄를 인정한다고 하여 이중기소를 금하는 위 법의 취지에 반하는 것이 아닌 점과 법원이 실체적 경합범으로 기소된 범죄사실에 대하여 그 범죄사실을 그대로 인정하면서 다만 죄수에 관한 법률적인 평가만을 달리하여 포괄일죄로 처단하는 것이 피고인의 방어에 불이익을 주는 것이 아니어서 공소장변경 없이도 포괄일죄로 처벌할 수 있는 점에 비추어 보면, 비록 협박죄의 포괄일죄로 공소장을 변경하는 절차가 없었다거나 추가로 공소장을 제출한 것이 포괄일죄를 구성하는 행위로서 기존의 공소장에 누락된 것을 추가·보충하는 취지의 것이라는 석명절차를 거치지 아니하였다 하더라도, 법원은 전후에 기소된 범죄사실 전부에 대하여 실체판단을 할 수 있고, 추가기소된 부분에 대하여 공소기각판결을 할 필요는 없다.」

[24] 공소장의 예비적·택일적 기재

[설 문]

검사는 피의자 甲을 수사한 결과 피의자 甲이 乙과 공모하여 A를 살해한 것으로 일단 판단되었으나(乙은 A를 살해한 죄로 기소되어 이미 유죄판결이 확정되었음) 피의자 甲이 자기는 乙과 공모하여 A를 살해한 사실이 없고 A를 살해한 乙과 친구 사이라 乙을 도피시켜 준 사실밖에 없다고 부인하고 있어 甲을 기소함에 있어서 살인의 점을 본위적 공소사실로, 범인도피의 점을 예비적 기재사실로 기재하여 공소를 제기하였다.

⑴ 설문과 같은 공소사실 간에도 예비적 기재가 허용되는가.

⑵ 또 위와 같은 공소가 제기된 경우 법원은 어떻게 처리를 해야 하는지 ⑴항에 대한 모든 견해에 따라서 그 처리방법을 설명하라.

(제38회 사법시험 출제문제)

Ⅰ. 문제점의 정리

공소장에는 수개의 범죄사실과 적용법조를 예비적 또는 택일적으로 기재할 수 있다($^{제254조}_{5항}$). 공소장의 임의적 기재사항에 관한 규정이다. 여기서 예비적 기재라 함은 수개의 사실 또는 법조에 대하여 심판의 순위를 정하여 선순위의 사실이나 법조의 존재가 인정되지 않는 경우에 후순위의 사실 또는 법조의 인정을 구하는 취지로 기재하는 것을 말하며, 이 경우 선순위의 사실을 본위적 공소사실, 후순위의 사실을 예비적 공소사실이라고 한다. 이에 반하여 택일적 기재라 함은 수개의 사실에 관하여 심판의 순서를 정하지 않고 어느 것을 심판해도 좋다는 취지의 기재를 말한다. 이와 같이 공소사실에 범죄사실과 적용법조의 예비적·택일적 기재를 인정하는 것은 검사가 공소제기시에 공소사실의 구성에 관하여 심증형성이 불충분하거나 법률적 구성을 확정할 수 없는 경우에도 공소장의 기재방법에 융통성을 갖게 하여 공소제기를 용이하게 하고자 함에 그 취지가 있다. 결국 공소제기시에 검사의 심증형성이 불확실한 경우에 공소제기를 가능하게 하면서, 동시에 법원에 대하여도 문제점을 예고하여 심판을 신중하게 하는 기능을 가진 제도가 공소장의 예비적·택일적 기재라고 할 수 있다.

공소장의 예비적·택일적 기재의 허용범위에 관하여는 그것이 공소사실의 동일성이 인정되어야 허용되는가에 대하여 학설이 대립되고 있다. 공소사실의 동일성이 인정되지 않는 범죄사실을 공소장에 예비적·택일적으로 기재한 경우의 법원의 처리방법도 당연히 위의 학설에 따라서 결론을 달리하지 않을 수 없다. 설문은 바로 공소사실의 예비적·택일적 기재가 허용되는 범위와 동일성이 인정되지 않는 사실에 대한 기재가 있는 경우의 처리방법을 묻는 문제이다.

Ⅱ. 살인죄와 범인도피죄의 예비적 기재의 허용 여부

공소장에 살인죄와 범인도피죄의 공소사실을 예비적으로 기재하는 것이 허용되는가를 검토하기 위하여는 예비적·택일적 기재의 허용범위에 관한 학설의 대립을 살펴보고 두 개의 범죄사실 사이에 동일성이 인정되는가를 검토해야 한다.

1. 예비적·택일적 기재의 허용범위

공소사실과 적용법조의 예비적·택일적 기재가 동일성이 인정되는 사실에 제한되는가 또는 동일성이 인정되지 않는 사실에 대하여도 그 기재가 허용되는가에 관하여는 소극설과 적극설이 대립되고 있다.

(1) 적 극 설

동일성이 인정되는 사실뿐만 아니라 동일성이 인정되지 않는 사실을 예비적·택일적으로 기재하는 것도 허용된다는 견해이다. 이에 의하면 공소장의 예비적·택일적 기재는 기소편의주의의 연장으로서 일부기소유예의 성질을 갖는다고 한다. 판례가 택하고 있는 입장이다(대법원 1966. 3. 24. 전원합의체판결, 65도114). 적극설은 ① 공소장의 예비적·택일적 기재의 존재이유는 공소장변경에 의하여 치유될 수 없는 불합리를 제거하는 데 있고, ② 검사가 수개의 범죄사실을 독립적으로 기재하거나 수개의 공소장을 제출하도록 하는 것은 실익 없는 번잡만을 조장하는 것이 되며, ③ 형사소송법 제254조 5항에 수개의 범죄사실 또는 적용법조라고 규정하고 있는 것은 공소사실의 동일성을 요구하지 않는 취지라는 점을 근거로 한다.

(2) 소 극 설

범죄사실과 적용법조의 예비적·택일적 기재는 공소사실의 동일성이 인정되는 범위에서만 허용된다는 견해이다. 통설이 취하고 있는 입장이다. 소극설은 ① 공소사실의 동일성이 인정되지 않는 수개의 사실을 공소장에 예비적·택일적으로 기재하는 것을 허용하는 것은 조건부 공소제기를 허용하는 것이 되어 불확정적인 공소제기를 인정하는 결과가 되고, ② 동일성이 인정되지 않는 수개의 범죄사실은 경합범으로 기소하거나 추가 기소하는 것이 당연하다는 것을 이유로 한다.

생각건대 ① 공소제기 후에 공소장을 변경할 때에는 동일성이 인정되지 않는 사실의 추가·변경이 허용되지 않는데 공소제기시에는 이를 허용하는 것은 법의 통일적 해석에 반하며, ② 그 결과 수개의 사건을 심판의 대상으로 하여 경미한 사건으로 유죄판결을 한 때에는 다른 사실에 대하여도 일사부재리의 효력이 미치게 하는 부당한 결과를 초래하고, ③ 기소편의주의는 범죄의 혐의가 인정되는 경우에 검사가 공소를 제기하지 않을 수 있는 것에 그치며 검사가 수개의 범죄사실을 공소제기하면서 어떤 범죄사실에 따라 예비적·택일적으로 처벌하는가를 법원에 맡기는 것은 포함하지 않는다.

결국 소극설이 타당하며, 따라서 동일성이 인정되는 사실에 대해서만 예비적·택일적 기재가 허용된다고 해야 한다.

2. 공소사실의 동일성

여기서 살인죄와 범인도피죄 사이에 공소사실의 동일성이 인정되는가를 살펴볼 필요가 있다.

(1) 동일성의 판단기준

공소사실의 동일성을 판단하는 기준에 관하여는 죄질동일설, 소인공통설,

구성요건공통설 및 기본적 사실동일설이 대립되고 있다. **죄질동일설**은 공소사실을 일정한 죄명, 즉 구성요건의 유형적 본질에 의한 사실관계의 파악이라고 해석하므로 죄질의 동일성이 인정되어야 공소사실의 동일성을 인정할 수 있다고 한다. 그러나 이에 의하면 공소사실의 동일성을 지나치게 좁게 해석하여 공소장변경제도를 무의미하게 만든다는 비판을 받는다. **소인공통설**은 공소사실의 동일성은 소인(訴因)과 소인의 비교에서 오는 사실상의 문제이므로 소인의 기본적 부분을 공통으로 하면 동일성이 인정된다고 한다. 그러나 이에 대하여도 ① 형사소송법상 소인개념을 인정해야 할 필요가 없고, ② 소인의 비교에 의하여 동일성을 인정할 기준이 없으므로 문제에 대하여 문제로 답하는 데 지나지 않는다는 비판이 제기된다. **구성요건공통설**은 수개의 범죄사실 사이에 구성요건이 상당 정도 부합하는 때에는 동일성을 인정해야 하고 그 구성요건이 죄질을 같이하거나 공통된 특징을 가질 것을 요하지 않는다고 한다. 종래 우리나라의 통설의 입장이었다. 그러나 ① 공소사실은 구성요건이 아니라 사실의 주장에 지나지 않으므로 규범적 성질을 강조할 필요가 없으며, ② 구성요건이 어느 정도 부합해야 하는가에 대한 기준을 제시하지 못한다는 비판을 받는다. **기본적 사실동일설**은 공소사실을 그 기초가 되는 사회적 사실로 환원하여 그러한 사실 사이에 다소의 차이가 있더라도 기본적인 점에서 동일하면 동일성이 인정된다는 견해이며, 판례가 일관하여 취하고 있는 태도이다 $\left(\begin{smallmatrix}\text{대법원 2010. 6. 24,}\\\text{2009 도 9593}\end{smallmatrix}\right)$. 기본적 사실동일설에 따라 공소사실의 동일성을 판단하는 것이 타당하다고 생각된다.

(2) 살인죄와 범인도피죄의 동일성

기본적 사실동일설에 의하여 공소사실의 동일성을 판단할 때에는 두 개의 범죄사실이 시간적·장소적으로 밀접한 관계에 있거나(밀접관계) 그것이 양립할 수 없는 관계에 있는 때(택일관계)에 동일성이 인정된다고 한다. 살인죄와 범인도피죄는 범행의 시간과 장소 및 방법이 다르고 비양립관계에 있는 것도 아니다. 범인 자신은 범인도피죄를 범할 수 없지만 다른 공범을 도피하게 한 때에는 범인도피죄가 성립하기 때문이다.

따라서 소극설에 의하는 한 예비적 공소사실로 범인도피죄를 기재한 것은 부적법하다.

Ⅲ. 예비적 기재에 대한 법원의 조치

공소장에 동일성이 인정되지 않는 사실을 예비적 공소사실로 기재한 경우에 소극설과 적극설에 따라 법원이 어떻게 심리·판단해야 하는가가 문제이다.

1. 소극설에 의하는 경우의 법원의 조치

소극설에 의하는 경우에도 동일성이 인정되지 않는 수개의 범죄사실이 예비적·택일적으로 기재된 경우에 법원이 어떻게 처리해야 할 것인가에 관하여는 의견이 일치하지 않는다. ① 수개의 범죄사실을 경합범으로 공소제기한 것으로 보아 유죄·무죄의 실체판결을 해야 한다는 견해, ② 검사로 하여금 예비적·택일적 기재를 경합범의 형식으로 보정하는 절차를 밟게 해야 한다는 견해 및 ③ 공소제기의 방식이 법률의 규정에 위반하여 무효라는 이유로 공소기각의 판결을 해야 한다는 견해가 그것이다.

공소장에 기재된 예비적·택일적 기재를 경합범으로 공소제기한 것으로 볼 수는 없다. 따라서 검사로 하여금 경합범으로 보정하도록 하는 것이 형사소송의 형식적 확실성과 소송경제의 이념에 비추어 타당하다고 생각된다. 이 경우에는 수개의 범죄사실에 대하여 유죄 또는 무죄의 판결을 선고하는 경우 판결이유에서는 물론 주문에서도 이들 모든 사실에 대한 판단이 있어야 하는 것은 당연하다. 다만 검사가 보정하지 않는 경우 이를 강제하는 방법이 없다. 따라서 이 경우 본위적 공소사실인 살인죄가 유죄로 인정되는 때에는 주문에서 유죄의 판결을 선고하면 족하지만, 예비적 공소사실인 범인도피죄가 유죄로 인정될 뿐인 때에는 주문에서는 공소제기의 절차가 법률의 규정에 위반하였다는 이유로 공소기각의 판결을 선고하고, 판결이유에서 본위적 공소사실인 살인죄가 인정되지 않는 이유를 설명해야 한다고 생각된다(^{대법원 1994. 11. 11,}_{94 도 2349 참조}).

2. 적극설에 의하는 경우의 법원의 조치

공소장에 동일성이 인정되지 않는 수개의 공소사실을 예비적·택일적으로 기재할 수 있다는 적극설에 의하는 경우의 법원의 조치는 예비적·택일적 기재에 대한 법원의 심리·판단에 관한 문제이다.

(1) 심판의 대상

범죄사실과 적용법조가 예비적·택일적으로 기재된 때에는 공소장에 기재된 모든 범죄사실이 법원의 심판의 대상이 된다. 즉 본위적 공소사실뿐만 아니라 예비적 공소사실도 법원의 심판의 대상이 된다. 따라서 가사 제1심에서 본위적 공소사실을 이유로 유죄판결을 한 경우에도 항소심에서는 예비적 공소사실을 이유로 유죄판결을 할 수 있다. 택일적 기재의 경우에도 같다.

(2) 심판의 순서와 방법

공소사실의 예비적 기재의 경우에는 택일적 기재의 경우와는 달리 법원의 심리·판단의 순서도 검사의 기소순위에 의하여 결정된다. 따라서 법원은 살인죄의 공소사실을 먼저 심판하여야 하며, 살인죄를 판단하지 아니하고 범인도피죄만을 판단하는 것은 위법하다.

법원이 본위적 공소사실과 예비적 공소사실, 즉 살인죄와 범인도피죄의 어느 하나로 유죄판결을 선고할 경우에 판결주문에서는 유죄판결을 선고하면 족하며 다른 사실에 대한 판단을 요하지 아니한다. 본위적 공소사실을 유죄로 인정하는 경우, 즉 살인죄로 유죄판결을 선고하는 때에는 택일적 기재의 경우와 마찬가지로 판결이유에서도 범인도피죄에 대한 판단을 요하지 아니한다. 본위적 공소사실을 인정하지 아니하고 예비적 공소사실로 유죄를 선고하는 경우에 관하여도 다수설은 판결이유에서 본위적 공소사실에 대하여 판단을 요하지 않는다고 해석하고 있다. 그러나 법원이 검사의 기소순위에 의하여 판단의 순서를 제한받는 이상 이 경우에는 판결이유에서 본위적 공소사실에 대하여 판단해야 하는 것이 타당하다. 즉 설문에서 甲을 범인도피죄로 유죄판결하는 경우에 법원은 판결주문에서는 유죄를 선고하면 되지만, 판결이유에서는 살인죄가 성립하지 않는 이유를 설시해야 한다. 살인죄와 범인도피죄가 모두 무죄인 때에는 주문에서는 무죄판결을 선고하고 판결이유에서는 모든 범죄사실에 대한 판단을 하여야 한다.

Ⅳ. 결   론

형사소송법은 공소장에 수개의 범죄사실과 적용법조의 예비적·택일적 기재를 인정하고 있다. 따라서 판례는 동일성이 인정되지 않는 수개의 범죄사실을 예비적·택일적으로 기재하는 것이 허용된다고 해석하고 있고, 이러한 적극설은 형사소송법의 규정과 일치한다고 볼 수 있다. 그러나 동일성이 인정되지 않는 수개의 사실에 대한 예비적·택일적 기재를 허용하는 때에는 조건부 공소제기를 허용하는 결과가 되며 사실상 불합리한 결과를 초래하기 때문에 통설은 소극설을 취하고 있다. 통설에 따르면 검사의 공소장기재는 부적법하기 때문에 법원은 검사에게 경합범으로 보정할 것을 명해야 하며, 검사가 응하지 않을 때에는 살인죄로 유죄판결을 할 경우가 아니면 공소기각의 판결을 선고해야 한다. 이에 반하여 적극설에 의하면 살인죄나 범인도피죄의 하나로 유죄를 선고할 때에는 주문에서는 형을 선고하면 족하고 판결이유에서는 예비적 공소사실을 유죄로 인정하는 경우에 한하여 본위적 공소사실인 살인죄가 인정되지 않는 이유를 설명하면 족하다고 할 것이다.

[관련판례]

대법원 1966. 3. 24. 전원합의체판결, 65도114, 「형사소송법 제254조 제5항은 검사가 공소를 제기함에 있어 수개의 범죄사실과 적용법조를 예비적 또는 택일적으로 기재하여 그 중 어느 하나의 범죄사실만의 처벌을 구할 수 있다는 것이며 그들 수개의 범죄사실간에 범죄사실의 동일성이 인정되는 범위 내에서 예비적 또는 택일적으로 기재할 수 있음은 물론이나 그들 범죄사실 상호간에 범죄의 일시·장소·수단 및 객체 등이 달라서 수개의 범죄사실로 인정되는 경우에도 이들 수개의 범죄사실을 예비적 또는 택일적으로 기재할 수 있다고 해석할 것이다.」

[25] 공소장변경과 기판력이 미치는 범위

[설 문]

검사는 피고인 甲을 특수절도죄로 서울중앙지방법원에 공소제기하였다. 甲에 대한 공소사실은 피고인 甲이 공소외 乙과 합동하여 2016. 4. 10. 丙의 집에 침입하여 丙 소유의 보석반지 1개 시가 1,000만 원 상당을 절취하였다는 것이었다. 공판절차가 개시되자 甲은 공판정에서 자기는 乙과 함께 丙의 반지를 훔친 것이 아니라 乙이 훔쳐 온 반지를 보관한 것에 불과하다고 진술하였다. 검사는 甲에 대한 공소장의 죄명을 장물보관죄로, 공소사실을 같은 날 乙이 절취해 온 반지를 받아서 보관하였다는 것으로 변경하는 공소장변경신청서를 제출하였다. 법원은 공소장변경을 허가하고 甲에게 장물보관죄로 징역 1년을 선고하였다. 이 판결에 대하여 피고인 甲만 항소하여 甲이 같은 법원 항소부에 계속 중 乙이 검거되었다. 검사가 乙을 조사하던 중 검사는 甲이 장물을 보관한 것이 아니라 乙과 함께 丙에게 폭행을 가하고 반지를 강취하면서 丙에게 상처를 입힌 사실을 발견하였다. 검사는 乙을 강도상해죄로 공소제기하면서 甲에 대한 공소장을 변경하고자 하였다. 이 사실을 알게 된 甲은 항소를 취소하여 甲에 대한 제 1 심 판결은 확정되었다. 이에 검사는 서울중앙지방법원에 甲을 강도상해죄로 다시 공소제기하였다.

⑴ 제 1 심 법원이 검사의 공소장변경신청을 허가한 것은 적법한가.

⑵ 법원은 甲에 대한 강도상해죄의 공소사실에 대하여 어떻게 판결해야 하는가.

Ⅰ. 문제점의 정리

　문제 ⑴은 제 1 심 법원이 특수절도의 공소사실을 장물보관죄로 변경한 검사의 공소장변경신청을 허가한 것이 적법한가에 관한 문제이며, 이는 검사의 공소장변경신청이 공소장변경의 한계를 벗어났는가와 같은 의미이다. 공소장변경이란 검사가 공소사실의 동일성을 해하지 않는 한도에서 법원의 허가를 얻어 공소장에 기재된 공소사실 또는 적용법조를 추가·철회·변경하는 것을 말한다($^{제298조}_{1항}$). 공소사실과 동일성이 인정되는 사실도 법원의 심판의 대상이 될 수 있는 길을 열어 적정한 형벌권의 행사를 가능하게 하면서도, 한편으로는 법원이 동일성이 인정되는 사실일지라도 공소장변경이 있는 경우에만 심판할 수 있게 함으로써 피고인의 방어권을 보장하는 데 제도의 취지가 있다. 그런데 공소장변경은 공소사실의 동일성이 인정되는 범위에서만 가능하므로 공소장변경의 한계는 공소사실의 동일성을 인정할 수 있겠는가를 뜻한다. 검사의 공소장변경신청이 동일성의 범위 내이면 법원은 반드시 공소장변경을 허가해야 하기 때문이다. 문제 ⑵의 甲에 대한 강도상해죄의 공소사실에 대하여 법원이 어떻게 판단할 것인가는 甲에 대한 장물보관죄의 확정판결의 기판력이 어디까지 미치는가에 관한 문제이다. 甲에게 장물보관죄로 징역 1년을 선고한 제 1 심 판결은 피고인이 항소를 취소함으로써 확정된 것이 분명하다. 확정판결의 기판력은 주관적으로는 공소가 제기된 피고인에게만 미치고, 객관적으로는 범죄사실과 단일성 및 동일성이 인정되는 사실의 전부에 미친다. 따라서 장물보관죄와 강도상해죄가 동일성이 인정되는 범죄사실인가에 따라 결론이 달라진다.

Ⅱ. 공소장변경의 한계

1. 공소사실의 동일성의 판단기준

　공소장변경은 공소사실의 동일성이 인정되는 범위에서 허용된다. 공소장에 기재된 공소사실과 변경된 공소사실이 어느 정도 부합하면 동일성이 인정되는가에 관하여는 견해가 대립되고 있다. 기본적 사실동일설, 죄질동일설, 구성요건공통설 및 소인공통설이 그것이다.

(1) 기본적 사실동일설

공소사실을 그 기초가 되는 사회적 사실로 환원하여 그러한 사실 사이에 다소의 차이가 있더라도 기본적인 점에서 동일하면 동일성을 인정해야 한다는 견해이다. 이에 의하면 돈을 수령한 사실이 같은 때에는 횡령죄의 공소사실을 사기죄로 바꾸는 경우, 재물을 취득한 사실이 같은 때에는 절도죄를 장물죄로 바꾸는 경우, 폭행한 사실이 있는 이상 살인죄를 강간치상죄로 변경하는 때에도 동일성이 인정되지 않을 수 없다. 판례의 일관된 태도이다. 기본적 사실동일설에 대하여는 ① 이 이론은 공소사실의 규범적 성격을 무시하고, ② 공소사실을 사회적 사실로 환원하였다는 기본적 사실이 무엇인가가 명백하지 아니하며, ③ 이에 의하면 공소사실의 동일성의 범위가 지나치게 넓어진다는 비판이 제기되고 있다.

(2) 죄질동일설

공소사실은 자연적 사실이 아니라 일정한 죄명, 즉 구성요건의 유형적 본질에 의한 사실관계의 파악이므로 죄질의 동일성이 인정되어야 공소사실의 동일성을 인정할 수 있다는 견해이다. 그러나 죄질동일설은 공소사실의 동일성의 범위를 지나치게 좁게 해석하여 공소장변경제도를 무의미하게 만든다는 비판을 받고 있다. 현재 우리나라에서 죄질동일설을 따르는 학자는 찾아볼 수 없다.

(3) 구성요건공통설

범죄란 구성요건을 떠나서 생각할 수 없다는 점에서 죄질동일설과 출발점을 같이하지만 죄질동일설의 결함을 시정하여, A사실이 甲구성요건에 해당하고 B사실이 乙구성요건에 해당하는 경우에 B사실이 甲구성요건에도 상당 정도 부합할 때에는 공소사실의 동일성이 인정되고, 甲·乙구성요건이 죄질을 같이하거나 공통된 특징을 가질 것을 요하지 않는다는 견해이다. 종래 우리나라의 다수설의 태도였다. 공소사실의 규범적 성격을 유지하면서 검사와 피고인의 이익을 조화하기 위하여 동일성의 범위를 부당하게 좁게 해석해서는 안 된다는 것을 이유로 한다. 그러나 이에 대하여는 ① 공소사실은 구성요건 자체가 아니라 어디까지나 사실의 주장에 지나지 않으므로 공소사실의 규범적 성격을 강조해야 할 이유가 없고, ② 상당 정도 부합할 것을 요한다는 것만으로는 구성요건이 어느 정도 부합해야 동일성이 인정되는가에 대한 기준을 제시하지 못한다는 비판이 제기되고 있다.

(4) 소인공통설

공소사실의 동일성은 소인과 소인의 비교에서 오는 사실상의 문제에 지나지 않으므로 소인의 기본적인 부분을 공통으로 할 때에 공소사실의 동일성이 인정된다는 견해이다. 소인이란 구체적인 사실을 의미하므로 소인변경의 한계인 공소사실의 동일성도 사실과 사실의 비교에 불과하며 구성요건의 비교에 의하여 결정되는 규범의 문제는 아니라는 것을 이유로 한다. 다만 소인공통설도 사실과 사실의 비교에 의하여 공소사실의 동일성을 판단할 수 있는 절대적인 기준을 찾을 수 없으므로 결국 동일소송에서 해결해야 할 이익과 기판력에 의하여 재소를 금지할 이익을 비교하여 합목적적으로 결정하지 않을 수 없다고 한다. 그러나 이에 대하여도 공소사실의 동일성을 소인과 소인의 비교의 문제라고 하는 것은 문제에 대하여 문제로 답하는 것에 불과하다는 비판이 제기되지 않을 수 없다.

(5) 검　　토

죄질동일설과 구성요건공통설은 공소사실의 규범적 성격을 강조한 점에서 공통점을 가진다. 그러나 공소장에는 공소사실 이외에 죄명과 적용법조를 기재하도록 하고 있는 점에 비추어 공소사실은 구성요건 자체가 아니라 구성요건에 맞추어 기재한 사실의 주장에 불과하므로 공소사실의 규범적 성격을 강조하는 것은 타당하다고 할 수 없다. 한편 소인공통설은 일본 형사소송법과 같이 소인개념을 규정하고 있는 나라에서는 타당한 이론일지 모르지만 형사소송법에는 소인개념을 찾아볼 수 없을 뿐만 아니라, 소인의 공통성을 판단하기 위한 별도의 기준이 제시되어야 하는 이론이다. 따라서 판례($\binom{\text{대법원 2010. 6. 24.}}{\text{2009 도 9593}}$)의 기**본적 사실동일설**이 타당하다고 하지 않을 수 없다. 기본적 사실동일설에 의하면 공소사실의 동일성의 범위가 죄질동일설이나 구성요건공통설에 비하여 확대되는 것은 사실이다. 그러나 공소장변경제도 자체가 피고인의 방어권을 보장하기 위한 제도이므로 변경의 범위가 넓어지는 것은 소송경제를 위하여도 득책이 된다는 점에서 문제될 여지가 없다.

2. 제 1 심 판결의 적법성

기본적 사실동일설에서 말하는 기본적 사실이란 소송법적인 의미에서의 행위개념으로 형법상의 행위개념에 대응하는 것이라고 할 수 있다. 구체적으로는 공소장에 기재된 공소사실과 변경된 공소사실이 시간적·장소적으로 밀접한 관계에 있거나(밀접관계) 양립할 수 없는 관계에 있기 때문에(택일관계) 같은 사실에 대한 공소제기라고 인정되는 때에는 동일성을 인정하지 않을 수 없다. 특수절도죄와 장물보관죄는 비록 범죄의 일시·장소·방법을 달리한다고 할지라도 양자가 시간적·장소적으로 근접되어 있을 뿐만 아니라 같은 재물을 취득했다는 사실을 공통으로 하는 것이므로 기본적 사실이 동일하다고 하지 않을 수 없다. 대법원도 장물죄를 절도죄로 변경한 경우에 공소사실의 동일성을 인정하고 있다(대법원 1964. 12. 29,　64 도 664). 다만 이 경우에는 절도죄와 장물죄가 죄질을 같이하고 구성요건 사이에 공통성도 인정되므로 죄질동일설이나 구성요건공통설에 의하여도 동일성이 인정되고, 소인공통설과 기본적 사실동일설에 의하여도 대부분 같은 결과를 가져오므로 어느 견해에 의하여도 동일성이 인정된다고 할 수 있다.

공소사실의 동일성이 인정되는 때에는 검사의 공소장변경신청에 대하여 법원은 반드시 허가하여야 하는 것이므로(대법원 2013. 2. 28,　2011 도 14986) 제 1 심 법원이 공소장변경을 허가하고 피고인을 장물보관죄로 유죄판결한 것은 적법하다.

Ⅲ. 기판력의 객관적 범위

1. 장물보관죄의 기판력이 미치는 범위

甲에게 장물보관죄로 징역 1년을 선고한 제 1 심 판결에 대하여 피고인만 항소하였다가 甲이 항소를 취소한 이상 제 1 심 판결이 확정되었으므로 이 판결의 기판력 내지 일사부재리의 효력이 발생하는 것은 당연하다. 여기서 기판력이란 일사부재리의 효력을 의미한다. 통설은 일사부재리의 효력을 고유한 의미의 기판력이라고 해석하고 있으며, 일사부재리의 효력을 이중위험금지의 원칙에 근거하고 있다고 하는 경우에도 그것이 판결의 효력임을 인정하는 때에는 기판력의 내용이 되지 않을 수 없다. 문제는 장물보관죄의 확정판결의 기판력이 강도상해죄에 대하여도 미치는가에 있다.

기판력의 객관적 범위가 공소사실 또는 범죄사실뿐만 아니라 공소사실과 동일성이 인정되는 모든 사실에 미친다는 점에는 견해가 일치하고 있다. 기판력이 미치는 범위인 공소사실의 동일성과 공소장변경의 한계가 되는 공소사실의 동일성은 같은 개념이라고 해석하지 않을 수 없다. 이에 의하면 장물죄와 강도상해죄는 공소사실의 동일성이 인정되므로 장물보관죄의 기판력은 강도상해죄에 대하여도 적용된다고 하지 않을 수 없다. 그런데 대법원은 전원합의체 판결을 통하여 장물취득죄와 강도상해죄는 동일한 사실이 아니라고 판시한 바 있다(대법원 1994. 3. 22. 전원 합의체판결, 93 도 2080).

　　이 판결에서 다수의견은 「(1) 판결이 확정된 장물취득죄와 강도상해죄가 동일한 범죄 또는 동일한 사건인지, 위 장물취득죄의 확정판결의 기판력이 이 사건 강도상해죄에 미치는 것인지 여부는 기본적 사실관계가 동일한 것인지의 여부에 따라서 판단해야 할 것이다. 그러나 공소사실이나 범죄사실의 동일성은 형사소송법상의 개념이므로 이것이 형사소송절차에서 가지는 의의나 소송법적 기능을 고려하여야 할 것이고, 따라서 두 죄의 기본적 사실관계가 동일한가의 여부는 그 자연적·사회적 사실관계나 피고인의 행위가 동일한 것인가 외에 그 규범적 요소도 기본적 사실관계 동일성의 실질적 내용의 일부를 이루는 것이라고 보는 것이 상당하다. (2) 피고인이 받은 장물취득죄의 확정판결의 기판력이 이 사건 강도상해죄의 공소사실에도 미치는가의 여부는 피고인의 행위와 그 사회적 사실관계를 기본으로 하되 규범적 요소도 고려에 넣고 판단하여야 할 것이고, 유죄로 확정된 장물취득죄와 이 사건 강도상해죄는 범행의 일시·장소가 서로 다르고, 그 수단·방법·상대방 등 그 범죄사실의 내용이나 행위가 별개이고 행위의 태양이나 피해법익도 다르고 죄질에도 현저한 차이가 있어 동일성이 있다고 보기 어렵다」고 전개하였다.

　　그러나 기판력이 미치는 범위를 판단함에 있어서 규범적 요소를 고려해야 한다는 견해는 타당하다고 할 수 없다. 기판력 내지 이중위험의 금지는 피고인이 동일한 행위로 인하여 다시 처벌받아서는 안 된다는 것을 피고인의 기본권으로 보호하는 것이므로 그것은 처벌의 정당성이나 불법내용이라는 규범적 요소에 의하여 좌우될 수 있는 성질이 아니기 때문이다. 규범적 요소를 고려하여 기판력이 미치는 범위를 결정하는 때에는 그 범위가 불명확하게 될 뿐만 아니라, 특히 기본적 사실동일설이 공소사실을 자연적·사회적 사실로 환원하여 검토하자는 이론임에도 불구하고 기본적 사실동일성의 판단에 규범적 요소를 고려하는 것은 전후 모순이라고 하지 않을 수 없다. 공소사실의 동일성을 판단함에 있어서 규범적 요소를 고려할 때에는 공소장변경의 한계가 되는 공소사실의 동일성과 기판력이 미치는 범위인 공소사실의 동일성은 다른 개념이 되지 않을 수 없다. 장물보관죄의 공소사실에 대하여 검사가 강도상해죄로 공소장변경을 신청한 경우에는 법원이 이를 허가하지 않을 수 없기 때문이다. 그러나 이에 의하여 공소제기의 효력은 공소사실의 동일성이 인정되는 범위에 미치므로 동일성이 인정되는 범위에서 공소장변경을 가능하게 하고, 확정판결의 기판력도 이 범위에서 인정한다고 하는 형사소송의 다이나믹한 구조는 손상받지 않을 수 없게 된다. 결국, 장물보관죄의 확정판결의 기판력은 강도상해죄에 대하여도 미친다고 해야 한다.

2. 강도상해사건에 대한 법원의 조치

판례와 같이 장물죄와 강도상해죄 사이에 공소사실의 동일성을 인정하지 않을 때에는 법원은 甲에 대하여 유죄 또는 무죄의 실체판결을 해야 한다. 그러나 양죄가 기본적 사실관계를 같이하는 동일한 사실이라고 해석할 때에는 확정판결의 일사부재리의 효력에 의하여 실체판결을 할 수 없다.

따라서 법원은 甲에 대하여 면소판결을 선고해야 한다.

Ⅳ. 결   론

공소장변경의 한계는 공소사실의 동일성이고, 공소사실의 동일성이 인정되는가의 여부는 기본적 사실동일설에 의하여 해결해야 한다. 기본적 사실동일설에 의하여 공소사실의 동일성을 판단함에 있어서는 공소사실을 기본적 사실, 즉 자연적·역사적 사실로 환원하여 그 사이에 동일성이 인정되는가를 판단해야 하고 여기에 규범적 요소를 고려할 것은 아니다. 따라서 甲에 대한 특수절도의 공소사실을 장물보관죄로 변경하는 것을 허가하여 甲을 장물보관죄로 유죄판결한 제1심 판결은 적법하고, 같은 사실에 대하여 甲에 대해 공소제기한 강도상해죄의 별소에 대하여는 면소판결을 선고해야 한다.

[관련문제]

1. 검사는 "피고인 甲이 공소외 乙과 합동하여 A 소유의 시계 1개 시가 500만 원 상당을 절취하였다"는 공소사실을 기재하여 특수절도죄로 공소제기하였으나 공판정에서 甲이 부인하자 "乙이 절취해 온 장물인 시계 1개 시가 500만 원 상당을 취득했다"는 사실의 장물취득죄로 공소장변경을 신청하였다. 제1심에서 甲은 장물취득죄로 징역 1년을 선고받고 검사와 피고인은 모두 항소하였다. 사건이 항소심에 계속 중 乙이 검거되자 검사는 乙을 신문한 끝에 甲의 공소사실을 "乙과 합동하여 A를 폭행하고 시계 1개 시가 500만 원 상당을 강취하였다"는 사실(강도죄)로 다시 공소장변경신청하였다.
   제1심과 제2심 법원이 검사의 공소장변경신청을 허가한 것은 적법한가.

《쟁 점》

⑴ 특수절도죄와 장물취득죄의 공소사실 사이에 동일성이 인정되는가.
⑵ 항소심에서도 공소장변경이 허용되는가.
⑶ 강도죄와 장물취득죄 사이에 공소사실의 동일성이 인정되는가.

《해 설》

특수절도죄와 장물취득죄는 기본적 사실관계가 동일하므로 공소사실의 동일성이 인정된다. 따라서 제1심 법원의 공소장변경허가는 적법하다. 항소심에서 공소장변경이 허용되는가는 항소심의 구조론에 따라 차이가 있다. 그러나 항소심을 원칙적 속심이라고 해석하는 판례와 다수설에 의할 때에는 공소장변경은 항소심에서도 허용된다. 장물취득죄와 강도상해죄 사이에도 기본적 사실관계가 동일하기 때문에 공소장변경이 허용된다고 해석해야 한다. 이에 반하여 기본적 사실의 동일성판단에 있어서도 규범적 요소를 고려해야 한다는 판례이론에 의하면 공소장변경은 허용되지 않는다.

2. 甲은 "乙이 X일 Y보석상에서 귀금속을 절취할 때 그 상점 앞에서 망을 보아 乙의 범행을 방조하였다"는 혐의로 기소되었다. 다음의 경우 법원은 공소장변경을 허가할 수 있는가.

⑴ 검사가 이 사건 공소사실을 乙과 절도의 공동정범으로 변경신청한 경우

⑵ 검사가 ⑴의 공동정범의 공소사실에 Y보석상에의 건조물침입을 추가한 경우

⑶ 검사가 ⑴의 공소사실이 받아들여졌을 때 다시 그 공소사실을 "같은 날 乙이 절취한 귀금속을 장물이라는 정을 알면서 매수하였다"고 공소장변경을 신청한 경우

(1991년 일본 사법시험 출제문제)

《쟁 점》

⑴ 공소사실의 단일성도 동일성의 개념에 포함되는가.

⑵ 동일성을 판단하는 기준은 무엇인가(기본적 사실동일설).

⑶ 절도죄의 방조와 공동정범 사이에 단일성과 동일성이 인정되는가.

⑷ 건조물침입죄와 절도죄의 공소사실은 동일성이 인정되는가.

    ① 두 죄의 죄수관계는 어떠한가(경합범).

    ② 형사소송법상의 죄수개념은 형법의 그것과 일치하는가.

⑸ 절도죄와 장물취득죄 사이에 공소사실의 동일성이 인정되는가.

《해 설》

공소사실의 동일성은 협의의 동일성과 단일성을 포함하는 개념이다. 같은 일시·장소에서의 같은 물건에 대한 절도방조와 공동정범은 단일성이 인정되므로, 공동정범으로의 공소장변경은 허가해야 한다. 그러나 절도와 건조물침입은 경합범의 관계에 있다. 통설에 의하면 경합범은 수죄이므로 건조물침입을 추가하는 내용의 공소장변경은 허용되지 않는다. 다만, 공소사실의 동일성은 소송법상의 행위개념을 기준으로 판단해야 한다는 이론에 의하면 소송법상 한 개의 사실로 인정할 여지도 있다. 기본적 사실동일설에 의하면 절도죄와 장물취득죄 사이에도 동일성이 인정되므로 공소장변경은 허가해야 한다.

3. 甲이 포장마차에서 술을 마시는 도중 옆자리에 있던 乙과 시비가 벌어져 乙을 구타하여 실신시켰다. 甲은 출동한 경찰에 의해 연행된 후 즉결심판에 회부되어 경범죄처벌법상의 음주소란행위로 구류 5일을 선고받고 그 심판이 확정되었는데 이틀 후 병원에 후송되어 입원 중이던 乙이 병세가 악화되어 사망하자 검사는 甲을 폭행치사죄로 기소하였다. 이 경우 법원은 어떠한 판단을 하여야 하는가.

(제37회 행정고등고시 출제문제)

《쟁 점》

⑴ 기판력의 객관적 범위는 어디까지 미치는가.

⑵ 사건의 동일성을 판단하는 기준은 무엇인가.

⑶ 경범죄처벌법위반죄와 폭행치사죄의 범죄사실은 동일성이 인정되는가.

⑷ 동일성이 인정되는 경우에 법원은 어떤 판단을 해야 하는가.

《해 설》

기판력은 범죄사실과 동일성이 인정되는 사실에 미치며, 범죄사실의 동일성도 기본적 사실동일설에 의하여 판단해야 한다. 甲의 경범죄처벌법위반죄와 폭행치사죄의 범죄사실은 기본적 사실관계가 동일한 사실이므로 법원은 甲에게 면소판결을 선고해야 한다.

[관련판례]

대법원 1994. 3. 22. 전원합의체판결, 93 도 2080, 「⑴ 유죄로 확정된 장물취득죄와 이 사건 강도상해죄는 범행일시가 근접하고 위 장물취득죄의 장물이 이 사건 강도상해죄의 목적물 중 일부이기는 하나, 그 범행의 일시·장소가 서로 다르고, 강도상해죄는 피해자를 폭행하여 상해를 입히고 재물을 강취하였다는 것인 데 반하여 위 장물취득죄는 강도상해죄의 범행이 완료된 이후에 강도상해죄의 범인이 아닌 피고인이 다른 장소에서 그 장물을 교부받았음을 내용으로 하는 것이어서 그 수단, 방법, 상대방 등 범죄사실의 내용이나 행위가 별개이고, 행위의 태양이나 법익도 다르고 죄질에도 현저한 차이가 있어 위 장물취득죄와 이 사건 강도상해죄 사이에는 동일성이 있다고 보기 어렵고, 따라서 피고인이 장물취득죄로 받은 판결이 확정되었다고 하여 이 사건 강도상해죄의 공소사실에 대하여 면소를 선고하여야 한다거나 피고인을 강도상해죄로 처벌하는 것이 일사부재리의 원칙에 어긋난다고는 할 수 없다.

⑵ 위 장물취득죄와 이 사건 강도상해죄가 동일한 범죄 또는 동일한 사건인지, 위 장물취득죄의 확정판결의 기판력이 이 사건 강도상해죄에 미치는지 여부는 그 기본적 사실관계가 동일한가의 여부에 따라 판단하여야 하는데 공소사실이나 범죄사실의 동일성은 형사소송법상의 개념이므로 이것이 형사소송절차에서 가지는 의의나 소송법적 기능을 고려하여야 할 것이고, 따라서 두 죄의 기본적 사실관계가 동일한가의 여부는 그 규범적 요소를 전적으로 배제한 채 순수하게 사회적·전법률적 관점에서만 파악할 수는 없고, 그 자연적·사회적 사실관계나 피고인의 행위가 동일한 것인가 외에 그 규범적 요소도 기본적 사실관계 동일성의 실질적 내용의 일부를 이루는 것이라고 보는 것이 상당하다.

⑶ 피고인이 받은 장물취득죄의 확정판결의 기판력이 이 사건 강도상해죄의 공소사실에 미치는지 여부는, 사실의 동일성이 갖는 법률적 기능을 염두에 두고 피고인의 행위와 그 사회적인 사실관계를 기본으로 하되 그 규범적 요소도 고려에 넣어 판단하여야 할 것이고, 피고인에 대한 법적 안정성의 보호와 국가의 적정한 형벌권행사가 조화가 이루어질 수 있도록 하여야 할 것인바, 그렇게 본다면 위 장물취득죄의 범죄사실과 이 사건 강도상해죄의 공소사실은 그 기본적인 점에서 같다고 할 수 없다.」

[26] 공소장변경의 필요성과 요구

[설 문]

검사는 甲을 절도죄와 상해치사죄의 경합범으로 공소제기하였다. 그런데 甲은 수사를 받으면서 자기의 전과를 속이기 위하여 동생 乙의 이름과 주민등록번호 및 주거와 등록기준지를 이야기하였으므로 검사는 공소장의 피고인란에 乙의 이름을 기재하였다. 甲은 공판정에서 피고인신문이 계속되던 중 乙의 성명을 모용한 것이 발각되었다. 검사는 공소장의 피고인 성명을 甲으로 정정신청하였다. 심리가 계속되던 중 甲은 절도의 공소사실에 관하여 자기가 훔친 것이 아니라 자기는 A가 훔쳐 온 물건을 취득한 것이라고 주장하였다. 법원은 절도죄를 인정하기는 어렵다는 심증을 얻고 검사에게 공소사실을 장물취득죄로 변경할 것을 요구하였으나, 검사는 절도죄가 성립한다고 확신하고 법원의 요구에 응하지 않았다.

⑴ 검사의 피고인의 표시를 甲으로 정정해 달라는 공소장정정신청만으로 법원이 甲에 대하여 유죄판결을 할 수 있는가.

⑵ 절도죄 대신 장물취득죄가 성립한다고 인정하는 경우에 법원의 공소장변경요구는 법원의 의무인가.

⑶ 검사가 공소장변경요구에 응하지 않는 경우 법원은 장물취득죄로 유죄판결할 수 있는가.

⑷ 상해치사죄의 공소사실에 대하여 심리 결과 상해죄만 인정된다면 검사가 공소장변경신청을 하지 않는 경우에 법원이 상해죄로 유죄판결할 수 있는가.

⑸ ⑷의 경우에 법원이 무죄판결을 선고하여도 적법하다고 할 수 있는가.

Ⅰ. 문제의 제기

  검사가 공소사실의 동일성을 해하지 않는 한도에서 법원의 허가를 얻어 공소사실이나 적용법조를 추가·철회·변경하는 것을 공소장변경이라고 한다($\substack{제298조\\1항}$). 공소장변경제도는 공소제기의 효력과 판결의 기판력이 동일성이 인정되는 사실의 전부에 미친다는 점을 고려하여 공소사실과 동일성이 인정되는 사실도 법원의 심판의 대상이 될 수 있도록 하는 길을 열어 적정한 형벌권의 발동을 가능하게 하면서도, 법원은 동일성이 인정되는 사실이라 할지라도 공소장변경이 있는 때에만 이를 심판할 수 있도록 함으로써 피고인의 방어권을 보장하는 데 제도의 취지가 있다. 그러나 공소장에 기재된 공소사실과 동일성이 인정되는 사실은 공소장변경에 의하여 비로소 법원의 현실적 심판의 대상이 된다고 하여 공소사실에 조금이라도 변경이 생기면 언제나 공소장변경을 해야 하는 것은 아니다. 이는 공소장변경의 필요성 또는 공소장변경의 요부의 문제이다.

  설문의 문제 (1)은 성명모용을 바로잡기 위하여 공소장변경이 필요한가를 묻는 것임에 반하여, 문제 (4)는 상해치사죄의 공소사실에 대하여 상해죄를 인정하는 경우에 공소장변경을 필요로 하는가를, 문제 (5)는 공소장변경 없이 상해죄를 인정할 수 있는 경우에 상해죄가 인정되면 법원은 상해죄로 유죄판결을 해야 하는가를 묻는 문제이다. 형사소송법 제298조 2항은 「법원은 심리의 경과에 비추어 상당하다고 인정할 때에는 공소사실 또는 적용법조의 추가 또는 변경을 요구하여야 한다」고 규정하고 있다. 이를 공소장변경요구라고 하며, 이는 검사가 공소장을 변경하지 않기 때문에 명백히 죄를 범한 자가 무죄로 되는 일이 없도록 하기 위한 제도이다. 설문의 문제 (2)와 (3)은 바로 이러한 공소장변경요구가 법원의 의무이며, 법원의 공소장변경요구에 형성력을 인정할 것인가를 문제삼는 것이다.

Ⅱ. 성명모용과 공소장변경

1. 피고인의 특정

설문의 문제 ⑴은 성명모용의 경우, 다시 말해서 검사가 甲을 수사하였는데 甲이 乙의 성명을 모용하여 공소장에 乙의 이름이 기재된 때에 검사가 성명모용을 바로잡기 위하여 공소장을 변경해야 하는가 또는 공소장정정신청으로 충분한가, 또 공소장정정이 필요한가의 문제이다. 이는 성명모용의 경우에 누가 피고인인가, 공소제기의 효력은 누구에게 미치는가와 관련되는 문제라고 할 수 있다.

검사는 공소장에 피고인을 특정하여 기재해야 하며, 검사에 의하여 특정된 피고인에게 공소제기의 효력이 미치는 것은 물론이다. 다만, 성명모용이나 위장출석과 같이 공소장에 기재된 피고인과, 피고인으로 행동하거나 검사가 공소를 제기하려고 한 피고인이 다른 경우에 누가 피고인이 되는가에 관하여는 견해가 대립되고 있다. 의사설은 검사의 의사를 기준으로 피고인이 결정된다고 함에 반하여, 표시설은 공소장에 피고인으로 표시된 자가 피고인이라고 하고, 행위설은 실제로 피고인으로 행위하거나 피고인으로 취급된 자가 피고인이라고 한다. 통설은 표시설과 행위설을 결합하여 피고인을 정해야 한다고 한다. 이에 의하면 성명모용의 경우에 모용자가 피고인으로 행위하기 전에는 피모용자를 피고인이라고 하지 않을 수 없다. 그러나 성명이 모용되었다는 이유만으로 피고인이 된다고 해석하는 것은 타당하다고 할 수 없다. 따라서 피고인을 특정함에는 표시설과 행위설뿐만 아니라 의사설을 종합한 **실질적 표시설**이 타당하다고 해야 하며, 이에 의하면 성명모용의 경우에 피모용자가 피고인으로 행위하기 전에는 모용자만 피고인이 된다.

2. 공소장변경의 요부

검사가 공소제기한 피고인이 모용자(甲)이고 공소제기의 효력이 甲에게 미치는 이상 甲은 실질적 피고인이므로 검사가 성명모용관계를 바로잡기 위하여 반드시 공소장변경의 절차를 거칠 필요는 없다. 따라서 검사의 공소장정정신청이 있으면 법원은 그것으로 甲에게 유죄판결을 할 수 있다. 판례도

성명모용의 경우에는 검사가 공소장의 인적사항을 정정하면 되고 공소장변경
절차를 거치거나 법원의 허가가 필요한 것은 아니라는 태도를 취하고 있다
$\binom{\text{대법원 1985. 6. 11, 85 도 756;}}{\text{대법원 1993. 1. 19, 92 도 2554}}$.

　　문제는 검사가 甲에 대한 공소장표시정정절차를 거치지 않을 경우에는 어
떻게 할 것인가에 있다. 공소장에는 피고인을 특정해서 기재해야 하며, 특정의
정도는 다른 사람과 구별할 수 있을 정도가 아니면 안 된다. 그런데 甲이 피고
인임에도 불구하고 공소장에 乙이 기재되어 있는 때에는 甲에 대한 공소제기
로 볼 수 없으며, 공소장에 기재된 피고인이 특정되었다고 할 수도 없다. 따라
서 검사가 공소장표시의 정정절차를 밟지 않을 때에는 공소기각의 판결을 하
지 않을 수 없으므로$\binom{\text{대법원 1991. 9. 10, 91 도 1689;}}{\text{대법원 1992. 4. 24, 92 도 490}}$, 공소기각의 판결을 면하기 위하여
는 공소장정정절차를 거쳐야 하는 것이다.

Ⅲ. 공소장변경요구

1. 공소장변경요구의 의무성

　　설문의 문제 (2)는 절도죄의 공소사실에 관하여 심리의 결과 장물취득죄가
인정되는 경우에 법원의 공소장변경요구가 법원의 의무인가를 묻는 것이다.
공소장변경은 공소사실의 동일성이 인정되는 범위에서 인정되며, 기본적 사실
동일설에 의할 때 절도죄와 장물취득죄 사이에 동일성이 인정된다는 점에는
의문이 없다. 설문에서 법원이 절도죄의 공소사실을 장물취득죄로 변경할 것
을 요구한 것은 동일성이 인정된다는 것을 전제로 한 것으로 보인다. 그러나
공소장변경요구가 법원의 의무인가에 관하여는 의무설과 재량설 및 예외적 의
무설이 대립되고 있다.

(1) 의 무 설

　　공소장변경의 요구가 법원의 의무라고 해석하는 견해이다. 이에 의하면 검
사가 공소장변경신청을 하지 않은 경우에 법원이 공소장변경요구를 하지 않고
무죄판결을 선고한 때에는 심리미진의 위법이 있는 것이 된다. 법원의 의무성
을 긍정하는 것이 형사소송법 제298조 2항의 문리해석상 당연할 뿐만 아니라
법원의 직권개입을 보충적으로 인정한 취지에 적합하다는 것을 이유로 한다.

(2) 재 량 설

공소장변경요구는 법원의 권리일 뿐이며 법원에서 요구해야 할 의무가 있는 것은 아니라는 견해이다. 공소사실의 변경은 검사의 권한에 속하는 것이므로 법원은 검사가 제기한 공소사실의 범위 안에서 판결하면 족하고 적극적으로 공소장변경을 요구할 의무는 없다는 것을 이유로 한다. 판례가 취하고 있는 입장이다.

(3) 예외적 의무설

공소장변경요구는 원칙적으로 법원의 재량에 속하는 것이나 공소장변경요구를 하지 아니하고 무죄판결을 하는 것이 현저히 정의에 반하는 경우에는 예외적으로 법원의 의무가 된다고 해석하는 견해이다. 현저히 정의에 반하기 때문에 공소장변경요구가 법원의 의무가 되는 기준은 증거의 명백성과 범죄의 중대성이며, 범죄의 중대성은 사건의 죄질, 태양, 결과 등을 고려한 사회적 관심의 중대성을 의미한다고 한다.

(4) 소   결

당사자주의를 강화하여 검사가 제출한 공소장에 기재된 공소사실만을 심판의 대상으로 하면서 공소장변경제도를 인정하고 있는 형사소송법의 구조에 비추어 공소장변경요구를 법원의 의무라고 해석하는 것은 타당하다고 할 수 없다. 예외적 의무설도 그 기준이 명확하지 못하다는 비난을 면할 수 없다. 공소의 제기와 변경은 어디까지나 검사의 권한에 속하므로 공소장변경요구가 법원의 의무로 될 수는 없다고 해야 한다. 따라서 법원은 공소장변경요구를 할 수는 있어도 반드시 해야 할 의무가 있는 것은 아니다. 판례도 재량설의 입장이다($\binom{대법원\ 2011.\ 1.\ 13,}{2010\ 도\ 5994}$).

2. 공소장변경요구의 형성력

문제 (3)은 검사가 공소장변경신청을 하지 않는 경우에 법원의 공소장변경요구에 형성력을 인정하여 장물취득죄로 유죄판결을 할 수 있는가, 또는 장물취득죄가 인정되는 경우에도 무죄판결을 할 수밖에 없는가의 문제이다.

공소장변경요구에 형성력을 인정할 것인가에 관하여 **긍정설**은 검사가 공소장변경요구에 불응한 때에도 공소장변경의 효과가 발생하므로 법원은 장물취득죄로 유죄판결할 수 있다고 해석한다. 형성력을 인정하지 않을 때에는 특별히 공소장변경요구를 규정한 근거를 설명할 수 없다는 점을 이유로 한다. 그러나 ① 공소사실의 설정과 변경은 검사의 권한에 속하며, ② 공소장변경요구의 경우에 공소장변경의 효과를 의제하는 규정이 없고, ③ 소송지휘의 재판인 공소장변경요구를 직접 강제할 수는 없으며, ④ 형성력을 인정할 때에는 복수의 공소장변경권자를 인정하는 결과가 된다는 점에 비추어 **부정설**이 타당하다고 하지 않을 수 없다. 현재 우리나라에서 긍정설을 주장하는 학자는 보이지 않는다.

따라서 법원의 공소장변경요구가 있음에도 불구하고 검사가 응하지 않을 때에는 법원은 공소장에 기재된 범죄사실을 인정할 수 없으면 무죄판결을 선고할 수밖에 없다.

IV. 공소장변경의 필요성

1. 필요성판단의 기준

설문의 문제 ⑷는 상해치사죄의 공소사실에 대하여 법원이 공소장변경 없이 상해죄로 유죄판결할 수 있는가, 즉 이 경우에 공소장변경이 필요한가를 묻는 것이다. 공소장변경의 필요성을 판단하는 기준에 관하여는 동일벌조설과 법률구성설 및 사실기재설이 대립되고 있다.

(1) 동일벌조설

공소사실을 어떤 구성요건에 해당하는가라는 법률적 평가라고 이해하여 구체적 사실관계가 다르다고 할지라도 그 벌조 또는 구성요건에 변경이 없는 한 공소장을 변경할 필요가 없다는 견해이다.

(2) 법률구성설

공소사실의 법률적 측면을 중시하여 구체적 사실관계가 다르다 할지라도 그 법률구성에 영향이 없을 때에는 공소장변경을 요하지 않고 공소장에 기재된 사실과 다른 사실을 인정할 수 있다는 견해이다. 공소사실의 법률적 평가에 중점을 둔다는 점에서 동일벌조설과 공통점을 가진다.

(3) 사실기재설

공소사실을 구성요건에 해당하는 구체적 사실의 주장이라고 파악하여 공소장에 기재되어 있는 사실과 실질적으로 다른 사실을 인정할 때에는 공소장변경이 필요하다는 견해이다. 그러나 사실기재설에 의하는 경우에도 사실 사이에 실질적 차이가 있는가의 여부는 형식적으로는 사실의 변화가 사회적·법률적으로 의미를 달리하고 실질적으로는 피고인의 방어권행사에 불이익을 초래하는가를 기준으로 판단해야 한다고 한다.

(4) 소　　결

동일벌조설과 법률구성설에 대하여는 ① 공소사실은 구성요건에 해당하게 기재된 사실에 불과하고, ② 이에 의할 때에는 형사소송법 제298조가 무의미하게 된다는 비난을 면할 수 없다. 이러한 의미에서 사실기재설에 의하여 피고인의 방어에 불이익을 초래할 사실변경이 있으면 공소장변경을 요한다고 해석하는 것이 타당하다.

> 대법원은 「법원이 공소장변경 없이 공소사실과 다른 사실을 인정하거나 적용법조를 달리하는 경우, 피고인의 방어권 행사에 실질적인 불이익을 초래하는지 여부는 공소사실의 기본적 동일성이라는 요소 이외에도 법정형의 경중 및 그러한 경중의 차이에 따라 피고인이 자신의 방어에 들일 노력·시간·비용에 관한 판단을 달리할 가능성이 뚜렷한지 여부 등의 여러 요소를 종합하여 판단해야 한다」고 판시하고 있다(대법원 2011. 2. 10, 2010 도 14391).

사실기재설에 의할 때 공소장에 기재된 공소사실과 인정되는 범죄사실이 같은 구성요건에 속하는 경우 그 차이가 심판의 대상을 특정하기 위하여 불가결한 사실일 때에는 공소장변경을 요하지만 그 밖의 사실에 관하여는 공소장변경을 요하지 않는다. 공소사실과 인정되는 범죄사실이 다른 구성요건에 속할 때에는 원칙적으로 공소장변경을 요하지만, ① 축소사실을 인정하는 경우와 ② 법률평가만을 달리하는 경우에는 공소장변경을 요하지 않는다고 할 수 있다. 설문의 상해치사죄와 상해죄는 구성요건을 달리하지만 상해죄는 상해치사죄의 축소사실에 지나지 않으므로 법원은 검사의 공소장변경신청이 없어도 상해죄로 유죄판결할 수 있다.

2. 법원의 심판범위

문제 ⑸는 법원이 공소장변경 없이 심판할 수 있는 경우에 유죄가 인정되는 사실을 심판하지 않고 무죄판결을 선고할 수 있는가를 묻는 것이다. 판례는 일관하여 공소장변경 없이 공소장에 기재된 사실과 다른 사실을 인정할 수 있

는 경우에도 사안이 중대하여 이를 처벌하지 않으면 현저히 정의와 형평에 반
한다고 인정되는 경우가 아닌 한 법원이 직권으로 범죄사실을 인정하지 않아도
위법한 것이 아니라는 태도를 취하고 있다. 따라서 폭행치사나 상해치사의 공
소사실에 대하여 폭행죄나 상해죄를 인정하지 않은 경우(대법원 1984. 11. 27, 84 도 2089; 대법원 1990. 11. 27, 90 도 1090)
는 위법하다고 할 수 없다고 판시하였다. 그러나 공소장에 기재된 사실과 다른
사실이라 할지라도 법원이 공소장변경 없이 심판할 수 있는 사실은 공소제기
된 사실이며 법원의 현실적 심판의 대상이 된 사실이라고 해야 한다. 실체적
진실의 발견이 형사소송의 이념의 하나인 이상 법원의 심판의 대상이 된 사실
을 법원이 심판하지 않고 무죄를 선고하는 것은 타당하다고 할 수 없다. 정의
와 형평의 관념을 기준으로 심판의 의무를 결정하는 것도 명백한 기준이 될
수 없다.

　　따라서 법원은 상해죄가 인정되는 경우에 상해죄로 유죄판결을 해야 하
며, 무죄판결을 하는 것은 적법하다고 할 수 없다.

V. 결　론

　　피고인의 성명모용으로 인하여 공소장에 乙의 이름이 피고인으로 기재된
경우에도 피고인은 甲이므로 검사가 이를 바로잡기 위하여 공소장을 변경할 필
요는 없고 단지 공소장의 표시정정을 신청하면 충분하다. 다만, 공소장에 乙의
이름이 기재된 것은 甲에 대한 피고인의 표시가 특정되었다고 할 수 없으므로
검사의 피고인표시정정이 없는 때에는 공소기각의 판결을 면할 수 없게 된다.
법원의 공소장변경요구는 법원의 의무가 아니라 법원의 재량에 불과하며, 법원
이 장물취득죄로 공소장을 변경할 것을 요구하였다는 사실만으로 검사의 공소
장변경신청이 없는 한 장물취득죄로 유죄판결을 할 수는 없다. 법원의 공소장변
경요구에 형성력을 인정할 수는 없기 때문이다. 구성요건이 다른 경우에도 축소
사실을 인정하는 때에는 피고인의 방어권을 침해하는 바가 없으므로 공소장변
경 없이 이를 유죄로 인정할 수 있다. 그 경우에 인정되는 범죄사실은 공소장변
경이 없어도 심판의 대상이 된 사실, 즉 법원의 현실적 심판의 대상이 된 사실
이므로 법원은 이에 대하여 유죄판결을 해야 한다고 해석하는 것이 타당하다.

[관련문제]

1. 甲은 2003. 5. 14. 23 : 00경 서울 소재 골목길에서 피해자 乙을 강도강간할 생각으로 자신의 승용차에 강제로 태워 차에서 내릴 수 없게 한 다음, 2003. 5. 15. 01 : 00경 수원시 소재 아파트 공사장에 도착하였다. 甲은 그곳 승용 차 안에서 乙을 위협하여 금품을 강취하고 강간하였다. 乙은 수사기관에서 자신이 승용차 안에 감금된 상태에서 강도당한 사실만을 진술하고 수치심 때 문에 강간당한 사실은 숨겼으나, 검사는 피의자 甲을 수사하던 중 감금상태 에서의 강도범행뿐만 아니라 강간범행도 명백히 밝혀냈다. 그럼에도 불구하 고 검사는 甲에 대하여 강도죄로만 공소제기하였다. 법원은 2003. 7. 18. 甲 에 대하여 강도죄로 징역 3년을 선고하였고, 甲의 항소포기로 판결이 확정되 었다. 그 후 乙이 2003. 8. 11. 강간죄로 고소하자 검사는 2003. 8. 25. 甲을 감금죄와 강간죄의 실체적 경합범으로 다시 공소제기하였다.

　　이 경우 강도죄로 먼저 공소제기된 부분과 나중에 감금죄 및 강간죄로 공 소제기된 부분에 관련된 형사소송법상의 쟁점을 모두 논하시오(단, 법원은 이 사안에서 감금죄와 강도강간죄를 상상적 경합관계로 보고 있음).

　　　　　　　　　　　　　　　　　　　　　　　　(제46회 사법시험 출제문제)

《쟁　점》

1. 일죄의 일부에 대한 공소제기

　　강도강간죄는 결합범으로서 강도죄와 포괄일죄의 관계에 있고, 법원은 감금 죄와 강도강간죄를 상상적 경합관계로 보고 있는데 상상적 경합은 소송법상 일죄가 된다. 일죄의 일부에 대한 공소제기가 허용되는가에 관한 적극설, 소 극설 및 절충설 중 어떤 견해가 타당한가.

2. 법원의 심판범위

　　일죄의 일부에 대한 공소제기가 허용된다고 해석하는 경우에는 법원의 심판 범위가 어디까지 미칠 것인가가 문제된다.

　　⑴ 심판의 대상은 무엇인가.

　　⑵ 공소장변경이 필요한가.

　　⑶ 공소장변경요구의 의무성

　　　① 법원이 검사에게 공소장변경을 요구해야 하는가가 문제된다.

　　　② 의무설, 재량설 및 예외적 의무설 가운데 어떤 견해가 타당한가.

③ 법원이 검사에게 공소장변경을 요구하지 않은 것이 적법한가.

3. 기판력이 미치는 범위

甲에 대한 강도죄의 유죄판결이 확정된 후 검사가 다시 甲을 감금죄와 강간죄의 경합범으로 공소제기한 점에 관하여는 강도죄에 대한 확정판결의 기판력이 미치는가.

(1) 동일성의 판단기준은 어떻게 정해야 하는가.

기본적 사실동일설, 구성요건공통설, 죄질동일설 및 소인공통설 가운데 어떤 견해가 타당한가.

(2) 甲에게 면소판결을 할 것인가.

(3) 공소권남용이론이 적용될 수 있는 경우인가.

《해 설》

검사가 강도강간죄를 범한 피의자를 강도죄로 공소제기한 것은 적법하다. 일죄의 일부에 대한 공소제기는 허용된다고 해석해야 하기 때문이다. 이 경우 법원의 현실적 심판의 대상은 강도사실에 제한되고 강도강간죄는 잠재적 심판의 대상으로 검사의 공소장변경이 있어야 심판할 수 있다. 공소장변경의 필요성에 관한 어떤 견해에 의하더라도 검사의 공소장변경이 있어야 강도강간죄를 심판할 수 있다. 법원이 심리과정에서 강도강간 사실을 알았다고 하더라도 검사에게 공소장변경을 요구해야 할 의무는 없다. 따라서 법원이 甲에게 강도죄로 징역 3년을 선고한 것은 적법하다. 확정판결의 기판력은 범죄사실과 동일성이 인정되는 사실에 미치며, 동일성은 기본적 사실동일설의 입장에 따라 판단해야 한다. 강도강간죄와 강도죄는 단일한 사건이므로 동일성이 인정된다. 따라서 법원은 甲에 대한 강도강간죄의 공소제기에 대하여 면소판결을 선고해야 한다. 검사의 추가기소가 공소권남용에 해당하지는 않는다.

[관련판례]

(1) 대법원 1985. 7. 23, 85 도 1092, 「형사소송법 제298조 제 2 항의 공소장변경요구에 관한 규정은 법원의 변경요구를 의무화한 것이 아니고 법원의 재량에 속하는 것이다.」

(2) 대법원 1993. 12. 28, 93 도 3058, 「법원은 공소사실의 동일성이 인정되는 범위 내에서 공소가 제기된 범죄사실에 포함된 보다 가벼운 범죄사실이 인정되는 경우에 심리의 경과에 비추어 피고인의 방어권행사에 실질적 불이익을 초래할 염려가 없다고 인정되는 때에는 공소장이 변경되지 않았더라도 직권으로 공소장에 기재된 범죄사실과 다른 범죄사실을 인정할 수 있지만, 이와 같은 경우라고 하더라도 공소가 제기된 범죄사실과 대비하여 볼 때 실제로 인정되는 범죄사실의 사안이 중대하여 공소장이 변경되지 않았다는 이유로 이를 처벌하지 않는다면 적정절차에 의한 신속한 실체적 진실의 발견이라는 형사소송의 목적에 비추어 현저히 정의와 형평에 반하는 것으로 인정되는 경우가 아닌 한 법원이 직권으로 그 범죄사실을 인정하지 않았다고 하여 위법한 것이라고까지 볼 수는 없다.

이 사건의 경우 원심은 피해자가 피고인의 폭행으로 인하여 공소장에 기재된 바와 같은 상해를 입게 되었음이 인정되지 않는다고 판단한 것이 아니라, 피고인이 공소장에 기재된 바와 같이 피해자의 가슴을 손전등으로 치는 등 폭행을 가한 사실 자체가 인정되지 않는다고 판단하였으므로, 원심이 폭행의 점에 관하여 심리·판단하지 아니하였다고는 볼 수 없을 뿐만 아니라, 가사 소론과 같이 피고인이 손전등의 불을 켜서 피해자의 눈에 비춘 사실만은 인정된다고 하더라도, 공소가 제기된 상해의 범죄사실과 대비하여 볼 때, 원심이 그와 같은 폭행 범죄사실을 유죄로 인정하지 아니한 것이 현저히 정의와 형평에 반하는 것이라고는 인정되지 아니하므로, 원심판결에 공소사실의 동일성에 관한 법리를 오해한 위법이 있다고 할 수 없다.」

(3) 대법원 1999. 11. 9, 99 도 3674, 「(1) 법원은 공소사실의 동일성이 인정되는 범위 내에서 공소가 제기된 범죄사실에 포함된 보다 가벼운 범죄사실이 인정되는 경우에 심리의 경과에 비추어 피고인의 방어권행사에 실질적인 불이익을 초래할 염려가 없다고 인정되는 때에는 공소장이 변경되지 않았더라도 직

권으로 공소장에 기재된 공소사실과 다른 범죄사실을 인정할 수 있고, 이와 같은 경우 공소가 제기된 범죄사실과 대비하여 볼 때, 실제로 인정되는 범죄사실의 사안이 중대하여 공소장이 변경되지 않았다는 이유로 이를 처벌하지 않는다면 적정절차에 의한 신속한 실체적 진실의 발견이라는 형사소송의 목적에 비추어 현저히 정의와 형평에 반하는 것으로 인정되는 경우라면 법원으로서는 직권으로 그 범죄사실을 인정하여야 한다.

(2) 히로뽕 투약죄의 기수범으로 기소된 공소사실에 대하여 실행행위에 착수한 사실은 인정되나 기수에 이른 사실은 인정되지 않는 경우, 마약류의 심각한 폐해와 마약사범의 급속한 증가현상에 비추어 볼 때 히로뽕 투약의 경우 그 미수범도 기수범에 못지않게 그 사안이 중대하다고 할 것이어서 공소장이 변경되지 않았다는 이유로 이를 처벌하지 않으면 현저히 정의와 형평에 반한다고 여겨지므로, 심리의 경과에 비추어 그 미수의 범죄사실을 인정한다고 하여 피고인의 방어권행사에 실질적인 불이익을 초래할 염려가 있다고 보여지지 않는다면 법원은 공소사실에 포함된 히로뽕 투약 미수의 범죄사실을 유죄로 인정하여야 한다.」

(4) 대법원 2011. 2. 10, 2010 도 14391, 「(1) 피고인의 방어권 행사에 있어서 실질적인 불이익을 초래할 염려가 존재하는지 여부는 공소사실의 기본적 동일성이라는 요소 이외에도 법정형의 경중 및 그러한 경중의 차이에 따라 피고인이 자신의 방어에 들일 노력·시간·비용에 관한 판단을 달리할 가능성이 뚜렷한지 여부 등의 여러 요소를 종합하여 판단해야 한다.

(2) 피고인이 자신의 손가락을 음부에 2회 집어넣는 등 위력으로써 甲(여, 7세)을 추행하였다는 내용으로 기소된 사안에서, 위력 부분을 제외한 위 공소사실의 행위유형이 성폭력범죄의 처벌 등에 관한 특례법 제 7 조 제 2 항 제 2 호와 제 3 항에 모두 해당할 수 있는 상황에서, 검사는 같은 법 제 7 조 제 5 항으로만 공소제기한 채 같은 법 제 7 조 제 2 항 제 2 호 또는 제 3 항 중 그 적용법조를 특정하지 않았고, 제 1 심이 피고인에게 보다 유리한 같은 법 제 7 조 제 5 항·제 3 항을 적용하였으며, 검사마저 이를 전제로 형의 양정이 부당하다는 항소이유만을 들어 항소한 탓에 피고인으로서는 법정형이 훨씬 중한 같은 법 제 7 조 제 5 항·제 2 항 제 2 호의 적용에 따른 불이익이 발생할 수 있는 사정을

예상할 수 없는 상황에 처해 있었다면, 원심이 위 적용법조의 변경에 따른 방어권 행사의 기회를 피고인에게 제공하지도 아니한 채 직권으로 위 공소사실에 대하여 같은 법 제 7 조 제 5 항·제 2 항 제 2 호를 적용한 것은 피고인의 방어권 행사에 있어서 실질적인 불이익을 초래할 염려가 있는 경우에 해당한다고 볼 수 있다.」

[27] 증거개시

[설 문]

국가보안법위반으로 기소된 피고인 乙의 변호인 甲은 피고인의 변론을 준비하기 위하여 공소제기된 다음 날 검사 丙에게 경찰 및 검찰에서의 피고인의 자술서와 피의자신문조서 및 참고인들의 진술조서 등이 포함된 수사기록 일체를 열람·등사하겠다고 신청하였으나 검사 丙은 이유를 밝히지 않은 채이 신청을 거부하였다. 乙에 대한 위 사건의 공판기일에서 丙이 증거를 제출하지 않은 단계에서 A를 증인으로 신청하자 판사는 이를 채택하였다. 甲은검사 丙이 A를 증인으로 심문하기 전에 판사에게 A에 대한 검사가 작성한진술조서의 개시를 신청하였다. 그 후 검사 丙이 수사기록을 증거로 제출하였으나 피고인에게 유리한 사실이 기재된 B 등 3인에 대한 형사소송법 제221조의 2의 규정에 의하여 작성된 증인신문조서를 증거로 제출하지 아니하자 다시 甲은 위 조서들에 대한 증거개시를 신청하였다.

⑴ 甲의 신청을 거부한 검사 丙의 결정은 정당한가.
⑵ 법원이 丙에게 수사기록의 열람·등사를 강제하게 할 방법은 없는가.
⑶ A에 대한 진술조서의 개시신청에 대하여 법원은 어떻게 판단해야 하는가.
⑷ B 등에 대한 증인신문조서의 개시신청은 어떠한가.

I. 문제점의 정리

증거개시란 소송당사자가 가지고 있는 증거 또는 자료에 대하여 상대방에게 그 내용을 밝히는 것을 말한다. 그러나 형사소송에 있어서 수사기관은 강력한 권한을 행사하여 증거수집을 행하기 때문에 증거개시로서 소송상 문제가생기는 것은 검사가 가지고 있는 증거에 대한 변호인으로부터의 열람요구가 있는 경우에 한한다. 따라서 증거개시의 문제는 제 1 회 공판기일 전후를 통하여 검사는 피고인·변호인에 대하여 보관하고 있는 증거서류 또는 증거물을 열람·등사하게 할 의무가 있는가, 또 법원은 검사에 대하여 보관하고 있는 증거서류 또는 증거물을 피고인·변호인에게 열람·등사케 하라고 명령할 수 있는가에 있다. 공소제기와 함께 수사기록과 증거물을 법원으로 송부하던 구 형사소송법하에서는 증거개시의 범위에 관하여는 문제가 일어날 여지가 없었다. 그러나 형사소송규칙이 공소장일본주의를 채택함에 따라($\binom{규칙\ 제118}{조\ 2항}$) 수사기록은 법원에 인계되지 않고 공소제기 후 검사의 수중에 남아 있기 때문에 공소제기 후 검사가 보관하고 있는 수사기록을 변호인이 사전에 열람·등사하여 공판준비를 할 수 있는가가 문제되지 않을 수 없다. 형사소송법은 피고인과 변호인에게 소송계속 중의 관계서류 또는 증거물에 대한 열람·복사권($\binom{제35}{조}$)뿐만 아니라 공소제기 후 검사가 보관하고 있는 서류 등의 열람·등사권, 즉 증거개시를 인정하는 규정을 두어($\binom{제266조의}{3\ 내지\ 4}$) 이를 입법적으로 해결하였다. 설문의 문제 (1)과 (2)는 공소제기 후 검사가 보관하고 있는 서류 등의 열람·등사를 어떤 방법으로 할 수 있는가에 관한 문제이며, (3)은 법원이 소송지휘권에 의하여 열람·등사를 명할 수 있는가에 관한 문제이고, (4)는 검사가 제출하지 않은 증거에 대한 증거개시의 문제이다.

Ⅱ. 열람·등사권의 허용범위

공소장일본주의에 의하여 검사는 공소제기시에 공소장만 법원에 제출하고 수사서류 등의 증거물은 증거조사의 과정에서 법원에 제출한다. 형사소송법은 공소제기 후 검사가 보관하고 있는 서류 등의 증거개시에 관하여 피고인 또는 변호인은 검사에게 그 개시를 신청하고, 검사가 이를 거절하는 때에는 법원에 불복을 신청할 수 있게 하고 있다($\binom{제266조의}{3\ 내지\ 4}$).

1. 검사에 대한 열람·등사의 신청

문제 (1)은 피고인 또는 변호인이 검사에게 수사서류 등의 열람·등사를 신청할 권리가 있는가에 관한 문제이다. 그런데 형사소송법은 피고인 또는 변호인이 검사에게 공소제기된 사건에 관한 서류 등의 열람·등사를 신청할 수 있다고 규정하고 있다($\frac{제266조의}{3\ 제1항}$).

열람·등사를 신청할 수 있는 사람은 피고인 또는 변호인이다. 변호인 甲이 열람·등사의 신청권자임은 분명하다. 검사에게 열람·등사를 신청할 수 있는 대상은 공소제기된 사건에 관한 서류 또는 물건의 목록과 공소사실의 인정 또는 양형에 영향을 미칠 수 있는 ① 검사가 증거로 신청할 서류 등, ② 검사가 증인으로 신청할 사람의 성명·사건과의 관계 등을 기재한 서면 또는 그 사람이 공판기일 전에 행한 진술을 기재한 서류 등, ③ ① 또는 ②의 증명력과 관련된 서류 등, ④ 피고인 또는 변호인이 행한 법률상·사실상 주장과 관련된 서류 등이다($\frac{동조 제1항 1호}{내지 4호}$). 열람·등사를 신청할 수 있는 서류 등에는 도면·사진·녹음테이프·비디오테이프·컴퓨터용 디스크, 그 밖에 정보를 담기 위하여 만들어진 물건으로서 문서가 아닌 특수매체를 포함한다($\frac{동조}{제6항}$). 증명력과 관련된 서류는 증명력을 강화시키는 증거와 약화시키는 증거를 포함한다. 피고인 또는 변호인의 주장과 관련된 서류에는 당해 사건의 기록 이외에 관련된 형사재판 확정기록과 불기소처분기록이 포함되나, 다른 사건의 기록까지 포함되는 것은 아니다. 甲이 신청한 수사기록은 열람·등사권의 대상에 해당한다고 해야 한다.

다만 검사는 국가안보, 증인보호의 필요성, 증거인멸의 염려, 관련사건의 수사에 장애를 가져올 것으로 예상되는 구체적인 사유 등 열람·등사 또는 서면의 교부를 허용하지 아니할 상당한 이유가 있다고 인정하는 때에는 열람·등사 또는 서면의 교부를 거부하거나 그 범위를 제한할 수 있다($\frac{동조}{제2항}$). 이 경우에 검사는 서류 등의 목록에 대하여는 열람·등사를 거부할 수 없다($\frac{동조}{제5항}$). 그러나 검사가 열람·등사 또는 서면의 교부를 거부하거나 그 범위를 제한하는 때에는 지체없이 그 이유를 서면으로 신청인에게 통지해야 한다($\frac{동조}{제3항}$).

결국, 검사 丙이 이유를 밝히지 않고 열람·등사를 거부한 것은 부적법하다고 해야 한다.

2. 법원의 열람·등사에 관한 결정

피고인 또는 변호인은 검사가 서류 등의 열람·등사 또는 서면의 교부를 거부하거나 그 범위를 제한한 때에는 법원에 그 서류 등의 열람·등사 또는 서면의 교부를 허용하도록 할 것을 신청할 수 있다($\frac{제266조의}{4 \, 제1항}$). 법원은 위의 신청이 있는 때에는 열람·등사 또는 서면의 교부를 허용하는 경우에 생길 폐해의 유형·정도, 피고인의 방어 또는 재판의 신속한 진행을 위한 필요성 및 해당 서류 등의 중요성 등을 고려하여 검사에게 열람·등사 또는 서면의 교부를 허용할 것을 명할 수 있다. 이 경우 열람 또는 등사의 시기·방법을 지정하거나 조건·의무를 부과할 수 있다($\frac{동조}{제2항}$). 법원이 위의 결정을 할 때에는 검사에게 의견을 제시할 수 있는 기회를 주어야 하며($\frac{동조}{제3항}$), 필요하다고 인정하는 때에는 검사에게 해당 서류 등의 제시를 요구할 수 있고, 피고인이나 그 밖의 이해관계인을 심문할 수 있다($\frac{동조}{제4항}$). 따라서 법원이 피고인의 방어의 이익뿐만 아니라 국가기밀의 누설, 증거인멸, 증인협박, 사생활침해 및 관련 사건의 수사에 대한 지장 등 제반 사정을 종합하여 증거개시의 허부와 범위 및 그 조건을 정할 수 있는 것은 물론이다. 그러나 검사가 아무런 이유를 설명하지 않고 열람·등사신청을 거부한 점에서, 이를 제한할 이유가 없다고 본다면 법원이 검사에게 열람·등사를 명할 경우에 해당한다고 생각한다.

따라서 甲은 법원의 결정을 받아 丙에게 열람·등사를 하게 할 수 있다.

Ⅲ. 증인신문 전 증거개시의 허부

피고인 또는 변호인은 검사가 열람·등사를 거부하거나 검사가 신청을 받은 때부터 48시간 이내에 거부통지를 하지 아니하는 때에 한하여 법원에 열람·등사의 허용을 신청할 수 있다($\frac{제266조의 4 \, 제1항 \cdot}{제266조의 3 \, 제4항}$). 甲의 A에 대한 검사 작성의 진술조서에 대한 개시신청이 법원에 대한 열람·등사결정을 신청할 요건을 충족하지 못한 것은 명백하다. 따라서 문제 (3)은 형사소송법 제266조의 4 제1항의 요건을 충족하지 못한 경우에도 甲이 법원의 소송지휘권에 근거한 개시결정을 신청할 수 있는가의 문제가 된다.

공소제기 후에 검사가 보관하고 있는 서류 등에 대한 증거개시에 관하여 명문의 규정을 두지 않은 개정 전 형사소송법하에서는 법원의 소송지휘권에 근거하여 이에 대한 열람·등사를 신청할 수 있는 것으로 해석하였다.

생각건대, 형사소송법 제266조의 3 내지 4의 규정에도 불구하고 검사에 대한 열람·등사를 신청할 여유가 없거나 그 허가를 기대할 수 없는 때에는 법원의 소송지휘권에 기한 열람·등사를 신청할 수 있다고 해야 한다. 물론 이 경우에 법원이 소송지휘권을 행사할 요건을 충족해야 하는 것은 당연하다. 설문에서는 검사가 공판기일에서 A를 증인으로 신청하여 증인신청이 채택된 단계이므로 법원이 소송지휘권을 행사할 수 있는 요건은 충족되었다.

따라서 법원은 검사에게 A에 대한 진술조서의 개시를 명할 수 있다.

Ⅳ. 검사가 증거로 제출하지 아니한 증거에 대한 증거개시

설문 ⑷는 증거조사과정에서 검사가 수사서류 등을 증거로 제출한 후에 검사가 증거로 제출하지 않은 피고인에게 유리한 증거에 대하여 개시명령을 할 수 있는가의 문제이다. 변호인 등이 신청할 수 있는 열람·등사의 대상에는 검사가 증거로 신청할 서류 등 이외에 피고인 또는 변호인이 행한 법률상·사실상 주장과 관련된 서류 등이 포함된다($^{제266조의 3}_{제 1 항 4호}$). 피고인 또는 변호인이 행한 법률상·사실상 주장과 관련된 서류여야 하므로 변호인 등이 그러한 주장을 했을 것을 요하며, 단순히 주장을 할 것이라는 가능성만으로는 부족하다. 그러나 설문에서 개시신청을 한 대상은 증인신문절차에서 증인이 증언한 내용이 기재된 조서이므로 변호인이 개시를 신청할 때에는 당연히 그 내용에 대한 주장을 하였을 것으로 인정되며, 따라서 검사는 증인신문조서의 개시에 응해야 한다고 생각한다. 검사는 공익적 지위에 기하여 피고인에게 불이익한 증거뿐만 아니라 유리한 증거도 수집·제출하여야 할 의무가 있으므로 증거로 제출하지 않을 증거에 대하여도 상대방에게 개시하는 것이 공익적 지위에 일치한다. 형사소송법 제221조의 2에 의하여 작성된 B 등 3인에 대한 증인신문조서는 검사에게 송부하여 검사가 보관하다가 수소법원에 증거로 제출하는 것이므로 ($^{제221조의}_{2 \text{ 제 } 6 \text{ 항}}$) 그 내용이 피고인에게 이익이 되는 때에는 증거개시의 필요성과 상당성은 당연히 인정된다고 할 것이다.

甲은 검사에게 증인신문조서의 개시를 신청해야 하며($^{제266조}_{의 3}$), 검사가 이를 거절하거나 또는 검사가 신청을 받은 때부터 48시간 이내에 거부통지를 하지 아니하는 때에는 법원에 개시를 명할 것을 신청할 수 있다($^{제266조}_{의 4}$).

Ⅴ. 결　　론

　　형사소송법은 피고인 또는 변호인은 검사에게 공소제기된 사건에 관한 서류 등의 열람·등사를 신청할 수 있다고 규정하고 있다($\binom{제266조의}{3\ 제1항}$). 검사에게 열람·등사를 신청할 수 있는 대상은 공소제기된 사건에 관한 서류 또는 물건의 목록과 공소사실의 인정 또는 양형에 영향을 미칠 수 있는 검사가 증거로 신청할 서류 및 피고인 또는 변호인이 행한 법률상·사실상 주장과 관련된 서류 등이다. 다만 검사는 국가안보, 증인보호의 필요성, 증거인멸의 염려, 관련사건의 수사에 장애를 가져올 것으로 예상되는 구체적인 사유 등 상당한 이유가 있다고 인정하는 때에는 열람·등사 또는 서면의 교부를 거부하거나 그 범위를 제한할 수 있으나($\binom{동조}{제2항}$), 이 경우에 검사는 지체없이 그 이유를 서면으로 신청인에게 통지해야 한다($\binom{동조}{제3항}$). 결국, 검사 丙이 이유를 밝히지 않고 열람·등사를 거부한 것은 부적법하다고 해야 한다. 피고인 또는 변호인은 검사가 서류 등의 열람·등사 또는 서면의 교부를 거부하거나 그 범위를 제한한 때에는 법원에 그 서류 등의 열람·등사 또는 서면의 교부를 허용하도록 할 것을 신청할 수 있다($\binom{제266조의}{4\ 제1항}$). 따라서 甲은 법원의 결정을 받아 丙에게 열람·등사를 하게 할 수 있다.

　　형사소송법에 의하면 피고인 또는 변호인은 검사가 열람·등사를 거부하거나 검사가 신청을 받은 때부터 48시간 이내에 거부통지를 하지 아니하는 때에 한하여 법원에 열람·등사의 허용을 신청할 수 있다($\binom{제266조의\ 4\ 제1항\cdot}{제266조의\ 3\ 제4항}$). 그러나 검사에 대한 열람·등사를 신청할 여유가 없거나 그 허가를 기대할 수 없는 때에는 변호인은 법원의 소송지휘권에 기한 열람·등사를 신청할 수 있다고 해야 한다. 물론 이 경우에 법원이 소송지휘권을 행사할 요건을 충족해야 하는 것은 당연하다. 따라서 법원은 검사에게 A에 대한 진술조서의 개시를 명할 수 있다. 변호인 등이 신청할 수 있는 열람·등사의 대상에는 검사가 증거로 신청할 서류 등 이외에 피고인 또는 변호인이 행한 법률상·사실상 주장과 관련된 서류가 포함된다. 따라서 검사는 甲의 증인신문조서의 개시신청에 응해야 한다.

[관련판례]

헌법재판소 2010. 6. 24, 2009 헌마 257, 「⑴ 형사소송법 제266조의 4 제 5 항은 검사가 수사서류의 열람·등사에 관한 법원의 허용 결정을 지체 없이 이행하지 아니하는 때에는 해당 증인 및 서류 등에 대한 증거신청을 할 수 없도록 규정하고 있다. 그런데 이는 검사가 그와 같은 불이익을 감수하기만 하면 법원의 열람·등사 결정을 따르지 않을 수도 있다는 의미가 아니라, 피고인의 열람·등사권을 보장하기 위하여 검사로 하여금 법원의 열람·등사에 관한 결정을 신속히 이행하도록 강제하는 한편, 이를 이행하지 아니하는 경우에는 증거신청상의 불이익도 감수하여야 한다는 의미로 해석하여야 할 것이므로, 법원이 검사의 열람·등사 거부처분에 정당한 사유가 없다고 판단하고 그러한 거부처분이 피고인의 헌법상 기본권을 침해한다는 취지에서 수사서류의 열람·등사를 허용하도록 명한 이상, 법치국가와 권력분립의 원칙상 검사로서는 당연히 법원의 그러한 결정에 지체 없이 따라야 할 것이다. 그러므로 법원의 열람·등사 허용 결정에도 불구하고 검사가 이를 신속하게 이행하지 아니하는 경우에는 해당 증인 및 서류 등을 증거로 신청할 수 없는 불이익을 받는 것에 그치는 것이 아니라, 그러한 검사의 거부행위는 피고인의 열람·등사권을 침해하고, 나아가 피고인의 신속·공정한 재판을 받을 권리 및 변호인의 조력을 받을 권리까지 침해하게 되는 것이다.

⑵ 신속하고 실효적인 구제절차를 형사소송절차 내에 마련하고자 열람·등사에 관한 규정을 신설한 입법취지와, 검사의 열람·등사 거부처분에 대한 정당성 여부가 법원에 의하여 심사된 마당에 헌법재판소가 다시 열람·등사 제한의 정당성 여부를 심사하게 된다면 이는 법원의 결정에 대한 당부의 통제가 되는 측면이 있는 점 등을 고려하여 볼 때, 이 사건과 같이 수사서류에 대한 법원의 열람·등사 허용 결정이 있음에도 검사가 열람·등사를 거부하는 경우 수사서류 각각에 대하여 검사가 열람·등사를 거부할 정당한 사유가 있는지를 심사할 필요 없이 그 거부행위 자체로써 청구인들의 기본권을 침해한다.」

[28] 변호인의 기록열람·등사청구권, 피의자신문참여권, 피의자신문조서 및 구속적부심문조서의 증거능력

[설 문]

(1) A는 동업자인 B와 금전거래관계로 다투던 중 B로부터 사기혐의로 고소당하였다. A는 경찰에서 구속당하자 변호사 甲을 변호인으로 선임하였다. 甲은 A의 요구에 따라 법원에 구속적부심사를 청구하려 하였으나 A에 대한 피의사실은 물론 고소사실의 내용도 정확히 파악할 수 없었다. 甲은 경찰서장에게 A에 대한 고소장과 피의자신문조서의 열람·등사를 신청할 수 있는가. 甲이 법원에 적부심사를 신청하기 전에 증거개시명령을 신청하는 것은 허용되는가.

(2) A에 대한 구속적부심사청구는 기각되고 A는 검찰에 송치되어 검사 C에게 배당되었다. A는 검사에게 변호인의 참여 아래 조사를 받겠다고 요구하고 甲 또한 검사 C에게 피의자신문에 참여케 해 달라고 요구하였음에도 불구하고, C는 송치 후 첫 피의자신문에 변호인을 참여케 하면 시간이 오래 걸린다는 이유로 甲의 참여를 허가하지 아니한 채 A를 신문하고 피의자신문조서를 작성하였다. 甲에게 피의자신문에 참여할 권리가 인정되는가. 또 甲은 어떤 방법으로 검사의 결정을 다툴 수 있는가. 甲이 구속적부심사에서 석방되어 불구속상태에서 조사받는 경우에는 어떤가.

(3) 검사는 A를 수사한 끝에 공소를 제기하고, 사법경찰관과 검사가 작성한 A에 대한 피의자신문조서와 구속적부심사에서 판사가 A를 신문한 조서를 증거로 제출하였다. 이들 조서에는 A가 각 피의사실을 자백하는 내용이 기재되어 있으나, 법정에서 甲과 A는 이들 조서를 증거로 함에 동의하지 않는다고 진술하며 이들 조서의 일부 기재내용이 사실과 다르며, 검사가 작성

한 피의자신문조서에 대하여는 자신이 서명·날인하였고 진술한 사실이 그대로 기재되어 있으나, 변호인의 도움을 받지 못한 상태에서 진술한 것이라고 진술한다. 이들 증거의 증거능력은 인정되는가.

I. 문제점의 정리

기록열람·등사권과 수사기관에서의 피의자신문참여권은 변호인의 고유권 가운데 가장 중요한 권리이다. 형사소송법은 기록열람·등사권에 관하여 피고인과 변호인에게 소송계속 중의 관계서류 또는 증거물을 열람하거나 복사할 수 있는 권리를 인정하는 이외에($^{제35}_{조}$), 공소제기 후 검사가 보관하고 있는 서류 등의 증거개시에 관하여 피고인 또는 변호인은 검사에게 그 개시를 신청하고, 검사가 이를 거절하는 때에는 법원에 불복을 신청할 수 있게 하는 명문의 규정을 두고 있다($^{제266조의}_{3\ 내지\ 4}$). 그러나 형사소송법상 수사기관이 수사 중인 기록을 변호인이 열람·등사할 수 있는 권리에 관하여는 아무런 규정이 없으며, 따라서 종래 수사기관에서 수사 중인 수사기록에 대하여는 변호인에게 열람·등사권이 인정되지 않는다는 점에 견해가 일치하고 있었다. 그러나 구속적부심사는 수사 중인 피의자를 석방하기 위한 제도이지만 법원의 재판이라는 점에서 변호인의 정보권을 인정할 필요가 생긴다. 또한 피의자신문에 대한 변호인참여권에 대하여도 수사기관의 피의자신문과정에서 변호인의 도움을 받을 권리를 실질적으로 보장하기 위하여 형사소송법은 변호인의 피의자신문참여권을 명문으로 규정하고 있다($^{제243조}_{의\ 2}$).

설문의 문제 (1)은 수사과정에서 변호인이 구속적부심사신청을 위하여 경찰서장(수사기관)에게 고소장과 피의자신문조서에 대한 열람·등사를 신청할 수 있는가 또 법원에 대하여 증거개시명령을 신청할 수 있는가의 문제이며, (2)는 변호인에게 구속 또는 불구속 피의자에 대한 수사기관의 피의자신문시에 참여권이 인정되는가의 문제이고, (3)은 이 과정에서 사법경찰관이 작성한 피의자신문조서와 변호인의 참여를 허용하지 아니하고 검사가 작성한 피의자신문조서 및 구속적부심사조서의 증거능력을 인정할 수 있는가의 문제이다.

Ⅱ. 변호인의 수사기록 열람·등사권

설문의 문제 ⑴은 수사기관의 수사단계에서 변호인의 기록열람·등사권이 허용되는가, 허용된다면 어느 범위에서 누구에게 어떤 방법으로 열람·등사를 청구해야 하며, 특히 법원에 증거개시명령을 신청할 수 있는가의 문제이다.

1. 수사단계에서의 변호인의 기록열람·등사권

형사소송법은 기록열람·등사권에 관하여 피고인과 변호인에게 소송계속 중의 관계서류 또는 증거물을 열람하거나 복사할 수 있는 권리를 인정하는 이외에($^{제35}_{조}$), 공소제기 후 검사가 보관하고 있는 서류 등의 증거개시에 관하여 피고인 또는 변호인은 검사에게 그 개시를 신청하고, 검사가 이를 거절하는 때에는 법원에 불복을 신청할 수 있게 하는 명문의 규정을 두고 있다($^{제266조의}_{3\ 내지\ 4}$). 따라서 검사가 공소를 제기한 이후에는 그 수사서류를 누가 보관하고 있는가를 불문하고 변호인은 법원에 그 서류 등을 열람·등사할 것을 신청할 수 있다. 그러나 공소를 제기하기 전에 변호인이 법원에 수사기관으로 하여금 수사기록을 열람·등사케 할 것을 신청할 수 있다는 근거규정은 없다. 따라서 변호인은 형사소송법에 근거하여 법원에 대하여 수사기록의 열람·등사를 신청할 수는 없다. 이 경우 형사소송법 제266조의 3 내지 4의 규정에도 불구하고 법원의 소송지휘권에 기한 기록의 열람·등사를 신청할 수 있는가가 문제되나, 이를 긍정하는 경우에도 증거개시에 대한 소송지휘권의 행사는 적어도 증거조사에 들어갈 것을 요하므로 수사단계에서 이를 인정할 수는 없다.

2. 수사기관에 대한 수사기록의 열람·등사청구

변호인이 수사기관에 대하여 수사기록의 열람·등사를 신청할 수 있는가에 대하여도 형사소송법에는 명문의 규정이 없다. 변호인이 수사기관에 수사기록의 열람·등사를 청구하고 수사기관이 이를 허가한 때에는 문제가 없다. 문제는 수사기관이 이를 허가해야 하는가, 또 허가하지 않는 경우에 불복할 수 있는 방법은 무엇인가이다.

변호인의 효과적인 변호를 위하여는 수사기록에 대하여도 일정한 범위에서 변호인의 열람·등사를 인정할 필요가 있다. 물론 이 경우에는 변호권의 강화와 수사의 필요성을 조화하여 수사기록의 열람·등사를 허용하면서도 이로 인하여 수사의 목적이 위태롭게 될 때에는 수사기관이 이를 거부할 수 있도록 해야 할 것이다. 헌법재판소는 「구속적부심절차에서 피구속자의 변호를 맡은 변호인으로서는 피구속자가 무슨 혐의로 고소인의 공격을 받고 있는 것인지 그리고 이와 관련하여 피구속자가 수사기관에서 무엇이라고 진술하였는지 그리고 어느 점에서 수사기관 등이 구속사유가 있다고 보았는지 등을 제대로 파악하지 않고서는 피구속자의 방어를 충분히 조력할 수 없다는 것은 사리상 너무도 명백하므로, 변호인에게 고소장과 피의자신문조서에 대한 열람 및 등사를 거부한 경찰서장의 정보비공개결정은 변호인의 피구속자를 조력할 권리 및 알 권리를 침해하여 헌법에 위반된다」고 결정한 바 있다(헌재결 2003. 3. 27, 2000 헌마 474). 결국, 수사에 지장이 없는 범위에서 경찰서장은 고소장과 피의자신문조서의 열람·등사를 허용해야 한다. 그러나 수사기관이 이에 응하지 않을 때에는 별도의 구제절차가 마련되어 있지 않으므로 헌법소원의 길을 밟을 수밖에 없다.

Ⅲ. 변호인의 피의자신문참여권

설문의 문제 (2)는 수사기관의 구속 또는 불구속 피의자의 신문에 대하여 변호인에게 참여권이 인정되는가, 또 수사기관이 허가하지 않는 경우에 이를 어떤 방법으로 다투어야 하는가에 관한 문제이다.

1. 변호인에게 피의자신문참여권이 인정되는가

형사소송법은 「검사 또는 사법경찰관은 피의자 또는 그 변호인·법정대리인·배우자·직계친족·형제자매의 신청에 따라 변호인을 피의자와 접견하게 하거나 정당한 사유가 없는 한 피의자에 대한 신문에 참여하게 하여야 한다」고 규정하고 있다(제243조의2 제1항). 종래 대법원이 구속피의자와 변호인과의 접견교통권을 근거로 변호인참여권을 인정하였고(대법원 2003. 11. 11. 결정, 2003 모 402), 헌법재판소도 변호인과 상담하고 조언을 구할 권리는 변호인의 조력을 받을 권리의 필수적 전제요건이라는 이유로 불구속 피의자에 대한 변호인의 피의자신문참여권을 인정해 온 것($\binom{\text{헌재결 2004. 9. 23.}}{\text{2000 헌마 138}}$)을 입법에 의하여 해결한 것이다. 따라서 현행법상 변호인과 피의자에게는 변호인의 피의자신문의 참여를 신청할 권리가 인정된다. 이에 따라 피의자 등이 변호인의 피의자신문참여를 신청한 경우에는 수사기관은 사전에 신문기일과 장소를 변호인에게 통지해야 하고, 신문에 참여한 변호인의 의견이 기재된 피의자신문조서는 변호인에게 열람하게 한 후 변호인으로 하여금 그 조서에 기명날인 또는 서명하게 하여야 한다($\binom{\text{동조}}{\text{제 4 항}}$). 또 검사 또는 사법경찰관은 변호인의 신문참여 및 그 제한에 관한 사항을 피의자신문조서에 기재하여야 한다($\binom{\text{동조}}{\text{제 5 항}}$).

변호인의 피의자신문참여권도 제한될 수 있다. 즉, 검사 또는 사법경찰관은 정당한 사유가 있는 때에는 변호인참여권을 제한할 수 있다. 변호인참여권을 제한할 수 있는 정당한 사유로는 수사방해, 수사기밀누설 및 증거인멸의 위험을 들 수 있다. 신문에 참여한 변호인이 신문을 부당하게 제지 또는 중단시키거나 피의자의 특정한 답변을 유도하거나 진술을 번복하게 하는 행위, 신문내용을 촬영·녹음하는 행위가 참여권을 제한할 수사방해에 해당한다고 할 수 있다. 그러나 검찰에 송치된 첫 날의 피의자신문이거나 피의자신문에 변호인이 참여할 때는 신문에 시간이 많이 소요될 우려가 있다는 것은 피의자신문참여권을 제한할 정당한 사유에 해당하지 않는다. 따라서 甲에게는 피의자신문참여권이 있으며, 검사 C의 피의자신문참여 제한은 위법하다고 해야 한다.

2. 허가하지 않는 경우의 불복방법

검사 또는 사법경찰관이 변호인의 참여를 제한하거나 퇴거시킨 처분에 대하여는 준항고할 수 있다($\binom{\text{제417}}{\text{조}}$). 따라서 甲은 준항고에 의하여 검사의 결정을 다툴 수 있다. 대법원도 준항고는 피의자의 구금 또는 구금 중에 행하여지는 검사 또는 사법경찰관의 처분에 대한 유일한 불복방법이며, 영장에 의하지 아니한 구금이나 변호인 또는 변호인이 되려는 자와의 접견교통권을 제한하는 처분뿐만 아니라 구금된 피의자에 대한 신문에 변호인의 참여를 불허하는 처분 역시 구금에 관한 처분에 해당하는 것이라고 결정하였다($\binom{\text{대법원 2003. 11. 11. 결정,}}{\text{2003 모 402}}$).

Ⅳ. 피의자신문조서와 구속적부심문조서의 증거능력

설문의 문제 ⑶은 甲과 A가 증거로 함에 동의하지 아니한 사법경찰관과 검사가 작성한 피의자신문조서 및 구속적부심문조서의 증거능력을 묻는 문제이다.

1. 사법경찰관과 검사가 작성한 피의자신문조서

(1) 사법경찰관이 작성한 피의자신문조서   검사 이외의 수사기관이 작성한 피의자신문조서는 적법한 절차와 방식에 따라 작성된 것으로서 공판준비 또는 공판기일에 그 피의자였던 피고인 또는 변호인이 그 내용을 인정할 때에 한하여 증거로 할 수 있다($^{제312조}_{3항}$). 여기서 내용의 인정이란 조서의 진정성립뿐만 아니라 그 기재내용이 객관적 진실에 부합한다는 조서내용의 진실성을 의미한다($^{대법원\ 2010.\ 6.\ 24,}_{2010\ 도\ 5040}$). 내용의 인정은 공판준비 또는 공판기일에서의 그 피의자였던 피고인 또는 변호인의 진술에 의하여야 한다. 영상녹화물이나 기타 객관적 방법에 의하여 인정될 수도 없다. 따라서 사법경찰관이 작성한 피의자신문조서는 피고인이 내용을 부인하면 증거로 쓸 수 없다는 결과가 된다. 변호인 甲과 피고인 A는 공판절차에서 이들 조서의 일부의 기재내용이 사실과 다르다고 진술하여 내용을 부인하고 있으므로 내용을 부인한 부분은 다른 점을 검토할 필요 없이 증거능력을 가질 수 없다.

(2) 검사가 작성한 피의자신문조서   검사가 피고인이 된 피의자의 진술을 기재한 조서는 적법한 절차와 방식에 따라 작성된 것으로서 피고인이 진술한 내용과 동일하게 기재되어 있음이 공판준비 또는 공판기일에서의 피고인의 진술에 의하여 인정되고 특신상태가 증명되거나($^{제312조}_{1항}$), 피고인이 조서의 성립의 진정을 부정하는 경우에는 조서에 기재된 진술이 피고인이 진술한 내용과 동일하게 기재되어 있음이 영상녹화물이나 그 밖의 객관적인 방법에 의하여 증명되고 특신상태가 증명된 때에 한하여 증거능력이 인정된다($^{동조}_{제2항}$). 여기서 피의자신문조서가 적법한 절차와 방식에 따라서 작성되었다고 하기 위하여는 형식적 진정성립 이외에도 피의자신문과 참여자($^{제243}_{조}$), 변호인의 참여($^{제243조}_{의2}$), 수사과정의 기록($^{제244조}_{의4}$) 등의 규정을 따라야 한다. 다만 변호인의 피의자신문

참여권에 대한 침해는 전문증거의 예외를 인정하기 위한 요건이라기보다는 진술의 적법성과 임의성을 부정할 사유에 해당한다고 보아야 한다. A는 검사가 작성한 피의자신문조서에 관하여 형식적 신성성립과 실질적 진정성립을 인정하고 있다. 다만, A의 진술이 특신상태에서 행하여졌다고 볼 수는 없다. 피의자신문에 변호인이 참여하지 않았다고 하여 특신상태를 부인할 수는 없지만, 설문에서는 검사가 피의자신문참여권을 침해한 상태에서 피의자를 신문했기 때문이다.

뿐만 아니라 A가 검사의 피의자신문시에 변호인의 참여하에 조사를 받겠다고 하고, 변호인 또한 피의자신문참여를 요구했음에도 불구하고 검사가 이를 거절하고 변호인의 참여 없이 피의자신문조서를 작성하였다는 점에서, 변호인의 피의자신문참여권에 대한 침해가 피의자신문조서의 증거능력을 부정할 근거가 될 수 있는가가 문제된다. 변호인의 피의자신문참여권은 변호인의 조력을 받을 권리의 불가결한 전제가 되는 핵심적인 권리이며, 이에 의하여 피의자신문의 적법성과 임의성을 담보할 수 있게 되는 것이므로, 이를 침해한 상태에서 이루어진 진술 내지 자백은 임의성에 의심이 있거나 증거수집절차에 중대한 위법이 있는 때에 해당한다고 할 수 있다($^{대법원\ 2013.\ 3.\ 28,}_{2010\ 도\ 3359}$). 대법원이 진술거부권을 고지하지 않은 상태에서 작성한 피의자신문조서($^{대법원\ 1992.\ 6.\ 23,}_{92\ 도\ 682}$)나 변호인선임권과 접견교통권을 침해한 상태에서 작성한 피의자신문조서의 증거능력을 부정하는 것($^{대법원\ 1990.\ 8.\ 24,}_{90\ 도\ 1285}$)과 그 취지를 같이한다. 따라서 검사가 작성한 A에 대한 피의자신문조서도 자백배제법칙 또는 위법수집증거배제법칙에 의하여 증거능력이 부정된다고 해야 한다.

2. 구속적부심문조서의 증거능력

구속적부심사절차에서 피의자를 심문한 조서는 법원에서 법원 또는 합의부원, 검사, 변호인, 청구인이 구속된 피의자를 심문하고 그에 대한 피의자의 진술 등을 기재한 조서이다. 형사소송법 제311조는 법원 또는 법관면전조서에 대하여 무조건 증거능력을 인정하고 있다. 그러나 이에 의하여 증거능력이 인정되는 법원 또는 법관면전조서는 공판준비 또는 공판기일에서의 공판조서와 증거보건절차 및 증인신문청구절차에서의 조서에 제한되므로, 구속적부심문조서는 동조가 규정한 문서에는 해당하지 않는다. 그러나 구속적부심문조서는 법원 또는 법관면전조서이기 때문에 성립의 진정이 인정되고 신용성이 인정되는 서류라 할 것이므로 형사소송법 제315조 3호에 의하여 당연히 증거능력이 인정되는 서류가 된다($\binom{대법원\ 2004.1.16,}{2003\ 도\ 5693}$). 따라서 구속적부심문조서는 피고인이 증거로 함에 부동의하더라도 당연히 그 증거능력이 인정된다.

V. 결   론

　　검사가 공소를 제기한 이후에는 그 수사서류를 누가 보관하고 있는가를 불문하고 변호인은 법원에 그 서류 등을 열람·등사할 것을 신청할 수 있다. 그러나 공소를 제기하기 전에 변호인이 법원에 수사기록의 열람·등사를 신청할 수는 없다. 다만 변호인의 효과적인 변호를 위하여는 수사기록에 대하여도 일정한 범위에서 변호인의 열람·등사를 인정할 필요가 있다. 따라서 수사에 지장이 없는 범위에서 경찰서장은 변호인에게 고소장과 피의자신문조서의 열람·등사를 허용해야 하며, 수사기관이 이에 응하지 않을 때에는 헌법소원의 길을 밟을 수밖에 없다. 형사소송법은 「검사 또는 사법경찰관은 피의자 또는 그 변호인·법정대리인·배우자·직계친속·형제자매의 신청에 따라 변호인을 피의자와 접견하게 하거나 정당한 사유가 없는 한 피의자에 대한 신문에 참여하게 하여야 한다」고 규정하여($\binom{제243조의}{2\ 제\ 1\ 항}$) 변호인의 피의자신문참여권을 명문으로 인정하고 있다. 다만 검사 또는 사법경찰관은 정당한 사유가 있는 때에는 변호인참여권을 제한할 수 있다. 변호인참여권을 제한할 수 있는 정당한 사유로는 수사방해, 수사기밀누설 및 증거인멸의 위험을 들 수 있다. 신문에 참여한 변호인이 신문을 부당하게 제지 또는 중단시키거나 피의자의 특정한 답변을 유도하거나 진술을 번복하게 하는 행위, 신문내용을 촬영·녹음하는 행위가 참여권을 제한할 수사방해에 해당한다고 할 수 있다. 그러나 검사 C의 거절사유는 정당한 사유에 해당하지 않는다. 그리고 변호인참여권은 구속된 피의자뿐만 아니라 불구속 피의자에 대하여도 인정되어야 한다. 이 경우에 피의자는 준항고에 의하여 검사의 결정을 다툴 수 있다.

　　사법경찰관이 작성한 피의자 A에 대한 피의자신문조서는 피고인이 내용을 인정하지 않으므로 증거로 할 수 없다. 검사가 작성한 피의자신문조서는 성립의 진정은 인정되지만 특히 신빙할 수 있는 상태하에서 행하여졌다고 볼 수 없고, 특히 변호인참여권을 침해한 상태에서 작성된 증거이므로 자백배제법칙 또는 위법수집증거배제법칙에 의하여 증거능력이 배제된다. 이에 반하여 구속 적부심문조서는 형사소송법 제311조의 법원 또는 법관면전조서에는 해당하지 않지만, 동법 제315조 3호의 당연히 증거능력 있는 서류로서 증거능력이 인정된다.

[관련판례]

⑴ 대법원 2008. 9. 12. 결정, 2008 모 793, 「변호인의 피의자신문참여권을 규정한 형사소송법 제243조의 2 제 1 항에서 '정당한 사유'란 변호인이 피의자신문을 방해하거나 수사기밀을 누설할 염려가 있음이 객관적으로 명백한 경우 등을 말하는 것이므로, 수사기관이 피의자신문을 하면서 위와 같은 정당한 사유가 없는데도 변호인에 대하여 피의자로부터 떨어진 곳으로 옮겨 앉으라고 지시를 한 다음 이러한 지시에 따르지 않았음을 이유로 변호인의 피의자신문 참여권을 제한하는 것은 허용될 수 없다.」

⑵ 대법원 2013. 3. 28, 2010 도 3359, 「헌법 제12조 제 1 항에 의하면 누구든지 법률과 적법한 절차에 의하지 아니하고는 처벌·보안처분 또는 강제노역을 받지 아니하고, 같은 조 제 4 항 본문에 의하면 누구든지 체포 또는 구속을 당한 때에는 즉시 변호인의 조력을 받을 권리를 가진다. 한편 2007. 6. 1. 법률 제8496호로 개정된 형사소송법 제243조의 2 제 1 항은 "검사 또는 사법경찰관은 피의자 또는 그 변호인·법정대리인·배우자·직계친족·형제자매의 신청에 따라 변호인을 피의자와 접견하게 하거나 정당한 사유가 없는 한 피의자에 대한 신문에 참여하게 하여야 한다."고 규정하고 있다. 형사소송법 제243조의 2 제 1 항은 피의자신문에 있어 수사기관과 피의자 사이의 당사자 대등을 확보함으로써 헌법상 적법절차의 원칙과 변호인의 조력을 받을 권리를 실질적으로 보장하기 위한 것이므로 그 절차는 엄격히 준수되어야 할 것이다.

　위와 같은 헌법, 형사소송법의 규정 및 그 입법 목적 등에 비추어 보면, 피의자가 변호인의 참여를 원한다는 의사를 명백하게 표시하였음에도 수사기관이 정당한 사유 없이 변호인을 참여하게 하지 아니한 채 피의자를 신문하여 작성한 피의자신문조서는 형사소송법 제312조에 정한 '적법한 절차와 방식'에 위반된 증거일 뿐만 아니라, 형사소송법 제308조의 2에서 정한 "적법한 절차에 따르지 아니하고 수집한 증거"에 해당하므로 이를 증거로 할 수 없다고 할 것이다.」

(3) 대법원 2004. 1. 16, 2003 도 5693, 「(1) 구속적부심은 구속된 피의자 또는 그 변호인 등의 청구로 수사기관과는 별개 독립의 기관인 법원에 의하여 행하여지는 것으로서 구속된 피의자에 대하여 피의사실과 구속사유 등을 알려 그에 대한 자유로운 변명의 기회를 주어 구속의 적부를 심사함으로써 피의자의 권리보호에 이바지하는 제도인바, 법원 또는 합의부원, 검사, 변호인, 청구인이 구속된 피의자를 심문하고 그에 대한 피의자의 진술 등을 기재한 구속적부심문조서는 형사소송법 제311조가 규정한 문서에는 해당하지 않는다 할 것이나, 특히 신용할 만한 정황에 의하여 작성된 문서라고 할 것이므로 특별한 사정이 없는 한, 피고인이 증거로 함에 부동의하더라도 형사소송법 제315조 제 3 호에 의하여 당연히 그 증거능력이 인정된다.

(2) 구속적부심문조서의 증명력은 다른 증거와 마찬가지로 법관의 자유판단에 맡겨져 있으나, 피의자는 구속적부심에서의 자백의 의미나 자백이 수사절차나 공판절차에서 가지는 중요성을 제대로 헤아리지 못한 나머지 허위자백을 하고라도 자유를 얻으려는 유혹을 받을 수가 있으므로, 법관은 구속적부심문조서의 자백의 기재에 관한 증명력을 평가함에 있어 이러한 점에 각별히 유의를 하여야 한다.」

[29] 공동피고인의 증인적격, 검사 작성의 공범자에 대한 피의자신문조서의 증거능력

[설 문]

甲과 乙은 합동하여 丙의 재물을 절취하였다는 특수절도죄로 공소제기되었다. 甲은 법정에 이르기까지 乙과 합동하여 절취한 사실을 시인하였으나, 乙은 이를 부인하고 있다. 나아가 乙은 검사가 乙에 대한 공소사실을 증명하기 위하여 제출한 증거에 대하여 모두 부동의하였고, 검사는 甲을 증인으로 신청하였다.

  ⑴ 법원은 甲을 증인으로 신문할 수 있는가.
  ⑵ 甲의 법정에서의 피고인으로서의 진술 자체가 乙에 대한 증거로 될 수 있는가.
  ⑶ 甲이 자신에 대한 검사 작성의 피의자신문조서에 대해서는 실질적 진정성립을 인정하였으나 사법경찰관이 작성한 피의자신문조서는 그 내용을 부인한 경우, 이를 乙에 대한 유죄의 증거로 사용할 수 있는가.
  ⑷ 다른 공범자 丁은 경찰에서 검거되었다가 도주하였다. 丁은 경찰에서 공동범행사실을 자백하였다. 검사는 丁의 소재를 여러 차례 탐사하였으나 소재불명이라는 보고서를 제출하였다.
  위 내용이 기재된 丁에 대한 사법경찰관 작성의 피의자신문조서는 乙에 대한 유죄의 증거가 될 수 있는가.

I. 문제점의 제시

공동피고인은 피고인이면서도 다른 피고인에 대한 관계에서는 제3자인 양면성을 가지고 있다. 공동피고인도 피고인이므로 진술거부권이 보장되어야 할 뿐만 아니라 증인에 대한 반대신문권의 보장은 적정절차와 공정한 재판을 받을 권리의 내용이 된다. 그런데 공동피고인의 증인적격을 인정하여 공동피고인을 증인으로 신문하게 하는 경우에는 피고인의 반대신문권은 보장되어도 진술거부권이 약화된다. 이에 반하여 공동피고인의 피고인으로서의 진술을 다른 피고인에 대한 증거로 삼을 때에는 반대로 다른 피고인의 반대신문권이 침해된다. 공동피고인의 증인적격과 공동피고인의 진술에 대한 증거능력은 피고인의 진술거부권과 증인에 대한 반대신문권의 조정이 필요한 문제이다.

설문의 문제 (1)은 공동피고인의 증인적격을 인정할 것인가의 문제이며, (2)는 공동피고인의 법정에서의 진술의 증거능력에 관한 문제이고, (3)은 공동피고인의 법정 외에서의 진술, 특히 검사와 사법경찰관이 작성한 피의자신문조서의 증거능력을 묻는 문제이며, (4)는 사법경찰관이 작성한 다른 공범자의 피의자신문조서에 대한 증거능력과 형사소송법 제314조가 적용되는가에 관한 문제이다.

공동피고인에는 공범인 공동피고인과 공범자가 아니면서 병합심리를 받고 있을 뿐인 공동피고인이 있다. 설문은 공범자인 공동피고인에 대한 문제이나, 공범자가 아닌 공동피고인에 대하여도 함께 검토하기로 한다.

II. 공동피고인의 증인적격

문제 (1)의 검사가 공동피고인인 甲을 증인으로 신청한 경우에 법원이 甲을 증인으로 신문할 수 있는가는 공동피고인의 증인적격을 인정할 수 있는가의 문제이다.

1. 학설과 판례의 태도

공동피고인의 증인적격을 인정할 것인가에 관하여는 학설이 대립되고 있다.

(1) 부 정 설

공동피고인은 공범관계에 있는가의 여부를 불문하고 변론을 분리하지 않는 한 증인적격이 없으므로 증인으로 신문할 수 없다는 견해이다. 공동피고인은 소송에 있어서 제3자가 아니며, 공동피고인을 증인으로 신문하는 경우에는 피고인에게 인정된 진술거부권이 보장될 수 없다는 것을 근거로 한다.

(2) 긍 정 설

공동피고인은 다른 피고인에 대한 관계에서는 제3자이므로 병합심리 중에 있는 공동피고인도 증인으로 신문할 수 있다는 견해이다. 공동피고인이라도 각 피고인은 자기의 사건에 관하여만 피고인이고 다른 사람의 사건에 대하여는 피고인이 아니며, 피고인이 증인이 될 수 없다는 근거는 자신에 관한 사실의 문제이지 타인에 대한 사실에 관하여는 증인이 될 수 있다는 것을 논거로 한다.

(3) 절 충 설

공범자인 공동피고인은 증인적격이 없지만 자기의 범죄사실과 실질적 관련성이 없는 사건에 대하여는 공동피고인이라도 증인으로 신문할 수 있다는 견해이다. 공범자 아닌 공동피고인은 실질적인 제3자이므로 증인의 지위에 있지만, 공범자인 공동피고인에게 위증의 제재에 의하여 진술을 강요하는 것은 진술거부권을 인정한 취지에 반할 뿐만 아니라, 공범자인 공동피고인의 법정진술에는 증거능력이 있으므로 증인적격을 인정할 필요가 없다는 것을 이유로 한다.

대법원은 「피고인과 별개의 범죄사실로 기소되어 병합심리 중인 공동피고인은 피고인의 범죄사실에 관하여는 증인의 지위에 있다고 할 것이므로 선서없이 한 공동피고인의 법정진술이나 피고인이 증거로 함에 동의한 바 없는 공동피고인에 대한 피의자신문조서는 피고인의 공소사실을 인정하는 증거로 할 수 없다」고 판시하여($\binom{대법원\ 1982.\ 9.\ 14,}{82\ 도\ 1000}$) 공범자 아닌 공동피고인의 증인적격을 인정하고 있으나, 「공범인 공동피고인은 당해 소송절차에서는 피고인의 지위에 있으므로 다른 공동피고인에 대한 공소사실에 관하여 증인이 될 수 없고, 다만 소송절차가 분리되어 피고인의 지위에서 벗어나게 되면 다른 공동피고인에 대한 공소사실에 관하여 증인이 될 수 있다」고 판시하고 있다($\binom{대법원\ 2008.\ 6.\ 26,\ 2008\ 도\ 3300;}{대법원\ 2012.\ 3.\ 29,\ 2009\ 도\ 11249}$).

2. 검토 및 문제 (1)의 해결

생각건대 ① 변론을 분리하는가 또는 병합하는가라는 형식적 기준에 의하여 공동피고인의 증인적격이 좌우된다는 것은 옳다고 할 수 없고, ② 진술거부권과 증언거부권은 요건과 범위가 다르므로 피고인의 진술거부권을 보장해야 하며, ③ 공범자인 공동피고인의 진술은 다른 피고인에 대한 공소사실의 증거가 될 수 있으므로 증인적격을 인정할 필요가 없음에 반하여 공범자가 아닌 공동피고인은 증인으로 신문할 수밖에 없다는 점을 종합하면, **절충설**이 타당하다고 하지 않을 수 없다.

절충설에 의할 때에는 甲은 공범자인 공동피고인으로서 증인적격이 없기 때문에 甲을 증인으로 신문할 수 없다. 따라서 법원은 검사의 증거신청을 기각하는 증거결정을 해야 한다. 다만 판례에 의하면 변론이 분리되면 甲을 증인으로 신문할 수 있다.

Ⅲ. 공동피고인의 법정진술의 증거능력

문제 (2)는 공동피고인 甲이 법정에서 피고인으로서 한 진술이 乙에 대한 증거가 될 수 있는가에 관한 것이다.

1. 학설과 판례의 태도

공동피고인의 법정진술이 증거로 될 수 있는가는 공동피고인의 증인적격과 관련되는 문제이다. 피고인과 별개의 범죄사실로 기소되어 병합심리중인 공범자 아닌 공동피고인은 증인적격을 가지므로 피고인으로서의 법정진술은 증거능력을 가질 수 없다(대법원 1982. 9. 14, 82 도 1000.). 이에 반하여 공범자인 공동피고인의 법정진술이 다른 피고인에 대하여 증거능력을 가지는가에 관하여는 학설이 대립되고 있다.

(1) 적 극 설

공동피고인의 공판정에서의 진술을 다른 피고인에 대한 유죄의 증거로 사용할 수 있다는 견해이다. 공판정에서는 공동피고인의 임의의 진술을 기

대할 수 있고, 다른 피고인의 반대신문권도 어느 정도 확보되어 있다는 것을
이유로 한다. 대법원도 「공범인 공동피고인의 법정에서의 진술(자백)은 피고
인의 반대신문권이 보장되어 있어 증인으로 신문한 경우와 다를 바 없으므로
다른 공동피고인에 대한 범죄사실을 인정하는 증거로 할 수 있다」고 판시하여
$\left(\begin{array}{l}\text{대법원 1985. 3. 9, 85 도 951;}\\\text{대법원 1992. 7. 28, 92 도 917}\end{array}\right)$ 적극설의 입장을 취하고 있다.

(2) 소 극 설

공동피고인의 공판정에서의 진술은 변론을 분리하여 증인으로 신문하지
않는 한 증거능력이 없다고 해석하는 견해이다. 공동피고인에게는 진술거부권
이 인정되므로, 그의 진술은 다른 피고인에 대하여 반대신문권이 보장되는 것
이 아니라는 것을 이유로 한다.

(3) 절 충 설

공판정에서 진술한 공동피고인에 대하여 피고인이 실제로 충분히 반대신문
을 하였거나 또는 반대신문의 기회가 보장되어 있을 때에 한하여 증거능력을
인정해야 한다는 견해이다. 피고인의 반대신문권은 공정한 재판을 보장하기 위
한 헌법상의 권리임을 이유로 한다. 일본의 다수설이 취하고 있는 입장이다.

2. 검토 및 문제 ⑵의 해결

생각건대 소극설은 변론을 분리한다는 기교적 방법에 의하여 공범자인 공
동피고인의 진술의 증거능력을 인정하려고 하는 점에서 타당하다고 할 수 없
다. 절충설 또한 공동피고인에 대한 피고인신문에 대하여도 반대신문의 기회
가 보장되어 있으며, 반대신문권의 보장은 반드시 그 내용을 엄격하게 해석해
야 하는 것은 아니라는 점에서 타당하다고 할 수 없다. 적극설도 공동피고인이
진술거부권을 행사하는 때에는 반대신문권이 보장되지 않는다는 비판을 받고
있다. 그러나 ① 공동피고인의 공판정에서의 진술은 법관 앞에서 행하여진 임
의의 진술이며, ② 공범자의 진술에 대하여도 피고인의 공동피고인에 대한 반
대신문의 기회가 보장되어 있으며, ③ 전문증거가 아닌 피고인의 진술에 대하
여 반대신문권의 보장을 엄격히 요구할 필요가 없다는 점에서 적극설이 타당
하다고 해야 한다.

결국, 甲을 증인으로 신문할 수 없지만 공판정에서 甲이 피고인으로서 한
진술은 乙의 범죄사실을 인정하는 증거가 될 수 있다.

Ⅳ. 피의자신문조서의 증거능력

문제 (3)은 공동피고인 甲이 법정에서 검사 작성의 피의자신문조서는 진정 성립을 인정하고 사법경찰관 작성의 피의자신문조서는 내용 부인한 경우, 이 들 조서의 기재가 乙에 대한 유죄판결의 증거가 될 수 있는가의 문제이다.

1. 검사 작성의 피의자신문조서

형사소송법 제312조 1항과 2항은 검사가 피고인이 된 피의자의 진술을 기 재한 조서의 증거능력을 규정하고 있다. 즉, 검사가 피고인이 된 피의자의 진 술을 기재한 조서는 적법한 절차와 방식에 따라 작성된 것으로서 피고인이 진 술한 내용과 동일하게 기재되어 있음이 피고인의 진술 또는 영상녹화물이나 그 밖의 객관적인 방법에 의하여 증명되고 특신상태가 증명된 때에 한하여 증 거능력이 인정된다. 그런데 제312조 1항은 검사가 작성한 피고인이 된 피의자 의 진술을 기재한 조서의 증거능력을 규정하고 있다. 따라서 피고인이 되지 아 니한 공범자에 대한 피의자신문조서나 공동피고인에 대한 피의자신문조서는 동조 제 1 항에 해당하지 않고, 동조 제 4 항에 의하여 승거능력이 판단되게 된 다. 이에 의하면 검사 또는 사법경찰관이 피고인이 아닌 자의 진술을 기재한 조서는 적법한 절차와 방식에 따라 작성된 것으로서 그 조서가 검사 또는 사 법경찰관 앞에서 진술한 내용과 동일하게 기재되어 있음이 원진술자의 공판준 비 또는 공판기일에서의 진술이나 영상녹화물 또는 그 밖의 객관적인 방법에 의하여 증명되고, 피고인 또는 변호인이 공판준비 또는 공판기일에 그 기재내 용에 관하여 원진술자를 신문할 수 있었던 때에는 증거로 할 수 있다. 다만, 그 조서에 기재된 진술이 특히 신빙할 수 있는 상태하에서 행하여졌음이 증명 된 때에 한한다(동조 제4항).

甲에 대한 검사 작성의 피의자신문조서가 적법한 절차와 방식에 따라 작 성된 것이어야 할 뿐만 아니라 甲이 공판정에서 그 실질적 진정성립을 인정하 였으므로 그 피의자신문조서는 증거로 할 수 있다. 다만 피의자신문조서의 증 거능력을 인정하기 위하여는 乙 또는 그 변호인이 공판준비 또는 공판기일에 그 기재내용에 관하여 甲을 반대신문할 수 있고, 그 조서가 특히 신빙할 수 있는 상태하에서 행하여졌음이 증명될 것을 요한다. 공판절차에서 공범자인 공동피고인 甲에 대한 반대신문의 기회는 보장된다고 보아야 하므로, 그 진술이 특신상태에서 행하여졌다는 사실이 인정되는 때에는 증거능력을 인정할 수 있다고 해야 한다.

결국, 甲에 대한 피의자신문조서를 증거로 乙을 유죄판결하는 것은 가능하나, 이 경우에 자유심증주의에 의한 증거의 합리적 평가가 전제되어야 하는 것은 물론이다.

2. 사법경찰관 작성의 피의자신문조서

검사 이외의 수사기관이 작성한 피의자신문조서는 적법한 절차와 방식에 따라 작성된 것으로서 공판준비 또는 공판기일에 그 피의자였던 피고인 또는 변호인이 그 내용을 인정할 때에 한하여 증거로 할 수 있다($^{제312조}_{3항}$). 형사소송법 제312조 1항이 검사가 피고인이 된 피의자의 진술을 기재한 조서의 증거능력을 규정한 것과는 달리 동조 제3항은 사법경찰관이 만든 피의자신문조서의 증거능력을 규정하고 있기 때문에 다른 공범자에 대한 피의자신문조서에 대하여도 제3항이 적용될 수 있다. 따라서 甲에 대한 사법경찰관이 작성한 피의자신문조서를 乙에 대한 유죄의 증거로 사용하기 위하여는 乙이 그 내용을 인정해야 한다고 해석해야 한다. 대법원도「형사소송법 제312조 제3항은 검사 이외의 수사기관이 작성한 당해 피고인에 대한 피의자신문조서를 유죄의 증거로 하는 경우뿐만 아니라, 검사 이외의 수사기관이 작성한 당해 피고인과 공범관계에 있는 다른 피고인이나 피의자에 대한 피의자신문조서를 당해 피고인에 대한 유죄의 증거로 채택할 경우에도 적용된다. 따라서 당해 피고인과 공범관계에 있는 공동피고인에 대하여 검사 이외의 수사기관이 작성한 피의자신문조서는 그 공동피고인의 법정진술에 의하여 성립의 진정이 인정되더라도 당해 피고인이 공판기일에서 그 조서의 내용을 부인하면 증거능력이 부정된다」고 판시하였다($^{대법원 2009. 7. 9, 2009도2865;}_{대법원 2010. 1. 28, 2009도10139}$). 원진술자인 공범관계에 있는 피의자 또는 피고인에 대한 피의자신문조서는 그 내용이 당해 피고인에 대한 피의자신문조서의 내용과 다름없기 때문에 그 증거능력을 형사소송법 제312조 3항의 규정에 의하여 피고인에 대한 그것과 마찬가지로 엄격히 제한하여야 한다는 것을 이유로 한다. 검사 이외의 수사기관이 작성한 피의자신문조서의 증거능력을 엄격히 제한하고 있는 취지에 비추어 타당하다고 생각한다.

　따라서 사법경찰관이 작성한 甲에 대한 피의자신문조서는 乙이 내용 부인 취지로 부동의하였으므로 증거로 사용할 수 없다.

V. 丁에 대한 피의자신문조서의 증거능력

　사법경찰관이 작성한 다른 공범인 丁에 대한 피의자신문조서의 증거능력 은 사법경찰관 작성의 甲에 대한 피의자신문조서와 마찬가지이다. 따라서 乙 이 내용 부인 취지로 부동의하였으므로 증거로 사용할 수 없다.

　이와는 별도로 丁이 소재불명이라는 점에서 피고인과 공범관계에 있는 다 른 피의자에 대한 피의자신문조서에 대하여도 형사소송법 제314조가 적용되는 가도 문제된다. 형사소송법 제314조는 「제312조 또는 제313조의 경우에 공판 준비 또는 공판기일에 진술을 요하는 자가 사망 · 질병 · 외국거주 · 소재불명 그 밖에 이에 준하는 사유로 인하여 진술할 수 없는 때에는 그 조서 및 그 밖의 서류를 증거로 할 수 있다. 다만, 그 진술 또는 작성이 특히 신빙할 수 있는 상 태하에서 행하여졌음이 증명된 때에 한한다」고 규정하고 있다. 丁에 대한 소 재불명이라는 소재탐사 보고서의 기재에 의하여 丁이 그 밖에 이에 준하는 사 유로 진술할 수 없는 경우에 해당함은 당연하다. 제314조가 제312조의 경우에 필요성과 신용성의 정황적 보장이 인정되면 원진술자의 진술이 없어도 증거능 력을 인정하는 취지의 규정인 이상 丁에 대한 피의자신문조서의 증거능력을 부정하기는 어려워 보인다. 그러나 사법경찰관이 작성한 공범에 대한 피의자 신문조서를 자신에 대한 피의자신문조서와 같은 뜻을 가진 것으로 보고, 공범 이 내용을 인정하는 경우에도 당해 피고인이 내용을 인정하지 않으면 증거로 할 수 없다는 점에 비추어 볼 때에는 사법경찰관이 작성한 피의자신문조서에 관하여 형사소송법 제314조가 적용될 수는 없다고 해야 한다. 대법원도 전원 합의체판결을 통하여 공범에 대한 사법경찰관이 작성한 피의자신문조서에 대 하여는 제314조가 적용되지 않는다고 판시하였다(대법원 2004. 7. 15. 전원합 의체판결, 2003 도 7185). 따라서 丁에 대한 사법경찰관이 만든 피의자신문조서는 乙에 대한 유죄의 증거가 될 수 없다.

VI. 결   론

　별개의 범죄사실로 공소제기되어 병합심리중인 공범자 아닌 공동피고인은 실질적으로 증인이므로 증인적격이 인정됨에 반하여 공범자인 공동피고인은 피고인으로서의 진술거부권이 보장되어야 하고, 법정진술은 당연히 증거능력을 가진다는 점에서 증인적격을 인정할 수 없다. 따라서 법원은 甲을 증인으로 신문할 수는 없다. 그러나 甲의 공동피고인으로서의 진술은 당연히 공범자인 乙에 대한 유죄의 증거로 사용될 수 있다. 甲의 진술은 공판정에서 임의로 이루어진 것이고, 반대신문의 기회도 주어졌다고 할 수 있기 때문이다. 형사소송법 제312조 1항은 검사가 작성한 피고인이 된 피의자의 진술을 기재한 조서의 증거능력을 규정하고 있다. 따라서 피고인이 되지 아니한 공범자에 대한 피의자신문조서나 공동피고인에 대한 피의자신문조서는 동조 제4항에 의하여 증거능력을 판단하게 된다. 이에 의하면 검사 또는 사법경찰관이 피고인이 아닌 자의 진술을 기재한 조서는 적법한 절차와 방식에 따라 작성된 것으로서 그 조서가 검사 또는 사법경찰관 앞에서 진술한 내용과 동일하게 기재되어 있음이 원진술자의 공판준비 또는 공판기일에서의 진술이나 영상녹화물 또는 그밖의 객관적인 방법에 의하여 증명되고, 피고인 또는 변호인이 공판준비 또는 공판기일에 그 기재내용에 관하여 원진술자를 반대신문할 수 있고, 그 진술이 특히 신빙할 수 있는 상태하에서 행하여졌음이 증명된 때에는 증거로 할 수 있다. 甲에 대한 검사 작성의 피의자신문조서가 적법한 절차와 방식에 따라 작성된 것이고 甲이 공판정에서 그 실질적 진정성립을 인정한 때에는 그 피의자신문조서는 증거로 할 수 있다. 이 경우에 乙에게 유죄판결을 할 것인가는 자유심증주의가 적용되는 영역이다. 사법경찰관이 작성한 甲에 대한 피의자신문조서는 乙 또는 그의 변호인이 내용을 인정하거나 증거로 함에 동의하지 않는 이상 甲이 그 내용을 인정하는 경우에도 증거능력이 없다. 사법경찰관이 작성한 丁에 대한 피의자신문조서도 마찬가지이다. 나아가 사법경찰관이 작성한 피의자신문조서에 대하여는 제314조가 적용되지 아니하며, 따라서 사법경찰관이 만든 丁에 대한 피의자신문조서도 乙에 대한 유죄의 증거가 될 수 없다.

[관련문제]

1. 甲과 乙은 특수강도의 범죄사실로 기소되어 병합심리를 받고 있다. 甲은 공소사실을 부인하고 있으나, 乙은 甲과의 공동범행사실을 자백하였다.

    ⑴ 乙의 자백이 공판정에서 이루어진 경우에 이를 甲의 범죄사실에 대한 유죄의 증거로 사용할 수 있는가.

    ⑵ 乙이 수사기관 앞에서는 자백을 하였으나 공판정에서는 명확한 진술을 하지 않고 있는 경우에 자백내용이 기재된 피의자신문조서를 甲의 범죄사실에 대한 증거로 사용하기 위해서는 어떠한 요건이 필요한가.

    ⑶ 乙의 자백 이외에는 다른 증거가 없다면 법원은 甲에게 유죄를 인정할 수 있는가.

                                    (제44회 사법시험 출제문제)

《쟁 점》

⑴ 공동피고인의 법정진술은 증거능력을 가지는가.

    ① 공동피고인에게 증인적격이 있는가.

       (부정설과 긍정설 및 절충설 중 어떤 견해가 옳은가)

    ② 공동피고인의 법정진술을 유죄의 증거로 사용할 수 있는가.

⑵ 공동피고인에 대한 피의자신문조서는 어떤 요건 하에서 증거능력을 가지는가.

    ① 검사 작성의 피의자신문조서가 증거능력을 가지기 위한 요건은 무엇인가.

    ② 사법경찰관이 작성한 피의자신문조서의 경우에도 같은가.

       공동피고인에 대한 피의자신문조서에 대하여도 제312조 3항의 규정이 적용되는가.

⑶ 공동피고인의 자백에 대하여도 보강증거가 필요한가.

《해 설》

절충설에 의하는 한 공범자인 공동피고인은 증인적격이 없으며, 乙의 법정진술은 甲에 대하여도 유죄의 증거가 될 수 있다. 검사가 작성한 乙에 대한 피의자신문조서는 형사소송법 제312조 4항에 따라 적법한 절차와 방식에 따라 작성된 것으로서 그 조서가 검사 앞에서 진술한 내용과 동일하게 기재되어 있음이 원진술자의 공판준비 또는 공판기일에서의 진술이나 영상녹화물 또는 그 밖의 객관적인 방법에 의하여 증명되고, 피고인 또는 변호인이 공판준비 또는 공판기일에 그 기재내용에 관하여 원진술자를 신문할 수 있고, 그 조서에 기재된 진술이 특히 신빙할 수 있는 상태하에서 행하여졌음이 증명된 때에는 증거로 할 수 있다. 이에 반하여 사법경찰관이 작성한 乙에 대한 피의자신문조서는 제312조 3항에 따라 甲이 내용의 진실성을 인정하여야 증거능력을 가진다. 공동피고인의 자백에는 보강증거를 요하지 않는다.

2. 구청 공무원 甲은 관할 내 대형 할인마트 신설에 따른 교통 영향 평가와 관련하여 그 할인마트 간부 乙로부터 5,000만 원의 뇌물을 받은 사실로, 乙은 뇌물공여 사실로 함께 기소되었다. 한편 마트 신설에 잡음이 있다는 소문을 들은 지역신문 기자 丙은 취재한다면서 乙을 찾아가 추궁하다가 기사화 무마 조로 1,000만 원을 받은 사실로 공갈죄로 기소되어 위 뇌물사건과 병합하여 1심 재판 중이다. 수사 당시 甲, 乙은 뇌물 수수 및 공여 사실을 전부 자백하였고, 사법경찰관 X는 乙의 운전기사인 A로부터 乙의 승용차 안에서 乙이 甲에게 현금을 건네는 것을 목격하였다는 진술을 받아 조서를 작성하였다. 조사 직후에 A는 수사 진행 상황에 부담을 느끼고 무단결근한 채 필리핀으로 출국하였다. 법정에서 乙은 자백하면서 신청된 모든 증거에 동의한 반면, 甲은 태도를 바꾸어 뇌물수수 사실을 전부 부인하면서 사법경찰관 X 및 검사가 작성한 甲, 乙에 대한 각 피의자신문조서와 A에 대한 진술조서에 대하여 증거동의하지 않았다. 丙은 자신이 乙을 협박하였다는 사실을 부인하면서도 乙이 甲에게 뇌물을 준 사실을 인정하였다고 진술하고 있다.

　　1. 乙에 대한 사법경찰관 및 검사 작성의 각 피의자신문조서가 甲의 공소사실에 대하여 증거능력이 있는지 논하시오(15점).

　　2. 乙의 법정진술과 乙의 뇌물공여 사실 시인에 대한 丙의 법정진술이 甲의 공소사실에 대하여 증거능력이 있는지를 논하시오(10점).

　　3. 공판검사는 X를 증인으로 신청하였고, X는 "A가 '乙이 甲에게 뇌물을 주는 것을 보았다'고 진술해서 이를 조서로 작성하였으며, 甲도 '乙로부터 5,000만 원을 받았다'고 진술하였고 이를 조서로 작성하였다"라고 증언하였다. X의 증언 및 A에 대한 진술조서가 甲의 공소사실에 대하여 증거능력이 있는지를 논하시오(15점).

　　4. 乙은 丙에게 협박당하자 A에게 만일에 대비하라고 지시하였고, A는 乙

을 따라가 丙에게 1,000만 원을 전달하는 장면을 자신의 휴대전화로 몰래 촬영해 두었다가 수사 당시 이를 사법경찰관 X에게 임의 제출하였다. 공판검사가 이 휴대전화를 丙에 대한 공갈 공소사실을 입증하기 위하여 법정에 제시할 경우, 휴대전화에 녹화된 동영상이 丙의 공소사실에 대하여 증거능력이 있는지를 논하시오(10점).

(제51회 사법시험 출제문제)

《쟁 점》

1. 문제 1에 관하여
  (1) 사법경찰관이 작성한 공동피고인에 대한 피의자신문조서는 제312조 3항에 의하여 증거능력이 인정되는가. 이 경우 누가 내용을 인정해야 하는가.
  (2) 검사가 작성한 공범자인 공동피고인에 대한 피의자신문조서는 제312조 4항에 의해 증거능력이 인정되는가.

2. 문제 2에 관하여
  (1) 공동피고인에게 증인적격이 있는가.
  (2) 공범자인 공동피고인의 법정진술에 증거능력이 있는가.
  (3) 공범자 아닌 공동피고인의 진술은 어떤가.

3. 문제 3에 관하여
  (1) 조사자의 증언에 증거능력이 인정되는가.
    ① 피고인 아닌 자의 진술을 내용으로 할 경우 증거능력 인정의 요건은.
    ② 피고인의 진술을 내용으로 할 경우는 어떤가.
  (2) A에 대한 사법경찰관 작성의 진술조서는 제314조에 의하여 증거능력이 인정되는가.

4. 문제 4에 관하여
  (1) 사인의 비밀촬영에 위법수집증거배제법칙이 적용되는가.
  (2) 현장촬영 동영상이 진술증거인가.
  (3) 동영상은 어떤 요건하에서 증거능력을 가지는가.

《해 설》

1. 문제 1

甲과 乙은 공범인 공동피고인이다. 사법경찰관이 작성한 공범인 공동피고인에 대한 피의자신문조서는 제312조 3항에 의하여 증거능력이 인정된다. 따라서 甲 또는 변호인이 그 내용을 인정해야 사법경찰관이 작성한 乙에 대한 피의자신문조서의 증거능력이 인정되는데, 甲이 내용 부인하므로 증거능력이 없다.

제312조 1항과 2항은 피고인이 된 피의자의 진술을 기재한 조서의 증거능력을 규정하고 있으므로 검사가 작성한 공범자인 공동피고인 乙에 대한 피의자신문조서는 제312조 4항에 의해 증거능력이 인정된다. 따라서 적법한 절차와 방식에 따라 작성되고, 실질적 진정성립이 증명되고, 피고인 또는 변호인이 그 내용을 신문할 수 있었고, 특신상태가 인정되면 증거능력을 가진다. 공동피고인 乙에 대하여는 피고인 또는 변호인의 반대신문이 허용된다.

2. 문제 2

공범자인 공동피고인에게는 증인적격이 없지만(판례는 변론을 분리하면 증인적격이 있다고 한다), 공범이 아닌 공동피고인에게는 증인적격이 있다. 따라서 피고인으로서의 법정진술은 증거능력이 있지만, 공범이 아닌 丙은 증인으로서 신문해야 하므로 증인신문절차를 거치지 않은 진술은 甲의 공소사실에 대하여 증거로 할 수 없다.

3. 문제 3

⑴ 조사자의 증언은 제316조가 정하는 바에 따라 증거능력을 가진다. 따라서

   1) X의 피고인 아닌 A의 진술을 내용으로 하는 증언은 원진술자인 A가 사망, 질병, 외국거주, 소재불명, 그 밖에 이에 준하는 사유로 인하여 진술할 수 없고, 그 진술이 특신상태에서 행하여졌음이 증명되면 증거능력이 있다($_{2항}^{제316조}$). A가 출국했다는 사실만으로는 부족하나, 외국거주로 진술할 수 없는 사실이 인정되면 증거능력을 가질 수 있다.

   2) X의 甲의 진술을 내용으로 하는 증언은 그 진술이 특히 신빙할 수 있는 상태하에서 행하여졌음이 증명되는 때에는 증거로 할 수 있다($_{제1항}^{동조}$).

⑵ A에 대한 진술조서는 제312조 4항에 따라 증거능력이 인정될 수 있다. A가 외국거주 등으로 진술할 수 없는 때에는 제314조에 의하여 증거능력을 가질 수 있다.

4. 문제 4

사인이 비밀촬영한 사진에 대하여는 위법수집증거배제법칙이 적용되지 않는다고 해야 한다. 현장사진도 기능면에서 진술증거와 동일하고, 촬영과 편집과정에 조작의 가능성이 있다는 점에서 진술증거라고 해야 한다. 그 성질은 검증에 해당하며, 촬영주체에 따라 법원의 경우는 제311조, 수사기관은 제312조 6항, 사인은 제313조 1항·2항에 따라 증거능력을 판단하여야 한다.

[관련판례]

⑴ 대법원 1982. 9. 14, 82 도 1000, 「피고인과 별개의 범죄사실로 기소되어 병합심리중인 공동피고인은 피고인의 범죄사실에 관하여는 증인의 지위에 있다고 할 것이므로 선서 없이 한 공동피고인의 법정진술이나 피고인이 증거로 함에 동의한 바 없는 공동피고인에 대한 피의자신문조서는 피고인에 대한 공소사실을 인정하는 증거로 쓸 수 없다.」

⑵ 대법원 2008. 6. 26, 2008 도 3300, 「공범인 공동피고인은 당해 소송절차에서는 피고인의 지위에 있으므로 다른 공동피고인에 대한 공소사실에 관하여 증인이 될 수 없으나, 소송절차가 분리되어 피고인의 지위에서 벗어나게 되면 다른 공동피고인에 대한 공소사실에 관하여 증인이 될 수 있다.」

⑶ 대법원 2004. 7. 15. 전원합의체판결, 2003 도 7185, 「⑴ 형사소송법 제312조 제 2 항은 검사 이외의 수사기관이 작성한 당해 피고인에 대한 피의자신문조서를 유죄의 증거로 하는 경우뿐만 아니라 검사 이외의 수사기관이 작성한 당해 피고인과 공범관계에 있는 다른 피고인이나 피의자에 대한 피의자신문조서를 당해 피고인에 대한 유죄의 증거로 채택할 경우에도 적용되는바, 당해 피고인과 공범관계가 있는 다른 피의자에 대한 검사 이외의 수사기관 작성의 피의자신문조서는 그 피의자의 법정진술에 의하여 그 성립의 진정이 인정되더라도 당해 피고인이 공판기일에서 그 조서의 내용을 부인하면 증거능력이 부정되므로 그 당연한 결과로 그 피의자신문조서에 대하여는 사망 등 사유로 인하여 법정에서 진술할 수 없는 때에 예외적으로 증거능력을 인정하는 규정인 형사소송법 제314조가 적용되지 아니한다.

 ⑵ 피의자가 경찰수사 단계에서 작성한 진술서에 대하여는 검사 이외의 수사기관 작성의 피의자신문조서와 동일하게 제312조 제 2 항을 적용하여야 한다.」

⑷ 대법원 2010. 1. 28, 2009 도 10139, 「형사소송법 제312조 제 3 항은 검사 이외의 수사기관이 작성한 당해 피고인에 대한 피의자신문조서를 유죄의 증거로 하는 경우뿐만 아니라, 검사 이외의 수사기관이 작성한 당해 피고인과 공범관계에 있는 다른 피고인이나 피의자에 대한 피의자신문조서를 당해 피고인에 대한 유죄의 증거로 채택할 경우에도 적용된다. 따라서 당해 피고인과 공범관계에 있는 공동피고인에 대하여 검사 이외의 수사기관이 작성한 피의자신문조서

는 그 공동피고인의 법정진술에 의하여 성립의 진정이 인정되더라도 당해 피고인이 공판기일에서 그 조서의 내용을 부인하면 증거능력이 부정된다.」

동지 : 대법원 2009. 7. 9, 2009 도 2865.

[30] 엄격한 증명과 자유로운 증명

[설 문]

甲은 乙을 칼로 찔러 살해하였다는 혐의로 기소되었다. 甲은 경찰과 검사 앞에서 자백하였으나 공판정에서는 이를 부인하고, 수사기관에서의 자백은 경찰에서 고문을 받았기 때문이라고 주장하고 있다. 甲이 정당방위를 주장하지는 않지만, 법원은 甲이 살해행위를 하였다고 하더라도 정당방위가 되지 않는가 의심하고 있다.

⑴ 정당방위의 요건되는 사실의 부존재는 엄격한 증명을 요하는가. 또 법원에서 정당방위가 되지 않는가 의심하는 경우에 법원은 유죄판결을 할 수 있는가.

⑵ 법원이 유죄를 인정할 때 범죄경력조회에 의하여 甲에게 누범전과가 있다고 밝혀지면 공판정에서 조사하지 않고 이를 인정할 수 있는가.

⑶ 검사는 자백의 임의성을 증명하기 위하여 수사경찰관이 작성한 "甲을 때린 사실이 없다"는 내용의 진술서를 법정에서 제출하였다. 법원은 이를 증거로 할 수 있는가.

⑷ 법원은 변론종결 후에 회보된 범죄경력조회서에 기재된 누범 아닌 전과를 기초로 형을 양정할 수 있는가.

Ⅰ. 문제의 제기

형사소송법 제307조 1항은 「사실의 인정은 증거에 의하여야 한다」고 규정함으로써 증거재판주의를 선언하고 있다. 그러나 증거재판주의는 사실인정을 자백에 의하지 않고 증거에 의하여야 한다는 소극적·역사적 의미를 갖는데 그치는 것이 아니라 특수한 규범적 의미를 갖는다고 이해되고 있다. 그것은 형사소송법 제307조를 유죄판결에 명시될 이유를 규정하고 있는 제323조와 관련시켜 범죄될 사실에 관하여는 엄격한 증명을 요한다는 의미라고 하지 않을 수 없다. 설문은 주로 엄격한 증명과 자유로운 증명의 대상이 되는 사실이 어떤 것이며, 어느 정도의 증명이 필요한가에 관한 문제이다.

　설문을 해결하기 위하여는 먼저 엄격한 증명과 자유로운 증명의 개념을 명확히 할 필요가 있다. 통설에 의하면 엄격한 증명이란 증거능력 있고 법률상 적법한 증거조사를 거친 증거에 의한 증명을 의미함에 반하여, 자유로운 증명은 이를 요하지 않는 증거에 의한 증명을 말한다. 이에 대하여, 당사자의 면전에 현출되지 아니한 증거에 의한 사실인정은 당사자주의에 반하므로 자유로운 증명이라고 할지라도 증거조사를 거쳐야 한다고 주장하는 견해도 있다. 그러나 자유로운 증명의 경우에도 증거가 법원에 현출될 것을 요하는 것은 물론이지만, 자유로운 증명의 경우에는 어떤 방법으로 증거를 조사하여야 하는가가 법원의 재량에 속하고 반드시 법률에 규정된 증거조사의 절차에 따라야 하는 것은 아니다. 따라서 엄격한 증명과 자유로운 증명의 개념은 통설에 따라 이해하지 않을 수 없다. 그러나 엄격한 증명과 자유로운 증명은 증거능력의 유무와 증거조사의 방법에 차이가 있을 뿐이고 증명의 정도에 있어서 차이가 있는 것은 아니다. 어느 경우이건 합리적 의심 없는 증명 내지 확신이 필요하다(동조 제2항).

II. 엄격한 증명의 대상

1. 정당방위의 요건되는 사실

　설문의 문제 ⑴은 정당방위의 요건되는 사실이 엄격한 증명의 대상이 되는가, 또 정당방위의 성립 여부에 대하여 법원이 의심을 가지는 경우에 누구에게 거증책임이 인정되는가에 관한 문제이다.

(1) 엄격한 증명의 대상인가

　증거재판주의를 규정한 제307조 1항의 규범적 의미와 형사소송법의 기본 이념에 비추어 볼 때에는 형벌권의 존부와 범위에 관한 사실이 엄격한 증명의 대상이 되며, 따라서 공소범죄사실이 엄격한 증명의 대상이 된다는 점에는 의문이 있을 수 없다. 공소범죄사실이란 구성요건을 충족하는 구체적인 사실로서 위법성과 책임을 구비한 것을 말한다. 따라서 구성요건에 해당하는 사실은 객관적 구성요건요소인가 또는 주관적 구성요건요소인가를 불문하고 엄격한 증명의 대상이 되며, 위법성과 책임을 기초지우는 사실도 엄격한 증명의 대상이 된다. 위법성조각사유의 부존재도 형벌권의 존부에 대한 중요한 사실이므로 엄격한 증명의 대상이 된다고 하지 않을 수 없다.

결국, 위법성조각사유인 정당방위의 요건의 부존재는 엄격한 증명의 대상이 된다.

(2) 정당방위의 존부에 대한 거증책임

요증사실의 존부에 대하여 증명이 불충분한 경우에 불이익을 받을 당사자의 지위를 거증책임이라고 한다. 즉, 당사자가 제출한 증거와 법원이 직권으로 조사한 증거에 의하여도 법원이 확신을 갖지 못할 경우에 당사자의 일방이 불이익을 받을 위험부담이 거증책임이다. 그런데 형사소송에는 「의심스러운 때는 피고인의 이익으로」(in dubio pro reo)라는 원리 내지 무죄추정의 원칙이 적용되므로, 형벌권의 발생에 영향을 미치는 모든 사실은 검사에게 거증책임이 있다. 따라서, 설문의 문제 (1)에서 정당방위의 요건의 부존재 내지 정당방위의 불성립에 관하여는 검사가 거증책임을 지게 되므로 법관이 정당방위의 성립에 관하여 의심을 가지고 있는 때에는 법원은 피고인에 대하여 유죄판결을 할 수 없게 된다.

구성요건에 해당하는 사실에 의하여 위법성은 사실상 추정되므로 검사가 구성요건에 해당하는 사실을 입증하면 위법성과 책임에 대하여는 피고인에게 입증의 부담이 과하여진다. 그러나 입증의 부담을 가진 당사자는 법원에 의심을 갖게 할 정도의 증명을 하면 반대당사자에게 부담이 옮겨지므로 법원이 정당방위에 대한 의심을 갖게 한 이상 검사가 정당방위의 부존재를 증명해야 하는 것이다.

2. 누범전과의 사실

설문의 문제 (2)는 누범전과의 사실, 즉 법률상 형의 가중·감면의 이유되는 사실이 엄격한 증명의 대상이 되는가에 관한 문제이다. 법률상 형의 가중·감면의 이유되는 사실에는 형의 가중의 이유되는 누범전과의 사실 이외에 형의 감경 또는 감면의 이유되는 심신미약이나 중지미수, 형면제의 이유되는 자수·자복의 사실이 포함된다.

　법률상 형의 가중·감면의 이유되는 사실이 엄격한 증명의 대상이 되는가에 관하여, 전과의 유무는 조회에 의하여 확실하게 알 수 있고 실체에 관한 사실도 반드시 같은 방법에 의하여 증명할 필요가 없다는 이유로 자유로운 증명으로 충분하다고 해석하는 견해, 법률상 형의 가중·감면의 이유되는 사실 가운데 범죄행위에 내재하는 것은 엄격한 증명을 요하지만 범죄 후에 발생한 것은 자유로운 증명으로 충분하다고 해석하는 견해도 있다. 그러나 피고인은 죄책의 유무에 못지않게 형기에 대하여도 관심을 가지고 있고 형기는 범죄사실과 같은 중요성을 가진다 할 것이므로, 통설은 형의 가중·감면의 이유되는 사실도 엄격한 증명의 대상이 된다고 해석한다. 통설이 타당하다고 생각된다.

　따라서, 누범전과의 사실은 엄격한 증명의 대상이 되므로 공판정에서 적법한 증거조사절차를 거쳐서 증거로 사용하여야 하며, 조회결과만으로 누범전과를 인정할 수는 없다.

Ⅲ. 자유로운 증명의 대상

1. 자백의 임의성의 기초되는 사실

　설문의 문제 (3)은 자백의 임의성의 기초되는 사실이 엄격한 증명의 대상이 되는가를 묻는 문제이다. 수사경찰관이 작성한 진술서는 피고인이 증거로 함에 동의하지 않는 이상 형사소송법 제313조 1항에 따라 원칙적으로 공판준비나 공판기일에서의 작성자의 진술에 의하여 성립의 진정함이 증명되어야 증거로 할 수 있는데, 설문에서는 진술서의 증거능력을 인정하기 위한 이러한 절차를 거치지 않았기 때문이다.

　자백의 임의성의 기초되는 사실은 소송법적 사실의 하나이다. 순수한 소송법적 사실이 자유로운 증명으로 충분하다는 점에는 의문이 없다. 따라서 친고죄에 있어서의 고소, 피고인의 구속기간, 공소제기 또는 공판개시 등은 엄격한 증명을 요하지 않는다. 그런데 자백의 임의성의 기초되는 사실도 자유로운 증명으로 충분한가에 관하여는 견해의 다툼이 있다. 자백의 임의성의 기초되는 사실은 그것이 피고인에게 중대한 불이익을 초래할 뿐만 아니라, 당사자에게 반대신문의 기회를 주어야 한다는 이유로 엄격한 증명을 요한다고 해석하는 유력한 견해도 있다. 이에 의하면, 검사가 제출한 진술서는 피고인의 자백의 임의성을 판단하기 위한 증거로 사용할 수 없다. 그러나 자백의 임의성에 관한 사실도 소송법적 사실에 불과하며, 그것이 형벌권의 존부나 범위를 결정하는 사실이 아닌 한 자유로운 증명으로 충분하다고 해석하지 않을 수 없다. 판례도 같은 입장이다(대법원 2011. 2. 24,/ 2010 도 14720). 따라서, 검사가 제출한 진술서는 피고인의 자백의 임의성을 판단하기 위한 자료로 사용할 수 있다고 해야 한다. 물론 이 경우에 수사경찰관의 진술서에 신빙성이 있는가는 법관의 자유심증에 의하여 결정되어야 한다.

2. 정상관계사실

　설문의 문제 ⑷는 양형의 기초가 되는 정상관계사실이 엄격한 증명의 대상이 되는가에 관한 문제이다. 정상관계사실이 자유로운 증명의 대상이라고 해석할 때에는 결심된 후에 송부된 범죄경력조회의 결과를 기초로 전과를 인정하는 것이 허용됨에 반하여, 엄격한 증명의 대상이 될 때에는 변론을 재개하고 공판정에서 적법한 증거조사를 거쳐야 하기 때문이다. 통설은 정상관계사실이 복잡하고 비유형적일 뿐만 아니라, 양형은 법원의 재량에 의하여 결정되어야 할 것이라는 이유로 정상관계사실은 자유로운 증명으로 충분하다고 해석하고 있다. 이에 의하면 피고인의 성격, 환경, 범죄 후의 정황은 물론 피고인의 전과와 같은 양형의 조건되는 사실은 모두 자유로운 증명으로 충분한 것이 된다. 이에 반하여, 정상관계사실 가운데 피고인에게 유리한 사실은 자유로운 증명으로 충분하지만 불이익한 사실은 상당한 증명을 요한다는 견해도 있으나, 첫째 엄격한 증명의 대상인가 또는 자유로운 증명의 대상인가는 피고인에게 불이익한가 유리한가에 의하여 결정될 것이 아니고, 둘째 상당한 증명이란 엄격한 증명과 자유로운 증명에 대립되는 개념으로 사용할 수도 없다는 점에 비추어 통설이 타당하다고 생각한다.

　결국, 법원은 변론을 재개하지 않고도 범죄경력조회서에 기재된 전과를 참고하여 형을 양정할 수 있다.

Ⅳ. 결   론

증거재판주의의 규범적·실정법적 의미에 비추어 볼 때 형벌권의 범위와
존부에 관한 사실은 엄격한 증명의 대상이 된다고 해야 한다. 위법성조각사유
인 정당방위의 기초되는 사실은 공소범죄사실로서 형벌권의 존부에 관련되는
주요사실이고, 누범전과도 형벌권의 범위에 관한 사실이므로 엄격한 증명의
대상이 된다. 이에 반하여 자백의 임의성의 기초되는 사실을 비롯한 소송법적
인 사실이나 양형의 기초되는 정상관계사실은 성질상 엄격한 증명의 대상이
될 수 없다. 엄격한 증명을 요하는 사실은 증거능력 있고 공판정에서의 적법한
증거조사를 거친 증거에 의한 증명이 필요함에 반하여, 자유로운 증명의 대상
이 되는 사실에 관하여 법원은 증거능력이나 증거조사방식에 제한을 받지 않
고 법원에 제출된 이상 이를 증거로 사용할 수 있게 된다. 엄격한 증명과 자
유로운 증명에 있어서 증명의 정도에 차이가 있는 것은 아니므로 증거에 의
하여 법관에게 유죄의 확신을 주지 못한 경우에는 무죄추정의 원칙에 따라
피고인에게 무죄를 선고해야 한다는 것은 거증책임분배의 원칙에 의하여 당
연하다.

[관련문제]

다음은 상습절도의 범행으로 공소제기된 어느 피고인의 공소장에 기재된 공소사실이다.

　피고인은 ① 1995. 10. 5. 수원지방법원에서 폭력행위등처벌에관한법률위반죄로 징역 1년에 집행유예 2년을 선고받고 같은 해 12. 15. 위 집행유예의 선고가 취소되어 1996. 8. 27. 안양교도소에서 그 형의 집행을 종료하고, ② 2002. 8. 30. 서울지방법원에서 사기죄로 징역 1년 6월을 선고받아 2003. 12. 8. 안양교도소에서 그 형의 집행을 종료하고, ③ 1997. 3. 3. 수원지방법원에서 특정범죄가중처벌등에관한법률위반(절도)죄로 징역 3년을 선고받고 2002. 2. 1. 안양교도소에서 그 형의 집행을 종료한 외에 동종 전과가 5회 더 있는 자로서, ④ 상습으로 2004. 1. 19. 23:00경 서울 소재 ××빌딩에 있는 ○○주식회사 사무실에 이르러 그 곳 출입문의 잠금장치를 망치와 드라이버로 뜯어 열고 그 안에 침입하여 그 곳에 있는 위 회사 소유의 철제 소형 금고 1개와 그 속에 들어 있는 돈 200만 원을 들고 나와 이를 절취한 것이다.

　1. 위와 같이 공소장에 피고인의 전과를 기재하는 것이 허용되는가. ①, ②, ③ 각 전과기재의 당부를 판단하시오.

　2. '엄격한 증명'과 '자유로운 증명'의 개념을 설명하고, 위 ①, ②, ③, ④의 각 기재내용은 어디에 해당하는지 검토하시오.

(제46회 사법시험 출제문제)

《쟁 점》

1. 공소장일본주의에 관하여(문제 [21] 참조)
　⑴ 공소장일본주의란 무엇이며, 그 내용은 어떠한가.
　⑵ 전과의 기재가 피고인을 특정하기 위한 것일 수 있는가.
　　1) 공소사실의 모두에 전과를 기재하는 것은 여사기재가 아닌가.
　　2) 이종전과의 기재(①)가 허용될 수 있는가.
　⑶ 누범전과의 기재(②)가 허용되는가.
　⑷ 상습성 인정의 전제되는 전과(③)는 어떠한가.
2. 엄격한 증명과 자유로운 증명에 관하여
　⑴ 엄격한 증명과 자유로운 증명은 어떻게 다른가.
　⑵ 정상관계사실인 전과(①)는 자유로운 증명의 대상인가.

⑶ 누범전과의 사실(②)은 엄격한 증명의 대상인가.

⑷ 상습성 인정의 전제되는 전과사실(③)은 어떠한가.

⑸ 공소범죄사실은 엄격한 증명의 대상이 되어야 하지 않는가.

《해　설》

공소장일본주의는 공소를 제기할 때에는 공소장 하나만 제출해야 하며, 예단을 줄 수 있는 서류 등을 첨부 또는 인용하거나 여사기재를 금지하는 것을 내용으로 한다. 전과의 기재는 여사기재의 대표적인 예이다. 이종전과의 기재는 여사기재로서 공소장일본주의에 위배된다. 다만, 그 흠이 공소제기를 무효로 할 정도인가는 검토를 요한다. 그러나 누범전과나 상습성 인정의 자료가 되는 전과는 범죄구성요건이 되는 사실 또는 형의 가중의 이유되는 사실로 공소장에 기재하는 것이 허용된다.

엄격한 증명과 자유로운 증명은 증거능력 있고 적법한 증거조사를 거친 증거에 의한 증명인가에 따라 구별된다. 공소범죄사실은 당연히 엄격한 증명의 대상이 된다. 누범전과와 상습성 인정의 전제되는 전과는 공소범죄사실이거나, 또는 법률상 형의 가중의 이유되는 사실로서 엄격한 증명의 대상이 된다. 이에 반하여 이종전과는 정상관계사실로서 자유로운 증명의 대상이 될 뿐이다.

[31] 자백의 증거능력 1

[설 문]

(1) 피의자 甲은 소매치기의 혐의로 구속되어 경찰에서 조사를 받던 중 담당경찰관 A의 고문에 의하여 자백하였다. 甲은 검찰에 송치되어 피의자신문을 받으면서 A가 옆에 있는 것을 보고 경찰에서의 자백을 반복하였다. 甲이 검찰에서 고문을 받은 사실은 없었다.

(2) 乙은 공무원 丙에게 뇌물을 공여한 혐의로 검사 B에 의하여 소환되었다. B는 30시간에 걸쳐 乙을 철야신문하였으나 乙은 혐의사실을 부인하였다. 그러나 B가 "丙이 당신으로부터 돈 5,000만 원을 받은 사실을 시인하였다"고 말하자, 乙은 신문에 지친 상태에서 丙에게 5,000만 원을 준 사실을 시인하였다. 그러나 丙은 그 때까지 범행을 자백하지 않고 있다가, B로부터 자백하면 기소유예를 해주겠다는 약속을 받고 자백을 하였다.

(3) 乙은 수사를 받으면서 공무원 丁에게도 1,000만 원을 주었다고 진술하였다. B는 丁을 불러 조사한 결과 丁의 자백을 받았다. B는 丁을 고문하지는 않았으나, 丁에게 신문하기 이전에 진술거부권이 있음을 고지하지 않았다.

위와 같은 절차에 의하여 검사가 작성한 피의자 甲, 乙, 丙 및 丁에 대한 자백조서의 증거능력을 인정할 수 있는가.

I. 서 론

1. 문제점의 정리

형사소송법 제309조는 「피고인의 자백이 고문, 폭행, 협박, 신체구속의 부당한 장기화 또는 기망 기타의 방법으로 임의로 진술한 것이 아니라고 의심할 만한 이유가 있는 때에는 이를 유죄의 증거로 하지 못한다」고 규정하여 자백배제법칙을 규정하고 있다. 따라서 자백배제법칙의 적용범위는 고문, 폭행, 협박, 신체구속의 부당한 장기화로 인한 자백과 기망 기타 방법에 의한 임의성에 의심 있는 자백으로 나눌 수 있다. 설문은 자백배제법칙의 적용범위에 관한 문제이다. 즉, 甲의 자백에 대하여는 경찰에서의 고문 후에 검사에게 한 자백의 증거능력의 문제이며, 乙의 자백은 철야신문에 의한 자백과 기망에 의한 자백이 증거능력을 가지는가의 문제이고, 丙에 대하여는 약속에 의한 자백, 丁에 대하여는 진술거부권을 고지하지 않은 자백에 대해 증거능력을 인정할 것인가가 문제된다.

2. 자백배제법칙의 이론적 근거

자백배제법칙의 적용범위, 즉 어떤 자백의 증거능력이 부정될 것인가는 자백배제법칙의 이론적 근거를 어떻게 이해할 것인가에 따라 결론을 달리하게 된다.

(1) 견해의 대립

자백배제법칙의 이론적 근거에 관하여는 허위배제설과 인권옹호설 및 절충설과 위법배제설이 대립되고 있다.

① 허위배제설은 임의성 없는 자백에는 허위가 숨어들 위험성이 많고 진실의 발견을 저해하기 때문에 증거능력이 부정된다고 하며, 이에 의하면 임의성 없는 자백이란 허위의 진술을 할 염려가 있는 상황하에서 이루어진 자백을 의미한다. ② 이에 반하여 인권옹호설은 자백배제법칙을 묵비권보장의 증거법적 측면으로 파악하여 묵비권을 중심으로 한 피고인의 인권보장을 담보하기 위하여 강제 등에 의한 자백이 배제된다고 한다. 이에 의하면 임의성 없는 자백이란 진술의 자유를 침해한 위법·부당한 압박하에서의 자백을 의미한다. ③ 절충설은 허위배제설과 인권옹호설이 모두 자백배제법칙의 근거가 되며, 따라서 임의성 없는 자백은 허위일 위험성이 많을 뿐만 아니라 자백강요의 방지라는 인권보장을 위하여도 증거능력이 부정된다고 한다. 우리나라의 통설과 판례(대법원 2015. 9. 10, 2012 도 9879)의 입장이다. 다만 허위배제설과 인권옹호설의 조화에 관하여 다수설은 제309조 전단의 고문, 폭행, 협박 또는 신체구속의 부당한 장

기화에 의한 자백은 인권침해에 의한 자백이고, 후단의 기망 기타의 방법에 의한 자백은 허위배제설에 입각한 것이라고 해석하고 있다. ④ 이에 반하여 **위법배제설**은 자백배제법칙을 자백취득과정에 있어서의 적정절차의 보장을 확보하기 위하여 위법하게 취득된 자백을 금지하는 증거법상의 원칙이라고 이해한다. 따라서 이에 의하면 자백배제법칙은 자백취득과정의 위법성으로 인하여 위법수집증거배제법칙에 의해 증거능력이 부정되는 것에 지나지 않는다.

　(2) 검   토

　허위배제설은 자백의 증거능력과 증명력을 혼동하였고 강제나 고문에 의한 자백도 진실임이 증명된 때에는 이를 배제할 근거를 설명할 수 없다는 비난을 면할 수 없다. 인권옹호설에 대하여도 자백배제법칙은 묵비권의 침해에 의하여 진술의무가 강제되는 경우에 제한되는 것이 아니고, 임의성의 판단이 자백자의 주관에 의하여 좌우되게 하는 잘못이 있다는 비판이 제기된다. 절충설도 허위배제설과 인권옹호설의 결함을 극복하기에 불충분하고 자백법칙을 성질을 달리하는 두 개의 제도로 분리한 잘못이 있다고 해야 한다. 배제해야 할 자백에 대한 명백하고 객관적인 기준을 제시하기 위하여는 자백을 획득하는 절차의 위법을 자백배제법칙의 근거로 삼는 **위법배제설**이 타당하다고 생각한다.

Ⅱ. 경찰에서의 고문과 검사 앞에서의 자백

　고문에 의한 자백은 통설에 의하면 임의성 없는 자백의 전형적인 경우를 예시한 것으로 이해되고 있다. 위법배제설에 의할 때에는 고문은 자백을 배제하기에 충분한 위법한 수단이 되는 것이 명백하다. 따라서 甲의 경찰에서의 자백이 증거능력을 가질 수 없다는 점은 분명하다. 甲의 검찰에서의 자백에 관하여 인권옹호설에 의하면 임의성의 존부가 신문시에 의사의 자유가 침해되었는가의 여부에 의하여 판단되므로, 甲이 비록 검사에게 고문을 당하지 않았다 할지라도 검사 앞에서 의사의 자유가 침해된 상태에서 한 자백은 증거능력을 인정할 수 없게 된다. 그러나 위법배제설에 의하는 경우에도 고문은 위법수사임

이 명백하고 고문에 의하여 자백하여 위법수사와 자백 사이에 인과관계가 인
정되는 이상 甲의 검사 앞에서의 자백도 증거능력이 없다고 해야 한다.

　　판례는 경찰에서 고문을 받은 사정이 검사의 수사과정에 영향을 미치지
않을 때에는 검사 앞에서의 자백을 임의성 없는 자백이라고 할 수 없지만, 검
사의 조사단계까지 임의성 없는 심리상태가 계속된 경우에는 검사 앞에서의
자백도 임의성이 없다는 태도를 취하고 있다$\binom{\text{대법원 1984. 5. 15, 84 도 472;}}{\text{대법원 1992. 11. 24, 92 도 2409}}$. 특히 甲의
경우와 마찬가지로 경찰에서 피고인을 조사한 경찰관이 검사 앞까지 피고인을
데려간 경우에는 검사 앞에서도 임의성 없는 심리상태가 계속되었다고 하고
있다$\binom{\text{대법원 1992. 3. 10,}}{\text{91 도 1}}$.

　　결국, 甲의 자백은 증거능력이 없다고 해야 한다.

Ⅲ. 철야신문과 기망에 의한 자백

　　乙의 자백이 증거능력을 가지는가는 검사의 30시간에 걸친 철야신문과 丙
이 혐의사실을 시인하였다는 기망에 의한 자백에 대하여 증거능력을 인정할
것인가의 문제이다.

1. 철야신문에 의한 자백

　　철야신문은 그 자체가 위법한 수사방법이라고 할 수는 없다. 특히 신속한
수사의 요청은 장시간에 걸친 집중적인 신문을 불가피하게 한다고 할 것이므로
임의성 없는 자백을 강제할 무리한 신문이라고 볼 수 있는 특별한 사정이 없는
한 허용된다고 보지 않을 수 없다. 그러나 철야신문으로 인하여 피의자가 피로
에 지친 끝에 정상적인 판단능력을 잃을 정도에 이른 때에는 신문을 중단하여
야 하며, 그럼에도 불구하고 신문을 계속하여 얻은 자백은 배제된다고 해야 한
다. 독일의 판례는 30시간 동안 잠잘 기회를 주지 않고 신문을 계속하여 받은
자백의 증거능력을 부정한 바 있고$\binom{\text{BGHSt.}}{\text{13, 60}}$, 미국에서도 잠을 재우지 않고 2일
동안 계속 신문하여 받은 자백의 증거능력을 부정한 바 있다$\binom{\text{Ashcraft v. Tennessee,}}{\text{322 U.S. 143, 1944}}$.
일본의 판례도 장시간의 신문으로 인하여 육체적 고통을 가하거나 피의자의
심신상황을 고려하지 않은 철야의 계속적인 신문에 의한 자백은 임의성이 부

정된다고 하고 있고($\substack{日最判\ 1964.3.7.\\ 刑集\ 6\cdot3\cdot3338}$), 대법원도 30시간 동안 잠을 재우지 않고 검사가 받은 자백의 증거능력을 부정하였다($\substack{대법원\ 1997.6.27,\\ 95\ 도\ 1964}$).

따라서 철야신문에 의한 乙의 자백은 증거능력이 없다고 보는 것이 타당하다고 생각한다.

2. 기망에 의한 자백

乙의 자백이 철야신문만으로는 배제되지 않는다고 해석하는 경우에도 乙은 이미 丙이 뇌물을 받았다고 시인했다는 B의 거짓말 때문에 자백한 것이므로 기망에 의한 자백으로 증거능력이 부정되어야 하지 않는가가 문제된다. 위계에 의한 자백이라고도 한다. 기망에 의한 자백에 증거능력을 인정할 것인가에 관하여 허위배제설에 의하면 기망으로 인하여 허위의 자백을 유발하였거나 유발할 개연성이 있는 경우에만 임의성 없는 자백으로 배제되고, 인권옹호설에 의하면 기망으로 인하여 진술의 자유가 침해된 때에만 증거능력이 배제됨에 반하여, 위법배제설에 의하면 국가기관에 의한 현저히 불공평한 신문은 위법하므로 자백취득과정의 위법으로 인하여 증거능력이 부정된다. 자백획득의 수단으로 사용되는 기망에는 ① 공범자가 자백하였다, ② 현장에서 피의자의 지문이 나왔다, ③ 누가 당신의 범행을 목격하였다고 진술하였다, ④ 거짓말탐지기의 검사 결과 거짓임이 밝혀졌다는 경우 등이 있으며, 공범자가 자백하였다고 거짓말하는 것은 기망에 의한 자백의 대표적인 경우이다. 수사기관의 기망 내지 위계가 사회통념상 위법 또는 반윤리적인 것으로서 국가적 도의에 비추어 허용될 수 없다고 인정될 때에는 증거능력이 부정되어야 한다. 일본의 판례도 위계와 기망을 사용하는 것은 엄격히 피해야 할 반사회적·반윤리적인 조사방법이므로 위법하다는 이유로 증거능력을 부정하였다($\substack{日最判\ 1970.11.25.\\ 刑集\ 24\cdot12\cdot1670}$).

결국, 乙의 자백은 철야신문에 의한 자백일 뿐만 아니라 기망에 의한 자백으로서 임의성에 의심 있는 자백이므로 증거능력이 부정되어야 한다.

Ⅳ. 약속에 의한 자백

丙은 검사로부터 기소유예를 해주겠다는 약속을 받고 자백을 한 경우이

다. 약속에 의한 자백은 허위자백에 대한 강한 유인이 될 뿐만 아니라 방법의
위법성과 피의자에 대한 심리적 영향을 고려할 때 증거능력을 부정하지 않을
수 없다. 허위배제설에 의하면 약속에 의한 자백은 허위의 자백이 유발될 가능
성이 있는 경우에 임의성이 없는 것으로 된다. 그러나 위법배제설에 의하면 공
소제기에 대한 결정권을 가진 검사에 의한 기소유예처분의 약속은 위법한 수
사방법이며, 피의자의 자백이 반윤리적 동기에 의하여 이루어진 점에서 증거
능력을 부정해야 하는 것은 당연하다. 약속에 의한 자백으로 증거능력이 부정
되기 위하여는 약속의 주체는 주로 검사 또는 사법경찰관이고, 약속의 내용으
로 형사책임 또는 형사절차상의 이해에 관계되는 기소, 불기소, 형의 경중, 신
병석방 등이 포함된다는 점에는 의문이 없으나 기타의 개인적·세속적 이익도
구체적인 자백과의 사이에 인과관계가 인정될 때에는 포함된다고 해석된다.

　　검사의 기소유예의 약속은 약속에 의한 자백의 가장 전형적인 예에 속한
다. 일본의 판례도 검사가 자백하면 기소유예를 해주겠다는 말을 믿고 피의자
가 자백한 때에는 자백의 임의성을 부인한 바 있다(日最判 1966.7.1. 刑集 20·6·537).

　　결국, 丙의 자백도 증거능력이 없다.

V. 진술거부권을 고지하지 않은 자백

　　문제 (3)의 丁의 자백은 진술거부권을 고지받지 않은 상태에서의 자백이
다. 진술거부권을 알지 못하면 진술거부권을 행사할 수 없다는 점에서 진술거
부권의 고지는 진술거부권의 전제가 되며, 따라서 진술거부권을 고지하지 않
은 때에 진술거부권의 침해가 된다는 것은 명백하다. 이러한 의미에서 피의자
에 대한 진술거부권의 고지는 피의자를 심리적 압박감에서 해방되게 하여 진
술의 자유 내지 임의성을 확보한다는 의미를 갖게 되며, 진술거부권을 고지하
지 않고 받은 자백의 증거능력은 부정하지 않을 수 없게 된다. 다만, 이 경우
에 진술거부권의 불고지와 자백의 임의성을 규정하고 있는 제309조와의 관계
가 문제된다.

　　이에 관하여는 진술거부권을 고지하지 않은 때에는 자백의 임의성이 인정
되는 경우에도 위법수집증거배제법칙에 의하여 자백의 증거능력을 부정해야

한다는 견해와 진술거부권을 고지하지 않고 얻은 자백은 임의성에 의심 있는 경우에 해당하므로 증거능력을 부인해야 한다는 견해가 대립되고 있다. 대법원은 「수사기관이 피의자를 신문함에 있어서 피의자에게 미리 진술거부권을 고지하지 않은 때에는 그 피의자의 진술은 위법하게 수집된 증거로서 진술의 임의성이 인정되는 경우라도 증거능력이 부정되어야 한다」고 판시하여 위법수집증거배제법칙을 근거로 증거능력을 부정하고 있다($\binom{\text{대법원 1992. 6. 23,}}{\text{92 도 682}}$). 생각건대 진술거부권의 고지라는 형식적 기준에 의하여 진술의 임의성이 영향을 받는다고 볼 수는 없으나, 자백배제법칙의 이론적 근거가 위법배제에 있다고 보지 않을 수 없는 이상 진술거부권의 고지를 요구하는 규정을 위반한 때에는 임의성에 의심 있는 경우에 해당한다고 보아 증거능력을 부정하는 것이 타당하다고 생각된다.

결국, 丁의 자백도 자백배제법칙에 의하여 증거능력이 배제된다고 하지 않을 수 없다.

Ⅵ. 결 론

자백배제법칙의 이론적 근거는 자백획득과정의 위법성으로 인하여 증거능력이 부정된다는 점에서 찾아야 한다. 위법배제설에 의할 때에는 위법한 수사방법과 인과관계 있는 자백은 증거능력이 배제되어야 하므로 경찰에서의 고문에 의하여 검사 앞에서 한 甲의 자백은 증거능력을 잃게 된다. 철야신문에 의한 자백도 철야신문이 피의자의 육체적 피로와 정상적인 판단을 곤란하게 할 정도에 이를 때에는 위법한 수사방법이 된다고 해야 하며, 검사의 기망에 의한 乙의 자백이나 약속에 의한 丙의 자백도 증거능력이 없다. 진술거부권을 고지하지 않은 자백이 증거능력을 잃는다는 점에는 현재 학설과 판례의 태도가 일치하고 있다. 다만 그 이론적 근거가 위법수집증거배제법칙에 의한 것인가 또는 자백배제법칙으로 인한 것인가가 문제되지만, 자백배제법칙의 이론적 근거를 위법배제설에서 구할 때에는 자백배제법칙은 위법수집증거배제법칙의 특칙에 지나지 않으므로 형사소송법 제309조에 의하여 증거능력을 부정해야 한다고 할 것이다.

[관련판례]

⑴ 대법원 1981. 10. 13, 81 도 2160, 「피고인들이 검사 이전의 수사기관의 조사과정에서 고문 등으로 임의성 없는 진술을 하고 그 후 검사의 조사단계에서도 임의성 없는 심리상태가 계속되어 동일한 내용의 진술을 하였다면 비록 검사 앞에서 조사받을 당시는 고문 등의 자백강요를 당한 바가 없었다고 하여도 검사 앞에서의 자백은 결국 임의성 없는 진술이 될 수밖에 없으니, 피고인이 검사 이전의 수사기관에서 고문으로 임의성 없는 자백을 하였음을 주장하면서 검사 앞에서의 동일한 내용의 자백을 부인하고 있다면 이는 결국 검사 작성의 피의자신문조서의 임의성을 부인하는 취지라고 보아야 한다.」

⑵ 대법원 1992. 3. 10, 91 도 1, 「검사 작성의 피고인에 대한 제 1 회 피의자신문조서의 기재는 그 자백내용에 있어 그 자체에 객관적 합리성이 없고, 검사 앞에서 조사받을 당시는 자백을 강요당한 바 없다고 하여도 경찰에서의 자백이 폭행이나 신체구속의 부당한 장기화에 의하여 임의로 진술한 것이 아니라고 의심할 만한 상당한 이유가 있어서 경찰에서 피고인을 조사한 경찰관이 검사 앞에까지 피고인을 데려간 경우 검사 앞에서의 자백도 그 임의성이 없는 심리상태가 계속된 경우라고 할 수밖에 없어 증거능력이 없다.」

⑶ 대법원 1997. 6. 27, 95 도 1964, 「피고인의 검찰에서의 자백은 피고인이 검찰에 연행된 때로부터 약 30시간 동안 잠을 재우지 아니한 채 검사 2명이 교대로 신문을 하면서 회유한 끝에 받아낸 것으로 피고인에게 잠을 재우지 않은 상태에서 받은 자백은 임의로 진술한 것이 아니라고 의심할 만한 이유가 있는 때에 해당한다.」

[32] 자백의 증거능력 2
──기망과 약속에 의한 자백──

[설 문]

공무원인 甲은 乙로부터 직무에 관하여 뇌물을 수수하였다는 혐의로 검사에 의하여 수사를 받고 있었다. 검사는 乙이 뇌물을 공여한 사실을 시인하지 않았음에도 불구하고 "乙이 甲에게 뇌물로 돈 5,000만 원을 공여한 것을 자백했다"고 하면서 甲을 설득한 결과 甲에게서 乙로부터 뇌물로 돈 5,000만 원을 받았다는 자백을 받았다. 검사는 다시 乙에게 "甲이 자백했다"고 하면서 추궁하여 乙이 돈 5,000만 원을 공여했다는 자백을 받았다. 공판정에서 甲과 乙은 공소사실을 부인하면서 각 검사가 작성한 피의자신문조서의 성립의 진정은 인정하지만 그 임의성을 인정할 수 없다고 한다.

(1) 甲에 대한 검사가 만든 피의자신문조서는 증거능력이 있는가.

(2) 검사가 만든 乙에 대한 피의자신문조서의 기재내용을 甲에 대한 공소사실을 인정할 증거로 사용할 수 있는가.

(3) 설문에서 乙이 검사의 설득에도 불구하고 자백하지 않다가 검사가 "자백하면 기소유예를 해주겠다"는 말을 듣고 자백한 때에는 어떤가.

Ⅰ. 문제의 제기

설문은 甲과 乙의 자백이 기재된 검사가 작성한 피의자신문조서의 증거능력을 묻는 문제이다. 검사가 피고인이 된 피의자의 진술을 기재한 조서는 적법한 절차와 방식에 따라 작성된 것으로서 피고인이 진술한 내용과 동일하게 기재되어 있음이 피고인의 진술 또는 영상녹화물이나 그 밖의 객관적인 방법에 의하여 인정되고 특신상태가 증명된 때에 한하여 증거능력이 인정된다$\left(\substack{제312조\\1항·2항}\right)$. 그러나 검사가 작성한 공동피고인에 대한 피의자신문조서는 형사소송법 제312 조 4항에 따라 적법한 절차와 방식에 따라 작성된 것으로서 그 조서가 검사 앞에서 진술한 내용과 동일하게 기재되어 있음이 원진술자의 진술이나 영상녹화물 또는 그 밖의 객관적인 방법에 의하여 증명되고, 피고인 또는 변호인이 공판준비 또는 공판기일에 그 기재 내용에 관하여 원진술자를 반대신문할 수 있었던 때에는 증거로 할 수 있다. 따라서 甲과 乙에 대한 검사가 작성한 피의자신문조서는 제312조 1항 또는 2항과 4항의 요건을 모두 갖춘 때에만 자신의 범죄사실은 물론 공범자의 범죄사실을 인정할 증거로 사용할 수 있게 된다. 설문에서는 甲과 乙이 모두 피의자신문조서의 성립의 진정을 인정하고 있다는 점에서 피의자신문조서 자체의 증거능력은 문제되지 않는다. 그러나 피의자신문조서가 증거능력을 가지기 위한 전제로 임의성이 인정될 것을 요할 뿐만 아니라, 형사소송법 제309조는 「고문, 폭행, 협박, 신체구속의 부당한 장기화 또는 기망 기타의 방법으로 임의로 진술한 것이 아니라고 의심할 만한 이유가 있는 때에는 이를 유죄의 증거로 하지 못한다」고 규정하여 자백배제법칙을 선언하고 있다. 설문은 자백배제법칙의 적용범위 가운데 기망 또는 위계에 의한 자백과 약속에 의한 자백의 증거능력에 관한 문제이다. 즉 문제 (1)은 공범자가 자백하였다는 기망에 의한 자백이 증거능력을 가지는가에 대한 것이며, 문제 (2)는 기망에 의한 자백에 기초하여 얻은 자백, 즉 독수(毒樹)의 과실(果實)의 증거능력을 묻는 것이고, 문제 (3)은 약속에 의한 자백의 증거능력에 관한 것이다. 그런데 기망과 약속에 의한 자백은 물론 기타 임의성에 의심 있는 자백의 범위를 판단하는 데 있어서는 자백배제법칙의 이론적 근거를 어떻게 파악하는가에 따라 결론을 달리하기 때문에 여기서는 먼저 자백배제법칙의 이론적 근거를 검토하고, 기망에 의한 자백과 약속에 의한 자백의 순서로 분석하고자 한다.

Ⅱ. 자백배제법칙의 이론적 근거

1. 학설의 대립

자백배제법칙의 이론적 근거에 관하여는 허위배제설, 인권옹호설, 절충설 및 위법배제설이 대립되고 있다.

(1) 허위배제설

허위배제설은 임의성 없는 자백에는 허위가 숨어들 위험성이 많고 진실의 발견을 저해하기 때문에 증거능력이 부정된다고 한다. 이에 의하면 임의성 없는 자백이란 허위의 진술을 할 염려가 있는 상황하에서 이루어진 자백을 의미한다. 영미에서 임의성 없는 자백을 배제하던 전통적인 근거이다.

(2) 인권옹호설

인권옹호설은 자백배제법칙을 묵비권보장의 증거법적 측면으로 파악하여 묵비권을 중심으로 한 피고인의 인권보장을 담보하기 위하여 강제 등에 의한 자백이 배제된다고 한다. 이에 의하면 임의성 없는 자백이란 진술의 자유를 침해한 위법·부당한 압박하에서의 자백을 의미한다.

(3) 절 충 설

허위배제설과 인권옹호설이 모두 자백배제법칙의 근거가 되며, 따라서 임의성 없는 자백은 허위일 위험성이 클 뿐만 아니라 자백강요의 방지라는 인권보장을 위하여도 증거능력이 부정되어야 한다고 한다. 우리나라의 통설과 판례($\binom{\text{대법원 2015. 9. 10,}}{\text{2012 도 9879}}$)의 입장이다. 다만 허위배제설과 인권옹호설의 조화에 관하여 다수설은 제309조 전단의 고문, 폭행, 협박 또는 신체구속의 부당한 장기화에 의한 자백은 인권침해에 의한 자백이고, 후단의 기망 기타의 방법에 의한 자백은 허위배제설에 입각한 것이라고 해석하고 있다.

(4) 위법배제설

자백배제법칙을 자백취득과정에 있어서의 적정절차의 보장을 확보하기 위하여 위법하게 취득된 자백을 금지하는 증거법상의 원칙이 된다고 이해한다. 따라서 자백배제법칙은 자백취득과정의 위법성으로 인하여 위법수집증거배제법칙에 의해 증거능력이 부정되는 것에 지나지 않는다.

2. 검   토

허위배제설은 자백의 증거능력과 증명력을 혼동하였고 강제나 고문에 의한 자백도 진실임이 증명된 때에는 배제될 근거를 설명할 수 없다는 비난을 면할 수 없다. 인권옹호설에 대하여도 기망과 약속에 의한 자백은 인권옹호와 관계 없고 자백배제법칙은 묵비권의 침해에 의하여 진술의무가 강제되는 경우에 제한되는 것이 아니며 임의성의 판단이 자백자의 주관에 의하여 좌우되게 하는 잘못이 있다고 하지 않을 수 없다. 절충설도 허위배제설과 인권옹호설의 결함을 극복하는 데 불충분하고 자백배제법칙을 성질을 달리하는 두 개의 제도로 분리한 잘못이 있고, 임의성의 유무를 전체상황을 고려하여 자백자의 주관을 기준으로 판단하지 않을 수 없다는 점에 문제가 있다. 따라서 배제해야 할 자백에 대한 명백하고 객관적인 기준을 제시하기 위하여는 자백을 획득하는 절차의 위법을 자백배제법칙의 근거로 삼는 **위법배제설**이 타당하다고 생각된다.

Ⅲ. 기망에 의한 자백

1. 甲에 대한 피의자신문조서

甲에 대한 피의자신문조서는 공범자인 乙이 자백하였다는 검사의 위계에 의하여 자백한 것이기 때문에 기망 또는 위계에 의한 자백의 증거능력을 인정할 것인가의 문제로 된다. 기망에 의한 자백의 경우에 있어서 **허위배제설**에 의하면 기망으로 인하여 허위의 자백을 유발하였거나 유발할 개연성이 있는 경우에 자백의 증거능력이 부정됨에 반하여, **인권옹호설**은 기망으로 인하여 진술의 자유가 침해된 경우에 한하여 자백의 증거능력이 부정된다고 한다. 공범자인 乙이 자백하였다는 허위사실을 고지함으로써 자백의 동기에 영향을 주어 허위의 자백을 유발하였을 뿐만 아니라, 허위사실의 제시는 피의자의 심리상태를 혼란에 빠뜨려 냉정한 판단능력을 빼앗아 자백에 이르게 하는 것이라고 할 수 있다. 허위배제설과 인권옹호설을 종합한 **절충설**에 의할 때에도 甲의 자백은 증거능력이 없다고 해야 한다. 즉 검사의 위계는 甲에게 진술에 있어서 자유로운 의사결정의 자유를 저해하고 허위의 자백을 유발할 위험이 있기 때문이다. 그러나 **위법배제설**에 의하면 기망에 의한 자백도 자백을 획득하는 수사방법의 위법성으로 인하여 배제되는 결과가 된다. 공범자가 자백하였다는 허위사실의 고지로 자백을 받는 것은 사회적으로 상당하지 않은 위계에 의한 수사이므로 방법 자체가 위법하기 때문에 증거능력이 부정되는 것이다. 일본의 최고재판소도 공범자가 자백하였다고 기망하여 자백을 받은 경우에 그 자백의 증거능력에 관하여 「수사관이 피의자를 신문함에 있어서 위계를 사용하여 피의자를 착오에 빠뜨리고 자백을 획득하는 것이 피해야 할 수사방법임은 말할 필요도 없지만, 만약 위계에 의하여 피의자가 심리적 강제를 받고 그 결과 허위의 자백이 유발될 위험이 있는 경우에는 그 자백은 임의성에 의심 있는 것으로서 증거능력을 부정해야 한다」고 판시한 바 있다($^{日最判\ 1970.11.25.}_{刑集\ 24\cdot12\cdot1670}$).

　　결국, 甲에 대한 피의자신문조서는 기망에 의하여 자백을 받은 경우이므로 증거능력을 부정하지 않을 수 없다. 공범자가 자백하였다는 허위사실을 지시하여 자백을 받은 경우 이외에도 수사관이 피의자에게 「범행현장에서 지문이 발견되었다」, 「누가 범행현장을 목격하였다」, 「알리바이가 거짓임이 판명되었다」 또는 「거짓말탐지기 검사 결과가 거짓으로 나타났다」는 거짓말로 자백을 받은 경우에도 기망에 의한 자백으로 증거능력이 부정된다.

2. 乙에 대한 피의자신문조서

　　검사는 甲이 자백하자 乙에게 그 사실을 알리고 乙을 추궁하여 자백을 받았으므로 甲의 경우와는 달리 乙에게는 기망 또는 위계를 사용한 것이 아니다. 공범자가 자백한 경우에 그 사실을 근거로 다른 공범자를 추궁하는 것은 당연히 허용되는 수사방법이다. 그러나 乙의 자백은 甲의 자백과 독립된 것이 아니고 甲의 자백을 알리고 신문하여 작성(직접이용)된 것이므로 위법하게 취득된 자백에 기초하는 제2차 증거이며, 독수의 과실에 해당한다. 여기서 기망에 의한 자백에 의하여 취득한 제2차 자백의 증거능력을 인정할 것인가가 문제된다.

　　위법하게 취득된 자백에 의하여 취득한 증거의 증거능력에 관하여 고문 등 강제에 의한 자백의 경우에는 증거능력을 부정해야 하지만 기망 기타의 방법에 의한 자백의 경우에는 진실발견의 견지에서 증거능력을 인정해야 한다는 견해도 있다. 그러나 통설은 이를 긍정하면 임의성에 의심 있는 자백의 증거능력을 부정한 제309조가 무의미하게 될 우려가 있다는 이유로 증거능력을 부정하고 있다. 판례도 구체적인 사안에 따라 주로 인과관계의 희석 또는 단절 여부를 중심으로 전체적·종합적으로 판단하고 있으나, 통상 제2차 증거의 증거능력을 부정하고 있다($^{대법원\ 2007.11.15.\ 전원}_{합의체판결,\ 2007 도 3061}$). 통설과 판례가 타당하다고 생각한다. 독수의 과실이론에 대하여는 오염순화에 의한 예외, 불가피한 발견의 예외, 독립된 오염원의 예외 등의 이론에 의하여 증거능력이 인정될 수 있으나, 설문은 이러한 예외에 해당하지 않는다.

　따라서 乙에 대한 피의자신문조서의 기재내용도 증거능력이 없다고 해야 한다.

Ⅳ. 약속에 의한 자백

　문제 ⑶은 乙이 검사로부터 자백하면 기소유예를 해주겠다는 약속을 받고 자백한 경우이므로 약속에 의한 자백 또는 이익과 결부된 자백의 증거능력을 인정할 수 있는가의 문제이다. 약속에 의한 자백이 제309조의 기타 임의성에 의심 있는 자백에 해당한다는 점에는 의문이 없다. 여기서는 약속에 의한 자백에 해당하기 위한 전제로서 약속의 내용과 약속자 및 약속에 의한 자백의 증거능력을 배제하는 근거를 살펴보기로 한다.

1. 약속의 내용과 약속자

　약속에 의한 자백에서 문제되는 약속의 내용은 형사책임과 관계 있는 이익뿐만 아니라 개인적·세속적 이익을 포함한다. 따라서 기소유예하거나 조기 석방해 주겠다는 약속, 형을 감경 또는 면제하거나 가벼운 법조를 적용하겠다는 약속뿐만 아니라 필로폰 중독자에게 필로폰을 주사해 주겠다는 약속이나 처자 등의 면회약속도 증거능력이 부정되는 약속에 해당한다. 뇌물죄에 있어서 수뢰자를 불기소하겠다는 약속과 같이 제3자에게 이익을 제공하는 경우도 포함한다. 약속자는 약속내용에 관하여 처분권한을 가진 경우뿐만 아니라 객관적으로는 권한 있는 자가 아니지만 권한을 가진 자로 생각될 수 있는 자를 포함한다. 즉 형사책임에 관한 이익이 약속의 내용인 경우에는 형사소추에 관한 어떤 권한을 가진 자이면 족하며, 개인적·세속적 이익의 약속에 관하여는 법적·사실적 유권한자이면 된다. 문제 ⑶은 기소·불기소의 결정권을 가진 검사가 형사책임과 관계 있는 이익을 약속한 경우이므로 약속에 의한 자백에 해당한다.

2. 약속에 의한 자백의 증거능력

약속에 의한 자백이 증거능력을 가지지 못하는 근거도 자백배제법칙의 근거에 따라 달라지지 않을 수 없다. 허위배제설에 의하면 약속에 의한 자백은 허위자백에의 강력한 유인이라고 해석한다. 검사의 불기소약속은 피의자의 정신적 상황을 고려하면 심리에 미치는 영향이 크기 때문에 허위자백을 하게 하는 유인이 되기 때문이다. 이에 반하여 인권옹호설은 약속 등의 이익 유도가 임의성에 영향을 미치고 진술의 자유, 즉 묵비권의 보장을 침해하였는가라는 관점에서 판단하게 된다. 그러나 자백이 배제되는 것은 허위를 배제하거나 묵비권을 담보하기 위한 것이 아니라 자백채취과정에 있어서의 적정절차를 담보하기 위한 수단이라는 위법배제설의 입장에서는 헌법에 위배하는 방법에 의한 자백취득뿐만 아니라 소송법규정에 위반한 자백취득도 배제되어야 하며, 신문방법에 있어서 문명국가의 기준인 공평에 반하는 신문방법의 위법성으로 인하여 배제된다고 하지 않을 수 없다. 일본의 최고재판소는 「피의자가 기소·불기소의 결정권을 가진 검사의 자백을 하면 기소유예하겠다는 말을 믿고 기소유예될 것을 기대하고 한 자백은 임의성에 의심 있는 것으로서 증거능력을 잃는다고 해석함이 상당하다」고 판시한 바 있다(日最判 1966.7.1. 刑集 20·6·537). 인권옹호 또는 위법배제설의 관점에서 약속에 의한 자백의 증거능력을 부정한 것이라고 할 수 있다.

V. 결   론

기망과 약속에 의한 자백은 자백취득과정의 위법성으로 인하여 증거능력을 배제해야 한다는 위법배제설에 의하여 자백배제의 근거를 설명하는 것이 가장 적절하다. 공범자가 자백하였다는 거짓말을 하여 피의자를 심리적 혼란에 빠뜨리고 피의자를 추궁하여 받은 자백은 기망 또는 위계에 의한 자백으로 증거능력이 배제된다. 따라서 甲에 대한 검사 작성의 피의자신문조서는 증거능력이 없다. 기망에 의하여 공범자가 자백한 경우에 다시 그 자백을 제시하고 다른 공범자를 추궁하여 자백을 받는 경우는, 기망에 의한 자백은 아니지만 기망에 의하여 얻은 자백으로부터 얻은 제 2 차 증거 내지 독수의 과실에 해당하

기 때문에 증거능력이 부정된다. 따라서 검사 작성의 乙에 대한 피의자신문조
서의 기재내용도 증거로 할 수 없다. 한편 기소유예를 해주겠다는 검사의 약속
을 믿고 자백한 경우에는 약속 또는 권유에 의한 자백으로 증거능력이 부정되
지 않을 수 없다. 따라서 乙이 검사의 기소유예를 해주겠다는 말을 듣고 한 자
백은 증거능력이 없다.

[관련문제]

1. 살인사건의 피의자로 구속 중인 甲은 사법경찰관 乙로부터 신문을 받을 때
    범행을 부인하면서 "범행 당일은 처와 함께 여행하고 있었다"고 진술했다.
    이에 대해 乙은 처로부터 확인도 하지 않은 채 "처는 여행하지 않았다고 말
    하고 있다"며 甲을 다그쳤다. 그 결과 甲은 범행을 자백하고 범행에 사용했
    던 칼을 숨겨놓은 장소도 털어 놓았다. 위 자백 및 칼의 증거능력을 논하라.

                                    (1992년 일본 사법시험 출제문제)

《쟁 점》

(1) 자백배제법칙의 근거는 무엇인가.
(2) 위계에 의한 자백의 증거능력을 부정하는 근거는 무엇인가.
(3) 독수의 과실이론을 인정할 것인가.
(4) 독수의 과실이론의 예외에 해당하지 않는가.

《해 설》

자백배제법칙의 이론적 근거를 위법배제설에서 구할 때에는 위계에 의한 자백
은 수사방법의 위법성으로 인하여 증거증력이 부정된다. 위법하게 취득된 자백
에 의하여 취득한 증거에 대하여는 독수의 과실이론이 적용된다. 이 이론을 인
정하지 않을 때에는 자백배제법칙이나 위법수집증거배제법칙은 무의미하게 되기
때문이다. 칼의 발견이 불가피한 발견의 예외에 해당하는 때에는 증거능력이 있
으나, 설문에서 자백취득의 위법성과 칼의 발견과의 사이의 인과관계가 희석 또
는 단절되었다고 볼 사유가 없으므로 칼의 증거능력은 부정된다.

2. 보험금을 노린 것으로 추정되는 살인사건이 발생하자 검사는 피해자의 유족인 甲을 상대로 조사하였고 甲은 살인범행을 자백하였다. 甲은 공소제기 된 후 법정에서 "검찰조사과정에서 벽을 마주한 채 철제의자에 앉히고 전혀 잠을 자지 못하게 하는 등 자백을 강요하는 강압적 수사를 받아 임의성 없는 자백을 한 것이다"라고 주장하였다.

    ⑴ 자백의 임의성에 관한 甲의 주장에 대하여, 검사가 해야 할 증명의 정도에 대하여 설명하시오(5점).

    ⑵ 자백의 임의성에 관한 甲의 주장에 대하여, 甲이 이를 뒷받침할 근거자료를 제출하지 못하였고 검사도 甲의 주장에 대한 반박자료를 제출하지 못한 경우에 甲의 자백진술은 증거능력이 있는지 설명하시오(전문법칙은 논외로 함)(10점).

    ⑶ 만약 甲이 검찰청에 자진 출석하여 검사의 조사를 받게 되었는데 검사가 甲에 대한 피의자신문을 할 때 진술거부권을 고지하지 않았으나 甲이 범행을 뉘우치면서 자발적으로 범행의 전모를 자백하는 내용의 진술을 하자 그 내용으로 피의자신문조서를 작성한 후 이를 토대로 범행도구인 식칼을 찾아내어 법정에 증거로 제출하였다면, 이 식칼은 증거능력이 있는지 설명하시오(15점).

(제52회 사법시험 출제문제)

《쟁 점》

⑴ 자백의 임의성은 엄격한 증명을 요하는 사실인가 자유로운 증명의 대상인가.

⑵ 대법원은 종래 자백의 임의성은 추정된다고 판시했으나(대법원 1983. 3. 8, 82 도 3248), 그 후 검사에게 거증책임을 인정하였다(대법원 1998. 4. 10, 97 도 3234). 어떤 견해가 옳은가.

⑶ 진술거부권을 고지하지 않고 작성한 피의자신문조서와 그 진술에 의하여 획득한 증거물의 증거능력이 인정되는가.

⑷ 독수의 과실이론에 대한 예외이론이 적용될 경우인가.

《해 설》

⑴ 엄격한 증명의 대상은 주요사실이다. 소송법적 사실은 주요사실이 아니므로 자유로운 증명으로 충분하다고 해야 한다. 따라서 조서의 형식·내용, 진술자의 신분·사회적 지위·학력·지능정도, 기타 여러 사정을 종합하여 판단

할 수 있을 정도면 충분하다.

⑵ 자백의 임의성은 증거능력의 전제되는 사실이다. 따라서 검사에게 거증책임이 있다.

⑶ 적법한 절차에 따르지 아니하고 수집한 증거와 이를 기초로 획득한 증거의 증거능력은 부정된다. 따라서 검사가 진술거부권을 고지하지 아니하고 작성한 피의자신문조서는 증거능력이 부정된다. 그러나 제 2 차 증거인 과실의 증거능력에 관하여는 오염순화의 예외, 불가피한 발견의 예외 및 독립된 오염원의 예외에 해당하는 때에는 증거능력이 인정된다. 피고인의 자발적인 자백진술에 근거한 것이므로 오염순화의 이론에 의하여 증거능력이 인정될 수 있다. 또한 불가피한 발견의 예외가 적용될 가능성도 있는 경우이다.

　대법원은 ① 진술거부권을 고지하지 않은 것이 단지 수사기관의 실수일 뿐 피의자의 자백을 이끌어내기 위한 의도적이고 기술적인 증거확보의 방법으로 이용되지 않았고, 그 이후 이루어진 신문에서는 진술거부권을 고지하여 잘못이 시정되는 등 수사 절차가 적법하게 진행되었다는 사정, ② 최초 자백 이후 구금되었던 피고인이 석방되었다거나 변호인으로부터 충분한 조력을 받은 가운데 상당한 시간이 경과하였음에도 다시 자발적으로 계속하여 동일한 내용의 자백을 하였다는 사정, ③ 최초 자백 외에도 다른 독립된 제 3 자의 행위나 자료 등도 물적 증거나 증인의 증언 등 2차적 증거 수집의 기초가 되었다는 사정 등은 통상 2차적 증거의 증거능력을 인정할 만한 정황에 속한다고 판시하였다(대법원 2009. 3. 12, 2008 도 11437).

[관련판례]

日最判 1970. 11. 25. 刑集 24·12·1670,　피고인 甲이 처 乙과의 공모관계를 부인하자 검사는 甲에게 乙이 자백하였다고 거짓말을 하여 甲의 자백을 받고 이를 乙에게 고하여 乙의 자백까지 받아 甲을 기소한 사건이다. 일본 최고재판소는 「위계에 의하여 피의자가 심리적 강제를 받아 그 결과 허위의 자백이 유발될 우려가 있는 경우에는 그 자백은 임의성에 의심이 있는 것으로서 증거능력을 부정해야 한다. 본건에 있어서 위계에 의하여 피의자가 심리적 강제를 받아 허위의 자백이 유발될 우려가 있는 의심이 농후하므로, 위 신문에 의하여 얻은 피고인의 검사에 대한 자백 및 그 영향하에서 사법경찰관에 의해 작성된 자백조서는 임의성에 의심이 있다고 하지 않을 수 없다」고 판시하였다.

[33] 진술거부권 및 변호인참여권의 침해와 조서의 증거능력

[설 문]

검사는 야당 소속 국회의원 甲이 의정활동과 관련하여 乙로부터 뇌물을 수수하였다는 혐의를 포착하고 甲을 불러 조사하였으나 甲은 혐의사실을 완강히 부인하였다. 검사는 乙을 불러 乙이 회장으로 있는 단체의 돈 2억 원을 甲에게 준 사실이 있는가를 물었던바, 乙은 이를 시인하였다. 이 때 검사는 피의자신문조서를 작성하였으나 乙에게 진술을 거부할 수 있다는 사실을 고지하지 않았다. 甲이 계속 범행을 부인하자 검사는 乙의 진술을 증거로 확보할 필요가 있다고 판단하고 법원에 증인신문을 청구하였다. 乙은 증인신문절차에서 甲에게 직무에 관하여 돈 2억 원을 주었다고 진술하였다. 판사 A는 乙을 증인으로 신문하면서 甲이나 甲의 변호인을 참여시키지 않았다. 甲과 乙에 대한 뇌물수수사실이 공소제기되자 甲과 乙은 모두 공소사실을 부인하고 있다. 乙은 검사 앞에서 甲에게 돈을 주었다고 말한 것은 사실이지만 자기가 입건되지 않을 것을 기대하고 거짓말을 한 것이라고 진술하였다.

⑴ 진술거부권을 고지하지 않은 상태에서 얻은 乙의 진술을 甲의 공소사실을 증명하는 증거로 사용할 수 있는가.

⑵ 乙의 진술의 증거능력을 부정하는 경우에 자백배제법칙과의 관계는 어떠한가.

⑶ 증인신문절차에서의 乙의 진술은 증거능력이 있는가.

Ⅰ. 문제점의 정리

설문은 진술거부권을 고지하지 않은 상태에서 공범인 공동피의자가 한 진술을 기재한 피의자신문조서가 증거능력을 가지는가, 피의자 또는 변호인에게 참여의 기회를 주지 않고 진행한 증인신문절차에서의 진술을 기재한 증인신문조서가 증거능력을 가질 수 있는가에 관한 문제이다. 진술거부권을 고지하지 않은 상태에서의 진술을 기재한 피의자신문조서의 증거능력과 관련해서는 (1) 진술거부권을 고지하지 않은 상태에서 받은 진술의 증거능력의 인정 여부와 이를 부인하는 경우의 이론적 근거 및 (2) 진술거부권의 불고지와 관련한 위법수집증거배제법칙과 자백배제법칙의 관계가 문제된다.

Ⅱ. 진술거부권을 고지하지 않은 진술을 기재한 피의자신문조서의 증거능력

1. 진술거부권을 고지하지 않은 상태에서 받은 진술의 증거능력

(1) 진술거부권 고지의 의의

문제 (1)은 검사가 乙에게 진술거부권을 고지하지 않았기 때문에 증거능력이 배제되는 것이 아닌가에 관한 문제이다. 진술거부권이란 피고인 또는 피의자가 법원이나 수사기관의 신문에 대하여 진술을 거부할 수 있는 권리를 말하며, 피고인이나 피의자의 인권을 보장하고 무기평등의 원칙을 실질적으로 실현하기 위하여 불가결한 권리라고 할 수 있다. 헌법은 제12조 2항에서 「모든 국민은 형사상 자기에게 불리한 진술을 강요당하지 아니한다」고 규정하여 진술거부권을 헌법상의 기본권으로 보장하고 있으며, 형사소송법 제283조의 2 제2항은 「재판장은 피고인에게 진술하지 아니하거나 개개의 질문에 대하여 진술을 거부할 수 있음을 고지하여야 한다」고 규정하고 있을 뿐만 아니라, 제244조의 3은 「검사 또는 사법경찰관은 피의자를 신문하기 전에 ① 일체의 진술을 하지 아니하거나 개개의 질문에 대하여 진술을 하지 아니할 수 있다는 것, ② 진술을 하지 아니하더라도 불이익을 받지 아니한다는 것, ③ 진술을 거부할 권리를 포기하고 행한 진술은 법정에서 유죄의 증거로 사용될 수 있다는 것, ④ 신문을 받을 때에는 변호인을 참여하게 하는 등 변호인의 조력을 받을 수 있다는 것을 알려 주어야 한다」고 규정하여 피의자에게 진술거부권을 고지하도록 하고 있다. 진술거부권의 고지는 진술거부권을 알게 하여 진술거부권을 행사할 수 있게 한다는 점에서 진술거부권의 전제가 되며, 따라서 진술거부권을 고지하지 아니한 때에는 형사소송법 제244조의 3 제 1 항의 위반일 뿐만 아니라 진술거부권에 대한 침해가 되지 않을 수 없다. 乙도 甲의 공범이며, 공동피의자이므로 검사가 乙에 대하여 진술거부권을 고지했어야 하는 것은 당연하다.

(2) 진술거부권을 고지하지 않고 받은 진술의 증거능력

진술거부권을 고지하지 않고 받은 진술의 증거능력을 부정해야 한다는 점에는 견해가 일치되고 있다. 그것은 형사소송법 제244조의 3 제 1 항에 위배한 위법수집증거배제법칙의 당연한 결과라고 할 수 있다. 진술거부권을 고지하지 않은 진술의 증거능력을 부정한 것은 1966년 미국의 Miranda판결에서 연유한다. 미란다판결에서 미국의 연방대법원은 「피의자가 약속이나 강요를 받지 않고 임의로 진술한 경우에도 진술거부권을 고지하지 않은 때에는 증거로 사용할 수 없다」고 판시하였다$\binom{\text{Miranda v. Arizona,}}{\text{384 U.S. 436, 1966}}$. 독일의 연방법원은 1974년 5월 14일의 판결에서 진술거부권을 고지하지 않은 진술을 근거로 유죄판결을 한 것은 위법이라고 판시한 바 있다$\binom{\text{BGHSt.}}{\text{25, 325}}$. 우리 대법원의 태도도 같다. 즉 대법원은 「피의자의 진술거부권은 헌법이 보장하는 형사상 자기에게 불리한 진술을 강요당하지 않는 자기부죄거부의 권리에 터잡은 것이므로 수사기관이 피의자를 신문함에 있어서 피의자에게 미리 진술거부권을 고지하지 않은 때에는 그 피의자의 진술은 위법하게 수집된 증거로서 진술의 임의성이 인정되는 경우에도 증거능력이 부인되어야 한다」고 판시하였다$\binom{\text{대법원 1992. 6. 23, 92 도 682;}}{\text{대법원 2010. 5. 27, 2010 도 1755}}$.

결국, 검사는 乙에게 진술거부권을 고지하지 않고 진술을 받은 것이므로 이 진술은 증거능력이 부정된다고 하지 않을 수 없다. 따라서 乙의 진술을 甲의 공소사실을 증명하는 증거로 사용할 수 없다.

2. 진술거부권의 불고지와 자백배제법칙의 관계

문제 ⑵는 진술거부권을 고지하지 않고 받은 자백에 대하여 위법수집증거배제법칙을 적용할 것인가 또는 자백배제법칙을 적용할 것인가, 그리고 양자의 관계는 어떠한가에 관한 문제이다. 먼저 진술거부권을 고지하지 않은 경우는 형사소송법 제244조의 3 제 1 항의 위반이기 때문에 위법수집증거배제법칙이 적용되어야 한다는 점에는 문제가 없다. 다만 위법수집증거배제법칙과 자백배제법칙은 별개의 법칙이기 때문에 진술거부권을 고지하지 않은 경우의 진술이 자백배제법칙과는 아무런 관련이 없다고 해야 할 것인가가 문제된다. 자백배제법칙의 이론적 근거를 절충설에서 구하여 자백의 증거능력을 부정하는 형사소송법 제309조를 임의성 없는 자백의 증거능력을 부정하는 것으로 이해하는 입장에서는 진술거부권을 고지하지 않은 경우의 자백은 자백배제법칙과 아무런 관련이 없는 것으로 된다. 대법원의 「임의성이 인정되어도 증거능력을 부정해야 한다」는 뜻은 이러한 의미로 해석할 수 있다. 그러나 자백배제법칙이 임의성 없는 자백을 배제하는 법칙에서 벗어나서 위법한 절차에 의하여 수집한 증거의 증거능력을 부정하는 법칙이라고 이해하는 입장에서는, 자백배제법칙은 위법수집증거배제법칙의 자백에 대한 특칙에 지나지 않으므로 이 경우에도 자백의 증거능력에 관한 제309조에 의하여 증거능력을 부정하는 결과가 된다. 생각건대 ① 형사소송법 제309조는 임의성 없는 자백뿐만 아니라 임의성에 의심 있는 자백의 증거능력까지 부정하고 있고, ② 진술거부권의 고지는 피의자가 심리적 압박감에서 해방되게 하여 진술의 자유 내지 임의성을 확보한다는 의미를 갖게 되므로 진술거부권을 고지하지 않은 때에는 적어도 임의성에 의심 있는 경우에 해당한다고 할 수 있으며, 따라서 乙의 진술은 형사소송법 제309조에 의하여 증거능력이 배제된다고 해석하는 것이 타당하다고 생각된다.

Ⅲ. 증인신문조서의 증거능력

문제 (3)은 甲에게 참여의 기회가 보장되지 않은 상태에서 乙이 검사의 증인신문청구절차에서 진술한 내용이 기재된 증인신문조서의 증거능력을 인정할 것인가의 문제이다. 증인신문청구란 참고인이 출석 또는 진술을 거부할 경우에 참고인의 출석과 진술증거를 확보하기 위한 강제처분이다. 증인신문절차에서 공동피의자에 대한 신문도 허용된다고 할 것이므로 乙에 대한 증인신문이 허용되는 것은 당연하다. 증인신문을 한 경우에 증인을 신문한 조서는 검사에게 송부하여야 하며, 이 경우에 증인신문조서는 법관의 면전조서로서 형사소송법 제311조에 의하여 당연히 증거능력이 인정된다. 법관의 면전조서에 대하여 당연히 증거능력을 인정하는 것은 이러한 조서가 법원 또는 법관의 면전조서이므로 그 성립이 진정하고 신용성의 정황적 보장이 높기 때문이다. 문제는 乙에 대한 증인신문절차에 甲과 甲의 변호인에게는 참여의 기회가 인정되지 않았는데 그 상황에서 이루어진 증언의 증거능력을 무조건 인정하는 것이 적정절차의 원칙에 비추어 타당하다고 할 수 있는가에 있다.

증인신문청구의 절차에서 증인신문에는 피고인, 피의자 또는 변호인의 참여권이 인정된다. 즉 판사는 증인신문기일을 정한 때에는 피고인·피의자 또는 변호인에게 이를 통지하여 증인신문에 참여할 수 있도록 하여야 한다(제221조의2 제5항). 적정절차의 보장이라는 관점에서 볼 때 증인신문절차에서 증인신문을 함에 있어서는 피의자 또는 변호인에게 참여권을 인정하는 것이 타당하다. 피의자 또는 피고인의 참여권은 공정한 재판을 위한 불가결한 전제이며 단순히 수사에 지장이 있다는 이유로 이를 제한하는 것은 타당하다고 할 수 없기 때문이다.

따라서 甲에게 참여권을 인정하지 않고 진행된 증인신문절차에서 乙을 신문하여 그 진술을 기재한 증인신문조서는 증거능력이 인정될 수 없다(대법원 1997. 12. 26, 97 도 2249).

Ⅳ. 결 론

형사소송법 제312조 1항과 2항에 의하여 검사가 피고인이 된 피의자의 진술을 기재한 조서는 적법한 절차와 방식에 따라 작성된 것으로서 피고인이 진술한 내용과 동일하게 기재되어 있음이 피고인의 진술 또는 영상녹화물이나 그 밖의 객관적인 방법에 의하여 인정되고 특신상태가 증명된 때에 한하여 증거능력이 인정된다. 따라서 검사가 만든 피의자신문조서는 원진술자의 진술에 의하여 실질적 진정성립이 인정되거나 그것이 그 밖의 객관적 방법으로 인정될 때에 증거능력을 가질 수 있다. 그러나 乙의 진술을 기재한 피의자신문조서를 甲의 범죄를 인정하기 위한 증거로 사용하기 위하여는 형사소송법 제312조

4항에 따라 乙의 진술을 기재한 피의자신문조서가 적법한 절차와 방식에 따라 작성된 것으로서 그 내용이 검사 앞에서 진술한 내용과 동일하게 기재되어 있음이 원진술자의 진술이나 영상녹화물 또는 그 밖의 객관적인 방법에 의하여 증명되고, 피고인 또는 변호인이 공판준비 또는 공판기일에 그 기재내용에 관하여 원진술자를 반대신문할 수 있었던 때에는 증거로 할 수 있다. 그런데 검사가 공범인 공동피의자 乙에게 진술거부권을 고지하지 않고 신문한 결과 얻은 자백을 기재한 피의자신문조서는 위법한 절차에 의하여 수집한 증거이므로 형사소송법 제309조의 자백배제법칙에 근거하여 증거능력을 부정하지 않을 수 없다. 검사의 증인신문청구에 의하여 증인신문절차에서 甲과 甲의 변호인에게 참여의 기회를 주지 아니하고 乙을 신문하여 그 진술을 기재한 증인신문조서는 증거능력이 없다. 적정절차를 강조할 때에는 증인신문절차에서도 피의자의 참여권을 인정해야 공정한 재판이 가능하게 되기 때문이다.

[관련문제]

검사가 수사단계에서 피의자의 승낙을 얻어 그 자백을 녹음한 테이프는 증거로 할 수 있는가. 다음의 각 경우에 대하여 설명하라.
   (1) 범죄사실의 입증에 제공될 때
   (2) 피고인의 수사단계에서의 자백의 임의성의 입증에 제공될 때

(1987년 일본 사법시험 출제문제)

《쟁 점》

(1) 문제의 접근을 위하여
   ① 엄격한 증명과 자유로운 증명이란 무엇인가.
   ② 진술녹음과 현장녹음은 어떻게 구별되는가.
(2) 범죄사실의 입증을 위한 경우에는
   ① 전문법칙이 적용되는가.
   ② 성립의 진정이 인정되는가.
   ③ 서명·날인이 필요한가.

⑶ 소송법적 사실을 입증하는 경우에는

　① 엄격한 증명을 요하는가 또는 자유로운 증명으로 족한가.

　② 현장녹음의 증거능력에 관하여 진술증거설, 비진술증거설 및 검증조서유
　사실 중 어떤 견해가 옳은가.

《해 설》

녹음테이프에는 진술녹음과 현장녹음이 있다. 전자는 진술내용의 진실성을 증
명하는 경우임에 반하여, 후자는 현장의 객관적 상황을 증명하는 경우이다. ⑴
은 진술녹음, ⑵는 현장녹음에 속한다. 증명에는 엄격한 증명과 자유로운 증명
이 있다. 전자는 증거능력 있고 적법한 증거조사절차를 거친 증거에 의한 증명
이며, 후자는 그렇지 않은 경우이다. ⑴이 엄격한 증명을 요하는 경우임에 반하
여, ⑵는 자유로운 증명으로 족한 경우이다.

　범죄사실을 입증하기 위한 경우는, 검사가 피고인의 자백을 녹음한 테이프이
므로 제312조 1항과 2항에 의하여 녹음테이프가 원진술자의 진술에 의하여 실
질적 진정성립이 인정되거나 그것이 그 밖의 객관적 방법으로 증명될 때에는 증
거능력을 가질 수 있다고 보아야 한다(영상녹화테이프도 마찬가지임). 그러나
법원의 실무는 피고인의 자백을 녹음한 테이프의 독립된 증거능력을 부인하고
있고, 대법원도 참고인의 진술에 대한 영상녹화물은 피고인의 동의가 없는 이상
독립적인 증거로 쓸 수 없다고 판시하고 있다(대법원 2014. 7. 10., 2012 도 5041).

　자백의 임의성을 입증하는 경우는 소송법적 사실이므로 다수설에 의하면 자
유로운 증명으로 충분하다. 현장녹음은 비진술증거설에 의하면 요증사실과의
관련성이 인정되면 증거로 할 수 있다고 하나, 진술증거설은 현장녹음도 사실을
보고하는 성격을 가지고 있고 녹음과 편집과정에 조작의 위험이 있다는 이유로
원진술자에 의하여 성립의 진정이 인정되어야 한다고 한다.

[관련판례]

⑴ 대법원 1992. 6. 23, 92 도 682,「⑴ 형사소송법 제200조 제 2 항은 검사 또
는 사법경찰관이 출석한 피의자의 진술을 들을 때에는 미리 피의자에 대하여
진술을 거부할 수 있음을 알려야 한다고 규정하고 있는바, 이러한 피의자의 진

술거부권은 헌법이 보장하는 형사상 자기에게 불리한 진술을 강요당하지 않는 자기부죄거부의 권리에 터잡은 것이므로 수사기관이 피의자를 신문함에 있어서 피의자에게 미리 진술거부권을 고지하지 않은 때에는 그 피의자의 진술은 위법하게 수집된 증거로서 진술의 임의성이 인정되는 경우라도 증거능력이 부인되어야 한다.

　(2) 담당검사가 피의자와 대화하는 내용과 장면을 녹화한 비디오테이프의 녹화내용은 피의자의 진술을 기재한 피의자신문조서와 실질적으로 같다고 볼 것이므로 피의자신문조서에 준하여 그 증거능력을 가려야 한다.

　(3) 검사가 공범자인 피의자의 진술을 들음에 있어서 피의자에게 진술거부권을 고지한 사실을 인정할 자료가 없는 경우에 피의자의 진술내용을 녹화한 내용은 증거능력이 없고, 이 녹화내용에 대한 검증조서의 기재는 유죄증거로 삼을 수 없다.」

⑵ 대법원 2014. 7. 10, 2012 도 5041, 「2007. 6. 1. 법률 제8496호로 개정되기 전의 형사소송법에는 없던 수사기관에 의한 참고인 진술의 영상녹화를 새로 정하면서 그 용도를 참고인에 대한 진술조서의 실질적 진정성립을 증명하거나 참고인의 기억을 환기시키기 위한 것으로 한정하고 있는 현행 형사소송법의 규정 내용을 영상물에 수록된 성범죄 피해자의 진술에 대하여 독립적인 증거능력을 인정하고 있는 성폭력범죄의 처벌 등에 관한 특례법 제30조 제 6 항 또는 아동·청소년의 성보호에 관한 법률 제26조 제 6 항의 규정과 대비하여 보면, 수사기관이 참고인을 조사하는 과정에서 형사소송법 제221조 제 1 항에 따라 작성한 영상녹화물은, 다른 법률에서 달리 규정하고 있는 등의 특별한 사정이 없는 한, 공소사실을 직접 증명할 수 있는 독립적인 증거로 사용될 수는 없다고 해석함이 타당하다.」

[34] 전문증거

[설 문]

A에 대한 강도피고사건에서 검사는 목격자 B가 甲에게 "A가 C(피해자)의 상점에 들어가서 돈을 빼앗아 나오는 것을 보았다"고 말하는 것을 들었다는 甲에 대한 검사 작성의 진술조서를 증거로 제출하였다. 甲은 공판정에서 위 조서가 진술한 대로 기재되어 있음을 인정하였다.

(1) 甲에 대한 진술조서의 위 진술기재부분은 증거능력이 있는가.

또 이를 증거로 할 수 있는 것은 어떤 경우인가.

(2) 점원 乙은 공판정에서 A가 사건 당시 상점에 들어와서 칼을 들고 자기에게 "떠들면 죽인다"고 말하는 것을 들었다고 증언하였다. 또 丙은 사건 3일 전 A가 자기와 술을 마시면서 "C의 상점을 털겠다"고 말하는 것을 들었다고 증언하였다.

乙과 丙의 증언은 증거능력이 있는가.

I. 문제점의 정리

설문은 전문증거와 전문법칙의 의의와 적용범위에 관한 기초적 이해에 관련된 문제이다. 전문증거의 증거능력을 인정할 수 없다는 원칙을 전문법칙이라고 한다($\frac{제310조}{의 2}$). 여기서 말하는 전문증거란 사실인정의 기초가 되는 경험적 사실을 경험자 자신이 직접 법원에 진술하지 않고 간접적으로 보고하는 것을 말한다. 따라서 전문증거에는 ① 경험사실을 들은 타인이 전문한 사실을 법원에서 진술하는 경우(전문진술), ② 경험자 자신이 경험사실을 서면에 기재한 경우(진술서) 및 ③ 경험사실을 들은 타인이 서면에 기재하는 경우(진술녹취서)가 포함된다. 이러한 전문증거는 진술의 진실성을 반대신문에 의하여 음미

할 수 없고 신용성이 약하다는 이유로 증거능력이 부정된다. 따라서 반대신문을 거치지 않은 증거의 증거능력을 부정하는 것이 전문법칙이라고도 할 수 있다.

설문의 문제 (1)은 재전문의 증거능력과 전문법칙의 적용범위를 묻는 문제이며, 문제 (2)에서 乙의 증언에 관하여는 요증사실의 일부를 이루는 진술이 전문증거인가의 여부, 丙의 증언에 관하여는 전문진술의 증거능력이 문제된다.

Ⅱ. 진술조서의 증거능력

甲의 진술조서에 기재된 B의 진술기재부분은 재전문에 해당한다. 재전문이란 원진술자 X가 Y에게 진술하고 Y가 그 내용을 Z에게 전달하고 Z가 진술내용에 관하여 Y로부터 들었다고 공판기일에서 증언하는 경우나 Y의 진술을 내용으로 하는 진술서면이 공판기일에 제출된 경우와 같이 전문증거가 다른 진술증거로 전환되어 공판정에 제출된 증거를 말한다. 설문에서 甲에 대한 진술조서상의 진술 자체가 B의 진술을 내용으로 하는 전문진술이며, 진술조서 자체도 전문증거이므로 이중의 의미에서의 전문증거라고 할 수 있다. 여기서 진술조서의 증거능력을 인정하기 위한 요건과 재전문의 증거능력을 살펴본 후에 위 진술기재부분을 증거로 할 수 있는 경우를 검토하기로 한다.

1. 검사 작성 진술조서의 증거능력

검사 또는 사법경찰관이 피고인이 아닌 자의 진술을 기재한 조서는 적법한 절차와 방식에 따라 작성된 것으로서 그 조서가 검사 앞에서 진술한 내용과 동일하게 기재되어 있음이 원진술자의 공판준비 또는 공판기일에서의 진술이나 영상녹화물 또는 그 밖의 객관적인 방법에 의하여 증명되고, 피고인 또는 변호인이 공판준비 또는 공판기일에 그 기재내용에 관하여 원진술자를 신문할 수 있었던 때에는 증거로 할 수 있다. 다만, 그 조서에 기재된 진술이 특히 신빙할 수 있는 상태하에서 행하여졌음이 증명된 때에 한한다(제312조 4항). 여기서 적법한 절차와 방식이란 진술자의 간인과 서명날인의 진정이라는 형식적 진정성립(제48조 7항)뿐만 아니라, 조서의 작성방법(제48조) 및 제3자의 출석요구에 관한 규정(제221조)에 따라 진술조서가 작성된 것임을 요한다는 의미이며, 조서가 검사 또는 사법경찰관 앞에서 진술한 내용과 동일하게 기재되어 있음이 증명될 것을 요한다는 것은 진술조서의 실질적 진정성립이 인정되어야 한다는 의미이다.

설문에서 甲은 조서에 진술한 대로 기재되었다고 인정하고 있으므로 甲에 대한 검사 작성의 진술조서 자체가 증거능력을 가지는 것은 명백하다.

2. 재전문의 증거능력

문제는 재전문인 진술조서에 기재된 목격자 B의 진술기재부분을 증거로 할 수 있는가에 있다. 단순한 전문진술의 경우에는 원진술의 존재나 진술정황에 대하여 원진술자를 반대신문하여 그 진실성을 음미할 수 있음에 반하여, 재전문의 경우에는 진술자인 甲을 반대신문하는 경우에도 원진술자인 B의 존재나 진술정황이 확인될 수 없는 경우가 많다. 재전문증거의 증거능력을 인정할 것인가에 관하여는 재전문은 이중의 예외이며 그 증거능력을 인정하는 명문의 규정이 없으므로 증거능력을 부정해야 한다는 **부정설**과 이 경우에도 법정 외의 진술 하나하나가 전문법칙의 예외의 요구를 충족하는 때에는 증거로 할 수 있다는 **긍정설**이 대립되고 있다. 판례는 전문진술이 기재된 조서는 형사소송법 제312조 내지 제314조의 규정과 제316조의 요건을 충족하면 증거능력이 인정되지만, 재전문진술이나 재전문진술을 기재한 조서는 증거능력이 없다고 한다($\binom{\text{대법원 2000. 3. 10, 2000 도 159; 대법원 2005. 11. 25,}}{\text{2005 도 5831; 대법원 2006. 4. 14, 2005 도 9561}}$). 그러나 전문진술이 기재된 조서와 재전문진술은 이중의 전문이라는 점에서 차이가 없으며, 증거능력을 인정하는 요건에 차이를 둘 필요가 없으므로 긍정설이 타당하다.

긍정설과 판례($\binom{\text{대법원 2000. 3. 10,}}{\text{2000 도 159}}$)에 따르면 甲에 대한 진술조서가 증거능력을 가지는 이외에도 전문진술의 증거능력에 관한 형사소송법 제316조 2항의 요건이 충족되면 진술조서에 기재된 B의 진술기재부분을 A에 대한 강도의 실행행위의 존재에 대한 증거로서 이용할 수 있다. 형사소송법 제316조 2항에 의하면 피고인 아닌 자의 공판준비 또는 공판기일에서의 진술이 피고인 아닌 타인의 진술을 그 내용으로 하는 것인 때에는 원진술자가 사망·질병·외국거주·소재불명, 그 밖에 이에 준하는 사유로 인하여 진술할 수 없고, 그 진술이 특히 신빙할 수 있는 상태하에서 행하여졌음이 증명된 때에 한하여 이를 증거로 할 수 있다. 즉 B의 진술부분을 증거로 하기 위하여는 甲의 공판정의 진술이 있을 것을 전제로 B에게 필요성과 신용성의 정황적 보장이 인정되어야 한다.

甲에 대한 진술조서가 甲의 진술에 의하여 성립의 진정이 인정될 때에는 이를 공판정에서의 피고인 아닌 타인의 진술을 내용으로 하는 진술로 취급하여 제 316조 2항에 따라 증거능력을 판단하는 것이 타당하다.

다만, 이 경우에도 설문에서는 B의 진술에 대한 신용성의 정황적 보장과 필요성이 인정되지 아니하므로 위 진술기재부분은 증거능력이 없다고 하지 않을 수 없다.

3. B의 진술기재부분을 증거로 할 수 있는 경우

B의 진술기재부분이 전문증거로서 증거능력이 없는 경우에도 당사자가 동의한 경우나 그것이 탄핵증거로 사용되는 때에는 증거로 할 수 있게 된다.

(1) 당사자의 동의가 있는 경우

甲에 대한 진술조서를 피고인이 증거로 함에 동의한 때에는 그것이 진정한 것으로 인정한 때에 한하여 증거로 할 수 있다($^{제318조}_{1항}$). 이는 전문법칙에 의하여 증거능력이 없는 증거라 할지라도 당사자가 동의한 때에는 증거로 할 수 있도록 하여 불필요한 증인신문을 피하도록 한 것이며, 따라서 이에 대한 당사자의 동의는 실질적으로 반대신문권의 포기를 의미하는 것이고 이 범위에서 전문법칙이 적용되지 않는 것이라고 해석해야 한다. 동의의 주체는 당사자이므로 피고인인 A가 원칙적으로 증거조사 전에 동의하여야 한다.

(2) 탄핵증거로 사용되는 경우

전문법칙에 의하여 증거로 할 수 없는 서류나 진술이라도 공판준비 또는 공판기일에서의 피고인 또는 피고인 아닌 자의 진술의 증명력을 다투기 위하여는 이를 증거로 할 수 있다($^{제318조}_{의 2}$). 이와 같이 진술의 증명력을 다투기 위한 증거를 탄핵증거라고 한다. 탄핵증거는 범죄사실을 인정하는 증거가 아니므로 소송법상 엄격한 증거능력을 요하지 아니하며, 전문법칙에 의하여 증거능력이 없는 전문증거라도 탄핵증거로는 사용할 수 있는 것이다. 이 경우에 탄핵증거가 전문법칙의 예외인가 또는 그 적용이 없는 경우인가가 문제되나, ① 그것이 범죄사실이나 간접사실을 인정하기 위한 것이 아니므로 이를 인정하여도 전문증거를 배제하는 취지에 반하지 않고, ② 반증에 의한 번잡한 절차를 거치지 않게 되어 소송경제에 도움이 되고, ③ 오히려 당사자의 반대신문권을 효과적으로 보장할 수 있다는 이유로 전문법칙이 적용되지 않는다고 해야 한다. 따라서 甲에 대한 진술조서의 위 진술기재부분을 A 또는 甲의 진술에 대한 탄핵증거로 사용하는 경우에는 증거능력을 가지게 된다. 즉 전자의 경우에는 B가 "A가 강도하는 것을 보았다"고 甲에게 말했다는 사실 자체를 입증취지로 하고 B의 진술내용의 진실성은 문제가 되지 않기 때문에 甲에 대한 진술조서의 증거능력이 인정되는 이상 탄핵증거로 사용할 수 있게 된다. 또 위 진술기재부분을 甲의 공판정에서의 진술에 대한 탄핵증거로 사용하는 경우에도 甲이 B의 말을 들었다는 진술의 존재 자체가 입증취지이며 그 진실성은 문제로 되지 않기 때문에 甲이 진술조서의 성립의 진정을 인정하였는가와 관계 없이 당연히 증거능력을 가지게 된다.

Ⅲ. 乙과 丙의 진술의 증거능력

乙과 丙은 공판정에서 피고인인 A의 진술을 내용으로 하는 증언을 하였다. 따라서 이들 증언은 전문진술에 해당하는데, 전문증거에 해당하면 제316조 1항의 요건을 충족하면 증거능력이 인정될 것이다. 그러나 그것이 전문증거인가에 관하여 의문이 있다.

1. 乙의 증언과 전문의 의의

전문증거란 타인의 진술 또는 서류에 포함된 원진술자의 진술내용이 요증사실로 된 경우를 말한다. 그러나 ① 요증사실의 일부를 이루는 진술, ② 언어적 행동, ③ 정황증거에 사용된 언어, ④ 탄핵증거로 사용된 진술 등은 형식적으로 전문증거로 보이지만 실질적으로는 전문법칙의 적용이 부정되는 경우이다. 乙의 증언에 관하여는 그것이 요증사실의 일부를 이루는 진술이라는 점에 문제가 있다. 진술내용이 요증사실의 구성요소를 이루는 경우에는 진술내용은 원본증거이고 전문증거가 아니기 때문에 전문법칙이 적용되지 아니한다. 명예훼손죄에 있어서 명예를 훼손하는 말이나 사기죄의 기망행위로 사용된 언어가 대표적인 예이다. 乙이 A가 자기에게 "떠들면 죽인다"고 하는 것을 들었다는 진술은 강도죄의 실행행위인 협박에 해당하며 그 존재 자체가 요증사실이 된다.

따라서 乙의 증언은 전문이 아니므로 적법하게 증인신문이 행하여진 이상 당연히 증거로 사용할 수 있게 된다.

2. 丙의 증언의 증거능력

"C의 상점을 털겠다"는 A의 진술은 내심의 상태를 나타낸 것으로 A가 전부터 그러한 범행을 할 의도를 가지고 있었다는 점을 증명하는 때에는 진술의 존재 자체가 요증사실로서 비전문증거라고 할 것이고, 전문법칙이 적용되지 않는다는 것이 통설이다. 따라서 丙의 진술은 증거능력이 있다. 일본 판례도 살인사건에 관여한 피고인이 습격 전에 "S는 이제 죽여도 좋은 놈이다", "당당하게 S를 습격할까"라고 말하는 것을 들었다는 증인의 증언은 피고인이 그와 같은 발언을 한 것 자체를 요증사실로 하는 것으로 그러한 발언을 한 것을 전문진술자가 스스로 지각한 것이므로 전문증거에는 해당하지 않는다고 판시하였다(日最判 1963. 10. 17.
刑集 17·10·1795). 그러나 위 진술로 원진술자의 그러한 내심(A가 진짜로 C의 상점을 털 생각이 있었다는 점)을 추인하는 경우에는 원진술 내용의 진실성을 증명하기 위하여 사용되는 것이므로 전문증거라는 견해도 있다. 전문증거라는 견해에 의하면, 丙의 증언은 피고인의 진술을 내용으로 하는 피고인 아닌 자의 진술에 해당하므로 제316조 1항에 의하여 그 진술이 특히 신빙할 수 있는 상태에서 행하여진 때에 한하여 증거로 할 수 있다.

IV. 결   론

甲에 대한 진술조서는 적법한 절차와 방식에 따라 작성된 것으로서 甲이 공판정에서 그 조서가 검사 앞에서 진술한 내용과 동일하게 기재되어 있음을 인정하였으므로 증거능력을 가진다. 그러나 이 조서에 기재된 B의 진술은 재전문에 해당한다. 재전문의 증거능력을 부정해야 한다는 견해도 있으나, 진술조서의 증거능력이 인정되는 전제에서 제316조 2항의 규정이 준용된다고 해석된다. 이 경우에 위 진술기재부분을 증거로 하기 위하여는 필요성과 신용성의 정황적 보장을 요건으로 하며, 설문에서는 이러한 요건을 충족하지 못했으므로 증거능력을 인정할 수 없다. 이 경우에도 피고인이 이를 증거로 함에 동의하거나 탄핵증거로 사용하는 때에는 증거로 할 수 있다. 乙의 증언은 피고인의

진술을 내용으로 하지만 그 자체가 요증사실의 일부를 이루는 진술이므로 전
문증거가 되지 않으며, 따라서 乙의 증언은 증거능력을 가진다. 丙의 증언은
진술의 존재 자체가 요증사실로서 전문증거가 아니므로 증거능력이 있다.

[관련문제]

1. 甲과 乙이 공모하여 슈퍼마켓에서 현금을 강취했다고 하는 甲에 대한 강도
   피고사건에서 다음과 같은 것을 증거로 할 수 있는가.
   ⑴ 점원 丙의 공판정진술 중 밑줄 친 ⓐ, ⓑ의 부분
      검사: 피고인과 乙 두 사람이 점포에 들어와서 어떻게 했습니까?
       丙: 갑자기 피고인이 ⓐ "떠들면 죽인다"고 말하며 계산대에 있던
          나에게 칼을 들이댔습니다.
      검사: 그래서 돈을 빼앗겼군요?
       丙: 예, 乙이 계산대 금고 안에 있는 현금을 움켜쥐고 도망쳤습니다.
      검사: 얼마나 빼앗겼습니까?
       丙: 후에 경찰관으로부터 ⓑ "피고인이 14만 원 정도 탈취했다고 진
          술했다"는 말을 들었습니다.
   ⑵ 범행에 앞서 甲, 乙 두 사람이 범행을 결의하면서 그 계획을 써놓은 乙
      의 메모

                                      (1989년 일본 사법시험 출제문제)

《쟁 점》
⑴ 전문증거란 무엇인가.
⑵ 전문증거가 아니고 따라서 전문법칙이 적용되지 않는 것은 어떤 경우인가.
   ⓐ는 요증사실의 일부를 이루는 진술이 아닌가.
⑶ 재전문의 증거능력을 인정할 것인가.
⑷ 범행계획의 메모가 ① 공모과정에서 모의수단으로 사용된 것인가,
                 ② 공모 후 내용을 서면화한 메모인가에 따라
   ㈎ ①의 경우 **전문설**과 **비전문설** 중 어떤 견해가 옳은가.
      원칙적으로 전문증거가 아니지만 제3자에게 공모의 내용을 증명하기 위

한 경우에는 전문증거가 아닌가.

⑷ ②의 경우 전문증거가 되는가.

《해 설》

전문증거란 경험사실을 직접 보고하지 않고 간접적으로 보고하는 경우에 원진술의 진실성이 요증사실로 된 경우를 말한다. 여기에는 ① 전문진술, ② 진술서, ③ 진술녹취서가 포함된다.

ⓐ의 떠들면 죽인다는 말은 그 자체가 강도죄의 실행행위이며, 그 존재 자체가 요증사실이다. 따라서 丙의 증언은 전문이 아니며, 지각·기억 및 표현에 잘못이 없는 한 증거능력을 가진다.

ⓑ는 원진술자인 甲의 자백을 내용으로 하는 경찰관의 진술을 들은 재전문이다. 판례는 재전문진술의 증거능력을 부정한다. 다만 재전문진술의 증거능력을 인정하는 긍정설에 의하면, 경찰관이 진술할 수 없는 경우에 특신상태가 인정되면 제316조 1항·2항에 의하여 증거능력을 가질 수 있다.

범행메모가 공모과정에서 모의수단으로 사용된 때에는 원칙적으로 전문증거가 아니지만 제3자에게 공모의 내용을 증명하기 위한 경우에는 전문증거가 된다. 다만 메모의 존재 자체가 요증사실이 되는 것이 아니라 메모에 기하여 추인되는 고의가 범죄사실이 된다고 볼 때에는 전문증거가 된다고 해야 한다. 공모 내용을 서면화한 메모는 작성자에 대한 관계에서는 전문이 아니지만 제3자에 대하여 공모의 존재를 증명하는 경우에는 전문증거로서 제313조의 요건이 충족되면 증거능력이 인정된다.

2. 甲은 乙의 지시로 한국에 있는 丙에게 메스암페타민(속칭 필로폰)을 전달하기 위해 가방에 필로폰을 숨기고 인천 국제공항에 입국하였다. 공항에서 통상적인 마약 단속 업무를 하던 사법경찰관 A는 마약탐지견을 데리고 물품검색대 부근에서 여행객들의 가방을 외부에서 냄새 맡게 하고 있었다. 탐지견이 甲의 가방을 외부에서 냄새 맡으려 할 때 甲이 이의를 제기하자 甲의 행동을 이상하게 여긴 A가 甲을 정지시키고 물을 것이 있다고 하면서 탐지견이 그대로 냄새 맡게 하였고 필로폰 냄새를 탐지한 탐지견이 짖으며 앉는 등 감지 신호를 보냈다. 그러자 A는 甲에게 가방 안을 보여 달라고 하였고, 甲은 스스로 가방을 열어 주면서 '마음대로 찾아보라'고 하였다. 이에 가방

안을 살펴보던 A가 필로폰을 발견하자 甲은 이를 임의제출하였고, A는 이를 받아 압수하였다. 그 후 甲은 필로폰 밀수 혐의의 마약류관리에 관한 법률 위반죄로 기소되었다.

⑴ A가 탐지견에게 가방 외부의 냄새를 맡게 한 행위의 법적 성질, 甲이 이의를 제기함에도 그대로 냄새 맡게 한 행위의 적법성 여부를 논하시오(15점).

⑵ 甲의 변호인이, A가 가방 안을 열어 수색할 때 甲의 승낙이 임의성이 없었으므로 위법하다고 주장하자, A가 증인으로 나와 甲이 가방을 스스로 열어 주면서 '마음대로 찾아보라'고 말하였다고 증언하였다. 변호인의 피고인의 진술에 관한 A의 증언은 전문증거이므로 특히 신빙할 수 있는 상태가 증명되어야 한다고 주장하자, 검사는 전문증거의 증거능력 요건이 요구되지 않는다고 하면서 그 이유로, 위의 증언은 ① 임의성의 증명을 위한 것이고, 나아가 ② 전문증거 자체가 아니라고 주장하였다. 검사의 주장은 타당한가(15점).

(제51회 사법시험 출제문제)

《해 설》

⑴ 문제 1

A의 행위는 경찰관 직무집행법상의 불심검문(직무질문)에 해당한다. 불심검문의 핵심은 정지와 질문이지만, 불심검문에 수반한 소지품검사도 허용된다.

불심검문은 임의수단이어야 하므로 강제를 사용하는 것은 허용되지 않는다. 소지품검사는 ① 소지품을 외부에서 관찰하고, ② 내용을 질문하고, ③ 외표검사를 하고, ④ 소지품의 내용개시를 요구하고, ⑤ 개시된 소지품을 조사하는 행위를 총칭한다. ①에서 ③은 임의처분으로서 허용되는 소지품검사인데, 탐지견에게 냄새를 맡게 하는 것은 ①에 해당한다. 따라서 A의 행위는 적법하다.

⑵ 문제 2

자백의 임의성의 기초되는 사실은 소송법적 사실이므로 엄격한 증명의 대상이 아니다.

전문증거는 진술증거로서 원진술의 진실성을 요증사실로 하는 경우의 증거에 제한된다. 따라서 ① 요증사실의 일부를 이루는 진술, ② 말을 비진술증거로 사용하는 언어적 행동, ③ 정황증거로 사용된 언어는 전문증거가 아니다. A의 "甲이 가방을 스스로 열어주면서 '마음대로 찾아보라'고 말하였다"는 증언은 甲이 말한 사실 자체를 요증사실로 하고, 이에 대한 정황증거로 제출한 것이므로 전문증거가 아니다.

[관련판례]

⑴ 대법원 2000. 3. 10, 2000 도 159, 「⑴ 전문진술이나 재전문진술을 기재한 조서는 형사소송법 제310조의 2의 규정에 의하여 원칙적으로 증거능력이 없는 것인데, 다만 전문진술은 형사소송법 제316조 제 2 항의 규정에 따라 원진술자가 사망, 질병, 외국거주 기타 사유로 인하여 진술할 수 없고 그 진술이 특히 신빙할 수 있는 상태하에서 행하여진 때에 한하여 예외적으로 증거능력이 있다고 할 것이고, 전문진술이 기재된 조서는 형사소송법 제312조 또는 제314조의 규정에 의하여 각 그 증거능력이 인정될 수 있는 경우에 해당하여야 함은 물론 나아가 형사소송법 제316조 제 2 항의 규정에 따른 위와 같은 요건을 갖추어야 예외적으로 증거능력이 있다고 할 것인바, 여기서 '그 진술이 특히 신빙할 수 있는 상태하에서 행하여진 때'라 함은 그 진술을 하였다는 것에 허위개입의 여지가 거의 없고, 그 진술내용의 신빙성이나 임의성을 담보할 구체적이고 외부적인 정황이 있는 경우를 가리킨다.

⑵ 형사소송법 전문진술에 대하여 제316조에서 실질상 단순한 전문의 형태를 취하는 경우에 한하여 예외적으로 그 증거능력을 인정하는 규정을 두고 있을 뿐, 재전문진술이나 재전문진술을 기재한 조서에 대하여는 달리 그 증거능력을 인정하는 규정을 두고 있지 아니하므로, 피고인이 증거로 하는 데 동의하지 아니하는 한 형사소송법 제310조의 2의 규정에 의하여 이를 증거로 할 수 없다.」

⑵ 대법원 2005. 11. 25, 2005 도 5831, 「피고인 아닌 자의 공판기일에서의 진술이 피고인의 진술을 그 내용으로 하는 것인 때에는 형사소송법 제316조 제 1 항의 규정에 따라 피고인의 진술이 특히 신빙할 수 있는 상태하에서 행하여

진 때에는 이를 증거로 할 수 있고, 그 전문진술이 기재된 조서는 형사소송법 제312조 내지 제314조의 규정에 의하여 증거능력이 인정되어야 할 뿐만 아니라, 형사소송법 제316조 제 1 항의 규정에 따른 위와 같은 조건을 갖추고 있는 때에 한하여 증거능력이 있다.」

⑶ 대법원 2006. 4. 14, 2005 도 9561, 「사법경찰리가 작성한 피해자 진술조서는 형사소송법 제313조 제 1 항의 규정에 따라 공판정에서의 진술자(피해자)의 진술에 의하여 진정성립이 인정되거나 형사소송법 제314조의 요건, 즉 공판정에서 진술을 요할 자(피해자)가 사망, 질병, 외국 거주 기타 사유로 인하여 진술할 수 없고 그 진술이 특히 신빙할 수 있는 상태하에서 행하여진 때에 해당하는 경우에 한하여 그 증거능력이 인정되는 한편, 전문진술이나 전문진술을 기재한 조서·서류는 형사소송법 제310조의 2의 규정에 의하여 원칙적으로 증거능력이 없는 것인데, 다만 전문진술은 형사소송법 제316조 제 2 항의 규정에 따라 원진술자가 사망, 질병, 외국 거주 기타 사유로 인하여 진술할 수 없고 그 진술이 특히 신빙할 수 있는 상태하에서 행하여진 때에 한하여 예외적으로 증거능력이 있다고 할 것이고, 전문진술이 기재된 조서·서류는 형사소송법 제313조 내지 제314조의 규정에 의하여 각 그 증거능력이 인정될 수 있는 경우에 해당하여야 함은 물론, 나아가 형사소송법 제316조 제 2 항의 규정에 따른 위와 같은 요건을 갖추어야 예외적으로 증거능력이 있다.」

[35] 직무질문과 유형력행사 및 소지품 검사, 체포현장에서의 압수, 전문 증거와 위법수집증거배제법칙

[설 문]

아래 사례를 읽고 다음 설문의 1 및 2에 답하시오(다만, 각 진술의 내용은 신용할 수 있는 것으로 한다).

(2006년 일본 신사법시험 출제문제 수정)

[사 례]

1. (1) H도 I시내를 관할하는 I경찰서는 2006. 1. 24. 15:00 동 시내에 있는 A은행 B지점 지점장 W로부터 112신고 전화를 받고 즉시 경찰관을 현장에 출동케 한 결과, 동 지점 직원 V의 다음과 같은 진술에 의하여 강도치상 사건의 피해상황이 판명되었다.

   (2) A은행 B지점 직원 V의 진술요지

   내가 점내에서 영업을 하고 있던 오후 2시 55분경 돌연 회칼을 오른손에 들고, 복면을 한 채 양손에 흰 장갑을 낀 남자가 지점에 들어왔다. 그 남자는 카운터 앞에 있던 고객 C에게 회칼을 내밀고, "움직이지 마라, 움직이면 죽는다"라고 소리질렀다. 점내에는 고객들과 지점장 이하 우리 직원들이 있었지만, 범인은 우리 직원들을 향하여 "경찰에 통보하면 죽인다. 빨리 돈을 꺼내라. 돈다발을 준비해라"라고 크게 소리질렀다.

   나는 평소에 W지점장으로부터 "강도가 들어오면 인명을 제일로 생각하고, 돈을 넘겨 주어라"고 들어왔으며, W지점장을 보니까 "빨리 돈을 넘겨 주라"고 말하듯이 나에게 고개를 끄덕였으므로, 즉시 내 책상 위에 있던 1만 원권 100매 다발 18개를 카운터 너머 범인을 향하여 던졌다. 그러자 범인은 그것을 주워서 가지고 있던 갈색 보스톤 가방에 넣고, 바로 입구로 도주하였다. 그래서 나는 카운터를 뛰어넘어 범인을 추격하였지만, 도중에 범인에게 회칼로 왼팔을 찔렸고, 순식간에 범인은 도주하고 말았다. 그 후 나는 출입구를 따라나가 범인을 추격하였지만, 출입구 바로 앞 길에 위는 흰색·아래는 실버스톤 색의 일반 승용차가 엔진을 켠 채 서 있었으며, 범인은 그 운전석에 타자 마자 바로 발차하여 은행 앞의 남북으로 난 도로의 남쪽을 향하여 전속력으로 질주하였다. 차의 번호는 0703이었다.

범인은 차에 타기 직전에 휴대전화로 통화 중이었는데 전부를 듣지는 못하였지만, "성공했다. 약속한 장소에서 기다리고 있어"고 말하는 것은 분명히 들을 수 있었다.

범인은 복면을 하고 있었기 때문에 인상도 연령도 알 수 없었다. 키는 C와 거의 동일했으므로 170센티미터 정도이며, 체격은 보통이었다.

또 상의의 양쪽어깨 옆면에는 3개의 흰 선이 들어간 감색의 져지 상하의를 입고 있었다.

2. 같은 날 오후 3시 20분경 I경찰서 지역과의 X경사와 Y순경은 제복을 입고 순찰차에 승차하여 I시내 J공원 앞의 도로에서 순찰하던 중, 본서로부터 무전으로 앞의 강도치상사건의 범인을 찾으라는 지시를 받았고, 그 때 앞의 1.의 수사결과를 연락받았다.

X경사와 Y순경은 J공원 안에서 범인을 찾고 있던 같은 날 오후 3시 25분경 A은행 B지점으로부터 남서방향으로 직선거리 5킬로미터 떨어진 위 공원 내에 정차 중인, 위는 흰색·아래는 실버스톤 색으로서 "1520-0703"의 번호판을 붙인 일반 승용차를 발견하였다. 차량 운전석에는 상의의 양쪽 어깨 옆면에 3개의 흰 선이 들어간 감색 저지(jersey) 상하의를 착용한 30세 정도의 스포츠형 머리의 남자 甲이 타고 있었다.

X경사와 Y순경이 그 차에 접근하자, 甲이 운전석 옆 창을 열었으므로 X경사는 甲에게 운전면허증의 제시를 요구하였지만, 甲은 "면허증을 집에 두고 왔다"고 말하였다. 그래서 X경사가 "주소와 이름은"이라고 물었지만, 甲은 아무 대답도 하지 않았다. 더욱이 X경사가 창문 너머 차 속을 들여다 보니 조수석 위에 갈색의 보스톤 가방이 놓여 있는 것이 보였기 때문에, "그 조수석의 가방은 당신 것인가"라고 질문하였고, 甲은 "그런데요"라고 말하였다. X경사가 "그러면 잠깐 속을 보여주면 안 되겠는가"라고 말하자, 甲은 "문제될 물건은 없으니 볼 필요가 없을 것이다"라고 화난 듯한 어조로 답하였고, 그 후에도 X경사가 다시 가방 속을 보게 해 달라고 요구하였으나 말을 돌리며 이에 응하지 않았고, 또 왜 이런 곳에 차를 세우고 있는가라는 질문에

도 답하지 않았다. 이 사이에 Y순경이 I경찰서에 지원을 요청한 결과, 같은 날 오후 3시 40분경까지 동서에서 다시 6명의 경찰관이 그 곳에 지원 차 출동하였다.

3. 같은 날 오후 3시 50분경 甲은 돌연 조수석에 있던 보스톤 가방을 왼팔로 끌어안아 들고 운전석 문을 열고 나왔다. 그 때문에 X경사와 Y순경 등 경찰관 4명이 甲의 앞을 막아서서 "도대체 어디로 가는가"라고 물었지만, 甲은 "내가 왜 당신에게 그런 말을 해야 하느냐", "기분 나쁘다. 이놈들" 등의 욕설을 하기 시작하였다. 그 사이 Y순경은 甲의 옆에 서서 甲의 키가 170센티미터 정도인 것, 체격이 보통체격인 것을 확인하였다. 또 Y순경은 甲에게 "잠시 이 가방을 만져 봐도 좋은가"라고 물었지만, 그것에 대하여 甲은 아무 답을 하지 않았기 때문에 甲이 가지고 있던 보스톤 가방을 외부에서 손으로 만져본 결과, 돈다발이라고 생각할 수 있는 형상의 물건이 여러 개 들어 있는 느낌이 들었다. 그 때문에 Y순경은 甲이 A은행 B지점에서 발생한 강도치상사건의 범인이 아닌가라고 생각하고, 甲에게 "실은 조금 전 근처에서 은행강도가 있었다. 당신은 그 사건과 관련이 있는 것 같다. 잠시 경찰서까지 동행해 주지 않겠는가"라고 물었지만, 甲은 아무 답도 하지 않았으며, X경사는 이때 甲의 안색이 변함과 동시에 그의 귀가 붉어진 것을 확인하였다. 그 직후 甲은 X경사와 Y순경의 사이를 빠져 나가 도주하려고 하였고, X경사가 甲의 왼팔을 오른손으로 잡자 甲은 이를 뿌리치고, X경사의 얼굴을 오른손 주먹으로 1회 강타하였다. 그리하여 Y순경은 같은 날 오후 4시 20분 甲에 대하여 "당신을 공무집행방해죄로 체포한다"고 말하고 甲을 제압하려고 하였지만, 甲은 왼팔로 보스톤 가방을 안고서 오른팔을 휘두르는 등 격하게 저항하였기 때문에 결국 X경사 및 경찰관 3명이 도와 甲의 몸을 눌러 제압하고 甲을 체포함과 동시에 왼팔에서 보스톤 가방을 떼어 놓았다.

X경사가 甲이 가지고 있던 보스톤 가방을 열어 보려고 했더니 시정되어 있지는 않았고, 지퍼를 열어보니 그 속에서 1만원권 100매의 다발 18개가 발견되었다. 더욱이 돈다발의 밑에는 칼날 부분에 오래되지 않은 혈흔이 부착된 회칼 1개, 휴대전화 1대가 발견된 이외에 레포트 용지에 쓰여진 메모 1매가 발견되었다. 이 이외에 甲이 타고 있던 일반 승용차 안을 수색한 결과, 조수석 아래에서 복면 1개, 흰색 장갑 한 켤레도 발견되었다. X경사는 같은 날 오후 4시 30분 앞에서 발견한 1만원권 100매의 돈다발 18개, 회칼 1개, 휴대전화 1대, 메모 1매 및 그것들이 들어 있던 보스톤 가방 1개와 함께 복면 1개, 흰색 장갑 한 켤레를 체포현장에서 영장 없이 압수하였다.

X경사는 甲을 I경찰서에 연행하여, 같은 날 오후 4시 50분 甲을 I경찰서 형사과장 Z경정에게 인치하였다. 인치 후 변명의 기회를 주자, 甲은 공무집행방해의 사실을 인정하였다. 또 같은 날 오후 8시경 甲은 공무집행방해의 사실에 대하여 Z경정의 신문을 받을 때, A은행 B지점에서 있었던 강도치상 사건에 대하여도 자진하여 진술을 시작하여 은행강도는 자신의 단독범행이라는 취지의 자술서를 I경찰서장에게 제출하였다.

4. 같은 달 26일 오전 10시 甲은 공무집행방해의 사실로 K지방검찰청 검사 P에 의하여 구속영장이 청구되어 구속영장을 발부받아 집행되었다. 사건을 송치 받은 P검사는 같은 달 31일 甲을 K지방법원에 공무집행방해 및 강도치상의 사실로 기소하였다.

[설문 1] 이 사례의 2. 및 3. 기재의 수사의 적법성에 대하여 문제점을 들고 사실을 지적하여 논하시오.

[사례(계속된다)]

5. I경찰서 형사과 경찰관은 같은 달 29일까지 A은행 B지점에서 있었던 강도치상사건에 대하여 수사한 결과, 다음의 결과를 얻었다.

　⑴ 메모의 기재내용

　　甲으로부터 압수한 위 메모의 상반부에는 손으로 그린 지도가 있다. 지도상의 J공원 동쪽 출구 부근에 "×"라는 기재가 있고, 그 아래 손으로 쓴 "乙, 차 속에서 기다린다"는 기재가 있다. 수사결과 지도는 A은행 B지점에서 J공원까지의 길을 표시한 것으로 판명되었다.

　　메모의 하반부에는 손으로 쓴 "결행은 24일 폐점 직전," "이름을 알 수 있는 물건은 가져가지 않는다," "차는 훔친 것을 사용한다," "취득한 돈은 반씩 나눈다"라는 기재가 있다.

　　이들 문자에 대하여 필적감정을 한 결과 甲의 필적과 동일한 것이 판명되었다.

　⑵ 그 밖의 수사결과

　　甲으로부터 압수한 위 휴대전화에 대하여 그 발신내역을 수사한 결과, 같은 달 24일 오후 3시 1분에 I시내 M동에 거주하는 乙(여성)에게 전화한 것이 판명되었으며, 乙에 대하여 수사한 결과, 1996년부터 약 9년간 A은행 B지점에서 근무하였다가 2005년 2월에 퇴직한 사실, 甲과는 초등학교 동창생인 사실이 판명되었다.

같은 달 24일 오후 3시 20분경 J공원 동쪽 출구 부근에 흰색의 경승용차가 정차하고 있는 것이 목격되었고, 본건 당시 乙은 흰색 경승용차를 소유하고 있는 것이 판명되었다. 이 외에 甲으로부터 압수한 위 회칼에 부착된 혈흔을 감정한 결과, V의 혈액형과 일치하였다.

6. 甲은 같은 달 28일 I경찰서 형사과장 Z경정에게 강도치상의 피의사실을 인정한 이외에 乙과의 공모사실도 인정하는 진술을 하였다. 甲은 공판에서 공소사실을 인정하고, 유죄판결을 받았다.

7. I경찰서 형사과장 Z경정은 그 후 甲의 진술을 근거로 강도치상피의사건에 관하여 乙에 대한 체포영장 및 乙의 집에 대한 압수·수색영장을 발부받았다. I경찰서 경찰관은 이에 기하여 乙을 체포하고, 乙의 집을 수색하였다. 그 결과, 乙의 집에서 위 메모의 기재와 같은 필적이 남은 레포트 용지 1권이 발견되어, I경찰서 경찰관은 이를 압수하였다. 그 후 乙은 구속되어 甲과의 공모에 의한 강도치상사실로 기소되었지만, 그 사이 일체의 진술을 거부하고 있었다.

8. 그 후 乙은 제1회 공판기일에서 공소사실에 대하여 甲과의 공모를 부인하였다. 제2회 공판기일에서 증인으로 출석한 甲은 다음과 같이 진술하였다.

⑴ 乙과의 관계

1월 24일에 내가 A은행 B지점에서 행한 강도치상은 乙과 모의하여 행한 것이다. 乙과 나는 초등학교 동창생으로 어릴 때 친구이다. 乙이 작년 2월 A은행 B지점을 사직할 때 W지점장에게 미움을 받아 괴롭힘을 당하여 사직하였다고 乙로부터 들었다.

⑵ 乙과의 모의에 대하여

乙은 몹시 W를 원망하고 있었고, "누가 복수를 해 달라"고 말하였으며, 작년 12월경에 "B지점에 강도로 들어가 주라. W는 용기가 없기 때문에 칼이나 무엇인가로 위협하면 즉시 돈을 내놓을 것이다"라고 말하여, 나도 점차 그럴 생각을 갖게 되었다.

작년 12월 24일 내가 乙의 집에 놀러 갔을 때 또 강도 얘기가 나왔다. 乙은 "회사 급료일이 많은 25일 전날에는 다음 날의 지불에 대비하여 다액의 현금을 준비하고 있으므로, 24일의 폐점시간에 들어가면 좋다고 생각한다"고 말하여, 그때 나는 "절대 발각되지 않을 것이니 잘 할 수 있을 것이다"라고 대답하였다.

(3) 메모에 대하여

내가 공무집행방해죄로 체포된 때 가지고 있던 보스톤 가방 속에서 나온 메모는 작년 12월 24일에 乙의 집에서 작성한 것이다.

乙의 집에 있던 레포트 용지에 처음에 乙이 B지점에서 J공원 동쪽 출구 부근까지의 지도를 그리고, 乙은 "이 지도처럼 도주하여 J공원의 숲 부근에서 차를 버리고, 돈만 가지고 공원의 동쪽 출구까지 와 달라. 그곳에서 내가 차 속에서 기다리고 있겠다"고 말하고, 공원의 동쪽 출구 부근에 "×"라고 표시하였다. 그 후 나는 乙이 보는 앞에서 "×" 바로 아래에 "乙, 차 속에서 기다린다"고 적어 넣었다. 지도의 아래에 "결행은 24일 폐점 직전," "이름을 알 수 있는 물건은 가져가지 않는다," "차는 훔친 것을 사용한다," "취득한 돈은 반씩 나눈다"고 쓴 것도 나다. 앞에서 말한 바와 같이 乙이 "24일 폐점시간에 들어가는 것이 좋다고 생각한다", "당신 이름이 알려지게 되면 곧 나도 의심을 받게 되므로 자신의 이름을 알 수 있는 것은 절대로 가져가지 말라", "따라서 차도 자기의 것을 사용하지 말고, 훔친 차를 사용하라"고 말하여 내가 적어 둔 것이다. "취득한 돈은 반씩 나눈다"는 것은 이날 乙이 "취득한 돈은 반씩 나누는 것이 어떻겠는가"라고 말했고, 나도 "그러면 좋겠다"고 대답하였지만, 乙은 돈에 욕심이 있기 때문에 후에 乙이 다른 말을 할 것 같아 내가 乙이 보는 앞에서 써 둔 것이다.

(4) 범행상황

금년 1월에 나는 복면, 흰색 목장갑, 회칼을 사고, 인터넷에서 타인 명의의 휴대전화도 샀다. 그래서 나는 1월 24일 낮 I시 N동에서 흰색과 실버스톤 색의 일반 승용차를 훔치고, 그 차로 A은행 B지점까지 타고 가서 그날 오후 3시경 동 지점에 들어갔다. 그래서 나는 안에 있던 손님에게 회칼을 내밀고, "움직이지 마라, 움직이면 죽는다"고 말하며 위협하고, 카운터 안에 있던 지점장에게 "빨리 돈을 꺼내라. 돈다발을 준비해라"라고 큰 소리로 외쳐 현금 1,800만 원을 탈취하였으며, 도주할 때 나를 체포하려고 한 직원 V의 왼팔을 회칼로 찌르고 도망하였다.

그 후 나는 乙이 메모에 그린 지도와 같이 J공원까지 달려 와서 차를 버리고 乙이 기다리던 동쪽 출구 부근까지 도주하려고 하다가, 경찰관에게 발각되고 말았다.

[설문 2] 乙에 대한 강도치상피고사건의 공판에서 위 메모가 공모관계를 입증하기 위한 증거로 제출된 경우, 그 증거능력에 대하여 문제점을 들고 사실을 적시하여 논하시오(乙은 증거 부동의).

Ⅰ. 문제점의 정리

[설문 1]은 사례의 2 및 3 기재 수사의 적법성에 대하여 문제점을 들고 사실을 지적하여 논할 것을 요구하고 있다. 사례의 2는 Ｘ경사와 Ｙ순경이 甲에 대하여 직무질문(불심검문)을 하는 것이고, 3은 직무질문에 수반한 소지품검사와 유형력 행사, 현행범인의 체포와 체포현장에서의 압수·수색을 포함하고 있다. 직무질문은 수사의 단서이며, 수사 자체는 아니다. 그러나 직무질문은 수사개시의 원인이며 수사와 불가분의 관계에 있으므로, 수사의 적법성을 판단함에 있어서는 직무질문의 적법성도 검토되어야 할 것이다.

[설문 2]는 공모메모의 증거능력을 묻는 문제이다. 공모메모에 대하여 전문법칙이 적용되는가의 문제이기도 하다. 메모의 증거능력과 관련하여, 공무집행방해죄의 현행범인을 체포하면서 공모메모를 압수한 것이므로 이 경우에 위법수집증거배제법칙이 적용될 것인가가 문제된다고 할 것이다.

Ⅱ. [설문 1]에 대하여

1. 직무질문의 적법성

직무질문 또는 불심검문이란 경찰관이 행동이 수상한 사람 등을 발견한 때에 이를 정지시켜 질문하는 것을 말한다. 불심검문은 정지와 질문 및 질문을 위한 동행요구를 내용으로 하며, 그 핵심은 질문에 있다. 질문은 검문대상자에게 행선지나 용건 또는 성명·주소·연령 등을 묻고, 필요한 때에는 소지품의 내용을 질문하는 방법에 의한다. 질문이 임의수단이어야 하는 것은 당연하다. 사례의 2에서 X경사가 甲에 대하여 운전면허증의 제시를 요구하고, "주소와 이름은"이라고 묻고, "그 조수석의 가방은 당신 것인가"라고 질문하고, "그러면 잠깐 속을 보여주면 안 되겠는가"라고 말한 것은 모두 불심검문의 핵심인 질문에 해당하고, 임의적인 수단에 의한 것이므로 적법성에 의문이 없다. 문제는 직무질문에 수반한 소지품검사의 한계와 유형력 행사의 허용여부에 있다.

(1) 직무질문에 수반한 소지품검사

소지품검사란 불심검문에 수반하여 흉기 기타 물건의 소지 여부를 밝히기 위하여 검문대상자의 착의 기타 휴대품을 조사하는 것을 말한다. 경찰관 직무집행법은 흉기조사에 관하여만 규정하고 있으나(제3조 3항), 소지품검사도 직무질문의 안전을 확보하거나 질문의 실효성을 유지하기 위한 직무질문에 수반된 행위이므로 경찰관 직무집행법 제3조에 근거를 가질 수 있으며, 임의처분인 범위에서는 허용된다고 해야 한다. 따라서 소지인의 승낙에 의한 소지품검사는 허용되며, 승낙이 없는 경우에도 의복 또는 휴대품의 외부를 손으로 만져서 확인하는 stop and frisk(외표검사)는 허용된다고 해야 한다. 따라서 Y순경이 甲에 대하여 "잠시 이 가방을 만져 봐도 좋은가"라고 묻고, 甲이 가지고 있던 보스톤 가방을 외부에서 손으로 접촉해 본 결과, 돈다발이라고 생각할 수 있는 형상의 물건이 여러 개 들어 있는 느낌이 든 것은 외표검사의 범위를 벗어난 것이 아니므로 적법하다. 또 X경사가 "잠깐 가방 속을 보여주면 안 되겠는가"라고 말한 것도 내용의 개시를 요구한 것이지만, 강요적인 언동에 의한 것이라고 볼 수 없어 위법하다고 할 수 없다.

소지품검사의 한계와 관련하여 실력을 행사하여 소지품의 내용을 조사하는 것은 흉기조사에 해당하지 않는 경우에는 일반적으로 허용되지 않는다. 다만 일본의 최고재판소는 은행 강도의 혐의 있는 자에게 가방을 열고 내용을 조사한 경우에도 「소지품검사의 필요성, 긴급성, 이에 의하여 침해되는 개인의 법익과 보호해야 하는 공공의 이익과의 균형을 고려하여 구체적인 상황에 비추어 상당하다고 인정되는 한도에서는 허용된다고 해석해야 한다」고 판시한 바 있다(日最判 1978.6.20. 刑集 32·4·670). 이 이론에 의하면 사례에서 X가 가방을 열어본 것도 적법하다고 할 수 있다.

(2) 직무질문에 수반한 유형력 행사

사례 3에서 甲이 도주하려고 하자 X경사가 甲의 왼팔을 오른손으로 잡은 것은 직무질문에 있어서 정지를 위한 유형력 행사가 허용되는가의 문제이다. 직무질문의 경우에 검문대상자가 정지에 응하지 않거나 질문 도중에 도주하는 경우에 실력행사가 허용되는가에 관하여 다수설은 사태의 긴급성, 혐의의 정도, 질문의 필요성과 수단의 상당성을 고려하여 강제에 이르지 않는 정도의 유형력 행사는 허용된다고 해석하고 있다. 정지를 위하여 길을 막거나 추적하거나 몸에 손을 대는 정도는 허용된다는 것이다. 대법원도 범행의 경중, 범행과의 관련성, 상황의 긴박성, 혐의의 정도, 질문의 필요성 등에 비추어 목적 달성에 필요한 최소한의 범위 내에서 사회통념상 용인될 수 있는 상당한 방법으로 대상자를 정지시킬 수 있고 질문에 수반하여 흉기의 소지 여부도 조사할 수 있다고 한다(^{대법원 2014.2.27,}_{2011 도 13999}). 구체적으로 검문에 불응하고 자전거를 타고 그냥 가는 피고인을 따라가 앞을 막아 일단 정지시킨 뒤 피고인의 오른편 인도에 올라서서 가지 못하게 경찰봉으로 계속 앞을 가로막고 검문에 응할 것을 요구하는 행위는 적법하다고 판시하였다(^{대법원 2012.9.13,}_{2010 도 6203}). 이에 반하여 실력행사는 허용되지 않는다고 주장하는 견해도 중범죄에 관하여 긴급체포가 가능한 경우에는 실력행사가 허용된다고 해석하고 있다. 어느 견해에 의하든 X경사가 甲의 왼팔을 오른손으로 잡은 것은 적법하다고 하지 않을 수 없다.

2. 체포현장에서의 압수·수색

(1) 현행범인 체포의 적법성

甲이 X경사의 얼굴을 오른손 주먹으로 1회 강타한 것은 공무집행방해죄에 해당하는 행위이므로 Y순경이 甲을 공무집행방해죄의 현행범인으로 체포한 것이 적법하다는 점에는 의문이 없다. X의 정지를 위한 유형력 행사가 적법한 이상 적법한 직무집행을 하는 공무원에 대하여 폭행한 甲의 행위가 공무집행방해죄에 해당하는 것은 명백하기 때문이다.

(2) 긴급 압수·수색의 적법성

문제는 X경사가 甲이 가지고 있던 보스톤 가방을 열어 보고 甲이 타고 있던 일반 승용차 안을 수색하여 1만 원권 100매의 돈다발 18개, 회칼 1개, 휴대전화 1대, 메모 1매 및 그것들이 들어 있던 보스톤 가방 1개와 함께 복면 1개,

흰색 장갑 한 켤레를 영장 없이 압수한 것이 적법한가에 있다. 甲은 공무집행 방해죄의 현행범인으로 체포된 것이므로 체포현장에서의 압수·수색으로 적법 하다고 할 수 있는가의 문제이다. 형사소송법은 검사 또는 사법경찰관이 피의 자를 구속하거나 체포하는 경우에는 영장 없이 체포현장에서 압수·수색·검증 할 수 있다고 규정하고 있다(제216조 1항 2호).

1) **체포현장에서의 압수·수색의 성질**   체포현장에서의 압수·수색에 영장을 요하지 않는 이유에 대하여는 부수처분설과 긴급행위설이 대립되고 있 다. **부수처분설**은 체포에 의하여 가장 중요한 기본권인 자유권이 적법하게 침 해된 때에는 이에 수반하는 보다 가벼운 비밀이나 소유권의 침해도 영장 없이 할 수 있도록 한 것이라고 해석함에 반하여, **긴급행위설**은 체포하는 자의 안전 을 위하여 무기를 빼앗고 피의자가 증거를 파괴·은닉하는 것을 예방하는 긴급 행위로서 영장 없는 압수·수색이 허용된다고 해석한다. 우리나라의 다수설의 입장이다. 생각건대 부수처분설에 의하면 영장에 의하지 아니한 대물적 강제 처분이 무제한하게 허용될 위험이 있으므로 긴급행위설이 타당하다고 하겠다. 미국에서 체포에 수반한 압수에 대하여 영장을 요하지 않는 이유도 경찰관에 대한 공격과 증거의 파괴를 방지하는 데 있다.

2) **체포현장에서의 압수·수색의 대상**   긴급행위설에 의하는 한 체포 현장에서 영장 없이 압수·수색할 수 있는 대상은 체포자에게 위해를 줄 우려 가 있는 무기 그 밖의 흉기와 도주의 수단이 되는 물건 및 체포의 원인이 되는 범죄사실에 대한 증거에 제한된다. 따라서 체포현장에서 별건의 증거를 발견 한 때에는 임의제출을 구하거나 압수·수색영장을 발부받지 않으면 안 된다. 甲은 공무집행방해죄의 현행범인으로 체포되었다. 그런데 영장 없이 수색·압 수한 것은 모두 강도치상죄의 증거물이다. 이를 영장 없이 압수하기 위하여는 X와 Y가 甲을 강도치상죄로 긴급체포해야 한다. 그러나 사례에서 甲은 강도 치상죄로 긴급체포된 사실은 없다. 따라서 X와 Y가 甲으로부터 영장 없이 별 건의 증거물을 압수한 것은 위법하다고 하지 않을 수 없다. 부수처분설에 의하 더라도 긴급체포된 혐의사실과 관련성이 인정되지 않으므로 마찬가지로 압수 는 위법하다.

Ⅲ. [설문 2]에 대하여

1. 공모메모의 증거능력

[설문 2]의 乙이 증거 부동의한 공모메모의 증거능력에 관하여는 공모메모가 전문증거에 해당하여 전문법칙이 적용되는가를 먼저 검토할 필요가 있다. 공모메모는 공판기일에서의 진술에 대신하는 서면이라는 점에서 전문증거에 해당하지 않는가라는 의문이 제기되기 때문이다.

(1) 전문증거의 개념과 공모메모

전문증거란 공판기일에서의 진술에 대응하는 서면 또는 공판기일 외에서의 타인의 진술을 내용으로 하는 진술로서 원진술내용인 사실의 진실성을 증명하기 위한 증거를 말한다. 전문증거는 증거가 될 수 없다는 전문법칙의 적용범위는 전문법칙의 이론적 근거를 어디에서 찾을 것인가에 따라 차이가 나게 된다. 전문법칙의 근거를 반대신문의 결여에서 찾을 때에는 공판정 외의 진술이라 할지라도 이미 반대신문의 기회가 부여되었거나, 반대신문이 무의미한 경우에는 전문법칙은 적용될 여지가 없게 된다. 따라서 이 견해에 의하면 원진술자가 피고인인 경우는 피고인에 대한 반대신문이 의미가 없어 전문증거가 아니라고 하게 된다. 이에 반하여 전문법칙의 근거를 널리 신용성의 결여에서 찾게 될 때에는 전문법칙의 적용범위는 전문증거의 개념과의 관계에서 결정되게 된다.

전문법칙이 적용되는 전문증거는 원진술내용에 의하여 요증사실이 증명되는 경우, 즉 원진술자의 진술내용의 진실성이 요증사실로 된 경우에 제한된다. 따라서 형식적으로는 전문증거에 해당하는 것 같아 보이는 경우에도 ① 진술내용이 요증사실의 일부를 이루는 경우, ② 원진술자의 말을 비진술증거로 사용하는 경우(언어적 행동), ③ 전문진술을 정황증거로 사용하는 경우 및 ④ 원진술자의 진술을 탄핵증거로 사용하는 경우에는 전문법칙이 적용되지 않는다. 사례의 공모메모의 기재내용은 그 진술의 진실성이 문제되는 것이 아니라 피고인의 공모의 의도를 증명하기 위한 것에 지나지 않는다. 즉 공모메모에 甲이 "×"라는 표시 바로 아래에 "乙, 차 속에서 기다리고 있다," "결행은 24일 폐점 직전," "이름을 알 수 있는 물건은 가져가지 않는다," "차는 훔친 것을 사용한다," "취득한 돈은 반씩 나눈다"고 기재한 것은 모두 그 내용의 진실성이 문제되는 것이 아니라, 작성자의 공모의 의도 내지 그 심리상태를 증명하기 위한 것에 지나지 않는다. 이와 같이 전문진술을 원진술자의 심리적·정신적 상태를 증명하기 위하여 제출한 때에는 정황증거에 사용된 진술로서 전문법칙은 적용될 여지가 없다. 결국 어떤 견해에 의하더라도 공모메모에 대하여는 전문법칙이 적용되지 않으므로 진정성이 인정되는 한 증거능력이 있다.

(2) 乙의 진술기재부분과 전문법칙

공모메모에는 甲이 乙의 진술부분을 기재한 것으로 볼 수 있는 부분이 있다.「乙로부터, "24일 폐점시간에 들어가는 것이 좋다,""당신 이름이 알려지게 되면 곧 나도 의심을 받게 되므로 자신의 이름을 알 수 있는 것은 절대로 가져가지 말라,""차도 자기의 것을 사용하지 말고, 훔친 차를 사용하라,""취득한 돈은 반씩 나누는 것이 어떻겠는가"라는 말을 듣고, 내가 "결행은 24일 폐점 직전,""이름을 알 수 있는 물건은 가져가지 않는다,""차는 훔친 것을 사용한다,""취득한 돈은 반씩 나눈다"고 썼다」는 기재가 여기에 해당한다. 그러나 공범자 중 1인이 작성한 범행계획에 관한 메모도 공모자 전원의 의사가 합치된 것으로 인정될 때에는 실질적으로 작성자는 공모자 전원이라고 보아야 하므로, 이 부분 역시 전문에 해당하지 않는다고 해야 한다. 甲은 乙의 집에서 乙의 레포트 용지로 공모메모를 작성한 것이므로 메모는 甲과 乙에 의하여 공동으로 작성된 비전문이라고 해야 한다.

2. 위법수집증거배제법칙의 적용 여부

압수된 공모메모는 X와 Y가 甲을 공무집행방해죄의 현행범인으로 체포하면서 체포현장에서 영장 없이 압수·수색한 것이므로, 체포현장에서 甲으로부터 영장 없이 별건의 증거물을 압수한 것은 위법하다는 것은 앞에서 본 바와 같다. 여기서 압수된 공모메모는 위법수집증거배제법칙에 의하여 증거능력이 배제되어야 하지 않는가가 문제된다.

위법수집증거배제법칙이란 위법한 절차에 의하여 수집한 증거의 증거능력을 배제하는 법칙이다. 형사소송법은 「적법한 절차에 따르지 아니하고 수집한 증거는 증거로 할 수 없다」는 규정을 신설하여 위법수집증거배제법칙을 명문으로 규정하고 있다($\frac{제308조}{의2}$). 위법수집증거배제법칙은 적정절차의 보장과 위법수사의 억지라는 두 가지 이유에 근거하고 있다. 그러나 형사소송법이 명문으로 위법수집증거배제법칙을 규정하고 있다고 하여, 이 법칙이 증거수집과정의 위법이 있으면 언제나 증거로서 배제된다는 의미를 갖는 것은 아니다. 위법의 정도가 경미한 경우까지 증거능력을 부정해야 할 이유는 없기 때문이다. 따라서 위법수집증거배제법칙의 적용범위는 침해된 이익과 위법의 정도를 고려하여 구체적·개별적으로 판단하여 중대한 위법이 있는 때에 한하여 증거능력이 배제된다고 해석해야 한다. 여기서 중대한 위법이란「적정절차의 기본이념에 반하는 경우」또는「정의감에 반하고 문명사회의 양심에 충격을 주는 것」을 말한다고 할 수 있다. ① 영장주의나 적정절차를 규정하고 있는 헌법규정에 위반한 경우, ② 수사기관의 수사활동이 형벌법규에 위반되는 경우, ③ 형사소송법의 효력규정에 위반하여 압수·수색이 무효인 경우가 여기에 해당한다. 대법원도「수사기관의 절차위반행위가 적법절차의 실질적 내용을 침해할 때」에 증거능력이 배제된다고 판시한 바 있다(대법원 2007. 11. 15. 전원합의체판결, 2007 도 3061).

　　사례에서 X의 압수·수색이 위법하다고 할지라도 압수·수색 당시 甲의 강도치상사건에 관한 혐의가 강하게 인정되어 강도치상죄로 인한 긴급체포에 수반한 압수·수색도 가능한 상황에 있었다. 그렇다면 그 압수·수색은 법의 집행방법의 선택을 잘못한 것에 불과하며, 영장주의나 적정절차의 실질적 내용을 침해하지 아니하고 그 증거능력을 배제하면 형사사법정의를 실현하기 어렵다고 평가되므로 위법수집증거배제법칙은 적용되지 않는다고 해야 한다. 판례도 마약 투약 혐의를 받고 있던 피고인이 임의동행을 거부하겠다는 의사를 표시하였는데도 경찰관들이 피고인을 영장 없이 강제로 연행한 상태에서 마약 투약 여부의 확인을 위한 1차 채뇨절차가 이루어졌는데, 그 후 압수영장에 기하여 2차 채뇨절차가 이루어지고 그 결과를 분석한 소변감정서 등이 증거로 제출된 사안에서, 1차 채뇨 요구에 의하여 수집된 증거는 증거능력이 없으나, 당시 피고인을 마약 투약 혐의로 긴급체포하는 것도 고려할 수 있었음에도 그 수사의 순서를 잘못 선택한 점 등을 종합하여 위법의 정도가 영장주의 원칙을 현저히 침해할 정도에 이르렀다고 보기 어렵다는 이유로 2차적 증거인 소변감정서 등의 증거능력을 인정하였다(대법원 2013. 3. 14, 2012 도 13611).

　　결국 공모메모는 전문증거에 해당하지 아니하고, 위법수집증거배제법칙도 적용되지 않으므로 증거능력이 긍정된다고 해야 한다.

[관련판례]

(1) 대법원 2014. 2. 27, 2011 도 13999, 「경찰관 직무집행법의 목적, 법 제 1
조 세 1 항, 제 2 항, 제 3 조 제 1 항, 제 2 항, 제 3 항, 제 7 항의 내용 및 체계 등
을 종합하면, 경찰관이 법 제 3 조 제 1 항에 규정된 대상자(이하 '불심검문 대상자'라 한다) 해당 여
부를 판단할 때에는 불심검문 당시의 구체적 상황은 물론 사전에 얻은 정보나
전문적 지식 등에 기초하여 불심검문 대상자인지를 객관적·합리적인 기준에
따라 판단하여야 하나, 반드시 불심검문 대상자에게 형사소송법상 체포나 구
속에 이를 정도의 혐의가 있을 것을 요한다고 할 수는 없다. 그리고 경찰관은
불심검문 대상자에게 질문을 하기 위하여 범행의 경중, 범행과의 관련성, 상황
의 긴박성, 혐의의 정도, 질문의 필요성 등에 비추어 목적 달성에 필요한 최소
한의 범위 내에서 사회통념상 용인될 수 있는 상당한 방법으로 대상자를 정지
시킬 수 있고 질문에 수반하여 흉기의 소지 여부도 조사할 수 있다.」

(2) 대법원 2013. 3. 14, 2012 도 13611, 「우선 기록에 의하면, 연행 당시 피고
인이 정신분열증 비슷한 행동을 하는 것으로 보아 마약을 투약한 것이거나 자
살할지도 모른다는 취지의 구체적 제보가 있었던 데다가, 피고인이 모텔 방안
에서 운동화를 신고 안절부절 못하면서 술 냄새가 나지 아니함에도 불구하고
경찰관 앞에서 바지와 팬티를 내리는 등 비상식적인 행동을 하였고, 경찰서로
연행된 이후에도 피고인은 계속하여 자신의 바지와 팬티를 내린다거나, 휴지
에 물을 적셔 이를 화장실 벽면에 계속하여 붙이는 등의 비정상적 행동을 거
듭하였던 사실을 알 수 있다. 그렇다면 경찰관들이 적법하지 아니한 임의동행
절차에 의하여 피고인을 연행하는 위법을 범하기는 하였으나, 당시 상황에 비
추어 피고인에 대한 긴급한 구호의 필요성이 전혀 없었다고 볼 수 없다.

　나아가 위와 같은 상황에서는 피고인을 마약 투약 혐의로 긴급체포하는 것
도 고려할 수 있었다고 할 것이고, 실제로 경찰관들은 그 임의동행시점으로부
터 얼마 지나지 아니하여 체포의 이유와 변호인 선임권 등을 고지하면서 피고
인에 대한 긴급체포의 절차를 밟는 등 절차의 잘못을 시정하려고 한 바 있으
므로, 경찰관들의 위와 같은 임의동행조치는 단지 그 수사의 순서를 잘못 선
택한 것이라고 할 수 있지만 관련 법규정으로부터의 실질적 일탈 정도가 헌법
에 규정된 영장주의 원칙을 현저히 침해할 정도에 이르렀다고 보기 어렵다.

(중략)

　이상과 같은 사정들을 종합하면 법관이 발부한 압수영장에 의하여 이루어진 2차 채뇨 및 채모 절차를 통해 획득된 이 사건 각 감정서는 모두 그 증거능력이 인정된다고 할 것이다.」

[36] 피의자신문조서, 진술조서 및 진술서의 증거능력

[설 문]

甲은 검사에 의하여 강도상해죄로 공소제기되었다. 甲에 대한 공소사실은 "甲은 2016. 2. 2. 23 : 00경 서울 강남구 양재동 소재 골목길에서 술에 취하여 걸어가고 있던 회사원 A의 얼굴을 주먹으로 때려 상처를 입히고, A가 정신을 잃고 쓰러져 있는 사이에 그가 가지고 있던 현금 100만 원과 시계를 강취하였다"는 내용이었다. 甲은 경찰에서 피의자신문을 받으면서 공소사실을 자백하였다. 甲을 수사하던 경찰관 B는 甲에게 그의 진술내용을 자필로 써서 진술서라는 명칭으로 제출하도록 하여 甲의 피의자신문조서 뒤에 첨부하였다. 甲은 검찰에 송치되어 검사 앞에서 조사를 받으면서 사실은 친구인 乙이 한 일이라고 진술하였으나, 검사가 경찰에서 진술한 대로 말하라고 하여 범행을 자백하는 조서에 서명·날인하였다. 사법경찰관과 검사는 피해자 A를 불러 조사하고 甲에게 강도를 당하였다는 진술조서를 작성하였다. 甲은 공판정에서 공소사실을 부인하고, 공소사실은 자기가 행한 것이 아니라, 친구인 乙이 한 것이라고 하면서 경찰과 검찰에서의 진술은 사실과 다르다고 변소하였다. 甲은 경찰에 자술서를 써낸 일이 있으며, 검사가 만든 피의자신문조서에 자기가 서명·날인한 것은 사실이나, 그 조서는 자기가 진술한 대로 기재된 것은 아니라고 진술하였다. 검사는 피해자 A를 증인으로 소환하였다. 그러나 A가 법정에서 자기가 강도를 당한 일은 있으나 당시 술에 취하여 그것이 甲인지는 알 수 없었다고 증언하였고, 검사의 신문에 따라 검찰과 경찰에서 조사받으면서 사실대로 진술하였다는 증언을 하였다. 검사는 C를 증인으로 신청하였는바, C의 증언내용은 자기는 경찰서에서 甲이 조사받는 도중 범행을 자백하면서 A에게 잘못을 비는 것을 보고 들었다는 내용이었다.

검사가 제출한 다음의 증거는 증거로 할 수 있는가((1) 내지 (3), 각 증거 부동의).

(1) 검사와 사법경찰관이 작성한 甲에 대한 피의자신문조서

(2) 검사와 사법경찰관이 작성한 A에 대한 진술조서

(3) 甲이 사법경찰관에게 제출한 진술서

(4) C의 증언

Ⅰ. 문제의 제기

사실인정의 기초가 되는 경험적 사실을 경험자 자신이 직접 법원에 진술하지 않고 간접적으로 법원에 보고하는 것, 즉 전문진술이나 전문증언, 진술서 및 진술녹취서를 전문증거라고 하며, 전문법칙에 의하여 전문증거는 반대신문권이 보장되어 있지 않고, 신용성이 결여되어 있기 때문에 증거능력이 인정되지 아니한다. 그러나 전문법칙을 엄격히 적용할 때에는 재판의 지연을 초래하고, 재판에 필요한 증기를 잃어버리는 결과를 초래하기 때문에 형사소송법은 신용성의 정황적 보장과 필요성을 기준으로 제311조 내지 제316조에서 전문법칙에 대한 예외를 인정하는 규정을 두고 있다. 설문은 그 가운데 검사와 사법경찰관이 작성한 피의자신문조서와 진술조서 및 피고인이 사법경찰관에게 제출한 진술서와 전문증언의 증거능력을 묻는 문제이다.

Ⅱ. 피의자신문조서의 증거능력

설문의 문제 (1)은 검사와 사법경찰관이 작성한 甲에 대한 피의자신문조서의 증거능력을 묻는 것이다. 그런데 형사소송법은 수사기관이 작성한 피의자신문조서에 관하여 검사가 피고인이 된 피의자의 진술을 기재한 조서와 사법경찰관이 작성한 피의자신문조서를 다른 조건에서 증거능력을 인정하고 있다.

1. 검사가 피고인이 된 피의자의 진술을 기재한 조서

검사가 피고인이 된 피의자의 진술을 기재한 조서는 적법한 절차와 방식에 따라 작성된 것으로서 피고인이 진술한 내용과 동일하게 기재되어 있음이 공판준비 또는 공판기일에서의 피고인의 진술에 의하여 인정되고 특신상태가 증명되거나($^{제312조}_{1항}$), 피고인이 조서의 성립의 진정을 부정하는 경우에는 조서에 기재된 진술이 피고인이 진술한 내용과 동일하게 기재되어 있음이 영상녹화물이나 그 밖의 객관적인 방법에 의하여 증명되고 특신상태가 증명된 때에 한하여 증거능력이 인정된다($^{동조}_{제2항}$).

1) **적법한 절차와 방식**　　검사가 피고인이 된 피의자의 진술을 기재한 조서는 적법한 절차와 방식에 따라 작성된 것이어야 한다. 형사소송법은 피의자신문조서의 작성방법을 규정하고 있다($^{제244}_{조}$). 따라서 피의자신문조서에는 피의자가 조서에 간인한 후 기명날인 또는 서명하여야 한다($^{동조}_{제3항}$). 피의자의 기명날인 또는 서명의 진정은 종래의 형식적 진정성립을 의미한다. 그러나 피의자신문조서가 적법한 절차와 방식에 따라서 작성되었다고 하기 위하여는 형식적 진정성립 이외에도 피의자신문과 참여자($^{제243}_{조}$), 변호인의 참여($^{제243조}_{의2}$), 수사과정의 기록($^{제244조}_{의4}$) 등의 규정을 따라야 한다. 다만 이 가운데 변호인의 피의자신문참여권은 피의자조사의 적법성과 임의성을 확보하기 위한 중요한 권리이므로 이를 침해한 때에는 자백배제법칙 또는 위법수집증거배제법칙에 의하여 증거능력이 부정된다고 해야 한다. 설문에서 甲은 검사가 작성한 조서의 형식적 진정성립은 인정하였다.

2) **실질적 진정성립**　　조서의 기재내용이 피고인이 진술한 내용과 동일하게 기재되어 있음이 인정되어야 한다. 이는 실질적 진정성립이 인정되어야 한다는 의미이다. 실질적 진정성립은 공판준비 또는 공판기일에서의 피고인의 진술에 의하여 인정되어야 한다($^{제312조}_{1항}$). 그러나 피고인이 성립의 진정을 부인하는 경우에도 영상녹화물이나 그 밖의 객관적 방법으로 실질적 진정성립이 증명될 수 있다($^{동조}_{제2항}$). 영상녹화물에 의하여 실질적 진정성립을 증명하기 위하여는 조사의 개시부터 종료까지의 전과정 및 객관적 정황을 영상녹화한 것이어야 하는 등 피의자진술의 영상녹화에 관한 규정($^{제244조}_{의2}$)을 준수한 것이어야 한다. 판례는 그 밖의 객관적 방법은 「형사소송법 및 형사소송규칙에 규정

된 방식과 절차에 따라 제작된 영상녹화물 또는 그러한 영상녹화물에 준할 정
도로 피고인의 진술을 과학적·기계적·객관적으로 재현해낼 수 있는 방법만을
의미하고, 그 외에 조사관 또는 조사 과정에 참여한 통역인 등의 증언은 이에
해당한다고 볼 수 없다」고 한다(대법원 2016. 2. 18,/2015 도 16586). 설문에서 甲은 실질적 진정성립
을 부정하고 있으며, 영상녹화물 그 밖의 객관적인 방법에 의하여 실질적 진정
성립을 인정할 자료는 없다.

　　　3) **특히 신빙할 수 있는 상태**　　　조서의 기재내용이 피고인이 진술한
내용과 동일하게 기재되어 있음이 인정되는 경우에도 조서에 기재된 진술은
특히 신빙할 수 있는 상태에서 행하여졌음이 증명되어야 한다. 여기서 특히 신
빙할 수 있는 상태란 영미법의 신용성의 정황적 보장과 같은 의미로서, 진술내
용이나 조서의 작성에 허위개입의 여지가 거의 없고, 진술내용의 신빙성이나
임의성을 담보할 구체적이고 외부적인 정황이 있는 것을 말한다(대법원 2012. 7. 26,/2012 도 2937).
설문에서 甲의 검찰에서의 진술이 특히 신빙할 수 있는 상태에서 행하여졌다
고 볼 자료는 없다.

　　　결국, 甲은 조서에 기명날인 또는 서명한 사실은 인정하여도 진술내용이
조서에 그대로 기재되어 있음을 인정하지 아니하고, 그 외의 객관적인 방법으
로 실질적 진정성립을 인정할 자료가 없기 때문에 검사가 만든 피고인이 된
피의자 甲의 진술을 기재한 조서는 증거능력이 없다.

2. 사법경찰관이 작성한 피의자신문조서

　　　사법경찰관이 작성한 피의자신문조서는 적법한 절차와 방식에 따라 작성
된 것으로서 공판준비 또는 공판기일에 그 피의자였던 피고인 또는 변호인이
그 내용을 인정한 때에 한하여 증거로 할 수 있다(제312조/3항). 여기서 내용의 인정
이란 조서의 진정성립뿐만 아니라 조서에 기재된 내용이 객관적 진실에 부합
한다는 조서내용의 진실성을 의미하며(대법원 2010. 6. 24,/2010 도 5040), 조서내용의 진실성은 피
고인 또는 변호인이 인정해야 한다. 甲이 공판정에서 경찰에서의 진술은 사실
과 다르다고 진술하는 이상 사법경찰관이 작성한 甲에 대한 피의자신문조서는
증거능력을 인정할 수 없다.

Ⅲ. 진술조서의 증거능력

설문의 문제 ⑵는 검사 또는 사법경찰관이 작성한 A에 대한 진술조서의 증거능력을 묻는 것이다. 검사 또는 사법경찰관이 피고인이 아닌 자의 진술을 기재한 조서는 적법한 절차와 방식에 따라 작성된 것으로서 그 조서가 검사 또는 사법경찰관 앞에서 진술한 내용과 동일하게 기재되어 있음이 원진술자의 공판준비 또는 공판기일에서의 진술이나 영상녹화물 또는 그 밖의 객관적인 방법에 의하여 증명되고, 피고인 또는 변호인이 공판준비 또는 공판기일에 그 기재내용에 관하여 원진술자를 신문할 수 있었던 때에는 증거로 할 수 있다. 다만, 그 조서에 기재된 진술이 특히 신빙할 수 있는 상태하에서 행하여졌음이 증명된 때에 한한다($\binom{제312조}{4항}$). 검사 또는 사법경찰관이 작성한 진술조서의 증거능력을 인정하기 위한 요건은 다음과 같다.

1) **적법한 절차와 방식**   검사와 사법경찰관이 작성한 진술조서도 적법한 절차와 방식에 따라 작성된 것이어야 한다. 여기서 적법한 절차와 방식이란 진술자의 간인과 서명날인의 진정이라는 형식적 진정성립($\binom{제48조}{7항}$)뿐만 아니라, 조서의 작성방법($\binom{제48}{조}$) 및 제3자의 출석요구에 관한 규정($\binom{제221}{조}$)에 따라 진술조서가 작성된 것임을 요한다. 검사와 사법경찰관이 작성한 A에 대한 진술조서는 적법한 절차와 방식에 따라 작성되었다고 볼 수 있다.

2) **실질적 진정성립**   조서에 검사 또는 사법경찰관 앞에서 진술한 내용과 동일하게 기재되어 있음이 인정되어야 한다. 즉, 진술조서의 실질적 진정성립이 인정되어야 한다. 실질적 진정성립은 원진술자의 공판준비 또는 공판기일에서의 진술이나, 영상녹화물 그 밖의 객관적 방법으로 증명될 수 있다. 원진술자가 실질적 진정성립을 인정한 이상 내용을 부인하거나 내용과 다른 진술을 하여도 증거능력이 인정된다. 피고인이 증거로 함에 동의할 것도 요하지 않는다. 실질적 진정성립을 인정해야 하므로 원진술자가 사실대로 진술하고 서명·날인한 사실이 있다고 진술하거나($\binom{대법원 1976. 4.}{13, 76 도 500}$), 검찰·경찰에서 진술한 내용이 틀림 없다는 증언에 의하여는 진정성립을 인정할 수 없다($\binom{대법원 1979. 11. 27. 전원}{합의체판결, 76 도 278}$). 설문에서 A는 공판정에서 검찰과 경찰에서 사실대로 진술하였다고 증언하였으나, 조서의 기재내용과 달리 甲에게 강도당하였는지는 모른다고 증언하고

있는 점에서 실질적 진정성립을 인정할 수 없다. 판례도 일관하여 원진술자가 공판기일에 증인으로 나와 진술내용을 열람하거나 고지받지 못한 채 단지 수사기관에서 사실대로 진술하였다는 취지의 증언을 한 것만으로는 진술조서의 증거능력을 인정할 수 없다고 하고 있다(대법원 1979. 11. 27, 76 도 3962; 대법원 1994. 9. 9, 94 도 1384). 영상녹화물 그 밖의 객관적 방법으로 실질적 진정성립을 인정할 자료도 없다.

3) 반대신문의 기회보장   조서의 기재내용이 원진술자의 진술내용과 동일하게 기재되어 있음이 인정되는 경우에도 피고인 또는 변호인이 공판준비 또는 공판기일에서 그 기재내용에 관하여 원진술자를 신문할 수 있었어야 한다. 증언이나 참고인 진술의 허위와 부정확을 방지하고 이를 밝히는 유일한 수단이 반대신문이므로 증인에 대한 반대신문의 기회는 피고인의 가장 중요한 권리에 속한다. 따라서 개정 형사소송법은 원진술자에 대한 반대신문의 기회가 보장된 때에만 그 증거능력을 인정할 수 있다고 규정하였다(제312조 4항). 다만, 피고인 또는 변호인에게 반대신문의 기회가 보장되면 충분하며, 반드시 반대신문이 실제로 행해져야 하는 것은 아니다.

4) **특히 신빙할 수 있는 상태**   조서에 기재된 진술이 특히 신빙할 수 있는 상태에서 행하여졌음이 증명되어야 한다. 특히 신빙할 수 있는 상태의 의미는 검사가 만든 피고인이 된 피의자의 진술을 기재한 조서의 증거능력에서와 같다.

결국 검사와 사법경찰관이 작성한 A에 대한 진술조서는 실질적 진정성립이 인정되지 않기 때문에 증거능력이 없다.

Ⅳ. 진술서의 증거능력

설문의 문제 (3)은 甲이 사법경찰관의 수사단계에서 작성하여 제출한 진술서의 증거능력을 인정할 수 있는가의 문제이다. 형사소송법 제313조 1항은 진술서의 증거능력을 규정하고 있다. 이에 의하면 전 2조의 규정 이외에 피고인 또는 피고인 아닌 자가 작성한 진술서로서 그 작성자의 자필이거나 서명 또는 날인이 있는 것(피고인 또는 피고인 아닌 자가 작성하였거나 진술한 내용이 포함된 문자·사진·영상 등의 정보로서 컴퓨터용디스크, 그 밖에 이와 비슷한 정보저장매체에 저장된 것을 포함한다)은 공판준비 또는 공판기일에서의 그 작성자 또는 진술자의 진술에 의하여 성립의 진정함이 증명된 때에는 증거로 할 수 있다. 다만, 피고인의 진술을 기재한 서류는 그 진술이 특히 신빙할 수 있는 상태에서 행하여진 때에 한하여 피고인의 공판준비 또는 공판기일에서의 진술에 불구하고 증거로 할 수 있다. 그러나 사법경찰관이 작성한 피의자신문조서는 피고인이 내용을 부인하면 증거능력을 가질 수 없음에 반하여 피고인이 자술서를 제출한 때에는 성립의 진정만 인정하면 증거능력이 인정되는 것은 부당하다. 뿐만 아니라, 이에 의하면 사법경찰관은 피의자신문조서를 받는 대신에 또는 이와 함께 피의자에게 진술서를 제출하게 함으로써 제312조 3항이 무의미하게 된다는 문제점이 제기되지 않을 수 없었다.

형사소송법은 제312조 5항에서 「제 1 항에서 제 4 항까지의 규정은 피고인 또는 피고인이 아닌 자가 수사과정에서 작성한 진술서에 관하여 준용한다」고 규정하여 이를 입법에 의하여 해결하였다. 甲이 자필로 작성한 진술서는 제312조 3항에 의하여 적법한 절차와 방식에 따라 작성되고, 피고인 또는 변호인이 내용을 인정해야 증거능력을 가질 수 있다. 비록 甲의 진술서가 적법한 절차와 방식에 따라 작성되었다고 할지라도 甲이 공판정에서 내용을 부인하는 이상 진술서는 증거능력을 가질 수 없게 된다.

V. 전문증언의 증거능력

설문의 문제 ⑷는 증인 C의 피고인 甲이 경찰에서 조사를 받던 중에 범행을 자백하면서 A에게 사과하는 것을 듣고 보았다는 취지의 증언이 증거능력을 가지는가를 묻는 것이며, 이는 C의 증언을 형사소송법 제316조 1항에 의하여 판단할 것인가 또는 제312조 3항에 의하여 원진술자인 피고인이 내용을 부인하는 이상 증거능력을 부정해야 할 것인가에 관한 문제이다.

C의 증언은 피고인 甲의 진술을 내용으로 하는 전문증언이다. 그런데 형사소송법 제316조 1항은 「피고인이 아닌 자의 공판준비 또는 공판기일에서의 진술이 피고인의 진술을 그 내용으로 하는 것인 때에는 그 진술이 특히 신빙할 수 있는 상태하에서 행하여졌음이 증명된 때에 한하여 이를 증거로 할 수

있다」고 규정하고 있다. 피고인의 진술을 내용으로 하는 전문증언은 원진술자인 피고인이 출석하여 진술할 수 있다는 점을 고려하여 신용성의 정황적 보장을 조건으로 증거능력을 인정한 것이다. 특히 개정 형사소송법은 제316조 1항에 「공소제기 전에 피고인을 피의자로 조사하였거나 그 조사에 참여하였던 자를 포함한다」는 규정을 신설하여 조사자의 증언의 증거능력을 명문으로 긍정하였다. 사법경찰관의 조사에 대하여도 사실상 증거능력을 인정하여 책임 있는 수사를 가능하게 하면서 조사자에 대한 반대신문도 가능하게 하기 위한 취지에서이다. 따라서 조사경찰관의 진술은 제316조 1항에 따라 그 진술이 특히 신빙할 수 있는 상태하에서 행하여진 때에는 증거로 할 수 있다.

문제는 조사경찰관이 아닌 다른 경찰관이나 일반인이 경찰서에서 피고인의 진술을 들었다는 전문진술도 제316조 1항에 따라 증거능력을 인정할 수 있는가에 있다. 종래의 판례는 수사경찰관뿐만 아니라 일반인의 증언이라 할지라도 피고인의 경찰수사시의 진술을 내용으로 하는 이상 증거능력을 인정할 수 없다는 태도를 취하고 있었다(대법원 1983. 7. 26, 82 도 385; 대법원 1994. 9. 27, 94 도 1905). 피고인이 내용을 부인하는 사법경찰관이 작성한 피의자신문조서의 증거능력을 전문진술에 의하여 인정하는 경우에는 형사소송법 제312조 3항의 규정이 무의미하게 된다는 것을 이유로 한 것이다. 조사자 증언의 증거능력을 인정하는 규정을 특별규정으로 이해하여 경찰조사시 피고인의 진술을 들었다는 일반인의 진술에 대해서는 종전 판례와 같이 피고인이 내용을 부인하면 증거능력을 부정하는 것이 타당하다는 견해도 있으나(이재상, 연습, 제7판, 368면), 조사자 증언의 증거능력을 인정하는 한 다른 경찰관이나 일반인에 대해서도 제316조의 요건에 따라 증거능력을 판단해야 할 것이다.

결국 C의 증언은 제316조 1항에 따라 특신상태에서 행해진 것임이 인정되면 비록 피고인 甲이 내용을 부인하고 있더라도 증거로 할 수 있다.

Ⅵ. 결 론

검사가 작성한 피고인 甲에 대한 피의자신문조서는 甲이 조서의 형식적 진정성립을 인정하고 적법한 절차와 방식에 따라 작성되었다고 할지라도 甲이 실질적 진정성립을 부정하고 있으며, 영상녹화물 그 밖의 객관적인 방법에 의하여 실질직 진정성립을 인정한 자료가 없기 때문에 증거능력을 인정할 수 없다. 사법경찰관이 작성한 甲에 대한 피의자신문조서도 甲이 공판정에서 경찰에서의 진술은 사실과 다르다고 진술하는 이상 증거능력을 인정할 수 없다. 검사와 사법경찰관이 작성한 A에 대한 진술조서도 적법한 절차와 방식에 따라 작성되었다고 볼 수 있다. 그러나 A는 공판정에서 검찰과 경찰에서 사실대로 진술하였다고 증언하였으나, 조서의 기재내용과 달리 甲에게 강도당하였는지는 모른다고 증언하고 있는 점에서 실질적 진정성립을 인정할 수 없다. 甲이 사법경찰관의 수사과정에서 자필로 작성한 진술서는 제312조 3항에 따라 적법한 절차와 방식에 따라 작성되고, 피고인 또는 변호인이 내용을 인정해야 증거능력을 가질 수 있다. 비록 甲의 진술서가 적법한 절차와 방식에 따라 작성되었다고 할지라도 甲이 공판정에서 내용을 부인하는 이상 진술서는 증거능력을 가질 수 없게 된다. 형사소송법 제316조 1항에서 공소제기 전에 피고인을 피의자로 조사하였거나 그 조사에 참여하였던 자의 전문진술에 대하여 증거능력을 인정하고 있으므로 일반인이 경찰조사시의 피고인의 진술을 들었다는 취지의 진술은 피고인이 내용을 부인하더라도 특신상태가 증명되면 증거능력을 인정할 수 있다.

[관련문제]

1.　피고인 甲에 대한 절도피고사건의 증거조사에서 검사가 사법경찰관 乙 작성의 피의자신문조서와 甲이 작성한 진술서를 증거로 제출하였다. 그러나 공판정에서 甲은 乙 작성의 피의자신문조서의 내용을 부인하고 진술서는 사법경찰관 丙의 강요에 의하여 작성된 것으로서 그 내용을 부인한다고 진술하였다. 한편 丙은 다음날 공판정에 증인으로 출석하여 甲에 대하여 진술서의 작성을 요구한 사실은 있으나 강요한 사실은 없다고 증언하였다.

　　다음의 각 경우의 증거능력을 설명하라.
　　⑴ 乙 작성의 피의자신문조서
　　⑵ 甲의 진술서

⑶ 丙의 증언

(제35회 사법시험 출제문제)

《쟁 점》

⑴ 사법경찰관작성의 피의자신문조서가 증거능력을 갖기 위한 조건은 무엇인가.

⑵ 사법경찰관 앞에서 작성한 진술서의 증거능력은 제312조 5항, 3항에 의하여야 하는가, 또는 제313조에 의하여야 하는가.

⑶ 사법경찰관의 증언은

① 증거능력을 부여하기 위한 증거가 될 수 있는가.

② 甲의 경찰자백을 내용으로 하는 丙의 증언은 증거능력을 가지는가.

《해 설》

사법경찰관이 작성한 피의자신문조서는 적법한 절차와 방식에 따라 작성되고, 공판준비 또는 공판기일에 그 피의자였던 피고인 또는 변호인이 내용을 인정한 때에 한하여 증거로 할 수 있다. 사법경찰관의 수사과정에서 피고인이 작성한 진술서의 증거능력도 같다(제312조 5항). 조사경찰관의 증언은 제316조 1항에 의하여 그 진술이 특히 신빙할 수 있는 상태하에서 행하여진 때에는 증거로 할 수 있다.

2. 시민 甲은 지하철 안에서 소매치기하는 乙을 발견하고 지하철 수사대에 신고하여 검거케 하였다. 甲은 사법경찰관 丙에게 소매치기를 목격한 사실을 진술하고 참고인진술서를 작성하였다. 그 후 甲은 소매치기 일당의 보복이 두려워 자취를 감추었다. 이 경우 甲의 참고인진술서의 증거능력을 검토함.

(제37회 사법시험 출제문제)

《쟁 점》

⑴ 진술서의 증거능력은 제312조 5항에 의하는가 또는 제313조에 의하는가.

① 제313조에 의하여 증거능력이 인정되기 위한 요건은 무엇인가.

② 제312조와 제313조의 적용범위는 어떻게 구별되는가.

⑵ 제314조에 의하여 증거능력을 가질 수 있는가.

① 필요성이 인정되는가(소재불명이라고 할 수 있는가).

② 특신상태가 인정되는가.

⑶ 乙이 증거로 함에 동의한 경우는 어떤가.

《해　설》

제313조 1항에 의하민 진술서는 그 작성자의 진술에 의하여 성립의 진정함이 증명된 때에 증거로 할 수 있다. 성립의 진정은 형식적 진정성립과 실질적 진정성립을 포함하는 개념이다. 그러나 제312조 5항에 특별규정을 둔 이상 수사과정에서 작성된 진술서에 대하여는 제312조 5항이 적용되므로 甲의 진술서는 제312조 4항에 의하여 증거능력이 인정될 수 있다. 즉 사법경찰관 수사과정에서 작성한 진술서는 적법한 절차와 방식에 따라 작성된 것으로서 그 조서의 실질적 진정성립이 원진술자의 공판준비 또는 공판기일에서의 진술이나 영상녹화물 또는 그 밖의 객관적인 방법에 의하여 증명되고, 피고인 또는 변호인이 공판준비 또는 공판기일에 그 기재내용에 관하여 원진술자를 신문할 수 있었던 때에는 증거로 할 수 있다. 다만, 그 조서에 기재된 진술이 특히 신빙할 수 있는 상태하에서 행하여졌음이 증명된 때에 한한다(동조 제4항). 甲의 진술서는 제314조에 의하여도 증거능력이 인정될 수 있으나, 이를 위하여는 소재불명이고, 특신상태가 인정되어야 한다. 乙이 증거로 함에 동의한 때에는 당연히 증거능력이 인정된다.

3. 甲에 대한 살인피고사건에서 乙이 "甲이 살해하는 것을 보았다"라고 丙에게 말한 것으로 된 丙에 대한 검사 작성의 진술조서는 어떤 경우에 증거능력이 인정되는가. 각각의 경우 요건에 대하여 서술하라.

(1997년 일본 사법시험 출제문제)

《쟁　점》

⑴ 전문증거란 무엇인가.
⑵ 진술조서가 증거능력을 갖기 위한 요건은 무엇인가.
　① 성립의 진정이 인정되는가.
　② 반대신문의 기회가 보장되었는가.
　③ 특히 신빙할 수 있는 상태에서 행한 것인가.
⑶ 甲의 살인행위를 증명하기 위한 경우
　① 재전문의 증거능력을 인정할 것인가.
　② 甲의 동의가 있는 경우는 어떤가.
⑷ 탄핵증거로 사용하는 경우는 어떤가.
　① 甲의 진술에 대한 탄핵증거로 사용하는 경우
　② 丙의 진술에 대한 탄핵증거로 사용하는 경우에는 증거로 할 수 있지 않는가.

《해 설》

경험사실을 간접적으로 보고하는 것을 전문증거라고 하며, 전문진술, 진술서 및 진술녹취서가 이에 해당한다. 다만 전문증거라고 하기 위하여는 원진술자의 진술내용의 진실성이 요증사실로 된 경우에 제한된다. 살인사건을 증명하기 위한 경우 진술조서는 전문증거가 된다.

검사 작성의 진술조서는 적법한 절차와 방식에 따라 작성된 것으로서 검사 앞에서 진술한 내용과 동일하게 기재되어 있음이 원진술자의 공판준비 또는 공판기일에서의 진술이나 영상녹화물 또는 그 밖의 객관적인 방법에 의하여 증명되고, 피고인 또는 변호인이 공판준비 또는 공판기일에 그 기재내용에 관하여 원진술자를 신문할 수 있었던 때에는 증거로 할 수 있다. 다만, 그 조서에 기재된 진술이 특히 신빙할 수 있는 상태하에서 행하여졌음이 증명되어야 한다(동조 제4항).

丙에 대한 진술조서는 乙의 진술을 들은 것을 조서에 기재한 재전문이다. 판례와 통설에 의하면 전문진술을 기재한 조서는 제312조 4항과 제316조 2항의 요건을 충족한 때 증거로 할 수 있다. 제316조 2항에 의하면 소재불명 등의 사유로 원진술자가 진술할 수 없고 그 진술이 특히 신빙할 수 있는 상태하에서 행하여졌음이 증명된 때에 한하여 증거능력이 인정된다.

丙의 진술을 甲의 진술에 대한 탄핵증거로 사용하는 경우에 비한정설에 의하면 탄핵증거로 쓸 수 있으나 한정설에 의하면 자기모순의 진술이 아니므로 증거로 할 수 없다. 丙의 진술에 대한 탄핵증거로는 당연히 증거능력을 가진다.

[관련판례]

⑴ 대법원 2016. 2. 18, 2015 도 16586, 「실질적 진정성립을 증명할 수 있는 방법으로서 형사소송법 제312조 제 2 항에 예시되어 있는 영상녹화물의 경우 형사소송법 및 형사소송규칙에 의하여 영상녹화의 과정, 방식 및 절차 등이 엄격하게 규정되어 있는데다(형사소송법 제244조의 2, 형사소송규칙 제134조의 2 제 3 항, 제 4 항, 제 5 항 등) 피의자의 진술을 비롯하여 검사의 신문 방식 및 피의자의 답변 태도 등 조사의 전 과정이 모두 담겨 있어 피고인이 된 피의자의 진술 내용 및 취지를 과학적·기계적으로 재현해 낼 수 있으므로 조서의 내용과 검사 앞에서의 진술 내용을 대조할 수 있는 수단으로서의 객관성이 보장

되어 있다고 볼 수 있으나, 피고인을 피의자로 조사하였거나 조사에 참여하였던 자들의 증언은 오로지 증언자의 주관적 기억 능력에 의존할 수밖에 없어 객관성이 보장되어 있다고 보기 어렵다. 결국 검사 작성의 피의자신문조서에 대한 실질적 진정성립을 증명할 수 있는 수단으로서 형사소송법 제312조 제2항에 규정된 '영상녹화물이나 그 밖의 객관적인 방법'이란 형사소송법 및 형사소송규칙에 규정된 방식과 절차에 따라 제작된 영상녹화물 또는 그러한 영상녹화물에 준할 정도로 피고인의 진술을 과학적·기계적·객관적으로 재현해 낼 수 있는 방법만을 의미하고, 그 외에 조사관 또는 조사 과정에 참여한 통역인 등의 증언은 이에 해당한다고 볼 수 없다.」

(2) 대법원 1994. 9. 9, 94 도 1384, 「검사 작성의 피해자 진술조서를 피고인이 증거로 함에 부동의하였고, 원진술자가 공판기일에 증인으로 나와 진술기재 내용을 열람하거나 고지받지 못한 채 단지 검사의 신문에 대하여 수사기관에서 사실대로 진술하였다는 취지의 증언만을 한 경우 그 진술조서는 증거능력이 없다.」

[37] 긴급체포의 적법성, 변호인의 피의자 신문참여권과 사법경찰관 작성의 피의자신문조서·진술서·메모 및 조사경찰관의 진술의 증거능력

[설 문]

반도체회사의 첨단기술을 중국으로 팔아넘긴 사건을 내사 중인 사법경찰관 A는 그 회사의 연구원 甲을 피의자로 인지하고 압수·수색·검증영장을 발부받아 사무실에서 甲의 노트북을 검색한 결과 범행에 대한 내용을 기록한 메모파일을 발견하고 노트북 하드디스크를 압수하는 한편, 메모파일을 출력하여 검토한 결과 甲이 기술 판매 대금을 동료 연구원인 乙에게도 분배한 사실을 찾아내었다.

A는 먼저 甲을 소환하였으나 범행을 부인하면서 돌아가려 하므로 긴급체포하자 甲은 즉시 변호사 X를 변호인으로 선임하였다. X는 피의자신문참여를 요청하였으나 A는 거부한 채 노트북의 메모내용을 근거로 甲을 추궁하여 공동범행을 자백받았고 이어서 같은 내용의 자필진술서를 제출받았다. 이를 토대로 A는 乙을 소환하여 신문하였지만 乙은 메모파일의 내용은 자신과는 관계없는 것이라면서 범행을 완강히 부인하였다. 그러나 A는 법관으로부터 영장을 발부받아 甲과 乙을 구속하였다.

사건을 송치받은 검사는 甲에 대하여는 공동범행을 시인하는 내용의 피의자신문조서를, 乙에 대하여는 부인하는 내용의 피의자신문조서를 작성하였고, 이후 甲, 乙을 공범으로 기소하였다.

그런데 법정에서는 乙은 물론 甲도 태도를 바꾸어 노트북의 메모파일 내용은 사실과 다른 것이라고 주장하며 범행을 부인하기 시작하였다. 이에 검사는 甲·乙에 대한 검사 작성의 피의자신문조서, ① 사법경찰관이 작성한 甲

에 대한 피의자신문조서, ② 사법경찰관 앞에서 작성한 甲의 자필진술서,
③ 사법경찰관이 출력한 메모를 증거로, ④ 甲의 자백내용을 조사한 경찰관
을 증인으로 신청하였다.

　⑴ A가 행한 甲의 긴급체포와 변호인참여 거부행위의 적법 여부를 논하
　　고, 구속영장 신청 전에 변호인 X가 취할 수 있는 소송법적 대응수단
　　을 논하시오(20점).

　⑵ 범행을 부인하면서 모든 증거를 부동의하는 피고인 乙에 대한 공소사
　　실을 입증하기 위해서 검사가 신청한 ① 내지 ④의 증거능력에 대하여
　　논하시오(30점).

（제48회 사법시험 출제문제）

Ⅰ. 문제점의 정리

　설문 ⑴은 사법경찰관 A가 자진출석한 甲을 긴급체포한 것이 긴급체포의
요건을 갖추었는가, 또 변호인 X의 피의자신문참여를 거부하는 것이 허용될
수 있는가, 그리고 이 경우에 구속영장 신청 전에 변호인 X가 취할 수 있는 대
응조치는 무엇인가를 묻고 있다. 또 설문 ⑵는 乙에 대한 공소사실을 입증하기
위하여 검사가 제출한 사법경찰관이 작성한 甲에 대한 피의자신문조서와 사법
경찰관에게 제출한 甲의 자필진술서, 압수한 甲의 노트북에서 출력한 메모 및
조사경찰관의 증언의 증거능력에 관한 문제이다.

Ⅱ. 긴급체포의 적법성, 변호인의 피의자신문참여권

1. 긴급체포의 적법성

　사법경찰관 A가 자진출석한 甲을 긴급체포한 것이 적법한가는 긴급체포
의 요건이 충족되었는가에 의하여 결정된다.

(1) 긴급체포의 요건

긴급체포는 피의자가 사형·무기 또는 장기 3년 이상의 징역이나 금고에 해당하는 죄를 범하였다고 의심할 만한 상당한 이유가 있고(범죄의 중대성), 피의자가 증거를 인멸하거나 도망 또는 도망할 염려가 있어야 하며(체포의 필요성), 긴급을 요하여 지방법원판사의 체포영장을 받을 수 없을 것(체포의 긴급성)을 요한다. 긴급체포의 요건을 갖추었는가의 여부는 체포 당시를 기준으로 합리적으로 판단하여야 하며, 요건의 충족 여부에 대한 검사나 사법경찰관의 판단이 합리성을 잃은 때에는 위법한 긴급체포라고 해야 한다.

(2) 자진출석한 피의자에 대한 긴급체포

문제는 자진출석한 피의자에 대하여 긴급체포가 허용되는가에 있다. 체포의 긴급성은 체포영장을 받을 수 있는 시간적 여유가 없을 것을 요구하지만, 동시에 체포영장의 요건은 충족되었을 것을 요한다고 보아야 하기 때문이다. 그런데 체포영장에 의한 체포는 체포사유로 피의자가 정당한 사유 없이 수사기관의 출석요구에 응하지 않거나 응하지 아니할 우려가 있을 것을 요구하고 있다($\binom{제200조의}{2 제1항}$). 물론 피의자가 자진출석한 경우에도 앞으로의 출석요구에 응하지 아니할 우려가 있다고 볼 여지가 없는 것은 아니다. 그러나 피의자가 자진출석한 이상 피의자가 범행을 부인한다는 이유만으로 출석요구에 응하지 않을 우려가 있다고 인정하는 것은 합리성을 결한다($\binom{대법원 2006.9.8,}{2006 도 148}$). 따라서 자진출석한 피의자의 신병을 확보하기 위하여는 구속영장을 발부받아야 하며, 수사기관의 긴급체포는 원칙적으로 허용되지 않는다고 해야 한다.

2. 변호인의 피의자신문참여를 불허한 행위

사법경찰관 A의 변호인참여 거부행위가 적법한가는 변호인 X에게 피의자신문참여권이 있으며, A의 거부행위가 그 제한사유에 해당하는가의 문제이다. 종래 변호인의 피의자신문참여권에 대한 규정을 두기 전에 수사실무에서는 변호인의 피의자신문참여권을 인정하지 않았다. 그러나 2003년 대법원이 헌법의 변호인의 조력을 받을 권리와 구속피의자와 변호인과의 접견교통권을 근거로 변호인참여권을 인정하였고($\binom{대법원 2003.11.11.}{결정, 2003 모 402}$), 헌법재판소도 변호인의 조력을 받을 권리를 근거로 불구속 피의자에 대한 변호인의 피의자신문참여권을 인정하게 되자($\binom{헌재결 2004.9.23,}{2000 헌마 138}$), 학자들은 물론 실무에서도 변호인의 피의자신문참여권

을 인정하는 데 의견을 같이 하게 되었다. 개정 형사소송법은 수사기관의 피의
자신문과정에서 변호인의 도움을 받을 권리를 실질적으로 보장하기 위하여 변
호인의 피의자신문참여권을 명문으로 규정하고 있다($\frac{제243조}{의 2}$). 여기서 변호인의
피의자신문참여권의 내용과 그 제한을 살펴볼 필요가 있다.

　1) 피의자신문참여권의 내용　　　검사 또는 사법경찰관은 피의자 또는
그 변호인·법정대리인·배우자·직계친족·형제자매의 신청에 따라 변호인을
피의자와 접견하게 하거나 정당한 사유가 없는 한 피의자에 대한 신문에 참여
하게 하여야 한다($\frac{제243조의}{2 \ 제1항}$).

　변호인의 피의자신문참여의 신청권자는 피의자와 변호인 등이다. 피의자
에는 구속된 피의자뿐만 아니라 불구속 상태에 있는 피의자를 포함한다. 변호
인에는 사선변호인과 국선변호인을 불문한다. 변호인 X에게 변호인참여신청
권이 있음은 물론이다.

　변호인의 신청이 있는 이상 검사 또는 사법경찰관은 정당한 사유가 없는
한 원칙적으로 변호인을 피의자신문에 참여하게 하여야 한다. 참여하게 한다
는 것은 참여를 허용한다는 의미이므로 수사기관이 국선변호인을 선정해 주어
야 하는 것은 아니다. 변호인의 참여는 변호인이 신문과정에 출석하여 위법을
감시하는 데 그치는 입회와 구별된다. 따라서 신문에 참여한 변호인은 신문 후
의견을 진술할 수 있다. 다만, 신문 중이라도 부당한 신문방법에 대하여는 이
의를 제기할 수 있고, 검사 또는 사법경찰관의 승인을 얻어 의견을 진술할 수
있다($\frac{동조}{제3항}$). 따라서 수사기관의 부적법하거나 부당한 신문에 대하여 참여한 변
호인은 신문의 중단을 요구할 수 있다. 또 피의자의 요청으로 변호인과 상의하
여 피의자가 신문에 답하게 하는 것도 허용된다.

　2) 피의자신문참여권의 제한　　　형사소송법은 검사 또는 사법경찰관은
정당한 사유가 있는 때에는 변호인참여권을 제한할 수 있다고 규정하고 있다
($\frac{동조}{제1항}$). 변호인참여권을 제한할 수 있는 정당한 사유에는 수사방해, 수사기밀누
설 및 증거인멸의 위험을 들 수 있다. 신문에 참여한 변호인이 신문을 부당하
게 제지 또는 중단시키거나 피의자의 특정한 답변을 유도하거나 진술을 번복
하게 하는 행위, 신문내용을 촬영·녹음하는 행위가 참여권을 제한할 수사방해
에 해당한다. 그러나 참여한 변호인이 피의자에게 진술거부권을 행사하도록
하는 것은 참여권을 제한할 정당한 사유에 해당하지 않는다. 진술거부권은 헌

법에 의하여 보장된 피의자의 권리이기 때문이다. 수사기밀을 누설할 우려가 있는 경우뿐만 아니라 죄증의 인멸·은닉·조작 또는 조작된 증거를 사용할 염려가 있는 경우도 증거인멸의 위험 때문에 변호인의 참여권을 제한할 수 있는 경우이다. 다만, 검사 또는 사법경찰관은 변호인의 신문참여 및 그 제한에 관한 사항을 피의자신문조서에 기재하여야 한다($^{동조}_{제5항}$). 수사기관의 자의적인 참여제한을 방지하기 위한 규정이다.

따라서 변호인 X의 참여 신청이 있음에도 불구하고 정당한 이유 없이 변호인의 피의자신문참여를 허용하지 아니한 A의 조치는 위법하다고 해야 한다.

3. 변호인의 소송법적 대응조치

사법경찰관 A의 행위에 대한 변호인 X의 대응조치는 위법한 긴급체포에 대한 조치와 피의자신문참여권의 침해에 대한 조치로 나누어진다. 체포적부심사의 청구가 전자에 해당함에 반하여, 후자에 속하는 것이 준항고이다.

(1) 체포적부심사의 청구

형사소송법은 체포 또는 구속된 피의자는 관할법원에 체포 또는 구속의 적부심사를 청구할 수 있다고 규정하고 있다($^{제214조의}_{2 제1항}$). 체포·구속적부심사의 청구권자는 체포 또는 구속된 피의자 또는 그 변호인이다. 따라서 체포영장 또는 구속영장에 의하여 체포 또는 구속된 피의자뿐만 아니라 체포영장 또는 구속영장이 발부되지 않고 불법하게 체포 또는 구속된 피의자, 예컨대 임의동행에 의하여 보호실에 유치되어 있거나 긴급체포 또는 현행범인의 체포에 의하여 체포되어 구속영장이 청구되지 않은 피의자도 체포·구속적부심사를 청구할 수 있다. 적부심사청구의 사유는 구속의 불법뿐만 아니라 부당을 포함한다. 甲에 대한 긴급체포가 위법한 이상 변호인 X는 당연히 체포적부심사를 청구할 수 있다.

(2) 준 항 고

검사 또는 사법경찰관이 변호인의 참여를 제한하거나 퇴거시킨 처분에 대하여는 준항고할 수 있다($^{제417}_{조}$). 형사소송법은 검사 또는 사법경찰관의 구금, 압수와 압수물의 환부에 관한 처분뿐만 아니라 피의자신문에 대한 변호인 참여 등에 관한 처분에 대하여도 불복이 있으면 그 처분의 취소 또는 변경을 청구할 수 있다고 규정하고 있다.

Ⅲ. 검사가 제출한 증거의 증거능력

검사가 乙에 대한 공소사실을 입증하기 위하여 제출한 ① 사법경찰관이 작성한 甲에 대한 피의자신문조서, ② 사법경찰관 앞에서 작성한 甲의 자필진술서, ③ 사법경찰관이 甲의 컴퓨터에서 출력한 메모 및 ④ 甲의 자백내용을 조사한 경찰관의 증언의 증거능력을 검토하기로 한다.

1. 사법경찰관이 작성한 甲에 대한 피의자신문조서의 증거능력

검사 이외의 수사기관이 작성한 피의자신문조서는 적법한 절차와 방식에 따라 작성된 것으로서 공판준비 또는 공판기일에 그 피의자였던 피고인 또는 변호인이 그 내용을 인정한 때에 한하여 증거로 할 수 있다(제312조 3항). 공범자에 대한 피의자신문조서에 대하여 형사소송법 제312조 4항을 적용해야 한다는 견해도 있으나, 통설과 판례(대법원 2009. 11. 26, 2009 도 6602)는 피고인에게 보다 유리한 제312조 3항이 적용된다고 한다. 사법경찰관이 작성한 피의자신문조서가 증거능력을 갖기 위한 요건은 아래와 같다.

1) **적법한 절차와 방식**　　사법경찰관이 작성한 피의자신문조서는 적법한 절차와 방식에 따라 작성된 것이어야 한다. 형사소송법은 피의자신문조서의 작성방법을 규정하고 있다(제244조). 따라서 피의자신문조서에는 피의자가 조서에 간인한 후 기명날인 또는 서명하여야 한다(동조 제3항). 피의자의 기명날인 또는 서명의 진정은 종래의 형식적 진정성립을 의미한다. 따라서 조서말미에 피고인의 날인이 없고 기명만 있거나, 간인이 없는 검사 작성의 피의자신문조서는 증거능력이 없다. 그러나 피의자신문조서가 적법한 절차와 방식에 따라서 작성되었다고 하기 위하여는 형식적 진정성립 이외에도 피의자신문과 참여자(제243조), 변호인의 참여(제243조의 2), 수사과정의 기록(제244조의 4) 등의 규정을 따라야 한다. 다만, 변호인의 피의자신문참여권을 침해한 상태에서 받은 자백은 자백배제법칙(제309조) 또는 위법수집증거배제법칙(제308조의 2)에 따라 증거능력이 부정될 것이므로 전문법칙의 예외를 인정하기 위한 요건에서는 제외된다고 해석해야 한다. 결국, 사법경찰관이 작성한 甲에 대한 피의자신문조서는 적법한 절차와 방식에 따랐다고 할지라도 자백배제법칙 또는 위법수집증거배제법칙(대법원 2013. 3. 28, 2010 도 3359)

에 의하여 증거능력이 인정되지 않는다고 해야 한다.

  2) 내용의 인정   사법경찰관이 작성한 피의자신문조서는 진술의 임의성과 적법성이 인정되고, 적법한 절차와 방식에 따라 작성된 것이라고 할지라도 공판준비 또는 공판기일에 그 피의자였던 피고인 또는 변호인이 그 내용을 인정한 때에 한하여 증거로 할 수 있다. 내용의 인정이란 조서의 진정성립뿐만 아니라 그 기재내용이 객관적 진실에 부합한다는 조서내용의 진실성을 의미한다. 내용의 인정은 공판준비 또는 공판기일에서의 그 피의자였던 피고인 또는 변호인의 진술에 의하여야 한다. 영상녹화물이나 그 밖의 객관적 방법에 의하여 인정될 수도 없다. 따라서 사법경찰관이 작성한 피의자신문조서는 피고인이 내용을 부인하면 증거로 쓸 수 없다. 乙이 내용을 부인하는 취지로 증거 부동의한 이상 사법경찰관이 작성한 甲에 대한 피의자신문조서의 증거능력은 부정된다.

2. 사법경찰관 앞에서 작성한 甲의 자필 진술서의 증거능력

  형사소송법 제312조 5항은 「제1항에서 제4항까지의 규정은 피고인 또는 피고인이 아닌 자가 수사과정에서 작성한 진술서에 관하여 준용한다」고 규정하고 있다.

  따라서 甲이 사법경찰관 앞에서 자필로 작성한 진술서는 제312조 3항에 의하여 적법한 절차와 방식에 따라 작성되고, 피고인 또는 변호인이 내용을 인정해야 증거능력을 가질 수 있다. 비록 甲의 진술서가 적법한 절차와 방식에 따라 작성되었다고 할지라도 乙이 공판정에서 내용을 부인하는 취지로 증거 부동의한 이상 진술서는 증거능력을 가질 수 없게 된다.

3. 사법경찰관이 甲의 노트북에서 출력한 메모의 증거능력

  A는 압수·수색영장을 발부받아 甲의 노트북을 압수하여 메모파일을 출력한 것이므로 압수·수색이 적법하게 이루어졌다는 점에는 문제가 없다. 다만, 甲의 컴퓨터에 저장되어 있는 범행내용을 기록한 메모는 출력문서로서 그 자체가 원본이거나 원본과의 동일성이 인정되어야 하며, 입력과 출력과정에서 허위가 개재될 가능성이 있다는 점에서 전문법칙의 예외를 인정할 요건이 갖추어져야 한다.

(1) 출력문서의 원본성

압수된 컴퓨터 파일에서 출력한 메모를 증거로 하기 위하여는 그것이 원본이거나 또는 사본인 때에는 원본을 정확히 복사한 것임이 인정되어야 한다. 따라서 대법원은 녹음내용을 다시 콤팩트디스크에 복사한 때에는 그것이 원본대로 복사한 것이라는 입증이 있어야 증거로 할 수 있다고 판시한 바 있다 ($\binom{\text{대법원 2007.3.15,}}{\text{2006 도 8869}}$). 전자적 기록은 가시성·가독성이 없고, 프로그램에 따라 출력된 때에 비로소 보고 읽을 수 있는 상태가 될 수 있다는 점을 고려하면 출력문서는 사실상 그 자체가 원본이라고 하지 않을 수 없다. 따라서 출력한 메모는 전문법칙의 예외에 해당하여 증거능력이 인정될 때 증거능력을 갖게 된다.

(2) 출력메모의 증거능력

출력한 메모는 甲의 진술을 내용으로 하는 것이지만 작성과정에 허위가 개재될 위험이 있고, 작성자나 진술자에 대한 반대신문을 거치지 않은 것이기 때문에 전문증거에 해당한다. 메모의 성격은 사법경찰관의 수사과정에 제출된 피의자인 甲의 진술을 기재한 진술서라고 할 수 있다. 이는 수사과정에서 작성된 진술서가 아니라 수사 이전에 이미 작성되어 있던 진술서이므로 제313조 1항·2항에 의하여 증거능력을 판단해야 한다.

즉, 甲의 진술을 내용으로 하는 출력메모는 비록 乙이 증거 부동의하더라도 甲의 공판준비나 공판기일에서의 진술에 의하여 그 성립의 진정함이 증명된 때에는 증거로 할 수 있다($\binom{\text{제313조}}{\text{1항 본문}}$). 그런데 甲도 메모파일 내용이 사실과 다르다며 범행 부인하고 있으므로 결국 甲이 그 성립의 진정을 부인하는 것으로 볼 수 있다. 이때는 과학적 분석결과에 기초한 디지털포렌식 자료, 감정 등 객관적 방법으로 성립의 진정함이 증명되고, 피고인 乙 또는 변호인이 공판준비 또는 공판기일에 그 기재 내용에 관하여 작성자인 甲을 신문할 수 있었을 때에는 증거능력을 인정할 수 있다($\binom{\text{제313조}}{\text{2항}}$).

4. 조사자 증언의 증거능력

형사소송법 제316조 1항은 「공소제기 전에 피고인을 피의자로 조사하였거나 그 조사에 참여하였던 자를 포함한다」고 규정하여 조사자 증언의 증거능력을 명문으로 긍정하였다. 수사기관의 조사에 대하여도 사실상 증거능력을 인정하여 책임 있는 수사를 가능하게 하면서 조사자에 대한 반대신문도 가능하게 하기 위한 취지에서이다. 따라서 조사경찰관의 진술은 제316조 1항·2항의 요건을 충족한 때에는 증거로 할 수 있다.

제316조에서의 '피고인'은 피고인 본인만을 의미한다. 따라서 사법경찰관 A의 진술은 피고인 乙의 공소사실과 관련해서는 피고인 아닌 자인 甲의 진술을 내용으로 하는 것이므로 제316조 2항에 의하여 증거능력을 판단하여야 한다. 그런데 甲이 재정하여 진술할 수 있으므로 필요성 요건을 충족하지 못하여 증거능력이 없다. 또한 특신상태가 증명되어야 증거능력이 있는데, 甲의 진술이 위법하게 긴급체포되어 변호인의 신문참여권이 침해된 상태에서 이루어져 특신상태를 인정할 수 없으므로 증거능력이 없다.

Ⅳ. 결   론

긴급체포는 체포영장을 받을 수 없는 긴급성을 요구하므로 체포영장의 요건을 충족하였을 것을 필요로 한다. 따라서 자진출석한 피의자에 대한 긴급체포는 원칙적으로 허용되지 않으므로 A가 甲을 긴급체포한 것은 위법하다. 변호인의 피의자신문참여권은 수사기관이 정당한 사유 없이 거절하거나 제한할 수 없는 피의자와 변호인의 방어권이다. 변호인 X의 신청에도 불구하고 특별한 사유 없이 피의자신문의 참여를 허용하지 않은 A의 조치는 위법하다. 변호인 X는 위법한 긴급체포에 대하여는 체포적부심사를 청구하고, 피의자신문참여의 거절에 대하여는 준항고에 의하여 다툴 수 있다. 검사가 제출한 증거 중, 사법경찰관이 작성한 甲에 대한 피의자신문조서는 위법한 긴급체포 상태하에서의 진술일 뿐만 아니라 변호인의 피의자신문참여권을 침해한 위법한 수사에 의한 자백이므로 제309조에 의하여 증거능력이 부정된다. 진술의 적법성을 인정하는 경우에도 甲이 내용을 부인하는 이상 사법경찰관이 작성한 甲에 대한 피의자신문조서는 공범인 乙에 대하여도 증거능력을 가질 수 없다. 사법경찰관 앞에서 작성한 甲의 자필진술서도 제312조 5항에 의하여 乙이 내용을 부인하는 취지로 증거 부동의한 이상 증거능력을 가질 수 없다. 甲의 노트북에서 출력한 메모는 원본성이 인정되고, 甲의 진술을 기재한 서면으로 보아야 하지만 수사기관의 수사과정에서 작성된 서류라고는 볼 수 없어 제313조 1항·2항에 의하여 그 요건이 충족되면 증거능력을 가진다고 해야 한다. 조사경찰관의 증언도 특신상태가 인정되면 제316조 2항에 의하여 증거능력을 가질 수 있다. 그러나 甲이 재정하여 진술할 수 있으므로 필요성 요건을 충족하지 못하고, 甲에 대한 경찰에서의 조사과정에 특신상태를 인정할 수 없으므로 증거능력을 인정할 수 없다.

[관련문제]

현주건조물방화죄의 공동정범으로 공소제기된 甲과 乙은 모두 공판정에서 공소사실을 부인하고 있다. 검사는 甲이 수사단계에서 경찰관 A에 대하여 "乙과 함께 방화했다"는 취지로 진술한 피의자신문조서를 증거로 제출하였다. 甲과 乙의 변호인은 모두 사법경찰관이 작성한 甲에 대한 피의자신문조서를 증거로 함에 동의하지 않고 그 내용의 진정도 인정하지 않았다. 심리결과 조사중이던 경찰관 A가 공소사실을 부인하고 있는 甲에 대하여 "甲과 乙이 불을 지르는 것을 목격한 사람이 있다"고 허위의 사실을 말하였기 때문에 甲이 위와 같이 진술한 것임이 밝혀졌다.

(1) 이 피의자신문조서를 甲에 대한 증거로 할 수 있는가.
(2) 공소사실에 대한 증거조사를 하기 전에 甲이 사망하였다면, 이를 乙에 대한 증거로 할 수 있는가.

(2004년 일본 사법시험 출제문제)

《쟁 점》

(1) 甲에 대한 피의자신문조서를 甲에 대한 증거로 할 수 있는가.
  ① 사법경찰관이 작성한 피의자신문조서는 어떤 조건에서 증거능력을 가지는가.
  ② 자백배제법칙이 적용되지 않는가.
(2) 乙에 대한 증거로 사용할 수 있는가.
  ① 제312조 3항이 적용되는가 또는 동조 제4항이 적용되는가.
  ② 제314조가 적용될 수 있는가.

《해 설》

사법경찰관이 작성한 피의자신문조서는 제312조 3항에 따라 적법한 절차와 방식에 따라 작성되었을 뿐만 아니라 피고인 또는 변호인이 내용을 인정한 때에만 증거로 할 수 있다. 따라서 甲이 내용을 부인하는 이상 피의자신문조서는 증거능력을 가질 수 없다. 뿐만 아니라 A는 기망에 의하여 甲의 자백을 받은 것이므로 제309조에 의하여도 증거능력이 배제된다.

   형사소송법 제312조 3항은 검사가 작성한 피고인이 된 피의자의 진술을 기재한 조서의 경우와는 달리 사법경찰관의 경우에는 피의자신문조서라고 규정하고 있으므로 乙에 대한 관계에서도 甲에 대한 피의자신문조서의 증거능력은 제312조 3항에 따라 결정된다($^{대법원\ 2010.\ 2.\ 25,}_{2009\ 도\ 14409}$). 따라서 甲에 대한 피의자신문조서는 乙이 내용을 인정해야 증거로 할 수 있다. 또 제312조 3항과의 관계에 비추어 볼 때, 제314조는 사법경찰관이 작성한 피의자신문조서에 대하여는 적용되지 않는다($^{대법원\ 2009.\ 11.\ 26,}_{2009\ 도\ 6602}$). 결국 사법경찰관이 작성한 甲에 대한 피의자신문조서는 甲과 乙에 대하여 모두 증거로 할 수 없다.

[관련판례]

(1) 대법원 2009. 11. 26, 2009도6602, 「형사소송법 제312조 제3항은 검사 이외의 수사기관이 작성한 당해 피고인에 대한 피의자신문조서를 유죄의 증거로 하는 경우뿐만 아니라 검사 이외의 수사기관이 작성한 당해 피고인과 공범관계에 있는 다른 피고인이나 피의자에 대한 피의자신문조서 또는 공동피의자에 대한 피의자신문조서를 당해 피고인에 대한 유죄의 증거로 채택할 경우에도 적용되는바, 당해 피고인과 공범관계가 있는 다른 피의자에 대한 검사 이외의 수사기관 작성의 피의자신문조서는 그 피의자의 법정진술에 의하여 그 성립의 진정이 인정되더라도 당해 피고인이 공판기일에서 그 조서의 내용을 부인하면 증거능력이 부정되므로, 그 당연한 결과로 그 피의자신문조서에 대하여는 사망 등 사유로 인하여 법정에서 진술할 수 없는 때에 예외적으로 증거능력을 인정하는 규정인 형사소송법 제314조가 적용되지 않는다(대법원 2002. 6. 14. 선고 2002도2157 판결, 대법원 2004. 7. 15. 선고 2003 도7185 전원합의체판결 등 참조).」

(2) 대법원 2007. 3. 15, 2006도8869, 「(1) 대화내용을 녹음한 테이프 등의 전자매체는 그 성질상 작성자나 진술자의 서명 혹은 날인이 없을 뿐만 아니라, 녹음자의 의도나 특정한 기술에 의하여 그 내용이 편집, 조작될 위험성이 있음을 고려하여, 그 대화내용을 녹음한 원본이거나 혹은 원본으로부터 복사한 사본일 경우에는 복사과정에서 편집되는 등의 인위적 개작 없이 원본의 내용 그대로 복사된 사본임이 입증되어야만 하고, 그러한 입증이 없는 경우에는 쉽게 그 증거능력을 인정할 수 없다.

(2) 디지털 녹음기로 녹음한 내용이 콤팩트디스크에 다시 복사되어 그 콤팩트디스크에 녹음된 내용을 담은 녹취록이 증거로 제출된 사안에서, 위 콤팩트디스크가 현장에서 녹음하는 데 사용된 디지털 녹음기의 녹음내용 원본을 그대로 복사한 것이라는 입증이 없는 이상, 그 콤팩트디스크의 내용이나 이를 녹취한 녹취록의 기재는 증거능력이 없다.」

[38] 압수·수색영장 집행현장에서의 사진촬영의 적법성, 실황조사서의 증거능력

[설 문]

다음 [사례]를 읽고, 아래 [설문 1] 및 [설문 2]에 답하시오(다만, [자료 1]의 진술내용은 신용할 수 있는 것으로 하고, [자료 2]의 압수·수색영장은 적법하게 발부된 것으로 한다).

(2009년 일본 신사법시험 출제문제 수정)

[사 례]

1. 경찰은 2009년 1월 17일 경자동차(이하 '본건 차량'이라 한다)가 M 부두의 바다 속에 빠져 있다는 통보를 받고 바다 속에서 본건 차량을 끌어 올렸는데, 그 운전석에서 안전벨트를 맨 상태의 V의 사체를 발견하였다. 사체부검 결과, V의 사인은 익사가 아니라 경부압박에 의한 질식사로 판명되었다. 경찰이 수사한 결과, 부두 부근에 설치된 방범카메라에 본건 차량을 운전하고 있는 甲과 조수석에 있는 V의 모습이 찍혀 있었고, 그 일시는 같은 해 1월 13일 오전 3시 5분이었다. 같은 달 19일 경찰이 甲을 신문하자, 甲은 V의 목을 로프로 졸라 살해하였고, 사체를 바다 속에 버렸다는 취지의 진술을 하였으므로, 같은 날 경찰은 甲을 살인죄 및 사체유기죄로 체포하였다. 체포된 후의 신문에서 甲은 V의 별거 중인 처 乙로부터 의뢰를 받아 V를 살해하였다고 진술하므로, 사법경찰관 P는 [자료 1]의 피의자신문조서를 작성하였다.

2. 경찰은 위 피의자신문조서 등을 소명자료로 하여 검사에게 살인 및 사체유기의 범죄사실로, 수색해야 할 장소를 T 화장품 판매주식회사(이하 'T 사'라고 한다) 사무실로 하는 압수·수색영장의 발부를 신청하고, 판사로부터 [자료 2]의 압수·수색영장을 발부받았다. 또한 위 사무실에서는 T 사의 대표이사인 乙 외에 A 및 B 등 7명의 직원이 일하고 있었다.

　P는 5명의 부하 경찰관과 함께 같은 달 26일 오전 9시 위 사무실에 가서 그곳에 있던 B와 만났다. 乙 및 A 등은 부재 중이었고, P는 B로 하여금 乙에게 연락을 취하게 하였지만 연락을 취할 수가 없었기 때문에, 같은 날 오전 9시 15분 B에게 위 압수·수색영장을 제시하고 수색을 개시하였다. P 등이 위 사무실 내를 수색하던 중 전화대 위의 벽에 걸려 있던 달력을 떼어내자, 콘크리트 벽에 볼펜으로 쓰여진 글자를 지운 흔적이 있었다. P 등이 그 흔적을 자세히 살펴본 결과, "1/12 △부두"라고 기재되어 있고, "1/12"와 "부두"라는 글자까지는 읽을 수 있었지만, △의 문자부분은 읽을 수 없었다. 그래서 P 등은 벽에서 약 30센티미터 떨어진 위치에서 그 기재부분을 사진촬영하였다[사진 ①].

3. 위 사무실 내에는 사무용책상 외에 서랍부분이 5단인 편지 케이스가 있었는데, P 등이 그 케이스를 수색한 결과, 3번째 서랍 안에 예금통장 2개, 여권 1매, 명함 10매, 인장 2개, 엽서 3매가 들어 있었다. P가 B에게 그 서랍의 사용자를 물었더니, B는 "누가 사용하고 있는지 모른다"고 대답하였고, P 등이 그 예금통장 2개를 꺼내어 확인한 결과, 1개는 X은행의 보통예금통장으로 그 명의인은 A로 되어 있었고, 거래기간은 2008년 6월 6일부터였으며, 현재도 사용되고 있는 것이었다. 또 다른 통장은 Y은행의 보통예금통장으로 그 명의인은 A로 되어 있었고, 거래기간은 2008년 10월 10일부터였으며, 현재도 사용되고 있는 것이었다. X은행의 예금계좌에는 부정기 입·출금이 여러 번 있었는데, 그 통장의 2009년 1월 14일의 거래일란에는 카드에 의한 현금 300만 원의 인출이 기재되어 있었고, 그 오른쪽 옆에는 "→ T. K"라고 연필로 적혀 있었으며, 그 밖의 페이지에는 아무것도 쓰여 있지 않았다. 또 Y은행의 예금계좌에는 T사로부터의 입금이 정기적으로 있었고, 전기료나 수도료 등이 정기적으로 지급되고 있는 것 외에, 카드에 의한 부정기적인 현금지불이 여러 번 있었다. 다음으로 P 등이 그 서랍 안에 있는 여권 등을 꺼내어 그 내용을 확인하였더니, 여권의 명의는 "乙"이었고, 명함 10매도 "乙"로 인쇄되어 있었으며, 엽서 3매에 있는 이름도 "乙"로 되어 있었다. 인장 2개는 모두 "A"로 새겨진 것으로, X은행 및 Y은행에의 신고인장과 유사하였다. P 등은 그 서랍 안에 있던 것을 모두 원래의 위치로 돌려놓고, 그 서랍 안을 사진촬영하였다.

4. 이어서 P 등이 X은행의 예금통장을 사무용 책상 위에 놓고 그것을 사진촬영하려고 하자, B는 "그것은 A의 통장이 아니니 사진을 찍지 말아 주십시오"라고 하며, 그 사진촬영에 항의하였다. 그러나 P 등은 "수사에 필요하다"고

대답하고, 그곳에서 그 표지 및 글자가 적혀 있는 모든 면을 사진촬영하였다 [사진 ②]. 나아가 P 등은 Y은행의 예금통장을 사무용 책상 위에 두고 같은 모양으로, 그 표지 및 글자가 적혀 있는 모든 면을 사진촬영하였다[사진 ③]. 한편 P 등은 X은행의 예금통장은 압수하였지만, Y은행의 예금통장은 압수 하지 않았다.

5. 다음으로, P 등은 여권, 명함, 엽서 및 인장을 사무용 책상 위에 놓고 여권의 명의기재가 있는 면을 펼친 다음, 그 면과 명함 10매, 엽서 3매의 명의부분 및 인장 2개의 각인부분을 순차로 사진촬영했다[사진 ④]. P 등은 그 여권, 명함, 엽서 및 인감 중 어느 것도 압수하지 않고, 압수·수색을 종료하였다.

6. 그 후 수사를 계속하던 P 등은 2009년 2월 3일 甲의 동의 아래 M 부두에서 바다 속에 추락한 본건 차량과 같은 차종의 실험차량 및 같은 중량의 인형을 사용하여 본건 차량을 바다 속에 추락시켰던 상황을 재현하는 실험을 하였 다. 또한 실험차량은 본건 차량과 같은 오토매틱 사양의 경차였고, 현장은 암 벽을 향하여 약 1도에서 2도 기울어진 내리막 경사로 되어 있었다.

    P 등이 甲에게 범행 당시와 같은 방법으로 실험차량을 바다 속에 추락시 켜 보라고 하자, 甲은 본건 차량을 암벽에서 약 5미터 떨어진 지점에 정차시 켜 두었다고 설명한 다음, 그 지점에 정차한 실험차량의 조수석에 있는 인형 을 양손으로 안고 차 밖으로 가져 나왔다. 甲은 그 인형을 운전석 차문까지 이동시켜 차 안의 운전석에 밀어 넣은 후, 그 인형에 안전벨트를 채웠다. 그 리고 甲은 운전석 차문에서 차 안으로 상반신을 넣고 사이드 브레이크를 푼 다음 변속 레버를 D(드라이브)로 하고 운전석 차문을 닫았다. 그러자 그 차 량은 암벽을 향하여 천천히 움직였고, 앞바퀴가 암벽에서 떨어졌으나 차 밑 바닥이 암벽에 부딪쳤기 때문에 그 위에 멈춰선 채 바다 속에 추락하지 않았 다. 甲은 그 차량의 후방으로 이동하여 뒷 범퍼를 양손으로 들어 올려 차량의 중심을 앞으로 이동시키자, 그 차량은 바다 속으로 추락하여 침몰하였다. 그 후 P 등이 바다 속에서 그 차량을 끌어 올려 확인하였더니, 차 밑의 손상부 분이 같은 해 1월 17일에 발견된 본건 차량과 같은 위치에 있었다.

7. P는 이 실험결과에 대하여 실황조사서를 작성하였다. 다만 P는 사전은 물론 사후에도 법원으로부터 검증영장을 받지는 않았다. 위 조서에는 작성명의인 인 P의 서명날인이 있는 이외에, 실황조사의 일시, 장소 및 참여인에 대한 기 재가 있고, 실황조사의 목적으로는 "사체유기의 수단과 방법을 명확히 하여 증거를 보전하기 위함"이라는 기재가 있었다. 또 실황조사서에는 사진이 첨 부되었고, 사진 밑에 甲의 설명이 기재되어 있다.

구체적으로, 암벽에서 약 5미터 떨어진 지점에 정지하고 있는 실험차량을 甲이 가리키고 있는 장면의 사진, 甲이 양손으로 안고 있던 인형을 운전석을 향하여 끌고 가고 있는 장면의 사진, 甲이 운전석에 상반신을 넣고 사이드 브레이크를 풀고 변속 레버를 D(드라이브)로 한 장면의 사진, 그 차량의 앞바퀴가 암벽에서 떨어졌으나 차 밑바닥이 암벽에 부딪혀 그 위에 정지해 있는 장면의 사진, 그 차량이 암벽에서 바다 속으로 추락하는 장면의 사진, 그 차량 밑의 손상부분의 위치가 나타난 사진이 첨부되어 있다. 그리고 각각 사진의 밑에는 "나는 차를 이와 같이 정지시켰다," "나는 조수석의 피해자를 이와 같이 운전석으로 이동시켰다," "나는 이와 같이 사이드 브레이크를 풀고 변속 레버를 D로 옮겼다," "차는 이와 같이 암벽 위에 멈춰 섰다," "나는 이와 같이 차의 뒷 범퍼를 들어 올렸다," "차는 이와 같이 바다에 추락하였다," "차의 밑에는 긁힌 자국이 있었다"라는 기재가 있다.

8. 그 후, 같은 해 2월 9일 검사는 피고인 甲이 乙과 공모하여 V를 살해하고 그 사체를 유기하였다는 공소사실로 甲을 살인죄 및 사체유기죄로 공소제기하였다. 甲은 제1회 공판기일에서 "자신은 살인 및 사체유기의 범인이 아니다"라고 주장하면서 경찰에서의 진술은 사실과 다르다고 진술하였다. 그 후의 증거조사절차에서 검사가 위 실황조사서에 대하여, "피고인이 본건 차량을 바다 속에 침몰시키는 것이 가능하였다는 것"을 입증취지로 하여 증거신청을 하였으나 변호인은 그 입증취지를 "피고인이 본건 차량을 바다 속에 빠트려 사체를 유기한 것"이라고 생각하고 증거로 함에 부동의한다는 의견을 진술하였다. P는 증인으로 출석하여 실황조사서는 자기가 진정하게 작성한 것이며, 甲의 진술을 토대로 현장을 관찰한 결과를 그대로 기재한 것이라고 증언하였다.

[설문 1] [사진 ①]부터 [사진 ④]의 적법성에 대하여 구체적 사실을 적시하면서 논하시오.

[설문 2] [사례] 중의 실황조사서의 증거능력에 대하여 논하시오.

[자료 1] 피의자신문조서(주거·직업·생년월일·주민등록번호 생략)(취지만 기재)

피의자신문조서

피의자 甲

위의 사람에 대한 살인 및 사체유기 피의사건에 대하여 2009. 1. 24. ○○ 경찰서 수사과 사무실에서 사법경찰관 경위 P는 사법경찰리 경사 Q를 참여하게 하고, 아래와 같이 피의자임에 틀림없음을 확인하다.

[진술거부권 및 변호인 조력권 고지하고 변호인 참여 없이 피의자를 신문하다]

1. 나는 2009년 1월 13일 오전 2시경 V의 집 앞길에서 V의 목을 로프로 졸라 죽이고 그 사체를 바다에 버렸지만, 내가 그런 일을 한 것은 乙로부터 V를 살해해 달라고 의뢰받았기 때문입니다.

2. 나는 약 2년 전에 세탁소에서 일하였는데, 乙이 경영하고 있는 T 화장품 판매회사가 거래처였기 때문에 乙과 알게 되었습니다. 나는 차츰 乙에게 끌리게 되었고, 2007년 12월경부터 乙과 교제하게 되었습니다. 乙의 말로는 乙에게는 V라는 남편이 있고, 별거 중이라고 하였습니다.

3. 2008년 11월 중순경 나는 乙로부터 "V에게 3억 원의 생명보험을 들었다. V가 죽으면 약 2억 원의 차용금을 갚을 수 있다. 보수로 3,000만 원을 줄 테니 V를 살해하라"는 말을 들었습니다. 나는 처음에는 농담이라고 생각하였지만, 그 후 乙과 이야기하는 사이에 여러 번 같은 이야기를 듣게 되자, 그것이 乙의 본심이라는 것을 알게 되었습니다. 그때 나에게도 3,000만 원의 빚이 있었기 때문에 보수가 손에 들어오면 빚을 갚을 수 있다고 생각하고, V를 살해할 것을 결심하였습니다. 그리하여 2009년 1월 11일 오후 9시경 乙로부터 전화가 걸려왔을 때, 나는 乙에게 "내일 밤, M 부두에서 차량 전복사고를 가장하여 V를 살해하겠다"고 말하였고, 乙로부터 "부탁한다"는 말을 들었습니다.

4. 1월 12일 밤 내가 V의 집 앞길에서 V를 기다리고 있었더니, 다음 날 오전 2시경 술에 취한 것 같은 V가 걸어서 오고 있었습니다. 나는 V를 살해하기 위하여 그의 뒤에서 목을 로프로 감고 힘껏 그 로프의 끝

을 양손으로 잡아당겼습니다. V는 손과 발을 버둥거렸지만, 곧 움직이지 않게 되었습니다. 내가 손을 V의 입에 대었더니 V는 숨을 쉬지 않았습니다.

5. 나는 V의 옷 주머니에서 차 열쇠를 꺼내어 V의 집에 있던 경차의 문을 열고 V의 사체를 조수석에 태웠습니다. 그리고 나는 V가 운전 중에 잘못하여 암벽에서 추락한 것처럼 사고로 가장하기 위하여 그의 차를 운전하여 M부두로 향하였습니다. 오전 3시경 M부두의 암벽에서 조금 떨어진 곳에 차를 세우고, 조수석의 사체를 양손으로 안고 차 밖으로 데려 나와 운전석 차문까지 이동시켜 운전석에 밀어 넣고, 그의 상반신에 안전벨트를 매었습니다. 그리고 나서 나는 운전석 차문을 통하여 차 안에 상반신을 넣은 다음, 사이드 브레이크를 풀고 변속 레버를 D(드라이브)로 하고 나서 그 차문을 닫았습니다. 그러자 그 차는 암벽을 향하여 조금 움직여 나아가 앞바퀴가 암벽에서 떨어졌지만, 차의 밑바닥이 암벽에 부딪혀 차가 그 위에 서고 말았습니다. 그래서 나는 차의 뒤로 이동하여 힘껏 뒷 범퍼를 양손으로 들어올려 차량의 중심을 전방으로 이동시켰는데, 경차였기 때문에 차가 조금 움직였고, 그대로 '철썩'하는 큰 소리를 내면서 바다 속으로 추락하였습니다. 나는 누가 보고 있는 것이 아닌가 하고 가슴 졸이면서 곧바로 뛰어서 도망갔습니다.

6. 그 후, 나는 乙에게 V를 살해한 것을 알리고, 1월 15일 저녁 乙과 다방에서 만나 乙로부터 보수의 일부로 현금 300만 원을 받았고, 그 다음 날 저녁 같은 다방에서 乙로부터 보수의 일부로 200만 원을 받았습니다.

위의 조서를 진술자에게 열람하게 하였던바, 진술한 대로 오기나 증감·변동할 것이 전혀 없다고 말하므로 간인한 후 서명날인하게 하다.

진술자 甲   ㊞
2009. 1. 24.
○○ 경찰서
사법경찰관 경위 P   ㊞
사법경찰리 경사 Q   ㊞

[자료 2] 압수·수색·검증영장(주거·직업·생년월일·주민등록번호 등 생략)

압수·수색·검증영장

[일반용]				서울○○지방법원
영　장　번　호			죄　　명	살인, 사체유기
피　　의　　자	성　　　명	甲	직　업	
	주민등록번호			
	주　　　거			
청　구　검　사	김 길동		변　호　인	
압수, 수색, 검증을 요 하 는　사 유	별지 기재와 같다		유 효 기 간	2009. 2. 1. 까지
압수, 수색, 검증할 장　　　　　소	서울 서초구 서초동 36 　　T 화장품 판매주식회사 사무실			
압수, 수색, 검증할 신　체,　물　건	본건에 관련한 보험증서, 차용증서, 예금통장, 금전출납부, 수첩, 메모, 노트			
일부기각 및 기각의 취　　　　　지	□ 장소　□ 신체·물건　□ 기타(　　　　　)			

　위 사건의 범죄수사에 필요하므로, 위와 같이 압수, 수색, 검증을 한다.
유효기간을 경과하면 집행에 착수하지 못하며, 영장을 반환하여야 한다.

2009. 1. 25.
판 사　　　　　　　인

집　행　일　시	200 . . . :	집　행　장　소	
집 행 불 능 사 유			
처　리　자　의 소 속 관 서, 관 직		처　리　자 기 명 날 인	

Ⅰ. 문제점의 정리

사례의 [설문 1]은 압수·수색영장의 집행에 있어서 사진촬영의 적부를 묻는 문제이다. 압수·수색영장의 집행현장에서의 사진촬영에는 ① 영장집행의 적법성을 담보하기 위하여 영장제시장면 등 영장집행상황을 촬영하는 경우, ② 압수물의 증거가치를 보전하기 위하여 압수물의 발견장소나 존재상태를 촬영하는 경우 및 ③ 증거수집을 위하여 압수현장에 소재하는 증거물의 기록내용 내지 정보를 촬영하는 경우가 있다. ①과 ②의 유형의 사진촬영은 압수·수색에 부수하는 처분으로서 영장이 없어도 허용된다고 해석하지 않을 수 없다. 사례의 사진촬영은 수색장소에 소재하는 증거물의 기록내용을 증거로 채취하는 행위로서, ③의 유형의 사진촬영에 해당한다고 할 수 있다. [설문 1]은 영장 없이 이러한 사진촬영이 허용될 수 있는가의 문제이다.

[설문 2]는 사법경찰관이 작성한 실황조사서의 증거능력을 묻고 있다. 실황조사서 자체의 증거능력은 물론, 실황조사서에 첨부된 甲에 의한 범행재현 장면의 사진과 그 밑에 기재된 甲의 지시설명의 증거능력이 문제된다.

Ⅱ. 사진촬영의 적법성

1. 증거수집으로서의 사진촬영의 적법성 판단기준

(1) 영장을 요하지 않는 사진촬영

사진촬영은 시각에 의하여 대상물을 인식하는 것이지만, 기록화를 수반한다는 점에서 초상권의 침해성이 강하고, 특히 본건 사진촬영은 T사 사무실 내부를 촬영한 것이므로 일반도로에서의 실황조사와 같은 임의처분이 아니라는 점에서 성질상 강제처분인 검증에 해당한다고 해야 한다. 따라서 사진촬영에도 영장주의가 적용되므로 원칙적으로 검증영장을 발부받아야 한다. 물론 피처분자의 동의가 있을 때에는 영장을 요하지 않지만 사례에서는 수색장소의 관리자인 乙이나 참여인 B의 승낙이 있었다는 설명이 없고, 사진 ②와 ③에는 B가 명시적으로 촬영을 거절하였다.

압수·수색영장 집행현장에서의 증거수집을 위한 영장 없는 사진촬영이 허용되기 위하여는 압수·수색영장의 '집행에 필요한 처분'($^{제120조,}_{제219조}$)에 해당하거나, 압수·수색 자체의 목적을 달성하기 위하여 필요한 처분에 해당해야 한다. 그러나 압수·수색영장의 '집행에 필요한 처분'이란 압수·수색영장의 집행에 있어서 건정을 열거나 개봉하는 것과 같이 압수·수색영장의 '집행의 목적을 달성함에 필요하고 타당한 처분'을 말한다. 그런데 사례에서의 사진촬영은 수색장소에 소재하는 증거물의 기록내용을 취득하는 처분이므로 압수·수색영장의 '집행에 필요한 처분'이라고 하기보다는 압수·수색 그 자체에 포섭된 부수처분이라고 해야 한다. 따라서 본건 사진촬영의 적부는 그것이 압수·수색영장에 의하여 허용된 프라이버시의 침해범위에 포섭되는 처분인가 아닌가에 달려 있다.

(2) 적법성의 판단기준

사진촬영이 압수·수색영장에 의하여 허용된 프라이버시의 침해범위에 포섭되는 처분인가는 촬영대상물이 본건 압수·수색영장에 기재된 압수목적물에 해당하는가에 따라 결정된다. 그러나 이 경우에도 영속적 기록화라는 사진촬영에 고유한 권리침해성에 비추어 사진촬영이 압수·수색의 부수처분으로서 필요성과 상당성을 갖추어야 하는 것은 물론이다.

피사체가 압수·수색영장에 기재된 압수목적물에 해당하는가를 판단함에 있어서는 압수할 물건의 명시를 요구하고($^{제114조,}_{제219조}$), 압수물을 증거물과 몰수물로 제한하는($^{제106조,}_{제219조}$) 형사소송법의 취지에 비추어 볼 때 압수물과 사건과의 관련성 및 영장에 열거된 압수목적물의 유형에 해당하는가를 음미할 필요가 있다. 본건 압수·수색영장에도 '본건에 관련한'이라는 관련성의 요건과 보험증서에서 노트에 이르기까지 7가지 유형의 압수할 물건을 열거함에 의하여 특정하고 있다. 본건 피의사실은 甲에 대한 V의 살인 및 사체유기사건이지만 乙이 관여한 사실도 문제된다.

2. 사진 ①의 촬영의 적법성

사진 ①은 T 사무소 내의 콘크리트 벽에 볼펜으로 쓰여진 글자를 지운 흔적으로, "1/12 △부두"라는 부분을 촬영한 것이다. "1/12"는 1월 12일을, "△부두"는 M 부두를 의미하며, 2009년 1월 11일 오후 9시경 乙로부터 전화가 걸려와, 甲이 "내일 밤, M 부두에서 차 전복사고를 가장하여 V를 살해하겠다"
고 말하였더니, 乙이 "부탁한다"고 말했다는 甲의 진술과 일치하므로 관련성
은 인정된다. 문제는 글자를 지운 흔적이 압수·수색영장의 압수할 물건의 유
형에 해당하는가에 있다. 영장기재 압수목적물인 메모란 유체물로서의 메모를
의미한다는 것이 국어적 상식이며, 글자를 지운 흔적 자체는 메모가 아니고,
콘크리트 벽을 메모라는 문자기재가 가능한 매체물이라고 볼 수도 없다. 이에
의하면 사진 ①은 압수·수색영장에 의하여 허용되는 범위를 벗어난 것으로서
그 사진촬영은 위법하다고 해야 한다. 그러나 콘크리트 벽은 압수할 수 없는
물건인데 글자를 지운 흔적에 관련성이 인정되어 사진촬영이 필요하고, 압수
보다 권리침해성이 약한 사진촬영에 의하는 것은 합리적이라고 보아야 하므로
적법하다고 할 수 있다($\binom{\text{日最判 1967.6.8.}}{\text{判時 487·38}}$). 사진촬영은 강제수사에 해당하지만 그것
은 고전적·전통적 강제처분에 포함되지 않는 새로운 강제처분이라는 점에 비
추어 ① 범죄가 현재 행하여지고 있거나 행하여진 직후이고, ② 증거로서의
필요성이 높고, ③ 증거보전의 긴급성이 인정되고, ④ 촬영방법이 상당할 것
이라는 엄격한 요건이 갖추어진 때에는 영장 없는 사진촬영도 허용된다는 점
($\binom{\text{대법원 1999.9.3, 99 도 2317;}}{\text{대법원 2013.7.26, 2013 도 2511}}$)에서 볼 때에도 같은 결론에 이를 수 있다.

3. 사진 ②, ③, ④ 촬영의 적법성

(1) 사진 ②와 ③의 촬영

　사진 ②는 A 명의의 X 은행 예금통장, 사진 ③은 A 명의의 Y 은행 예금
통장이며, 두 개 모두 통장의 표지와 글자가 적혀 있는 모든 면을 촬영한 것이
다. X 은행 예금통장의 2009년 1월 14일의 거래일란에는 카드에 의한 현금
300만 원의 인출이 기재되어 있고, 그 부분의 오른쪽 옆에는 "→ T. K"라고
연필로 기재되어 있었다(사진 ②). 1월 15일 甲이 乙로부터 V의 살해에 대한
보수의 일부로 300만 원을 받았다는 甲의 진술조서 제 6 항에 비추어 보면, 예
금통장의 300만 원의 인출과 "→ T. K"의 기재는, 乙이 1월 15일에 甲에게
준 300만 원을 1월 14일 예금통장에서 인출한 취지의 기재로 추인할 수 있다.
예금통장은 A 명의이지만, 사무실의 편지 케이스에 은행거래인장과 함께 보관
되어 있었다는 점에서 T 사 대표이사인 乙이 스스로 예금통장을 사용하여 인
출하는 것도 가능하다고 볼 수 있다. 따라서 사건과의 관련성이 인정된다. 또

압수·수색영장에는 압수할 물건으로 예금통장이 열거되어 있으므로 영장기재의 압수목적물에 해당한다. 따라서 사진 ②는 본건 압수·수색영장에 의하여 허용된 사진촬영으로서 적법하다고 해야 한다. 다만, X은행의 예금통장은 압수되었으므로 사진촬영의 필요성이 없는 것이 아닌가라는 점이 문제된다. 그러나 압수물에 대하여는 압수 후의 사진촬영도 압수에 포섭된 처분이라고 할 수 있으므로, 사진 ②의 사진촬영의 적법성에는 영향을 미치지 않는다고 해야 한다.

사진 ③은 A명의의 Y은행 예금통장이다. 그러나 이 통장에는 T사로부터의 정기적인 입금, 전기료나 수도료 등 정기적인 지출이 기재되어 있을 뿐으로, 사건과 무관계한 A개인의 예금통장이라고 추인된다. 따라서 사건과의 관련성이 없어, 압수·수색영장 기재의 압수할 물건에 해당하지 않는다. 결국, 영장 없는 사진촬영을 허용해야 할 근거가 없으므로 사진 ③의 촬영은 위법하다고 해야 한다.

(2) 사진 ④의 촬영

[사진 ④]는 乙의 여권의 명의부분, 명함 10매, 엽서 3매의 명의부분 및 인장 2개의 각인부분을 촬영한 것이다. 이들 물건과 사건과의 관련성이 명확하지 않으며, 촬영을 허용할 근거도 인정되지 않는다. 사진 ④는 피사체를 그 발견장소나 존재상태에 두고 촬영한 것이 아니라 책상 위에 두고 촬영한 것이므로, 이러한 촬영방법에서 볼 때 X은행 예금통장 등의 증거가치 보존목적의 촬영으로서 정당화될 여지도 없다.

Ⅲ. 실황조사서의 증거능력

[설문 2]는 범행현장인 M부두에서 행하여진 피고인 甲에 의한 범행재현을 촬영한 각 사진에 甲의 설명을 붙인 사법경찰관이 작성한 실황조사서의 증거능력을 묻고 있다. 다만, 검사가 주장하는 입증취지가 범행재현상황이 아니라 '피고인이 본건 차량을 바다 속에 추락시킬 수 있다는 범행의 물리적 가능성에 있다'는 점에 특색이 있다. 실황조사서 자체의 증거능력과 실황조사서에 첨부된 甲에 의한 범행재현장면의 사진과 그 밑에 기재된 甲의 지시설명의 증

거능력으로 나누어 검토하고자 한다.

1. 실황조사서 자체의 증거능력

　형사소송법 제312조 6항은 검증조서의 증거능력을 규정하고 있다. 이에 의하면 검사 또는 사법경찰관이 검증의 결과를 기재한 조서는 적법한 절차와 방식에 따라 작성된 것으로서 공판준비 또는 공판기일에서의 작성자의 진술에 따라 그 성립의 진정함이 증명된 때에 증거로 할 수 있다. 그러나 검증은 강제처분이기 때문에 수사기관이 작성한 검증조서의 증거능력은 법관의 영장에 의한 검증의 경우에 적용되는 것이다. 여기서 수사기관이 임의수사로서 행하는 실황조사(검찰사건사무규칙 제17조, 검사의 사법경찰관리에 대한 수사
지휘 및 사법경찰관리의 수사준칙에 관한 규정 제43조 1항)의 결과를 기재한 서면, 즉 실황조사서도 같은 조건에서 증거능력을 가질 것인가가 문제된다.

(1) 학설의 대립

　수사기관이 작성한 실황조사서의 증거능력을 인정할 것인가에 관하여는 부정설과 긍정설이 대립되고 있다.

　1) 부 정 설　　실황조사서는 법관의 영장에 의한 검증이 아니라 임의수사의 일종으로 행하여진 실황조사의 결과를 기재한 것이어서 검증조서가 아니므로 형사소송법 제312조 6항에 의하여 증거능력을 인정할 수 없다는 견해이다. ① 검증은 법관이 발행한 영장에 의한다는 형식을 취함에 의하여 관찰과 기술을 의식적으로 정확하게 하는 기능을 가지고 있음에 반하여 실황조사서에는 이러한 보장이 없고, ② 수사기관의 실황조사서를 검증조서에 포함시킬 때에는 사인이 조사결과를 기재한 서면도 같이 취급하지 않을 수 없어 그 한계가 불명하게 된다는 점을 이유로 한다. ③ 제312조 6항은 검증의 결과를 기재한 조서의 증거능력을 규정한 것인데, 실황조사서는 조서가 아니므로 이에 의하여 증거능력을 인정할 수 없다고 해석하는 견해도 있다.

　2) 긍 정 설　　실황조사서가 실질에 있어서 검증조서와 같은 성질이라는 이유로 수사기관이 작성한 검증조서에 준하여 증거능력을 인정해야 한다는 견해이다. ① 수사기관이 행하는 강제처분인 검증의 결과를 기재한 서면과 임의처분인 실황조사의 결과를 기재한 서면 사이에는 증거법상 본질적인 차이를 인정할 수 없으므로 수사기관이 작성한 실황조사서도 제312조 6항의 검증에 포함된다고 해석해야 하며, ② 수사의 전문가가 아닌 사인이 작성한 조사서

에 대한 일반인의 신뢰도는 수사기관의 그것에 비하여 현저히 낮다는 점에 비추어 수사기관 작성의 실황조사서에 한하여 증거능력을 인정하는 것은 당연하다는 점을 이유로 한다. 판례도 같은 입장이다($\binom{\text{대법원 2001. 5. 29,}}{\text{2000 도 2933}}$).

(2) 실황조사서의 증거능력

수사기관에 의한 검증은 강제처분인가 또는 임의처분인가를 불문하고 전문적인 훈련을 받은 수사관이 사건발생 직후의 현장에서 계획하여 사진촬영 등 과학적 방법을 활용하면서 검증의 대상을 정밀하고 상세하게 관찰·기록한 것이므로 성질상 주관적 판단이나 작위가 개입될 여지가 없다는 점에서 차이가 없다. 문제는 검증을 강제처분으로 하여 영장을 요하게 한 것이 검증의 정확성을 보장하는 기능을 가질 수 있는가에 있다. 그러나 형사소송법이 검증에 대하여 원칙적으로 영장을 필요로 하고 이에 대한 엄격한 조건과 방식을 규정하고 있는 것은 검증을 받는 자의 권리를 보호하기 위한 것이지 검증의 내용과 방법에 대한 규정이라고 볼 수 없다. 검증조서와 실황조사서는 강제처분인가 또는 임의처분인가의 차이가 있을 뿐이고 검증으로서의 차이가 있는 것이 아닌 이상, 실황조사서의 증거능력도 검증조서와 같이 제312조 6항에 의하여 판단해야 한다.

사법경찰관이 작성한 실황조사서는 적법한 절차와 방식에 따라 작성된 것으로서 공판준비 또는 공판기일에서 작성자의 진술에 의하여 그 성립의 진정함이 증명된 때에 한하여 증거능력이 인정된다. 여기서 작성자란 검증조서의 작성자를 의미하며, 성립의 진정이란 작성명의자가 작성했다는 형식적 진정성립과 실황조사의 대상인 범죄현장의 객관적 상황과 실황조사서의 기재가 일치한다는 실질적 진정성립을 포함한다. 작성자인 P의 공판정에서의 증언에 의하여 성립의 진정함이 증명되었다고 할 것이므로 실황조사서 자체의 증거능력은 인정하지 않을 수 없다.

2. 실황조사서의 첨부사진과 참여인 진술의 증거능력

실황조사서에 첨부된 甲에 의한 범행재현장면을 촬영한 7매의 사진(이하 '첨부사진'이라 한다)과 그 밑에 기재된 甲의 지시설명의 증거능력이 문제된다.

(1) 첨부사진의 증거능력

첨부사진은 甲이 범행을 재연하여 실험차량을 바다에 추락시키는 과정을 촬영한 것이며, 甲이 피의자신문조서 제 5 항에 기재된 대로 재현한 범행을 촬영한 것이다. 즉 첨부사진은 甲이 피해자 V의 인형을 차 운전석에 싣고, 브레이크를 풀고, 변속 레버를 조작하여 차를 움직이게 하고, 암벽에 부딪혀 정지된 차의 범퍼를 들어 올려 바다에 추락시켰다는 甲의 범행과정을 동작에 의하여 설명한 것이다. 그런데 검사는 첨부사진을 포함하여 실황조사서를 '피고인이 본건 차량을 바다에 침몰시킬 수 있다는 것, 즉 범행의 물리적 가능성'을 입증취지로 하여 증거조사를 청구하였다. 범행의 물리적 가능성을 입증취지로 하여 첨부사진을 비진술증거로 해석함으로써, 첨부사진과 지시설명을 포함하여 일체로서 실황조사서의 증거능력을 판단받고자 하는 취지라고 생각된다. 그러나 사실인정은 입증취지에 구속되는 것이 아니므로 요증사실의 여하는 법원이 실질적·객관적으로 판단해야 한다. 본건 첨부사진은 甲이 재현한 범행과정 그 자체이며, 범행의 물리적 가능성도 재현한 범행을 甲이 행한 사실이 인정되어야 비로소 인정될 수 있다. 따라서 첨부사진으로부터 추인되는 사실도 甲이 첨부사진과 같이 행위하여 본건 차량을 바다에 침몰시켜 사체를 유기했다는 범죄사실의 존재이다. 즉, 첨부사진의 요증사실은 재현된 甲의 범죄사실의 존재라고 해야 한다.

따라서 검증조서나 실황조사서에 첨부된 사진은 검증조서와 일체를 이루고 있으므로 원칙적으로 형사소송법 제312조 6항에 의하여 증거능력을 판단해야 하지만, 실황조사서에 첨부된 사진이 피고인이 자백한 범행내용을 현장에서 재현하고 이를 사진으로 촬영하여 첨부한 것에 불과한 때에는 그 실질에 있어서는 현장진술과 같다고 할 것이므로 제312조 3항에 의하여 피고인이 공판정에서 그 내용을 인정해야 증거능력을 가진다. 甲은 공판정에서 경찰에서의 진술이 사실과 다르다고 진술하고 있으므로 첨부사진의 증거능력은 부정하지 않을 수 없다.

(2) 甲의 지시설명의 증거능력

첨부사진의 밑에 기재된 甲의 지시설명에 대한 증거능력의 문제이다. 실황조사에 기재된 참여인의 진술의 증거능력에 관하여는 ① 현장지시인가 현장진술인가를 불문하고 피의자의 경우에는 제312조 3항에 의하여, 참고인의 경우에는 동조 제 4 항에 의하여 증거능력을 인정해야 한다는 견해와 ② 현장지시인 때에는 검증조서로서의 증거능력이 인정되고 현장진술인 경우에는 검증주체와 진술자에 따라 제312조 내지 제313조에 따라 증거능력이 인정된다는 견해도 있다. 그러나 현장지시인 경우에도 현장지시가 검증활동의 동기를 설명하는 비진술증거로 이용되는 때에는 검증조서와 일체성을 가지지만, 진술 자체가 범죄사실을 인정하기 위한 진술증거로 사용되는 때에는 현장진술과 같이 취급해야 한다. 甲의 진술기재부분은 사법경찰관이 작성한 피의자신문조서와 같이 제312조 3항에 의하여 증거능력의 인정 여부가 결정되므로, 공판준비 또는 공판기일에서 피고인이나 변호인이 그 내용을 인정한 때에 한하여 증거로 할 수 있다. 甲은 공판기일에서 실황조사서에 기재된 내용을 부인하고 있으므로 甲의 지시설명은 증거능력을 가질 수 없다.

Ⅳ. 결   론

수색장소에 소재하는 증거물의 기록내용을 취득하는 사진촬영은 압수·수색영장의 '집행에 필요한 처분'이 아니라 압수·수색 그 자체에 포섭된 부수처분이다. 사진촬영이 압수·수색 자체에 포섭된 처분인가는 촬영대상물이 사건과의 관련성이 인정되고 압수·수색영상에 기재된 압수목적물에 해당할 것을 요한다. 압수목적물에 해당하는 때에도 예외적으로 영장 없는 사진촬영이 허용되는 경우도 있을 수 있다. 이러한 전제에서 사진 ①과 ②의 촬영은 적법하다고 할 수 있다. 이에 반하여 사진 ③과 ④의 촬영은 사건과의 관련성이 인정되지 않으므로 적법하다고 할 수 없다.

검증조서와 실황조사서는 강제처분인가 또는 임의처분인가의 차이가 있을 뿐이고 검증으로서의 차이가 있는 것이 아닌 이상, 실황조사서의 증거능력도 검증조서와 같이 제312조 6항에 의하여 판단해야 한다. 실황조사서 자체는 작성자인 P의 공판정에서의 증언에 의하여 성립의 진정함이 증명되었다고 할 것이므로 실황조사서 자체의 증거능력은 인정하지 않을 수 없다. 그러나 실황조사서에 첨부된 사진이 피고인이 자백한 범행내용을 현장에서 재현하고 이를 사진으로 촬영하여 첨부한 것에 불과한 때에는 그 실질에 있어서는 현장진술과 같다고 할 것이므로 제312조 3항에 의하여 피고인이 공판정에서 그 내용을 인정해야 증거능력을 가진다. 사실인정은 입증취지에 구속되는 것이 아니므로 첨부사진의 요증사실은 재현된 甲의 범죄사실의 존재라고 해야 하기 때문이다. 첨부사진의 밑에 기재된 甲의 지시설명도 같다. 甲은 공판기일에서 실황조사서에 기재된 내용을 부인하고 있으므로 甲의 지시설명은 증거능력을 가질 수 없다.

[관련판례]

⑴ 대법원 1989. 3. 14, 88 도 1399, 「사법경찰관 사무취급이 작성한 실황조사서는 이 사건 사고가 발생한 직후에 사고장소에서 긴급을 요하여 판사의 영장없이 시행된 것이므로 이는 형사소송법 제216조 제3항에 의한 검증에 해당한다 할 것이고, 기록상 사후영장을 받은 흔적이 없으므로 이 실황조사서는 유죄의 증거로 삼을 수 없다.」

⑵ 대법원 1984. 5. 29, 84 도 378, 「기록에 의하여 사법경찰관이 작성한 실황조사서를 살펴보면 그 조사서에는 피의자이던 피고인이 사법경찰관의 면전에서 자백한 범행내용을 현장에 따라 진술, 재연하고 사법경찰관이 그 진술, 재연의 상황을 기재하거나 이를 사진으로 촬영한 것 외에 별다른 기재가 없는바, 피고인은 공판정에서 사법경찰관작성의 피의자신문조서에 기재된 진술내용은 물론 위 실황조사서에 기재된 진술내용 및 범행재연의 상황을 모두 부인하고 있으므로 그 실황조사서는 증거능력이 없다고 보아야 할 것이다.」

[39] 사진과 녹음테이프의 증거능력

[설 문]

1. 甲은 반정부 시위를 주도하면서 진압을 위해 출동한 경찰과 충돌하자 경찰관에게 화염병을 던지고 몽둥이로 전경을 때린 혐의를 받고 있었다. 검사는 甲을 화염병사용등의처벌에관한법률위반, 특수공무집행방해죄로 공소제기하면서 A신문사 사진기자가 취재활동을 하면서 시위현장을 촬영한 사진과 시위시 甲의 음성을 수록한 녹음테이프를 증거로 제출하였다. 검사는 경찰관 B를 증인으로 신청하여 사진과 녹음테이프의 관련성을 입증하고 사진기자의 이름은 밝힐 수 없다고 하였다. 甲은 사진과 녹음테이프를 증거로 하는 데 동의하지 않았다. 검사가 제출한 사진과 녹음테이프는 증거능력이 있는가.

2. 경찰관 C는 인기가수 乙이 집에서 동료들과 만나 대마초를 흡입한다는 정보를 입수한 후 비밀리에 乙의 집안에 정교한 집음마이크를 설치하고 파출소에서 수신기를 통하여 도청한 결과 乙이 대마초를 흡입한다는 증거를 확보하여 녹취한 녹음테이프를 근거로 乙을 마약류관리에관한법률위반(대마)으로 공소제기하였다.

   (1) 이 녹음테이프를 증거로 할 수 있는가.
   (2) 乙에게 원한을 가진 丙이 乙과 전화통화를 하면서 乙이 자기에게 같이 대마초를 피우자고 한 말을 녹음하여 경찰에 제출한 녹음테이프는 증거로 할 수 있는가.
   (3) 乙과 丙의 대화를 丁이 비밀녹음한 경우에 그 녹음테이프는 어떤가.

Ⅰ. 문제의 제기

근래 기계문명의 진보에 수반하여 사진과 녹음테이프는 서면을 대신하는 새로운 증거방법으로서 더욱더 중요시되고 있다. 사진은 과거에 발생한 일회적인 역사적 사실을 렌즈에 비친 대로 필름 또는 인화지에 기계적으로 재생시킨 증거방법이며, 녹음테이프는 사람의 음성과 그 밖의 음향을 기계적 장치를 통하여 기록하여 재생할 수 있도록 한 것으로서 기록과 재생능력의 기계적ㆍ과학적 정확성이 인간의 지각과 기억능력을 초월한다는 점에서 높은 증거가치를 가진 과학적 증거방법이라고 할 수 있다. 그러나 사진과 녹음테이프에 있어서도 인위적인 오류의 위험성이 없는 것은 아니다. 즉 사진은 피사체의 선정이나 촬영조건은 물론 현상과 인화과정에 조작의 가능성이 남아 있고, 녹음테이프는 녹음자와 편집자의 주관적 의도에 따라 녹음과 편집이 조작될 위험이 있다. 여기서 사진과 녹음테이프의 증거능력을 어떤 조건하에서 인정할 것인가가 문제되지 않을 수 없다.

　　사진은 그 성질상 사본으로서의 사진과 진술의 일부인 사진 및 현장사진으로 분류할 수 있으며, 녹음테이프도 진술녹음과 현장녹음으로 분류할 수 있다. 설문 1은 현장사진과 현장녹음의 증거능력에 관한 문제이며, 설문 2는 진술녹음, 특히 수사기관과 사인에 의하여 행하여진 비밀녹음의 증거능력을 묻는 문제이다.

Ⅱ. 현장사진의 증거능력

　　설문 1의 시위현장을 촬영한 사진의 증거능력은 현장사진의 증거능력을 묻는 것이다. 현장사진이란 범인의 행동에 중점을 두어 범행상황과 그 전후의 상황을 촬영한 사진으로서 독립증거로 이용되는 경우를 말한다. 본래 증거로 제출되어야 할 자료의 대용물로 제출된 사본으로서의 사진은 원본증거를 공판정에 제출할 수 없고 사건과의 관련성이 증명된 때에 한하여 증거능력이 인정되며, 진술의 일부인 사진은 진술증거인 검증조서나 감정서와 일체적으로 판단해야 한다는 점에 이론이 없다. 그러나 현장사진의 증거능력에 관하여는 비진술증거설과 진술증거설이 대립되고 있다.

1. 학설의 대립

(1) 비진술증거설

사진의 과학적 특성에 중점을 두어 사진은 렌즈의 체험에 의하여 필름이나 인화지에 남아 있는 과거의 역사적 사실에 대한 흔적이지 사람의 지각에 의한 진술이 아니므로 현장사진은 독립된 비진술증거라고 해석하는 견해이다. 이에 의하면 사진에 대하여는 전문법칙의 적용이 없는 것으로 된다. 비진술증거설은 다시 사진은 증거물이므로 당연히 증거능력이 인정된다는 견해와 비진술증거이기 때문에 관련성, 즉 현장의 정확한 영상이라는 사실이 인정되면 증거능력이 인정된다는 견해로 나누어진다. 이 경우에 사건의 관련성은 자유로운 증명으로 충분하므로 사진과 피사체가 일치한다는 사실이 인정되면 충분하며, 반드시 촬영자를 증인으로 신문하여야 하는 것은 아니고 제3자를 증인으로 신문하여도 관계 없다고 한다. 실무의 입장이다.

(2) 진술증거설

진술증거가 사람의 관찰·기억·표현을 통하여 사실을 보고하는 것이라면 사진은 기계의 힘에 의하여 사실을 재현하는 것이라는 점에서 양자는 사실의 보고라는 증거의 기능이 동일하므로 사진은 기록된 전문(recorded hearsay)으로서 작성과정에 인위적인 수정의 위험이 있으므로 진술증거로서 전문법칙이 적용된다고 해석하는 견해이다.

(3) 검증조서유사설

사진은 비진술증거이지만 조작가능성 때문에 예외적으로 검증조서에 준하여 제한적으로 증거능력을 인정해야 한다는 견해로서 검증조서유추설이라고도 한다.

2. 검토 및 문제의 해결

현장사진은 사실을 보고한다는 기능면에서 진술증거와 동일하다고 해야 할 뿐만 아니라, 촬영과 작성과정에 조작의 가능성이 있다는 것을 부정할 수 없고 또 그 위험은 사진기술의 발달에 따라 증가한다는 점에 비추어, 현장사진을 비진술증거라고 단정하여 전문법칙의 적용을 배제하는 것은 타당하다고 할 수 없다. 따라서 현장사진은 현장검증과 같은 기능을 가지는 것으로 보아 전문법칙이 적용되며, 촬영주체에 따라 법원의 경우는 제311조, 수사기관은 제312조 6항, 사인은 제313조 1항·2항에 따라 증거능력을 판단하여야 한다. 다만 촬영자가 진술할 수 없는 특별한 사정이 있는 때에는 제314조의 요건을 충족하는 경우에 증거로 할 수 있는 것은 물론이다.

설문 1의 甲의 시위현장을 촬영한 사진은 제313조 1항에 따라 촬영자인 A신문사 사진기자의 진술에 의하여 성립의 진정이 인정되어야 증거능력을 가지며, 단순히 경찰관 B의 증언에 의하여 관련성을 입증하는 것만으로는 증거능력을 인정할 수 없다. 비진술증거설에 의할 때에는 이 경우에도 현장사진을 증거로 할 수 있게 됨은 물론이다.

Ⅲ. 녹음테이프의 증거능력

1. 현장녹음의 증거능력

설문 1의 시위현장에서 녹취한 녹음테이프의 증거능력은 현장녹음의 증거능력을 묻는 문제이다. 현장녹음의 증거능력에 관하여도 현장사진의 경우와 마찬가지로 비진술증거설과 진술증거설이 대립되고 있다. 비진술증거설은 녹음테이프는 비진술증거이므로 전문법칙이 적용되지 않으며, 따라서 관련성만 증명되면 증거능력이 인정된다고 한다. 이에 반하여 진술증거설은 녹음테이프도 진술증거이므로 전문법칙이 적용되며, 제311조 내지 제313조에 따라 증거능력이 인정될 수 있다고 해석한다. 현장녹음의 경우에도 사실을 보고하는 성질을 가지고 있고 녹음과 편집과정에서의 조작의 위험성이 있다는 점에 비추어 진술증거설이 타당하다.

진술증거설에 의하면 현장녹음은 녹음자의 진술에 의하여 성립의 진정이 증명되어야 증거능력을 가진다. 설문 1에서는 녹음자인 A신문사 사진기자를 증인으로 신문하지 않는 이상 녹음테이프의 증거능력을 인정할 수 없게 된다.

2. 비밀녹음의 증거능력

설문 2의 문제 ⑴은 진술녹음 중 비밀녹음의 증거능력에 관한 것이다. 즉 수사기관인 사법경찰관의 불법감청 테이프와 이로 인한 자백의 증거능력 및 사인에 의한 비밀녹음, 특히 대화의 일방당사자에 의한 비밀녹음의 증거능력을 인정할 것인가이다. 먼저 진술녹음의 증거능력을 인정하기 위한 요건을 살펴보고, 불법감청 테이프의 증거능력과 사인에 의한 비밀녹음의 증거능력을 검토하기로 한다.

(1) 진술녹음의 증거능력

녹음테이프에 사람의 진술이 기재되어 있고 그 진술내용의 진실성이 증명의 대상이 된 때에는 녹음테이프가 진술증거로 사용된 경우이며, 녹음테이프의 재생에 의하여 지각된 사람의 진술내용에 대하여 반대신문이 보장되어 있지 않으므로 전문법칙이 적용된다는 점에 관하여는 견해가 일치하고 있다. 다만 진술녹음이 어떤 조건하에서 증거능력을 가지는가에 관하여 종래 다수설은 형사소송법 제313조가 적용되어, 피의자나 참고인이 자진하여 녹음한 때에는 진술자의 진술에 의하여 성립의 진정함이 증명된 때에 증거로 할 수 있고, 제 3자에 의하여 녹음된 경우에는 녹음자의 진술에 의하여 성립의 진정이 증명되어야 증거능력이 있다고 하였다. 그러나 진술녹음이 진술증거인 이상 원진술의 성격에 따라 제311조 내지 제313조가 적용된다고 해석하는 것이 타당하다고 생각된다. 따라서 검사가 피의자의 신술을 녹음한 때에는 원진술자의 진술에 의하여 성립의 진정함이 증명되어야 하고, 사법경찰관이 녹음한 때에는 그 내용을 인정해야 하며, 사인이 녹음한 경우에는 녹음자에 의하여 성립의 진정함이 증명되어야 한다고 하지 않을 수 없다. 진술녹음의 증거능력을 인정하기 위하여 녹음테이프에 서명·날인이 있어야 하는가에 대하여 필요설도 있으나, 녹음테이프는 원래 서명·날인에 적합하지 않은 증거방법이므로 진술자 또는 녹음자의 진술에 의하여 진술자의 음성임이 인정되고 녹음의 정확성이 증명되면 서명·날인이 있을 것을 요하지 않는다($\binom{대법원\ 2005.\ 12.\ 23,}{2005\ 도\ 2945}$)($\binom{제313조}{1항}$).

(2) 불법감청(도청)한 녹음테이프와 이로 인한 자백의 증거능력

경찰관 C가 乙의 대마흡연과정을 불법감청(도청)하여 녹취한 녹음테이프의 증거능력은 도청 내지 감청의 법적 성질과 직결되는 문제이다. 종래 도청도 강제력을 행사하거나 상대방에게 의무를 과하는 것이 아니라는 이유로 임의수사라고 해석하는 견해노 있었으나, 개인의 privacy에 대한 중대한 침해를 결과한다는 점에서 강제수사라고 해석하지 않을 수 없다. 통신비밀보호법이 일정한 요건 아래 법원의 허가를 얻을 때에만 전기통신의 감청을 허용하고 있는 것도 이러한 의미라고 할 수 있다. 즉 통신비밀보호법에 의하면 검사는 동법 제5조 1항에 규정된 범죄를 계획 또는 실행하고 있거나 실행하였다고 의심할 만한 충분한 이유가 있고 다른 방법으로는 그 범죄의 실행을 저지하거나 범인의 체포 또는 증거의 수집이 어려운 경우에 한하여 지방법원 또는 지원의 허가를 얻어 통신제한조치를 할 수 있다(제6조 1항). 마약류관리에관한법률위반 피의사건이 통신비밀보호법 제5조의 대상범죄임에는 의문이 없다. 그러나 C는 법원에 통신제한조치를 청구하여 허가를 받지 아니하고 비밀로 도청하여 그 대화내용을 녹음한 것이므로 불법감청 테이프는 위법하게 수집된 증거로서 증거능력이 없다고 하지 않을 수 없다. 통신비밀보호법 제3조는「누구든지 이 법과 형사소송법 또는 군사법원법의 규정에 의하지 아니하고는 우편물의 검열·전기통신의 감청 또는 통신사실확인자료의 제공을 하거나 공개되지 아니한 타인 간의 대화를 녹음 또는 청취하지 못한다」고 규정하고 있으며, 동법 제4조에서는「불법검열에 의하여 취득한 우편물이나 그 내용 및 불법감청에 의하여 지득 또는 채록된 전기통신의 내용은 재판 또는 징계절차에서 증거로 사용할 수 없다」고 규정한 이외에, 동법 제14조 1항은「누구든지 공개되지 아니한 타인 간의 대화를 녹음하거나 전자장치 또는 기계적 수단을 이용하여 청취할 수 없다」고 규정하고, 이 경우에도 동법 제4조의 규정을 적용하고 있다(동조 제2항). 이 범위에서 통신비밀보호법 제4조는 위법수집증거배제법칙의 특칙이라고 할 수 있다.

따라서 C가 녹취한 녹음테이프는 통신비밀보호법 제4조에 의하여 증거능력이 없다고 해야 한다. 또 불법감청한 녹음을 기초로 얻은 자백도 위법한 절차에 의하여 취득한 자백으로 증거능력이 부정된다고 하지 않을 수 없다.

(3) 사인에 의한 비밀녹음의 증거능력

1) 사인에 의한 비밀녹음   설문 2의 문제 (3)은 사인인 丁이 乙과 丙의 대화내용을 비밀녹음한 경우, 즉 사인이 비밀녹음한 녹음테이프의 증거능력을 인정할 것인가의 문제이다. 공개되지 아니한 타인간의 대화를 녹음하거나 청취하는 것을 금지하고 있는 통신비밀보호법 제14조 1항 및 불법감청한 내용은 재판에서 증거로 사용할 수 없다고 규정한 제4조에 의하여 사인이 타인간의 대화를 비밀녹음한 녹음테이프의 증거능력은 부정해야 하는 것은 당연

하다$\binom{\text{대법원 2001. 10. 9,}}{\text{2001 도 3106}}$.

　　2) 대화의 일방당사자에 의한 비밀녹음　　설문 2의 문제 (2)는 丙이 乙과의 대화내용을 비밀녹음한 경우, 대화당사자가 비밀녹음한 녹음테이프의 증거능력을 인정할 것인가의 문제이다. 이 경우에도 대화상대방의 privacy를 침해한 것이므로 그 증거능력을 부정해야 한다는 견해도 있다. 그러나 통신비밀보호법은 제14조 1항에서 「공개되지 아니한 타인간의 대화를 녹음하거나 전자장치 또는 기계적 수단을 이용하여 청취할 수 없다」고 규정하고, 이 경우에 제 4 조를 준용하여 증거능력을 부정하고 있을 뿐 대화당사자에 의한 녹음에 관하여는 아무런 규정이 없다$\binom{\text{동조}}{\text{제 2 항}}$. 전화의 일방당사자가 대화내용을 녹음하거나 대화당사자가 대화내용을 녹음한 때에는 대화의 비밀성이 인정되지 않기 때문에 privacy를 보호해야 할 필요가 없다. 협박 또는 유괴사건이 발생한 경우에 피해자의 신고에 의하여 전화의 발신지를 추적하는 것도 이러한 의미에서 허용된다고 하겠다. 판례도 일관하여 대화당사자가 비밀녹음한 녹음테이프의 증거능력을 인정하고 있다$\binom{\text{대법원 1997. 3. 28, 96 도 2417; 대법원 1999. 3. 9,}}{\text{98 도 3169; 대법원 2001. 10. 9, 2001 도 3106}}$.

　　따라서 丙이 乙과의 대화내용을 녹음한 녹음테이프는 피고인인 乙의 진술을 기재한 서류에 해당되어$\binom{\text{대법원 2012. 9. 13,}}{\text{2012 도 7461}}$, 원진술자인 乙의 진술에 의하여 성립의 진정함이 증명되면 증거능력이 있다$\binom{\text{제313조}}{\text{1항 본문}}$. 다만, 乙이 부인하더라도 녹음자인 丙의 진술에 의하여 성립의 진정함이 증명되고 특신상태하에서 행하여진 때에는 증거능력이 있다$\binom{\text{제313조}}{\text{1항 단서}}$.

Ⅳ. 결　　론

　　甲의 시위현장을 촬영하고 녹화한 현장사진과 현장녹음은 진술증거이므로 검증조서에 준하여 촬영자 또는 녹음자의 진술에 의하여 성립의 진정함이 증명되어야 증거능력을 가진다. 경찰관이 乙의 대마파티를 도청한 녹음테이프는 통신비밀보호법의 적법절차에 따르지 아니한 강제처분이므로 증거능력이 인정될 수 없으며, 이를 근거로 乙이 자백한 때에는 그 자백도 증거능력이 없다고 해야 한다. 그러나 대화의 일방당사자의 동의를 받거나 일방당사자가 비밀녹음한 녹음테이프는 비밀성이 상실되어 증거능력을 인정하지 않을 수 없다. 다만 사인이 타인간의 대화를 비밀녹음한 때에는 통신비밀보호법 제14조와 동법 제 4 조에 의하여 증거능력이 없게 된다.

[관련문제]

1. 경찰관 A는 인기가수 甲이 동료 연예인들과 그의 집에서 대마초를 흡입하고 있다는 정보를 甲의 친구 B로부터 입수하였다. B는 자신이 甲과 통화하면서 甲이 스스로 대마흡입 사실을 시인하는 말을 하자 이를 비밀녹음한 후 녹음테이프(1)를 A에게 제출하였다. A는 이 사실을 확인하기 위하여 甲의 집에 들어가 집음마이크를 설치하고 파출소에서 집음기를 통하여 甲이 친구들과 대마를 흡입하는 사실이 녹취된 녹음테이프(2)를 확보하였다. A는 甲의 친구들의 신분을 확인하기 위하여 甲의 집 앞 전신주에 카메라를 설치하고 1주일간 甲의 집에 출입하는 사람을 비디오로 촬영한 결과 동료 가수인 乙과 丙이 甲의 집에 수회 출입하는 것이 비디오테이프(3)에 촬영되었다. 甲, 乙 및 丙이 공판정에서 범죄사실을 강력히 부인하자 검사는 두 개의 녹음테이프와 1개의 녹화테이프를 증거로 제출하였다.

　　이들 녹음 및 녹화테이프 3개는 어떤 조건에서 증거로 할 수 있으며, 또 증거능력을 인정할 수 있는가.

《쟁　점》

(1) 녹음테이프 (1)의 증거능력에 관하여

　(개) 진술녹음의 증거능력에 대하여 제313조 적용설과 제311조 내지 제313조 적용설 중 어떤 견해가 타당한가.

　(내) 녹음테이프에 서명·날인이 있어야 하는가.

　(대) 사인에 의한 비밀녹음의 경우에 위법수집증거배제법칙이 적용되는가. 대화당사자에 의한 비밀녹음은 어떤가.

(2) 녹음테이프 (2)의 증거능력에 관하여

　(개) 현장녹음의 증거능력에 대한 비진술증거설과 진술증거설 중 어떤 견해가 옳은가.

　(내) 불법감청에 의한 녹음테이프의 증거능력을 인정할 수 있는가.

　　① 불법감청은 강제수사인가 임의수사인가.

　　② 통신비밀보호법위반과 관련하여 위법수집증거배제법칙이 적용되는가.

(3) 녹화테이프 (3)의 증거능력에 관하여

　㈎ 현장사진은 비진술증거인가 진술증거인가.

　㈏ 영장 없는 비밀촬영에 대하여 위법수집증거배제법칙이 적용되는가.

　　① 사진촬영은 임의수사인가 강제수사인가.

　　② 영장 없는 사진촬영은 어떤 요건에서 허용되는가.

《해　설》

　녹음테이프 (1)은 제313조 1항의 요건을 충족하면 증거능력이 인정된다. 그러나 녹음테이프에는 서명・날인을 요하지 않는다. 사인에 의한 비밀녹음에 대하여는 위법수집증거배제법칙이 적용되지 않는다. 사인이 타인간의 대화를 비밀녹음한 때에는 통신비밀보호법에 의하여 증거능력이 부정되지만, 대화당사자에 의한 비밀녹음은 증거능력이 부정되지 않는다.

　녹음테이프 (2)는 경찰관 A가 녹음한 현장녹음에 해당한다. 현장녹음도 진술증거이므로 제312조 6항에 의하여 증거능력이 인정된다. 그러나 불법감청은 강제수사이며, 불법감청에 의한 녹음테이프는 위법수집증거배제법칙이 적용되는 경우이지만, 통신비밀보호법 제14조에 의하여 증거능력이 부정된다.

　녹화테이프 (3)도 진술증거에 해당한다. 동의 없는 사진촬영도 강제수사에 해당한다. 그러나 사진촬영의 성질에 비추어 ① 범죄가 현재 행하여지고 있거나 행하여진 직후일 것, ② 증거로서의 필요성이 높을 것, ③ 증거보전의 긴급성이 인정될 것, ④ 촬영방법이 상당할 것이라는 요건이 충족되면 영장 없는 촬영도 허용된다.

2.　A지역에서 주차해 둔 차량에 흠집을 내는 일이 자주 발생하자 그 지역 주민들은 범인을 잡기 위하여 차량주차구역에 무인카메라를 설치해 두었다. 마침 그 지역에서 강제추행사건이 발생하였으나, 목격자가 없어 수사에 어려움을 겪고 있던 경찰은 이 무인카메라에 甲이 乙을 야간에 강제로 추행하는 장면이 녹화되었음을 알게 되어, 그 장면이 녹화된 비디오테이프를 주민들로부터 넘겨받아 조사하였다. 甲은 수사과정에서 무인카메라에 찍힌 사람이 본인이 아니라고 하면서 범행을 완강하게 부인하였으나, 검사는 비디오테이프에 녹

화된 범인의 모습과 甲이 일치하고 추행의 결과 乙이 상해를 입었다고 판단
하여 甲에 대하여 강제추행치상죄로 공소를 제기하고, 공판절차에서 비디오
테이프를 증거로 제출하였다.

1. 경찰이 비디오테이프를 주민들로부터 제출받는 행위의 법적 성격과 적
   법여부를 논하시오.
2. 제1심 법원이 비디오테이프를 증거로 채택하였다면, 그 결정은 적법한
   것인가를 논하시오.
3. 제1심 법원이 공소사실 중 상해부분을 인정할 수 없다고 판단한다면,
   법원은 직권으로 강제추행 부분에 대해서만 유죄판결을 할 수 있는가를
   논하시오.

(제47회 사법시험 출제문제)

《쟁 점》

1. 비디오테이프를 제출받는 행위의 법적 성질은 무엇인가.
   ⑴ 임의제출물의 압수, 즉 영치는 강제수사인가 임의수사인가.
   ⑵ 강제수사라면 영장주의가 적용되는가. 영장주의의 예외가 인정된다면 그
      근거는 무엇인가.
2. 비디오테이프의 증거채택은 적법한가.
   ⑴ 비디오 촬영행위는 적법한가(문제 [17] 참조).
      1) 사진촬영은 강제수사인가 임의수사인가.
      2) 적법한 사진촬영이 되기 위한 요건은 무엇인가.
   ⑵ 비디오테이프는 증거능력이 있는가.
      1) 현장사진은 진술증거인가 또는 비진술증거인가.
      2) 제312조 6항이 적용되는가 또는 제313조가 적용되는가.
      3) 제313조에 의하여 증거능력을 인정하기 위한 요건은 충족되었는가.
3. 공소장변경이 필요한가(문제 [26] 참조).
   ⑴ 공소장변경의 필요성을 판단하기 위한 기준은 무엇인가.
   ⑵ 사실기재설에 의할 경우에 필요성 판단의 구체적 기준은 어떠한가.
   ⑶ 축소사실의 인정의 경우에 공소장변경이 필요한가.

《해 설》

비디오테이프를 제출받는 행위는 임의제출물의 압수에 해당한다. 임의제출물의

압수는 강제수사이지만, 영장주의의 예외가 인정되는 경우이다. 사진촬영의 성질에 관하여는 강제수사설과 임의수사설이 대립되고 있으나, 다수설은 강제수사라고 해석한다. 그러나 강제수사설에 의하더라도 ① 범죄가 현재 행하여지고 있거나 행하여진 직후이고, ② 증거의 필요성이 인정되고, ③ 사진촬영의 긴급성이 인정되고, ④ 촬영방법의 상당성이 인정되면 영장 없는 촬영을 허용한다. 사진촬영은 적법하다. 비디오테이프는 현장사진으로 증거능력이 인정되어야 한다. 현장사진은 진술증거이므로 검증조서에 준하여 증거능력이 인정되어야 하지만, 사인이 촬영한 사진에 대하여는 제313조의 요건이 충족되어야 한다. 따라서 촬영자의 진술에 의하여 성립의 진정함이 증명되고, 특신상태가 긍정되어야 한다. 사실기재설에 의할 때 축소사실의 인정에 대하여는 공소장변경을 요하지 않는다. 따라서 법원은 검사의 공소장변경이 없더라도 강제추행죄로 유죄판결을 할 수 있다.

[관련판례]

(1) 대법원 2004. 9. 13. 2004 도 3161, 「수사기관이 아닌 사인(私人)이 피고인 아닌 사람과의 대화내용을 촬영한 비디오테이프는 형사소송법 제311조, 세312조의 규정 이외에 피고인 아닌 자의 진술을 기재한 서류와 다를 바 없으므로, 피고인이 그 비디오테이프를 증거로 함에 동의하지 아니하는 이상 그 진술부분에 대하여 증거능력을 부여하기 위하여는, 첫째 비디오테이프가 원본이거나 원본으로부터 복사한 사본일 경우에는 복사과정에서 편집되는 등 인위적 개작 없이 원본의 내용 그대로 복사된 사본일 것, 둘째 형사소송법 제313조 제1항에 따라 공판준비나 공판기일에서 원진술자의 진술에 의하여 그 비디오테이프에 녹음된 각자의 진술내용이 자신이 진술한 대로 녹음된 것이라는 점이 인정되어야 할 것인바, 비디오테이프는 촬영대상의 상황과 피촬영자의 동태 및 대화가 녹화된 것으로서, 녹음테이프와는 달리 피촬영자의 동태를 그대로 재현할 수 있기 때문에 비디오테이프의 내용에 인위적인 조작이 가해지지 않은 것이 전제된다면, 비디오테이프에 촬영·녹음된 내용을 재생기에 의해 시청을 마친 원진술자가 비디오테이프의 피촬영자의 모습과 음성을 확인하고 자신

과 동일인이라고 진술한 것은 비디오테이프에 녹음된 진술내용이 자신이 진술한 대로 녹음된 것이라는 취지의 진술을 한 것으로 보아야 한다.」

(2) 대법원 2005. 12. 23, 2005 도 2945, 「피고인과 피해자 사이의 대화내용에 관한 녹취서가 공소사실의 증거로 제출되어 그 녹취서의 기재내용과 녹음테이프의 녹음내용이 동일한지 여부에 관하여 법원이 검증을 실시한 경우에 증거자료가 되는 것은 녹음테이프에 녹음된 대화내용 그 자체이고, 그 중 피고인의 진술내용은 실질적으로 형사소송법 제311조, 제312조의 규정 이외에 피고인의 진술을 기재한 서류와 다름없어 피고인이 그 녹음테이프를 증거로 할 수 있음에 동의하지 않은 이상 그 녹음테이프 검증조서의 기재 중 피고인의 진술내용을 증거로 사용하기 위해서는 형사소송법 제313조 제 1 항 단서에 따라 공판준비 또는 공판기일에서 그 작성자인 피해자의 진술에 의하여 녹음테이프에 녹음된 피고인의 진술내용이 피고인이 진술한 대로 녹음된 것임이 증명되고 나아가 그 진술이 특히 신빙할 수 있는 상태하에서 행하여진 것임이 인정되어야 할 것이고, 녹음테이프는 그 성질상 작성자나 진술자의 서명 혹은 날인이 없을 뿐만 아니라, 녹음자의 의도나 특정한 기술에 의하여 그 내용이 편집·조작될 위험성이 있음을 고려하여, 그 대화내용을 녹음한 원본이거나 혹은 원본으로부터 복사한 사본일 경우에는 복사과정에서 편집되는 등의 인위적 개작 없이 원본의 내용 그대로 복사된 사본임이 입증되어야만 하고, 그러한 입증이 없는 경우에는 쉽게 그 증거능력을 인정할 수 없다.」

(3) 대법원 2010. 3. 11, 2009 도 14525, 「피고인과 甲·乙의 대화에 관한 녹취록은 피고인의 진술에 관한 전문증거인데 피고인이 위 녹취록에 대하여 부동의한 경우, 乙이 위 대화를 자신이 녹음하였고 녹취록의 내용이 다 맞다고 법정에서 진술하였다 하더라도, 녹취록에 그 작성자가 기재되어 있지 않을 뿐만 아니라 검사 역시 녹취록 작성의 토대가 된 위 대화내용을 녹음한 원본 녹음테이프 등을 증거로 제출하지도 아니하는 등 형사소송법 제313조 제 1 항에 따라 위 녹취록의 진정성립을 인정할 수 있는 요건이 전혀 갖추어지지 아니한 이상, 그 녹취록의 기재는 증거능력이 없어 이를 증거로 사용할 수 없다.」

(4) 대법원 1997. 3. 28, 96 도 2417, 「피고인의 동료교사가 학생들과의 사적인

대화중에 학생들에게 북한을 찬양·고무하는 발언을 하였다는 사실에 대한 학생들의 대화내용을 학생들 모르게 녹음한 녹음테이프에 대하여 실시한 검증의 내용은 녹음테이프에 녹음된 대화의 내용이 검증조서에 첨부된 녹취서에 기재된 내용과 같다는 것에 불과하여 증거자료가 되는 것은 여전히 녹음테이프에 녹음된 대화의 내용이라고 할 것인바, 그 중 위와 같은 내용의 학생들의 대화의 내용은 실질적으로 형사소송법 제311조, 제312조 규정 이외의 피고인 아닌 자의 진술을 기재한 서류와 다를 바 없으므로, 피고인이 그 녹음테이프를 증거로 할 수 있음에 동의하지 않은 이상 녹음테이프의 녹음내용 중 위와 같은 내용의 학생들의 진술 및 이에 관한 검증조서의 기재 중 학생들의 진술내용을 공소사실을 인정하기 위한 증거자료로 사용하기 위하여서는 형사소송법 제313조 제 1 항에 따라 공판준비나 공판기일에서 원진술자인 학생들의 진술에 의하여 이 사건 녹음테이프에 녹음된 각자의 진술내용이 자신이 진술한 대로 녹음된 것이라는 점이 인정되어야 한다.」

(5) 대법원 1999. 3. 9, 98 도 3169, 「수사기관이 아닌 사인이 피고인 아닌 사람과의 대화내용을 녹음한 녹음테이프는 형사소송법 제311조, 제312조 규정 이외의 피고인 아닌 자의 진술을 기재한 서류와 다를 바 없으므로, 피고인이 그 녹음테이프를 증거로 할 수 있음에 동의하지 아니하는 이상 그 증거능력을 부여하기 위하여는, 첫째 녹음테이프가 원본이거나 원본으로부터 복사한 사본일 경우(녹음디스크에 복사할 경우에도 동일하다)에는 복사과정에서 편집되는 등의 인위적 개작 없이 원본의 내용 그대로 복사된 사본일 것, 둘째 형사소송법 제313조 제 1 항에 따라 공판준비나 공판기일에서 원진술자의 진술에 의하여 그 녹음테이프에 녹음된 각자의 진술내용이 자신이 진술한 대로 녹음된 것이라는 점이 인정되어야 할 것이고, 사인이 피고인 아닌 사람과의 대화내용을 대화상대방 몰래 녹음하였다고 하더라도 위와 같은 조건이 갖추어진 이상 그것만으로는 그 녹음테이프가 위법하게 수집된 증거로서 증거능력이 없다고 할 수 없으며, 사인이 피고인 아닌 사람과의 대화내용을 상대방 몰래 비디오로 촬영·녹음한 경우에도 그 비디오테이프의 진술부분에 대하여도 위와 마찬가지로 취급되어야 할 것이다.」

[40] 전문증거와 재전문, 압수·수색과 필요한 처분

[설 문]

다음 [사례]를 읽고 아래 [설문 1] 및 [설문 2]에 답하시오.

(2008년 일본 신사법시험 출제문제)

[사 례]

1. 경찰은 폭력단 X조직에 의한 향정신성의약품 밀매의 정보를 입수하고, 수사를 개시하였다. 그 결과, 마약류관리에관한법률위반 전과 1범인 X조직 간부 甲이 필로폰을 밀매하여 X조직의 활동자금을 얻으려는 영리의 목적으로, 2008년 1월 상순경 자신의 집인 A맨션 201호에서 다량의 필로폰을 소지하고 있다는 혐의가 농후해졌다. 이에 경찰은 향정신성의약품 영리목적 소지의 범죄사실로 압수대상 물건을 필로폰, 소분도구, 수첩, 노트로 하고, 수색해야 할 장소를 A맨션 201호 甲의 집으로 하는 압수·수색영장을 발부받았다.

　　甲의 집은 5층 건물인 A맨션의 2층에 있고, 방 4개, 거실, 식당, 부엌 및 목욕탕이 붙어 있는 구조인데, 甲의 집 현관문 오른쪽 옆에는 공용부분인 통로에 접하여 유리창이 설치되어 있고, 그 창은 알루미늄샤시제로서 2매의 유리(각 유리의 크기는 길이 1.5미터, 폭 0.9미터)가 미닫이로 되어 있었다. 그 이외에 통로 쪽으로 설치된 창은 없었다. 甲의 집에는 항상 X조직의 조직원 2-3명이 기거하고 있다.

　　마약류 관리에 관한 법률은 향정신성 의약품을 매매, 매매의 알선 또는 수수할 목적으로 소지·소유한 자를 무기 또는 5년 이상의 징역에 처하고(제58조 1항 3호, 제3조 6호), 영리의 목적으로 제1항의 행위를 한 자를 사형, 무기 또는 10년 이상의 징역에 처하고 있다(제58조 2항). (주: 2008년 당시)

2. 2008년 1월 15일 오전 8시경 사법경찰관 경정 P는 위 압수·수색영장을 소지하고 사법경찰관 Q 등 부하 5명과 함께 甲의 집을 수색하기 위하여 甲의 집 현관문 앞 통로에 모였다. Q가 甲의 집 초인종을 누르자 甲의 집 안에서

문쪽으로 다가오는 발소리가 들렸고, 그 직후 "누구십니까"라는 남자의 소리가 들렸다. 이에 Q는 문 너머로 "경찰이다. 문을 열어라"고 고지했지만 문은 열리지 않았고, "위험하다"라는 등의 남자의 소리가 나고, 문 부근에서 사람이 멀어져 가는 발소리가 들릴 뿐만 아니라 집 안에서 여러 사람이 당황하여 돌아다니는 발소리가 들렸다. Q는 현관문 손잡이를 돌려서 문을 열려고 하였지만 시정되어 있어 손으로 문을 세게 두드리고 초인종을 누르면서 "빨리 열어라, 수색영장이 나와 있다"고 수회에 걸쳐 소리를 질렀지만, 문이 열릴 기색은 없었으며, 甲의 집 안에서는 아무런 응답도 없었다. 그래서 Q는 甲의 집 현관문 오른쪽 옆에 있는 유리창을 열려고 하였으나 시정되어 있어 소지하고 있던 수갑을 사용하여 우측 유리창 1매를 깨고 약 20센티미터 둘레의 구멍을 만들었다. 이 때는 처음 경찰이라는 사실을 고지한 이후 약 30초가 경과한 시점이었다. Q는 그 구멍으로 손을 넣어 창 안측에 있는 자물쇠를 밖으로 돌려서 유리창을 열고, 그곳을 통해 甲의 집 안으로 들어갔다.

P 등 5명은 Q에 이어서 차례로 甲의 집에 들어갔고, "놓여 있는 물건에 손대지 말라"고 말하면서 甲의 집 각 방으로 흩어졌다. Q가 甲의 집 안에 있는 사람을 확인하였더니 甲이 거실에, 두 명의 조직원이 각각 다른 방에 있었다. 총 3명이 甲의 집 안에 있는 것으로 판명되자, Q는 이들 3명의 근처에서 그들의 행동을 주시할 수 있는 위치에 서 있었다. 그곳에서 P는 甲에게 압수·수색영장을 제시하였다. 이 때는 Q가 처음 甲의 집에 들어가서부터 약 3분이 경과한 시점이다. 그 후 P는 甲을 참여인으로 하여 필로폰 등을 찾기 시작했다. Q는 거실에 놓여 있던 사이드 보드의 서랍 속에서 적색 파우치를 발견하고 이를 열어 보았더니, 그 파우치 안에는 비닐봉지에 들어 있는 50그램의 백색 분말이 있었다.

3. Q가 甲의 승낙을 받아 그곳에서 백색 분말의 예비시험을 실시하였고, 그것이 필로폰임을 확인할 수 있었다.

Q는 "피의자 甲은 영리의 목적으로 2008년 1월 15일 A맨션 201호실인 甲의 집에서 필로폰 50그램을 소지하였다"라는 피의사실로 甲을 현행범인으로 체포함과 동시에 형사소송법 제216조 1항 2호에 의하여 위 필로폰을 압수하였다.

Q가 깨뜨렸던 甲 집의 창 유리는 즉시 업자에 의하여 수리되었고 그 비용으로 20만 원이 들었다.

4. 甲은 체포·구속 중의 신문에서 "발견된 필로폰은 내 것이 아니다. 필로폰에 대해서는 일체 모른다"고 진술하는 등 일관하여 부인하였다.

　경찰이 수사를 하던 중 甲이 W라고 하는 여성과 교제하고 있는 것이 밝혀졌다. W는 5년 전부터 회사원으로 근무하고 있는데, 이전에 회사원으로 근무하면서도 클럽에서 여종업원으로 아르바이트를 한 적이 있으며, 그 클럽에 손님으로 온 甲과 알게 되어 약 1년 전부터 甲과 교제하게 되었다. W는 그 직후 아르바이트를 그만두고 주말에 甲의 집에 다니면서 청소를 한다거나 세탁을 하는 등 甲을 돌보는 생활을 하고, 甲은 한 달에 수회 W가 살고 있는 아파트 집에 자러 가는 등 교제하고 있었다.

　이상의 상황에서 W의 집에 본건 범행에 관한 증거물이 존재할 개연성이 높았기 때문에, 경찰은 W 집의 압수·수색영장을 발부받아 2008년 1월 18일 W가 부재 중이었기 때문에 아파트의 관리인을 참여인으로 하여 W의 집을 수색하고, 자물쇠가 잠겨져 있던 책상 서랍 속에서 노트 1권(이하 '본건 노트')을 발견하고 이를 압수하였다.

5. 본건 노트는 시판되고 있는 100페이지 분량의 노트로, 그 표지에는 "2005년 10월 13일 -"이라고 기재되어 있었다. 각 페이지에는 날짜와 약간의 내용이 기재되어 있었다. 날짜는 2005년 10월 13일에서 시작하여 1주일 사이에 3일 내지 5일 정도의 비율로 그 경과순으로 기재되어 있고, 2008년 1월 15일에 끝났다. 그리고 각각의 날짜 아래에는 물건 사러 간 것, 식사한 것, 친구 만난 것 등의 일이나 그것에 관한 감상이 기재되어 있다. 이들 기재부분은 날에 따라 만년필 쓰거나 볼펜으로 쓰여져 있지만, 공백으로 되어 있는 페이지는 없다. 기재가 있는 마지막 페이지는 [자료]와 같으며, 동월 6일, 9일 및 15일분의 문자는 만년필로, 동월 11일, 12일 및 14일분의 그것은 볼펜으로 각각 쓰여져 있다.

　본건 노트에 기재된 문자의 필적은 모두 W의 것이다.

6. 경찰은 본건 노트의 기재내용에 관하여 W를 신문하고자 하였으나, W는 교통사고를 당하여 2008년 1월 20일에 사망하였기 때문에 신문할 수가 없었다. 또 사고시 W는 B사 제품인 갈색 가방을 가지고 있었고, 그 가방 속에는 W 집의 열쇠와 위 책상 서랍 열쇠가 들어 있었다.

　수사 결과, C 백화점이 동월 6일 위 가방과 같은 종류의 물건 1개를 980,000원에 판 사실, 동월 12일 오전 10시 18분 W 집 부근에 있는 은행에 설치된 현금자동지급기에서 W 명의의 보통예금 계좌로부터 현금 300,000원이 이체된 사실, W가 같은 날 D녀와 함께 E 시내에 있는 영화관에서 영화를 보고 상점가에서 액세서리나 양복을 구경한 사실이 밝혀졌다.

7. 그 후 검사는 필요한 수사를 마치고, "피고인 甲은 영리의 목적으로 2008년

1월 15일 A맨션 201호실 甲의 집에서 필로폰 50그램을 소지하였다"는 공소사실로 甲을 기소하였다.

甲은 제1회 공판기일에서 위 공소사실에 대하여 "우리 집 맨션에서 발견된 필로폰은 내 것이 아니며, 이를 소지한 일은 없다. 물론 영리의 목적도 없었다"고 진술하였고, 변호인도 같은 취지의 진술을 하였다.

검사는 'W가 2008년 1월 14일 甲의 집에서 본건 필로폰을 발견하고 甲과 대화한 상황, 본건 필로폰을 甲과 乙이 입수한 상황 및 X조직이 과거에 필로폰을 매각한 때의 매각가격'을 입증취지로 하여 증거물인 서면으로 본건 노트를 증거로 제출하였다.

이에 대하여 甲의 변호인은 "증거물로서의 조사에는 이의가 없지만, 서증으로는 부동의한다"라는 의견을 진술하였다.

甲과 본건 필로폰을 결부시킬 증거와 함께 본건 필로폰의 입수상황 및 과거의 필로폰 매각가격에 관한 증거는 본건 노트 및 甲의 집에서 압수된 본건 필로폰 이외에는 없다.

[설문 1] 본건 노트의 증거능력에 대하여 그 입증취지에 따라 구체적 사실을 적시하면서 논하시오(다만, 그 압수·수색절차의 적법성에 대하여는 논할 필요가 없다).

[설문 2] 甲의 집에 대한 수색의 적법성에 대하여 구체적 사실을 적시하면서 논하시오.

[자료] W의 집에서 압수된 본건 노트의 최종 페이지

2008년

1월 6일

정월 휴가도 오늘로 끝난다. 내일부터는 일해야 한다. 힘내자. 그러나 휴일 후유증 때문에 일할 것을 생각하면 조금은 우울하다. 주말이 기다려진다.

맛있다고 소문난 이태리 식당에 甲을 따라 갔다. 확실히 파스타가 맛있었다.

식사 후, C백화점 앞에서 가지고 싶었던 갈색 가방을 사달라고 甲을 졸라서 甲이 사줬다. 980,000원이나 했는데, 甲이 좋다.

1월 9일

오늘 甲이 올 예정이었는데 오지 않았고, 전화해 보았다.

몸 컨디션이 나쁜 것 같았고, 甲의 전화소리에 기운이 없었다.

조금은 걱정이 된다. 주말에는 회복되었으면 좋겠다.

벌써 새벽 0시다. 내일 일에 지장이 없게, 이제 자자.

1월 11일

내일부터 3일 연휴다. 내일은 D녀와 영화보러 갈 예정. 영화를 본 지도 오래되었다.

은행에 가는 것을 잊었다. 내일 ATM에서 돈을 인출해야지.

300,000원만 있으면 다음 급료일까지는 괜찮다.

1월 12일

오늘은 E시로 나가서 D녀와 함께 영화를 보았다. 액션물로 재미있었다.

요새는 DVD를 빌려서 집에서 보는 일이 많았지만, 역시 영화관의 큰 스크린으로 보니까 박력이 있었다. 그 후 윈도우 쇼핑을 하고 돌아왔다.

1월 14일

오늘, 甲의 맨션으로 갔다. 세탁물이 쌓여 있어서 생각보다 시간이 걸렸다. 청소를 하고 있을 때, 사이드 보드의 서랍 속에서 보이지 않던 적색의 파우치를 발견하였다. 여자의 물건 같아서 나 외에 여자가 있을지도 모른다고 생각하고 속을 보니까 백색 가루가 비닐봉지에 들어 있었다. 급히 甲이 "그것에 손대지 말라"고 말하고, 그 파우치를 빼앗았다. 나는 놀라서 "왜 그러느냐"고 물었더니, 甲은 "너가 다녔던 클럽에도 데리고 갔던 Y조직의 乙로부터 필로폰 50그램을 25,000,000원을 주고 넘겨받았다. 우리 조직에서는 0.1그램을 150,000원에 팔 수 있다"고 말했다.

필로폰이라는 것은 처음 보았다. 어쩐지 두렵다. 甲이 경찰에 체포되지 않을까 걱정이다. 나도 저런 것을 봐서 무슨 죄가 되는 것은 아닌가 걱정이다. 솔직히 아무것도 보지 않았으면 좋았을 것이라고 생각했다.

불안해서 오늘 밤은 잘 수 없을 것 같다. 그래도 또 날이 바뀌니까 일찍 자야 하지 않겠나.

1월 15일

오늘부터 또 일이 시작된다. 힘내자.

甲과 연락이 되지 않는다. 오늘은 계속 부재 중 전화로 되어 있다.

어쩐 일인가. 무엇인가 불길함에 가슴이 두근거린다.

Ⅰ. 문제점의 정리

사례의 [설문 1]은 전문증거와 재전문의 증거능력을 묻는 문제이다. 전문증거란 원진술자의 진술을 내용으로 하는 진술증거로서 원진술내용에 의하여 요증사실을 증명하는 경우, 즉 원진술자의 진술내용의 진실성이 요증사실이 된 경우를 말한다. 따라서 진술증거가 전문증거인가의 여부는 요증사실과의 관계에서 검토해야 한다. 전문증거는 지각 → 기억 → 표현 → 기재의 각 단계에 허위가 개재될 위험성이 있고, 반대신문의 기회가 보장되지 않았다는 이유로 원칙적으로 증거능력이 부정된다. 따라서 전문증거의 증거능력을 인정하기 위하여는 전문법칙의 예외에 해당하는가를 검토해야 한다. 본건 노트의 기재내용 중 甲이 乙로부터 필로폰 50그램을 입수하였고, 이를 0.1그램당 150,000원에 팔 수 있다는 기재부분은 재전문에 해당한다. 이에 대하여 증거능력을 인정할 것인가는 재전문의 증거능력을 인정할 수 있는가, 또 어떤 요건이 필요한가를 살펴보아야 한다.

[설문 2]는 甲의 집을 수색한 점에 대한 수사의 적법성을 묻고 있다. 사법경찰관 P 등은 압수·수색영장을 발부받아 甲의 집을 수색하였으므로 영장과 관련된 문제는 제기되지 않는다. 따라서 수사의 적법성과 관련해서는 ① Q 등이 甲의 집 현관문 오른쪽 옆에 있는 유리창의 유리 1매를 깨어 구멍을 낸 후 집에 들어간 것이 적법한가, ② 甲의 집에 들어가서 약 3분이 경과한 후에 P가 甲에게 압수·수색영장을 제시한 것이 적법한가, ③ 甲의 집에서 백색 분말의 예비시험을 실시한 것이 적법한가가 문제된다고 할 수 있다.

Ⅱ. [설문 1]의 해결

1. 전문증거의 증거능력

검사는 'W가 2008년 1월 14일 甲의 집에서 본건 필로폰을 발견하고 甲과 대화한 상황, 본건 필로폰을 甲과 乙이 입수한 상황 및 X조직이 과거에 필로폰을 매각한 때의 매각가격'을 입증취지로 하여 본건 노트를 증거로 제출하였다. 먼저 W가 2008년 1월 14일 甲의 집에서 본건 필로폰을 발견하고 甲과 대화한 상황 및 본건 필로폰을 甲과 乙이 입수한 상황에 관한 노트의 2008. 1. 14 일자 기재부분은 그 요증사실로부터 甲이 본건 필로폰을 소지한 사실을 추인하기 위한 것이므로, 진술내용의 진실성을 요증사실로 한 것이 분명하다. 따라서 노트의 기재내용을 증거로 하기 위해서는 전문법칙의 예외에 해당해야 한다. 노트의 기재내용은 형사소송법 제313조 1항의 진술서에 해당한다. 노트에 기재된 글은 W의 자필로 작성한 것이기 때문이다. 따라서 이를 증거로 하기 위하여는 작성자인 W의 진술에 의하여 성립의 진정이 증명되거나(제313조 1항 본문), W가 그 성립의 진정을 부인하는 경우에는 과학적 분석결과에 기초한 디지털포렌식 자료, 감정 등 객관적 방법으로 성립의 진정함이 증명되고, 피고인 또는 변호인이 공판준비 또는 공판기일에 그 기재 내용에 관하여 작성자인 W를 신문할 수 있었을 때에는 증거능력을 인정할 수 있다(제313조 2항). 그러나 W는 사망하였기 때문에 성립의 진정을 증명할 수 없다. 문제는 본건 노트의 기재내용을 제315조 3호의 특히 신용할 만한 정황하에 작성된 문서라고 할 수 있는가, 또 이를 제314조에 의하여 증거능력을 인정할 수 있는가에 있다.

(1) 특신문서에 해당하는가

본건 노트는 W가 일기 형식으로 기재한 것이므로 제315조 3호의 특히 신용할 만한 문서에 해당한다고 볼 수 있는가가 문제된다. 그러나 제315조 3호의 문서는 동조 1호와 2호에 준할 정도의 고도의 신용성이 문서 자체에 의하여 보장되는 서면을 말한다. 개별적·구체적 사정에 따라 신용성을 판단해야 할 문서는 여기에 해당하지 않는다. 따라서 일기나 편지 또는 메모는 3호의 특신문서라고 할 수 없다.

(2) 제314조에 의하여 증거능력이 인정되는가

제314조는 「제312조 또는 제313조의 경우에 공판준비 또는 공판기일에 진술을 요할 자가 사망·질병·외국거주·소재불명 그 밖에 이에 준하는 사유로 인하여 진술할 수 없는 때에는 그 조서 및 그 밖의 서류(피고인 또는 피고인 아닌 자가 작성하였거나 진술한 내용이 포함된 문자·사진·영상 등의 정보로서 컴퓨터용디스크, 그 밖에 이와 비슷한 정보저장매체에 저장된 것을 포함한다)를 증거로 할 수 있다. 다만, 그 진술 또는 작성이 특히 신빙할 수 있는 상태하에서 행하여졌음이 증명된 때에 한한다」고 규정하고 있다. 필요성과 신용성의 정황적

보장을 조건으로 증거능력을 인정한 전문법칙의 전형적 예외이며, 전문법칙을 지나치게 엄격하게 적용하면 확실한 범죄인을 처벌하지 못하게 될 우려가 있다는 것을 고려한 결과이다.

본건 노트가 제313조 1항의 서류에 해당하고, W는 2008년 1월 20일에 교통사고로 사망하였기 때문에 그가 공판기일에서 진술할 수 없다는 점은 분명하다. 본건 노트는 압수된 필로폰을 甲이 취득하였고 매각할 목적으로 소지하고 있었음을 인정할 유일한 증거이므로 증거로 할 필요성이 있다는 것도 부정할 수 없다.

문제는 그 작성이 특히 신용할 만한 상태(특신상태)하에서 행하여졌다고 인정할 수 있는가이다. 특신상태는 증거능력의 요건이므로 외부적 부수사정에 따라 판단하지 않을 수 없다(대법원 2012.7.26, 2012 도 2937). 다만, 외부적 부수사정을 추인하는 한도에서는 진술내용을 판단요소로 하는 것이 허용된다. 그런데 일기는 통상 사실을 기재하는 것이며, W가 타인으로부터 일기를 쓰는 것을 강제당한 사정은 없으며, 본건 노트는 이 사건과 관계없이 작성된 것이었다. 뿐만 아니라 수사 결과 C 백화점에서는 2008년 1월 6일 W가 소지한 가방과 같은 종류의 물건 1개를 980,000원에 판 사실, 동월 12일 오전 10시 18분 W 집 부근에 있는 은행에 설치된 현금자동지급기에서 W 명의의 보통예금 계좌로부터 현금 300,000원이 이체된 사실, W가 같은 날 D녀와 함께 E 시내에 있는 영화관에서 영화를 보고 상점가에서 액세서리나 양복을 구경한 사실이 밝혀진 것도 노트의 기재내용과 일치한다. 따라서 본건 노트의 기재내용에 대한 진실성이 인정된다고 할 수 있다.

결국 본건 노트는 필요성과 신용성의 정황적 보장이 인정되어 제314조에 의하여 증거능력을 가진다고 해야 한다.

2. 재전문의 증거능력

본건 필로폰을 甲과 乙이 입수한 상황 및 X조직이 과거에 필로폰을 매각한 때의 매각가격이라는 입증취지에 부합하는 증거는 노트에 甲이 "Y조직의 乙로부터 필로폰 50그램을 25,000,000원을 주고 넘겨받았다. 우리 조직에서는 0.1그램을 150,000원에 팔 수 있다"고 말했다는 기재부분이다. 그런데 이 진술 기재부분은 甲의 진술을 W가 노트에 기재한 것이므로 재전문에 해당한다.

（1） 재전문의 증거능력

　재전문이란 전문증거의 내용에 다시 진문증거를 포함하는 경우, 즉 이중의 전문을 의미하며, 여기에는 본건과 같이 전문진술을 서면에 기재한 경우뿐만 아니라 전문진술을 들은 자로부터 전문한 진술이 포함된다. 재전문증거의 증거능력을 인정할 것인가에 대하여는 견해가 대립되고 있다. **부정설**은 재전문은 이중의 예외이며, 그 증거능력을 인정하는 명문의 규정이 없으므로 증거능력을 부정해야 한다고 한다. 이에 반하여 **긍정설**은 법정 외의 진술 하나하나가 전문법칙의 예외를 충족하는 때에는 증거로 할 수 있다고 해석한다. 즉 W의 기재는 제313조 또는 제314조에 의하여, 甲의 진술은 제316조 1항의 요건을 충족하면 증거능력이 인정된다는 것이다. 판례는 종래 재전문진술이나 재전문진술을 기재한 조서는 증거능력이 없지만, 전문진술을 기재한 조서는 제312조 내지 제314조와 제316조의 요건을 충족하면 증거능력을 인정할 수 있다고 판시한 바 있다(대법원 2000. 3. 10, 2000 도 159; 대법원 2001. 10. 9, 2001 도 3106). 생각건대 재전문진술이나 전문진술이 기재된 조서는 전문이라는 점에 차이가 없으며, 각각의 전문증거가 전문법칙의 예외에 해당하는 이상 증거능력을 부정해야 할 이유는 없다고 하겠다.

（2） 노트에 기재된 **甲**의 진술부분의 증거능력을 인정할 것인가

　먼저 W의 진술기재부분에 증거능력이 인정되어야 한다. 그러나 W의 노트 기재가 형사소송법 제314조의 요건을 충족하여 증거능력이 인정된다는 점은 앞에서 검토한 바와 같다(Ⅱ의 1 (2)).

　문제는 甲의 진술부분이 제316조 1항의 요건을 충족하는가에 있다. 제316조 1항은 「피고인 아닌 자의 공판준비 또는 공판기일에서의 진술이 피고인의 진술을 내용으로 하는 것인 때에는 그 진술이 특히 신빙할 수 있는 상태하에서 행하여졌음이 증명된 때에 한하여 이를 증거로 할 수 있다」고 규정하고 있다. 그런데 甲의 진술은 연인인 W에게 한 것이므로 임의성에 의심이 있다고 할 수 없다. 본건 노트의 기재내용에 신용성이 인정된다는 점도 앞에서 본 바와 같다. 따라서 본건 노트도 제314조와 제316조 1항의 요건을 충족하여 증거능력이 인정된다고 해야 한다.

Ⅲ. [설문 2]의 해결

수색의 적법성을 쟁점별로 검토하기로 한다.

1. 압수·수색영장의 집행과 필요한 처분

Q 등이 甲의 집 현관문 오른쪽 옆에 있는 유리창의 유리 1매를 깨뜨려 구멍을 낸 후 집에 들어간 것이 적법한가의 문제이다. 형사소송법 제120조는 「압수·수색영장의 집행에 있어서는 건정을 열거나 개봉 기타 필요한 처분을 할 수 있다」고 규정하고 있다(제219조에 의하여 수사기관의 압수·수색에도 준용). 수색시에 수색대상자 등의 방해로 수색이 원활하게 되지 않을 경우를 예상한 규정이다. Q 등의 행위가 적법한가는 여기서 말하는 필요한 처분에 해당하는가의 문제이며, 영장집행에 필요한 처분이라고 하기 위해서는 그 행위의 필요성과 상당성이 인정되어야 한다.

본건에서는 필로폰의 수색이 문제되었고, 필로폰은 화장실에 넣고 흘려버리기만 해도 증거를 인멸할 수 있고, 1분 내에 증거인멸이 가능하다. 그런데 Q가 甲의 집 초인종을 누르고 경찰임을 알리고 수색영장이 나왔다고 한 후 30초가 경과하였는데, 현관문 부근까지 다가온 남자가 멀어져 가는 발소리가 들리고, 또한 실내에서 수인이 당황하여 돌아다니는 발소리가 들렸다. 그렇다면 甲의 집 안에서는 증거인멸행위가 행해지고 있다고 추인되므로 유리창을 깨고 甲의 집에 들어갈 필요성은 인정된다고 해야 한다.

Q는 甲의 집에 있는 사람에게 문을 열라고 요구하였으나, 문이 열릴 기색이 없자 甲의 집 현관문 오른쪽 옆에 있는 유리창을 열려고 하였지만 시정되어 있었기 때문에, 소지하고 있던 수갑을 사용하여 우측 유리 1매를 깨뜨리고 약 20센티미터 둘레의 구멍을 만들어 甲의 집에 들어갔으며, 깨진 유리는 즉시 업자로 하여금 수리케 하였다. 甲의 집 현관에는 현관문 및 유리창 이외에는 甲의 집 안으로 들어갈 길이 없었고, 유리창을 깨는 것이 현관문을 부수는 것보다는 파괴 정도가 경미하였다. 결국 Q가 유리창을 깬 것은 상당성이 인정되고, 따라서 Q의 행위는 필요한 처분으로서 적법하였다고 해야 한다.

2. 압수·수색영장의 제시

압수·수색영장은 처분을 받는 자에게 반드시 제시해야 한다($^{제118조,}_{제219조}$). 반드시 사전에 제시하여야 하며, 구속에 있어서와 같은 긴급집행은 인정되지 않는다. 수색대상자의 방어권을 충분히 보장하기 위한 것이다. P 등 5명이 甲의 집에 들어가서 약 3분이 경과한 후에 甲에게 압수·수색영장을 제시한 것이 사전제시의 원칙에 반하지 않는가가 문제된다. 그러나 수색대상자가 고의로 영장제시를 받지 않거나, 증거인멸행위를 행하는 때에는 수색의 실효성을 확보하기 위하여 영장제시 전에 현장보존조치를 취하는 것은 법이 허용한다고 해석해야 한다. 대법원은 현행범인을 체포하는 경우에 사전에 범죄사실의 요지와 체포의 이유 등을 고지해야 하지만, 달아나는 피의자를 붙들거나 폭력으로 대항하는 피의자를 실력으로 제압하는 경우에는 붙들거나 제압하는 과정 또는 제압한 후에 고지하여도 적법하다고 판시한 바 있다($^{대법원 2008. 10. 9,}_{2008 도 3640}$). 압수·수색영장의 제시에도 같은 이론이 적용된다고 해야 한다.

문제는 Q 등의 甲의 집 안에서의 행위가 필요한 현장보존조치라고 할 수 있는가에 있다. Q 등은 甲의 집에 들어가서 "놓여 있는 물건에 손대지 말라"고 하고, 甲의 집 각 방으로 흩어졌고, 甲이 거실에, 두 명의 조직원이 각각 다른 방에 있는 것을 확인하고, 이들 3명의 근처에서 그의 행동을 주시할 수 있는 위치에 가서 甲에 대하여 압수·수색영장을 제시하였으므로 이는 증거인멸행위를 막기 위하여 필요한 현장보존행위가 된다고 하지 않을 수 없다. 그리고 Q가 처음 甲의 집에 들어가서부터 약 3분이 경과한 후에 영장을 제시한 것만으로 부당하게 영장제시가 지연되었다고도 할 수 없다.

3. 분말의 예비시험의 적법성

Q가 甲의 승낙을 받아 甲의 집에서 발견된 백색 분말의 예비시험을 실시한 행위는 압수의 필요성을 판단하기 위한 것이므로 압수·수색영장의 집행에 필요한 처분이라고 할 수 있다. 甲의 승낙이 있다는 점도 위 행위가 적법하다는 판단자료가 된다. 따라서 분말의 예비시험도 적법하다고 해야 한다.

Ⅳ. 결   론

W가 2008년 1월 14일 甲의 집에서 본건 필로폰을 발견하고 甲과 대화한 상황 및 본건 필로폰을 甲과 乙이 입수한 상황에 관한 노트의 2008. 1. 14일자 기재부분은 형사소송법 제313조와 제314조의 요건을 충족하였으므로 증거능력을 가진다. 甲이 "Y조직의 乙로부터 필로폰 50그램을 25,000,000원을 주고 넘겨받았다. 우리 조직에서는 0.1그램을 150,000원에 팔 수 있다"고 말했다는 노트의 기재부분은 재전문에 해당하지만, 제314조와 제316조 1항의 요건을 충족하였으므로 증거로 할 수 있다. 압수·수색영장을 집행하기 위하여 甲의 집 현관문의 유리창을 깬 것은 영장집행에 필요한 처분으로 필요성과 상당성이 인정되어 적법하고, 경찰관이 甲의 집에 들어가서 甲 및 조직원들의 소재를 확인하고 약 3분 후에 영장을 제시한 것은 압수·수색시의 증거인멸행위를 막기 위하여 필요한 현장보존행위로서 적법하며, 분말의 예비시험도 영장집행시의 필요한 처분으로 적법하다고 하지 않을 수 없다. 결국, W의 노트에 기재된 증거는 모두 증거능력을 가지며, 경찰관의 수사는 적법하다고 해야 한다.

[41] 거짓말탐지기 검사결과의 증거능력

[설 문]

甲은 乙을 강간한 후에 살해한 혐의로 경찰에서 수사를 받고 있었다. 甲이 범행을 극구 부인하자 담당경찰관 A는 甲에게 거짓말탐지기 검사를 시도하였다. A는 甲의 동의를 받은 후 긴장최고점질문법(POT)에 의한 거짓말탐지기 검사를 한 결과 乙이 입고 있던 옷을 비롯하여 범행도구였던 칼 등에 관한 甲의 진술이 허위라고 판단하였다. A는 거짓말탐지기의 검사결과를 토대로 甲을 추궁하였고, 이에 甲은 경찰에서 범행을 자백하기에 이르렀으며, 검사 앞에서도 같은 자백을 반복하였다. 그러나 甲은 공판정에서 다시 범행을 부인하기 시작하였고, 검사는 거짓말탐지기 검사결과와 검사 작성의 피의자신문조서 등을 증거로 제출하였다. 甲은 검사 작성의 피의자신문조서에 대하여 성립의 진정은 인정하였다.

⑴ 거짓말탐지기 검사결과는 증거능력이 있는가.

⑵ 甲이 검사결과를 증거로 하는 데 동의한 때에는 증거능력을 가질 수 있는가.

⑶ 거짓말탐지기 검사결과를 근거로 취득한 자백을 기재한 검사 작성의 甲에 대한 피의자신문조서는 증거능력을 인정할 수 있는가.

I. 문제의 제기

설문은 거짓말탐지기의 검사결과와 거짓말탐지기 검사결과를 토대로 얻은 자백의 증거능력을 묻는 문제이다. 거짓말탐지기의 검사결과는 피의자 등의 피검자에게 피의사실과 관계 있는 질문을 하여 진술하게 하고 그 때 피검자의 호흡·혈압·맥박·피부전기반사 등에 나타난 생리적 반응을 특별한 과학적 기

기인 거짓말탐지기(polygraph)에 기록한 후, 이를 관찰·분석하여 피검자의 피의사실에 대한 진술의 허위나 피의사실에 대한 인식의 유무를 판단하는 것을 말한다. 과학수사기술의 발달에 따라 우리나라에서도 본격적으로 활용되고 있는 과학적 수사기법의 하나라고 할 수 있다. 과학적 수사기법은 자백강요라는 전통적인 인권침해를 제거하는 데 공헌하였으나 이로 인하여 인간의 존엄과 가치 내지 인간의 인격권을 침해할 가능성이 열리게 되었다. 여기서 피검자의 동의를 받지 아니한 거짓말탐지기의 검사결과는 인격권의 침해일 뿐만 아니라 진술거부권을 침해하기 때문에 증거능력을 인정할 수 없다는 점에는 특별한 문제가 없다. 설문은 피검자의 동의를 얻은 검사결과의 증거능력을 문제삼고 있다.

Ⅱ. 거짓말탐지기 검사결과의 증거능력

1. 학설과 판례의 태도

형사재판에 있어서 거짓말탐지기의 기능은 나라에 따라 차이가 있다. 미국에서는 거짓말탐지기를 수사방법으로는 널리 사용하면서 증거로는 허용하지 않는 것에 반하여, 독일에서는 거짓말탐지기의 사용 자체를 허용하지 않는 것으로 해석한다. 이에 반하여 일본에서는 거짓말탐지기의 검사결과도 일정한 조건 아래 그 증거능력을 인정하고 있다. 문제 (1)은 피검자의 동의를 받고 실시한 거짓말탐지기 검사결과의 증거능력을 인정할 것인가에 관한 문제이다. 거짓말탐지기 검사결과의 증거능력에 관하여는 긍정설과 부정설이 대립되고 있으며, 부정설은 다시 증거능력을 부정하는 이유에 관하여 의견이 나누어진다.

(1) 긍 정 설

거짓말탐지기의 검사결과는 피검자의 동의 또는 적극적인 요구가 있을 것을 요건으로 증거능력을 인정한다. 이 견해는 ① 피검자의 동의가 있는 때에는 인격권의 침해라고 할 수 없고, ② 검사결과는 감정서의 성질을 가지므로 동의가 있는 때에는 증거능력이 인정될 뿐만 아니라, ③ 검사결과 피의사의 신술이 진실이라고 인정될 때에는 수사가 신속히 종결된다는 점에서 동의가 있으면 검사결과의 증거능력을 인정해야 된다고 해석한다. 일본의 하급심판례 중 다수판결은 일본에는 배심제도가 채택되지 않았고 검사기계의 성능과 검사기술이 우수하기 때문에 자연적 관련성을 인정해야 한다는 이유로 감정의 결과를 기재한 서면으로서 거짓말탐지기 검사결과의 증거능력을 인정하고 있고($\substack{東京高決 \\ 1966.6.30. \\ 判時 \\ 458\cdot64}$), 최고재판소도 피고인의 동의가 있는 때에는 증거능력을 인정하였다($\substack{日最決 1968.2.8. \\ 刑集 22\cdot2\cdot55}$). 이에 의하면 甲에 대한 거짓말탐지기 검사결과도 증거능력을 가지게 된다.

(2) 부 정 설

피검자의 동의를 얻은 경우에도 거짓말탐지기 검사결과의 증거능력을 절대적으로 부정하는 견해이다. 다만 부정설은 증거능력을 부정하는 논거에 따라 다음의 두 가지 입장으로 대별할 수 있다.

첫째는 거짓말탐지기의 검사가 인간의 인격을 침해하는 것이므로 절대적으로 허용될 수 없으며, 따라서 피검자의 동의가 있는 경우에도 거짓말탐지기의 검사결과는 증거로 사용할 수 없다고 이해한다. 이에 의하면 거짓말탐지기의 검사결과는 증거능력이 없을 뿐만 아니라 수사방법으로 거짓말탐지기를 사용하는 것 자체도 허용되지 않는다. 독일 연방법원이 「거짓말탐지기의 검사는 피의자의 의사결정과 의사활동의 자유를 침해하는 것이므로 독일 형사소송법 제136조의 a의 증거금지에 해당한다」고 판시하였고($\substack{BGHSt. \\ 5, 332}$), 연방헌법재판소가 1981. 8. 18.의 결정에서 「형사절차에서의 증거방법으로 거짓말탐지기를 사용하는 것은 피고인 또는 피의자의 동의가 있는 경우에도 허용되지 않는다」고 판시한 것($\substack{BVerfG\ NStZ \\ 1981, 446}$)이 여기에 해당하며, 현재까지 독일의 통설이 취하고 있는 입장이다. 인격권의 침해는 법적 근거가 있는 경우에만 허용되며 피검자의 동의만으로는 허용되지 않는다는 것을 이유로 한다.

둘째, 거짓말탐지기의 검사결과는 최량의 조건에서도 증거로 허용될 수 있는 신빙성, 즉 자연적 관련성이 없기 때문에 증거능력을 부정해야 한다는 입장이다. 즉 증거능력을 인정하기 위하여는 관련성의 법칙이 적용되며, 증거가 증명하려는 사실에 대하여 필요한 최소한도의 증명력도 가지지 않은 때에는 관련성이 없고, 관련성이 없는 증거를 조사하는 것은 시간낭비에 지나지 않으므로 증거능력이 부정되는데, 거짓말탐지기의 검사결과는 검사결과의 정확성을 신뢰할 수 없기 때문에 절대적으로 증거능력을 부정해야 한다는 것이다.

(3) 판   례

대법원은 거짓말탐지기의 검사결과에 대하여, ① 거짓말을 하면 반드시 일정한 심리적 반응을 일으키고, ② 그 심리상태의 변동은 반드시 생리적 반응을 일으키며, ③ 그 생리적 반응에 의하여 피검자의 말이 거짓인가의 여부가 정확히 판정될 수 있어야 하고, ④ 거짓말탐지기가 위 생리적 반응을 정확히 측정할 수 있는 장치여야 하며, ⑤ 검사자가 탐지기의 측정내용을 객관성 있고 정확하게 판독할 능력이 있는 경우라야 그 정확성을 담보할 수 있어 증거능력을 부여할 수 있다고 하며, 위 요건을 갖추어 증거능력이 인정되는 경우라 하더라도 피검자의 신빙성을 가늠하는 정황증거로서의 기능을 하는 데 그친다고 한다$\left(\begin{smallmatrix} \text{대법원 1983. 9. 13, 83 도 712;} \\ \text{대법원 1986. 11. 25, 85 도 2208} \end{smallmatrix}\right)$.

2. 검토 및 문제의 해결

거짓말탐지기의 검사결과가 전문지식에 의한 판단을 필요로 한다는 점에서 감정으로서의 성격을 가지고 있는 것은 사실이다. 그러나 과학적 수사기법으로서의 거짓말탐지기의 검사결과는 전문가들 사이에서도 지속적이고 과학적인 승인이 결여되어 있다는 점에 문제가 있다. 즉 거짓말탐지기의 검사결과는 다른 감정결과에 비하여 그 정확성과 신뢰성이 현저히 떨어진다. 진실과 거짓을 구별하는 것은 기계가 아니라 검사자에 의한 해석이며, 진실과 거짓을 구별할 명확한 기준이 있는 것도 아니다. 검사결과의 정확성도 피고인이 진범인가를 확인할 수 없는 이상 방법론상 의문이라고 하지 않을 수 없다. 이러한 의미에서 거짓말탐지기의 검사결과는 기계와 기술의 정확성에 대한 일반인의 신뢰와 검사자에 대한 개별적인 신뢰가 결여되어 있기 때문에 증거능력을 인정할 수 없다고 해석하는 다수설이 타당하다고 해야 한다.

문제는 거짓말탐지기의 검사를 인격권을 침해하는 수사방법으로 금지된다고 해석할 것인가에 있다. 그러나 인격권을 침해하는 수사방법은 피검자의 동의가 있는 경우에도 언제나 허용되지 않는다고 해석하는 것은 타당하다고 할 수 없다. 거짓말탐지기의 검사는 피검자의 진술의 진실성을 조사하는 것이지 심리적 현상 자체를 심사하는 것이 아니며, 마취분석과 같은 정도의 인격침해의 실체를 가지는 것은 아닐 뿐만 아니라 검사결과는 진실발견에 유용하다고 보아야 하기 때문이다. 따라서 甲에 대한 거짓말탐지기의 검사결과는 절대적으로 허용될 수 없는 수사방법은 아니지만 자연적 관련성이 없기 때문에 증거능력이 부정된다고 해야 한다.

Ⅲ. 거짓말탐지기 검사결과와 증거동의

　　문제 ⑵는 甲이 증거로 함에 동의한 때에는 거짓말탐지기의 검사결과가 증거능력을 가지는가의 문제이다. 일본의 최고재판소는 피고인의 동의가 있는 때에는 거짓말탐지기의 검사결과가 증거능력을 가질 수 있다고 판시한 바 있다(日最決 1968. 2. 8. 刑集 22·2·55). 그러나 이 문제는 거짓말탐지기의 검사결과가 증거동의의 대상이 될 수 있는가라는 관점에서 검토되어야 한다.

　　증거로 함에 대한 당사자의 동의의 본질에 관하여는 이를 증거능력에 대한 당사자의 처분권을 인정한 것이라고 보는 **처분권설**과 반대신문권의 포기라고 보는 **반대신문권포기설**이 대립되고 있다. 전설에 의하면 전문증거뿐만 아니라 모든 증거물이 동의의 대상이 되지만, 후설은 전문증거인 서류 또는 진술에 대하여만 동의가 가능하게 된다. 다만 거짓말탐지기의 검사결과는 전문지식을 가진 검사자가 검사결과를 분석한 보고서라는 점에서 전문증거이며, 이 범위에서는 어느 견해를 취하더라도 동의의 대상이 된다고 할 수 있다. 그러나 거짓말탐지기의 검사결과는 전문증거로서 형사소송법 제313조 3항의 감정서에 해당하지만 반대신문권의 결여 때문에 증거능력이 부정되는 것이 아니라 자연적 관련성이 없기 때문에 증거능력이 부정된다는 점에 문제가 있다. 처분권설에 의하면 이 경우에도 동의에 의하여 증거능력을 인정할 수 있으나, 후설에 의하면 동의만으로는 증거능력을 인정할 수 없게 된다. 전설에 의하면 증거에 대한 당사자처분권주의를 인정하는 결과가 된다는 점에서 통설인 반대신문권포기설이 타당하다고 생각된다.

　　따라서 거짓말탐지기의 검사결과는 당사자가 증거로 함에 동의한 때에도 증거능력을 인정할 수 없다.

Ⅳ. 거짓말탐지기 검사와 자백의 증거능력

문제 (3)은 거짓말탐지기의 검사결과를 기초로 추궁하여 얻은 자백의 증거능력을 인정할 것인가에 관한 문제이다. 다만, 甲은 경찰에서 거짓말탐지기 검사를 받은 후 경찰에서 자백하였지만 사법경찰관이 작성한 피의자신문조서는 甲이 내용을 부인하면 증거로 할 수 없기 때문에 甲이 성립의 진정을 인정한 검사 작성의 피의자신문조서의 증거능력이 문제된다. A가 검사결과 거짓말이 아니라고 판명되었음에도 불구하고 甲에게 거짓말임이 밝혀졌다고 기망하여 甲의 자백을 받은 때에는 甲의 자백은 기망에 의한 자백이므로 증거능력이 부정된다고 해야 하지만, 설문은 이러한 경우에 해당하지 않는다. 문제는 거짓말탐지기의 검사를 거친 후 검사결과를 근거로 받은 자백이 임의성에 의심 있는 자백에 해당하는가에 있다.

1. 자백배제법칙의 이론적 근거와의 관계

거짓말탐지기의 검사로 인한 자백이 형사소송법 제309조의 자백배제법칙에 해당하는가의 여부는 자백배제법칙의 이론적 근거를 어떻게 이해할 것인가에 따라 달라지게 된다. 자백배제법칙의 이론적 근거로는 허위배제설, 인권옹호설, 절충설 및 위법배제설이 대립되고 있다. 허위배제설은 임의성 없는 자백에는 허위가 숨어들 가능성이 크기 때문에 증거능력이 배제된다고 해석함에 반하여, 인권옹호설은 자백배제법칙을 묵비권보장의 증거법적 측면으로 이해하여 묵비권을 비롯한 피고인의 인권보장을 담보하기 위하여 강제 등에 의한 자백이 배제된다고 하며, 절충설은 허위배제설과 인권옹호설이 모두 자백배제법칙의 근거가 된다고 해석하지만 다수설은 제309조 후단의 자백은 허위배제를 근거로 한 것이라고 설명한다. 이에 반하여 위법배제설은 자백배제법칙을 자백취득과정에 있어서의 적정절차의 보장을 확보하기 위하여 위법하게 취득된 자백을 금지하는 증거법상의 원칙이 된다고 한다. 생각건대 ① 허위배제설은 자백의 증명력과 증거능력을 혼동한 것이고, ② 인권옹호설과 절충설은 자백의 임의성에 집착하여 자백자의 주관에 의하여 증거능력을 판단하게 하는 잘못이 있다고 하지 않을 수 없으며, ③ 배제해야 할 사백에 대한 명백하고 객관적인 기준을 제시하기 위하여는 위법배제설이 타당하다고 생각한다.

거짓말탐지기의 검사로 인한 자백이 증거능력을 가지는가는 인권옹호설 내지 인권옹호설을 강조하는 절충설에 의할 때에는 거짓말탐지기의 검사가 진술거부권을 침해한 것이 아닌가, 위법배제설에 의할 때에는 거짓말탐지기의 검사가 위법한 수사방법인가의 여부에 따라 결론을 달리한다고 할 것이다.

(1) 거짓말탐지기 검사와 진술거부권

거짓말탐지기의 검사가 진술거부권의 침해에 해당하는가에 관하여는 이는 생리적 변화를 증거로 하는 비진술증거이므로 진술거부권의 침해가 문제되지 않는다는 견해도 있으나, 생리적 변화는 질문에 대응하여 의미를 가진다는 측면에서 진술증거이며 협의의 진술뿐만 아니라 일체의 의사전달작용이 진술거부권의 보호를 받아야 한다는 점에서 여기에도 진술거부권이 미친다고 해석하는 긍정설이 타당하다. 다만, 긍정설에 의하는 경우에도 진술거부권의 진지한 포기가 있는 때에는 증거로 할 수 있으므로 동의에 의한 거짓말탐지기의 검사는 진술거부권을 침해한 것이라고 할 수 없다.

(2) 거짓말탐지기 검사와 위법수사

위법배제설에 의하면 배제되는 자백은 위법한 절차에 의하여 수집된 자백인가에 달려 있다. 거짓말탐지기의 검사를 인격권의 침해로서 허용되지 않는다고 해석하는 견해에 따를 때에는 甲의 자백은 위법한 절차에 의하여 취득한 것이므로 증거능력이 없게 된다. 그러나 거짓말탐지기의 검사결과는 증거능력이 없지만, 요구나 동의에 의한 검사가 위법하다고 볼 수 없다는 견해에 의할 때에는 검사결과를 알리고 자백을 받은 경우에도 자백의 증거능력을 부정해야 할 이유는 없게 된다.

결국, 甲이 검사 앞에서 한 자백은 절충설이나 위법배제설의 어떤 견해에 의하더라도 증거능력이 인정된다. 일본의 최고재판소도 「부인하던 피고인에게 그의 승낙을 받아 거짓말탐지기 검사를 행하고 검사결과를 고지하고 자백을 받은 경우에 자백의 임의성을 의심할 사유는 찾아볼 수 없다」고 판시한 바 있다$\left(\begin{smallmatrix} 日最判 & 1964.6.1. \\ 刑集 & 18\cdot5\cdot177 \end{smallmatrix}\right)$.

2. 경찰의 위법수사와 검사에게 한 자백의 증거능력

위법배제설을 따르면서 거짓말탐지기의 검사가 위법한 수사방법이라는 이

론을 취할 경우에는 경찰에서의 위법수사를 이유로 검사 앞에서의 자백의 증
거능력을 부정할 수 있는가가 문제될 수 있다. 그러나 위법배제설에 의하면 수
사절차의 위법과 자백 사이에 인과관계가 있으면 누구 앞에서 한 자백인가는
문제되지 않으므로 거짓말탐지기의 검사로 인한 자백인 이상은 증거능력을 부
정할 수 있게 된다. 대법원은 경찰에서 고문을 받은 후 검사 앞에서 자백한 경
우에 같은 결론을 내고 있다(대법원 1981. 10. 13, 81 도 2160; 대법원 1992. 11. 24, 92 도 2409).

V. 결   론

甲에 대한 거짓말탐지기의 검사결과는 피검사자의 동의가 있는 경우에도
자연적 관련성을 결하였기 때문에 증거능력을 가질 수 없다. 그러나 거짓말탐
지기의 검사도 진실발견에 유용하고, 특히 피의자의 진술의 진실성을 확인하
는 수단으로 사용하는 것까지 부정해야 할 이유는 없으므로 검사 자체가 허용
되지 않는 것은 아니다. 거짓말탐지기의 검사결과는 甲이 공판정에서 증거로
함에 동의한 경우에도 증거능력이 인정되지 않는다. 검사결과의 증거능력이
부정되는 것은 반대신문의 결여 때문이 아니라 자연적 관련성을 결하였기 때
문이며, 당사자의 동의는 반대신문의 포기에 불과하기 때문이다. 거짓말탐지기
의 검사결과를 토대로 甲을 추궁하여 얻은 자백이 기재된 검사 작성의 피의자
신문조서는 증거능력이 인정된다. 甲은 거짓말탐지기의 조사에 동의하였기 때
문에 진술거부권을 침해하였다고 볼 수 없고, 동의에 의한 검사를 위법한 수사
방법이라고 할 수 없기 때문이다.

[관련판례]

대법원 1983. 9. 13, 83 도 712, 「거짓말탐지기 검사결과에 대하여 증거능력을
부여하려면 우선 그 검사결과가 사실적 관련성, 즉 요증사실에 대하여 필요한
최소한도의 증명력을 가지고 있음을 요하는 것이다. 그런데 거짓말탐지기 검
사의 원리는 의식적으로 거짓말을 하는 자는 양심의 가책이나 거짓발각에 대

한 우려 등으로 심리상태의 변동이 일어나고 이것이 호흡·혈압·맥박·피부 등에 생리적 반응을 일으킨다는 전제 아래 그 생리적 반응을 측정하여 거짓말인 여부를 판독한다는 데에 있으므로, 이와 같은 검사결과에 대하여 사실적 관련성을 가진 증거로서 증거능력을 인정할 수 있으려면 첫째로, 거짓말을 하면 반드시 일정한 심리상태의 변동이 일어나고 둘째로, 그 심리상태의 변동은 반드시 일정한 생리적 반응을 일으키며 셋째로, 그 생리적 반응에 의하여 피검사자의 말이 거짓인지 아닌지의 여부가 정확히 판단될 수 있다는 세 가지 전제요건이 충족되어야 할 것이다. 특히 마지막의 생리적 반응에 대한 거짓 여부 판정은 거짓말탐지기가 검사에 동의한 피검사자의 생리적 반응을 정확히 측정할 수 있는 장치이어야 하고 질문조항의 작성과 검사의 기술 및 방법이 합리적이어야 하며 검사자가 탐지기의 측정내용을 객관성 있고 정확하게 판독할 능력을 갖춘 경우라야만 그 정확성을 확보할 수 있는 것이다. 그러므로 이상과 같은 제반요건이 충족되지 않는 한 거짓말탐지기 검사결과에 대하여 형사소송법상 증거능력을 부여하기는 어려운 것이라고 보지 않을 수 없다.」

　동지 : 대법원 1986. 11. 25, 85 도 2208; 대법원 2005. 5. 26, 2005 도 130.

[42] 당사자의 동의와 증거능력

[설 문]

　甲, 乙, 丙은 폭력시위를 주도하여 폭력행위등처벌에관한법률위반, 공무집행방해 등의 죄로 구속기소되어 제1심 재판이 진행 중이다. 피고인들은 경찰에서는 자백하였으나 검찰 이래 제1심 법정에 이르기까지 모두 범행을 부인하고 있고, 사법경찰관이 작성한 피의자신문조서에 대하여는 내용을 인정하지 아니하였다. 검사는 목격자인 A, B 및 C를 증인으로 신청하였으나, A만 출석하고 B와 C는 출석하지 아니하였다. A에 대한 증인신문을 진행하던 중 丙은 "조작이다, 불공정한 재판을 받을 수 없다"고 소리를 질렀고 판사가 제지함에도 불구하고 소란이 계속되자 판사는 丙에게 퇴정을 명령하였다. A는 법정에서 시위현장을 목격하였으나 피고인들이 경찰관을 폭행하는 것을 보지는 못했다고 증언하였다. 甲의 변호인 D는 B와 C가 출석하여도 같은 증언을 할 것이지만 신문에 시일이 걸릴 것으로 예상하고 빨리 결심하여 석방되도록 하는 것이 피고인들에게 도움이 된다고 판단하여 검사와 사법경찰관이 작성한 B와 C의 진술조서를 증거로 하는 데 동의하였다. 甲은 이에 대하여 이의를 제기하지 않았다. 乙도 위의 증거를 동의한다고 하였다. 제1심 법원은 B와 C에 대한 진술조서를 증거로 피고인들에게 유죄를 인정하고 집행유예를 선고하였다.

　甲, 乙 및 丙은 항소하였다. 甲과 丙은 제1심이 B와 C의 진술조서를 증거로 한 것은 증거능력 없는 증거에 의하여 사실을 인정한 잘못이 있다고 주장하였다. 乙은 항소심에서 원심에서의 증거동의는 착오에 의한 것이라는 이유로 철회하면서 B와 C를 증인으로 신청하였다. 甲, 乙 및 丙의 주장은 정당한가.

I. 문제점의 정리

검사와 피고인이 증거로 함에 동의한 서류 또는 물건은 진정한 것으로 인정한 때에는 증거로 할 수 있다($^{제318조}_{제1항}$). 이를 증거로 함에 대한 당사자의 동의라고 한다. 전문법칙에 의하여 증거능력이 없는 증거라 할지라도 당사자가 동의한 때에는 증거로 할 수 있도록 하여 불필요한 증인신문을 피하는 것이 재판의 신속과 소송경제에 부합한다는 점을 고려한 결과이다. 동의의 주체가 당사자, 즉 검사와 피고인이며, 동의는 적극적으로 명시되어야 한다는 것이 일반적인 견해이다. 그러나 형사소송법은 피고인의 출정 없이 증거조사를 할 수 있는 경우에 피고인이 출정하지 아니한 때에는 피고인의 대리인 또는 변호인이 출정한 때를 제외하고 증거로 함에 동의한 것으로 간주한다($^{동조}_{제2항}$). 피고인이 출정하지 아니하여 전문증거의 증거능력을 결정하지 못하고 소송이 지연되는 것을 막기 위한 규정이다. 설문에서 甲에 관하여는 (1) 피고인이 부인하고 있음에도 불구하고 변호인 D가 한 증거동의가 유효한가, 乙에 대하여는 (2) 제1심에서 한 증거동의를 항소심에서 철회할 수 있는가, (3) 증거에 동의한 후에 그 증명력을 다투기 위하여 원진술자를 증인신청할 수 있는가, 丙에 관하여는 (4) 재판장의 퇴정명령에 의하여 피고인이 출정하지 않은 때에도 증거동의가 의제되는가가 문제된다.

II. 동의의 주체와 방법

甲의 변호인 D의 제1심에서의 증거동의가 유효한가는 변호인의 동의의 근거와 이에 대한 피고인의 동의 여부에 따라서 결정되어야 할 문제이다. 동의의 주체는 당사자인 검사와 피고인이다. 따라서 피고인이 동의한 경우에는 별도로 변호인의 동의가 필요하지 않다. 형사소송법상 변호인에게 동의권을 인정한 명문의 규정은 없다. 그러나 변호인은 피고인의 대리인으로서 피고인의 소송행위에 대하여 포괄적 대리권을 가지므로 피고인의 명시 또는 묵시의 의사에 반하지 않는 한 피고인을 대리하여 동의할 수 있는 것은 당연하다.

변호인의 동의권은 포괄적 대리권에 근거를 둔 것이지만 피고인의 반대신문권을 포기하는 것을 의미하는 중요한 소송행위이므로 일정한 제한을 두지 않으면 안 된다. 이 경우에 제 1 설은 피고인이 재정하면서 변호인의 동의에 대하여 아무런 의사표시도 하지 않은 때에는 피고인이 동의한 것으로 보아, 동석한 피고인이 반대의 의사표시를 하지 않는 이상 변호인의 동의는 유효하다고 한다. 제 2 설은 변호인의 동의는 적어도 피고인의 묵시의 승낙 내지 추인을 필요로 하며, 따라서 변호인의 동의는 피고인이 아무런 의사표시를 하지 않는 것만으로 바로 유효하게 되는 것이 아니라 피고인의 묵시적인 승낙 내지 추인이 있어야 한다고 해석한다. 변호인의 대리권은 종속대리권이며 피고인의 주체성이 존중되어야 한다는 점에서는 제 2 설이 타당하다고 생각되나, 제 1 설도 피고인의 의사표시가 없더라도 반대의사가 추정되는 경우에는 동의의 효력을 인정하지 않기 때문에 큰 차이가 있는 것은 아니다. 대법원은 「변호인의 동의에 대하여 피고인이 즉시 이의하지 않는 경우에는 변호인의 동의로 증거능력이 인정된다」고 판시하여($\binom{\text{대법원 1988. 11. 8,}}{\text{88 도 1628}}$) 제 1 설을 취하고 있다. 이에 의하면 변호인 D의 증거동의는 유효하다고 할 수 있다. 그러나 피고인이 일관하여 범행을 부인하고 있음에도 불구하고 변호인이 증거에 동의한 경우에는 문제가 있다. 피고인이 부인하고 있는데도 변호인이 공소사실을 인정할 수 있는 증거에 동의하는 것은 피고인의 의사에 반하는 것으로 보아야 하기 때문이다. 일본의 판례도 이 경우에 변호인의 동의만으로 피고인의 동의가 있다고 할 수 없다는 태도를 취하고 있다($\binom{\text{日最判 1951. 12. 19,}}{\text{刑集 6 · 11 · 1329}}$).

결국 변호인 D가 증거에 동의한 것을 근거로 B와 C에 대한 진술조서를 증거로 한 것은 부적법하다.

Ⅲ. 동의의 철회와 원진술자의 증인신청

乙은 제 1 심에서 스스로 증거에 동의하였으므로 乙에 대한 관계에서 제 1 심 판결이 B와 C의 진술조서를 증거로 한 것은 적법하다. 따라서 乙에 관하여는 乙이 항소심에서 증거동의를 철회할 수 있는가, 또 B와 C를 증인신청할 수 있는가가 문제된다.

1. 동의의 철회

증거로 함에 대한 동의는 절차형성행위이므로 절차의 안정성을 해하지 않는 범위에서 철회가 허용된다는 점에는 이론이 없다. 언제까지 동의에 대한 철회가 허용되는가에 관하여는 **증거조사실시 전까지**라는 견해, **증거조사완료 전까지**라는 견해 및 **구두변론종결**시까지라는 견해가 대립되고 있다. 그러나 절차의 확실성과 소송경제를 고려할 때 증거조사완료 후에는 동의의 철회가 허용될 수 없다는 다수설이 타당하다고 해야 한다. 대법원도「동의의 의사표시는 증거조사가 완료되기 전까지 취소 또는 철회할 수 있으나 일단 증거조사가 완료된 후에는 취소 또는 철회할 수 없으므로 제1심에서 한 증거동의를 제2심에서 취소할 수 없다」고 판시하였다($^{대법원\ 1983.\ 4.\ 26,\ 83\ 도\ 267;\ 대법원\ 1990.\ 2.\ 13,}_{89\ 도\ 2366;\ 대법원\ 2004.\ 6.\ 25,\ 2004\ 도\ 2611}$).

착오가 증거에 대한 동의를 소급하여 무효로 하지 않는가도 문제된다. 이에 대하여도 절차형성행위는 외부에 표시된 바에 따라 판단해야 하므로 착오나 사기 또는 강박은 무효원인이 될 수 없다는 견해와 소송의 형식적 확실성 때문에 피고인의 이익과 정의가 희생되어서는 안 된다는 이유로 착오가 책임 있는 사유로 인한 때가 아닌 경우에는 무효로 하는 것이 타당하다는 견해가 대립되고 있다. 그러나 형식적 확실성이 강조되는 소송행위에 사법상 의사의 하자이론이 적용될 수 없다는 점에서 적정절차에 반하여 이루어진 경우를 제외하면 무효원인이 되지 않는다고 해석해야 한다. 설문에서는 어떤 견해에 의하더라도 乙의 증거에 대한 동의가 무효로 될 수 없다.

결국 乙은 항소심에서 동의를 철회할 수 없고 피고인이 항소심에서 이를 다툰다고 할지라도 제1심에서 한 동의의 효과에는 영향이 없다.

2. 원진술자의 증인신청

乙이 B와 C에 대한 진술조서를 증거로 함에 동의하였음에도 불구하고 그 증명력을 다투기 위하여 원진술자를 증인으로 신문할 수 있는가의 문제는 증거로 함에 대한 동의의 법적 성질을 어떻게 파악하는가에 따라 결론을 달리한다. 즉 통설은 동의를 반대신문권의 포기라고 이해함에 반하여(반대신문권포기설), 동의는 단순히 반대신문권의 포기에 그치는 것이 아니라 적극적으로 증거에 증거능력을 부여하는 소송행위라고 이해하는 견해(증거능력부여설)가 대립되고 있다. 반대신문권포기설에 의하면 동의한 당사자가 원진술자의 신문을 청구하는 것은 허용되지 않는다. 동의에 의하여 반대신문권을 포기하면서 그 진술자를 신문하는 것은 모순이기 때문이다. 이에 반하여 증거능력부여설에 의하면 ① 진술자를 증인으로 환문하여 서면의 내용에 대한 반대신문의 기회를 주는 것은 피고인의 방어에 도움이 되며, ② 서증에 동의하였다고 증인신문청구권까지 상실하는 것은 아니라는 이유로 증인신문을 허용한다. 생각건대 ① 당사자의 동의는 전문증거에 대하여 증거능력을 부여하는 소송행위인데 전문법칙의 주된 근거가 반대신문권의 보장에 있고, ② 모든 증거물이 동의의 대상이 된다는 것은 증거에 대한 처분권주의를 인정하는 결과가 된다는 점에서 반대신문권포기설이 타당하다고 해야 한다. 반대신문권포기설에 의하면 乙이 B와 C를 증인신문하는 것은 허용되지 않는다. 다만, 이 경우에도 ① 증거에 동의하여 증거조사를 마친 뒤에 원진술자를 증인신문하는 것이 피고인의 방어에 도움이 될 수 있고, ② 법원이 증명력판단에 의문이 있는 때에는 직권으로 증인을 신문해야 하는 이상 증인신청에 의하여 직권발동을 촉구하는 의미에서는 증인신문청구를 불허할 필요가 없다고 생각된다.

　　결국 B와 C에 대한 증인신문의 청구가 금지되는 것은 아니라고 할 것이다.

Ⅳ. 피고인의 퇴정명령과 동의의제

　　제 1 심에서 丙이 퇴정한 상태에서 결심하여 丙에게 유죄를 선고한 것이 정당한가는 이 경우에 증거에 대한 동의가 의제되는가의 문제이다. 피고인의 출정 없이 재판할 수 있는 경우에 피고인이 출정하지 아니한 때에는 증거동의가 의제된다는 제318조 2항의 규정이 경미사건과 공소기각 또는 면소의 재판을 할 것이 명백한 사건에 피고인이 출석하지 않은 때에 적용된다는 점에는 의문이 없다. 피고인이 재판장의 허가 없이 퇴정한 때에는 반대신문권을 포기한 것으로 볼 수 있으나 퇴정명령에 의하여 출석하지 못한 경우에도 동의가 의제되는가는 어려운 문제 중의 하나이다.

　　재판장의 적법한 퇴정명령에 의하여 피고인이 퇴정한 경우에 증거동의가 의제되는가에 관하여는 적극설과 소극설이 대립되고 있다. **적극설**은 퇴정명령에 의하여 피고인이 출석하지 않은 때에도 증거동의를 의제한다. 퇴정명령을 받은 피고인은 스스로 반대신문의 기회를 부당한 행동에 의하여 포기하였으므로 동의의 의제를 인정해야 한다는 것이다. 일본의 최고재판소도「형사소송법 제318조 2항은 피고인에게 동의의 의사가 추정되는 것을 근거로 이를 의제하는 것이 아니라 피고인이 출석하지 않고 증거조사를 행하는 경우에 피고인 및 변호인 또는 대리인도 출석하지 않은 때에는 법원은 그 동의의 유무를 확인할 수 없어 소송진행이 현저히 저해되기 때문에 이를 방지하기 위하여 규정한 것이므로 이는 피고인이 질서유지를 위하여 퇴정명령을 받은 때에도 적용된다」고 판시한 바 있다($\binom{日最判\ 1978.6.28.}{刑集\ 32\cdot4\cdot724}$). 그러나 ① 퇴정명령을 받은 피고인은 통상 공판절차의 진행을 다투는 태도를 보이고 있으므로 동의를 의제하는 것은 피고인의 의사에 반하며, ② 동의의 의제는 소송진행의 편의를 위한 것이지 불출석에 대한 제재가 아니고, ③ 이 때 모든 증거가 제출되면 그대로 모두 증거능력이 인정되는 부당한 결과가 초래된다는 점에서 **소극설**이 타당하다고 해야 한다.

따라서 丙이 퇴정명령에 의하여 출석하지 않았다는 이유로 증거에 대한 동의를 의제하여 丙에게 유죄를 선고한 제1심 판결은 부적법하다고 하지 않을 수 없다.

V. 결 론

甲이 공판정에 출석한 상태에서 변호인 D가 증거에 동의하고 甲이 이의하지 않은 때에는 변호인의 증거동의는 유효하다고 해야 한다. 그러나 피고인인 甲이 법정에서 공소사실을 극구 부인한 경우에는 문제가 다르다. 이 경우에 변호인의 증거동의는 甲의 의사에 반하기 때문에 유효하다고 할 수 없다. 丙이 재판장으로부터 퇴정명령을 받고 공판정에 출석하지 않은 때에는 증거동의가 의제되지 않는다. 따라서 제1심이 B와 C의 진술조서를 증거로 甲과 丙에게 유죄판결을 한 것은 부적법하다. 乙은 제1심에서 증거에 동의하였으며, 제1심에서 한 증거에 대한 동의는 제1심의 증거조사완료 전까지만 철회할 수 있

으므로 제 2 심에서 이를 철회할 수는 없고, 다만 법원의 직권에 의한 심리를
독촉한다는 의미에서 B와 C를 증인으로 환문하는 것은 허용된다고 해석하는
것이 타당하다고 생각한다.

[관련판례]

(1) 대법원 1988. 11. 8, 88 도 1628, 「(1) 형사소송법 제318조에 규정된 증거동
의의 의사표시는 증거조사가 완료되기 전까지 취소 또는 철회할 수 있으나 일
단 증거조사가 완료된 뒤에는 취소 또는 철회가 인정되지 아니하므로 취소 또
는 철회 이전에 이미 취득한 증거능력은 상실되지 않는다.

   (2) 변호인은 피고인의 명시한 의사에 반하지 아니하는 한 피고인을 대리하
여 증거로 함에 동의할 수 있으므로 피고인이 증거로 함에 동의하지 아니한다
고 명시적인 의사표시를 한 경우 이외에는 변호인은 서류나 물건에 대하여 증
거로 함에 동의할 수 있고 이 경우 변호인의 동의에 대하여 피고인이 즉시 이
의하지 아니하는 경우에는 변호인의 동의로 증거능력이 인정된다.」

(2) 대법원 1999. 8. 20, 99 도 2029, 「증거로 함에 대한 동의의 주체는 소송주
체인 당사자라 할 것이지만 변호인은 피고인의 명시한 의사에 반하지 아니하
는 한 피고인을 대리하여 이를 할 수 있음은 물론이므로 피고인이 증거로 함
에 동의하지 아니한다고 명시적인 의사표시를 한 경우 이외에는 변호인은 서
류나 물건에 대하여 증거로 함에 동의할 수 있고 이 경우 변호인의 동의에 대
하여 피고인이 즉시 이의하지 아니하는 경우에는 변호인의 동의로 증거능력이
인정되고 증거조사완료 전까지 앞서의 동의가 취소 또는 철회되지 아니한 이
상 일단 부여된 증거능력은 그대로 존속한다.」

(3) 대법원 1990. 2. 13, 89 도 2366, 「피고인들이 제 1 심 법정에서 경찰 작성
조서들에 대하여 증거로 함에 동의하였다면 그 후 항소심에서 범행인정 여
부를 다투고 있다고 하여도 이미 동의한 효과에 아무런 영향을 가져오지 아니
한다.」

   동지 : 대법원 1983. 4. 26, 83 도 267.

(4) 대법원 2004. 6. 25, 2004 도 2611, 「형사소송법 제318조에 규정된 증거동의의 의사표시는 증거조사가 완료되기 전까지 취소 또는 철회할 수 있으나, 일단 증거조사가 완료된 뒤에는 취소 또는 철회가 인정되지 아니하므로 취소 또는 철회 이전에 이미 취득한 증거능력은 상실되지 않는다.」

(5) 대법원 2010. 7. 15, 2007 도 5776, 「약식명령에 불복하여 정식재판을 청구한 피고인이 정식재판절차의 제 1 심에서 2회 불출정하여 형사소송법 제318조 제 2 항에 따른 증거동의가 간주된 후 증거조사를 완료한 이상, 간주의 대상인 증거동의는 증거조사가 완료되기 전까지 철회 또는 취소할 수 있으나 일단 증거조사를 완료한 뒤에는 취소 또는 철회가 인정되지 아니하는 점, 증거동의 간주가 피고인의 진의와는 관계없이 이루어지는 점 등에 비추어, 비록 피고인이 항소심에 출석하여 공소사실을 부인하면서 간주된 증거동의를 철회 또는 취소한다는 의사표시를 하더라도 그로 인하여 적법하게 부여된 증거능력이 상실되는 것이 아니다.」

(6) 대법원 2009. 12. 24, 2009 도 10754, 「(1) 피고인이 정식재판을 청구한 당해 사건이 다른 사건과 병합·심리된 후 경합범으로 처단되는 경우에는 당해 사건에 대하여 고지받은 약식명령의 형과 병합·심리되어 선고받은 형을 단순 비교할 것이 아니라, 병합된 다른 사건에 대한 법정형·선고형 등 피고인의 법률상 지위를 결정하는 객관적 사정을 전체적·실질적으로 고찰하여 병합·심판된 선고형이 불이익한 변경에 해당하는지를 판단하여야 한다. 다만 그 병합·심리 결과 다른 사건에 대하여 무죄가 선고됨으로써 당해 사건과 다른 사건이 경합범으로 처단되지 않고 당해 사건에 대하여만 형이 선고된 경우에는, 다른 사건에 대한 법정형, 선고형 등 피고인의 법률상 지위를 결정하는 객관적 사정까지 고려할 필요는 없으므로 원래대로 돌아가 당해 사건에 대하여 고지받은 약식명령의 형과 그 선고받은 형만 전체적으로 비교하여 피고인에게 실질적으로 불이익한 변경이 있었는지 여부를 판단하면 된다.

  (2) 벌금 150만 원의 약식명령을 고지받고 정식재판을 청구한 '당해 사건'과 정식 기소된 '다른 사건'을 병합·심리한 후 두 사건을 경합범으로 처단하여 벌금 900만 원을 선고한 제 1 심판결에 대해, 피고인만이 항소한 원심에서 다른 사건의 공소사실 전부와 당해 사건의 공소사실 일부에 대하여 무죄를 선고

하고 '당해 사건'의 나머지 공소사실은 유죄로 인정하면서 그에 대하여 벌금 300만 원을 선고한 사안에서, 원심판결은 당해 사건에 대하여 당초 피고인이 고지받은 약식명령의 형보다 중한 형을 선고하였음이 명백하므로, 형사소송법 제457조의 2에서 규정한 불이익변경금지의 원칙을 위반한 위법이 있다.」

(7) 日最決 1978. 6. 28. 刑集 32·4·724, 「형소법 제326조 제 2 항 $\left(\substack{\text{우리 형소법} \\ \text{제318조 제 2 항}}\right)$ 은 반드시 피고인의 동조 제 1 항의 동의의 의사가 추정되는 것을 근거로 이를 의제하려는 것이 아니라, 피고인이 출석하지 않아도 증거조사를 할 수 있는 경우일지라도 피고인 및 변호인 또는 대리인마저 출석하지 않는다면 법원이 그 동의의 유무를 확인할 수 없어 소송진행이 현저히 저해될 것인바 이를 방지하기 위하여 피고인의 진의의 여하에 상관 없이 그의 동의가 있다고 인정하는 취지의 규정이라고 해석해야 한다. 또한 동법 제341조가 피고인이 질서유지를 위하여 퇴정명령을 받은 때에는 피고인 자신의 책임으로 인해 반대신문권이 상실된 것이므로, 이 경우 피고인이 부재한 상태로 판결의 전제인 증거조사를 포함한 심리를 추행할 수 있게 하여 공판절차의 원활한 진행을 도모하고자 하는 법의를 감안하면, 동법 제326조 제 2 항은 피고인이 질서유지를 위하여 퇴정명령을 받아 동법 제341조에 의한 심리를 진행하는 경우에도 적용된다고 해석해야 한다.」

[43] 탄핵증거

[설문]

피고인 甲은 乙로부터 직무에 관하여 뇌물을 수수한 사실로 공소제기되었다. 공판정에서 甲은 공소사실을 극구 부인하였다. 증인으로 신문받은 乙은 甲에게 뇌물을 공여한 사실을 시인하였다. 검사는 乙의 증언내용보다 한층 명료하게 甲에게 뇌물을 공여한 사실을 인정한 乙에 대한 사법경찰관 작성의 피의자신문조서를 증거로 제출하였으나 甲의 변호인은 이를 증거로 하는 데 동의하지 않았다. 乙은 자기가 법정에서 말한 것이 사실이라고 진술하였다. 검사는 이 신문조서를 증명력을 다투기 위한 증거로 신청하였다.

1. 甲의 공판정에서의 진술의 증명력을 다투기 위하여 사법경찰관 작성의 乙에 대한 피의자신문조서를 증거로 할 수 있는가.

2. 변호인에 의하여 乙의 진술의 증명력이 탄핵된 경우에 乙의 증명력을 회복하기 위하여 사법경찰관 작성의 乙에 대한 피의자신문조서를 증거로 사용할 수 있는가.

3. 乙이 공판정에서 甲에 대한 뇌물공여사실을 부인한 경우

　(1) 乙의 공판정에서의 진술을 탄핵하기 위하여 乙의 피의자신문조서를 증거로 할 수 있는가.

　(2) 乙에 대한 사법경찰관 작성의 피의자신문조서가 임의성에 의심 있는 경우는 어떠한가.

　(3) 乙의 증언 이후에 검사는 乙을 신문하여 甲에게 뇌물을 공여한 것이 사실이라는 진술을 받고 이를 기재한 진술조서를 증거로 제출하였다. 이 진술조서는 증거능력이 있는가. 또 이를 乙의 공판정에서의 진술에 대한 탄핵증거로 사용할 수 있는가.

Ⅰ. 문제의 제기

설문은 탄핵증거에 관한 몇 가지 문제점을 내용으로 한 것이다. 즉 문제 1
과 3의 (1)은 탄핵증거의 범위에 관한 문제이고, 문제 2는 '증명력을 다투기 위
하여'의 의의와 관련된 문제이며, 문제 3의 (2)는 탄핵증거와 임의성 없는 자백
과의 관계를 묻는 문제이고, (3)은 공판정에서의 진술 이후에 이루어진 자기모
순의 진술에 관한 문제이다. 탄핵증거란 진술의 증명력을 다투기 위한 증거를
말한다. 형사소송법 제318조의 2 제 1 항은 「제312조부터 제316조의 규정에 따
라 증거로 할 수 없는 서류나 진술이라도 공판준비 또는 공판기일에서의 피고
인 또는 피고인이 아닌 자(공소제기 전에 피고인을 피의자로 조사하였거나 그 조
사에 참여하였던 자를 포함한다)의 진술의 증명력을 다투기 위하여 증거로 할
수 있다」고 규정하고 있다. 이와 같이 탄핵증거에 대하여 전문법칙이 적용되
지 않는 이유는 탄핵증거는 적극적으로 범죄사실이나 간접사실을 인정하기 위
한 증거가 아니고 단순히 증명력을 다투기 위한 것에 불과하므로 이를 인정하
여도 전문법칙을 인정하는 취지에 반하지 않고 소송경제에 도움이 될 뿐만 아
니라, 오히려 당사자의 반대신문권을 효과적으로 보장할 수 있다는 점에 있다.

Ⅱ. 탄핵증거의 범위

사법경찰관 작성의 乙에 대한 피의자신문조서의 기재는 전문증거에 해당
하고 따라서 제312조 3항에 의하여 원진술자인 乙뿐만 아니라 당해 피고인
(甲) 또는 변호인이 내용을 인정하여야 증거능력을 가지게 된다. 내용의 인정
이란 조서의 기재내용이 객관적 진실에 부합한다는 것을 의미하므로 甲이 공
소사실을 부인하며 증거로 하는 데 동의하지 아니하고 乙이 공판정에서의 진
술이 진실이라고 진술하는 이상 이 요건은 충족되지 못한 것이 된다. 결국 문
제 1과 문제 3의 (1)은 탄핵증거로서 제출할 수 있는 전문증거는 자기모순의
진술에 제한되는가 또는 모든 전문증거를 포함하는가를 묻는 것이 된다.

1. 학설의 대립

탄핵증거로 제출할 수 있는 증거의 범위에 관하여는 견해가 대립되고 있다.

(1) 한 정 설

탄핵증거로 제출할 수 있는 증거를 자기모순의 진술, 즉 동일인의 법정에서의 진술과 상이한 법정 외의 진술에 제한하는 견해이다. 자기모순의 진술로 증명력을 감쇄하는 경우와 타인의 진술에 의하여 증명력을 다투는 경우에는 질적인 차이가 있다는 것을 근거로 한다. 즉 전자가 동일인이 다른 진술을 한 사실 자체를 가지고 진술의 증명력을 감쇄하는 경우임에 반하여, 후자의 경우에는 타인의 진술을 신용할 수 있어야 공판정에서의 진술의 증명력이 감쇄될 수 있으므로 탄핵증거의 범위는 전자에 제한되어야 한다는 것이다. 다수설의 입장이라고 할 수 있다.

(2) 절 충 설

탄핵증거는 자기모순의 진술일 것을 요하지 않지만 증인의 신빙성에 대한 순수한 보조사실의 입증을 위한 증거에 제한되어야 한다는 견해이다. 탄핵증거라 함은 증거의 증명력을 감쇄하는 사실을 입증취지로 하는 증거를 말하며, 증명력을 감쇄하는 사실은 증인의 신빙성에 대한 순수한 보조사실을 의미하므로 순수한 보조사실을 입증하기 위한 탄핵증거에는 전문법칙이 적용되지 않지만 범죄사실에 대한 증거를 탄핵증거로 제출할 수 있다면 주요사실 또는 간접사실이 전문증거에 의하여 입증되는 것과 같은 결과를 초래한다는 점을 이유로 한다.

(3) 비한정설

자기모순의 진술에 한하지 않고 또 범죄사실에 관한 것인가 아닌가를 불문하고 증명력을 다투기 위한 증거에는 널리 전문증거를 사용할 수 있다는 견해이다. 이에 의하면 제3자의 진술이 기재된 서면도 탄핵증거로 사용될 수 있다. 형사소송법 제318조의 2가 어떤 전문증거라도 진술의 증명력을 다투기 위한 증거로 이용할 수 있다고 규정하고 있으므로 탄핵증거의 범위를 제한하지 않는 것이 타당하며, 사실인정을 법관이 행하는 형사소송법하에서 탄핵증거의 범위를 엄격히 제한할 필요가 없다는 것을 이유로 한다. 그러나 이러한 의미의 비한정설을 주장하는 학자는 우리나라에 없다.

(4) 이 원 설

피고인은 증명력을 다투기 위하여 모든 전문증거를 제출할 수 있으나 검사는 자기모순의 진술만을 제출할 수 있다는 견해이다. 피고인에게 불이익한 증거는 자기모순의 증거에 제한되어야 하지만, 피고인의 무죄입증은 검사의 유죄입증에 대한 탄핵으로서의 성질을 가지므로 피고인측에서는 탄핵증거라고 할 수 있고 탄핵증거로서 제출할 수 있는 증거에는 제한이 있을 수 없다는 것이다.

2. 검토 및 문제의 해결

사법경찰관 작성의 乙에 대한 피의자신문조서는 한정설과 절충설 및 이원설에 의하면 탄핵증거로 사용할 수 없지만, 비한정설에 의하면 탄핵증거가 될 수 있다. 그러나 비한정설에 의하면 진술의 증명력을 다툰다는 명목으로 범죄사실에 대한 전문증거가 무제한하게 제출되는 것을 방지할 수 없게 되어 전문법칙이 사실상 유명무실하게 될 뿐만 아니라, 형사소송법은 법관의 사실인정을 전제로 전문법칙을 규정하고 있으므로 이를 이유로 탄핵증거를 무제한하게 확대할 수 없다는 점에서 비한정설이 부당함은 물론이다. 절충설은 보조사실에 대한 증명에는 엄격한 승낭을 요하지 않는다는 것을 전제로 하고 있지만, 범죄사실을 인정하기 위한 보조사실은 엄격한 증명의 대상이 되며 따라서 전문증거가 허용되지 않는다는 점에서 타당하다고 할 수 없다. 이원설은 피고인의 권리를 보호하고자 하는 취지에서는 흥미있는 이론이지만 탄핵증거의 범위를 검사와 피고인측의 증거의 경우에 구별해야 할 근거가 없고, 직권에 의한 증거조사의 경우에는 어느 범위까지 허용해야 하는가를 설명하지 못한다는 비난을 면할 수 없다. 피고인이 부인하는 경우에 경찰이나 검찰에서의 자백조서나 참고인진술조서 등이 모두 탄핵증거로 제출될 수 있다면 전문법칙은 무의미한 것이 되고 만다.

결국 한정설에 따라서 자기모순의 진술에 한하여 탄핵증거가 허용된다고 해야 하며, 따라서 사법경찰관 작성의 乙에 대한 피의자신문조서의 기재내용은 甲의 진술의 증명력을 다투기 위한 탄핵증거로도 허용되지 아니한다.

3. 자기모순의 진술

문제 3의 ⑴은 자기모순의 진술의 경우로서 형사소송법 제318조의 2가 예상하고 있는 전형적인 경우이다. 乙이 공판정에서 뇌물공여사실을 부인하는 경우 이를 시인한 사법경찰관 작성의 乙에 대한 피의자신문조서의 기재는 乙의 공판정에서의 진술의 증명력을 다투기 위한 증거가 된다.

Ⅲ. 탄핵의 범위

문제 2는 乙에 대한 사법경찰관 작성의 피의자신문조서의 기재내용을 乙의 진술의 증명력을 증강하는 증거로 사용할 수 있는가를 묻는 것이다. 乙에 대한 사법경찰관 작성의 피의자신문조서는 乙의 진술의 증명력을 다투기 위하여 사용할 수 있으므로 증명력을 증강·지지하는 것도 증명력을 다투기 위한 것이라고 인정할 수 있는가의 문제가 된다.

1. 학설의 대립

'증명력을 다투기 위하여'의 의의와 관련하여 증명력을 다투기 위하여란 증인의 신빙성을 공격하는 것을 말하며 처음부터 증명력을 지지·보강하는 경우가 여기에 포함될 수 없다는 점에는 의문이 없다. 이를 인정할 때에는 증거능력 없는 증거에 의하여 사실인정이 용이하게 될 위험이 있기 때문이다. 그러나 증명력을 감쇄하는 경우뿐만 아니라 감쇄된 증명력을 회복하는 경우도 '증명력을 다투기 위하여'에 포함될 것인가에 관하여는 부정설과 긍정설이 대립되고 있다.

(1) 부 정 설

탄핵증거는 증거의 증명력을 다투기 위한 경우만을 말하며 회복증거, 즉 탄핵된 공판정에서의 진술과 일치하는 공판정 외에서의 진술은 형식적으로는 증명력을 회복하기 위한 것이라고 할지라도 실질적으로 증강입증에 지나지 않으므로 허용되지 않는다는 견해이다. 회복증거는 증거의 증명력을 감쇄하는 것이 아니라 이를 보강하는 것에 지나지 않으며 법관에게 증거능력 없는 증거에 의하여 사실의 존재를 인정하게 하기 때문이라고 한다.

(2) 긍 정 설

증명력을 감쇄하는 경우뿐만 아니라 감쇄된 증명력을 회복하는 경우도 증명력을 다투는 경우에 해당한다는 견해이다. 증거의 증명력이 반대당사자에 의하여 감쇄된 경우에 이를 회복하기 위한 기회가 부여되지 않으면 공평의 원칙에 반하고, 회복증거가 탄핵되기 이전의 증명력을 회복하기 위한 것이라면 탄핵증거에서 제외될 이유가 없다는 것을 이유로 한다. 다수설의 입장이다.

2. 검토 및 문제의 해결

탄핵증거에 의하여 감쇄된 증거의 증명력을 회복하기 위한 경우는 범죄사실 또는 간접사실을 전문증거에 의하여 입증하려고 하는 경우에 해당하지 않으며, 이를 인정하는 것이 공평의 원칙에 부합한다고 할 것이므로 증명력을 다투기 위하여란 증명력을 감쇄하는 경우뿐만 아니라 감쇄된 증명력을 회복하는 경우를 포함한다고 해석하는 것이 타당하다. 다만, 일치진술의 회복증거로서의 제출도 증인의 증언이 탄핵된 경우에 그 증인이 동일내용의 진술을 하였다는 사실을 증명력의 회복을 위하여 입증하는 경우에만 인정되며, 다른 사람의 일치진술을 회복증거로 세출하는 것은 범죄사실에 대한 증거이므로 전문법칙에 의하여 허용되지 않는다고 해야 한다.

사법경찰관이 작성한 乙에 대한 피의자신문조서의 기재는 乙의 일치진술로 乙의 증언의 증명력을 회복하기 위한 것이므로 증명력을 다투기 위한 증거로서 허용된다고 하지 않을 수 없다.

IV. 임의성 없는 자백과 탄핵증거

문제 3의 (2)는 임의성에 의심 있는 사법경찰관이 작성한 乙에 대한 피의자신문조서의 기재내용을 탄핵증거로 사용할 수 있는가의 문제이다. 임의성 없는 자백이나 진술을 탄핵증거로 사용할 수 있는가에 대하여도 적극설과 소극설이 대립될 수 있다. 적극설은 형사소송법 제309조는 임의성 없는 자백을 유죄의 증거로 하는 것을 금지하는 취지에 불과하므로 탄핵증거로 사용하는 것을 금지하지 않는다고 해석한다. 즉, 형사소송법 제318조의 2는 어떤 전문증거라도 이를 자료로 하여 증명력을 다투는 것을 허용한다는 것이다. 그러나 ① 형사소송법 제309조가 임의성 없는 자백의 증거능력을 부인하는 것은 임의성 없는 자백을 증거의 세계에서 완전히 배제하려는 취지라고 보아야 하고, ② 제318조의 2도 진술의 임의성에 관한 제317조를 배제하지 않고 있으므로 임의성 없는 자백은 탄핵증거로도 사용할 수 없다고 해석하는 소극설이 타당하다고 해야 한다. 우리나라에서 적극설을 주장하는 학자는 없다.

   따라서 사법경찰관이 작성한 乙에 대한 피의자신문조서는 그 임의성에 의심이 있을 때에는 탄핵증거로 사용할 수 없게 된다.

Ⅴ. 공판정에서의 진술 이후에 이루어진 자기모순의 진술

1. 진술조서의 증거능력

   문제 3의 ⑶은 乙의 증언 이후에 검사가 작성한 乙에 대한 진술조서를 범죄사실을 인정할 증거 또는 탄핵증거로 사용할 수 있는가의 문제이다. 먼저 乙에 대한 검사 작성의 진술조서는 전문증거이므로 이를 범죄사실에 대한 증거로 사용하기 위하여는 제312조 4항에 따라 성립의 진정이 인정되어야 한다는 것은 당연하다. 대법원은「증인이 법정에서 증언한 후에 검사가 그 증인을 검찰청에 소환하여 일방적인 신문방식으로 그 증언내용을 추궁하여 작성한 진술조서를 유죄의 증거로 삼는 것은 당사자주의·공판중심주의 및 직접주의에 어긋날 뿐만 아니라 헌법 제27조가 보장하는 재판을 받을 권리를 침해하는 것이므로 증거능력이 없다」고 판시하고 있다. 이 경우에 대법원은 처음에는「그 후의 공판기일에 그를 다시 증인으로 환문하면서 진술조서의 기재내용에 대하여 반대신문의 기회를 부여한다면 위 진술조서를 유죄의 증거로 쓸 수 있다」고 판시하였으나(^{대법원 1992. 8. 18,}_{92 도 1555}), 그 후 전원합의체판결을 통하여 그 태도를 변경해 이 경우에도 증언 자체를 유죄의 증거로 할 수 있음은 별론으로 하고 진술조서가 증거능력을 가질 수는 없다고 판시하였다(^{대법원 2000. 6. 15. 전원}_{합의체판결, 99 도 1108}).

   결국, 乙에 대한 진술조서의 증거능력은 부정하지 않을 수 없다.

2. 사후에 작성된 진술조서와 탄핵증거

문제는 乙에 대한 진술조서를 乙의 증언의 증명력을 다투기 위한 탄핵증거로 사용할 수 있는가에 있다. 乙의 진술조서의 기재내용은 공판정에서의 증언과의 관계에서 일응 자기모순의 진술이라고 할 수 있기 때문이다. 이에 관하여도 소극설과 적극설이 대립될 수 있다.

소극설은 증인의 증언 후에 수사기관이 증인을 법정 외에서 신문하여 법정진술과 모순되는 진술을 얻고 이를 법정진술의 탄핵에 사용하는 것은 공판중심주의에 반할 뿐만 아니라 이러한 모순진술은 탄핵에 필요한 최소한도의 요건도 결하기 때문에 허용되지 않는다고 해석한다. 미국에서는 사후의 진술은 부정의 위험이 크다는 이유로 임종의 진술에 한하여 인정하고 있다. 이에 반하여 적극설은 형사소송법 제318조의 2가 자기모순의 진술이 이루어진 시기에 관하여 공판기일의 진술의 전후를 불문하며 자기모순의 진술이 이루어진 사정에 대한 피고인의 반대신문권은 필수적인 것이 아니므로 검사 작성의 진술조서도 탄핵증거로 사용할 수 있다고 해석한다. 일본의 최고재판소가 「증인이 공판준비 또는 공판기일에서 신문받은 후에 작성된 동인에 대한 검사작성 조서를 그 증언의 증명력을 다투기 위한 증거로 채증하여도 본조에 위반되는 것은 아니다」라고 판시한 것도 적극설의 입장이다(日最判 1968. 10. 25. 刑集 22·1·961).

생각건대 공판정에서 증언한 증인을 수사기관에서 신문하여 작성한 조서를 탄핵증거로 제출하는 것을 허용하는 것은 공판중심주의와 공정한 재판의 이념에 반하므로 허용되지 않는다고 해석하는 것이 타당하다. 따라서 乙의 진술조서를 탄핵증거로 사용할 수도 없다고 해야 한다.

VI. 결   론

탄핵증거로 제출할 수 있는 증거는 자기모순의 진술에 제한된다. 따라서 乙의 진술을 기재한 피의자신문조서를 甲의 진술의 증명력을 다투기 위하여 사용하는 것은 허용되지 않지만 乙의 진술의 증명력을 다투기 위하여는 이를 사용할 수 있다. '증명력을 다투기 위하여'란 증명력을 감쇄하는 경우뿐만 아니라 감쇄된 증명력을 회복하는 경우를 포함하므로 검사가 감쇄된 乙의 진술의 증명력을 회복하기 위하여 乙의 피의자신문조서를 사용하는 것은 허용된다. 탄핵증거로 사용할 수 있는 것은 전문증거에 불과하므로 乙에 대한 피의자신문조서가 임의성에 의심이 있는 때에는 탄핵증거로도 사용할 수 없다. 탄핵증거로 제출할 수 있는 자기모순의 진술이란 법정에서의 진술에 앞선 진술을 의미하므로 법정에서의 진술 이후에 수사기관이 증인을 신문하여 작성한 진술조서는 범죄사실을 인정할 증거는 물론 탄핵증거로도 사용할 수 없다고 해야한다.

[관련문제]

甲의 부정수표단속법위반 피의사건에 관하여 乙은 담당검사에게 청탁하여 선처를 받게 해 주겠다는 명목으로 甲으로부터 돈 1,000만 원을 수수하였다는 혐의로 구속되어, 검사에 의하여 변호사법위반죄로 구속기소되었다. 乙은 법정에서 공소사실을 부인하고, 공소사실에 부합하는 취지의 진술이 기재된 검사가 제출한 검사 작성의 甲에 대한 진술조서를 증거로 함에 동의할 수 없다고 진술하였다. 검사는 甲을 증인으로 신문하였으나 甲은 乙에게 금품을 교부한 것은 사건부탁을 위한 것이 아니라 乙에게 돈을 빌려준 것이라고 증언하였다. 甲이 증언을 마친 후 검사는 甲을 검사실로 데려가서 장시간의 신문 끝에 甲으로부터 乙의 부탁을 받고 법정에서 거짓증언을 하였다는 진술을 받고, 같은 내용의 진술조서를 작성하여 법원에 제출하였다. 乙이 이 진술조서를 증거로 함에 동의하지 않자 검사는 다시 甲을 증인으로 신청하였다. 甲은 법정에서 검사가 추후 제출한 진술조서의 성립의 진정을 인정하였다. 甲을 증인신문한 후에 그 증언의 번복을 내용으로 하는 검사가 만든 甲에 대한 진술조서는 증거로 할 수 있는가.

《쟁　점》

⑴ 공소제기 후에 임의수사는 어느 범위에서 허용되는가.

　① 공소제기 후의 수사기관에 의한 피고인신문은 허용되는가.

　② 공소제기 후의 참고인수사는 어느 범위에서 허용되는가.

⑵ 증인의 증언번복을 내용으로 하는 진술조서를 증거로 할 수 있는가.

　① 증언번복을 내용으로 하는 진술조서의 증거능력을 부정하는 근거는 무엇인가.

　② 위법수집증거에 대하여 반대신문권을 보장하면 그 증거의 증거능력이 인정되는가.

《해　설》

수사는 공소제기에 의하여 종결된다. 그러나 공소제기 후에 수사가 금지되는 것은 아니다. 공소제기 후에도 원칙적으로 임의수사는 허용된다. 그러나 공소제기 후의 피고인신문은 피고인의 당사자지위와 일치할 수 없기 때문에 허용되지 않는다. 참고인조사는 임의수사이므로 공소제기 후에도 당연히 허용된다. 다만, 증인의 증언번복을 위한 참고인조사는 허용되지 않는다. 증언번복을 내용으로 하는 검사 작성의 진술조서는 공판중심주의와 공정한 재판의 원칙에 위배되는 위법수집증거이다. 따라서 다시 증인을 신문하여 반대신문의 기회를 보상하는 경우에도 증거로 할 수 없다.

[44] 자백의 보강법칙, 피의자신문조서의 증거능력

[설 문]

　甲, 乙 및 丙은 합동하여 재물을 절취한 혐의로 공소제기되어 병합심리를 받고 있다. 법정에서 甲과 乙은 범행을 부인하지만, 丙은 공동범행을 자백하였다.

　1. 다른 증거가 없는 경우에

　　⑴ 丙에 대하여는 유죄판결을 할 수 있는가.

　　⑵ 丙의 자백만으로 甲과 乙을 유죄로 할 수 있는가.

　　⑶ 甲과 乙을 유죄로 하기 위하여 丙에 대하여 변론을 분리하고 증인으로 신문하여야 하는가.

　　⑷ 丙이 장물을 가지고 있는 것을 보았다는 A의 진술이 있는 경우는 丙을 유죄로 할 수 있는가.

　　⑸ 甲은 부인하고 乙과 丙이 자백한 경우 乙과 丙을 유죄판결할 수 있는가.

　2. 丙은 검사 앞에서 甲, 乙과 합동하여 절취하였다고 진술하였지만 법정에서는 이를 부인하고 있다.

　　⑴ 검사가 만든 丙에 대한 피의자신문조서는 어떤 조건에서 증거능력을 가지는가.

　　⑵ 丙에 대한 피의자신문조서의 기재만으로 甲과 乙을 유죄판결할 수 있는가.

I. 문제점의 정리

형사소송법 제310조는 자백의 보강법칙을 규정하고 있다. 자백의 보강법칙이란 피고인이 임의로 한 증거능력과 신용성이 있는 자백에 의하여 법관이 유죄의 심증을 얻었다 할지라도 보강증거가 없으면 유죄로 인정할 수 없다는 원칙을 말한다. 자백의 진실성을 담보하여 오판의 위험을 배제하고 자백편중으로 인한 인권침해를 방지하기 위한 것이다. 설문은 자백의 보강법칙과 피의자신문조서의 증거능력을 묻는 문제이다. 즉 문제 1의 (1)은 보강증거가 없는 경우에 자백한 피고인에게 유죄판결을 할 수 있는가의 문제이며, (2)는 공범자의 자백에도 보강증거가 있어야 하는가의 문제이다. 또한 (3)은 공동피고인의 증인적격과 관련하여 공동피고인의 진술이 증거능력을 가지는가의 문제이고, (4)는 보강증거의 범위에 관한 문제이며, (5)는 공범자의 자백이 보강증거가 될 수 있는가에 관한 문제이다. 문제 2는 검사 작성의 피의자신문조서의 증거능력을 인정하기 위한 요건과 자유심증주의에 관한 문제이다.

II. 자백과 보강증거

1. 자백의 보강법칙

문제 1의 (1)은 보강증거가 없는 경우에 자백한 丙에게 유죄판결을 할 수 있는가를 묻고 있다. 자백의 보강법칙은 피고인의 자백에 대하여 적용된다. 피고인의 자백인 이상 반드시 피고인의 지위에서 한 자백임을 요하지 않고 공판정 외에서의 자백은 물론 공판정의 자백에 대하여도 적용된다는 것이 통설과 판례(대법원 1966. 7. 26. 전원 합의체판결, 66 도 634)의 태도이다. 丙이 공판정에서 자백을 한 경우에도 보강법칙의 적용을 받지 않을 수 없다.

따라서 다른 증거가 없는 경우에 자백을 한 丙에 대하여는 자백의 보강법칙에 의하여 유죄를 인정할 수 없게 된다.

2. 공범자의 자백과 보강법칙

문제 1의 ⑵가 丙의 자백만으로 甲과 乙에 대하여 유죄판결을 할 수 있는
가를 묻는 것은 보강증거를 요하는 자백에 공범자의 자백도 포함되어 공범자
인 丙의 자백 이외에 보강증거가 있어야 하는가에 관한 것이다. 공범자의 자백
은 보강증거를 요하는 자백에 포함되지 않는다고 할 때에는 丙의 자백은 독립
된 증거가 되므로 이를 근거로 甲과 乙을 유죄로 할 수 있기 때문이다.

⑴ 견해의 대립

공범자의 자백도 피고인의 자백에 포함되는가에 관하여는 긍정설과 부정
설 및 절충설이 대립되고 있다.

1) **긍 정 설**　　　긍정설은 공범자의 자백을 피고인의 자백에 포함시켜 공
범자의 자백에도 보강증거가 있어야 한다고 해석한다. 종래의 다수설의 태도이다.
이 견해는 ① 보강법칙의 근거인 자백강요와 오판의 위험이라는 점에서 피고인의
자백과 공범자의 자백 사이에 차이가 없고, ② 공범자의 자백을 피고인의 자백에
포함시키지 아니하여 공범자 중 한 사람만이 자백한 경우에 자백한 공범자는 무
죄가 되고 부인한 공범자를 유죄로 하는 것은 부당하며, ③ 공범자의 자백을 자신
의 자백과 다른 공범자에 대한 진술로 나누는 것은 부당하다는 것을 이유로 한다.

2) **부 정 설**　　　공범자의 자백은 피고인의 자백이라고 할 수 없으므로
공범자의 자백에 대하여는 보강증거를 요하지 않는다고 해석하는 견해이다.
판례가 취하고 있는 입장이다(대법원 1963. 7. 25,
63 도 185). 이는 ① 자백의 보강법칙은 자유
심증주의의 예외이므로 엄격히 해석해야 하고, ② 공범자의 자백은 다른 피고
인에 대한 관계에서는 증언에 지나지 아니하며, ③ 공범자에 대하여는 피고인
의 반대신문이 가능하고, ④ 자백한 피고인을 무죄로 하는 것은 보강법칙의 당
연한 결론이며 부인한 피고인을 유죄로 하는 것은 법관의 자유로운 증거평가
의 결과이므로 불합리하지 않다는 것을 이유로 한다.

3) **절 충 설**　　　공동피고인인 공범자의 자백에는 보강증거가 필요하지
아니하나 공동피고인이 아닌 공범자의 자백에는 보강증거가 필요하다는 견해
이다. 공범자가 공동피고인으로 심판받는 절차에서 자백한 때에는 법관이 그
진술태도를 직접 관찰하고 피고인이 반대신문권을 행사할 수 있다는 점에서
보강증거의 필요성은 없지만 공범자가 별개의 사건에서 진술을 한 경우에는

보강증거를 통하여 법관의 심증형성을 신중히 할 것을 요구할 필요가 있기 때문이라고 한다.

(2) 검토 및 문제의 해결

생각건대 공동피고인의 자격에서 신문되었는가라는 우연에 의하여 보강증거가 필요한가가 결정된다는 것은 타당하다고 할 수 없다. 따라서 절충설은 부당하다고 생각된다. 긍정설에 의하는 때에는 丙의 자백 이외에 보강증거가 없는 때에는 甲과 乙에게도 유죄판결을 할 수 없다. 그러나 공범자는 피고인에 대한 관계에서는 제3자에 불과하다고 해야 할 뿐만 아니라, 공범자의 자백에 대하여도 보강증거능력을 인정해야 한다는 점에 비추어 공범자의 자백을 보강증거를 요하는 자백이라고 할 수는 없다고 해야 한다. 이러한 의미에서 부정설이 타당하다고 하겠다.

부정설에 의하는 한 甲과 乙은 법원의 자유심증에 의하여 丙의 자백만으로 유죄판결을 받을 수 있다고 해야 한다. 절충설에 의하는 경우에도 같은 결론이 된다.

3. 공동피고인의 진술의 증거능력

문제 1의 (3)의 甲과 乙에게 유죄판결을 하기 위하여 丙의 변론을 분리하여 증인으로 신문해야 하는가는 공동피고인에게 증인적격이 인정되는가, 또 증인으로 신문하지 않고 피고인으로서 진술한 공동피고인의 진술에 증거능력이 인정되는가의 문제이다. 두 문제는 동전의 양면과 같다고 할 수 있을 정도로 서로 관련되어 있음은 물론이다.

(1) 공동피고인의 증인적격

공동피고인에게 증인적격이 인정되는가에 관하여도 긍정설과 부정설 및 절충설이 대립되고 있다. ① 긍정설은 공동피고인은 다른 피고인에 대한 관계에서는 제3자이므로 당연히 증인으로 신문할 수 있다고 함에 반하여, ② 부정설은 공동피고인은 공범관계에 있는가를 불문하고 변론을 분리하지 않는 한 증인으로 신문할 수 없다고 한다. 이에 반하여 ③ 절충설은 공범자인 공동피고인은 증인적격이 없지만 공범 아닌 단순한 공동피고인은 증인이 될 수 있다고 한다. 이에 대하여 판례는 단순한 공동피고인은 증인적격이 있고(대법원 2006. 1. 12., 2005 도 7601), 공범인 공동피고인은 원칙적으로 증인적격이 없지만 변론이 분리되면 증인적격이 있다($\binom{\text{대법원 2008. 6. 26.}}{\text{2008 도 3300}}$)고 한다. 생각건대 ① 변론을 분리하는가에 따라 공동피고인의 증인적격이 좌우된다는 것은 타당하다고 할 수 없고, ② 공범자인 공동피고인에게는 진술거부권을 인정해야 하고 공범자 아닌 공동피고인은 증인에 불과하다고 할 것이므로 **절충설**이 타당하다.

（2）**공동피고인의 진술의 증거능력**

丙은 공범자인 공동피고인이다. 따라서 부정설·절충설은 물론 판례에 의하는 경우에도 丙에게는 변론을 분리하지 않는 한 증인적격이 인정되지 않는다. 따라서 丙을 증인으로 신문하기 위하여는 변론을 분리해야 하는 것은 물론이다. 그러나 공동피고인으로서의 丙의 진술은 공범자인 다른 피고인에 대한 관계에서 증거능력을 가진다고 해야 한다. 다른 공범자에게도 반대신문의 기회가 보장될 수 있기 때문이다. 따라서 이 경우에 丙의 진술을 증거로 하기 위하여 별도로 丙을 증인으로 신문할 필요는 없다고 해야 한다.

4. 보강증거의 범위

문제 1의 ⑷의 丙이 자백하고 丙이 장물을 가지고 있는 것을 보았다는 A의 진술이 있는 경우에 丙을 유죄판결할 수 있는가는 보강증거가 어느 범위까지 자백을 보강해야 하는가라는 보강증거의 범위에 관한 문제이다.

（1）**견해의 대립**

보강증거의 범위에 관하여는 죄체설과 진실성담보설이 대립되고 있다. ① 죄체설은 죄체의 전부 또는 중요부분에 관하여 보강증거가 필요하다고 해석한다. 여기서 죄체란 객관적 범죄구성사실을 의미한다고 한다. 이에 반하여 ② 진실성담보설은 보강증거는 자백의 진실성을 담보하는 정도면 충분하다고 해석한다. 통설 및 판례($\binom{\text{대법원 2007. 9. 20.}}{\text{2007 도 5845}}$)의 태도이다.

생각건대 ① 보강법칙의 근거가 자백의 진실성을 담보하는 데 있는 이상 진실성담보설이 타당하다고 해야 하며, ② 죄체의 개념도 불명확할 뿐만 아니라, ③ 죄체설도 보강증거만으로 죄체가 완전히 증명될 것을 요하는 것이 아니므로 죄체설과 진실성담보설 사이에 실질적 차이가 없다는 점에 비추어 **진실성담보설**이 타당하다고 해야 한다.

（2）**丙에 대한 유죄판결의 가부**

丙이 장물을 가지고 있는 것을 보았다는 A의 진술은 자신의 절도사실에 대한 丙의 자백의 진실성을 담보하기에 충분하다고 하지 않을 수 없다. 따라서 A의 진술을 보강증거로 하여 丙을 유죄판결할 수 있다.

5. 보강증거의 질과 공범자의 자백

문제 1의 (5)는 乙과 丙이 자백한 경우에 乙과 丙을 유죄판결할 수 있는가에 관한 문제로서 이는 공범자의 자백이 보강증거가 될 수 있는가에 관한 것이다.

공범자의 자백이 보강증거가 될 수 있는가는 보강을 요하는 자백에 공범자의 자백이 포함되는가와 서로 관련되는 문제이다. 공범자의 자백이 포함되지 않는다는 **부정설**에 의하면 공범자의 자백은 독립된 증거가 되므로 당연히 보강증거가 될 수 있다. 이에 반하여 **긍정설**에 의하면 공범자의 자백도 피고인의 자백이므로 보강증거가 될 수 없다고 해야 한다. 그러나 긍정설도 공범자의 자백에 대하여 반증거가치를 인정하여 보강증거가 될 수 있다고 해석한다. 공범자의 자백은 피고인에 대한 관계에서는 증언에 불과하므로 당연히 보강증거가 될 수 있다고 해야 한다. 판례도 일관하여 공범자나 공동피고인의 자백이 보강증거가 될 수 있다고 하고 있다(대법원 1990. 10. 30, 90 도 1939).

결국 乙과 丙의 자백은 서로의 자백에 보강증거가 되어 乙과 丙을 유죄판결할 수 있게 된다.

Ⅲ. 피의자신문조서의 증거능력

1. 검사 작성의 피의자신문조서의 증거능력

문제 2의 (1)은 검사 작성의 피고인에 대한 피의자신문조서가 어떤 조건에서 증거능력을 가질 수 있는가에 관한 문제이다. 검사 작성의 피의자신문조서가 증거능력을 가지기 위하여 진술의 임의성과 조서작성의 적법성이 인정되어야 하는 것은 물론이다. 그 이외에도 검사가 피고인이 된 피의자의 진술을 기재한 조서는 적법한 절차와 방식에 따라 작성된 것으로서 피고인이 진술한 내용과 동일하게 기재되어 있음이 공판준비 또는 공판기일에서의 피고인의 진술에 의하여 인정되고, 그 조서에 기재된 진술이 특히 신빙할 수 있는 상태하에서 행하여졌음이 증명되거나(제312조 1항), 피고인이 조서의 성립의 진정을 부인하는 경우에는 그 조서에 기재된 진술이 피고인이 진술한 내용과 동일하게 기재되어 있음이 영상녹화물이나 그 밖의 객관적인 방법에 의하여 증명되고 특신상태가 증명된 때에 한하여 증거능력이 인정된다($^{동조}_{제2항}$). 결국 검사가 작성한 피고인이 된 피의자의 진술을 기재한 조서의 증거능력을 인정하기 위하여는 다음의 요건이 충족되어야 한다.

1) **적법한 절차와 방식**　　여기서 피의자신문조서가 적법한 절차와 방식에 따라서 작성되었다고 하기 위하여는 형식적 진정성립 이외에도 피의자신문과 참여자($^{제243}_{조}$), 변호인의 참여($^{제243조}_{의 2}$), 수사과정의 기록($^{제244조}_{의 4}$) 등의 규정을 따라야 한다. 다만 변호인의 피의자신문참여권에 대한 침해는 전문증거의 예외를 인정하기 위한 요건이라기보다는 진술의 적법성과 임의성을 부정할 사유에 해당한다고 보아야 한다.

2) **실질적 진정성립**　　조서의 기재내용이 피고인이 진술한 내용과 동일하게 기재되어 있음이 인정되어야 한다. 이는 실질적 진정성립이 인정되어야 한다는 의미이다. 실질적 진정성립은 공판준비 또는 공판기일에서의 피고인의 진술에 의하여 인정되어야 한다($^{제312조}_{1항}$). 그러나 피고인이 성립의 진정을 부인하는 경우에도 영상녹화물이나 그 밖의 객관적 방법으로 실질적 진정성립이 증명될 수 있다($^{동조}_{제2항}$). 영상녹화물에 의하여 실질적 진정성립을 증명하기 위하여는 조사의 개시부터 종료까지의 전과정 및 객관적 정황을 영상녹화한 것이어야 하는 등, 피의자진술의 영상녹화에 관한 규정($^{제244조}_{의 2}$)을 준수한 것이어야 한다. 판례는 그 밖의 객관적 방법은「형사소송법 및 형사소송규칙에 규정된 방식과 절차에 따라 제작된 영상녹화물 또는 그러한 영상녹화물에 준할 정도로 피고인의 진술을 과학적·기계적·객관적으로 재현해 낼 수 있는 방법만을 의미하고, 그 외에 조사관 또는 조사 과정에 참여한 통역인 등의 증언은 이에 해당한다고 볼 수 없다」고 한다($^{대법원\ 2016.\ 2.\ 18,}_{2015\ 도\ 16586}$).

3) **특히 신빙할 수 있는 상태**　　조서의 기재내용이 피고인이 진술한 내용과 동일하게 기재되어 있음이 인정되는 경우에도 조서에 기재된 진술은 특히 신빙할 수 있는 상태에서 행하여졌음이 증명되어야 한다. 여기서 특히 신빙할 수 있는 상태란 영미법의 신용성의 정황적 보장과 같은 의미로서, 진술내용이나 조서의 작성에 허위개입의 여지가 거의 없고, 진술내용의 신빙성이나 임의성을 담보할 구체적이고 외부적인 정황이 있는 것을 말한다($^{대법원\ 2012.\ 7.\ 26,}_{2012\ 도\ 2937}$).

2. 자유심증주의

문제 2의 ⑵의 검사가 만든 피의자신문조서에 丙의 자백이 기재되어 있고 甲과 乙은 물론 丙도 공판정에서 부인하는 때에 丙의 검찰에서의 진술을 근거로 甲과 乙을 유죄판결할 수 있는가는 자유심증주의에 관한 문제라고 할 수 있다. 丙의 검찰에서의 진술이 위에서 검토한 요건을 충족하여 증거능력을 가지는 때에는 법관의 자유로운 심증에 의하여 증거를 취사선택할 수 있게 된다. 즉 자유심증주의에 의하여 증거의 증명력을 제한하는 법적 규제는 없다고 할 것이므로 丙의 공판정에서의 진술이 검사 앞에서의 진술에 비하여 증명력이 강한 것은 아니다. 다만 자유심증주의는 논리와 경험칙에 의하여 제한받는 합리적 심증주의일 것을 요구하므로 법관의 합리적 판단에 의하여 丙의 검사 앞에서의 진술에 신빙성이 있다고 인정되는 때에는 甲과 乙을 유죄판결할 수 있다고 하지 않을 수 없다.

Ⅳ. 결   론

자백에는 보강증거가 있어야 하므로 丙이 자백한 경우에 보강증거가 없으면 丙을 유죄로 할 수 없는 것은 자백의 보강법칙에 의하여 명백하다. 그러나 보강증거를 요하는 피고인의 자백에는 공범자의 자백이 포함되지 아니하므로 자백하지 아니한 甲과 乙에 대하여는 법원이 유죄판결을 할 수 있게 된다. 물론 이 경우에도 법관의 합리적 증거평가의 결과로서 법원이 유죄의 심증을 가졌을 것을 요하는 것은 물론이다. 丙의 공판정에서의 진술은 그 자체로 甲과 乙에 대한 증거가 될 수 있으므로 변론을 분리하여 丙을 증인으로 신문할 필요는 없으며, 보강증거는 자백의 진실성을 담보할 수 있는 정도면 족하다 할 것이므로 丙의 자백 이외에 丙이 장물을 가지고 있는 것을 보았다는 보강증거가 있으면 丙을 유죄판결할 수 있는 것은 당연하다. 공범자의 자백도 보강증거가 될 수 있으므로 乙과 丙이 자백한 때에는 甲은 물론 乙과 丙에게도 서로의 자백이 보강증거가 되어 유죄판결을 할 수 있다. 검사가 피고인이 된 피의자의 진술을 기재한 조서는 적법한 절차와 방식에 따라 작성된 것으로서 피고인이 진술한 내용과 동일하게 기재되어 있음이 피고인의 진술에 의하여 인정되고 특신상태가 증명되거나($\frac{제312조}{1항}$), 피고인이 조서의 성립의 진정을 부정하는 경우에는 조서에 기재된 진술이 피고인이 진술한 내용과 동일하게 기재되어 있음이 영상녹화물이나 그 밖의 객관적인 방법에 의하여 증명되고 특신상태가 증명된 때에 한하여 증거능력이 인정된다($\frac{동조}{제2항}$). 이 경우에 피의자신문조서의 기재만으로 甲과 乙을 유죄판결할 수 있는가의 문제는 법원의 자유로운 증거평가의 결과에 따라 좌우된다.

[관련문제]

甲과 乙은 공모한 후 금은방에 들어가서 귀금속을 절취하였다는 혐의로 검거되어 공소제기되었다. 甲은 공판정에서 범행 일체를 자백하였으나 乙은 이를 부인하였으며 다른 증거는 없었다.

(1) 이 경우에 법원은 甲과 乙에 대하여 유죄판결을 할 수 있는가.
(2) 만일 甲과 乙이 모두 범행사실을 자백하였다면 법원은 어떤 판결을 할 수 있는가.

(제37회 행정고등고시 출제문제)

《쟁 점》

(1) 자백의 보강법칙이란 무엇인가.
(2) 공범자의 자백에도 보강증거가 필요한가.
(3) 공동피고인의 법정진술은 증거능력이 있는가.
(4) 공범자의 자백이 보강증거가 될 수 있는가.

《해 설》

공범자의 자백에는 보강증거를 요하지 않는다. 따라서 법원은 甲에게는 무죄판결을 해야 하며, 乙에게는 유죄판결을 할 수 있다. 공동피고인의 법정진술은 다른 공범자에 대하여도 증거능력이 인정된다. 甲과 乙이 자백하는 경우에 공동피고인의 자백은 독립된 증거가 될 수 있고, 각 자백은 상호 보강증거가 되므로

甲과 乙에게 모두 유죄판결을 할 수 있다.

[관련판례]

(1) 대법원 1992. 7. 28, 92 도 917, 「형사소송법 제310조의 피고인의 자백에는 공범인 공동피고인의 진술은 포함되지 않으며, 이러한 공동피고인의 진술에 대하여는 피고인의 반대신문권이 보장되어 있어 독립한 증거능력이 있다.」

(2) 대법원 1987. 12. 22, 87 도 1020, 「공동피고인의 자백은 이에 대한 피고인의 반대신문권이 보장되어 있어 증인으로 심문한 경우와 다를 바 없으므로 독립한 증거능력이 있다.」

(3) 대법원 2006. 1. 27, 2005 도 8704, 「자백에 대한 보강증거는 범죄사실의 전부 또는 중요 부분을 인정할 수 있는 정도가 되지 아니하더라도 피고인의 자백이 가공적인 것이 아닌 진실한 것임을 인정할 수 있는 정도만 되면 족할 뿐만 아니라, 직접증거가 아닌 간접증거나 정황증거도 보강증거가 될 수 있다.」

(4) 대법원 1983. 6. 28, 83 도 1111, 「공범인 피고인들의 각 자백은 상호보강 증거가 되므로 그들의 자백만으로 범죄사실을 인정하였다 하여 보강증거 없이 자백만으로 범죄사실을 인정한 위법이 있다 할 수 없다.」

[45] 자백과 보강증거 2

[설 문]

甲은 2014년 2월 4일 사기죄로 징역 10월을 선고받아 집행을 받은 전과가 있는 자로서 丙 등으로부터 골재채취업무를 위임받아 그들로부터 받은 돈을 지급하고 있었다. 甲은 2016년 6월 1일부터 8월 30일까지 담당공무원 乙에게 준설공사를 하는 과정에서 인·허가사무를 처리하면서 편의를 봐 달라는 조건으로 10회에 걸쳐 돈 1,000만 원을 공여하였다는 혐의로 수사를 받게 되었다. 甲이 가지고 있던 수첩에는 위와 같은 돈을 乙에게 주었다는 사실이 기재되어 있었으며, 위의 수첩의 기재내용은 2016년 1월경부터 甲이 丙 등에게 받은 돈을 어떻게 썼는가를 해명하기 위하여 기록해 둔 것이었다. 甲은 검사에게 조사받는 과정에서 乙에게 위와 같은 뇌물 1,000만 원을 공여한 사실을 자백하여 위의 내용이 검사 작성의 피의자신문조서에 기재되어 있었다. 乙이 뇌물을 수수한 사실을 극구 부인하였으나 검사는 甲과 乙을 뇌물공여죄와 뇌물수수죄로 각 공소제기하였다. 乙은 법정에서도 계속 범행을 부인하고 있고, 甲은 乙에게 돈을 준 사실이 없다고 주장하면서도 검사가 작성한 피의자신문조서의 기재내용에 대하여는 적법한 절차와 방식으로 작성되었고 조서에 진술한 대로 기재되어 있음을 인정하였다. 사건을 심리한 법관은 甲이 乙에게 뇌물을 주었다는 심증을 가졌다. 이 경우에 법원은

⑴ 甲을 유죄판결할 수 있는가.

⑵ 甲의 전과사실에 관하여는 甲이 자백하고 있지만 범죄경력조회서가 회보되지 아니하고 다른 증거가 없는 경우에 전과사실을 인정할 수 있는가.

⑶ 甲의 검찰에서의 자백과 수첩의 기재내용을 증거로 乙에 대하여 유죄판결을 하는 것은 가능한가.

I. 문제의 제기

　　甲과 乙에 대하여 유죄판결을 할 수 있는가라는 설문이 요구하는 문제는 자백의 보강법칙에 관련된 문제이다. 자백의 보강법칙이란 피고인이 임의로 한 증거능력과 신용성이 있는 자백에 의하여 법관이 유죄의 심증을 얻었다고 할지라도 보강증거가 없으면 유죄로 인정할 수 없다는 원칙을 말한다. 자백의 진실성을 담보하여 오판의 위험성을 배제하고 자백편중으로 인한 인권침해를 방지하는 데 그 근본취지가 있다. 즉 허위자백으로 인한 오판의 위험을 방지하고 자백편중의 경향에 제동을 가하여 인권침해를 간접적으로 막기 위하여 보강증거가 있을 때에만 유죄판결을 할 수 있게 한 것이다. 설문의 문제 (1)은 피고인이 작성한 乙에게 뇌물을 공여했다는 내용이 기재된 수첩의 기재내용이 보강증거가 될 수 있는가의 문제이며, 문제 (2)는 어느 범위까지 자백을 보강해야 하는가 내지 범죄의 어느 부분에 보강증거가 있어야 하는가라는 보강증거의 범위를 묻는 문제이고, 문제 (3)은 공범자의 자백에 대하여도 보강증거가 있어야 하고 또 공범자의 자백을 보강증거로 할 수 있는가에 관한 문제이다. 설문의 문제 (1)과 (3)은 대법원 1996. 10. 17. 전원합의체판결, 94 도 2865의 판시내용을 기초로 한 것이다. 이를 순서대로 검토하기로 한다.

II. 보강증거의 성질

　　甲의 자백을 기재한 검사 작성의 甲에 대한 피의자신문조서가 증거능력을 가진다는 점에는 의문이 없다. 원진술자인 甲이 피의자신문조서가 적법한 절차와 방식에 따라 작성되었고, 甲이 진술한 대로 조서에 기재되어 있음을 인정하였기 때문이다. 그러나 甲에 대한 피의자신문조서의 기재내용이 자백인 이상 보강증거가 있어야 甲에게 유죄판결을 할 수 있으며, 甲의 자백을 보강할 증거로 甲이 작성한 수첩의 기재내용이 있을 뿐이므로 문제 (1)은 甲이 작성한 수첩의 기재내용이 보강증거가 될 수 있는가에 귀착한다.

1. 자백의 의의

자백을 보강하는 증거는 자백과 독립된 증거이어야 하므로 피고인의 자백은 보강증거가 될 수 없다. 피고인의 자백이 언제 이루어진 것이든 묻지 아니하며, 자백은 아무리 반복되더라도 자백만 있는 경우에 불과하다. 구두에 의한 경우뿐만 아니라 서면에 의한 경우에도 자백에 해당한다. 여기서 설문의 수첩의 기재내용이 보강증거가 될 수 있는가는 그것이 자백에 해당하는가와 관련된다.

자백의 개념에 대하여 영미에서는 자백이란 피고인이 범죄사실의 전부 또는 일부에 대하여 자기의 형사책임을 인정하는 것을 말한다고 이해하여 단순히 범죄사실의 전부 또는 일부를 시인하는 승인과 구별하지만, 우리나라의 통설은 단순히 범죄사실의 전부 또는 일부를 시인하는 것만으로 자백이 된다고 해석한다. 자백을 유죄를 인정하는 것으로 해석하면 상업장부나 수첩의 기재내용은 자백이 아니라고 할 수 있다. 그러나 자백배제법칙이나 자백의 보강법칙을 적용함에 있어서 반드시 형사책임을 인정할 것을 전제로 해야 할 이유는 없으므로 자백과 승인을 구별할 필요가 없는 것은 명백하다. 범죄사실의 전부 또는 일부를 인정하는 것이면 진술의 시기, 형식, 진술의 법적 지위나 상대방은 문제되지 아니하므로 피고인이 작성한 수첩의 내용도 자백이 아닌가가 문제된다.

2. 상업장부나 수첩의 기재내용과 자백

상업장부나 수첩의 기재내용이 자백에 해당하는가 또는 자백에 대한 보강증거가 될 수 있는가는 상업장부가 형사소송법 제315조의 업무의 통상과정에서 작성된 문서로서 신용성의 정황적 보장과 필요성으로 인하여 당연히 증거능력을 가지기 때문에 자백과 구별해야 하지 않는가라는 관점에서 문제되었다. 먼저 상업장부(판매미수금대장)가 자백에 포함되는가에 관하여 일본 최고재판소는 「미수금대장은 피고인이 범죄의 혐의를 받기 전에 이와 관계 없이 판매미수금관계를 기록하기 위하여 암거래인가 아닌가를 불문하고 거래내용을 그때 그때 기입한 것이라고 인정되므로 그 기재내용은 피고인의 자백이라고 할 수 없고, 이 장부는 일본 형사소송법 제323조 2호의 서면으로서 증거능력을 가지므로 피고인의 제1심 공판정의 자백에 대하여 보강증거가 될 수 있다」고 판시한 바 있다($\begin{smallmatrix} 日最判 1957. 11. 2. \\ 刑集 11·12·3047 \end{smallmatrix}$). 즉 일본의 최고재판소는 상업장부가 ① 범죄혐의를 받기 전에 이와 관계 없이 작성된 것일 것, ② 판매미수금관계의 기록을 위하여 작성한 것일 것, ③ 거래내용을 그때 그때 기입한 것일 것이라는 조건이 충족되면 보강증거로 할 수 있다고 판시한 것이다. 상업장부와 같이 업무의 통상과정에서 작성된 것은 작성자가 누구인가, 즉 사용자가 작성한 것인가 또는 종업원이 작성한 것인가 또 피고인이 작성한 것인가에 따라 내용이 달라지는 것이 아니며 자백의 진실성을 담보하는 데 충분하고 비진술증거 내지 물적 증거로서의 성격을 가지므로 보강증거가 될 수 있다는 이론에도 근거가 없는 것은 아니다.

　문제는 이러한 이론을 수첩의 기재내용에까지 적용할 수 있는가에 있다. 대법원은 상업장부나 항해일지, 진료일지 또는 이와 유사한 금전출납부와 같이 자기에게 맡겨진 사무를 처리한 사무내역을 그때 그때 기재한 문서뿐만 아니라 「피고인이 작성한 수첩은 피고인이 범죄혐의를 받기 전에 이와는 관계 없이 어로확보를 위한 준설공사에 필요한 각종 인·허가 등의 업무를 위임받아 이를 추진하는 과정에서 그 업무수행에 필요한 자금을 지출하면서 지출한 자금내역을 자료로 남겨 두기 위하여 이 사건 뇌물자금과 기타 자금을 구별하지 아니하고 그 지출일시, 금액, 상대방 등의 내역을 그때 그때 계속적·기계적으로 기입한 것으로 보이고, 그 기재내용은 피고인이 자신의 범죄사실을 시인하는 자백이라고 볼 수 없으므로 피고인의 검찰에서의 자백에 대한 보강증거가 될 수 있다」고 판시하였다($\begin{smallmatrix} 대법원 1996. 10. 17. 전원 \\ 합의체판결, 94 도 2865 \end{smallmatrix}$). 상업장부에 관한 일본 최고재판소의 판결과 같은 이론이라고 볼 수 있다. 그러나 상업장부나 수첩에 기재된 사실이라 할지라도 그것이 범죄사실의 전부 또는 일부를 인정하는 내용인 이상 자백이 아니라고 할 수 없고, 범죄혐의를 받기 전인가 아닌가는 자백의 요건이 될 수 없다. 상업장부가 그 내용의 신용성과 정확성으로 인하여 당연히 증거능력을 가진다고 할지라도 그것이 자백을 내용으로 하는 때에는 자백의 보강법칙이 적용되어야 하는 것은 당연하다. 독립증거만 보강증거가 될 수 있다는 이론도 자백의 신빙성이 인정되지 않는 경우에 한하는 것이 아니고, 특히 경비의 사용처를 피고인이 수첩에 기재한 경우에는 허위기입의 가능성이 적지 않기 때문에 신용성이 보장되는 것도 아니다. 이러한 의미에서 대법원의 태도는 상업장부를 자백에 속하지 않는다고 판시한 일본 최고재판소의 판례와는 또 다른 문제점을 갖고 있다고 해야 한다.

결국 판례의 태도는 타당하다고 할 수 없으며, 설문의 수첩의 기재내용은 자백에 불과하므로 보강증거가 될 수 없고, 피고인 甲에 대하여는 달리 보강증 거가 없으므로 유죄판결을 선고할 수 없다고 하겠다($\binom{위\ 94\ 도\ 2865}{판결의\ 반대의견}$).

Ⅲ. 보강증거의 범위

문제 (2)의 전과사실을 인정하기 위하여 보강증거가 있어야 하는가의 문제 는 보강증거가 어느 범위까지 자백을 보강해야 하는가에 관한 문제이다. 보강 증거의 범위에 관하여는 근본적으로 죄체설과 진실성담보설이 대립되고 있다. **죄체설**은 죄체의 전부 또는 중요부분에 대하여 보강증거가 있어야 한다고 하 며, 여기서 죄체란 객관적 범죄구성사실을 의미한다고 한다. 이에 반하여 **진실 성담보설**은 자백에 대한 보강증거는 자백의 진실성을 담보하는 정도면 족하다 고 한다. 우리나라의 통설과 판례($\binom{대법원\ 2007.9.20,}{2007\ 도\ 5845}$)의 태도이다. 생각건대 자백의 진실성을 담보하여 오판의 위험을 방지한다는 보강법칙의 근거에 비추어 보거 나 죄체의 개념도 명백한 것이 아니라는 점에서 진실성담보설이 타당하다고 생각된다. 전과사실은 엄격한 의미에서 범죄사실이라고 할 수 없고, 전과에 대 하여는 보강증거가 없다고 하더라도 자백의 진실성을 담보할 수 있다는 점에 서 어떤 견해에 의하더라도 전과사실은 자백만으로 인정해도 좋다는 점에는 의견이 일치하고 있다.

결국, 甲의 자백만으로 전과를 인정하여도 보강법칙에 위배되지 않는다.

Ⅳ. 공범자의 자백

문제 (3)의, 이 경우에 甲의 자백과 수첩의 기재내용으로 乙에게 유죄판결 을 할 수 있는가라는 문제는 乙은 자기의 범죄사실을 처음부터 일관하여 부인 하고 있으므로 공범자의 자백에도 보강증거가 있어야 하는가, 甲의 수첩기재 내용이 보강증거로 될 수 있는가의 문제로 돌아간다. 판례와 같이 수첩의 기재내용이 자백이 아니므로 자백에 대한 보강증거가 될 수 있다는 이론에 의할 때에는 공범자인 甲의 자백에 대한 보강증거가 있으므로 乙에 대하여도 유죄 판결을 할 수 있는 것이 명백하다. 그러나 甲에 관하여 살펴본 바와 같이 수첩 의 기재내용이 보강증거로 될 수 없다고 볼 때에는 공범자의 자백에도 보강증 거가 필요한가가 문제된다.

1. 견해의 대립

공범자의 자백도 피고인의 자백에 포함되는가에 관하여는 긍정설과 부정 설 및 절충설이 대립되고 있다.

(1) 긍 정 설

긍정설은 공범자의 자백을 피고인의 자백에 포함시켜 공범자의 자백에도 보강증거가 있어야 한다고 해석한다. 이에 의하면 甲의 자백에 대하여 보강증 거가 있어야 乙을 유죄판결할 수 있게 된다. 종래의 다수설의 태도이다. 이 견 해는 ① 보강법칙의 근거인 자백강요와 오판의 위험이라는 점에서 피고인의 자백과 공범자의 자백 사이에 차이가 없고, ② 공범자의 자백을 포함시키지 아 니하여 공범자 중 한 사람만이 자백한 경우에 자백한 공범자, 즉 甲은 무죄가 되고 부인한 공범자 乙을 유죄로 하는 것은 부당하며, ③ 공범자의 자백을 자 신의 자백과 다른 공범자에 대한 진술로 나누는 것은 부당하다는 것을 이유로 한다.

(2) 부 정 설

공범자의 자백은 피고인의 자백이라고 할 수 없으므로 공범자의 자백에 대 하여는 보강증거를 요하지 않는다고 해석하는 견해이다. 甲의 자백만으로 乙을 유죄판결할 수 있다는 이론이다. 판례가 취하고 있는 입장이다(대법원 1992. 7. 28,/92 도 917). 이는 ① 자백의 보강법칙은 자유심증주의의 예외이므로 엄격히 해석해야 하 고, ② 공범자의 자백은 다른 피고인에 대한 관계에서는 증언에 지나지 아니하 며, ③ 공범자에 대하여는 피고인의 반대신문이 가능하고, ④ 자백한 피고인을 무죄로 하는 것은 보강법칙의 당연한 결론이며 부인한 피고인을 유죄로 하는 것은 법관의 자유로운 증거평가의 결과이므로 불합리하지 않다는 것을 이유로 한다.

(3) 절 충 설

공동피고인인 공범자의 자백에는 보강증거가 필요하지 아니하나 공동피고
인이 아닌 공범자의 자백에는 보강증거가 필요하다는 견해이다. 공범자가 공
동피고인으로 심판받는 절차에서 자백한 때에는 법관이 그 진술태도를 직접
관찰하고 피고인이 반대신문권을 행사할 수 있다는 점에서 보강증거의 필요성
이 없지만 공범자가 별개의 사건에서 진술을 한 경우에는 보강증거를 통하여
법관의 심증형성을 신중히 할 것을 요구할 필요가 있기 때문이라고 한다.

2. 검토 및 문제의 해결

생각건대 공동피고인의 자격에서 신문되었는가라는 우연에 의하여 보강증
거가 필요한가가 결정된다는 것은 타당하다고 할 수 없다. 따라서 절충설은 부
당하다고 생각된다. 긍정설에 의하는 때에는 甲의 자백 이외에 보강증거가 없
는 때에는 甲과 乙에게 유죄판결을 할 수 없다. 그러나 공범자는 피고인에 대
한 관계에서는 제3자에 불과하다고 해야 할 뿐만 아니라, 공범자의 자백에 대
하여도 보강증거능력을 인정해야 한다는 점에 비추어 공범자의 자백을 자백이
라고 할 수는 없다고 해야 한다. 이러한 의미에서 부정설이 타당하다고 하겠
다. 부정설에 의하는 한 乙은 법원의 자유심증에 의하여 甲의 자백만으로 유죄
판결을 받을 수 있다. 절충설에 의하는 경우에도 같은 결론이 되는 것은 물론
이다. 다만, 甲에게 무죄판결을 하였음에도 불구하고 부인한 乙에 대하여 유죄
판결을 하는 것은 법원이 乙에 대하여 명백한 유죄의 심증을 가졌을 경우에
한해야 하며, 甲의 검찰에서의 자백만으로 乙을 유죄판결하는 것은 신중을 기
해야 할 것이다. 甲이 쓴 수첩의 기재내용이 보강증거가 될 수 있다고 할 때에
는 乙에 대하여 당연히 유죄판결을 할 수 있게 된다.

V. 결   론

판례는 甲이 작성한 수첩의 기재내용은 자백이 아니므로 보강증거가 될
수 있다고 하여 甲을 유죄판결할 수 있다고 한다. 공범자의 자백에 보강증거가
필요하지 않다는 판례이론에 의할 때에는 乙에 대하여도 당연히 유죄판결을

할 수 있게 된다. 그러나 甲이 작성한 수첩의 기재내용도 자백이고 범죄사실의 전부 또는 일부를 인정하는 내용인 한 진술의 형식이나 시기, 즉 범죄의 혐의를 받고 있는가의 여부 또는 업무의 통상과정에서 작성된 서면인가의 여부와 관계 없이 자백이 된다 할 것이므로 甲이 작성한 수첩의 기재내용은 보강증거가 될 수 없어서 甲을 유죄판결할 수는 없다고 해야 한다. 이에 반하여 공범자의 자백에 보강증거를 필요로 하지 않는다는 판례의 부정설에 의하는 한 乙에 대하여 유죄판결을 하는 것은 이론상으로는 가능하다고 하겠다. 물론 甲의 검사 앞에서의 자백만을 근거로 甲에게는 무죄판결을 하면서 乙에게 유죄판결을 선고하는 것은 명확한 심증을 전제로 하며, 이 경우에 甲에게 무죄판결을 선고하는 것은 자백의 보강법칙으로 인한 부득이한 결과라고 해야 한다. 甲의 전과사실을 인정함에 있어서는 甲의 자백으로 족하고 별도의 보강증거가 필요한 것이 아니라는 점은 죄체설이나 진실성담보설 중 어떤 견해를 취하는 경우에도 같은 결론이 되지 않을 수 없다.

[관련문제]

다음의 각 경우에 자백의 보강증거에 관하여 논술하시오.

(1) 피고인 甲은 공판정에서 자신은 A의 라디오를 2006년 6월 8일 오후 3시경 A의 집에서 훔쳤다고 자백하였다. 그러나 甲의 자백의 신빙성을 보장할 만한 것으로는 피고인이 늘 쓰던 일기장과 경찰에서 쓴 자술서 뿐이었다. 이 경우 법원은 甲에 대하여 유죄판결을 선고할 수 있는가.

(2) 甲과 乙은 공동하여 A의 라디오를 절취하였다는 혐의로 공소가 제기되었다. 공판정에서 甲은 공소사실을 자백하였으나 乙은 공소사실을 부인하였다. 이 경우에 법원은 甲과 乙에 대하여 유죄판결을 선고할 수 있는가.

(제41회 행정고등고시 출제문제)

《쟁 점》

1. 문제 (1)과 관련하여
   (1) 자백의 보강법칙이란 무엇인가.
   (2) 일기장이 보강증거가 될 수 있는가.
   (3) 피고인의 자술서가 보강증거로 될 수 있는가.
2. 문제 (2)에 관하여
   (1) 甲을 유죄판결할 수 있는가(자백의 보강법칙).
   (2) 乙을 유죄판결할 수 있는가.
      공범자의 자백에도 보강증거가 필요한가.

《해 설》

자백에 대한 보강증거는 자백과 독립된 증거여야 한다. 자백을 서면화한 진술서는 물론 범죄혐의와 관계없이 작성한 일기장, 수첩, 메모 기타 상업장부도 피고인의 진술을 내용으로 하는 한 보강증거가 될 수 없다. 따라서 법원은 甲에게 유죄판결을 할 수 없다.

　甲은 자백하였으나 보강증거가 없기 때문에 유죄판결을 할 수 없다. 이에 반하여 乙에 대하여는 보강법칙이 적용되지 않으므로 유죄판결을 할 수 있다. 다만, 乙에 대하여 유죄판결을 하기 위하여는 유죄의 명백한 심증이 있어야 한다.

[관련판례]

대법원 1996. 10. 17. 전원합의체판결, 94 도 2865, 「(1) 상업장부나 항해일지, 진료일지 또는 이와 유사한 금전출납부 등과 같이 범죄사실의 인정 여부와는 관계 없이 자기에게 맡겨진 사무를 처리한 사무내역을 그때 그때 계속적·기계적으로 기재한 문서 등의 경우는 사무처리내역을 증명하기 위하여 존재하는 문서로서 그 존재 자체 및 기재가 그러한 사무가 처리되었음의 여부를 판단할 수 있는 별개 독립된 증거자료이고, 설사 그 문서가 우연히 피고인이 작성하였고 그 문서의 내용 중 피고인의 범죄사실의 존재를 추론할 수 있는, 즉 공소사실에 일부 부합되는 사실의 기재가 있다고 하더라도 이를 일컬어 피고인이 범죄사실을 자백하는 문서라고 볼 수는 없다.

(2) 피고인이 뇌물공여혐의를 받기 전에 이와는 관계 없이 준설공사에 필요한 각종 인·허가 등의 업무를 위임받아 이를 추진하는 과정에서 그 업무수행에 필요한 자금을 지출하면서 스스로 그 지출한 자금내역을 자료로 남겨 두기 위하여 뇌물자금과 기타 자금을 구별하지 아니하고 그 지출일시, 금액, 상대방 등 내역을 그때 그때 계속적·기계적으로 기입한 수첩의 기재내용은 피고인이 자신의 범죄사실을 시인하는 자백이라고 볼 수 없으므로, 증거능력이 있는 한 피고인의 금전출납을 증명할 수 있는 별개의 증거라고 할 것인즉, 피고인의 검찰에서의 자백에 대한 보강증거가 될 수 있다.」

[46] 일 부 상 소

[설   문]

甲은 ① 2016. 5. 10. 서울 강남구 서초동 소재 乙의 집에서 돈 300만 원을 절취하고, ② 같은 해 6. 1. 23 : 00경 서대문구 연희동 소재 丙의 집에 침입하여 돈 500만 원을 절취한 사실로 공소제기되었다. 제 1 심 법원인 서울중앙지방법원이 甲에 대한 ① ② 공소사실을 모두 유죄로 인정하고 甲에게 징역 1년을 선고하자 甲은 항소하였다. 제 2 심 법원인 서울중앙지방법원 항소부에서는 ①사실에 대하여는 범죄의 증명이 없다는 이유로 무죄를 선고하고, ②사실만 유죄로 인정하여 피고인에게 징역 1년에 2년간 집행유예의 판결을 선고하였다. 항소심 판결에 대하여 피고인은 상고하지 아니하였으나 검사는 무죄가 선고된 ①의 부분에 대하여 상고하였다. 대법원은 원심에서 甲에 대하여 무죄를 선고한 부분을 파기하고자 한다.

⑴ 검사의 일부상소는 허용되는가. 또 일부상소는 어느 범위에서 허용되는가.

⑵ 대법원이 무죄인 ①사실부분을 파기할 경우 ②사실까지 함께 파기할 수 없는가.

⑶ 피고인만 유죄부분에 대하여 상고하여 대법원이 ②사실을 심리하던 중 甲의 전과를 고려할 때 甲에게는 상습성이 인정되어 ① ②사실은 포괄일죄의 관계에 있다고 인정할 때 대법원은 ①사실까지 심판할 수 있는가.

⑷ 대법원이 무죄부분만을 파기환송한 경우에 원심이 甲에게 ①사실에 대하여 징역 6월의 형을 선고하였다면 그 판결은 정당한가.

I. 문제점의 제시

설문은 일부상소의 허용범위와 일부상소의 경우의 상소심의 심판범위를 묻는 문제이다. 일부상소란 재판의 일부에 대한 상소를 말한다. 형사소송법은 재판의 일부에 대하여도 상소를 허용하고 있다($^{제342조}_{1항}$). 그러나 한 개의 사건에 대하여는 한 개의 재판이 있고, 이 재판은 상소에 있어서도 그 내용을 분할하는 것이 허용되지 않으므로 한 개의 사건의 일부를 상소하는 것은 허용되지 않는다. 따라서 일부상소에 있어서 재판의 일부란 한 개의 사건의 일부가 아니라 수개의 사건이 병합심판된 경우의 일부를 의미하게 된다. 일부상소의 허용범위는 이러한 일부상소의 개념을 고려하여 판단해야 한다.

설문의 문제 (1)은 일부상소의 허용범위, 문제 (2)와 (3)은 일부상소의 경우 상소심의 심판범위, 문제 (4)는 불이익변경금지의 원칙과의 관계를 묻는 문제이다.

II. 일부상소의 허용범위

문제 (1)은 경합범 중 일부에 대하여 유죄, 다른 일부에 대하여 무죄판결이 선고된 경우에 검사가 무죄부분에 대하여 일부상소를 할 수 있는가에 관한 것이다. 일부상소가 허용되기 위하여는 재판의 내용이 가분적이고 독립된 판결이 가능하여야 한다. 따라서 상소부분이 다른 부분과 논리적으로 관련되어 있거나 양형에 상호작용을 하기 때문에 그 판결의 영향을 받은 때에는 일부상소가 허용되지 않는다. 일부상소가 허용되는 전형적인 경우가 수죄, 즉 경합범의 각 부분에 대하여 각각 다른 수개의 재판이 선고되어 재판내용이 가분적인 경우이다. 설문은 원심에서 경합범의 관계에 있는 수개의 공소사실의 일부에 대하여 유죄, 다른 부분에 대하여 무죄판결이 선고된 경우이므로 검사의 일부상소가 허용된다는 점은 명백하다.

일부상소는 이와 같이 ① 경합범의 일부에 대하여 유죄, 다른 부분에 대하여 무죄나 면소·공소기각·관할위반 또는 형의 면제판결이 선고된 경우뿐만

아니라, ② 경합범의 각 부분에 대하여 일부는 징역형, 다른 일부는 벌금형이
선고된 경우, ③ 경합범에 대하여 수개의 형이 선고된 경우 및 ④ 경합범관계
에 있는 공소사실의 전부에 대하여 무죄가 선고된 경우에도 일부상소를 할 수
있다. 이에 반하여 일죄의 일부, 한 개의 형이 선고된 경합범, 주형과 일체가
된 부가형의 경우에는 재판의 내용이 불가분이기 때문에 일부상소가 허용되지
아니한다.

III. 일부상소의 경우 상소심의 심판범위

1. 상소심의 심판범위

문제 ⑵는 검사가 무죄판결에 대하여 상소한 경우 대법원이 무죄판결을
파기할 때에 파기해야 할 범위, 즉 일부상소의 경우의 상소심의 심판범위를 묻
는 문제이다. 상소심에서 무죄판결을 파기할 경우의 심판범위에 관하여는 전
부파기설과 일부파기설이 대립되고 있다.

(1) 전부파기설과 일부파기설

일부파기설은 상소심이 검사가 상소한 무죄부분만을 파기해야 한다는 견
해이다. 일부상소의 경우에 상소심의 심판범위는 상소를 제기한 범위에만 미
치고 검사가 상소하지 아니한 유죄부분은 상고기간이 지남으로써 확정되고 일
부상소된 부분만 상소심에 계속되므로 상소심은 일부상소된 범위에서 심판하
여야 하고, 상고심의 파기환송에 의하여 사건을 환송받은 법원도 일부상소된
범위에서 심판해야 한다는 것이다. 이에 의하면 대법원은 무죄선고된 ①사실
만 파기해야 하며, ②사실은 이미 확정된 것이 된다. 우리나라의 다수설의 태
도이며 판례가 취하는 태도이다. 즉 대법원은 전원합의체판결을 통하여 「경합
범 중 일부에 대하여 무죄, 다른 일부에 대하여 유죄를 선고한 항소심 판결에
대하여 검사만이 무죄부분에 대하여 상고를 한 경우, 피고인과 검사가 상고하
지 아니한 유죄판결부분은 상고기간이 지남으로써 확정되어 상고심에 계속 중
인 사건은 무죄판결부분에 대한 공소뿐이라 할 것이므로 상고심에서 이를 파
기할 때에는 무죄부분만을 파기할 수밖에 없다」고 판시하여 일부파기설을 취
하고 있다(대법원 1992. 1. 21. 전원합의체판결, 91 도 1402). 이에 대하여 **전부파기설**은 무죄부분만을 파기하

여 그것이 유죄로 되면 피고인은 2개의 유죄판결을 받게 되어 피고인에게 불이익하기 때문에 이 경우에는 「일부에 대한 상소는 그 일부와 불가분의 관계에 있는 부분에 대하여도 효력이 미친다」는 형사소송법 제342조 2항을 확대적용하여 원심판결을 전부파기해야 한다고 해석한다. 즉 일부파기설에 의할 때에는 ① 피고인이 2개의 범죄사실로 유죄판결을 받는 경우에는 형법 제37조 전단의 경합범에 해당하여 가장 중한 죄에 정한 형의 2분의 1까지 가중한 범위에서 처벌받음에 반하여 2개의 형을 선고받을 때에는 이러한 제한을 받지 아니하여 피고인에게 불이익하고, ② 설문과 같이 한 개의 형을 선고한 제1심 판결에 대하여 피고인만 항소하여 항소심 법원에서 일부유죄, 일부무죄판결을 선고하면서 제1심 판결과 같은 형을 선고한 경우에 검사가 무죄부분만을 상고하여 대법원이 원심판결을 파기하는 때에는 환송받은 항소심은 불이익변경금지의 원칙에 의하여 과형 없는 유죄판결을 해야 하는 부당한 결과를 초래하고, ③ 이미 확정된 형이 집행유예인 경우에는 환송된 죄에 대하여는 집행유예를 하지 못하고 이미 선고받은 집행유예도 실효되므로 동시에 판결받으면 집행유예를 선고받을 수 있었던 경우에는 불합리한 결과를 초래한다는 것이다.

(2) 검   토

전부파기설은 경합범으로 기소된 경우에는 한 개의 형이 선고될 수 있다는 점을 고려하여 일부파기설을 취한 경우의 실무상의 난점을 극복하기 위하여 주장된 이론이다. 이에 의할 때에는 일부파기설을 취하는 경우에 발생할 수 있는 피고인의 불이익이 완화될 수 있는 것은 사실이다. 그러나 전부파기설은 상소제도의 본질과 일치하지 않는다는 점에 문제가 있다. 상소는 상소의 범위에서 상소심에 계속되며 상소하지 아니한 부분은 확정된다고 보아야 하기 때문이다. 전부파기설에 의하면 甲에 대한 유죄부분은 무죄부분이 파기될 때까지 확정된 것도 소송계속 중인 것도 아닌 불안정한 상태에 놓이게 된다. 일부파기설을 취하였을 때의 피고인에 대한 양형상의 불이익은 법관의 합리적인 양형에 의하여 극복될 수 있고($\frac{형법}{제39조\ 1항}$), 형의 선고 없는 유죄판결도 불이익변경금지의 원칙의 당연한 결과로 받아들일 수밖에 없는 이상 일부파기설의 문제점은 극복될 수 없는 흠이 아니다.

결국, 대법원은 甲에 대한 무죄판결부분만을 파기해야 하며, 환송받은 항소심도 무죄부분만을 다시 심판해야 한다.

2. 포괄일죄에 있어서 피고인이 상고한 경우의 심판범위

문제 (3)은 검사는 상고하지 아니하고 피고인만 유죄인 ②부분을 상고하였는데 상고심의 심리 결과 ①과 ②사실이 포괄일죄로 인정된 경우에 있어서 상고심의 심판범위를 묻는 문제이다.

이에 관하여는 확정된 ①사실에 대한 무죄판결에 중점을 두고 공소불가분의 원칙과 일사부재리의 원칙에 의하여 면소판결을 해야 한다는 견해, 상소제기된 유죄부분에 중점을 두고 공소불가분의 원칙에 의하여 무죄인 ①부분도 상고심에 계속된다는 견해, 무죄부분이 확정됨으로써 유죄부분과 무죄부분은 소송법상 두 개의 사건으로 분할되어 유죄부분만 상고심의 심판의 대상이 된다고 해석하는 견해가 대립되고 있다. 대법원은 검사가 무죄부분을 상고한 경우에 유죄부분도 상고심의 심판의 대상이 된다고 판시하여 제 2 설을 취하고 있다(대법원 1980. 12. 9. 전원 합의체판결, 80 도 384). 그러나 무죄부분의 확정에 의하여 ①과 ②사실은 소송법상 두 개의 사실로 분할된다고 해석하는 것이 상소인의 의사와 소송의 동적·발전적 성격에 일치한다고 할 것이므로 대법원은 유죄인 ②사실에 대하여만 심판해야 한다고 해석하는 것이 타당하다.

Ⅳ. 불이익변경금지의 원칙

문제 (4)의 대법원이 일부파기설에 따라 무죄판결을 파기환송한 경우에 환송 후의 원심이 ①사실에 대하여 징역 6월을 선고할 수 있는가는 이 판결이 불이익변경금지의 원칙에 위배되지 않는가의 문제이다. 피고인이 항소 또는 상고한 사건과 피고인을 위하여 항소 또는 상고한 사건에 관하여 상소심은 원심판결의 형보다 중한 형을 선고하지 못한다는 원칙을 불이익변경금지의 원칙이라고 한다(제368조, 제396조). 불이익변경금지의 원칙은 피고인이 중형변경의 위험 때문에 상소제기를 단념하는 것을 방지함으로써 피고인의 상소권을 보장한다는 정책적 이유에 그 근거가 있다.

1. 불이익변경금지의 원칙의 적용범위

불이익변경금지의 원칙은 피고인이 상소한 사건과 피고인을 위하여 상소한 사건에 대하여 적용된다. 문제는 설문과 같이 피고인만 항소한 제 2 심 판결에 대하여 검사가 상고한 때에도 이 원칙이 적용되는가에 있다. 그러나 항소심의 잘못 때문에 항소한 피고인이 불이익을 받는다는 것은 피고인의 상소권을 보장한 이 원칙의 취지에 반하므로 상고심에서도 제 1 심 판결의 형보다 중한 형을 선고할 수 없다. 상고심의 파기환송판결에 의하여 환송받은 법원도 원판결을 계속하는 것이므로 제 1 심의 형보다 중한 형을 선고할 수 없는 것은 물론이다.

2. 불이익변경의 판단기준

불이익변경의 기준을 판단함에 있어서는 법정형의 경중을 규정하고 있는 형법 제50조를 기준으로 하면서 전체적 판단방법에 의하여 피고인에게 과해지는 자유구속과 법익박탈의 정도를 전체적·실질적으로 비교하여 결정해야 한다. 설문에서 환송받은 원심이 ①사실에 대하여 징역 6월을 선고할 때에는 甲은 ②사실에 대하여 징역 1년에 2년간 집행유예를 선고받아 그 판결이 확정된 이외에 징역 6월의 형을 선고받은 것이 된다. 그러나 甲에게 확정된 집행유예는 형법 제63조에 의하여 실효되지 않을 수 없으므로 甲은 1년 6월의 형을 선고받은 결과가 된다. 피고인이 항소한 제 1 심 판결이 甲에게 징역 1년을 선고한 것과 비교하면 이 판결은 불이익변경금지의 원칙에 위배된다고 하지 않을 수 없다.

결국, 환송 후의 항소심이 甲에게 징역 6월의 형을 선고하는 것은 위법하며, 항소심에서 제 1 심의 형과 같은 형을 선고한 때에는 대법원이 무죄부분을 파기한 때에도 불이익변경금지의 원칙에 의하여 형을 선고할 수 없다고 해야 한다.

V. 결 론

일부상소는 재판의 내용이 가분이고 독립된 판결이 가능할 경우에 할 수 있다. 경합범의 일부에 대하여 무죄판결, 다른 일부에 대하여 유죄판결을 선고한 경우에 일부상소를 할 수 있고 따라서 검사가 무죄판결에 대하여 상고할 수 있는 것은 당연하다. 검사가 무죄판결에 대하여 일부상고한 때에는 유죄판결부분은 피고인의 상소기간이 경과함으로써 확정되고 대법원은 무죄판결만을 파기해야 하며, 환송 후의 원심도 무죄부분에 대하여만 심판해야 한다. 만약 피고인만 유죄부분에 대하여 상고하였고 확정된 무죄부분과 포괄일죄의 관계에 있다고 인정되는 경우에도 무죄부분은 확정되어 소송법상 두 개의 사건으로 분할되었다고 할 것이므로 상고심은 유죄부분만을 판단해야 한다. 일부파기설에 따라 대법원이 무죄부분만을 파기한 경우에도 불이익변경금지의 원칙이 적용되며, 피고인만 항소한 항소심에서 제1심과 같은 형을 선고한 때에는 유죄판결을 선고하는 경우에도 형을 선고할 수 없게 된다.

[관련판례]

(1) 대법원 1992. 1. 21. 전원합의체판결, 91도1402, 「형법 제37조 전단의 경합범으로 같은 법 제38조 제1항 제2호에 해당하는 경우 하나의 형으로 처벌하여야 함은 물론이지만 위 규정은 이를 동시에 심판하는 경우에 관한 규정인 것이고 경합범으로 동시에 심판한 사건에 관하여 일부유죄, 일부무죄의 선고를 하거나 일부의 죄에 대하여 징역형을, 다른 죄에 대하여 벌금형을 선고하는 등 판결주문이 수개일 때에는 그 1개의 주문에 포함된 부분을 다른 부분과 분리하여 일부상소할 수 있는 것이고 당사자 쌍방이 상소하지 않은 부분은 분리확정된다고 볼 것인바, 경합범 중 일부에 대하여 무죄, 일부에 대하여 유죄를 선고한 항소심 판결에 대하여 검사만이 무죄부분에 대하여 상고를 한 경우 피고인과 검사가 상고하지 아니한 유죄부분은 상고기간이 지남으로써 확정되어 상고심에 계속된 사건은 무죄판결부분에 대한 공소뿐이라 할 것이므로 상고심에서 이를 파기할 때에는 무죄부분만을 파기할 수밖에 없다.」

(2) 대법원 2001. 6. 1, 2001도70, 「원심이 유죄로 판단한 건축법위반의 점과 무죄로 판단한 폐기물관리법위반의 점은 형법 제37조 전단의 경합범 관계에 있는데, 무죄부분에 대해 검사만이 상고한 경우 당사자 쌍방이 상고하지 아니

한 유죄부분은 상고기간이 지남으로써 분리 확정되어 상고심에 계속된 사건은 무죄부분에 대한 공소뿐이라 할 것이므로 상고심에서 이를 파기할 때에는 무죄부분만을 파기할 수밖에 없다.」

⑶ 대법원 1995. 6. 13, 94 도 3250, 「공소사실 중 일부에 대하여는 유죄를, 실체적 경합관계에 있는 일부에 대하여는 무죄를 각 선고하고, 그 유죄부분과 상상적 경합관계에 있는 다른 일부에 대하여는 무죄임을 판시하면서 주문에 별도의 선고를 하지 않은 항소심 판결에 대하여, 유죄부분과 상상적 경합관계에 있는 무죄부분에 한정하여 검사만이 상고를 한 경우, 그 유죄부분과 실체적 경합관계에 있는 무죄선고부분은 검사와 피고인이 모두 상고하지 않았으므로 그대로 확정되어(대법원 1992. 1. 21. 전원합의체판결, 91 도 1402) 상고심의 판단대상이 될 수 없고, 다만 그 유죄부분은 형식상 검사 및 피고인 어느 쪽도 상고한 것 같아 보이지 않지만 그 부분과 상상적 경합관계에 있는 무죄부분에 대하여 검사가 상고함으로써 그 유죄부분은 무죄부분의 유·무죄 여하에 따라서 처단될 죄목과 형량을 좌우하게 되므로, 결국 그 유죄부분도 함께 상고심의 판단대상이 된다.」

⑷ 대법원 2002. 6. 20. 전원합의체판결, 2002 도 807, 「형법 제37조 전단의 경합범관계에 있는 공소사실 중 일부에 대하여는 유죄, 나머지 일부에 대하여는 무죄를 선고하였고 그 중 유죄부분에 대하여는 피고인이 상고하고 무죄부분에 대하여는 검사가 상고한 경우에 있어서는, 원심판결 전부의 확정이 차단되어 상고심에 이심되는 것이고 유죄부분에 대한 피고인의 상고가 이유 없더라도 무죄부분에 대한 검사의 상고가 이유 있는 때에는 피고인에게 하나의 형이 선고되어야 하는 관계로 무죄부분뿐 아니라 유죄부분도 함께 파기되어야 하는 것이므로, 쌍방의 상고를 모두 기각하는 판결이 선고되기 전까지는 검사의 상고로 인하여 유죄부분과 무죄부분이 모두 파기될 가능성을 내포하고 있어 두 부분은 서로 밀접하게 관련되어 있고, 따라서 검사의 상고가 이유 있는지 여부를 가리기 전에는 유죄부분에 대한 피고인의 상고만을 분리하여 기각할 수 없어, 상고심의 미결구금이 오로지 피고인의 책임으로 돌릴 사유로 인하여 생긴 것이라고는 할 수 없다고 할 것이니, 이러한 경우 법문의 문언대로 당연히 형사소송법 제482조 제 1 항 제 1 호의 '검사가 상소를 제기한 때'에 해당

하는 것으로 보아야 할 것이고, 따라서 피고인과 검사의 상고를 모두 기각하는 경우에 있어서도 상고제기 후의 판결선고 전의 구금일수는 형사소송법 제482조 제1항 제1호에 의하여 그 전부가 본형에 산입되는 것이라 할 것이며, 이와는 달리 경합범의 관계에 있는 사실 중 일부를 유죄로, 일부를 무죄로 각 판결하고 그 중 유죄부분에 대하여는 피고인이, 무죄부분에 대하여는 검사가 각 상고를 제기한 경우에 상고심에서 쌍방의 상고를 모두 기각하는 때에는 원심의 유죄부분과 무죄부분은 가분적이어서 쌍방의 상고는 서로 영향을 미치지 않으므로 상고 후의 구금일수를 형법 제57조에 의하여 재정산입하여야 한다고 판시한 대법원 2002. 2. 5, 2001 도 6311 판결은 이 판결의 견해와 저촉되는 한도 내에서 이를 변경하기로 한다.」

(5) 대법원 2007. 6. 28, 2005 도 7473, 「(1) 항소심이 경합범으로 공소제기된 수개의 범죄사실 중 그 일부에 대하여 유죄, 일부에 대하여 무죄를 각 선고하고 무죄부분에 대하여는 검사가 상고하였으나 유죄부분에 대하여는 피고인과 검사 모두 상고하지 아니한 경우, 그 유죄부분은 상소기간의 도과로 확정되므로 무죄부분의 상고가 이유 있는 경우에도 그 무죄부분만이 파기되어야 한다.

  (2) 항소심이 경합범으로 공소제기된 수개의 범죄사실 중 그 일부에 대하여 유죄, 일부에 대하여 무죄를 각 선고하였고, 그 중 유죄부분에 대하여는 피고인이 상고하고 무죄부분에 대하여는 검사가 상고한 경우에 있어서는, 항소심 판결 전부의 확정이 차단되어 상고심에 이심되는 것이고 유죄부분에 대한 피고인의 상고가 이유 없더라도 무죄부분에 대한 검사의 상고가 이유 있는 때에는 피고인에게 하나의 형이 선고되어야 하는 관계로 무죄부분뿐 아니라 유죄부분도 함께 파기되어야 한다.

  (3) 불이익변경금지의 원칙은, 피고인의 상소권을 보장하기 위하여 피고인이 상소한 사건과 피고인을 위하여 상소한 사건에 있어서는 원심판결의 형보다 중한 형을 선고하지 못한다는 것이므로, 피고인과 검사 쌍방이 상소한 결과 검사의 상소가 받아들여져 원심판결 전부가 파기됨으로써 피고인에 대한 형량 전체를 다시 정해야 하는 경우에는 적용되지 아니하는 것이며, 사건이 경합범에 해당한다고 하여 개개 범죄별로 불이익변경의 여부를 판단할 것은 아니다.」

⑹ 대법원 2007. 6. 1, 2005 도 7523, 「상상적 경합관계에 있는 두 죄에 대하여 한 죄는 무죄, 한 죄는 유죄가 선고되어 검사만이 무죄 부분에 대하여 상고하였다 하여도 유죄부분도 상고심의 심판대상이 되는 것이고, 공소사실 중 일부에 대하여는 유죄를, 실체적 경합관계에 있는 일부에 대하여는 무죄를 각 선고하고, 그 유죄부분과 상상적 경합관계에 있는 다른 일부에 대하여는 무죄임을 판시하면서 주문에 별도의 선고를 하지 않은 항소심 판결에 대하여, 검사가 무죄부분 전체에 대하여 상고를 한 경우 그 유죄부분은 형식상 검사 및 피고인 어느 쪽도 상고한 것 같아 보이지 않지만 그 부분과 상상적 경합관계에 있는 무죄부분에 대하여 검사가 상고함으로써 그 유죄부분은 그 무죄부분의 유·무죄 여하에 따라서 처단될 죄목과 양형을 좌우하게 되므로, 결국 그 유죄부분도 함께 상고심의 판단대상이 된다.」

[47] 상소의 이익

[설 문]

검사는 甲을 A 소유의 카메라를 절취하였다는 공소사실로 공소를 제기하였으나, 甲이 공판정에서 공소사실을 부인하며 자기는 그 카메라를 乙로부터 매수하였다고 주장하자 예비적으로 장물취득죄를 추가하는 내용의 공소장변경을 신청하여 법원은 이를 허가하였다. 심리 결과 법원은 검사의 예비적 공소사실인 장물취득죄를 유죄로 인정하고 甲에게 징역 10월에 2년간 집행유예의 판결을 선고하였다. 검사는 甲에게 절도죄로 유죄를 선고해야 한다고 주장하여 항소를 제기하였다.

(1) 검사의 항소에는 항소의 이익이 있는가.

(2) 검사가 법원의 공소장변경요구에 의하여 공소장을 위와 같이 변경한 경우는 어떤가.

(3) 甲이 심신상실을 이유로 무죄판결을 선고받았다면 이 경우에 甲이 자신의 무고함을 이유로 항소할 수 있는가.

(4) 면소판결에 대하여 피고인이 무죄를 주장하여 항소할 수 있는가.

Ⅰ. 문제의 제기

상소권자가 상소를 하기 위하여는 상소이유가 있는 이외에 상소의 이익이 있어야 한다. 이러한 의미에서 상소의 이익은 상소의 적법요건이 된다. 상소의 이익이란 상소가 상소권자에게 이익이 되는가의 문제를 말하며, 원판결에 잘못이 있는가를 의미하는 상소이유와는 구별되는 개념이다. 상소의 이익을 필요로 하는 이유는 재판에 대한 불복이 재판에 의하여 권리와 이익이 침해되었을 것을 전제로 하므로 상소의 필요성, 즉 상소가 자기에게 이익이 될 때에만 허용되는 것은 당연하다는 점에 있다. 상소권자에는 검사와 피고인이 있다. 상소의 이익이란 일반적으로 피고인의 상소의 이익을 의미하지만 검사가 상소하는 경우에도 상소의 이익이 있어야 하는 것은 당연하다. 설문의 문제 (1)과 (2)는 검사의 상소의 이익을 묻는 것임에 반하여, (3)과 (4)는 피고인의 상소의 이익에 관한 가장 중요한 쟁점들이다. 즉 문제 (3)은 무죄판결의 이유에 대한 상소의 경우에 상소의 이익이 있는가에 대한 문제이며, (4)는 면소의 재판에 대한 상소의 경우에 상소의 이익이 있는가의 문제이다.

Ⅱ. 검사의 상소의 이익

검사의 상소의 이익은 피고인의 경우와 구별하지 않으면 안 된다. 검사는 피고인에게 불이익한 상소뿐만 아니라 피고인의 이익을 위한 상소도 할 수 있기 때문이다. 피고인에게 불이익한 상소에 있어서 검사에게 상소의 이익이 인정된다는 점에는 의문이 없다. 상소가 피고인의 이익이 되는 경우에도 검사는 공익의 대표자로서 법령의 정당한 적용을 청구할 수 있으므로 검사의 상소의 이익은 국가가 상소제도를 둔 목적에 일치하고 상소이유에 해당하면 인정된다고 할 수 있다. 이러한 의미에서 검사의 상소의 이익은 원판결의 객관적 잘못을 시정하는 데 있다고 하겠다. 따라서 문제 (1)의 경우에 검사가 비록 자기가 주장한 예비적 공소사실이 유죄로 인정되었다고 할지라도 본위적 공소사실인 절도의 공소사실을 인정하지 않은 것이 위법하여 객관적으로 잘못이라고 인정할 때에는 그 시정을 구하는 데 상소의 이익이 있다고 하지 않을 수 없다.

문제 (2)는 검사가 법원의 공소장변경요구에 의하여 공소사실을 변경한 것이 상소의 이익을 판단하는 데 어떤 영향을 미칠 것인가에 관한 문제이다. 법원의 공소장변경요구에 의하여 검사가 공소장변경신청을 한 때에는 법원의 공소장변경요구가 명령으로서의 효력을 가지므로(명령효설) 검사의 의사에 반하여 공소장변경을 신청하였다는 점에서 상소의 이익을 인정하는 것이 더욱 쉬워진다고 볼 수 있다. 그러나 법원의 공소장변경요구에 형성력이 인정되지 않는다는 점에 견해가 일치하고 있고, 법원의 공소장변경요구가 있는 경우에도 검사에게는 공소장을 변경할 것인가 또는 원래의 공소사실 등을 유지할 것인가에 대한 선택의 여지가 있다는 점에서 검사가 스스로 공소장을 변경한 경우와 구별할 필요는 없다. 즉 검사의 신청에 의한 경우이든, 법원의 공소장변경 요구에 의하여 검사가 공소장변경신청을 한 경우이든 본위적 공소사실을 유죄로 인정하지 않은 것이 위법이라고 주장하고 상소한 경우에는 상소의 이익이 인정된다고 해야 한다.

Ⅲ. 피고인의 상소의 이익

문제 (3)과 (4)는 언제 피고인의 상소의 이익이 인정되는가에 관한 문제이다. 먼저 피고인의 상소의 이익을 판단하는 기준을 살펴보고, 무죄판결과 면소판결에 대한 상소의 경우에 상소의 이익이 있는가를 검토한다.

1. 상소이익의 판단기준

피고인은 자기에게 이익인 재판을 구하는 경우에 한하여 상소할 수 있다. 그러나 무엇이 이익인 상소인가에 대한 기준에 관하여는 견해가 일치하지 않는다.

(1) 주 관 설

상소가 오판을 받은 당사자의 구체적 구제를 본래의 목적으로 하는 제도임에 비추어 피고인의 상소의 이익을 판단함에 있어서도 피고인의 주관적인 측면을 고려해야 한다는 견해이다. 그러나 이에 의하는 경우에는 ① 피고인이 형의 집행을 지연시키기 위하여 상소하는 경우에도 상소의 이익을 인정하지 않을 수 없고, ② 피고인이 이익이라고 생각하고 상소한 때에는 언제나 적법한 상소로 되어 상소의 이익을 특별히 논할 실익이 없게 된다.

(2) 사회통념설

이익과 불이익을 피고인의 주관에 따라 판단하는 것은 국가제도인 상소의 본질상 허용되지 않지만 사회윤리적 입장에서 사회통념을 표준으로 하여 판단하는 것은 형사재판의 본질에 합치한다는 견해이다. 이에 의하면 경한 법정형에 해당하는 파렴치범죄에 대하여 중한 법정형에 해당하는 비파렴치범죄를 주장하여 상소하는 것도 허용된다. 그러나 이 견해도 ① 피고인의 명예회복만으로 상소의 이익이 있다고 할 수 없고, ② 파렴치범죄와 비파렴치범죄의 구별도 명백하지 않을 뿐만 아니라, ③ 이러한 잘못을 시정하는 것은 검사의 상소에 맡기는 것이 타당하다는 비판을 받고 있다.

(3) 객 관 설

상소의 이익이 있는가의 여부는 피고인의 주관을 고려할 것이 아니라 객관적 표준에 의하여 결정해야 한다는 견해이다. 상소의 이익에 대한 판단기준이 되는 원판결에 의한 피고인의 불이익이란 재판에 의한 법익박탈의 대소를 의미한다고 할 것이므로 이 견해가 타당하다.

2. 무죄판결에 대한 상소

문제 ⑶은 무죄판결의 이유를 다투는 상소, 즉 심신상실을 이유로 한 무죄판결에 대하여 피고인이 실체에 관한 이유로 무죄판결을 구하는 상소를 할 수 있는가에 관한 문제이다. 심신상실을 이유로 무죄판결을 받은 경우에는 무죄판결인 경우에도 피고인이 사회적으로 치명적인 타격을 받을 것을 부정할 수 없으므로 상소의 이익을 인정해야 한다는 적극설도 있다. 그러나 ① 무죄판결인 경우에는 그 이유가 무엇인가를 불문하고 재판에 의한 피고인의 법익박탈은 없다고 해야 하고, ② 이로 인한 피고인의 타격은 재판의 불법효과로서의 법익박탈이라고 할 수 없고, ③ 상소는 판결의 주문에 대하여 허용되고 판결이유만을 대상으로 하는 상소는 허용될 수 없다고 할 것이므로 소극설이 타당하다고 해야 한다. 판례도 재판의 이유만을 다투기 위한 상소는 허용되지 않는다고 한다($\binom{\text{대법원 1993. 3. 4.}}{\text{결정, 92 모 21}}$).

결국, 무죄판결의 이유를 다투는 상소에 대하여는 상소의 이익을 인정할 수 없다고 해야 한다.

3. 형식재판에 대한 상소

문제 ⑷의 면소판결에 대하여 피고인이 무죄를 주장하여 상소할 수 있는가는 면소판결을 받은 피고인에게 무죄판결청구권이 있는가, 그 경우에 피고인에게 상소의 이익이 있는가라는 관점에서 검토해야 한다.

(1) 면소판결의 본질과 무죄판결청구권

면소판결에 대하여 피고인에게 무죄판결청구권이 있는가는 면소판결의 본질을 어떻게 이해하는가에 따라 결론을 달리한다.

　실체재판설은 범죄사실의 존재를 전제로 하여 발생한 형벌권이 후에 소멸한 경우에 그 소멸을 확인하는 실체재판이 면소판결이라고 한다. 따라서 형벌권소멸사유의 존부의 전제인 범죄사실이 존재하지 않으면 무죄판결을 해야 하므로 피고인은 당연히 무죄판결청구권을 가진다. 실체관계적 형식재판설에 의하는 경우에도 같다. 이에 의하면 면소판결은 실체적 소송조건이 구비되지 않은 경우에 선고되는, 즉 범죄사실을 확인할 필요는 없지만 어느 정도의 혐의의 존재를 전제로 선고되는 실체관계적 형식재판이다. 따라서 면소사유 존부의 전제인 혐의가 없으면 무죄를 선고해야 하기 때문에 피고인은 무죄판결청구권을 가진다고 할 수 있다. 이에 반하여 형식재판설은 면소판결이 실체심리를 하지 않고 형식적으로 소송을 종결시키는 형식재판이라고 해석한다. 즉 면소판결의 사유는 모두 사건에 대하여 실체심리를 하여 그 존부를 확인하는 것이 부적당하다는 점에 공통점을 가지며, 면소판결은 실체심리를 철저히 행하여 피고인의 무죄를 규명하기보다 피고인의 인권과 이익을 옹호하기 위하여 피고인을 공판절차에서 조기에 해방시키는 것이 타당하다는 정책적 고려에서 피고인의 유·무죄를 불문하고 피고인을 공판절차에서 해방시키는 판결이므로 피고인은 이에 대하여 무죄판결을 청구할 수 없게 된다.

　면소판결은 실체심리를 하지 않고 소송을 종결시킨다는 점에서 형식재판설이 타당하다. 면소판결에 대하여 무죄판결청구권을 인정하는 것은 피고인을 절차에서 빨리 해방시켜야 한다는 면소판결의 의의를 잃게 할 뿐만 아니라 면소판결은 유죄판결이 아니라는 것을 오인한 결과이다. 면소판결은 무죄판결에 비하여 불이익한 판결이 아니므로 면소판결에 대하여 무죄판결청구권을 인정해야 할 이유가 없다. 대법원도 면소판결에 대하여는 피고인에게 무죄판결청구권이 없다는 이유로 상소를 허용하지 않는다는 태도를 취하고 있다(대법원 1984. 11. 27, 84 도 2106).

　(2) 면소판결에 대한 상소의 이익

　면소판결에 대하여 피고인에게 무죄판결청구권이 없다는 이유로 상소할 수 없다고 해석하는 이론은 소송조건이 결여되면 법원은 유·무죄의 실체판결을 할 수 없으므로 피고인이 무죄를 주장하여 상소할 수 없다는 이론이나, 이는 소송조건이 구비되면 형식재판에 대하여도 무죄를 주장하여 상소할 수 있다는 결론이 될 뿐만 아니라 근본적으로는 형식재판보다 무죄판결이 피고인에게 이익인 판결이라는 점을 전제하고 있다. 따라서 면소판결에 대하여 무죄를 주장하여 상소할 수 있는가의 문제는 무죄판결청구권이 있는가보다는 상소의 이익이라는 관점에서 해결해야 한다.

형식재판인 면소판결에는 무죄판결에 비하여 불이익한 사회적 평가가 포함될 수 있다. 그러나 이는 형식재판에 의한 법익박탈이라고 할 수 없고, 또 상소에 의하여 구제해야 할 이익이 아니다. 형사소송은 국가형벌권의 존부를 확인하는 데 그 존재목적이 있으므로 피고인이 개인의 이익을 위하여 이를 이용하는 것은 허용되지 않기 때문이다. 면소판결은 유죄판결이 아니다. 형식재판인 면소판결에 의하여 피고인은 절차에서 보다 빨리 해방되어 공소제기 전의 상태로 환원한다. 이러한 의미에서 면소판결과 무죄판결은 모두 피고인에게 가장 유리한 재판이며, 면소판결에 대하여 무죄판결을 주장하여 상소하는 것은 상소의 이익이 없기 때문에 허용되지 않는다고 해야 한다.

Ⅳ. 결　　론

상소의 이익이 있어야 상소는 적법하게 된다. 검사의 상소는 피고인에게 불이익인 경우뿐만 아니라 공익의 대표자로서 원판결의 객관적 잘못을 시정하는 데 상소의 이익이 있다고 해야 한다. 따라서 검사가 공소장을 변경하여 예비적 공소사실에 대하여 유죄가 인정된 경우에도 본위적 공소사실을 인정하지 않은 것이 위법하다고 인정될 때에는 상소의 이익이 인정된다. 법원의 요구에 의하여 검사가 공소장을 변경한 경우에도 같다. 피고인의 상소의 이익은 재판에 의한 법익박탈의 대소라는 객관적 기준에 의하여 판단해야 한다. 따라서 무죄판결이 피고인에게 가장 이익인 판결인 이상 무죄판결의 이유를 다투는 상소의 이익은 인정되지 않는다. 형식재판인 면소판결도 또한 무죄판결과 마찬가지로 피고인에게 이익인 판결이다. 그러므로 면소판결에 대하여 무죄판결을 이유로 상소하는 경우에는 상소의 이익이 인정되지 않는다고 해야 한다.

[관련판례]

⑴ 대법원 1984. 11. 27, 84 도 2106, 「피고인에게는 실체판결청구권이 없는 것이므로 면소판결에 대하여 무죄의 실체판결을 구하여 상소를 할 수는 없는 것이다.」

⑵ 대법원 1997. 8. 22, 97 도 1211, 「피고인을 위한 상소는 피고인에게 불이익한 재판을 시정하여 이익된 재판을 청구함을 그 본질로 하는 것이므로 피고인은 재판이 자기에게 불이익하지 아니하면 이에 대한 상소권이 없다고 할 것인바, 공소기각의 판결이 있으면 피고인은 유죄판결의 위험으로부터 벗어나는 것이므로 그 판결은 피고인에게 불이익한 재판이라고 할 수 없다.」

⑶ 대법원 1993. 3. 4. 결정, 92 모 21, 「검사는 공익의 대표자로서 법령의 정당한 적용을 청구할 임무를 가지므로 이의신청을 기각하는 등 반대당사자에게 불이익한 재판에 대하여도 그것이 위법일 때에는 위법을 시정하기 위하여 상소로써 불복할 수 있지만 불복은 재판의 주문에 관한 것이어야 하고 재판의 이유만을 다투기 위하여 상소하는 것은 허용되지 않는다.」

[48] 불이익변경금지의 원칙

[설 문]

피고인 甲은 제 1 심인 서울중앙지방법원에서 절도죄로 징역 10월, 乙은 상해죄로 벌금 500만 원의 형을 각 선고받고 피고인들만 양형부당을 이유로 항소하였다. 항소심인 서울중앙지방법원 항소부에서는 피고인 甲에게 징역 1년에 2년간 집행유예, 乙에게는 징역 8월에 2년간 집행유예의 판결을 선고하였다. 피고인 丙은 서울중앙지방법원에서 상해죄로 징역 1년에 2년간 집행유예의 형을 선고받고 피고인만 항소하였으나 항소심에서는 피고인의 항소를 기각하였다. 丙은 상고하지 않았으나, 검사가 피고인에게 누범전과가 있음에도 불구하고 집행유예의 판결을 선고한 것은 법령위반이라고 상고하였다. 대법원은 원심판결을 파기하고 피고인에게 징역 10월의 실형을 선고하였다.

⑴ 甲과 乙에 대한 항소심 판결과 丙에 대한 상고심 판결은 정당한가.

⑵ 대법원이 丙에 대한 항소심 판결을 파기환송하여 항소심에서 징역 10월의 실형을 선고한 경우는 어떤가.

⑶ 丙에 대한 상고심 판결이 위법하다면 이에 대한 구제수단은 무엇인가.

Ⅰ. 문제점의 정리

설문에서 甲과 乙에 대한 항소심 판결과 丙에 대한 항소심 및 상고심 판결의 적법성은 불이익변경금지의 원칙에 관한 것이며, 丙에 대한 구제책도 불이익변경금지의 원칙에 위배한 대법원판결에 대한 시정방법을 묻는 것이다. 불이익변경금지의 원칙이란 피고인이 항소 또는 상고한 사건과 피고인을 위하여 항소 또는 상고한 사건에 관하여 상소심은 원심판결이 선고한 형보다 중한 형을 선고하지 못한다는 원칙을 말한다. 불이익변경금지의 원칙의 근거에 관하여는 상소심의 심리는 상소제기자가 불복신청한 범위에 제한되어야 하는 것이 당사자주의 내지 변론주의의 당연한 결론이라고 해석하는 견해가 있으나, 통설과 판례(대법원 1964. 9. 17. 전원)
(합의체판결, 64 도 298)는 피고인이 중형변경의 위험 때문에 상소제기를 단념하는 것을 방지함으로써 상소권을 보장한다는 정책적 이유에 그 근거가 있다고 해석한다. 불이익변경금지의 원칙은 중형금지의 원칙을 의미하는 데 그치고, 상소의 목적에는 피고인의 구제 이외에 재판에 있어서 정의의 확보도 있다는 점에 비추어 통설이 타당함은 물론이다.

설문에서 ⑴은 甲에 대한 항소심 판결에서 징역형을 늘리면서 집행유예를 붙인 것이 불이익변경에 해당하는가, 乙에 대한 항소심 판결에서 벌금형을 집행유예로 바꾼 것이 불이익변경에 해당하는가에 대한 문제이다. ⑵는 丙에 대한 상고심의 자판판결과 항소심의 판결에 대하여는 피고인만 항소한 사건에 대하여 검사가 상고한 경우와 상고심의 파기환송판결에 의하여 환송받은 법원에 대하여도 이 원칙이 적용되는가, 또 징역형을 줄이면서 집행유예를 박탈한 것이 불이익변경에 해당하는가에 대한 문제이고, ⑶은 확정된 상고심 판결을 고치는 방법이 무엇인가에 대한 문제이다.

II. 불이익변경의 판단기준

불이익변경금지의 원칙은 피고인이 상소한 사건과 피고인을 위하여 상소한 사건에 적용된다. 甲과 乙은 제 1 심 판결에 대하여 피고인들만 항소하였으므로 불이익변경금지의 원칙이 적용된다는 점은 명백하다. 문제는 항소심 판결이 선고한 형이 불이익변경에 해당하는가에 있다. 丙에 대한 상고심 및 항소심 판결에 대하여도 이 원칙이 적용된다는 가정 하에서 불이익변경에 해당하는가를 함께 검토하기로 한다.

1. 甲에 대한 항소심 판결

甲은 제 1 심에서 징역 10월을 선고받고 항소하였는데 항소심에서는 징역 1년에 2년간 집행유예의 형을 선고하였다. 징역형을 늘리고 집행유예를 붙인 것

476 [48] 불이익변경금지의 원칙

이 불이익변경에 해당하는가에 관하여는 긍정설과 부정설이 대립되고 있으며, 대법원은 일찍이 전원합의체판결을 통하여 「제1심에서 징역 6월의 선고를 받고 피고인만이 항소한 사건에서 징역 8월에 2년간 집행유예를 선고한 것은 불이익변경금지의 원칙에 위반된다」고 판시하였다(대법원 1966. 12. 8. 전원합의체판결, 66 도 1319; 대법원 1977. 10. 11, 77 도 2713). 생각건대 실형과 집행유예의 차이가 크다는 점을 보면 주형의 형기가 길어졌어도 집행유예가 추가된 때에는 피고인에게 불이익이 아니라는 견해는 설득력이 있다. 그러나 형의 경중을 고려함에 있어서는 집행유예가 실효되거나 취소되는 경우도 고려해야 하며, 이 경우에는 제1심보다 중한 형을 집행당하지 않을 수 없는 이상 항소심의 형은 불이익변경에 해당한다고 해야 한다.

항소심의 甲에 대한 판결은 적법하지 못하다.

2. 乙에 대한 항소심 판결

乙에 대하여 항소심 판결은 벌금 500만 원의 형을 징역 8월에 2년간 집행유예의 형으로 변경하였다. 집행유예의 경우에는 형을 집행받지 않아도 되는데 반하여 벌금형은 벌금을 납부해야 한다. 그러나 벌금형은 자유형보다 가벼운 형이다. 자유형에 대하여 집행유예가 추가되었다고 할지라도 집행유예가 취소 또는 실효되어 자유형을 집행하게 되는 경우를 고려하면 결론이 달라지는 것은 아니다. 따라서 자유형에 대한 집행유예판결을 벌금형으로 변경하는 것은 불이익변경이 되지 않지만 반대로 벌금형을 자유형으로 변경하는 것은 불이익변경에 해당한다고 해야 한다.

결국 乙에 대한 항소심 판결도 적법하다고 할 수 없다.

3. 丙에 대한 판결

丙에게 제1심에서 징역 1년에 2년간 집행유예의 판결이 선고된 것을 상고심 또는 환송 후의 항소심에서 징역 10월의 실형을 선고한 것이 불이익변경에 해당하는가의 문제이다. 집행유예의 유무는 형의 경중을 판단함에 있어서 중요한 의미를 가진다. 따라서 집행유예를 붙인 자유형판결에 대하여 집행유예만을 없앤 판결이 불이익한 판결임은 명백하다. 징역형의 형기를 줄이면서 집행유예를 박탈한 경우에도 같다고 해야 한다. 집행유예의 경우에는 형의 집행을 받을 필요가 없고 유예기간을 경과한 때 형의 선고는 효력을 잃게 되기

때문이다. 판례도 징역형을 줄이면서 집행유예를 박탈한 것은 불이익변경금지
의 규정에 위배된다고 판시하고 있다(대법원 1965. 12. 10. 전원합의체판결, 65 도 826; 대법원 1986. 3. 25. 결정, 86 모 2). 따라서 丙
에 대한 판결은 불이익변경금지의 원칙이 적용된다면 이 원칙에 위배된다.

Ⅲ. 불이익변경금지원칙의 적용범위

불이익변경금지의 원칙은 피고인이 상소한 사건과 피고인을 위하여 상소
한 사건에 대하여 적용된다. 피고인이 상소한 사건이란 피고인만 상소한 사건
을 의미하며, 피고인을 위하여 상소한 사건은 당사자 이외의 상소권자가 상소
한 경우를 말한다. 甲과 乙에 대한 항소심 판결에 불이익변경금지의 원칙이 적
용된다는 점에는 의문이 없다. 그러나 丙에 대한 상고심이나 환송 후의 항소심
판결에 대하여도 이 원칙이 적용되는가에 대하여는 문제가 있다.

1. 丙에 대한 상고심 판결

丙에 대한 상고심 판결에 불이익변경금지의 원칙이 적용되는가의 문제는
피고인만 항소한 항소심 판결에 대하여 검사가 상고한 때에도 이 원칙이 적용
되는가의 문제이다. 항소심 판결에 불이익변경금지의 원칙이 적용되는 이상
항소심 판결의 잘못으로 인하여 항소한 피고인이 불이익을 받는다는 것은 피
고인의 상소권을 보장하기 위한 원칙의 취지에 반한다고 하지 않을 수 없다.
따라서 검사가 상고한 상고심 판결에 있어서도 제 1 심 판결의 형보다 중한 형
을 선고할 수 없게 된다.

2. 파기환송 후의 항소심 판결

丙에 대한 파기환송 후의 항소심 판결에 불이익변경금지의 원칙이 적용되
는가는 피고인의 항소로 인하여 상고심 판결에 불이익변경금지의 원칙이 적용
된다면 상고심의 파기환송판결에 의하여 환송받은 항소심에 대하여도 종전의
원판결과의 사이에 이 원칙이 적용되는가의 문제이다. 생각건대 ① 상소심에
서 자판을 하는가 또는 파기환송의 판결을 하는가는 우연에 의하여 좌우되는
것이고, ② 파기환송된 경우에 항소심에서 원심판결보다 중한 형을 선고할 수

있다고 하는 것은 피고인의 상소권을 보장한다는 취지에 반하는 것이므로 파기환송받은 항소심에 대하여도 이 원칙은 적용된다고 해야 한다.

결국, 丙이 항소한 항소심 판결에 대하여 검사가 상고한 경우에도 상고심 판결은 물론 상고심의 파기환송판결에 의하여 심판하게 된 항소심 판결에 대하여도 불이익변경금지의 원칙이 적용된다고 해야 한다.

Ⅳ. 상고심판결에 대한 구제수단

丙에 대한 상고심의 자판판결이 불이익변경금지의 원칙에 위배되어 위법할 때 그 구제수단으로는 판결정정과 비상상고를 생각할 수 있다. 상고심 판결의 정정은 판결내용에 오류가 있음을 발견한 때에 상고법원이 직권 또는 검사, 상고인이나 변호인의 신청에 의하여 판결을 정정하는 것을 말한다($제400조 \atop 1항$). 그러나 여기서 말하는 오류라 함은 계산의 잘못(위산)·오기 그 밖에 이와 유사한 명백한 잘못이 있는 경우에 제한되며, 판결주문의 본질적 부분을 고치는 것은 허용되지 않는다. 따라서 상고심에서 불이익변경금지의 원칙에 위배되는 형을 선고한 것을 판결정정에 의하여 고칠 수는 없다. 그러나 상고심의 확정판결이 불이익변경금지의 원칙을 위반한 위법이 있는 때에는 확정판결의 내용이 법령에 위반한 경우에 해당하므로 비상상고의 이유가 된다. 비상상고의 신청권자는 검찰총장에 제한된다. 즉 검찰총장은 판결이 확정한 후 그 사건의 심판이 법령에 위반한 것을 발견한 때에는 대법원에 비상상고할 수 있으며($제441 \atop 조$), 대법원은 비상상고가 이유 있다고 인정한 때에는 위반된 부분을 파기하여야 하지만 원판결이 피고인에게 불이익한 때에는 원판결을 파기하고 피고사건에 대하여 다시 판결을 해야 한다($제446 \atop 조$). 불이익변경금지의 원칙에 위반하여 형을 선고한 경우는 원판결이 피고인에게 불이익한 때에 해당하므로 대법원은 피고인에게 다시 형을 선고하여야 한다.

V. 결   론

　제1심에서 징역 10월을 선고받은 甲에게 징역 1년에 2년간 집행유예를 선고하고, 벌금 500만 원을 선고받은 乙에게 징역 8월에 2년간 집행유예를 선고한 항소심 판결은 모두 불이익변경금지의 원칙에 위반한 것이 된다. 집행유예를 붙이면서 자유형을 길게 하거나 벌금형을 자유형으로 변경하는 것은 피고인에게 불이익하기 때문이다. 불이익변경금지의 원칙은 丙의 경우처럼 피고인만 항소한 사건의 항소심 판결에 대하여 검사만 상고한 경우에 그 상고심 판결이나 파기환송된 항소심 판결에 대하여도 적용된다. 따라서 징역 1년에 2년간 집행유예를 선고받고 항소한 丙에게 상고심에서 자판하면서 징역 10월의 실형을 선고하거나 환송된 후의 항소심이 같은 형을 선고한 것은 모두 불이익변경금지의 원칙에 위반한 것이다. 이 경우의 상고심 판결에 대한 구제는 상고심 판결 정정사유에 해당하지 않으므로 비상상고에 의하여 구제될 수 있을 뿐이다. 비상상고를 위하여 검찰총장의 신청이 있어야 함은 물론이다.

[관련판례]

⑴ 대법원 2005. 10. 28, 2005 도 5822, 「불이익변경금지의 원칙은 피고인의 상소권 또는 약식명령에 대한 정식재판청구권을 보장하려는 것으로, 피고인만이 또는 피고인을 위하여 상소한 상급심 또는 정식재판청구사건에서 법원은 피고인이 같은 범죄사실에 대하여 이미 선고 또는 고지받은 형보다 중한 형을 선고하지 못한다는 원칙이며, 선고된 형이 피고인에게 불이익하게 변경되었는지에 관한 판단은 형법상 형의 경중을 일응의 기준으로 하되, 병과형이나 부가형, 집행유예, 미결구금일수의 통산, 노역장 유치기간 등 주문 전체를 고려하여 피고인에게 실질적으로 불이익한가의 여부에 의하여 판단하여야 한다. 따라서 제1심 판결에서 선고된 추징을 항소심 판결에 의해 몰수로 변경한다고 하더라도 추징은 몰수할 물건의 전부 또는 일부를 몰수하지 못할 때 몰수에 갈음하여 그 가액의 납부를 명하는 처분으로서, 실질적으로 볼 때 몰수와 표리관계에 있어 차이가 없는 것이고, 몰수와 추징은 어느 것이나 공무원이 뇌물수수 등 직무관련범죄로 취득한 부정한 이익을 계속 보유하지 못하게 하는 데 그 목적이 있으므로, 항소심이 몰수의 가능성에 관하여 제1심과 견해를 달리하여 추징을 몰수로 변경하더라도, 그것만으로 피고인의 이해관계에 실질적 변동이 생겼다고 볼 수는 없으므로 이를 두고 형이 불이익하게 변경되는 것이라고 보아서는 안 된다.」

⑵ 대법원 1966. 12. 8. 전원합의체판결, 66 도 1319, 「제1심에서 징역 6월의 선고를 받고 피고인만이 항소한 사건에서 징역 8월에 집행유예 2년을 선고한 것은 제1심의 형보다 중하기 때문에 불이익변경의 금지원칙에 위반된다.」

⑶ 대법원 1965. 12. 10. 전원합의체판결, 65 도 826, 「징역 1년에 3년간 집행유예가 선고된 제1심 판결에 대하여 피고인만이 항소하였을 경우 동형이 중하다는 이유로 동 판결을 파기하고 징역 10월의 실형을 선고한 경우는 불이익변경의 금지규정에 위배된다.」

⑷ 대법원 1992. 12. 8, 92 도 2020, 「(1) 피고인만의 상고에 의하여 상고심에서 원심판결을 파기하고 사건을 항소심에 환송한 경우에는 환송 전 원심판결과의 관계에서도 불이익변경금지의 원칙이 적용되어 그 파기된 항소심 판결보

다 중한 형을 선고할 수 없다.

 (2) 환송 후 원심판결이 환송 전 원심판결에서 선고하지 아니한 몰수를 새로이 선고하는 것은 불이익변경금지의 원칙에 위배된다.」

(5) 대법원 1998. 3. 26. 전원합의체판결, 97 도 1716, 「피고인에 대하여 제 1 심이 징역 1년 6월에 집행유예 3년의 형을 선고하고, 이에 대하여 피고인만이 항소하였는데, 환송 전 원심은 제 1 심 판결을 파기하고 징역 1년 형의 선고를 유예하였으며, 이에 대하여 피고인만이 상고하여 당원이 원심판결을 파기하고 사건을 환송하자, 환송 후 원심이 제 1 심 판결을 파기하고, 벌금 40,000,000원 형과 금 16,485,250원 추징의 선고를 모두 유예하였다면, 환송 후 원심이 제 1 심이나 환송 전 원심보다 가볍게 그 주형을 징역 1년 6월 형의 집행유예 또는 징역 1년 형의 선고유예에서 벌금 40,000,000원 형의 선고유예로 감경한 점에 비추어, 그 선고를 유예한 금 16,485,250원의 추징을 새로이 추가하였다고 하더라도, 전체적·실질적으로 볼 때 피고인에 대한 형이 제 1 심판결이나 환송 전 원심판결보다 불이익하게 변경되었다고 볼 수는 없다.」

[49] 항소심의 구조

[설 문]

甲은 2016. 5. 1. 및 같은 달 15. A가 경영하는 상점에 들어가 돈을 훔치고, 같은 해 6. 5. B와 싸우다가 동인을 넘어뜨려 그에게 전치 3주의 뇌진탕 등의 상해를 가한 사실로 주거침입, 상습절도 및 상해죄의 경합범으로 공소제기되었다. 제 1 심 법원인 서울중앙지방법원은 주거침입의 점에 관하여는 무죄를 선고하고, 상습절도와 상해죄에 대하여는 유죄를 인정하면서 甲이 당시 소년이라는 이유로 甲에게 징역 단기 1년 장기 2년의 형을 선고하였다. 제 1 심 판결에 대하여 검사는 항소하지 아니하고 甲만 유죄부분에 대하여 항소하였다. 서울중앙지방법원 항소부에서 항소심의 심리가 계속되던 중 검사는 상해죄의 공소사실에 대하여 상해의 고의를 인정하기 어렵다고 판단하고 폭행치상죄로 공소장을 변경하였다. 甲은 2016. 2. 10. C의 상점에서 물건을 훔쳤다는 별건으로 2016. 3. 22. 대전지방법원에서 절도죄로 벌금 50만 원의 형을 선고받아 항소하였는데, 이 판결은 같은 해 6. 20. 같은 법원 항소부에서 항소가 기각되어 같은 달 28. 확정되었다. 甲은 서울중앙지방법원의 항소심 심리 중 성인이 되었다. 서울중앙지방법원 항소부는 원심판결을 파기하고 甲에게 상습절도죄와 폭행치상죄로 징역 1년 6월을 선고하였다.

(1) 서울중앙지방법원에서의 항소심 판결은 적법한가(상습범은 포괄일죄라고 해석하는 판례와 통설의 견해를 따른다).
(2) 이 항소심에서 주거침입죄에 대하여도 유죄판결할 수 있는가.

I. 문제점의 정리

항소심은 甲에 대한 상해죄의 공소사실을 검사가 폭행치상죄로 변경하는 것을 허용하였으며, 상습절도죄에 관하여는 별건에 관한 확정판결과 관계 없이 유죄판결을 유지하였다. 항소심의 심리 중에 피고인이 성인에 이르자 항소심은 피고인에게 징역 1년 6월의 형을 선고하였다. 여기서 甲에 대한 항소심 판결이 적법한가의 여부는 (1) 항소심에서 공소장변경이 허용되는가, (2) 확정판결의 기판력이 상습절도사실에 미치는가, (3) 소년이었던 자가 항소심의 심리중에 성인이 되면 정기형을 선고해야 하는가, (4) 징역 1년 6월을 선고한 항소심 판결은 불이익변경금지의 원칙에 반하지 않는가가 문제된다. (1)에서 (3)까지의 문제는 항소심의 구조와 직결되는 문제이다. 甲이 항소하지 않은 부분인 주거침입의 점에 관하여 법원이 유죄판결을 할 수 있는가는 항소심에서의 직권조사의 범위를 묻는 문제이다. 먼저 항소심 판결의 적부를 항소심의 구조와 관련하여 검토한 후에 항소심에서의 직권심리의 범위를 살펴보기로 한다.

Ⅱ. 항소심의 구조

1. 현행 항소심의 구조

형사소송법의 항소심에는 속심과 사후심의 요소가 결합되어 있다. 여기서 항소심의 구조가 속심인가 사후심인가에 대하여는 견해가 대립되고 있다.

(1) 사후심설

현행 항소심의 구조를 사후심으로 파악하거나 사후심을 원칙으로 한다고 해석하는 견해이다. 종래 우리나라의 통설의 태도이다. 사후심설의 논거로는 첫째 실정법적 근거로서 ① 항소이유를 원칙으로 원판결의 법령위반·사실오인 및 양형부당에 제한하고 있고($\frac{제361조}{의 5}$), ② 항소법원은 항소이유에 포함된 사유에 관하여만 심판하여야 하며($\frac{제364조}{1항}$), ③ 항소이유가 없음이 명백한 때에는 변론 없이 항소를 기각할 수 있고($\frac{동조}{제5항}$), ④ 항소이유가 없다고 인정하는 때에는 판결로써 항소를 기각하고($\frac{동조}{제4항}$) 항소이유가 있다고 인정하는 때에는 원심판결을 파기하도록 하고 있다($\frac{동조}{제6항}$)는 점이다. 둘째 정책적 근거로서 형사소송법이 제 1 심 절차에서 공판중심주의, 구두변론주의 및 직접심리주의를 철저히 하였으므로 제 1 심에서 밝혀진 실체진실을 항소심에서 반복하여 심리하는 것은 불필요하고 소송경제의 이념에도 반한다는 것을 들고 있다.

(2) 속 심 설

항소심을 원칙적으로 속심이라고 해석하는 견해이다. 그 논거로는 ① 항소이유 중 판결 후 형의 폐지나 변경 또는 사면이 있을 때와 재심청구의 사유가 있을 때$\left(\begin{smallmatrix}제361조의 5\\제2호·제13호\end{smallmatrix}\right)$는 속심적 성격을 띤 항소이유이고 사실오인과 양형부당$\left(\begin{smallmatrix}동조 제14호·\\제15호\end{smallmatrix}\right)$도 사후심적 성격의 항소이유가 아니며, ② 형사소송법 제370조가 제1심 공판에 관한 규정을 항소심의 심리에 준용함으로써 항소심은 제1심 판결선고 후에 나타난 자료에 대하여도 자유롭게 사실심리와 증거조사를 할 수 있으며 원판결 후에 이루어진 합의 등의 사정도 항소심판단의 자료가 될 수 있으며, ③ 항소심의 심판범위는 원칙적으로 항소이유에 포함된 사유에 제한되지만 판결에 영향을 미친 사유에 관하여는 항소이유에 포함되지 아니한 경우에도 직권으로 심판할 수 있고$\left(\begin{smallmatrix}제364조\\2항\end{smallmatrix}\right)$, ④ 항소심은 항소이유가 있다고 인정한 때에는 원심판결을 파기하고 다시 판결하게 하여$\left(\begin{smallmatrix}동조\\제6항\end{smallmatrix}\right)$ 파기하는 경우에는 원칙적으로 자판하게 하고 있다는 점을 들 수 있다.

(3) 검　　토

항소심이 속심인가 또는 사후심인가는 항소심이 무엇을 기초로 어떻게 심판해야 하며 그 이념이 무엇인가라는 기능적 측면에 중점을 두고 결정해야 한다. 그런데 형사소송법상의 항소심은 원판결에 나타난 자료와 관계 없이 사실심리와 증거조사를 행하고 자신의 심증에 의하여 피고사건의 실체를 심판하여 항소이유의 유무를 판단하는 법원이다. 항소심은 법률심이 아니라 사실심이며, 제2의 사실심 또는 최후의 사실심이다. 따라서 항소심은 최후의 사실심으로서 진실을 밝혀 피고인을 구제하는 역할을 담당해야 하며, 사후심적 성격의 조문들에 의하여 남상소의 폐단방지와 소송경제의 이념을 실현하는 데 불과하다고 해야 한다는 점에서 **속심설**이 타당하다고 생각한다. 대법원도 항소심은 원칙적으로 속심이고 사후심적 요소를 가진 조문들은 남상소의 폐해를 억제하고 소송경제상의 필요에서 항소심의 속심적 성격에 제한을 가한 것에 불과하다고 판시하였다$\left(\begin{smallmatrix}대법원 1983. 4. 26,\\82 도 2829\end{smallmatrix}\right)$.

2. 항소심에서의 공소장변경

항소심에서는 상해죄에 관한 검사의 공소장변경을 허가하고 폭행치상죄로 유죄판결을 하였다. 공소장변경의 허가가 적법한가는 (1) 항소심에서도 공소장변경이 허용되는가, ⑵ 공소사실의 동일성이 인정되는가를 검토할 것을 요구한다.

(1) 항소심에서의 공소장변경의 허부

항소심에서 공소장변경이 허용되는가는 항소심의 구조와 직결되는 문제이다. 항소심에서 공소장변경이 허용되는가에 관하여는 부정설과 긍정설 및 절충설이 대립되고 있다. **부정설**은 현행 형사소송법상 항소심은 원칙적인 사후심이므로 항소심에서의 공소장변경은 허용되지 않는다고 해석한다. **절충설**은 항소심에서 파기자판하는 경우에 한하여 공소장변경이 허용된다고 해석한다. 항소심은 사후심이지만 파기자판하는 경우에 한하여 예외적으로 속심의 성격을 가진다는 것을 이유로 한다. 이에 반하여 **긍정설**은 항소심이 속심인 이상 항소심에서도 공소장변경이 허용된다고 해석한다. 대법원도 긍정설의 입장을 일관하고 있다(대법원 1986. 7. 8, 86 도 621; 대법원 1987. 7. 21, 87 도 1101). 생각건대 항소심은 속심이고 그 사후심적 구조는 소송경제를 위하여 이를 제한한 데 불과하다는 점에 비추어 항소심에서도 당연히 공소장변경이 허용된다고 해석해야 한다.

(2) 공소사실의 동일성

공소장변경은 공소사실의 동일성이 인정되는 범위에서 허용될 수 있다. 동일성의 판단기준에 관하여는 구성요건공통설, 죄질동일설, 소인공통설 및 기본적 사실동일설 등이 대립되고 있다. 판례는 기본적 사실동일설을 일관하여 공소사실을 사회적 사실로 환원하여 그러한 사실 사이에 기본적인 점에서 동일하면 동일성을 인정하고 있다(대법원 1972. 3. 28, 72 도 116). 甲에 대한 상해와 폭행치상의 공소사실은 B에 대한 동일한 기회의 폭행을 기초로 한 것이므로 어떤 견해에 의하더라도 동일성이 인정된다. 결국 항소심에서 폭행치상죄로 공소장변경을 허가한 것은 적법하다.

3. 기판력의 기준시점과 범위

甲에 대한 상습절도의 공소사실에 대하여 항소심에서 유죄판결을 한 것이 적법한가는 甲이 절도죄로 제 1 심에서 2016. 3. 22. 벌금 50만 원을 선고받아 같은 해 6. 20. 항소기각된 확정판결이 있고, 이 건 상습절도의 공소사실은 위 판결의 제 1 심과 제 2 심의 판결 사이에 범한 사실이고 벌금형이 확정된 절도 사실과 이 건 상습절도의 공소사실이 같은 절도의 습벽에서 이루어진 것이라면 포괄일죄의 관계에 있다고 할 것이므로 확정판결의 기판력이 이건 공소사실에도 미치느냐가 문제된다. 즉 기판력이 미치는 기준시점이 제1심 판결선고시인가 또는 **항소심 판결선고시인가**의 문제이다. 그러나 항소심의 구조를 속심으로 이해할 때에는 기판력의 기준시점은 항소심 판결선고시라고 해석하지 않을 수 없다. 대법원도 일관하여 「공소의 효력과 판결의 기판력의 기준시점은 사실심리의 가능성이 있는 최후의 시점인 판결선고시라고 할 것이나, 항소된 경우 그 시점은 현행 항소심의 구조에 비추어 항소심 판결선고시라고 함이 타당하다」고 판시하고 있다(대법원 1983. 4. 26, 82 도 2829;
대법원 1993. 5. 25, 93 도 836). 따라서 확정판결의 기판력은 항소심 판결이 선고된 2016. 6. 20.까지의 동일성이 인정된 행위에 대하여 미친다고 할 것이며, 이 건 공소사실과 확정판결의 범죄사실은 같은 절도의 습벽에 기초한 것이므로 이에 대하여도 그 기판력이 미치게 된다.

　문제는 상습절도의 범죄사실과 확정판결이 선고된 절도의 범죄사실의 동일성이 인정되는가에 있다. 그런데 대법원은 전원합의체판결을 통하여 「상습범으로서 포괄적 일죄의 관계에 있는 여러 개의 범죄사실 중 일부에 대하여 유죄판결이 확정된 후에 그 확정판결의 사실심 판결선고 전에 저질러진 나머지 범죄에 대하여 새로이 공소가 제기된 경우에 면소판결을 하기 위해서는 전의 확정판결에서 당해 피고인이 상습범으로 기소되어 처단되었을 것을 필요로 하는 것이고, 상습범 아닌 기본 구성요건의 범죄로 처단되는 데 그친 경우에는, 그 기판력이 그 사실심 판결선고 전의 나머지 범죄에 미친다고 보아서는 아니 된다」고 판시하였다(대법원 2004. 9. 16. 전원합의체판결, 2001 도
3206; 대법원 2010. 2. 11, 2009 도 12657). 이 판례이론에 의하면 甲은 단순절도죄로 확정판결을 받은 것에 불과하므로 확정판결의 기판력이 상습절도의 점에 미치지 아니하여 항소심에서 상습절도죄로 유죄판결을 한 것은 적법하게 된다. 그러나 포괄일죄인 상습사기죄의 일부에 관하여 유죄의 확정판결이 있더라도 그것이 단순사기죄로 처벌된 것인가, 상습사기죄로 처벌된 것인가에 따라 기판력이 미치는 범위가 달라진다고 하는 것은 타당하다고 할 수 없다. 기판력의 범위는 범죄사실의 동일성이 인정되는가에 따라 결정되는 것이지 확정판결의 죄명이나 판단내용에 의하여 좌우되는 것이 아니기 때문이다.

　오히려 상습범은 실체법상 포괄일죄가 아닌 경합범이라고 해석하거나 이를 포괄일죄라고 해석하는 경우에도 범죄사실의 단일성을 형법상의 죄수개념과는 다른 소송법상의 개념으로 이해하여 상습범의 경우에는 각 죄의 독립성이 인정된다는 점에서 범죄사실의 단일성을 부정하는 것이 타당하다고 생각되며, 이러한 의미에서 甲에게 항소심이 유죄판결을 선고한 것은 적법하다고 하겠다.

4. 항소심 선고형의 문제점

항소심이 甲에게 징역 1년 6월을 선고한 것에 대하여도 (1) 항소심 계속 중 성인이 된 피고인에게 정기형을 선고해야 하는가, (2) 징역 1년 6월을 선고한 것이 불이익변경금지의 원칙에 반하는 것이 아닌가가 문제된다.

(1) 원판결의 당부 판단의 기준

항소심에서 원판결의 당부를 판단하는 기준시점이 제1심 판결선고시인가 또는 항소심 판결선고시인가의 문제이다. 항소심을 사후심이라고 해석할 때에는 제1심 판결시가 기준이 되지 않을 수 없고, 따라서 사후심인 대법원에서 성년이 된 피고인에 대하여는 원심에서 부정기형을 선고하였다고 하여 파기할 수 없게 된다. 그러나 항소심은 속심이므로 원판결의 당부를 판단하는 기준시점도 항소심 판결선고시이다. 대법원도 항소심선고 당시 피고인이 성년이 된 때에는 정기형을 선고해야 한다고 판시하고 있다(대법원 1971. 3. 9, 71 도 1;
대법원 1990. 4. 24, 90 도 539).

따라서 항소심이 甲에게 정기형을 선고한 것은 적법하다.

(2) 불이익변경금지의 원칙

항소심에서 정기형을 선고한 것은 타당하다고 할지라도 제1심에서 징역 단기 1년 장기 2년을 선고받고 피고인만 항소한 항소심에서 징역 1년 6월을 선고한 것은 불이익변경금지의 원칙에 반하는 것이 아닌가가 문제된다. 부정기형과 정기형의 경중을 비교하는 기준에 관한 문제이다. 부정기형을 정기형으로 변경하는 경우에 부정기형의 무엇을 기준으로 형의 경중을 정할 것인가에 관하여는 장기표준설과 단기표준설 및 중간위설이 대립되고 있다. **장기표준설**은 부정기형에 있어서는 사실상 장기가 형기가 되므로 장기를 기준으로 해야 한다고 해석한다. **중간위설**은 단기와 장기의 중간을 기준으로 해야 한다고 한다. 그러나 ① 부정기형의 경우에 단기가 경과되면 석방될 가능성이 있고, ② 단기표준설이 피고인에게 가장 유리한 결과를 가져온다는 점에서 단기표준설이 타당하다고 해야 한다. 대법원도 단기표준설을 일관하고 있다(대법원 1969. 3. 18, 69 도 114;
대법원 2006. 4. 14, 2006 도 734).

따라서 피고인만 항소한 경우에 1년을 넘는 징역형을 선고하는 것은 불이익변경금지의 원칙에 위배되므로 항소심의 판결은 이 점에 있어서 부적법하다.

III. 항소심에서의 직권조사의 범위

 항소법원은 항소이유에 포함된 사유에 관하여 심판하여야 한다(제364조 1항). 그러나 판결에 영향을 미친 사유에 관하여는 항소이유에 포함되지 아니한 경우에도 직권으로 심판할 수 있다(동조 제2항). 한편 재판의 일부에 대하여도 상소할 수 있으므로(제342조 1항) 재판의 내용이 가분이고 독립된 판결이 가능할 때에는 일부상소가 허용된다. 여기서 문제 (2)의 항소심에서 주거침입의 점에 관하여 유죄판결을 할 수 있는가는 피고인이 항소하지 않은 부분에 대하여 항소법원이 직권으로 심리할 수 있는가의 문제가 된다. 일부상소가 허용되지 않는 범위, 즉 포괄일죄나 과형상의 일죄의 일부에 대하여 항소가 있는 경우에는 당사자가 항소하지 않는 부분에 대히여도 이심의 효력이 인정되는 것은 당연하다. 이 경우에 항소이유에 포함되지 않는 부분에 대하여도 항소법원은 직권에 의하여 조사할 수 있게 되는 것이다. 그러나 항소심의 직권에 의한 조사는 당사자가 주장하지 않은 사항을 법원이 후견적인 입장에서 보충적으로 심사하는 제도이며, 그것이 당사자의 의사에 반하지 않는다는 점에 근거가 있다고 해야 한다. 따라서 다툼이 없는 부분에 대하여 항소법원이 직권에 의하여 심리하여 유죄판결을 하는 것은 피고인이 예상하지 못한 불이익을 초래하는 것이므로 허용되지 않는다는 제한이 따르게 된다. 대법원도 항소심에서 포괄일죄의 일부분만을 유죄로 인정하고 그 유죄부분에 대하여 피고인만 상고한 경우에는 상소불가분의 원칙에 의하여 무죄부분도 상고심에 이심되기는 하나 그 부분은 이미 당사자간의 공격방어의 대상에서 벗어나게 되어 상고심으로서도 무죄부분까지 판단할 수는 없다고 판시한 바 있다(대법원 1991. 3. 12. 90 도 2820). 일부상소가 허용되어 이미 확정되었다고 보아야 할 부분을 직권심리에 의하여 유죄판결을 하는 것은 더욱더 허용되지 아니한다. 설문에서 주거침입은 상습절도나 상해죄와 경합범의 관계에 있는데 주거침입의 점에 대하여는 무죄판결이 선고된 것이므로 甲이 유죄부분을 항소한 이상 피고인이 항소하지 아니한 주거침입의 점은 이미 확정되었다고 해야 한다. 대법원은 일부무죄가 선고된 제1심 판결에 대하여 검사만 무죄부분에 대하여 항소한 때에는 유죄부분은 이미 확정된 것이므로 항소심에서는 무죄부분에 대하여만 심리해야 하며 항소심에서 제1심 판결을 모두 파기하여 공소사실 전부를 유죄로 인정하는 것은 심리의 범위에 관한 법리를 오해하였다고 판시하고 있다(대법원 1980. 8. 26, 80 도 814; 대법원 1984. 11. 27, 84 도 862; 대법원 1988. 7. 26, 88 도 841).

결국 항소법원이 1심에서 무죄선고한 주거침입사실을 직권으로 심리하여 유죄판결을 하는 것은 허용되지 않는다고 해야 한다.

Ⅳ. 결   론

항소심은 사실오인과 양형부당을 가장 중요한 항소이유로 하면서 원판결에 나타난 자료와 관계 없이 사실심리와 증거조사를 행하고 자신의 심증에 의하여 피고사건의 실체를 심판하는 제2의 사실심 내지 최후의 사실심이다. 따라서 항소심의 구조는 원칙적으로는 속심이고 예외적으로 남상소의 위험을 방지하기 위한 소송경제적 고려에서 사후심적 성격의 규정을 두고 있다고 해야 한다. 그러므로 항소심에서의 공소장변경은 당연히 허용되며, 판결의 기판력을 인정하기 위한 시간적 기준은 항소심 판결선고시이고, 원판결의 당부를 판단하는 기준시점도 항소심 판결선고시이다. 따라서 항소심에서 상해의 공소사실을 폭행치상으로 변경한 것은 적법하다. 절도죄에 대한 확정판결 이전에 범한 상습절도의 범죄사실에 대하여 항소심에서 유죄판결을 할 수 있는가는 상습절도죄로 확정판결을 받지 않은 때에는 기판력이 미치지 않는다는 판례이론에 의하면 적법하게 된다. 그러나 확정판결이 상습절도에 대한 것인가 또는 단순절도인가에 따라 기판력의 범위가 달라진다고는 할 수 없으므로 상습범에 대하여는 그것이 실체법상으로는 포괄일죄가 된다고 하더라도 소송법상으로는 수죄이기 때문에 확정판결을 받은 사실 이외의 범죄사실에 대하여는 기판력이 미치지 아니하여 유죄판결을 선고할 수 있다고 해석하는 것이 타당하다고 생각된다. 따라서 항소심이 상습절도죄에 관하여 유죄판결을 선고한 것도 적법하다고 해야 한다. 항소심에서 성년이 된 甲에게 항소심 판결선고시를 기준으로 정기형을 선고한 것은 적법하지만 제1심이 선고한 단기형인 1년을 초과하는 징역 1년 6월의 형을 선고한 것은 불이익변경금지의 원칙에 위배한 위법이 있으므로 항소심 판결은 파기를 면할 수 없다. 甲이 항소하지 아니한 제1심에서 무죄가 선고된 주거침입의 사실은 이미 확정되었다고 볼 것이므로 항소심에서 직권으로 심리하여 유죄판결을 하는 것은 허용되지 않는다.

[관련판례]

(1) 대법원 1983. 4. 26, 82 도 2829, 「(1) 현행 형사소송법상 항소심은 기본적으로 실체적 진실을 추구하는 면에서 속심적 기능이 강조되고 있고, 다만 사후심적 요소를 도입한 형사소송법의 조문들이 남상소의 폐단을 억제하고 항소법원의 부담을 감소시킨다는 소송경제상의 필요에서 항소심의 속심적 성격에 제한을 가하고 있음에 불과하다.

　(2) 공소의 효력과 판결의 기판력의 기준시점은 사실심리의 가능성이 있는 최후의 시점인 판결선고시라고 할 것이나, 항소된 경우 그 시점은 현행 항소심의 구조에 비추어 항소심 판결선고시라고 함이 타당하고, 그것은 파기자판한 경우이든 항소기각된 경우이든 다를 바가 없다.

　(3) 포괄일죄인 상습절도사실의 일부에 대한 공소(단순절도)의 효력은 그 공소제기된 사건의 항소심 판결선고시까지 행해진, 그와 포괄일죄의 관계에 있는 다른 범죄사실에도 미치므로 그 다른 범죄사실(상습절도)에 대하여 별개의 공소가 제기된 경우에는 면소판결을 하여야 한다.」

(2) 대법원 1993. 5. 25, 93 도 836, 「판결의 확정력은 사실심리의 가능성이 있는 최후의 시점인 판결선고시를 기준으로 하여 그 때까지 행하여진 행위에 대하여만 미치는 것으로서, 제1심 판결에 대하여 항소가 된 경우 판결의 확정력이 미치는 시간적 한계는 형사항소심의 구조와 운용실태에 비추어 볼 때 항소심 판결선고시라고 보는 것이 상당한데 항소이유서를 제출하지 아니하여 결정으로 항소가 기각된 경우에도 형사소송법 제361조의 4 제1항에 의하면 피고인이 항소한 때에는 법정기간 내에 항소이유서를 제출하지 아니하였다 하더라도 판결에 영향을 미친 사실오인이 있는 등 직권조사사유가 있으면 항소법원이 직권으로 심판하여 제1심 판결을 파기하고 다시 판결할 수도 있으므로 사

실심리의 가능성이 있는 최후시점은 항소기각결정시라고 보는 것이 옳다.」

(3) 대법원 2004. 9. 16. 전원합의체판결, 2001 도 3206, 「(1) [다수의견] 상습범으로서 포괄적 일죄의 관계에 있는 여러 개의 범죄사실 중 일부에 대하여 유죄판결이 확정된 경우에, 그 확정판결의 사실심 판결선고 전에 저질러진 나머지 범죄에 대하여 새로이 공소가 제기되었다면 그 새로운 공소는 확정판결이 있었던 사건과 동일한 사건에 대하여 다시 제기된 데 해당하므로 이에 대하여는 판결로써 면소의 선고를 하여야 하는 것인바(형사소송법 제326조 제 1 호), 다만 이러한 법리가 적용되기 위해서는 전의 확정판결에서 당해 피고인이 상습범으로 기소되어 처단되었을 것을 필요로 하는 것이고, 상습범 아닌 기본 구성요건의 범죄로 처단되는 데 그친 경우에는, 가사 뒤에 기소된 사건에서 비로소 드러났거나 새로 저질러진 범죄사실과 전의 판결에서 이미 유죄로 확정된 범죄사실 등을 종합하여 비로소 그 모두가 상습범으로서의 포괄적 일죄에 해당하는 것으로 판단된다 하더라도 뒤늦게 앞서의 확정판결을 상습범의 일부에 대한 확정판결이라고 보아 그 기판력이 그 사실심 판결선고 전의 나머지 범죄에 미친다고 보아서는 아니 된다.

(2) [반대의견] 포괄일죄인 상습사기죄의 일부에 관하여 유죄의 확정판결이 있더라도 단순사기죄로 처벌된 것인가, 상습사기죄로 처벌된 것인가에 따라 기판력이 미치는 범위가 달라진다고 하는 다수의견에는 다음과 같은 이유로 찬성할 수 없는바, 첫째 다수의견은 공소불가분의 원칙을 규정하고 있는 형사소송법 제247조 제 2 항과 일사부재리의 원칙을 규정하고 있는 헌법 제13조 제 1 항 후단 및 형사소송법 제326조 제 1 호에 반하는 것으로 다수의견이 기존에 확립된 판례를 변경하는 것은 법령의 해석·적용에 관하여 선택할 수 있는 여러 견해 중 하나를 선택하는 차원의 범위를 넘어선 것이고, 둘째 후에 공소제기된 사건에 관하여 확정판결이 있었는지 여부는 그 사건의 공소사실의 전부 또는 일부에 대하여 이미 판결이 있었는지 여부의 문제이고, 이는 전의 확정판결의 죄명이나 판단내용에 의하여 좌우되는 것이 아니므로 이론상으로도 전의 확정판결에서 단순사기죄로 판단한 것의 구속력을 인정할 여지는 없고, 단순사기죄의 확정판결에 그와 같은 내용적 확정력을 인정할 법령상의 근거 역시 찾아볼 수 없으며, 셋째 다수의견이 기판력이 미치는 범위를 기본적으로

공소장 기재사실을 한도로 하는 것은 소인개념을 채택하고 있지 아니하는 현행법상으로는 무리한 해석이다.」

⑷ 대법원 1990. 4. 24, 90 도 539, 「항소심 판결선고 당시 성년이 되었음에도 불구하고 정기형을 선고함이 없이 부정기형을 선고한 제 1 심 판결을 인용하여 항소를 기각한 것은 위법이다.」

　동지 : 대법원 1971. 3. 9, 71 도 1.

[50] 재 심
——증거의 신규성과 명백성, 재심법원의 심판범위——

[설 문]

1. 甲은 절도사건으로 공소제기되어 공판을 받고 있던 중 자신의 알리바이를 증명해 줄 수 있는 A를 증인신청하면 다른 죄가 밝혀질 것이 두려웠던 나머지 A를 증인으로 신청하지 않고 유죄판결을 선고받아 판결이 확정되었다. 甲은 A가 자신의 알리바이를 증명할 수 있다는 이유로 재심을 청구할 수 있는가.

2. 乙은 조총련 간부인 B에게 포섭되어 그의 지령을 받아 간첩활동을 하였다는 이유로 간첩죄로 징역 15년의 형을 선고받아 그 판결이 확정되었다. 당시 B는 조총련에 소속되어 있었기 때문에 공판에서 증언할 수 없었다. 乙은 B로부터 자신이 乙에게 간첩을 지령한 사실이 없다는 취지의 진술서를 받아 재심을 청구하였다. 乙의 재심청구는 정당한가.

3. 국회의원 丙은 국정감사시에 선처해 달라는 청탁을 받고

  (1) 2015. 10. 1. 모 재벌총수인 C로부터 돈 5,000만 원을 수수하고,

  (2) 같은 달 10. D로부터 같은 명목으로 돈 5,000만 원을 수수한 사실로 특정범죄가중처벌등에관한법률위반(뇌물)죄로 징역 5년의 형을 선고받아 그 판결이 확정되었다.

위 사실 중 D로부터 돈 5,000만 원을 수수했다는 범죄사실에 관하여 이를 공여했다고 증언한 D에게 위증죄의 유죄판결이 확정되었다. 丙의 재심청구가 있자 원심은 재심개시결정을 하고 (2)사실은 물론 (1)사실에 대하여도 심리한 결과 C가 돈을 공여한 사실이 없다고 증언하자 丙에게 (1) (2)사실에 대하여 모두 무죄판결을 선고하였다. 원심의 판결은 정당한가.

Ⅰ. 문제점의 정리

유죄의 확정판결을 받은 자에 대하여 중대한 사실오인이나 그 오인의 의심이 있는 경우에 판결을 받은 자의 이익을 위하여 판결의 부당함을 시정하는 비상구제절차를 재심이라고 한다. 형사소송에 있어서 법적 안정성과 정의의 이념이 충돌하는 경우에 정의를 위하여 판결의 확정력을 제거하는 것이 재심이라고 할 수 있다. 재심이유 가운데 가장 중요한 경우가 신증거에 의한 재심사유, 즉 원판결의 사실인정에 변경을 가하여야 할 새로운 증거의 발견을 재심이유로 하는 경우이다. 형사소송법 제420조 5호는 「유죄의 선고를 받은 자에 대하여 무죄 또는 면소를, 형의 선고를 받은 자에 대하여 형의 면제 또는 원판결이 인정한 죄보다 경한 죄를 인정할 명백한 증거가 새로 발견된 때」를 재심사유로 규정하고 있다. 재심사유가 되기 위하여는 증거의 신규성과 명백성이 필요하다는 의미이다. 설문 1은 甲이 알고 있었던 A에 의한 알리바이의 증명에 증거의 신규성이 인정되는가, 설문 2는 乙에 의하여 제출된 B의 진술서에 증거의 명백성이 인정되는가 또 어떤 기준에 의하여 명백성을 판단할 것인가에 관한 문제이다. 설문 3은 丙에게 경합범으로 1개의 형이 선고되어 확정된 경우 경합범의 일부에 대하여만 재심사유가 있는 경우에 재심개시결정과 재심법원의 심판범위는 어디까지인가에 관한 문제이다.

Ⅱ. 증거의 신규성

설문 1에 있어서 A에 의한 甲의 알리바이의 증명이 살인사건에서 피해자가 생존하고 있는 경우나 다른 진범인이 검거된 경우와 마찬가지로 甲에게 무죄판결을 선고할 명백한 증거가 있는 경우에 해당한다는 점에는 의문이 없다. 즉 이 경우에 증거의 명백성에는 의문이 없으므로 甲의 재심청구가 이유 있는가라는 문제는 A에 의한 알리바이의 증명에 증거의 신규성이 인정되는가의 문제가 된다. A에 의한 알리바이의 증명은 甲이 이미 알고 있었던 증거이므로 甲에게 새로운 증거라고 할 수 없지 않는가라는 의문이 제기되기 때문이다. 증거의 신규성이 인정되기 위하여 그 증거가 법원에 대하여 신규일 것을 요한다는 점에는 이론이 없다. 따라서 원판결에서 실질적 판단을 거친 증거와 동질의 증거는 새로운 증거라고 할 수 없다. 문제는 법원 이외에 당사자에 대하여도 신규인 경우에만 증거의 신규성을 인정할 수 있는가에 있다. 이에 대하여는 견해가 대립되고 있다.

필요설은 신규성은 법원뿐만 아니라 청구하는 당사자에게도 새로울 것을 요한다고 한다. 제420조 5호의 문리해석에 적합할 뿐만 아니라 유죄판결을 선고받은 자의 이익을 위한 비상구제절차인 재심의 취지에 비추어 허위의 진술을 하여 유죄판결을 받은 자에 대하여도 재심을 인정하는 것은 형평과 금반언의 원칙에 반한다는 것을 이유로 한다. 불필요설은 신규성이 법원에 대하여만 존재하면 충분하다고 한다. 재심은 제재가 아니라 무고한 사람을 구제하여 정의를 회복하기 위한 제도라는 것을 이유로 한다. 우리나라의 다수설의 태도이다. 이에 반하여 절충설은 당사자에 대한 신규성을 요건으로 하지는 않지만 고의 또는 과실에 의하여 제출하지 않은 증거에 대하여는 신규성을 인정할 수 없다고 한다. 판례가 취하고 있는 태도이다(대법원 1966. 6. 11. 결정, 66 모 24; 대법원 2009. 7. 16. 전원합의체결정, 2005 모 472).

생각건대 ① 재심의 근본취지는 무고하게 처벌받은 피고인을 구제하는 데 있고, ② 국가기관이 무고한 자임을 알면서도 처벌하는 것은 소극적 실체진실주의에 반하며, ③ 법률적 판단이나 증명방법에 있어서 열악한 피고인의 원심에 있어서의 과실이나 태만을 이유로 재심청구의 길을 막는 것은 피고인에게 가혹하다는 점에 비추어 다수설인 불필요설이 타당하다고 해야 한다. 따라서 甲이 A에 의하여 알리바이를 증명하여 재심을 청구한 것은 무죄판결을 할 명백한 증거가 새로이 발견된 때에 해당하여 정당하다고 하겠다. 이에 반하여 판례의 절충설에 의할 때에는 甲이 고의로 제출하지 않은 증거이기 때문에 신규성을 인정할 수 없게 된다.

Ⅲ. 증거의 명백성

설문 2에서 乙이 B로부터 자신이 乙에게 간첩을 지령한 사실이 없다는 진술서를 받아 재심을 청구한 경우에 증거의 명백성이 인정될 것인가가 문제된다. 공판절차에서 B가 증언할 수 없었던 이상 법원에 대하여 신규성이 인정되는 것은 분명하고, 가사 乙이 B가 유리한 진술을 할 수 있었음을 알았다 할지라도 증거의 신규성은 당사자에 대하여 새로울 것을 요구하는 것은 아니기 때문이다. 증거의 명백성에 관하여는 명백성의 정도 내지 in dubio pro reo의 원칙의 적용 여부와 명백성의 판단방법을 검토해야 한다.

1. 명백성의 정도

증거의 명백성에 있어서는 명백성의 정도에 관하여 학설이 대립되고 있다.

한정설은 명백한 증거라 함은 새로운 증거가 확정판결을 파기할 고도의 가능성 내지 개연성이 인정되는 것을 말한다고 한다. 즉 새로운 증거의 증거가치가 확정판결이 그 사실인정의 자료로 한 증거보다 경험칙이나 논리칙상 객관적으로 우위에 있을 것을 요한다는 것이다. 새로운 증거의 증거가치가 객관적으로 우위일 것을 요하므로 법관의 자유심증에 의한 증거판단의 대상에 지나지 않는 것은 명백한 증거에 해당하지 않는다. 이에 의하면 진술서나 승언확인서를 제출하거나 증인신문을 구하는 것은 명백한 증거에 해당하지 않고, in dubio pro reo의 원칙은 재심에 관하여는 적용되지 않는 것이 된다. 통설과 판례(대법원 1990.2.19. 결정, 88 모 38)의 태도이다. 이에 반하여 **무죄추정설**은 증거의 명백성으로 확정판결을 파기할 정도의 고도의 개연성을 요구하는 것은 재심청구인에게 무죄의 거증책임을 부담시키는 것으로서 무고의 구제와 인권보장이라는 재심의 이념에 반하고 재심심판절차가 재심개시절차에 흡수되어 재심절차의 2단계 구조가 붕괴된다는 이유로 명백성은 확정판결의 사실인정에 합리적 의심을 생기게 하는 정도면 충분하다고 해석한다. 이에 의하면 재심청구심리절차에서도 통상의 공판절차에 있어서와 같이 in dubio pro reo의 원칙이 당연히 적용된다.

생각건대 재심사유를 완화하여 피고인의 구제의 길을 넓힌다는 취지는 이해할 수 있다고 할지라도, 재심은 이미 확정판결이 있는 경우에 예외적으로 그 확정력을 후퇴시키고 피고인을 구제하고자 하는 비상구제절차이므로 재심을 미확정판결에 대한 상소심 판결과 같이 취급할 수는 없다. 형사소송법이 무죄를 선고할 명백한 증거가 있을 때를 재심사유로 규정하고 있는 점을 볼 때에도 확정판결에 대하여도 in dubio pro reo의 원칙을 적용하여 확정판결의 사실인정에 합리적 의문을 생기게 할 정도면 충분하다고 해석하는 것은 타당하다고 할 수 없다.

2. 명백성의 판단방법

증거의 명백성을 판단하는 방법에 관하여는 근본적으로 단독평가설과 총합평가설이 대립되고 있다. **단독평가설**은 새로운 증거만으로 명확성을 판단해야 한다고 한다. 이에 반하여 **총합평가설**은 만일 새로운 증거가 원판결을 내린 법원의 심리 중에 제출되었다면 과연 원판결과 같은 사실인정에 도달했겠는가 라는 관점에서 기존의 구증거를 포함하여 종합적으로 판단해야 한다고 해석하는 견해이다. 판례가 취하고 있는 입장이다(대법원 2009. 7. 16, 전원합의체결정, 2005 모 472). 총합평가설에 의하여 증거의 명백성을 판단하는 경우에도 다시 (1) 구증거의 증거가치의 평가에 관하여 확정판결의 심증에 구속되어 그 심증과 새로운 증거의 증거가치를 혼합하여 판단해야 한다는 **심증인계설**, (2) 새로운 증거의 중요성 및 입증명제와 유기적 관련이 있는 경우에만 구증거의 재평가를 인정하는 **한정적 재평가설** 및 (3) 원판결의 심증에 구속되지 않고 재심법원에 의한 구증거의 재평가를 인정하는 **재평가설**이 대립되고 있다. 생각건대 증거의 명백성이 새로운 증거가 확정판결의 사실인정을 깨뜨릴 고도의 개연성을 의미한다고 하여 명백성을 신증거만에 의하여 판단할 것을 요구하는 것은 아니며, 심증인계설에 의하면 총합평가설이 무의미하게 된다는 점에 비추어 **재평가설**이 타당하다고 하겠다.

3. [설문 2]의 해결

대법원은 설문 2의 경우에 명백성의 정도에 관하여는 한정설, 그 판단방법에 관하여는 단독평가설의 입장에서 B가 작성한 진술서는 무죄판결을 선고할 명백한 증거에 해당하지 않는다는 이유로 乙의 재심청구를 인정할 수 없다고 판시한 바 있으나(대법원 1995. 11. 8. 결정, 95 모 67), 전원합의체 판결에 의하여 그 태도를 변경하고 총합평가설을 지지하고 있다(대법원 2009. 7. 16. 전원합의체결정, 2005 모 472). 그러나 총합평가설 중 재평가설에 의하는 경우에도 원판결에서 乙이 자백하였고 자백의 임의성을 인정할 수 없는 상황이 존재하지 않을 뿐만 아니라, B의 진술이 특히 신빙할 수 있는 상황에서 작성되었다고 볼 자료가 없는 경우에는 증거의 명백성이 인정될 수 없다고 해야 한다.

乙의 재심청구는 정당하다고 할 수 없다.

IV. 경합범과 재심법원의 심판범위

설문 3에서 丙의 ⑵사실에 대한 D의 증언이 확정판결에 의하여 위증임이 증명된 때에 해당하므로(제420조 2호) 재심이유 있다는 점에는 의문이 없다. 문제는 한 개의 형이 선고된 경합범의 일부에 대하여 재심이유가 있는 경우에 재심이유 있는 사실에 대하여만 재심개시결정을 해야 하는가 또는 경합범의 전부에 대하여 재심개시결정을 할 수 있는가, 재심법원이 심판할 수 있는 범위는 어디까지 미치는가에 있다.

1. 학설의 대립

경합범의 일부에 대하여 재심이유가 있는 경우의 재심법원의 심판범위에 관하여도 학설이 대립되고 있다. **전부설**은 전체 범죄사실에 대하여 재심개시결정을 해야 하고 재심법원은 전체 범죄사실에 대하여 다시 심리해야 한다고 해석한다. 판결의 주문과 이유는 일체가 되며, 경합범관계에 있는 수개의 범죄사실에 대하여 한 개의 형이 선고된 이상 일부에 재심이유가 있다 하더라도 전부에 대하여 심리해야 한다는 것이다. 우리나라의 다수설의 입장이며, 이에 의하면 원심의 판단은 정당하게 된다. **일부설**은 재심의 이유 있다고 인정되는 ⑵사실에 한하여 재심개시결정을 해야 하고 이러한 구분 없이 재심개시결정이 된 때에는 재심사유 있는 사실에 대하여만 재심개시결정이 있는 것으로 해석해야 하며, 재심법원은 재심사유 있는 사실에 대하여만 심리해야 한다고 해석한다. 이에 따르면 심리결과 ⑵사실이 무죄인 때에는 ⑴사실에 대하여 별도로 형을 정해야 하는데 이 경우에는 경합범 중 일부 죄가 사면된 경우에 형을 정하는 절차에 관한 규정인 형법 제39조 3항, 형사소송법 제336조 1항을 준용해야 한다고 한다. 재심사유 없는 사실을 다시 심리하는 것은 재심제도의 본질에 반한다는 것을 이유로 한다. **절충설**은 경합범의 전부에 대하여 재심개시결정을 해야 하지만 재심사유 없는 ⑴사실은 형식적으로 재심개시결정의 효력이 미치는 데 불과하므로 재심법원은 이 사실에 대하여 유죄판결을 파기할 수 없고 양형에 필요한 범위에서 조사할 수 있을 뿐이라고 한다. 재심판결로 ⑵사실에 대하여 무죄를 선고하는 때에는 다시 형을 정해야 하는데 ⑴사실을 심판의 대상으로 하지 않는 것은 부당하며, 유죄판결을 선고하는 때에도 한 개의 형을 선고해야 한다는 것을 이유로 한다. 판례의 입장이다(대법원 1996. 6. 14, 96 도 477; 대법원 2014. 11. 13, 2004 도 10193).

2. 비판 및 [설문 3]의 해결

생각건대 재심청구가 이유 없는 사실에 대하여 재심개시결정을 하는 것은 타당하다고 할 수 없다는 점에서 전부설은 타당하다고 할 수 없다. 일부설과 절충설은 재심법원이 재심이유 없는 사실에 대하여 양형을 다시 할 수 있을 뿐이라는 점에서 결론을 같이한다. 그러나 형을 정하면서 심판의 대상에 포함시키지 않는 것은 타당하다고 할 수 없으며, 특히 재심이유 없는 (1)사실에 대하여 법령이 개정 또는 폐지된 경우에 이러한 사실까지 고려할 수 있다는 점에서 **절충설**이 타당하다고 하겠다.

따라서 (1)사실을 포함한 경합범의 전체에 대하여 재심개시결정을 한 것은 정당하다고 할지라도 원심이 재심이유 없는 (1)사실까지 심리하여 무죄를 선고한 것은 위법하다고 하지 않을 수 없다.

V. 결   론

재심사유 중 가장 중요한 의미를 가지는 것이 제420조 5호의 신증거에 의한 재심사유이다. 증거의 신규성은 법원에 대하여 신규이면 충분하고 당사자에 대하여 새로울 것을 요하지 아니한다. 따라서 甲이 A의 증언에 의하여 알리바이를 증명하는 것은 새로운 증거를 발견한 때에 해당한다. 증거의 명백성은 새로운 증거가 확정판결을 파기할 고도의 개연성이 있을 것을 요하지만 명백성의 판단은 새로운 증거만에 의하여 판단할 것이 아니라 기존의 구증거를 포함하여 종합적으로 판단해야 하며, 이 경우에 구증거의 증거평가를 재평가해야 한다. 따라서 乙이 제출한 B가 乙에게 간첩을 지령한 일이 없다는 취지의 B의 진술서만으로는 명백한 증거라고 할 수 없어 재심사유가 되지 않는다. 경합범의 일부에 대하여 재심사유가 있는 경우에는 재심개시결정은 경합범의 전부에 대하여 해야 하지만 재심사유 없는 범죄사실에 대하여는 양형의 범위에서만 심판의 대상이 된다고 해야 한다. 따라서 원심이 재심사유 없는 (1)사실에 대하여도 무죄를 선고한 것은 위법하다고 하지 않을 수 없다.

[관련판례]

⑴ 대법원 2009. 7. 16. 전원합의체결정, 2005 모 472, 「⑴ 형사소송법 제420조 제 5 호에 정한 무죄 등을 인정할 '증거가 새로 발견된 때'란 재심대상이 되는 확정판결의 소송절차에서 발견되지 못하였거나 또는 발견되었다 하더라도 제출할 수 없었던 증거를 새로 발견하였거나 비로소 제출할 수 있게 된 때를 말한다. 증거의 신규성을 누구를 기준으로 판단할 것인지에 대하여 위 조항이 그 범위를 제한하고 있지 않으므로 그 대상을 법원으로 한정할 것은 아니다. 그러나 재심은 당해 심급에서 또는 상소를 통한 신중한 사실심리를 거쳐 확정된 사실관계를 재심사하는 예외적인 비상구제절차이므로, 피고인이 판결확정 전 소송절차에서 제출할 수 있었던 증거까지 거기에 포함된다고 보게 되면, 판결의 확정력이 피고인이 선택한 증거제출시기에 따라 손쉽게 부인될 수 있게 되어 형사재판의 법적 안정성을 해치고, 헌법이 대법원을 최종심으로 규정한 취지에 반하여 제 4 심으로서의 재심을 허용하는 결과를 초래할 수 있다. 따라서 피고인이 재심을 청구한 경우 재심대상이 되는 확정판결의 소송절차 중에 그러한 증거를 제출하지 못한 데 과실이 있는 경우에는 그 증거는 위 조항에서의 '증거가 새로 발견된 때'에서 제외된다고 해석함이 상당하다.

⑵ 형사소송법 제420조 제 5 호에 정한 '무죄 등을 인정할 명백한 증거'에 해당하는지 여부를 판단할 때에는 법원으로서는 새로 발견된 증거만을 독립적 · 고립적으로 고찰하여 그 증거가치만으로 재심의 개시 여부를 판단할 것이 아니라, 재심대상이 되는 확정판결을 선고한 법원이 사실인정의 기초로 삼은 증거들 가운데 새로 발견된 증거와 유기적으로 밀접하게 관련되고 모순되는 것들은 함께 고려하여 평가하여야 하고, 그 결과 단순히 재심대상이 되는 유죄의 확정판결에 대하여 그 정당성이 의심되는 수준을 넘어 그 판결을 그대로 유지할 수 없을 정도로 고도의 개연성이 인정되는 경우라면 그 새로운 증거는 위 조항의 '명백한 증거'에 해당한다.」

(2) 대법원 1996. 6. 14, 96 도 477, 「(1) 경합범관계에 있는 수개의 범죄사실을 유죄로 인정하여 한 개의 형을 선고한 불가분의 확정판결에서 그 중 일부의 범죄사실에 대하여만 재심청구의 이유가 있는 것으로 인정된 경우에는 형식적으로는 한 개의 형이 선고된 판결에 대한 것이어서 그 판결 전부에 대하여 재심개시의 결정을 할 수밖에 없지만, 비상구제수단인 재심제도의 본질상 재심사유가 없는 범죄사실에 대하여는 재심개시결정의 효력이 형식적으로 심판의 대상에 포함시키는 데 그치므로 재심법원은 그 사실에 대하여는 이를 다시 심리하여 유죄인정을 파기할 수 없고 다만 그 부분에 대하여는 새로이 양형을 하여야 하므로 양형을 위하여 필요한 범위에 한하여만 심리할 수 있을 뿐이라고 할 것이다.

(2) 재심사유가 없는 범죄사실에 관한 법령이 재심대상판결 후 개정·폐지된 경우에는 이 범죄사실에 관하여도 재심판결 당시의 법률을 적용하여야 하고 양형조건에 관하여도 재심대상판결 후 재심판결선고시까지의 새로운 정상도 참작하여야 하며, 재심사유 있는 사실에 관한 심리 결과 만일 다시 유죄로 인정되는 경우에는 재심사유 없는 범죄사실과 경합범으로 처리하여 한 개의 형을 선고하여야 한다.」

판 례 색 인

사 항 색 인

저자약력

이재상(1943-2013)

서울대학교 법과대학 졸업
제 6 회 사법시험 합격
사법대학원 수료(법학석사)
서울대학교 대학원(법학박사)
독일 Freiburg대학 수학
육군 법무관
부산지방검찰청 검사
서울지방검찰청 남부지청 검사
법무부 검찰국 겸 서울지방검찰청 검사
변호사
서울대학교 법과대학 강사
이화여자대학교 법정대학 교수
경희대학교 법과대학 교수
이화여자대학교 법과대학 교수
이화여자대학교 법학전문대학원 석좌교수
사법시험위원
법무부 법무자문위원, 보안처분심의위원
형사법개정특별심의위원회 위원
한국형사정책학회 회장
한국형사법학회 회장
한국형사판례연구회 회장
한국형사정책연구원 원장
법조윤리협의회 위원장
형사법개정특별심의위원회 위원장

조균석

서울대학교 법과대학 졸업
제22회 사법시험 합격
사법연수원 수료
경희대학교 대학원(법학석사)
일본 케이오대학 방문연구원
부산지방검찰청 검사
한국형사정책연구원 기획운영실장
법무부 검찰국 겸 서울지방검찰청 검사
주일 대한민국대사관 법무협력관(참사관)
대구지방검철청 김천지청장
서울남부지방검찰청 차장검사
변호사
이화여자대학교 법과대학 겸임교수
일본 케이오대학 법학부 특별초빙교수
일본 대동문화대학 법과대학원 비상근강사
사법시험위원
법무부 법무자문위원, 범죄피해자보호위원
형사소송법개정특별심의위원회 위원
국가생명윤리심의위원회 위원
법조윤리협의회 위원, 법학교육위원회 위원
힌국피해자학회 회장
한국형사소송법학회 부회장
한국형사판례연구회 회장
현재 이화여자대학교 법학전문대학원 교수

저 서

보안처분의 연구(1978)
사회보호법론(1981)
형법신강〔총론 Ⅰ〕(1984)
형법신강〔각론 Ⅱ〕(1988)
형법신강〔각론 Ⅰ〕(전정판, 1989)
형법총론(제 9 판, 2017)
형법기본판례 총론(2011)
형사소송법(제11판, 2017)
형법연습(제 9 판, 2015, 신조사)
형사소송법 기본판례(2013)
형법각론(제10판 보정판, 2017)

저 · 역서

자금세정규제론(1993, 경진사)
국제형사사법공조제도 연구(1993)(공저)
형사소송법(제11판, 2017)(공저)
형사소송법(문제해설)(제 3 판, 2015, 신조사)(공저)
일본형사소송법(2012)(역서)
형사법사례형해설(제 2 판, 2015)(공저)
형사법통합연습(제 3 판, 2016)(공저)

제 8 판
형사소송법연습

초판발행	1998년 9월 30일
제 8 판인쇄	2017년 3월 10일
제 8 판발행	2017년 3월 20일

지은이	이재상·조균석
펴낸이	안종만

편 집	문선미
기획/마케팅	조성호
표지디자인	조아라
제 작	우인도·고철민

펴낸곳	(주) **박영시**
	서울특별시 종로구 새문안로3길 36, 1601
	등록 1959. 3. 11. 제300-1959-1호(倫)
전 화	02)733-6771
f a x	02)736-4818
e-mail	pys@pybook.co.kr
homepage	www.pybook.co.kr
ISBN	979-11-303-3026-6 93360

정 가   35,000원